KB236412

바둑 사활 1000제 上

왕쯔펑·허쥔핑 지음, 우병동 옮김
명지대학교 바둑연구위원회 감수

들어가는 말

이 책은 바둑의 기초적인 지식을 학습한 후 그 원리를 이해할 수 있도록 구성한 바둑 입문서입니다. 바둑을 사랑하는 분들에게 조금이나 보탬이 되고자 하는 바람으로 집필하였습니다. 그러면 어떻게 바둑 실력을 높여야 할까요?

첫째, 가장 먼저 선행되어야 할 것이 바로 '흥미'를 높이는 것입니다.

바둑은 본래 일종의 고급 지능 게임으로, 한 문제씩 해결해 나가는 과정을 통해 마치 작은 우승을 하는 것과 같은 성취감과 호기심을 유발합니다. 이런 점은 초보자들로부터 바둑에 대한 흥미를 이끌어내는 데 효과적이며, 나아가 전체적인 실력을 높임에 있어서 매우 중요한 전제 조건입니다.

둘째, 기초에 대한 연습량을 높여야 합니다.

기초란 사활 문제를 연구하는 것으로, 이는 단지 국지전에만 영향을 끼치는 것이 아니라 전 대국의 승부를 결정하는 관건이 되기도 합니다.

바둑을 처음 배운 후 대국을 할 때 종종 다음의 상황들이 발생하곤 합니다.

(1) 완전히 살아 있지 않은 돌에 수를 보충할 적절한 시간이 없어서 결국 대마가 죽고 좋은 대국을 지게 됩니다.

(2) 가일수할 필요가 없는 곳에 한 수를 보강하면서 선수를 빼앗길 뿐 아니라 패배의 전기가 되는 오류를 범합니다.

(3) 심지어는 본래 상대의 돌을 잡을 수 있는데 사활 문제의 수읽기를 잘못하여, 뜻을 이루지 못하고 기회를 놓치는 실수를 합니다.

이러한 현상들은 사활 문제를 연구해야 하는 필요성을 설명하기에 충분합니다. 사활 문제에 대한 수읽기가 확실한지의 여부가 바둑 실력을 가늠하는 기준이 될 수 있습니다. 그렇다면 어떻게 수읽기 능력을 높일 수 있을까요? 편

집자가 20년간의 가르침을 통한 경험에 비추어 내린 결론은 하나입니다. 바로 많은 문제를 풀어 보는 것입니다. 이것이야말로 가장 빠른 속도로 실력을 높일 수 있는 첩경입니다. 수많은 문제를 풀어 봄으로써 정확한 수읽기 능력과 논리력을 쌓게 되고 아울러 '돌의 모양'에 대한 좋은 감각을 갖게 합니다. 탄탄하게 쌓은 기초야말로 앞으로의 비약적인 발전에 있어 견고한 초석이 될 것입니다.

셋째, 많은 실전을 해보는 것입니다.

이는 바둑을 두는 모든 사람들이 실력을 높이기 위해 결코 소홀히 해서는 안 될 중요한 부분입니다. 우리는 실전 경험을 통해 바둑의 이치를 깨닫게 되고, 책에서 배웠던 지식을 실전적인 기술의 단계로 상승시킬 수 있습니다. 동시에 우리가 배워왔던 각종 전략 전술을 실전에 활용해 봄으로써 종합적인 기력을 높이는 목적까지 달성할 수 있습니다.

본 책에는 총 540가지의 사활 문제가 실려 있습니다. 10개의 독립된 장과 절로 나뉘어져 있으며, 모든 장과 절은 쉬운 문제부터 시작하여 점진적으로 난이도를 높이는 방식으로 구성되어 있습니다. 간단한 연습문제에 대해서는 정해도와 실패도를 수록했으며 비교적 복잡한 연습문제에는 변화도를 추가하여 문제 풀이에 보다 도움이 되도록 하였습니다. 이 외에 바둑 이론에 관한 연습문제도 함께 정리해 놓았습니다. 이 책의 연습문제를 다 풀고 나면, 여러분의 바둑 실력이 매우 향상됨은 물론, 바둑에 대한 흥미 또한 한층 깊어져 있을 것입니다.

왕쯔펑, 허쥔펑

감수자의 말

모든 아마추어 바둑팬들의 한결같은 소망은 기력 향상일 것입니다. 그렇지만 기력 향상은 생각처럼 쉽지가 않지요. 바둑이란 것이 워낙 복잡하고 변화가 많은 게임이기 때문입니다. 바둑의 기력은 형태지식, 원리지식, 수읽기, 가치 판단의 4가지 요소로 구성되어 있습니다. 바둑실력을 향상시키기 위해서는 위의 4가지 요소와 관련된 지식과 기술을 증진시켜야 합니다.

본 교재는 초급자를 넘어 중급자로 가려는 분과 중급자 중에서 사활과 맥에 대한 튼튼한 기초를 다져 상급자로 발전하려는 바둑팬을 위한 책입니다. 이 책에 수록되어 있는 문제들은 바둑의 대둑자라면 반드시 알아야 할 기본적인 사활과 맥으로 구성되어 있습니다. 그리고 그 기본 단계를 넘어 약간 까다로운 문제들도 있습니다. 기본적인 문제를 통해서는 사활과 맥에 대한 본인의 기본 능력을 점검함과 동시에 기초를 확고히 다지고, 약간 어려운 문제를 통해서는 보다 깊은 수읽기와 맥의 구사를 훈련할 수 있습니다.

특히 본 교재는 수읽기의 힘이 부족한 분들에게 강한 힘을 갖게 해주는 매우 좋은 교재입니다. 한 문제, 한 문제씩 차근차근 풀어가다 보면 재미도 있고 이 과정에서 강한 수읽기 힘을 갖추게 되어 자신이 원하는 바둑을 실수 없이 둘 수 있는 기본적인 능력을 갖추게 될 것입니다.

상급자로 가기 위해서는 기본이 중요합니다. 초중급자 수준에서는 사활과 맥의 기본이 제대로 잡혀 있지 않아서 엉뚱한 실수와 악수를 두는 경우가 많습니다. 이것을 넘어서야 상급자로 갈 수 있습니다. 기초가 약한 건물은 높이 올릴 수 없는 것처럼, 기초가 약한 바둑은 많은 대국경험에도 불구하고 얼마 가지 않아 정체되기 마련입니다.

부디 이 시리즈를 모두 열심히 공부하셔서 사활 능력과 수읽기, 그리고 전투의 힘을 길러 맞수를 제압하고 상급자로 도약하는 기쁨을 누리시길 기원합니다.

명지대 바둑학과 교수 **최일호**

차례

제 1 부 살기

上篇

바둑을 처음 배우는 사람은 우선 돌을 잡는 법부터 배워야 합니다. '잡는 것'은 생존의 본능입니다. 초보자는 상대의 돌을 잡았을 때 즐거움을 느끼게 되며, 자신이 대단한 실력을 가졌다고 여기게 됩니다. 이 때 비로소 바둑에 대한 흥미가 생기기 시작하며, 이는 반드시 필요한 성장 과정 중 하나입니다.

우리가 두 번째로 배워야 할 것은 자기의 돌을 잘 보호하는 것입니다. 인류는 어떠한 험난한 조건에서도 살아 남을 수 있는 방법을 생각하며 지금까지 생존해 왔습니다. 이와 마찬가지로 바둑 또한 수만 가지의 계략으로 자신의 돌을 생존시켜야 합니다. 그리고 이는 곧 살기를 활용하는 기본적인 기술입니다. 우선 궁도를 넓혀서 살 수 있는 공간을 넓힌 다음으로 급소를 선점해야 합니다. 이것이 사활의 기본입니다. '효과적인 자기보호만이 적을 소멸시킬 수 있다'는 말을 반드시 기억하기 바랍니다. 연습문제를 풀기에 앞서 우선 바둑의 기본 살기 방법과 사활의 형태에 대해 학습하기 바랍니다.

제1부는 117개의 연습문제로 구성되어 있으며 모두 흑 선입니다. 이들 문제는 귀에서 자주 볼 수 있는 형태들입니다. 당신의 사활 실력을 지금부터 확인해 봅시다.

001 문제도

002 문제도

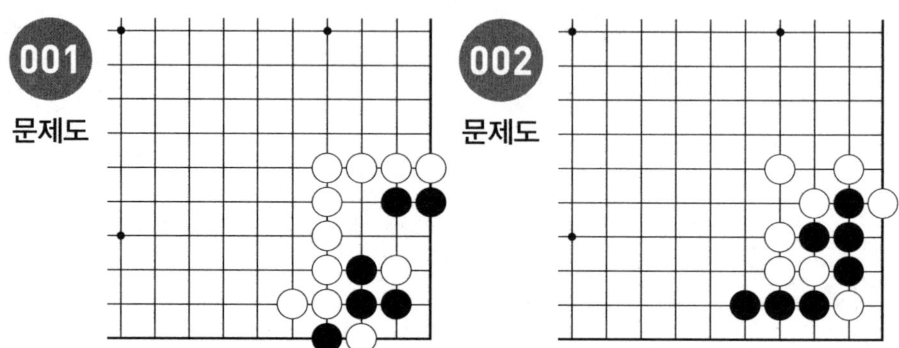

003 문제도

004 문제도

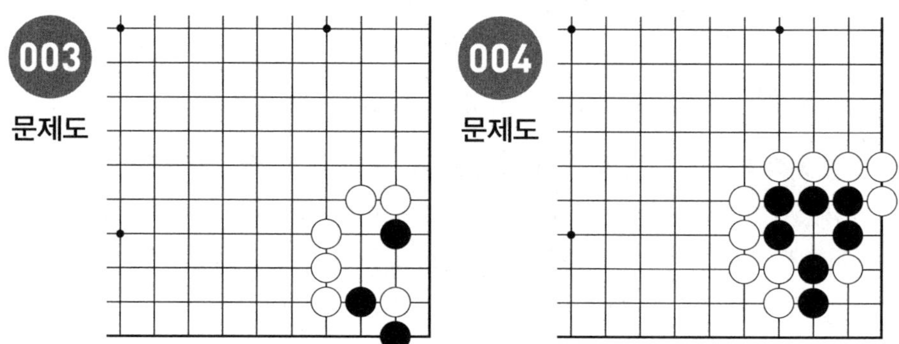

005 문제도

006 문제도

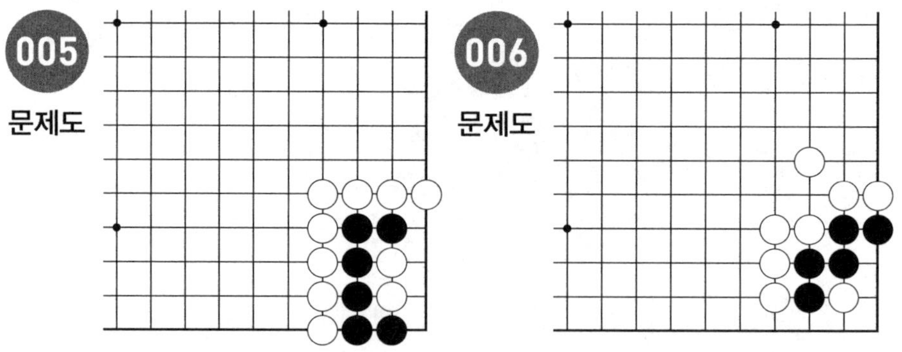

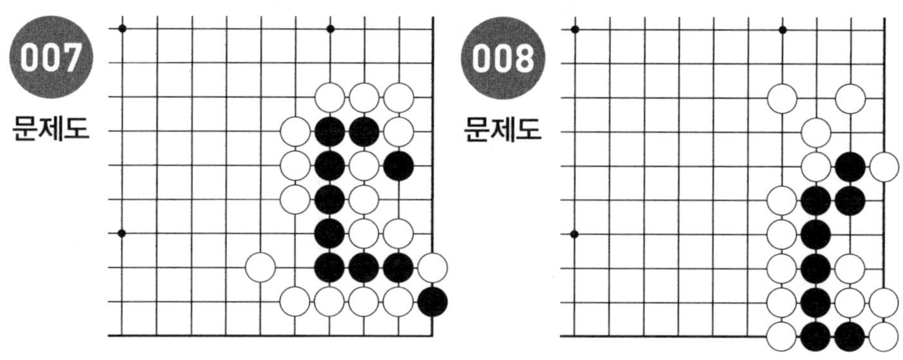

007 문제도

008 문제도

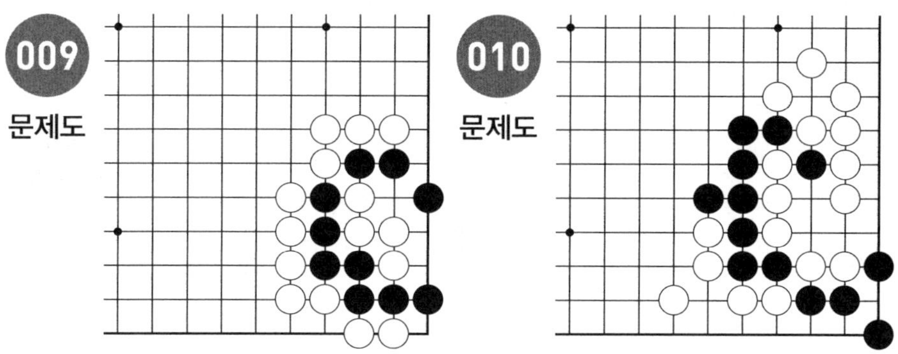

009 문제도

010 문제도

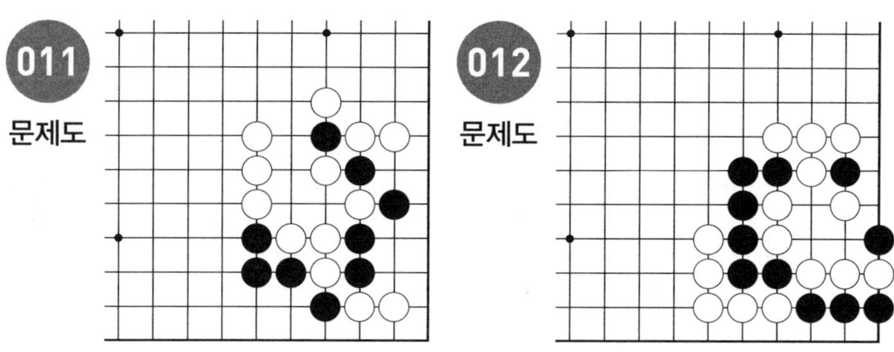

011 문제도

012 문제도

001
정해도

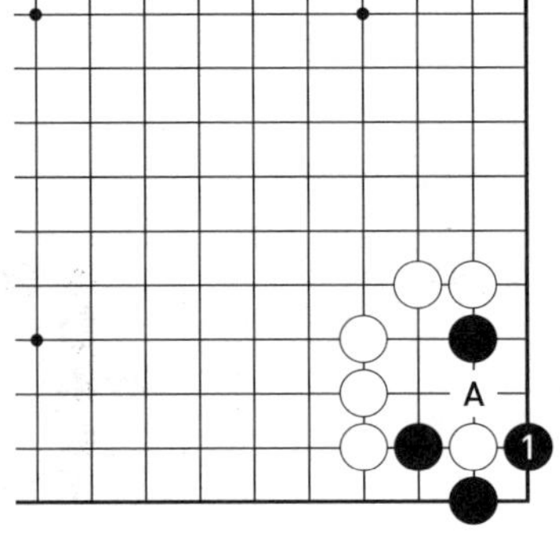

흑1이 정답. 만약에 흑이 A에 둔다면 백이 1로 늘어 흑은 살 수 없다.

002
정해도

흑1이 정답. A에 둔다면 백이 1로 늘어 흑 4점이 자충.

003
정해도

흑1이 정답. A에 둔다면 백이 1로 늘어서 흑 귀는 죽게 된다.

004
정해도

흑1이 정답. 만약 A에 둔다면 백이 1로 늘어 흑은 살 수 없다.

005
정해도

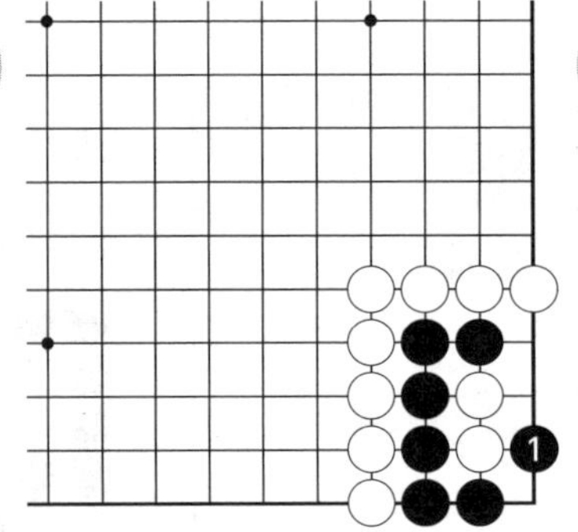

흑1이 살 수 있는 요점.

006
정해도

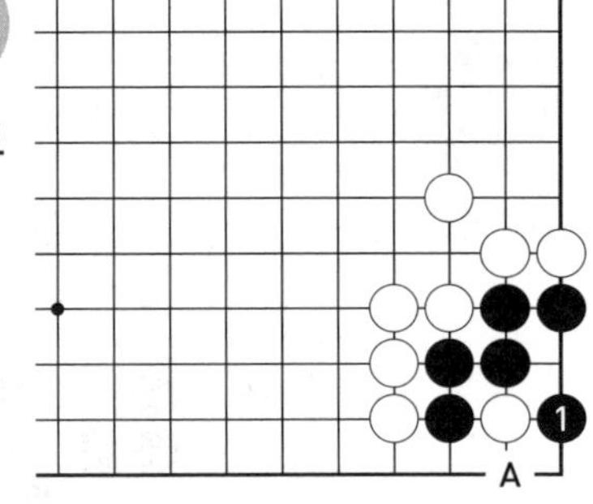

흑1이 정답. A에 둔다면 백이 1로 늘어서 흑 귀는 죽게 된다.

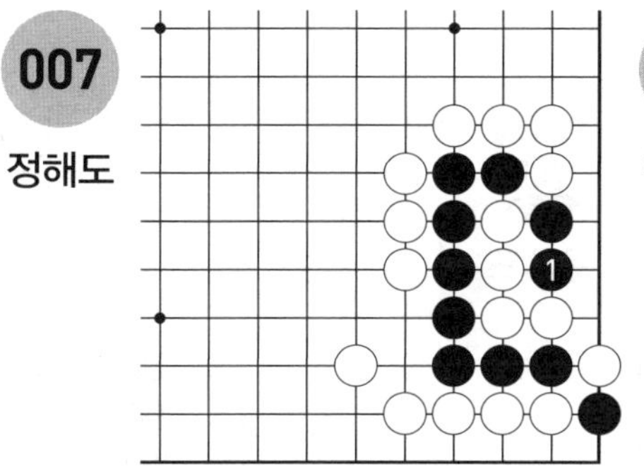

오직 흑1로 단수치는 한수. 구부러진 네집(곡사궁)은 살아있다.

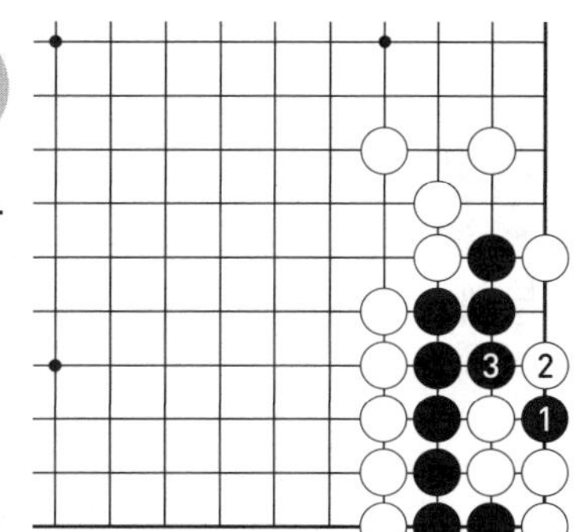

흑1로 먹여치는 것이 정답. 백2로 따내면 흑은 3으로 단수쳐서 살아난다.

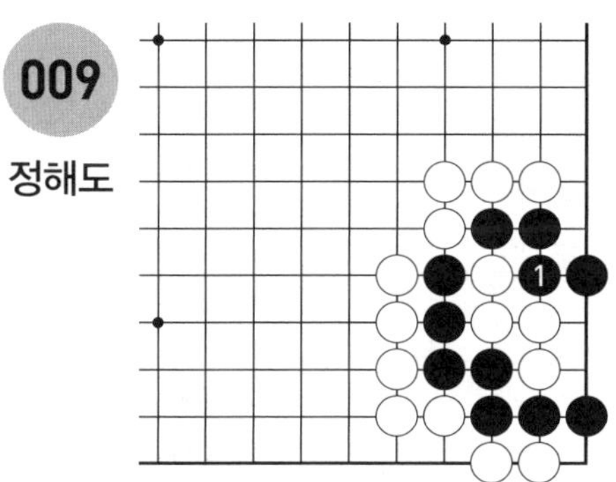

흑1이 살 수 있는 요점.

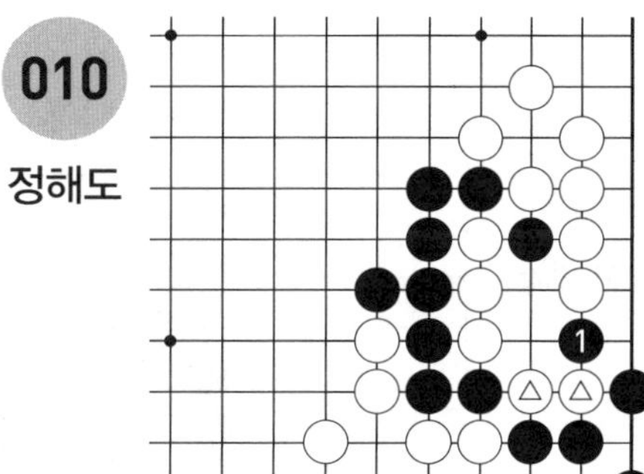

흑1로 잡는 것이 정답. 백△ 2점을 잡아야 귀의 흑돌이 살 수 있다.

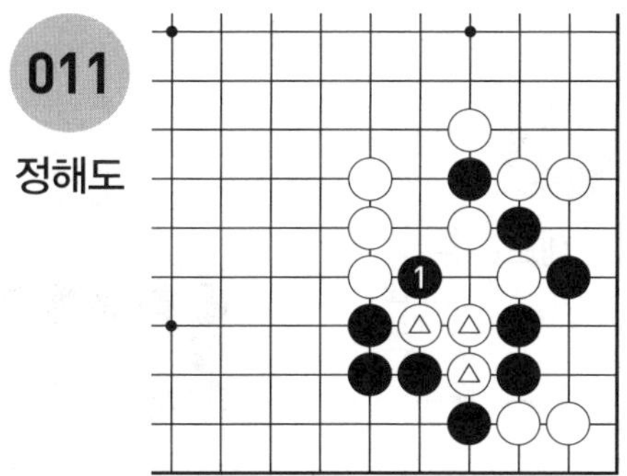

흑1이 정답. 백△ 3점을 잡는다.

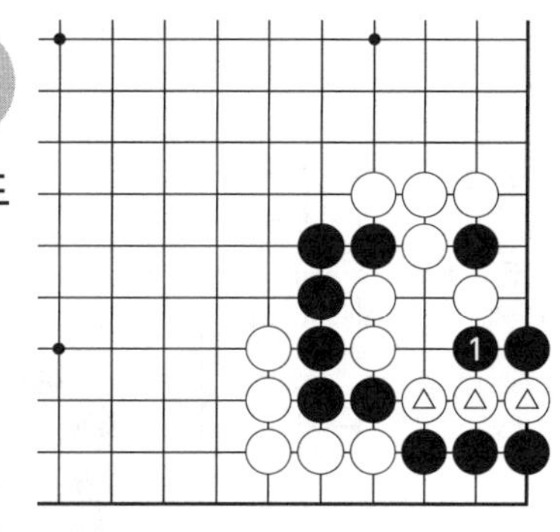

흑1이 정답. 백△ 3개의 요석을 잡는다.

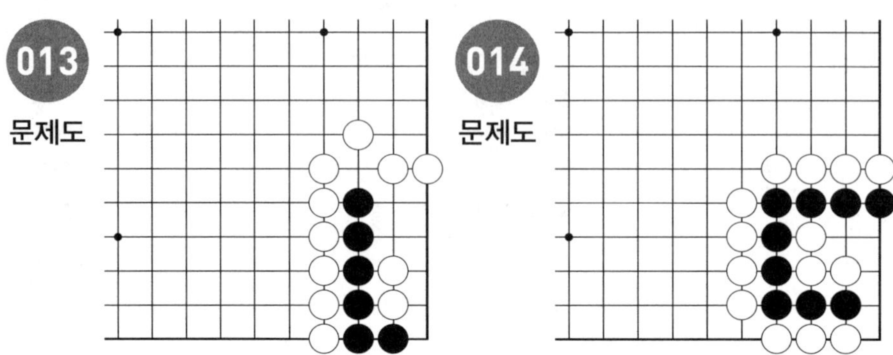

013
문제도
014
문제도

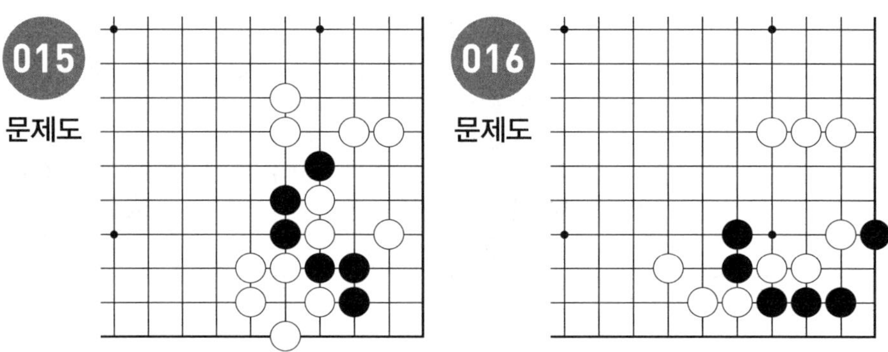

015
문제도
016
문제도

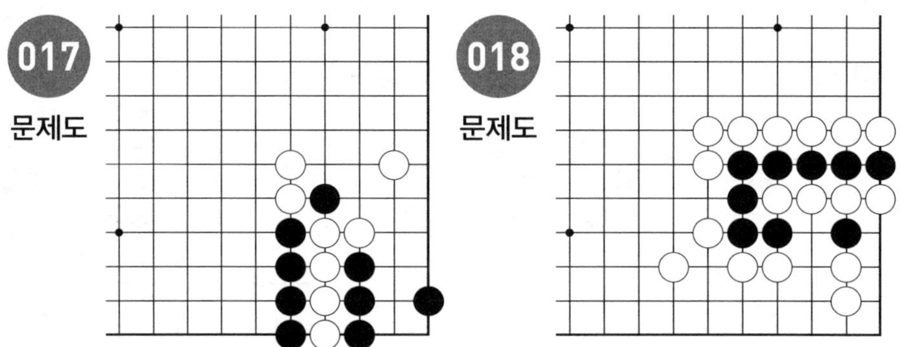

017
문제도
018
문제도

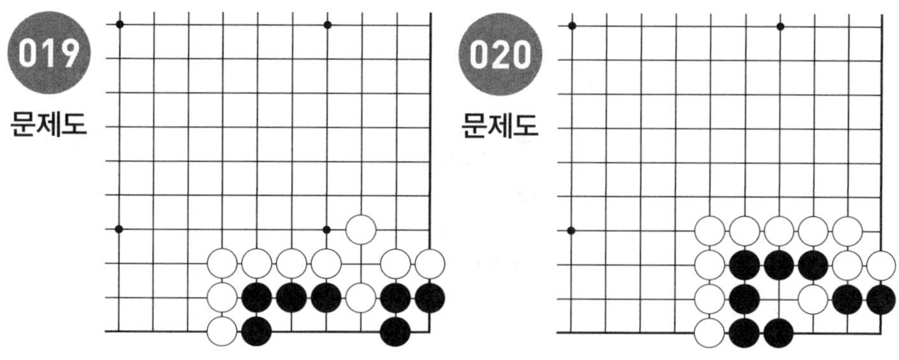

019 문제도

020 문제도

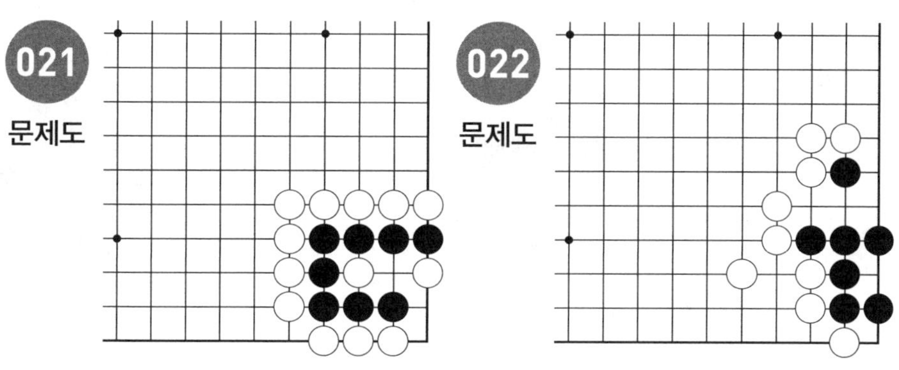

021 문제도

022 문제도

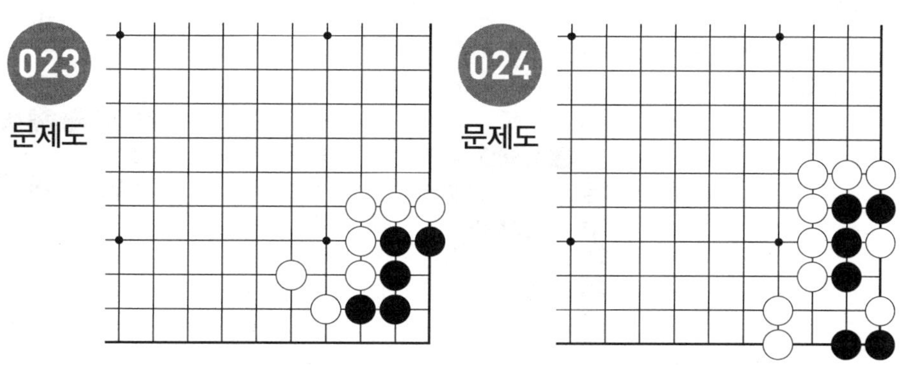

023 문제도

024 문제도

013
정해도

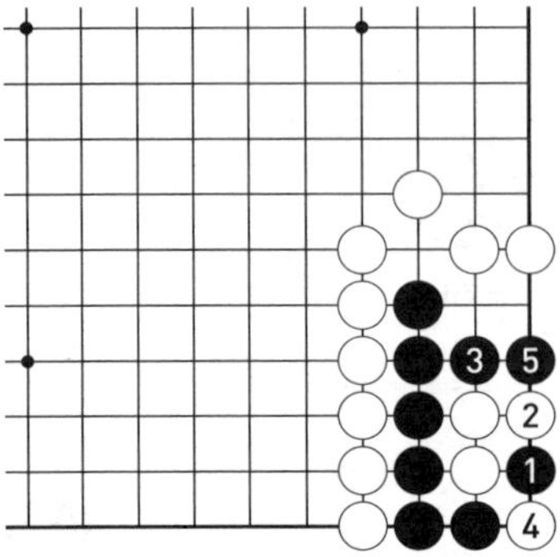

흑1로 젖힌 뒤 백2로 막으면 흑 3, 5로 계속 단수쳐서 흑이 살게 된다.

014
정해도

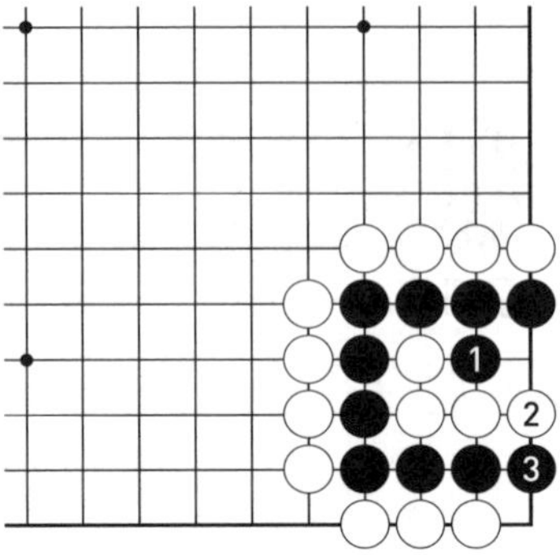

흑1로 단수치는 방향이 중요. 백 2로 내려서면 흑3으로 단수쳐서 흑이 산다.

015
정해도

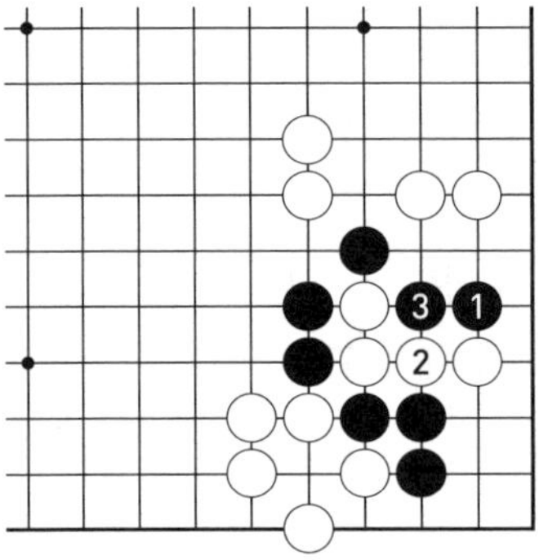

흑1로 붙이는 것이 정답. 백2로 잇는다면 흑3으로 백을 잡을 수 있다.

016
정해도

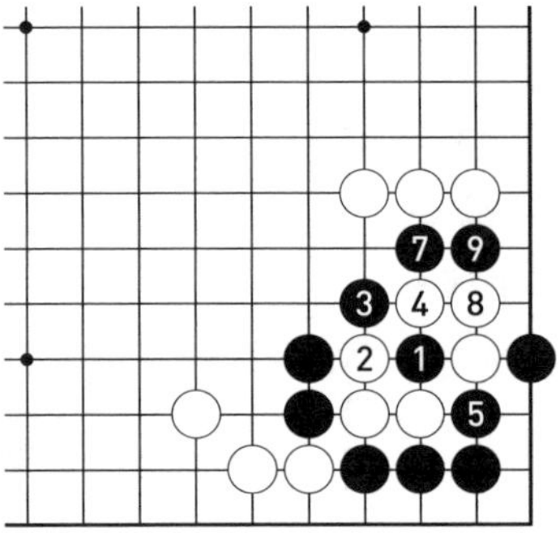

흑1이 묘수. 흑9까지 백 전몰.
백6=흑1

017
정해도

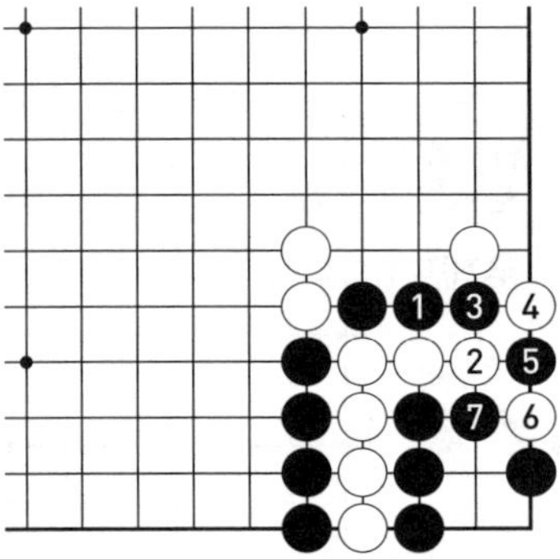

흑1이 정답. 흑5 먹여치기가 묘수. 흑7까지로 백은 촉촉수.

018
정해도

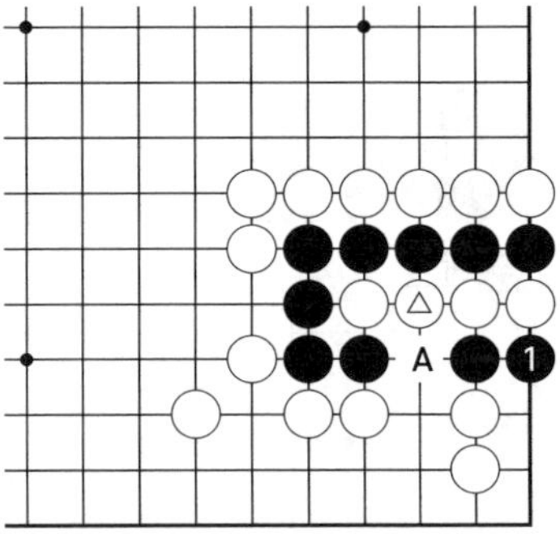

흑1이 정답. 흑이 A에 두는 것은 백이 1에 두어 흑이 따낼 때 백△에 두어 흑이 잡힌다.

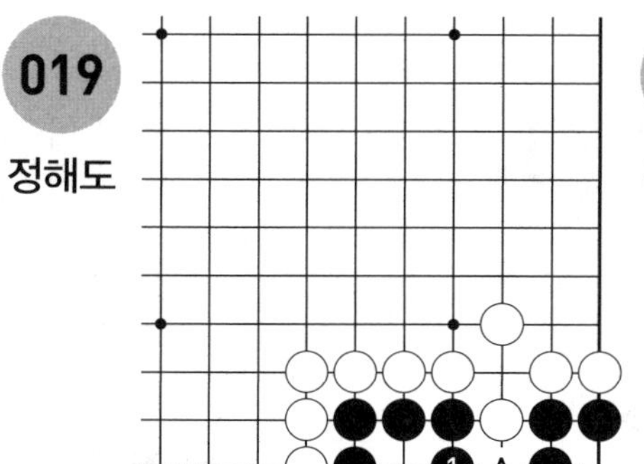

흑1로 집을 만드는 것이 정답. 백은 자충이므로 A에 둘 수 없다.

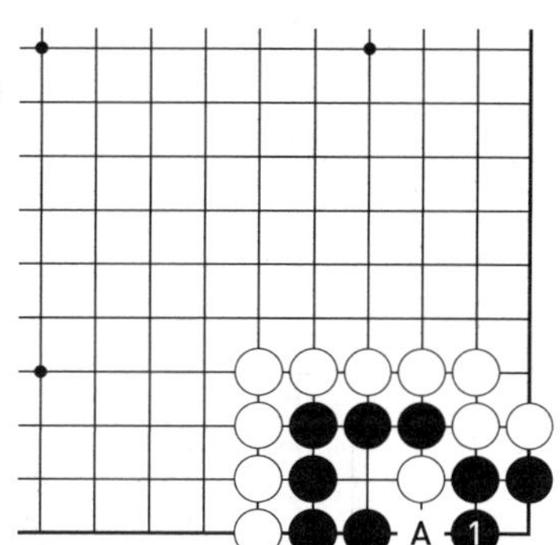

흑1로 집을 만드는 것이 정답. 흑이 A에 두는 것은 백이 1에 먹여쳐서 흑돌 전체가 환격(으로 잡힌다).

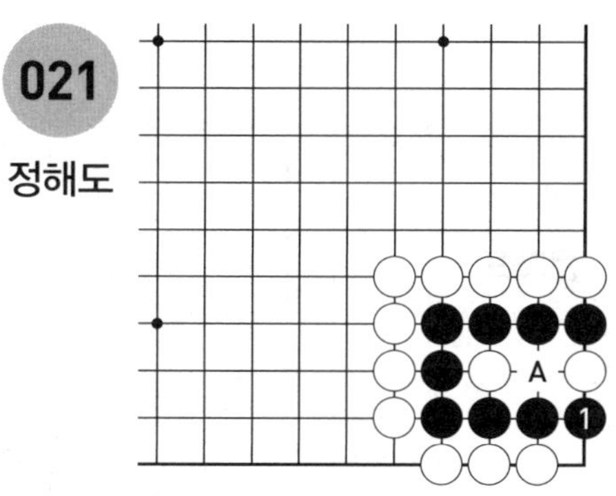

흑1이 정답. 흑이 A에 둔다면 백이 1자리로 나와 흑이 살 수 없다.

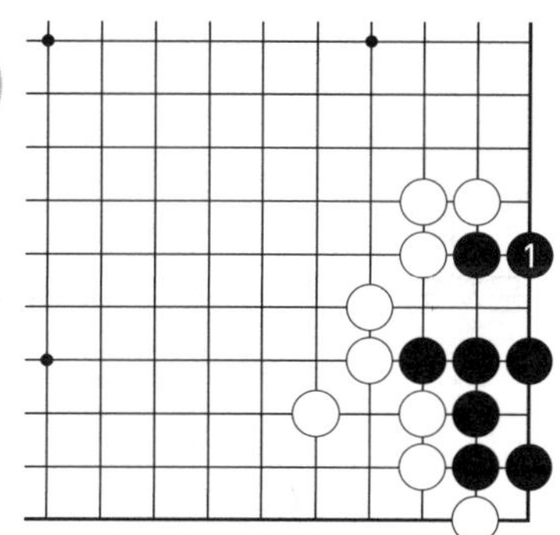

흑1로 안형을 만드는 것이 정답.

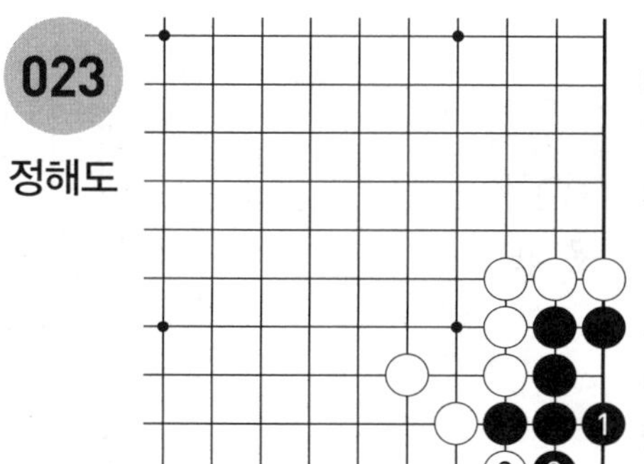

흑1로 집을 만드는 것이 정답. 흑이 2 자리에 둔다면 백이 1에 두어 패가 된다.

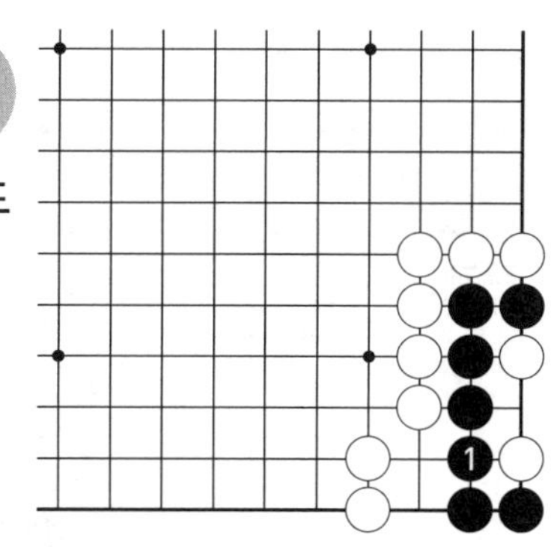

흑1이 살 수 있는 맥점.

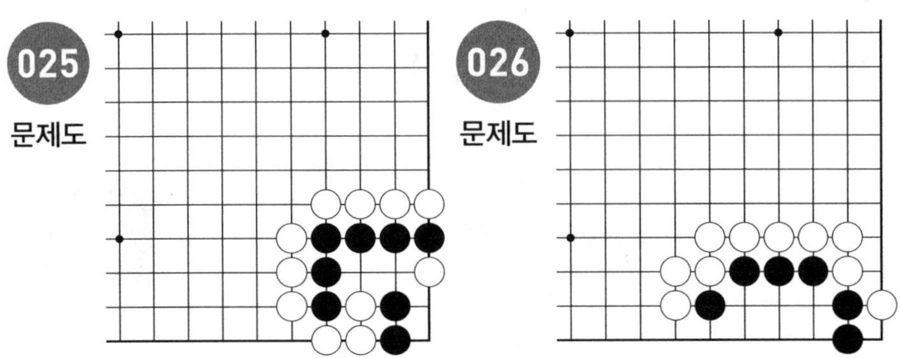

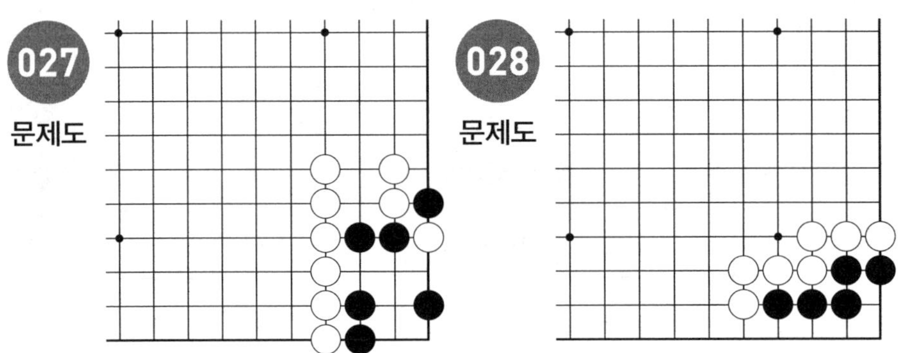

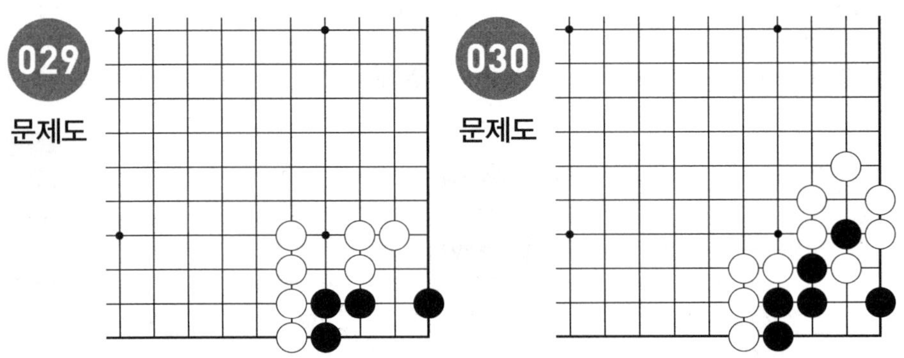

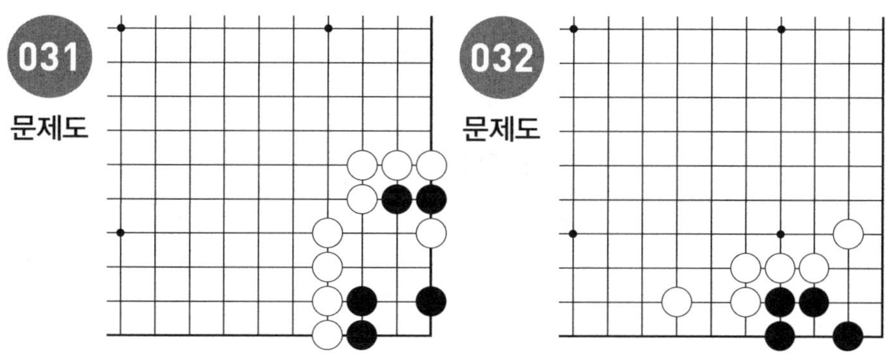

031
문제도
032
문제도

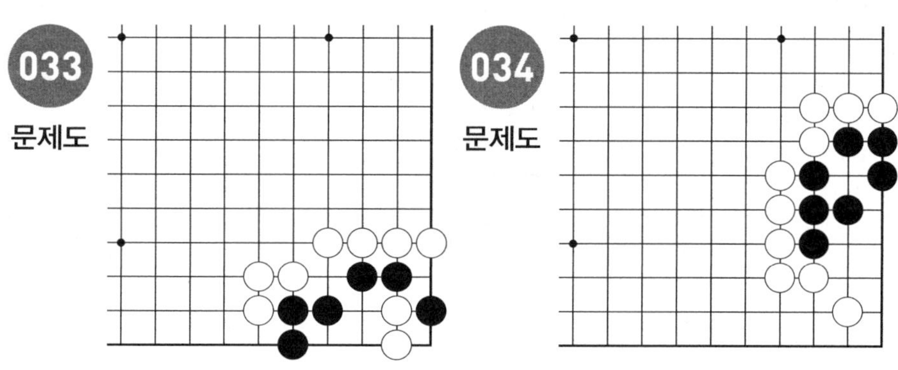

033
문제도
034
문제도

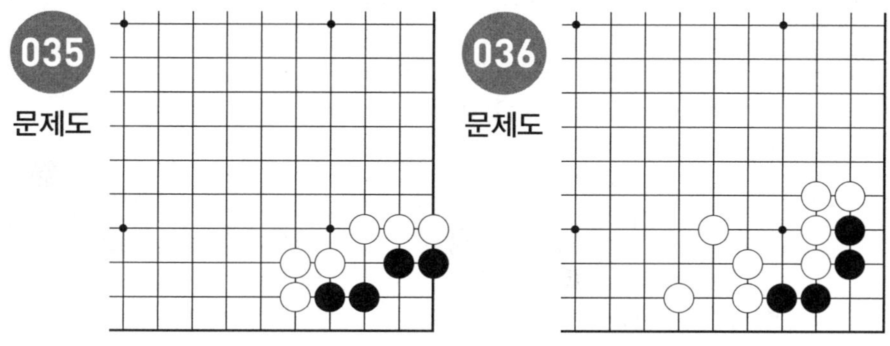

035
문제도
036
문제도

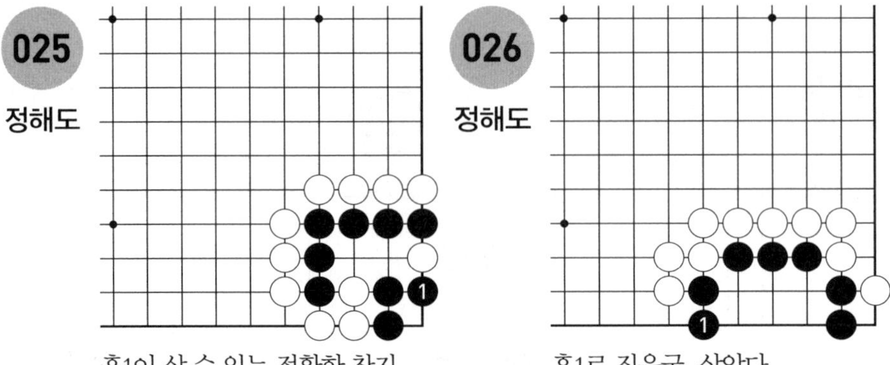

025 정해도

026 정해도

흑1이 살 수 있는 정확한 착지.

흑1로 직육궁. 살았다.

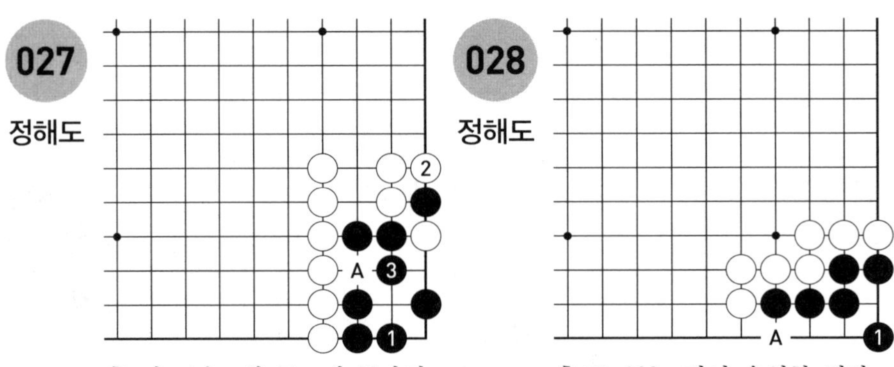

027 정해도

028 정해도

흑1이 묘수. 백2로 3에 둔다면 흑은 A에 두어 살아 있는 모양.

흑1로 두는 것이 유일한 정답. 만약 A에 둔다면 패가 된다.

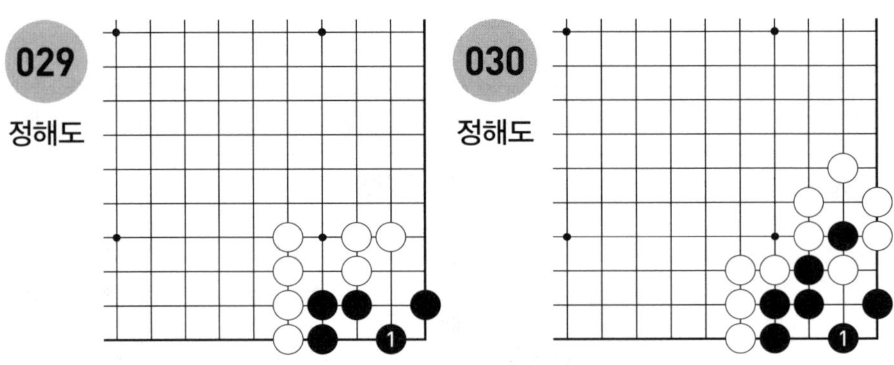

029 정해도

030 정해도

흑1이 정답. 다른 곳은 모두 살 수 없다.

흑1이 사활의 맥.

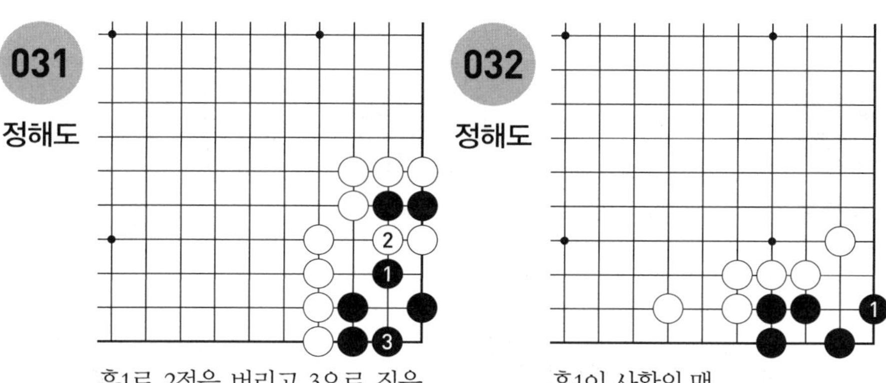

031 정해도

흑1로 2점을 버리고 3으로 집을 지으면서 산다.

032 정해도

흑1이 사활의 맥.

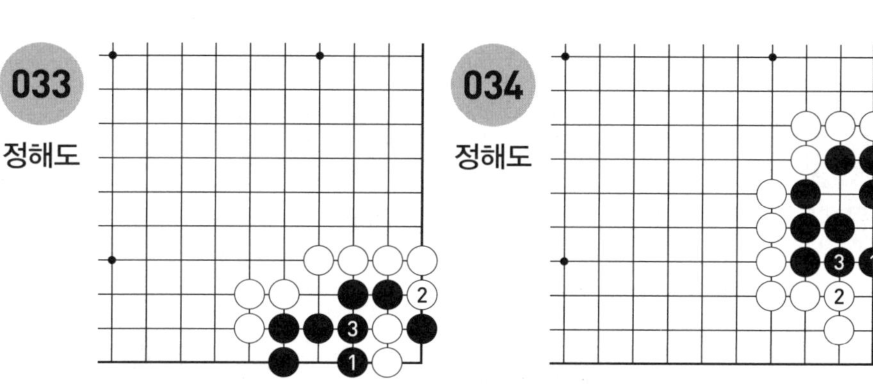

033 정해도

흑1이 정답. 백2에 흑3으로 두면 백 2점이 환격으로 잡힌다.

034 정해도

흑1로 집을 짓는 것이 좋은 수. 백2, 흑3으로 살게 된다.

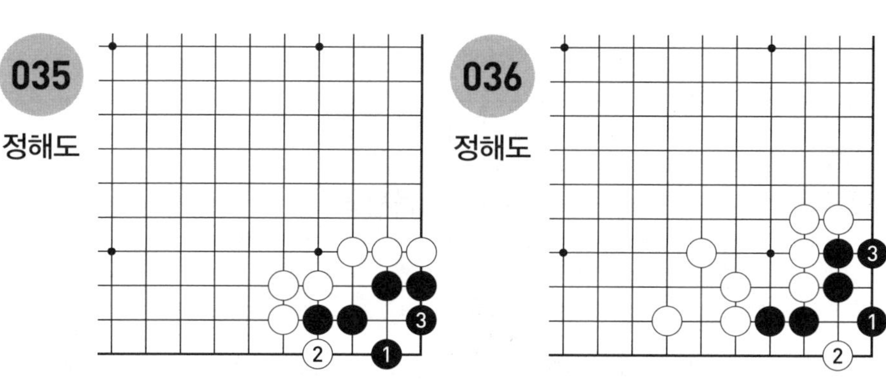

035 정해도

흑1, 3으로 두 집 짓는 것이 정답.

036 정해도

흑1로 호구치는 것이 정답. 백2로 치중하면 흑3으로 집을 지어 산다.

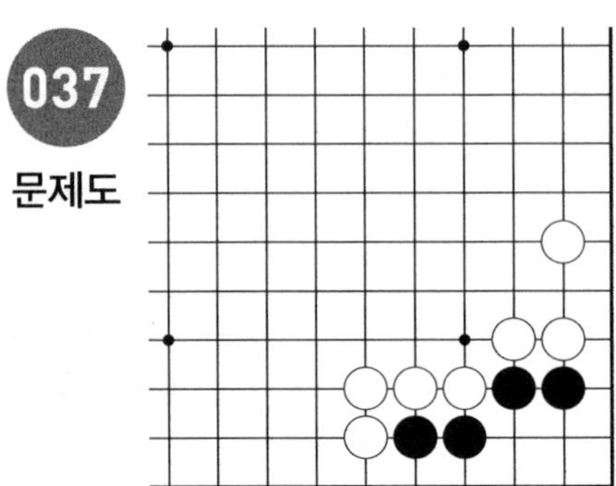

037 문제도

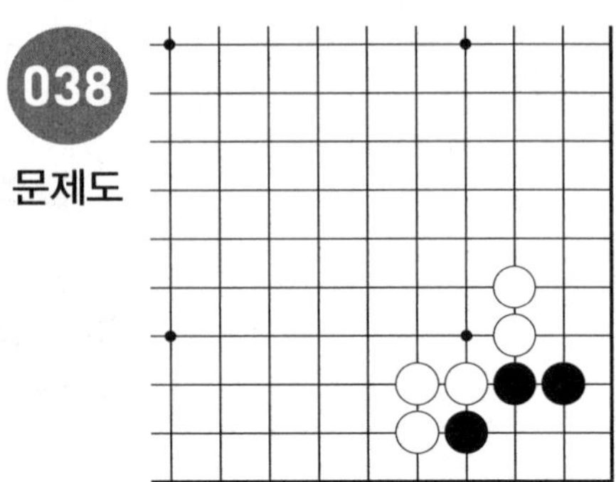

038 문제도

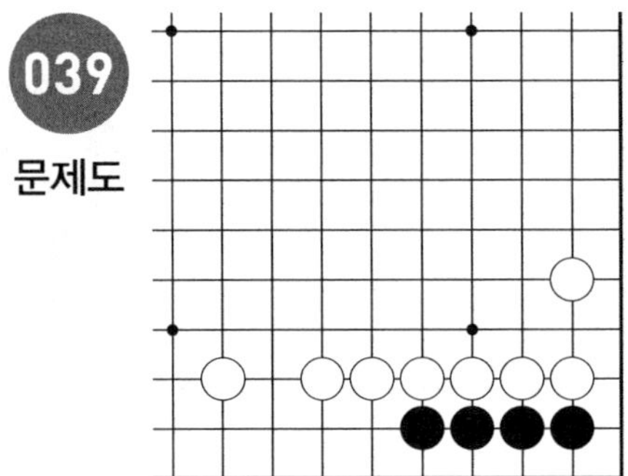

039 문제도

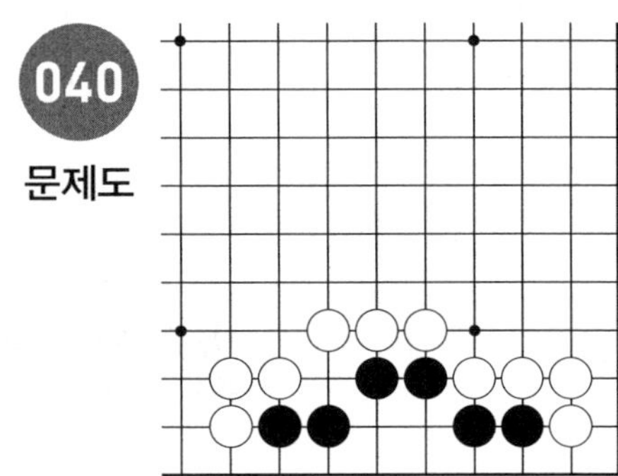

040 문제도

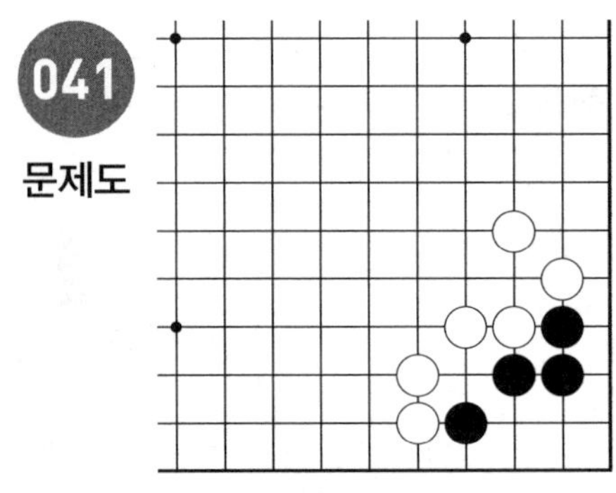

041 문제도

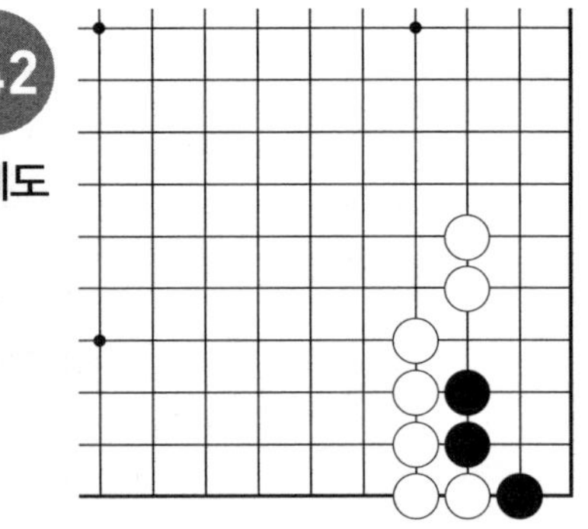

042 문제도

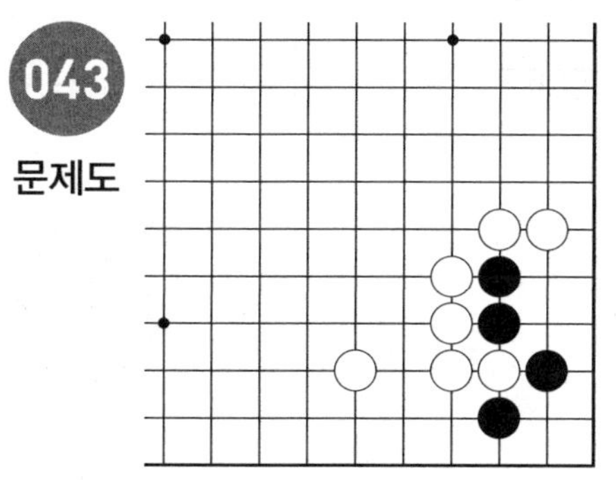

043 문제도

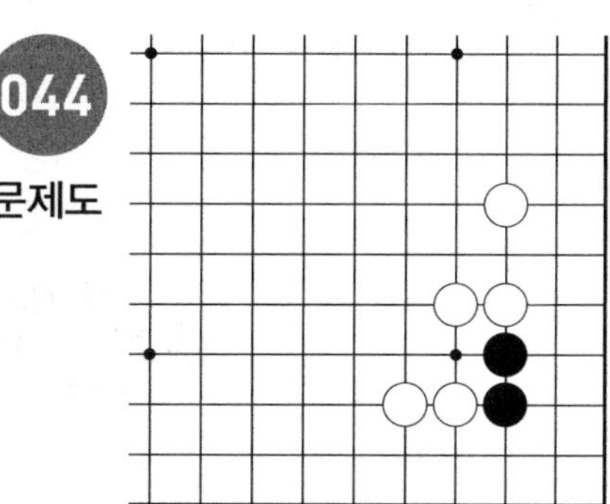

044 문제도

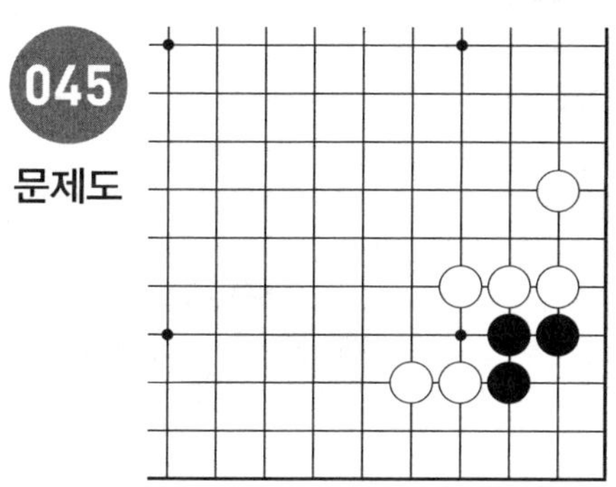

045 문제도

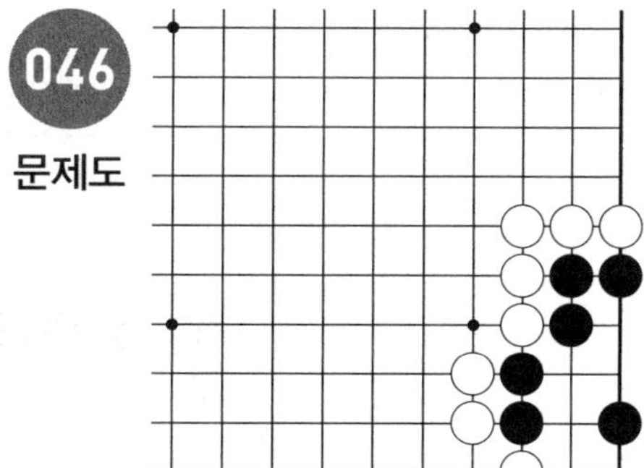

046 문제도

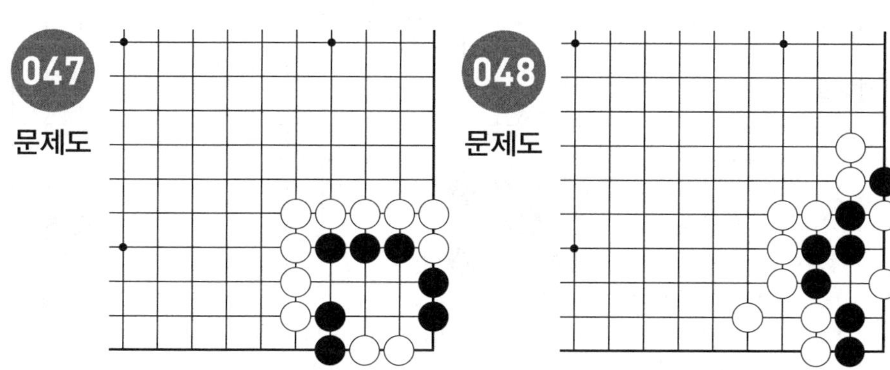

047 문제도

048 문제도

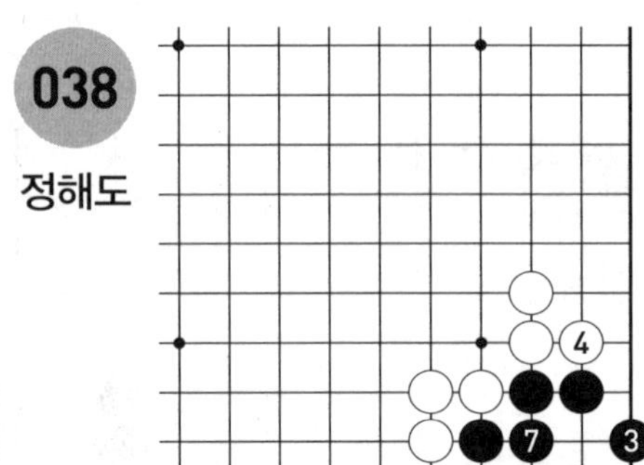

037 정해도

흑1이 급소. 만약 흑이 3에 둔다면 백이 5에 두어 패가 된다.

038 정해도

귀에서 자주 등장하는 모양. 흑1부터 흑7까지 흑이 살 수 있다.

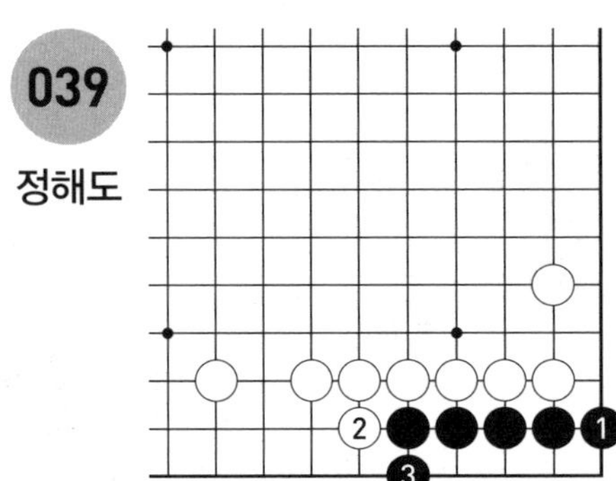

039 정해도

흑1, 3으로 직사궁이 되어 산 모양.

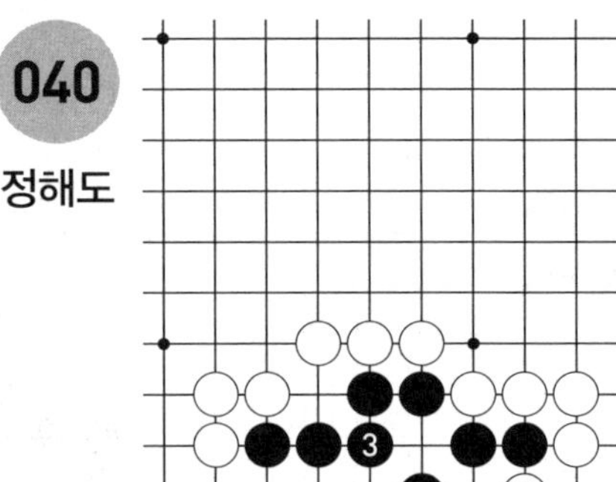

040 정해도

흑1로 호구가 정답. 백2, 흑3으로 살게 된다.

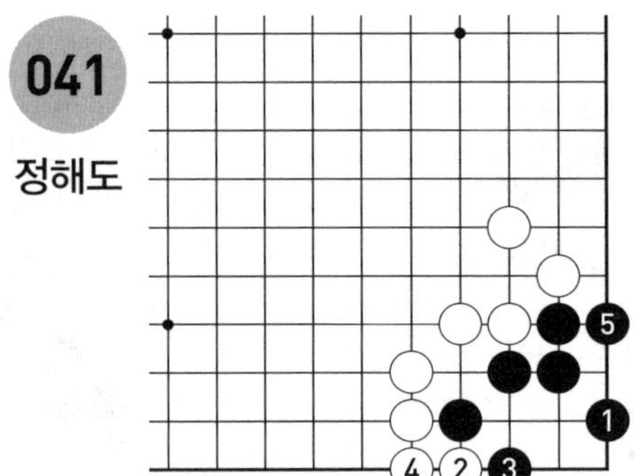

041 정해도

흑1이 묘수. 백2로 젖히면 흑3으로 막고 흑5로 집을 지으면 살게 된다.

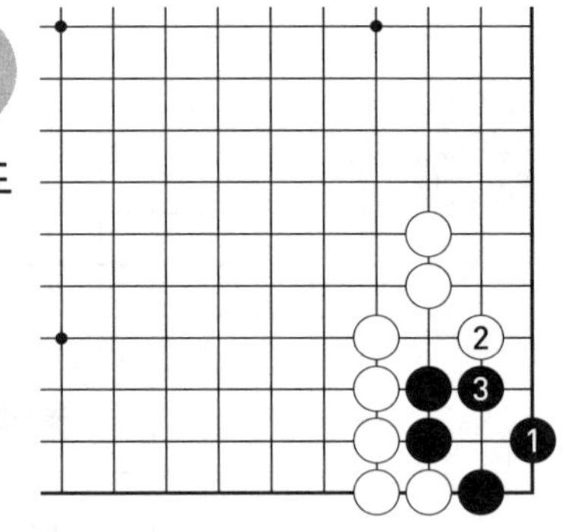

042 정해도

흑1이 좋은 수로 흑3까지 두 집이 난다.

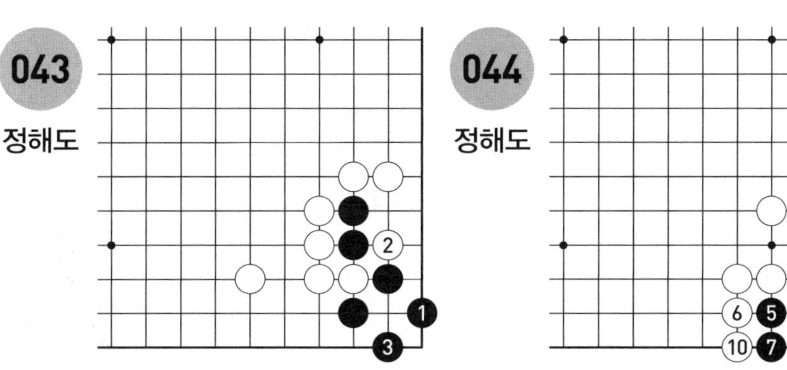

043 정해도

흑1이 맥. 백2로 백이 흑 2점을 잡을 때 흑3으로 산다.

044 정해도

흑1이 묘수. 이후 흑11까지 흑은 살아있다.

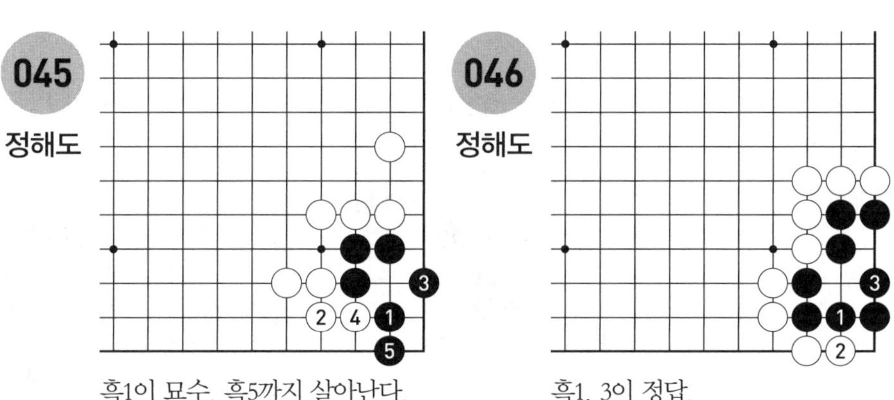

045 정해도

흑1이 묘수. 흑5까지 살아난다.

046 정해도

흑1, 3이 정답.

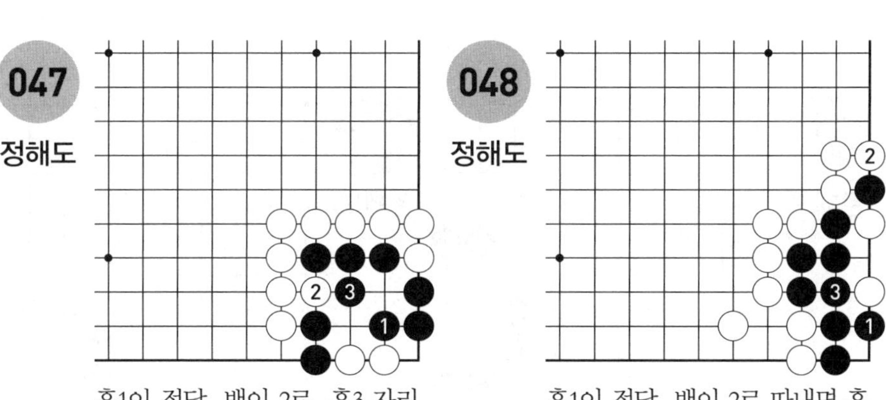

047 정해도

흑1이 정답. 백이 2로, 흑3 자리에 두면 흑이 백2에 두어 살 수 있다.

048 정해도

흑1이 정답. 백이 2로 따내면 흑3으로 뒤에서 단수치는 것이 좋은 수.

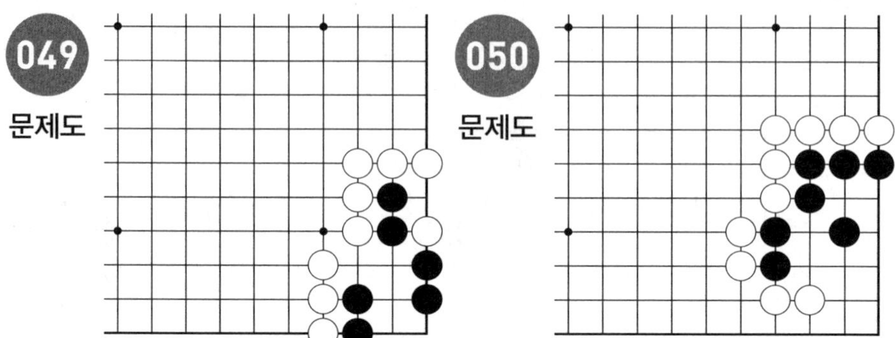

049 문제도

050 문제도

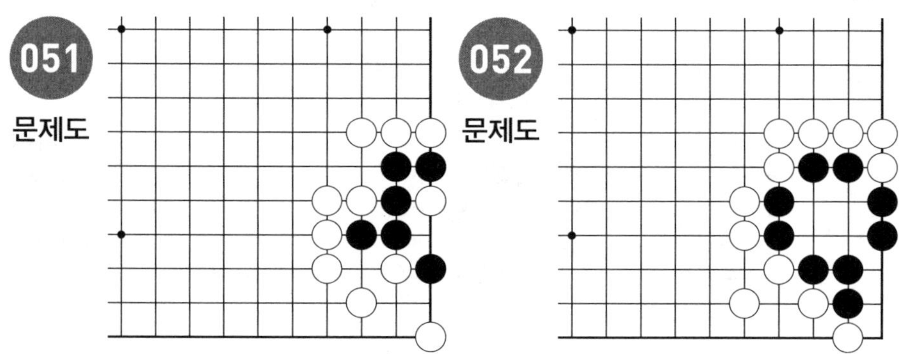

051 문제도

052 문제도

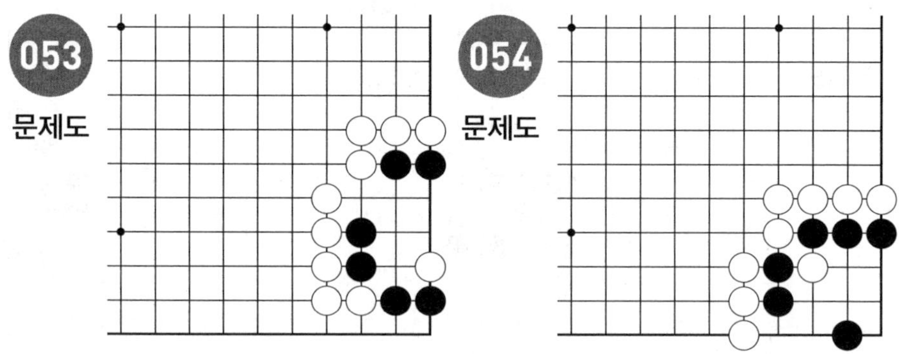

053 문제도

054 문제도

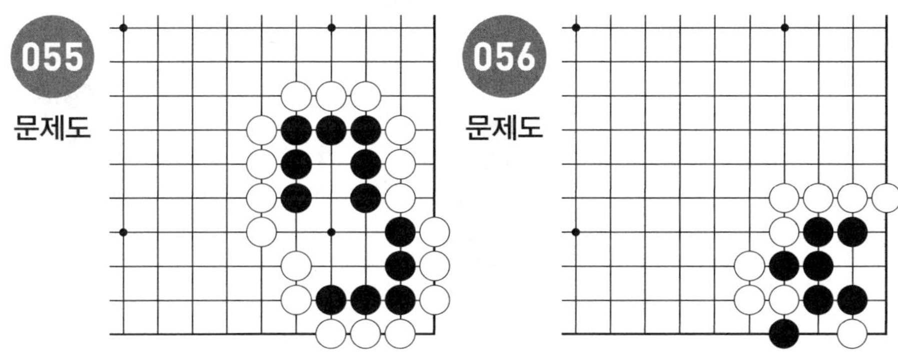

055 문제도

056 문제도

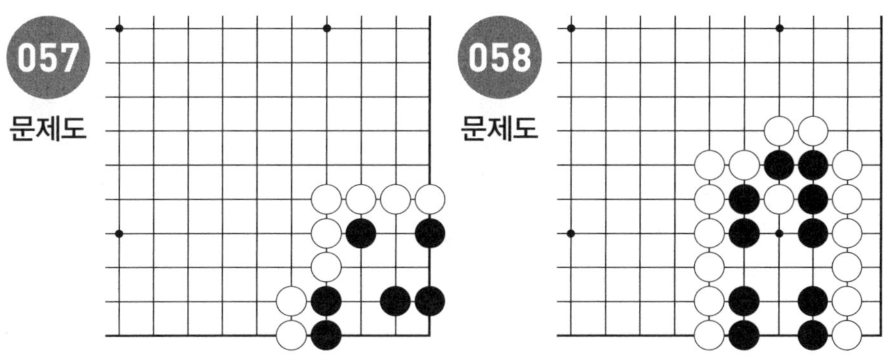

057 문제도

058 문제도

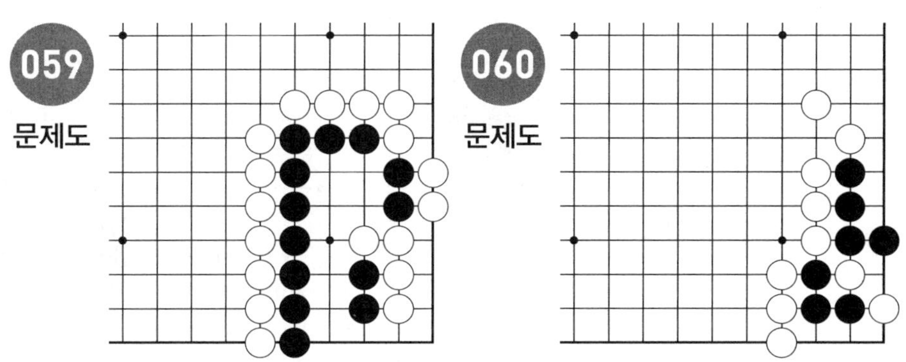

059 문제도

060 문제도

049 정해도

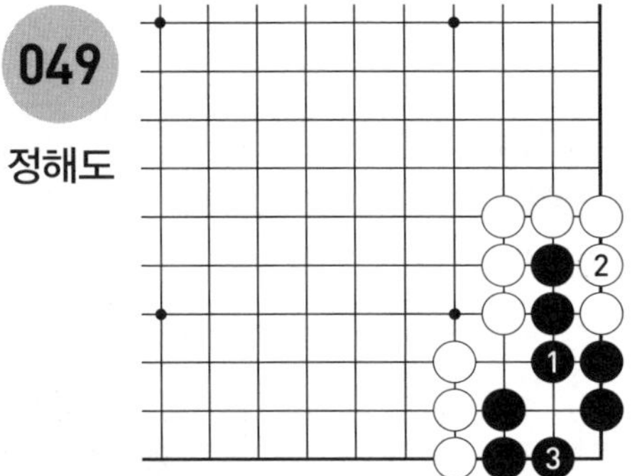

흑1이 정답. 흑이 백2 자리로 1점을 따낸다면 백이 흑1 자리 단수쳐서 흑은 살 수 없다.

050 정해도

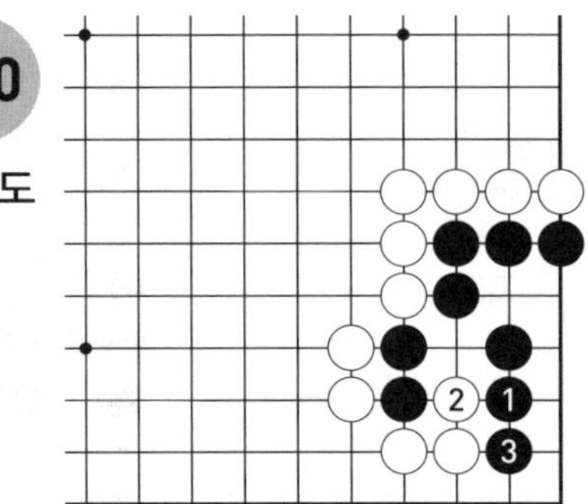

흑1, 3으로 2점을 버려야만 살 수 있다.

051 정해도

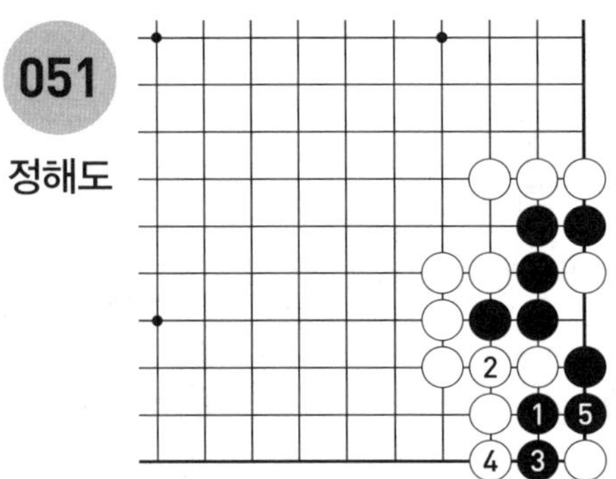

흑1로 단수치는 것이 정답. 흑5까지 살아난다.

052 정해도

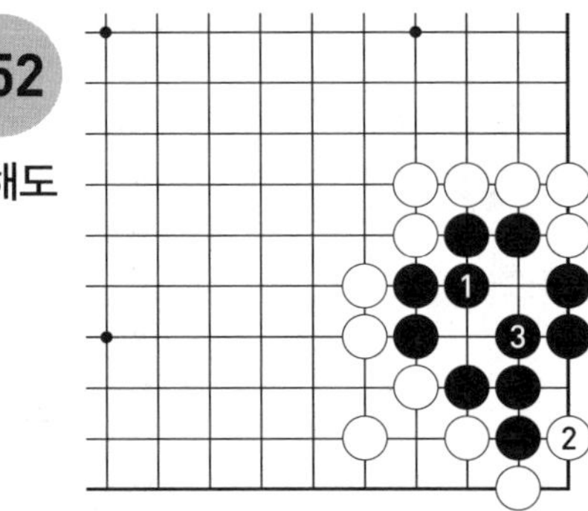

흑1, 3이 정답.

053 정해도

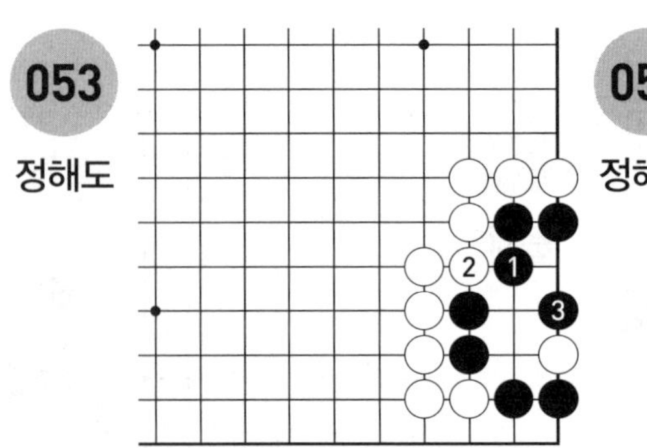

흑1, 3으로 두 눈을 만들어 살게 된다.

054 정해도

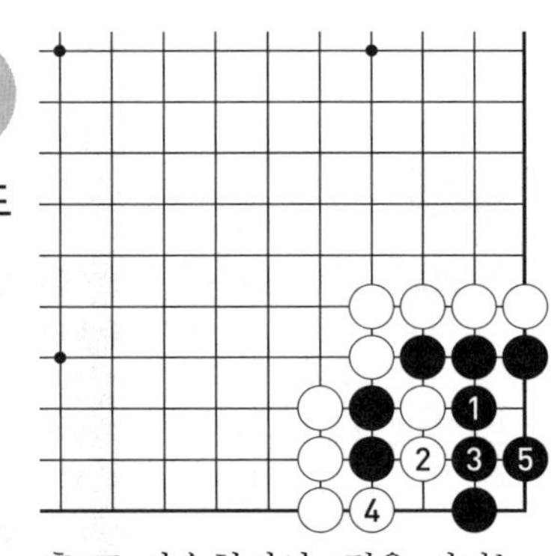

흑1로 단수치면서 2점을 버리는 것이 정답. 흑5까지 살게 된다.

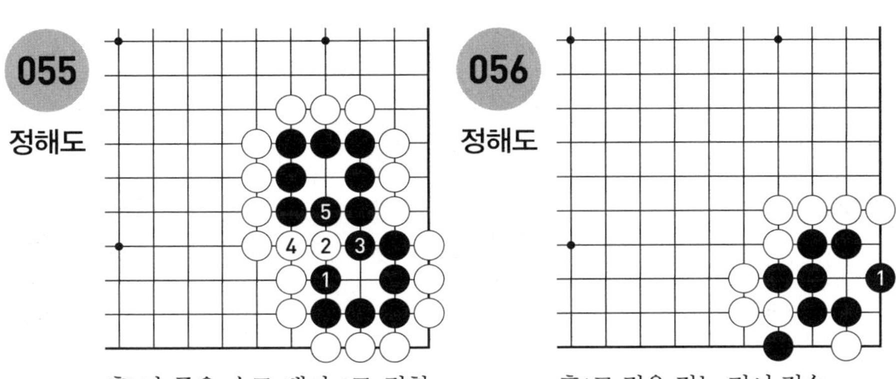

055 정해도

흑1이 좋은 수로 백이 2로 젖힐 때 흑3으로 집을 짓고 흑5까지 살게 된다.

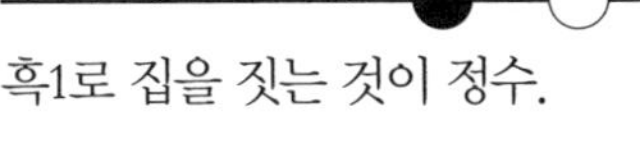

056 정해도

흑1로 집을 짓는 것이 정수.

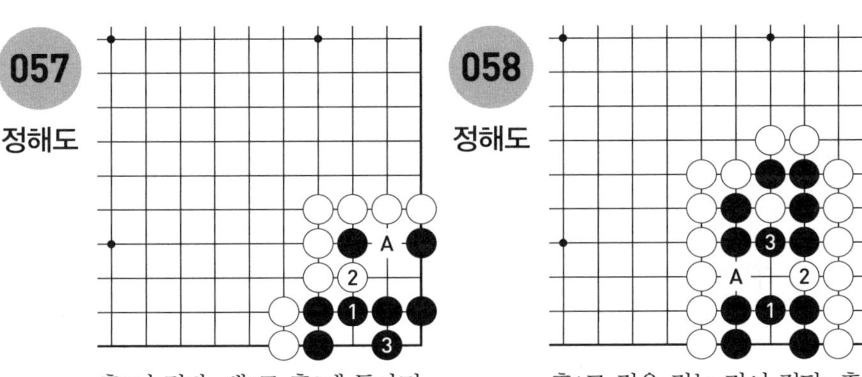

057 정해도

흑1이 정답. 백2로 흑3에 둔다면 흑은 A에 두어 살 수 있다.

058 정해도

흑1로 집을 짓는 것이 정답. 흑1로 백2의 자리에 놓으면 백이 A에 단수쳐서 흑이 잡힌다.

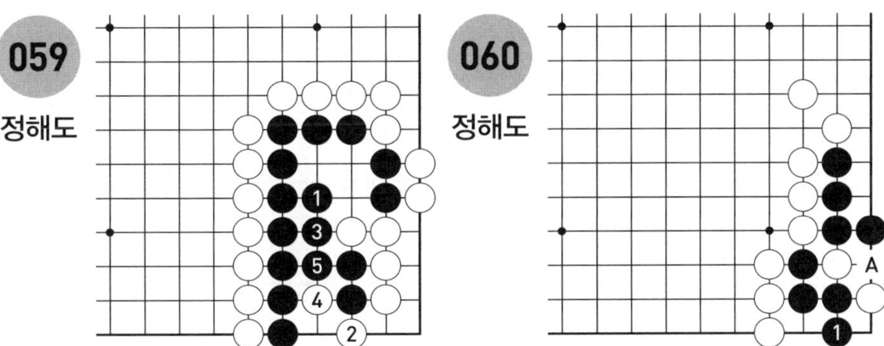

059 정해도

흑1이 정답. 흑5까지 백 1점을 촉촉수로 잡은 흑은 살아있다.

060 정해도

흑1이 맥. 흑1로 A에 두면 1자리를 백이 두어 패가 된다.

061 문제도

062 문제도

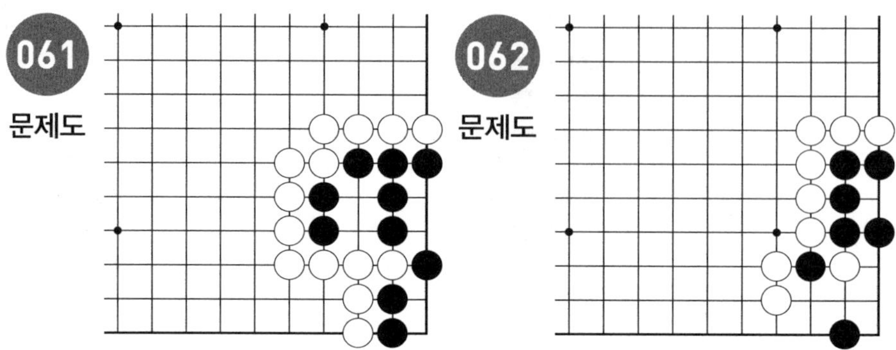

063 문제도

064 문제도

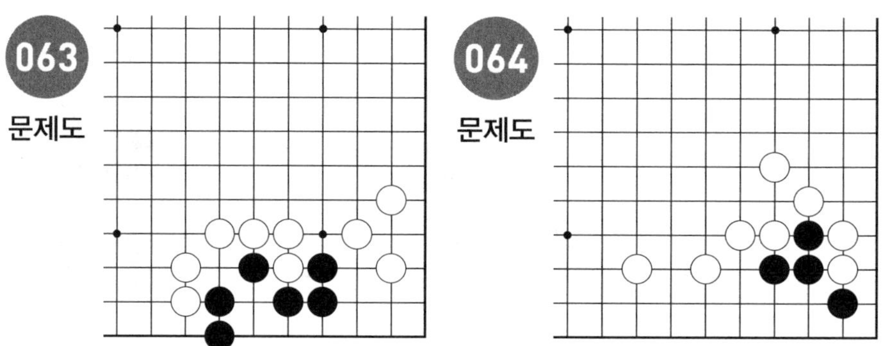

065 문제도

066 문제도

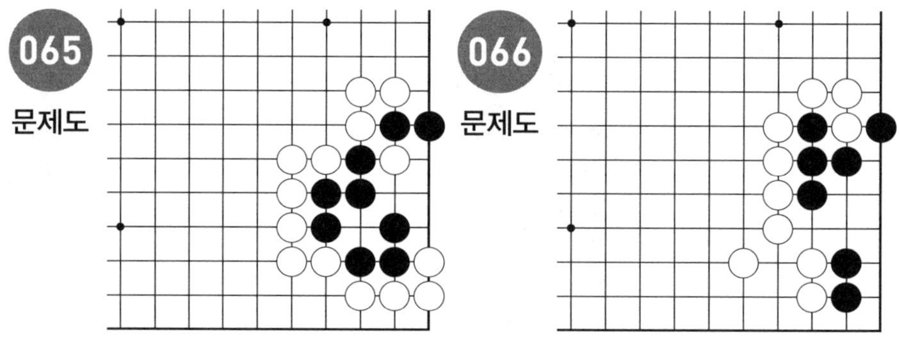

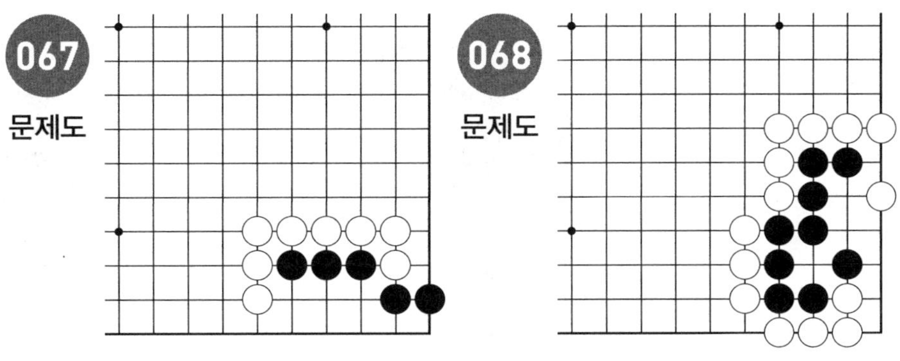

067 문제도

068 문제도

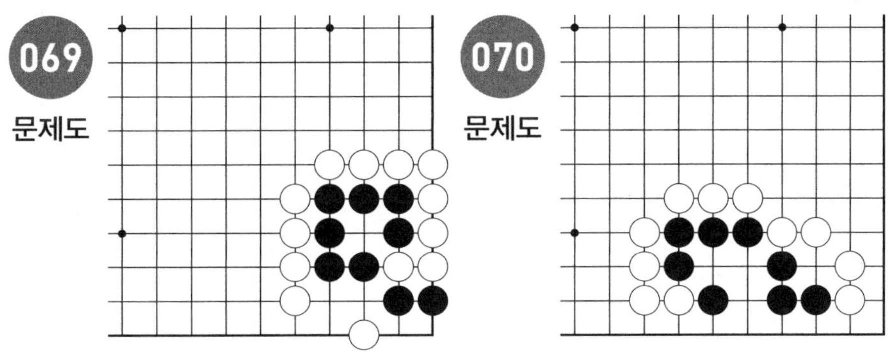

069 문제도

070 문제도

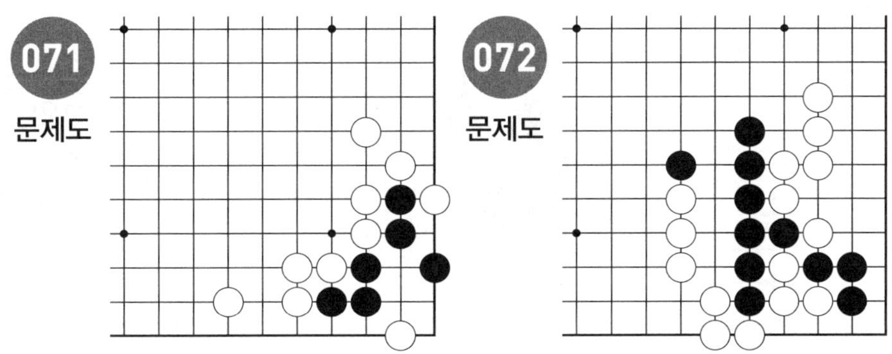

071 문제도

072 문제도

061 정해도

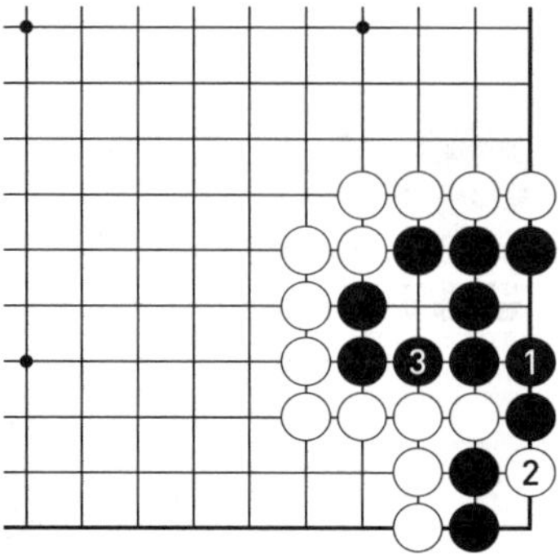

흑1이 정답. 만약 백이 백2로 흑 3 자리에 놓는다면 흑은 2 자리 에 두어 살게 된다.

062 정해도

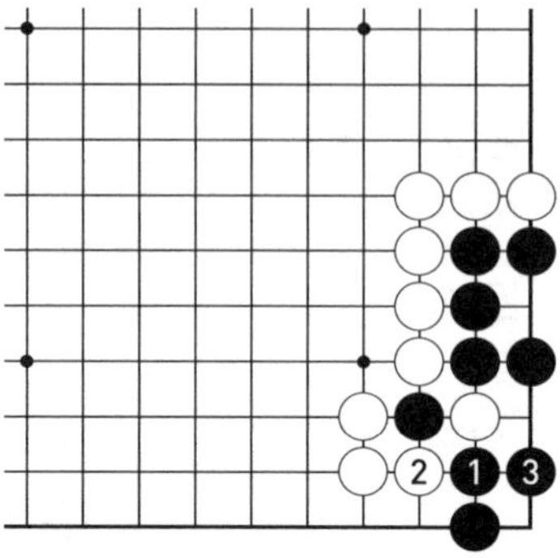

흑1로 단수치고 3으로 늘면 두 눈을 만들 수 있다.

063 정해도

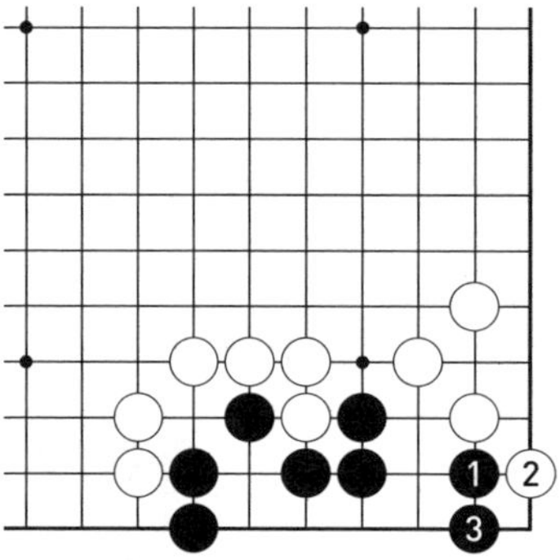

흑1, 3으로 안형을 넓히면 흑이 살 수 있다.

064 정해도

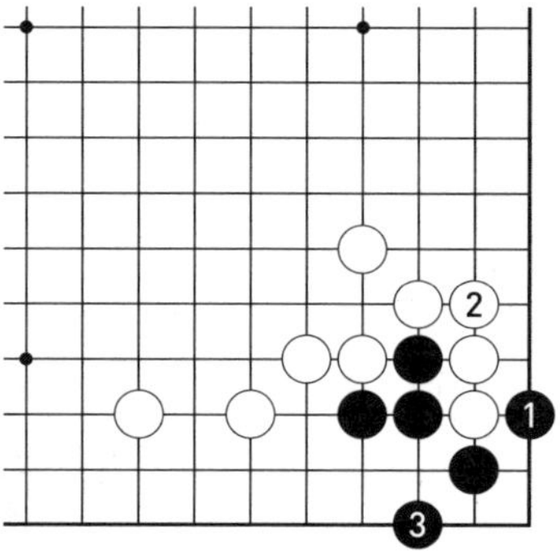

흑1로 젖힘 후 흑3으로 호구치는 수순이 정답.

065 정해도

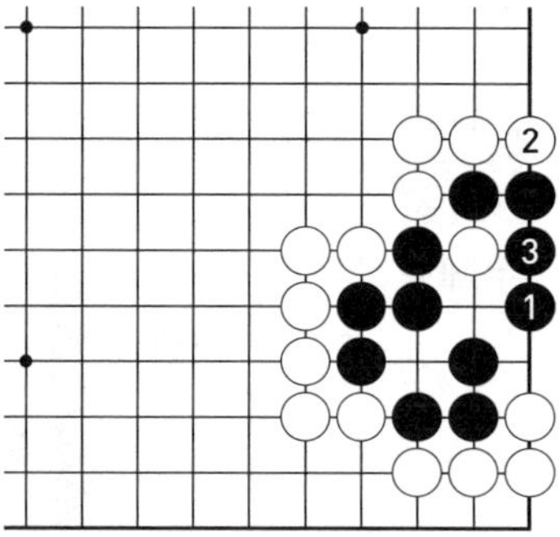

흑1이 정답. 흑이 흑1로 흑3에 두는 것은 백에게 단수를 당해 살 수 없다.

066 정해도

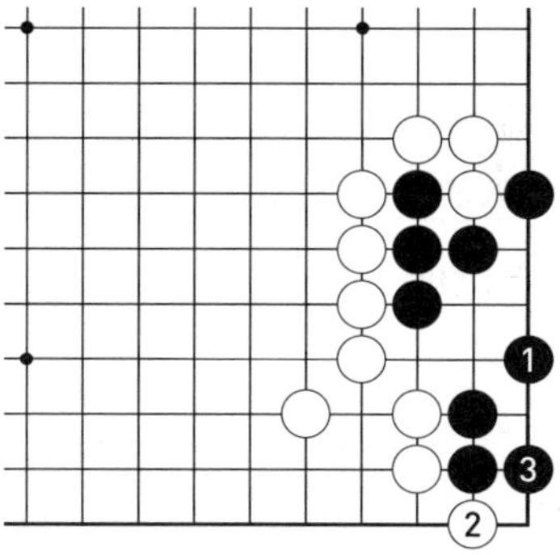

흑1이 묘수. 백이 2에 흑3으로 집을 지으면 살게 된다.

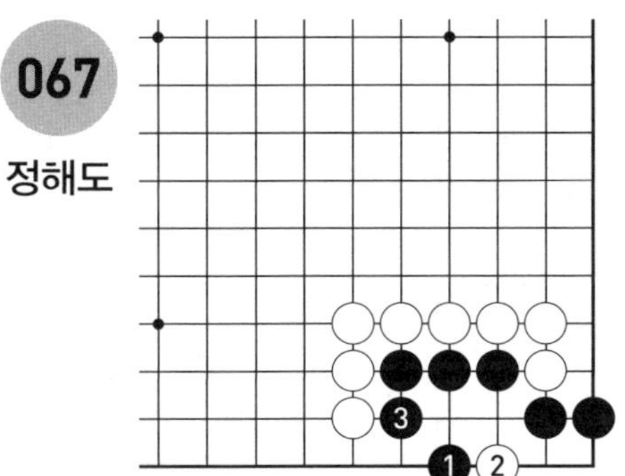

흑1이 맥. 만약 흑1로 흑3에 놓으면 백이 흑1에 치중하여 흑은 살 수 없다.

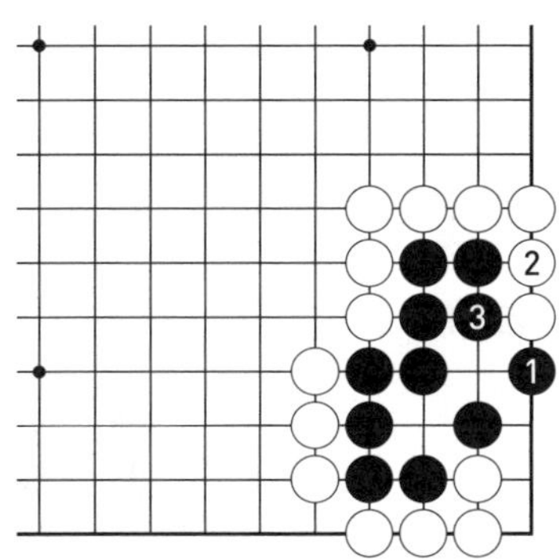

흑1이 좋은 수. 흑3까지 집을 지어 살게 된다.

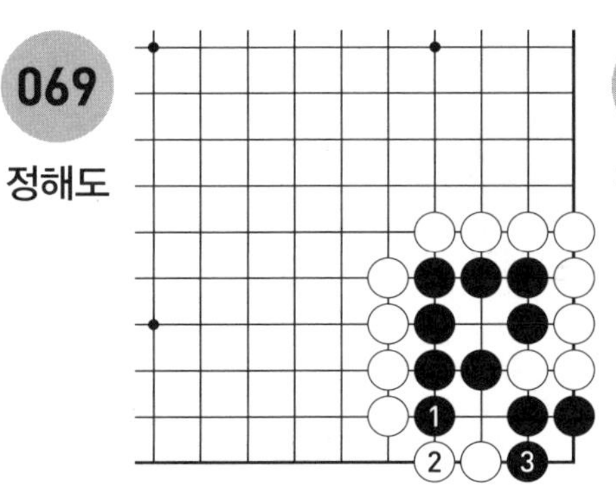

흑1과 백2의 교환 후 흑3으로 집을 짓는 것이 정답.

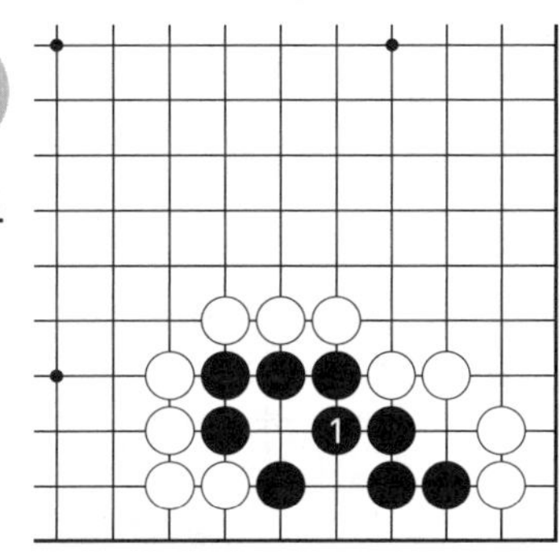

흑1이 정답. 다른 곳에 두면 1 자리에 백이 두어 흑이 잡힌다.

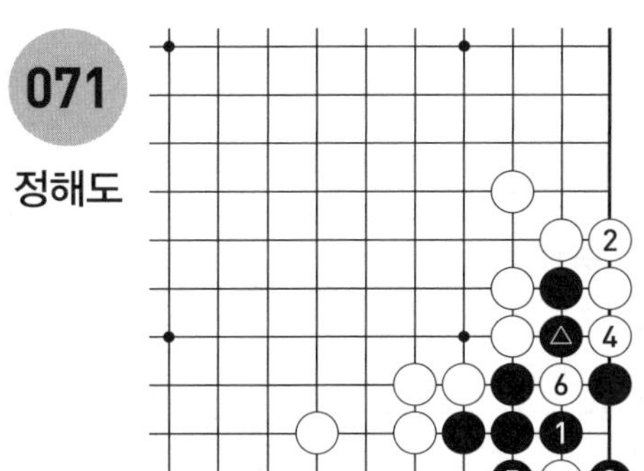

흑1로 먼저 집을 짓고 백이 2로 이을 때 흑3으로 먹여치는 수가 묘수. 흑7까지 되따내어 흑이 살았다. 흑7=▲

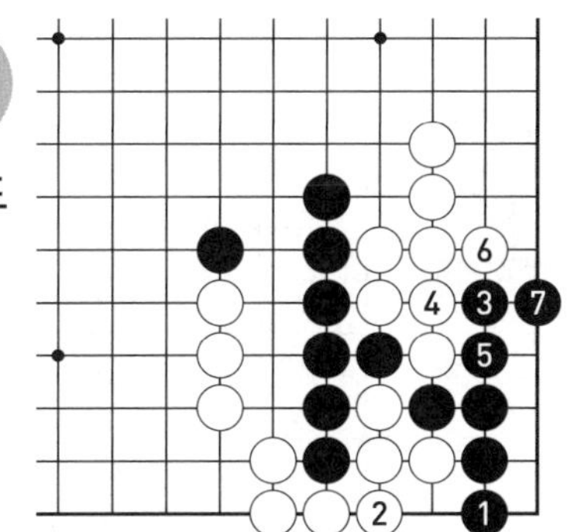

흑과 백2 교환 후 흑3으로 치중하기가 정답. 흑3으로 흑5 자리에 둔다면 백이 흑3 자리에 놓아 패가 된다.

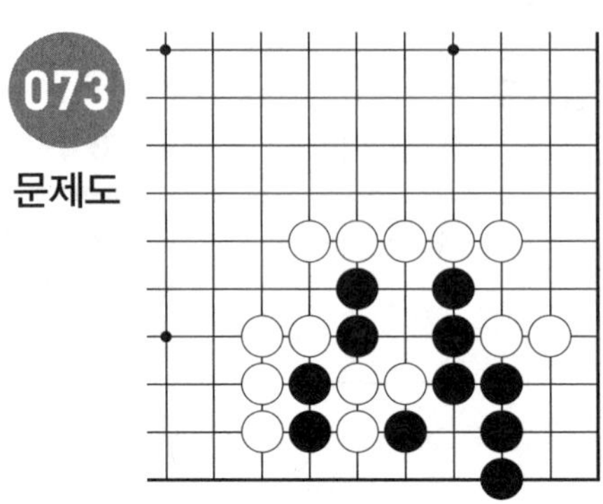

073 문제도

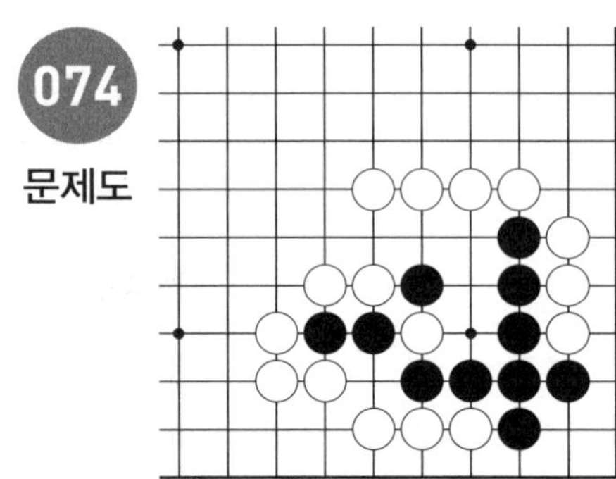

074 문제도

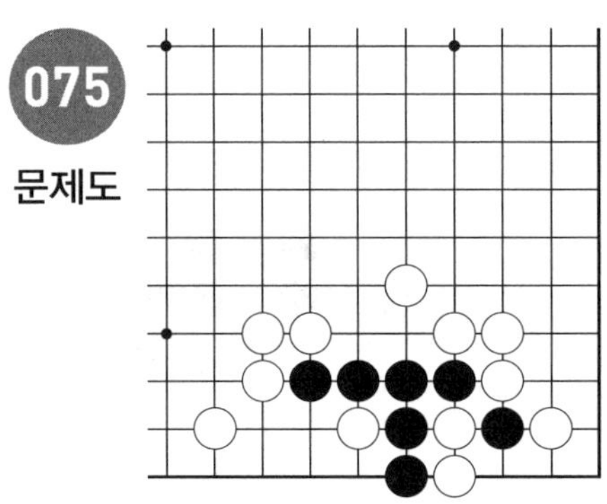

075 문제도

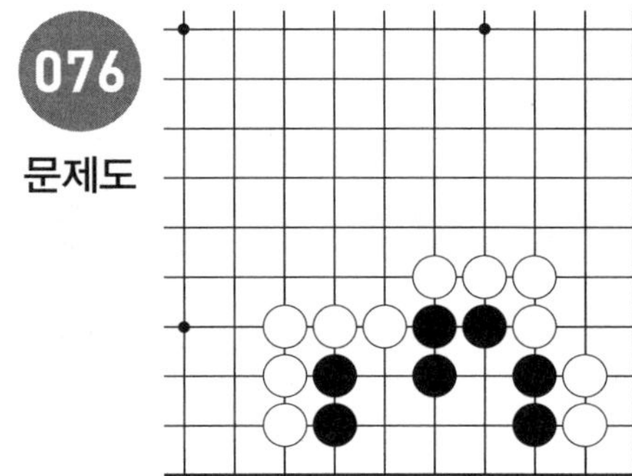

076 문제도

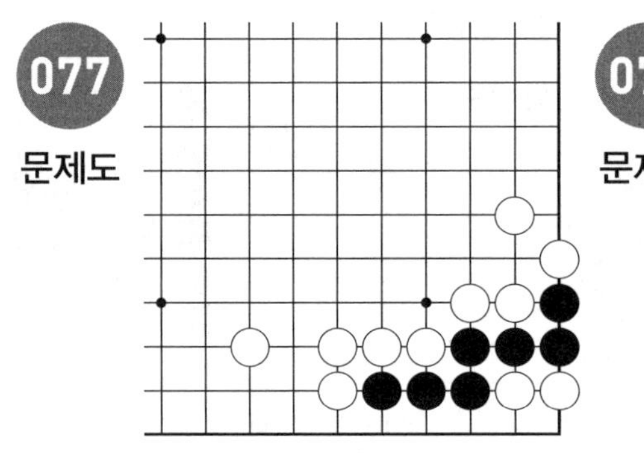

077 문제도

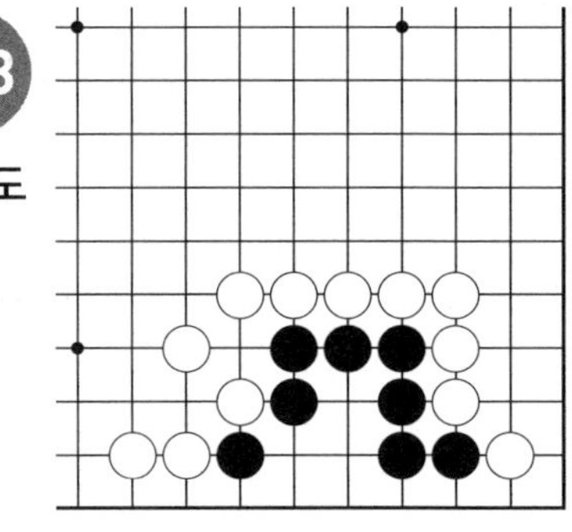

078 문제도

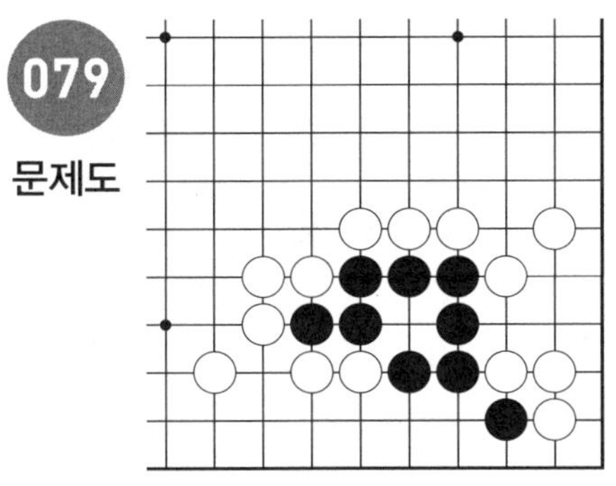

079 문제도

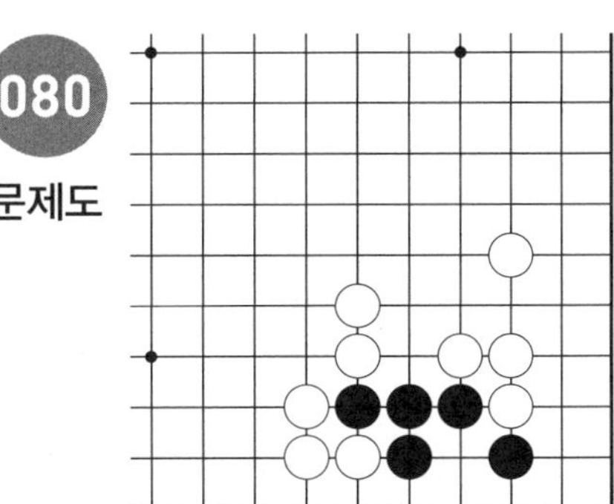

080 문제도

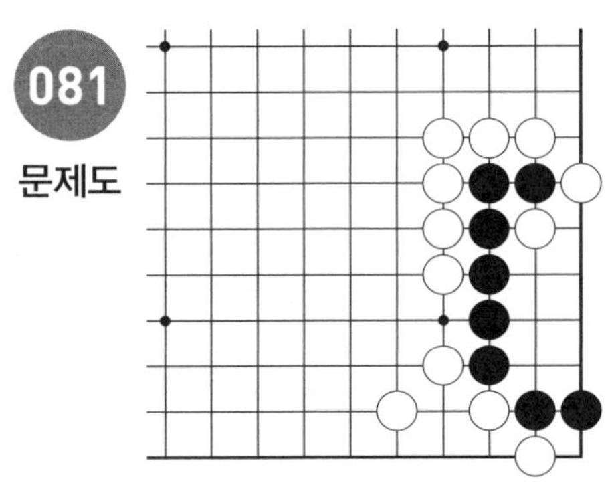

081 문제도

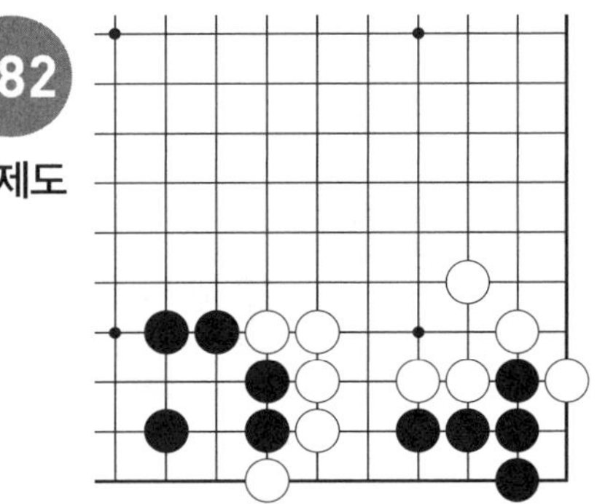

082 문제도

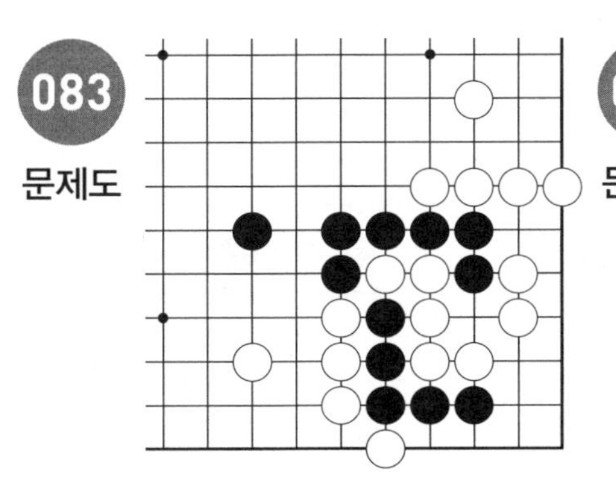

083 문제도

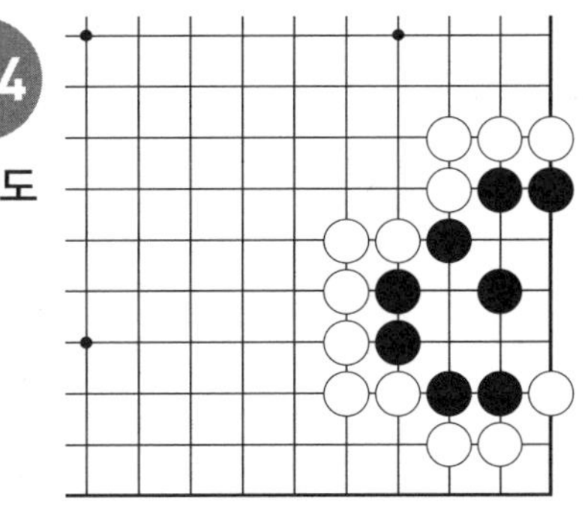

084 문제도

073
정해도

흑1로 내려서는 것이 정답. 백이 흑3에 둔다면 흑이 백2에 늘어 백 3점을 잡을 수 있다.

074
정해도

흑1이 묘수. 백2로 따내면 흑3으로 단수친 후 A에 놓아 집을 지으면 살게 된다.

075
정해도

흑1로 젖히는 것이 정답. 백2로 받을 수밖에 없을 때 흑3으로 살게 된다.

076
정해도

흑1이 묘수. 흑9까지 필연적인 수순으로 흑은 살게 된다.

077
정해도

흑1로 느는 것이 정답. 백이 2에 흑3으로 먹여쳐 살 수 있다. 흑이 첫수로 흑3에 두면 백이 1로 젖혀 흑이 잡힌다.

078
정해도

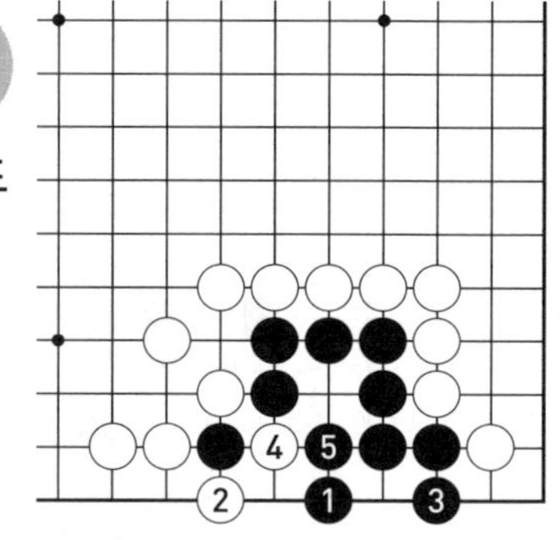

흑1이 급소. 흑5까지 흑은 살아 있다.

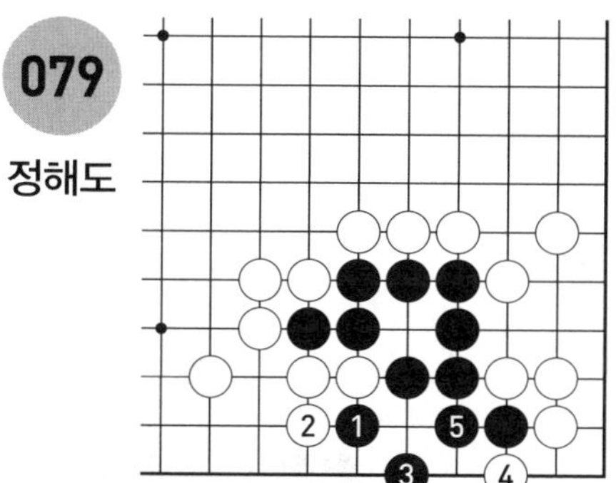

079 정해도

흑은 1로 젖히고 3으로 호구치는 것이 정답. 흑5까지 살게 된다.

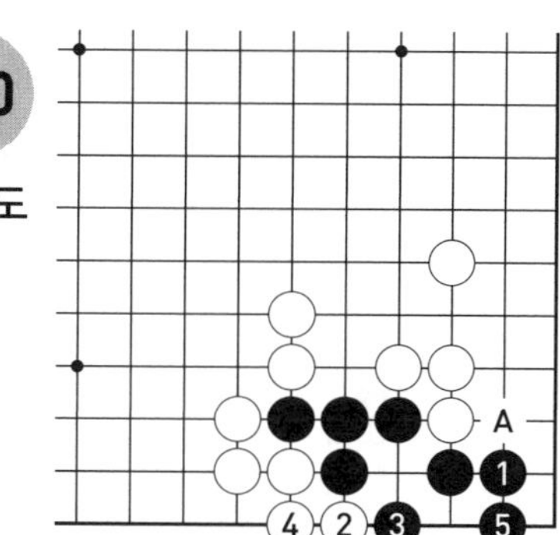

080 정해도

흑1로 느는 것이 정답. 흑5가 좋은 수. 흑5로 A에 놓으면 백이 5에 두어 흑이 잡힌다.

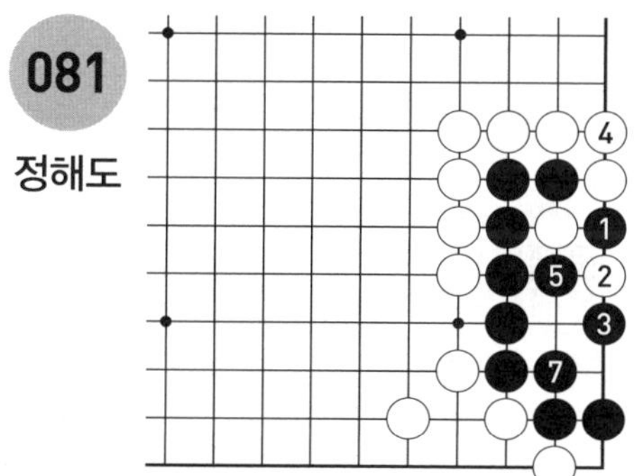

081 정해도

흑1로 먹여치는 것이 묘수. 흑7까지 살게 된다. 백6=흑1

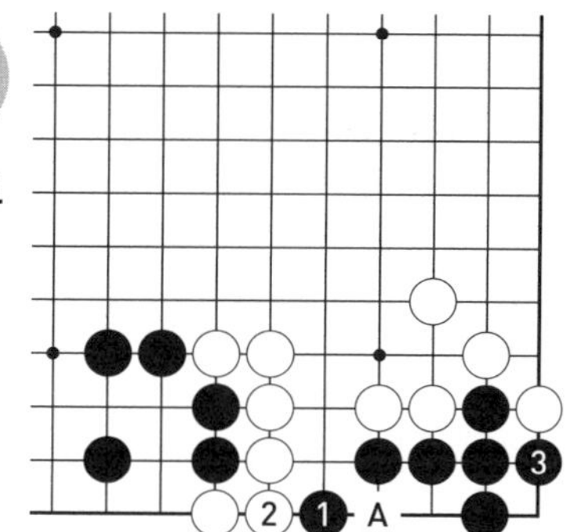

082 정해도

흑1로 선수하여 집을 짓는 것이 정답. 흑3에 먼저 놓으면 백이 A에 붙여 흑집이 옥집이 된다.

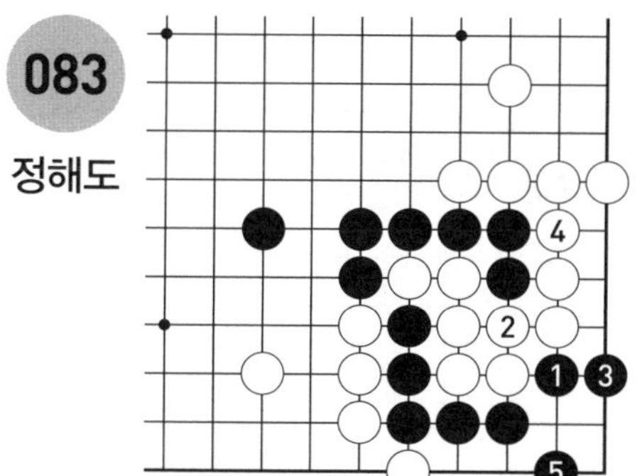

083 정해도

흑1, 3의 수순이 정답. 백4로 이을 수밖에 없을 때 흑5로 살게 된다.

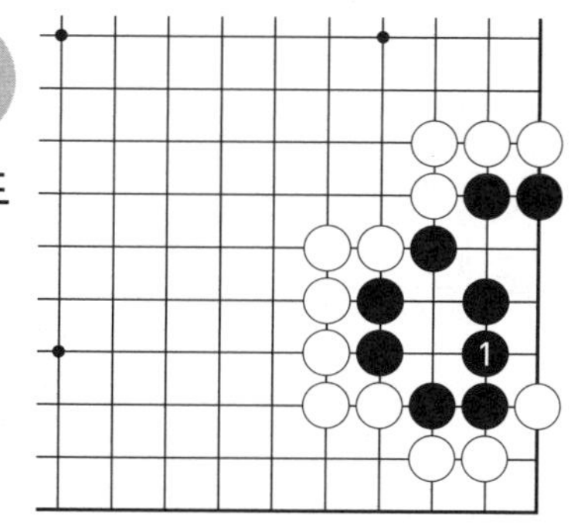

084 정해도

흑1이 정답. 백은 흑을 잡을 방법이 없다.

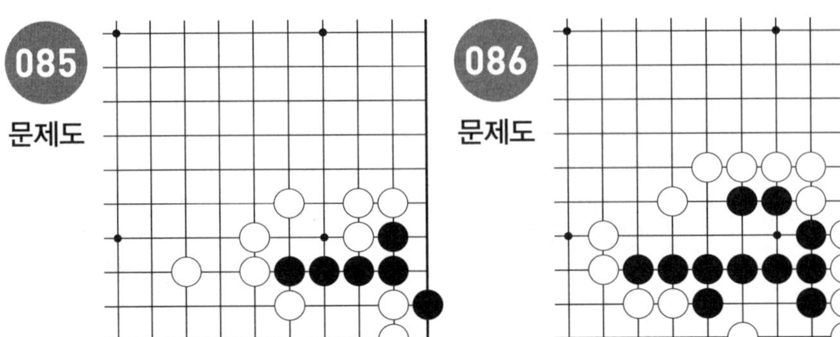

085 문제도

086 문제도

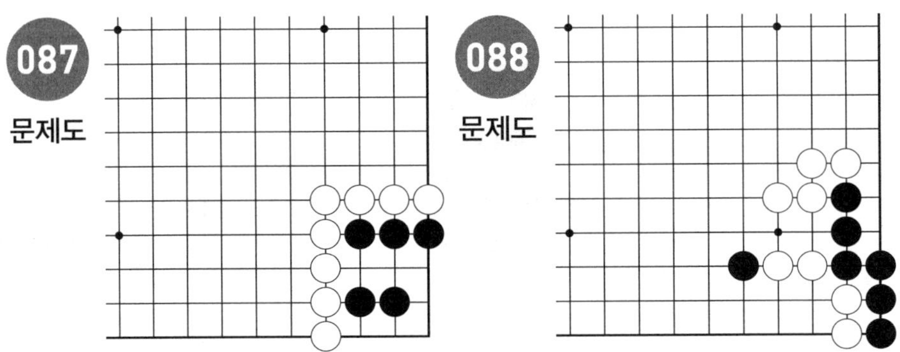

087 문제도

088 문제도

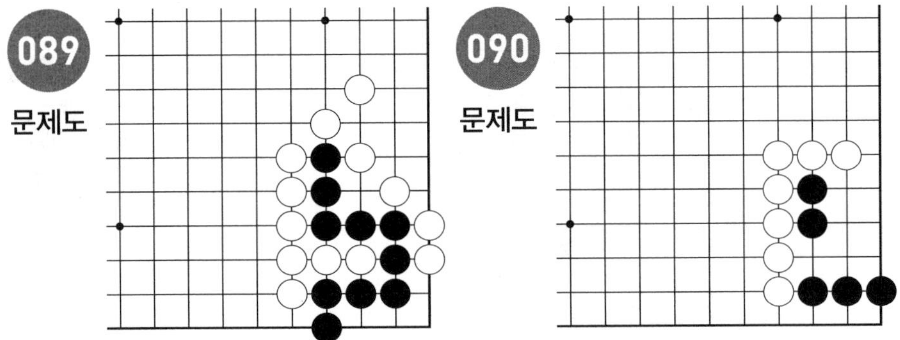

089 문제도

090 문제도

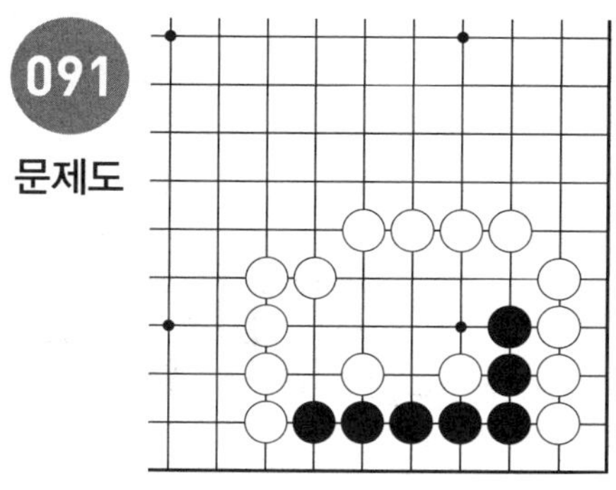

091 문제도

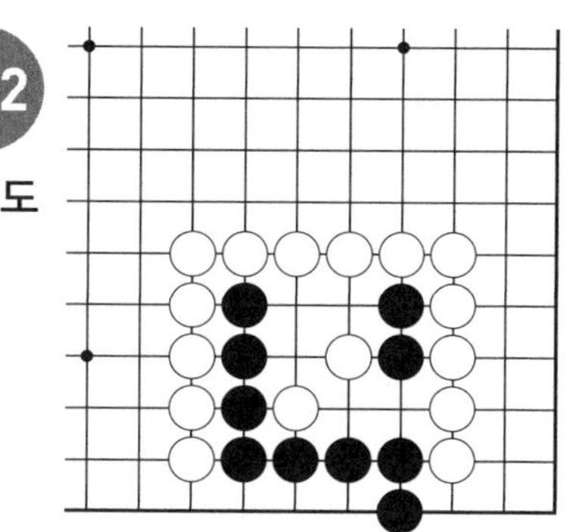

092 문제도

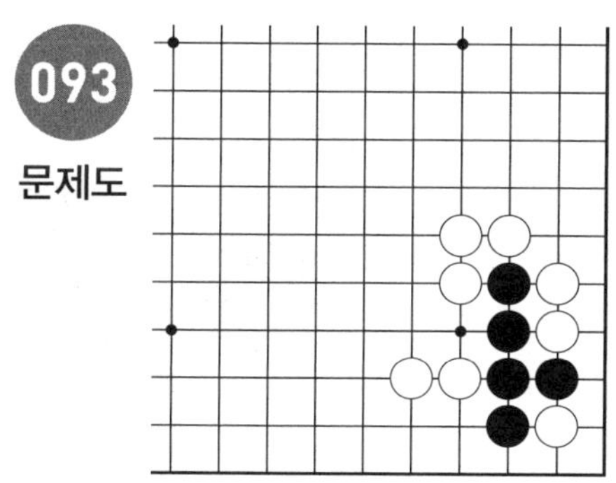

093 문제도

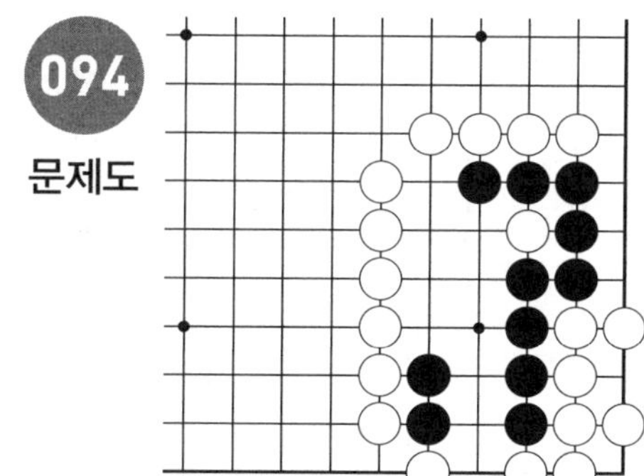

094 문제도

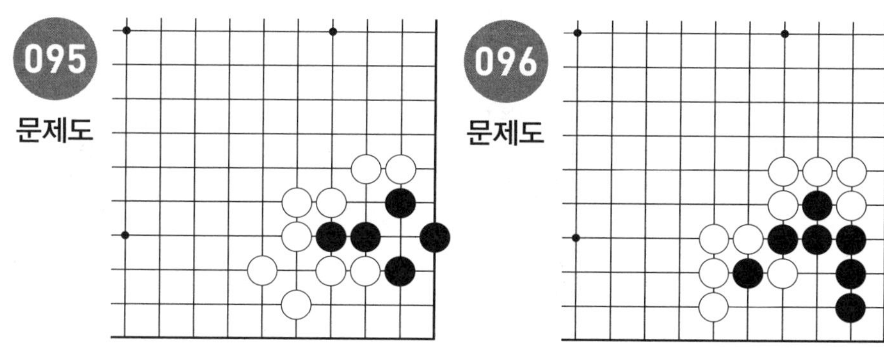

095 문제도

096 문제도

085
정해도

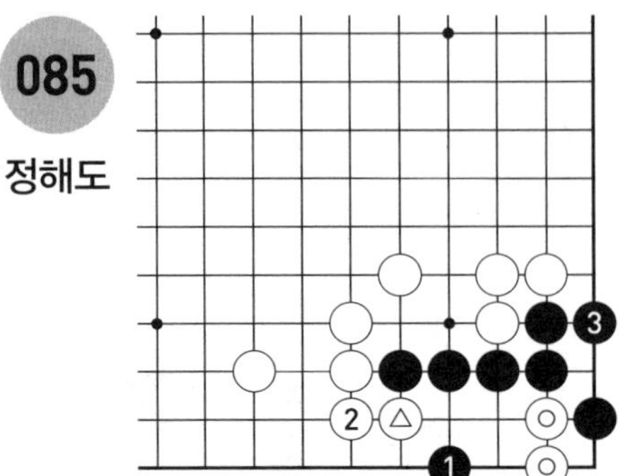

흑1이 정답. 백2와 흑3을 맞보기로 살게 된다.

086
정해도

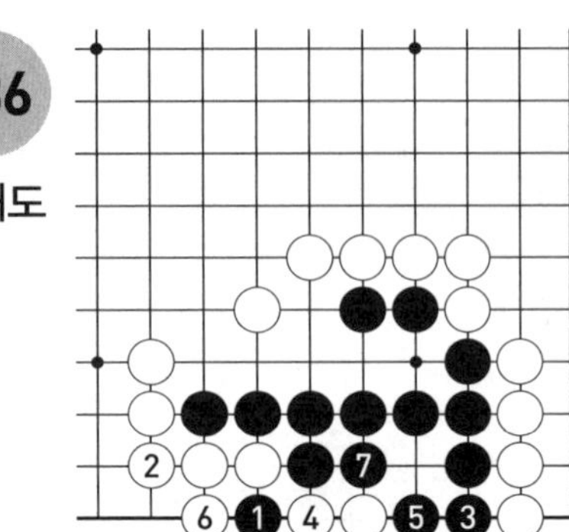

흑1로 젖히고 흑3으로 막는 것이 수순. 흑7까지 살게 된다.

087
정해도

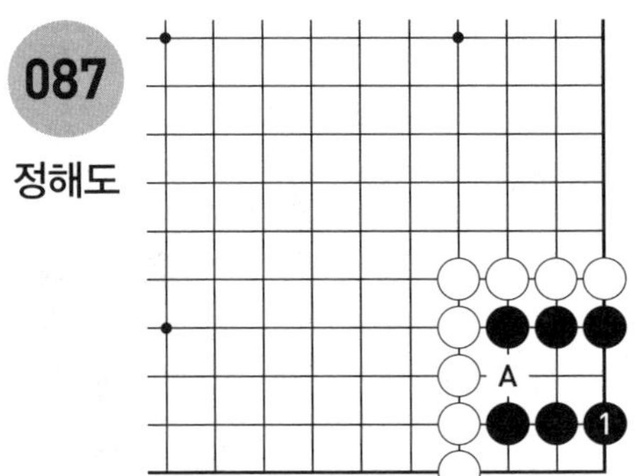

흑1이 정답. 흑1로 A에 놓으면 백이 흑1에 두어 패가 된다.

088
정해도

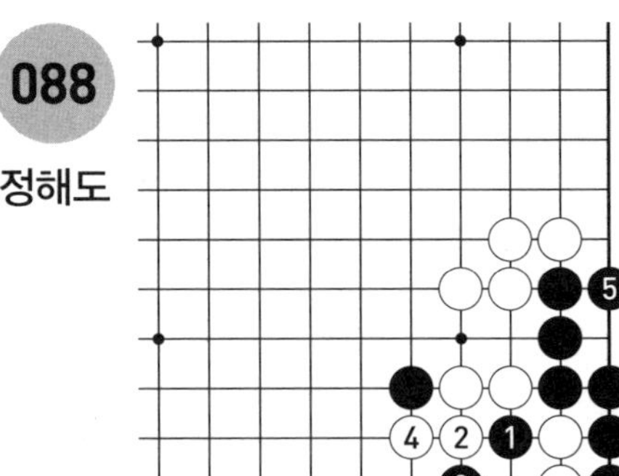

흑1로 끊고 백2로 막을 때 흑3이 정답.

089
정해도

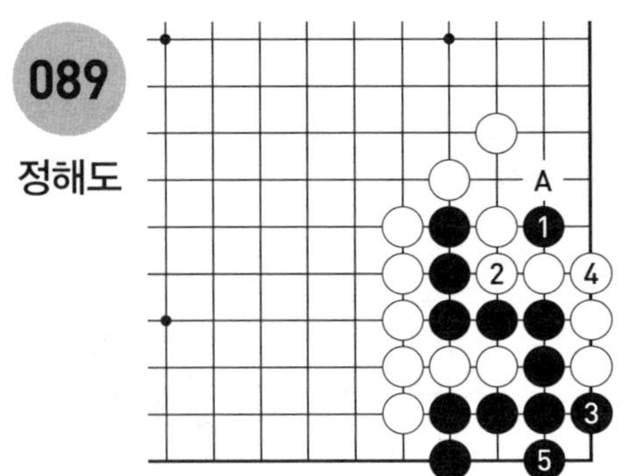

흑1이 묘수. 백이 2로 잇거나 A로 둘 때 흑5까지 흑이 살 수 있다.

090
정해도

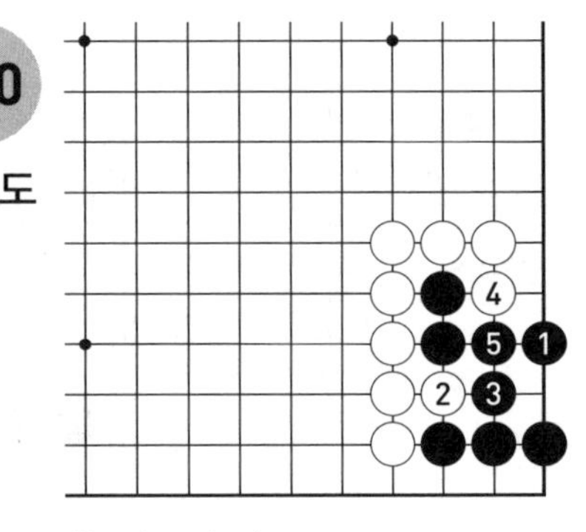

흑1이 좋은 수.

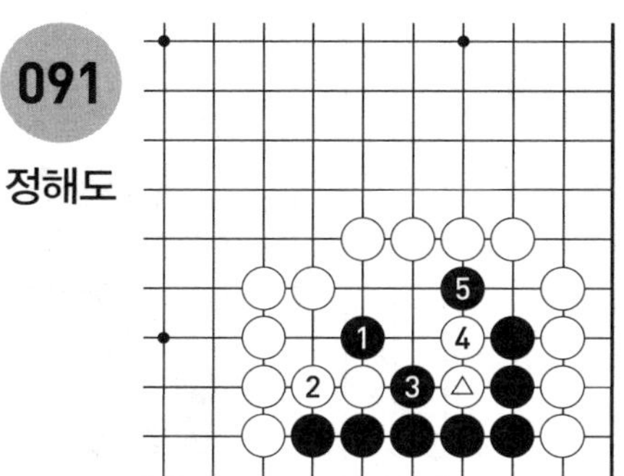

흑1이 묘수. 백2로 4에 두면 흑이 5에 두어 살 수 있다.

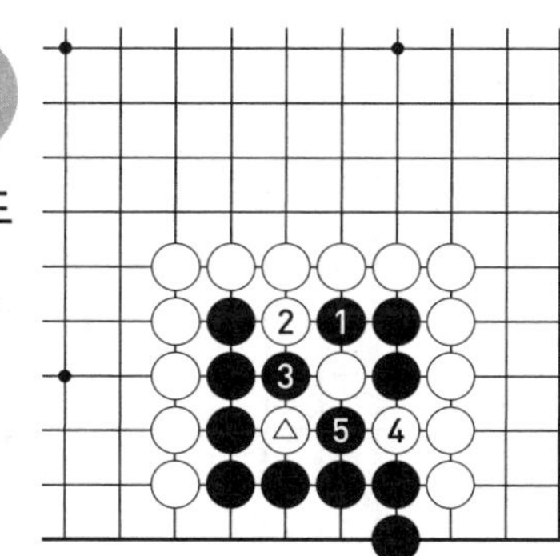

흑1로 하면서 3점을 버리는 것이 정답. 흑3 후에 백△가 잡히게 되어 흑은 살았다.

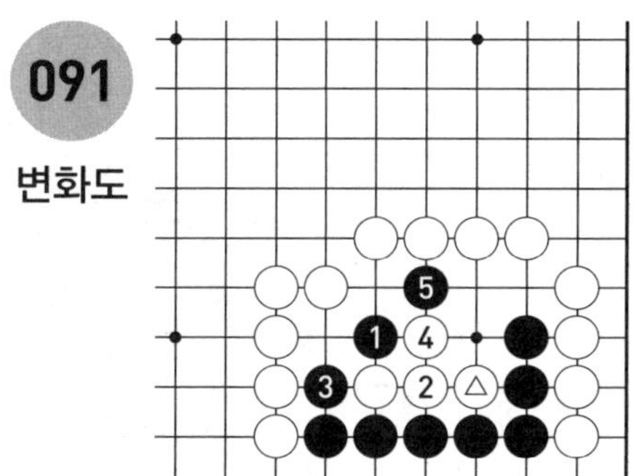

흑1 후에 백이 2로 이으면 흑은 3, 5로 백돌을 잡을 수 있다.

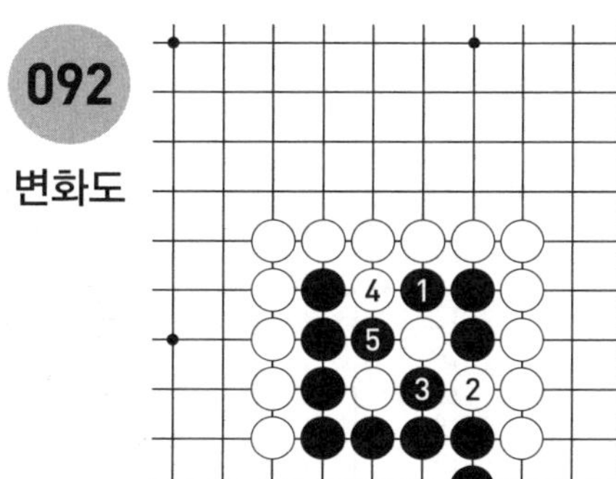

백이 만약 2에 둔다면 마찬가지로 흑은 3, 5로 살게 된다.

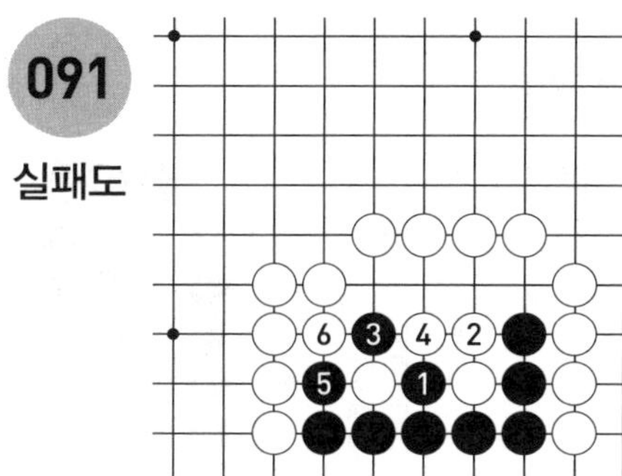

흑1로 먼저 단수치는 착오를 하면 백6까지 흑은 살 수 없다.

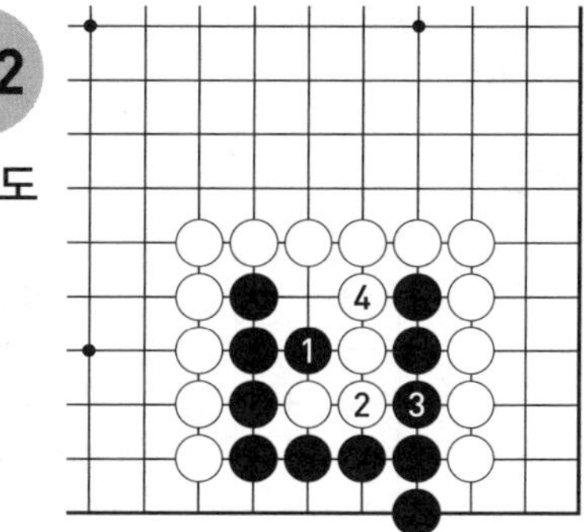

흑1로 먼저 단수치는 것을 백2로 흑돌이 쉽게 잡힌다.

093 정해도

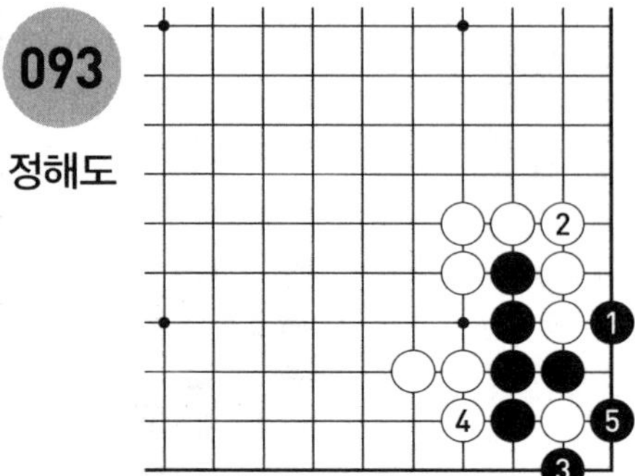

흑1 젖힘에 이어 흑3 단수가 정답. 백은 4로 막을 수밖에 없고 흑5로 따내어 살게 된다.

094 정해도

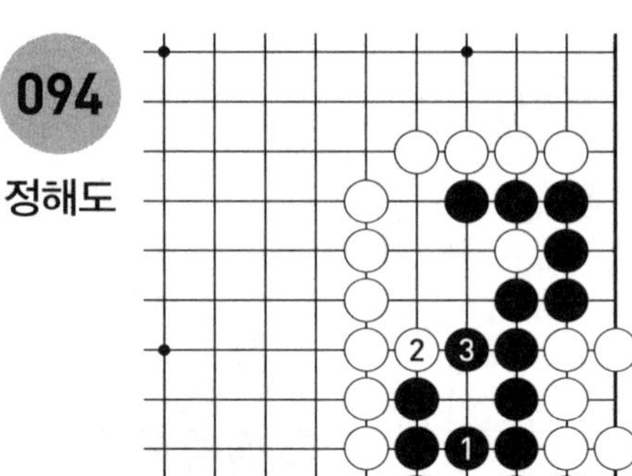

흑1이 정답. 백2 다음에 흑3으로 집을 지어 살게 된다.

093 변화도

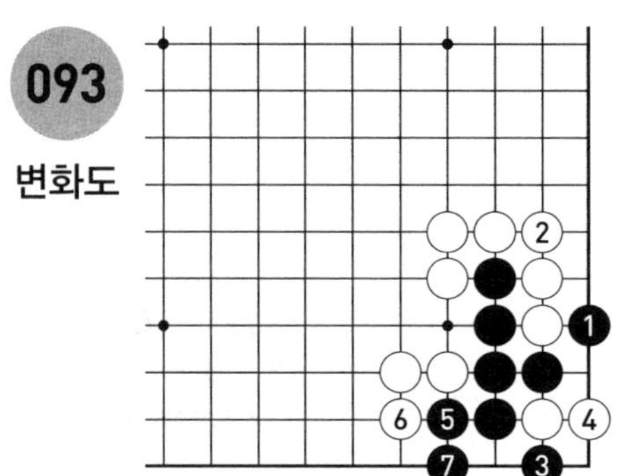

만약 백4가 아래로 늘면 흑은 5, 7로 집을 지어 역시 살게 된다.

094 변화도

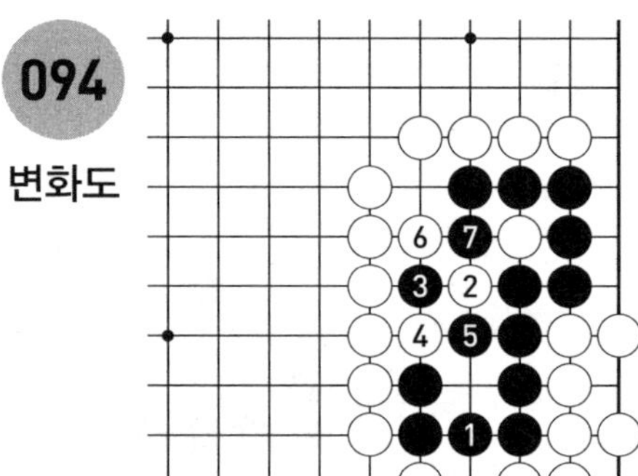

만약 백이 2의 자리로 가면 흑3이 교묘한 수이다. 흑7까지 여전히 살았다.

093 실패도

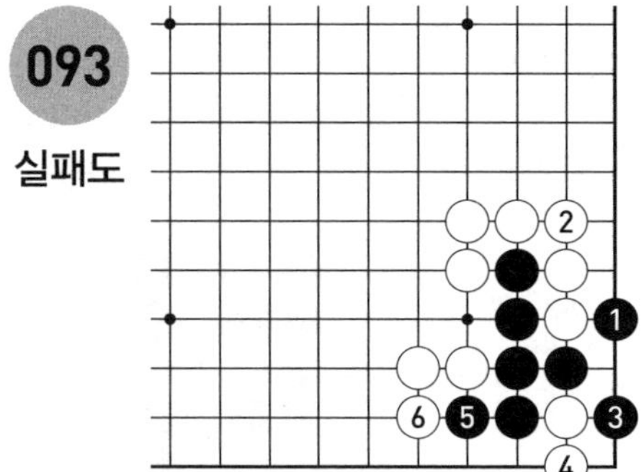

흑3으로 단수치는 착오를 하면 백4 후에 흑은 한 눈밖에 없다.

094 실패도

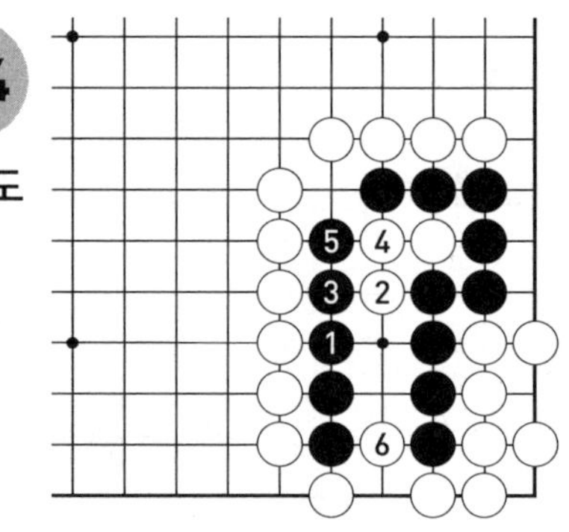

흑1로 느는 것은 실패. 계속해서 백 6까지 흑은 살 수 없다.

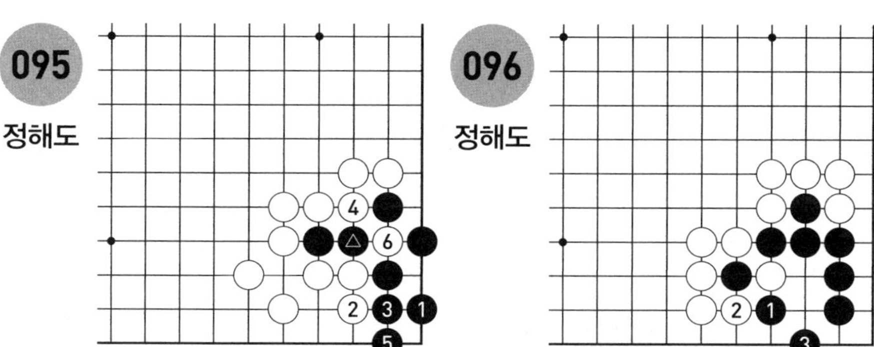

095 정해도

흑1이 좋은 수이며 흑5로 집을 짓는 것이 정답. 흑7로 되따내어 살아난다. 흑7=▲

096 정해도

흑1로 단수치고, 흑 3에 놓는 것이 정답. 흑은 살았다.

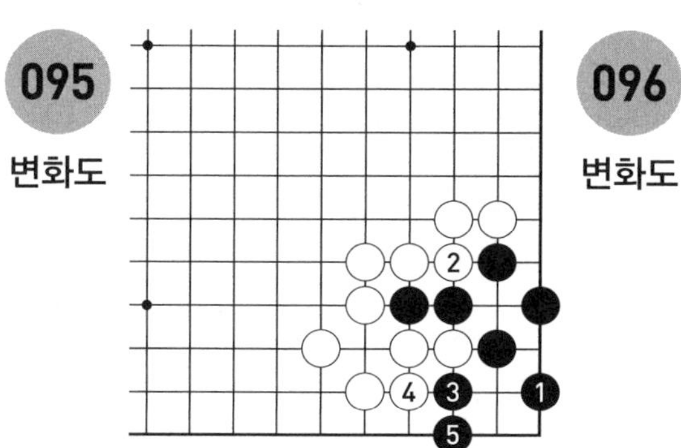

095 변화도

백2로 단수칠 때 흑3 젖히고 흑5로 집을 지어 역시 살게 된다.

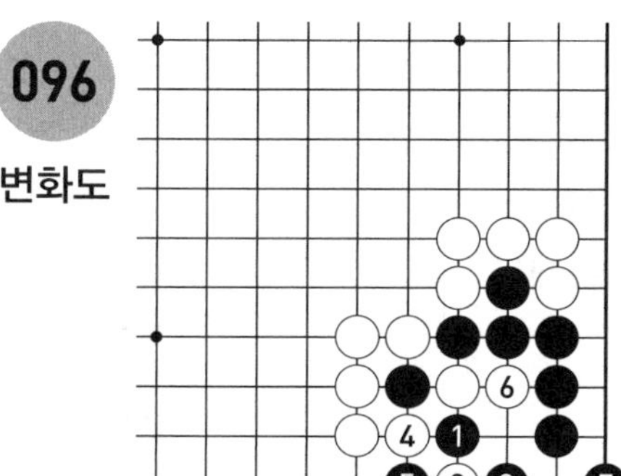

096 변화도

만약 백이 2와 같이 붙이면 흑3으로 막는다. 흑7이 묘수, 흑은 살았다.

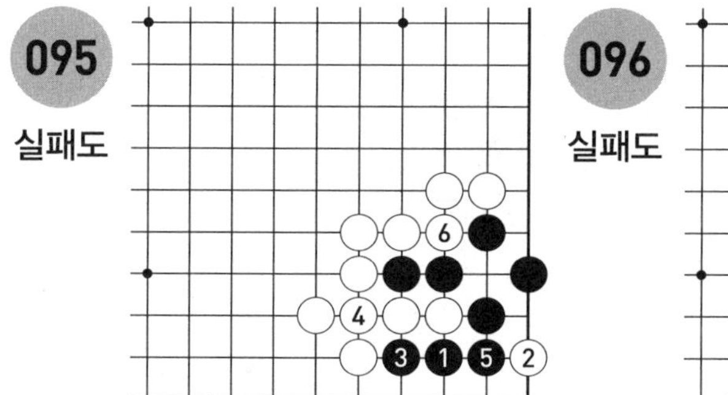

095 실패도

흑1로 먼저 젖힘은 실패. 백2에서 6까지 흑은 살 수 없다.

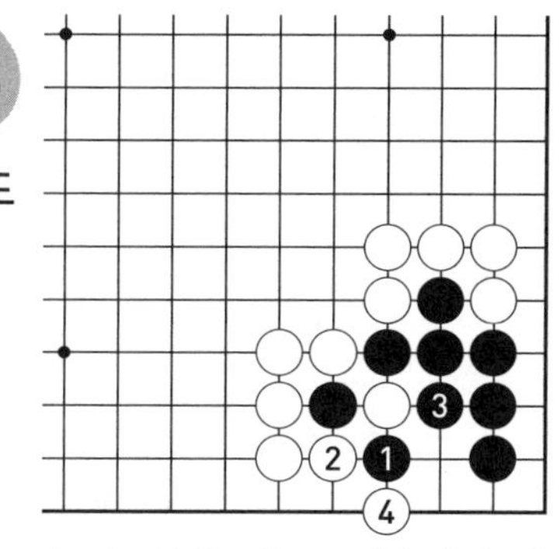

096 실패도

흑3은 실패. 백4로 단수쳐서 패가 된다.

097
문제도

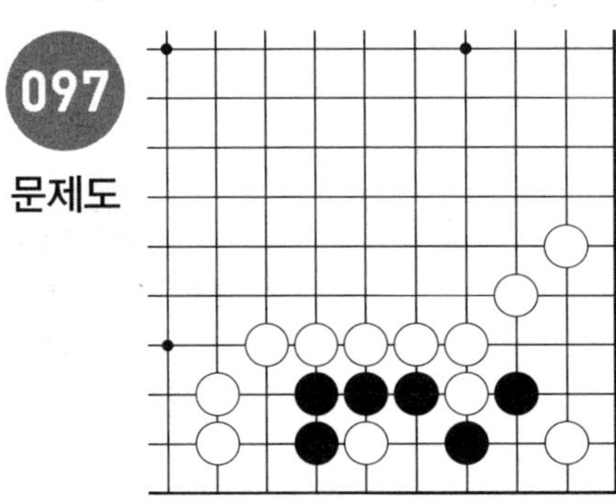

098
문제도

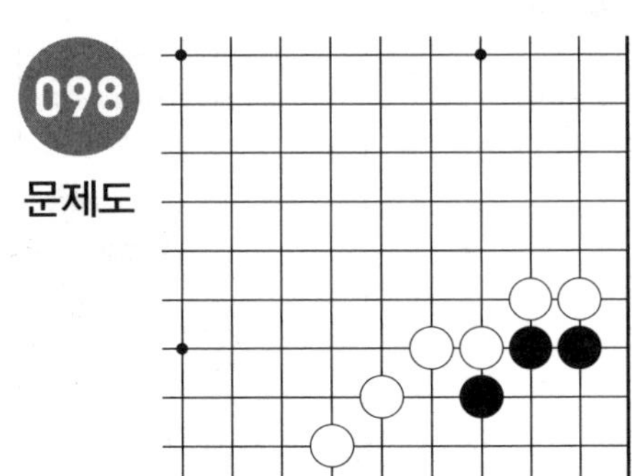

099
문제도

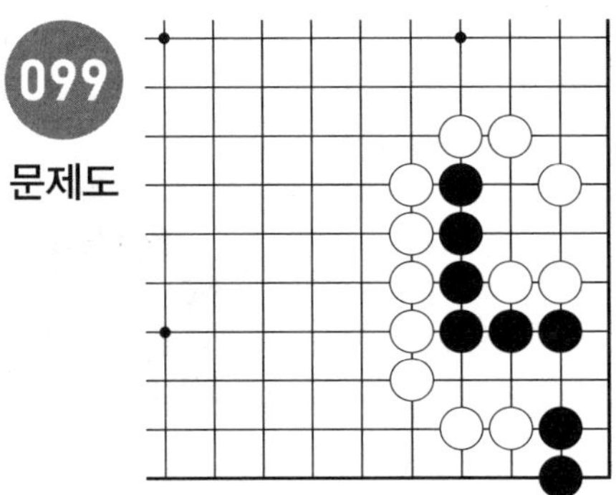

100
문제도

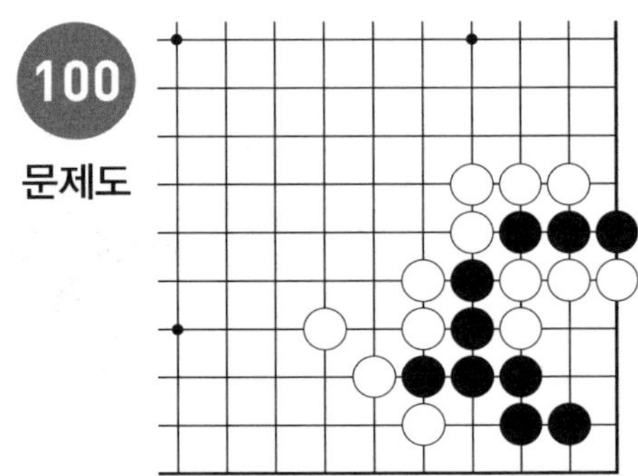

101
문제도

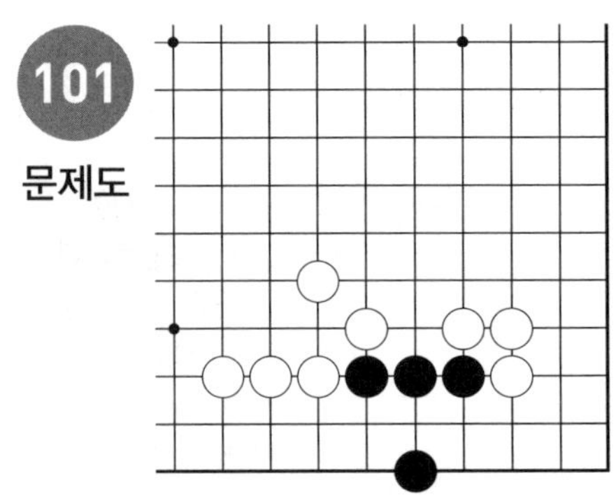

102
문제도

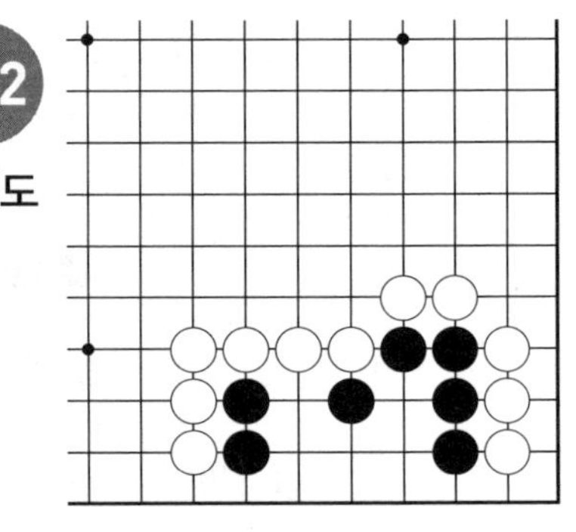

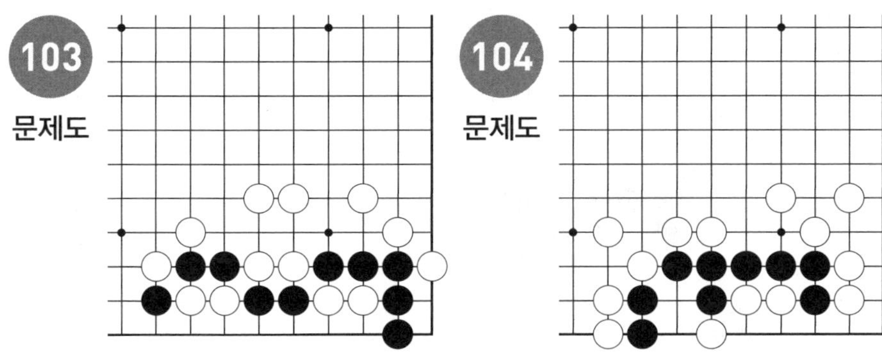

103
문제도
104
문제도

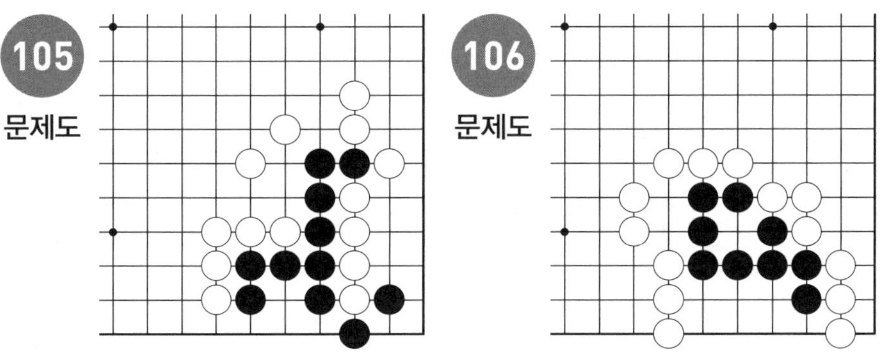

105
문제도
106
문제도

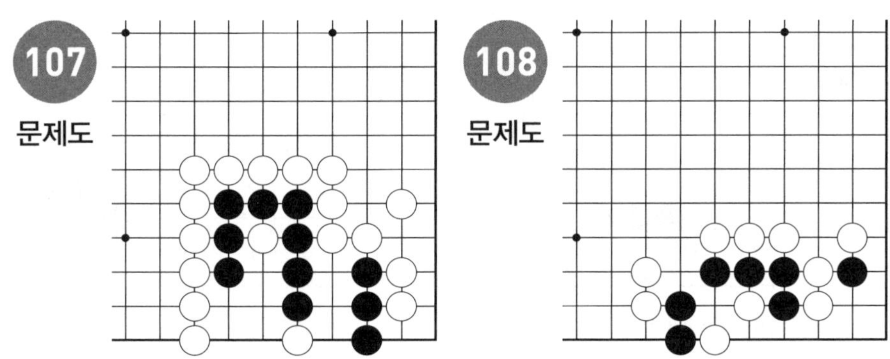

107
문제도
108
문제도

097 정해도

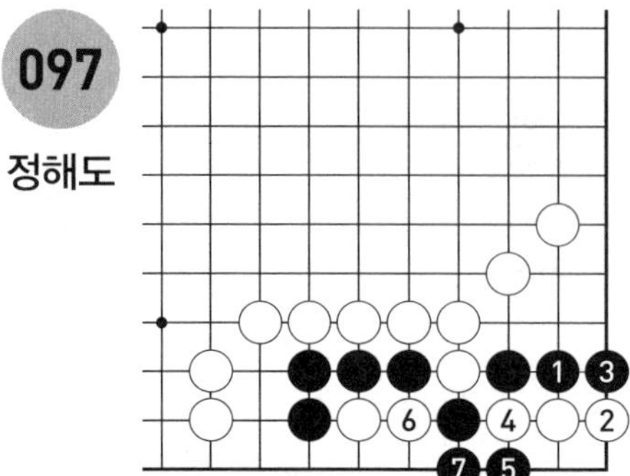

흑1로 막고 백2로 늘면 흑3으로 막아 흑7까지로 양자충 형태. 흑은 살았다.

098 정해도

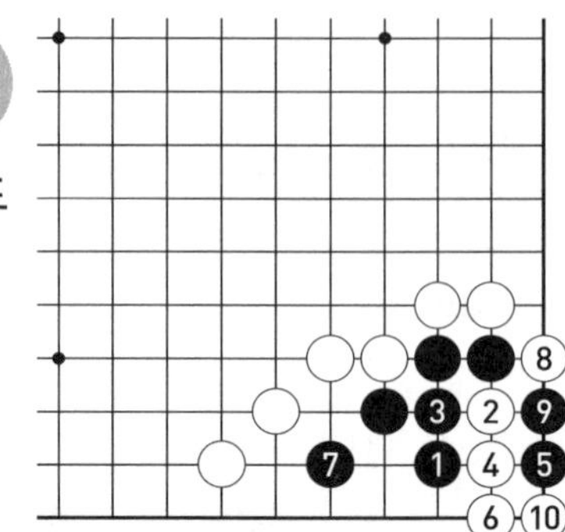

흑1로 호구치는 것이 정답. 흑5로 배붙임이 묘수로 흑11까지로 백 4점을 잡는다. 흑11=흑9

097 변화도

백이 2와 같이 젖힌다면 흑3 단수, 흑 9까지 백 2점이 촉촉수로 잡혀 흑이 산다.

098 변화도

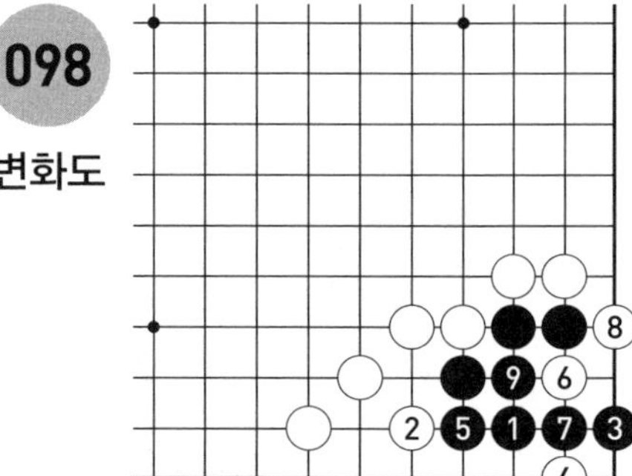

만약 백이 2로 입구자하면 흑3으로 뛰는 것이 교묘한 수. 백4 할 때 흑5가 정답. 흑은 9까지 살게 된다.

097 실패도

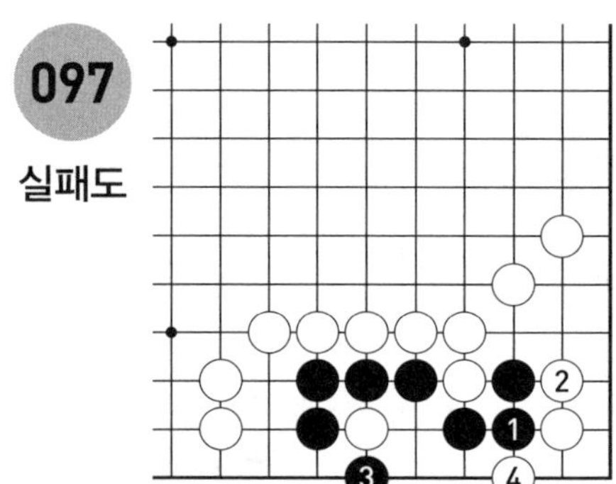

흑이 1로 연결하면 백은 2로 넘어가서 흑은 살 수 없다.

098 실패도

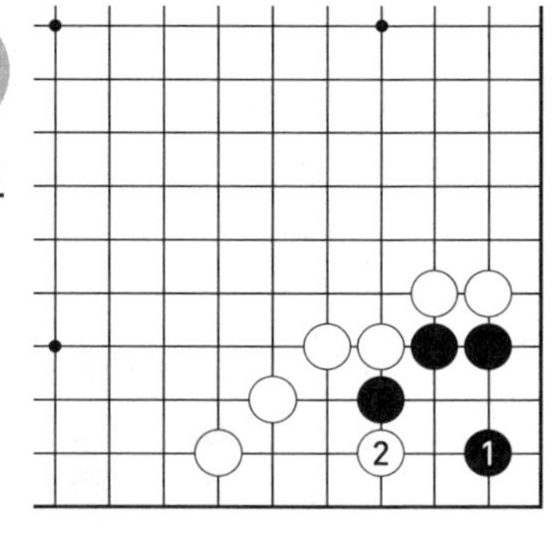

흑1로 뛰면 백2로 공격하여 흑은 살 수 없다.

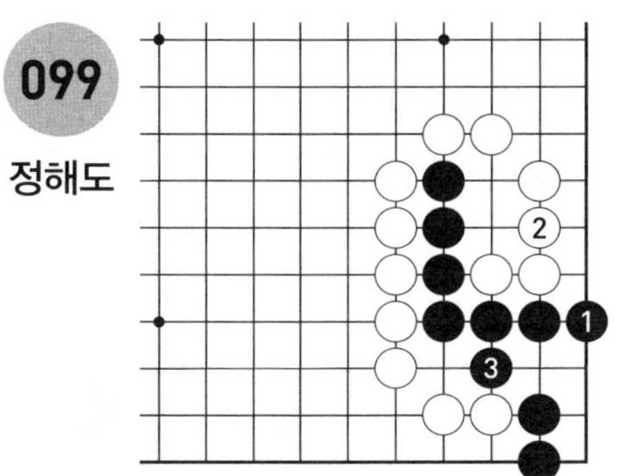

흑1로 늘면 백은 2로 연결할 수 밖에 없으며, 흑3으로 살 수 있다.

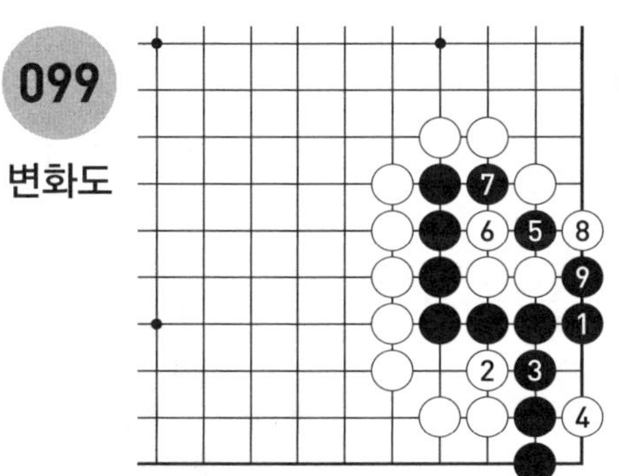

위 정해도에서 백이 2로 받지 않으면 흑9까지로 백 3점이 잡힌다.

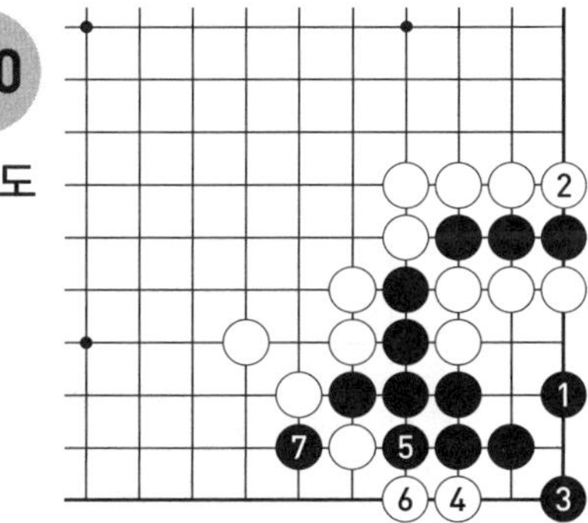

만약 백이 2로 잡으면 흑은 동일하게 귀의 3에 놓고, 백4는 파호가 성립되지 않아 흑7까지 백의 손실은 매우 크다.

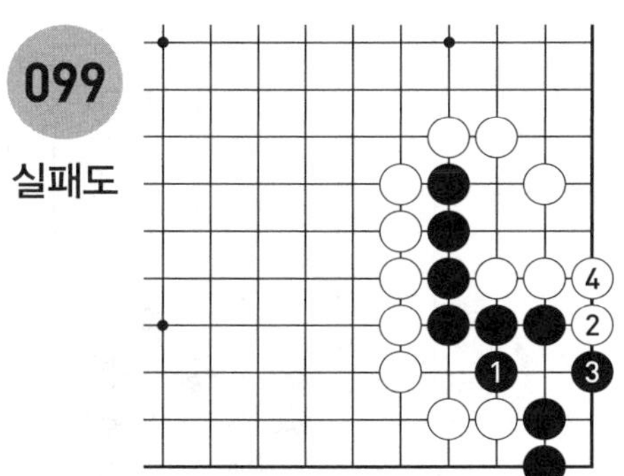

흑이 1로 착오하면 백은 2로 젖히고 4로 이어 흑은 살 수 없다.

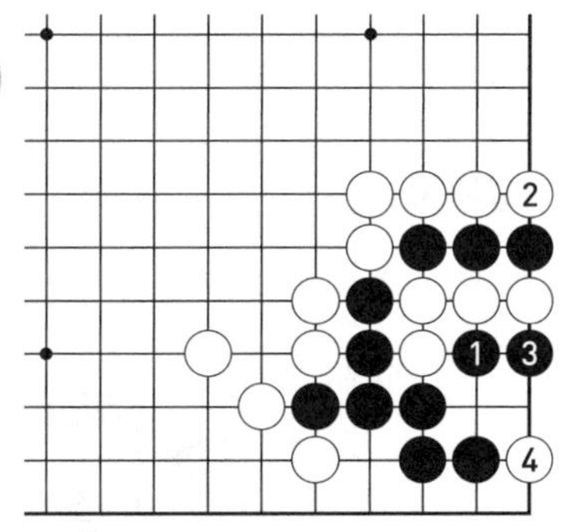

흑이 1로 단수치게 되면 백은 4로 붙여서 귀의 흑은 죽게 된다.

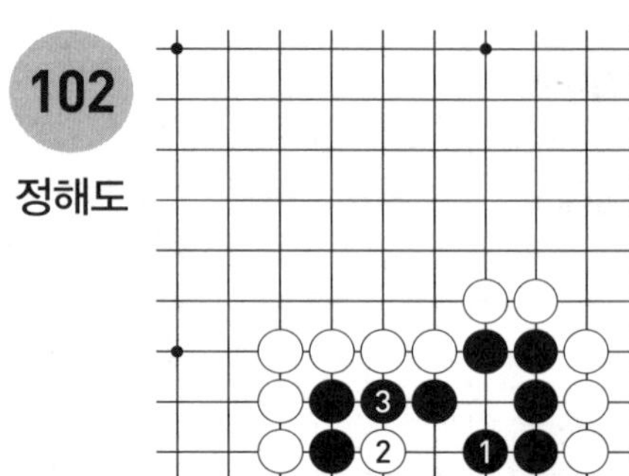

101 정해도

흑1, 3으로 이단젖힘이 살 수 있는 묘수. 흑7까지 살았다.

102 정해도

흑1이 집짓기의 맥. 흑7까지 살았다.

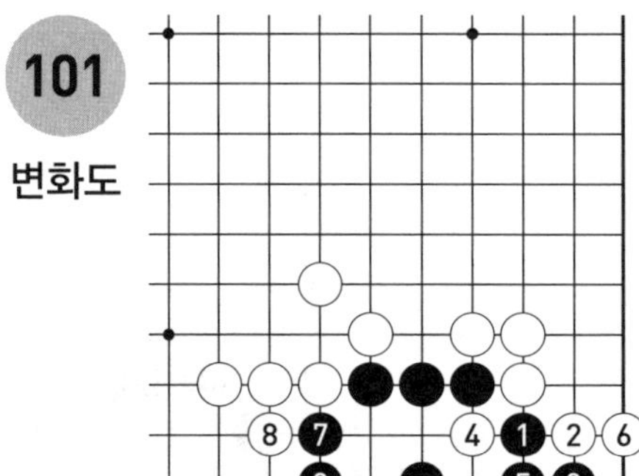

101 변화도

백4가 단수쳐도 흑5로 잇고 흑9까지 역시 살게 된다.

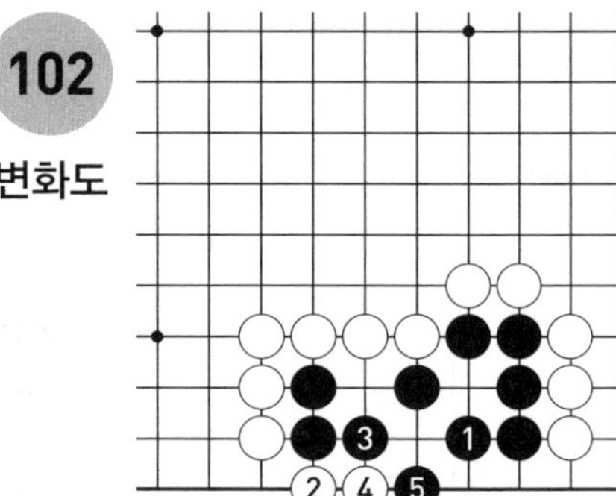

102 변화도

만약 백이 2로 젖히면 흑3으로 물러나는 것이 좋은 수로 흑5까지 살게 된다.

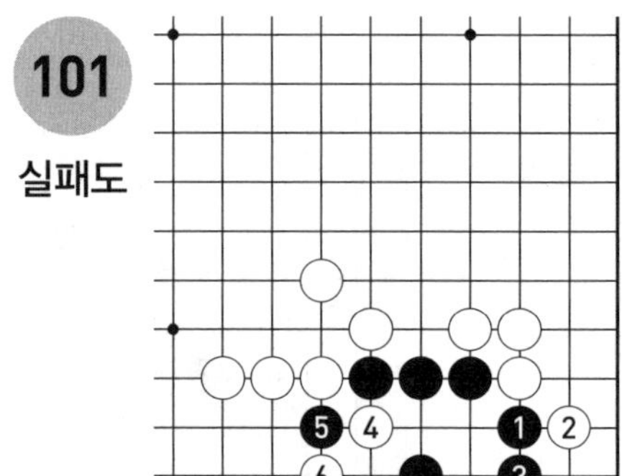

101 실패도

흑3을 젖히지 않고 느는 실수를 하게 되면 계속해서 백6까지 흑은 살 수 없다.

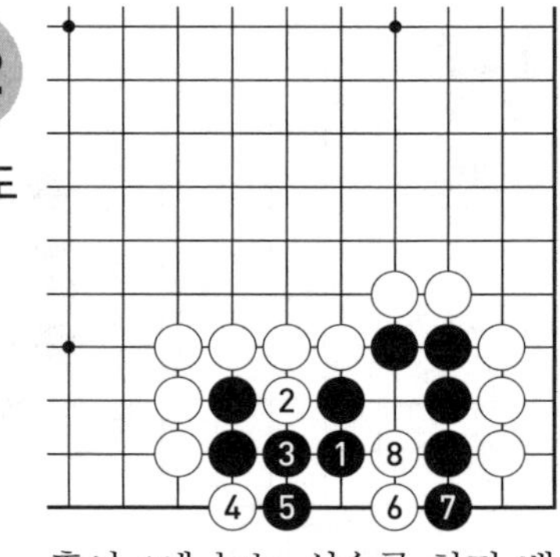

102 실패도

흑이 1에 놓는 실수를 하면 백8까지 흑은 두 집을 낼 방법이 없다.

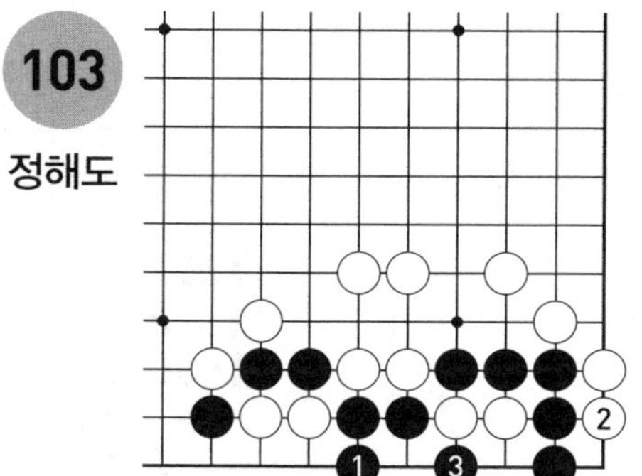

103 정해도

흑1이 좋은 수. 백2, 흑3 하면 흑은 살았다.

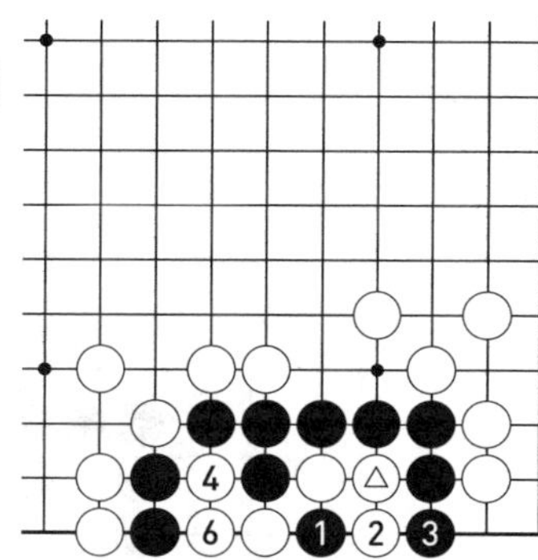

104 정해도

흑1 먹여치기가 정답. 흑7까지 흑은 2점을 포기하면서 살게 된다. 흑5=흑1, 흑7=△

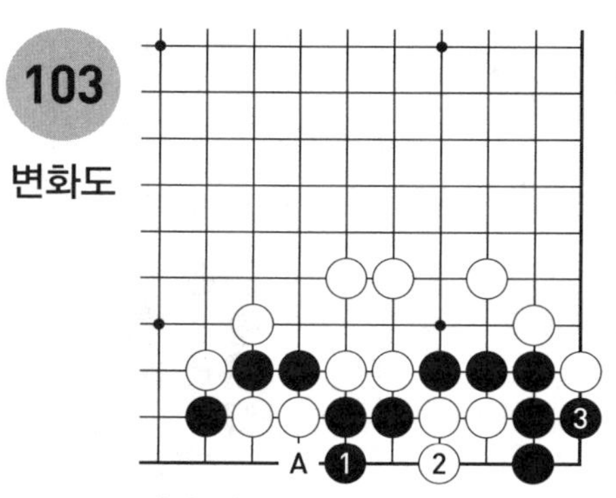

103 변화도

만약 백이 2와 같이 늘면 흑은 3으로 집을 지으면, 백은 A가 자충으로 흑은 살 수 있다.

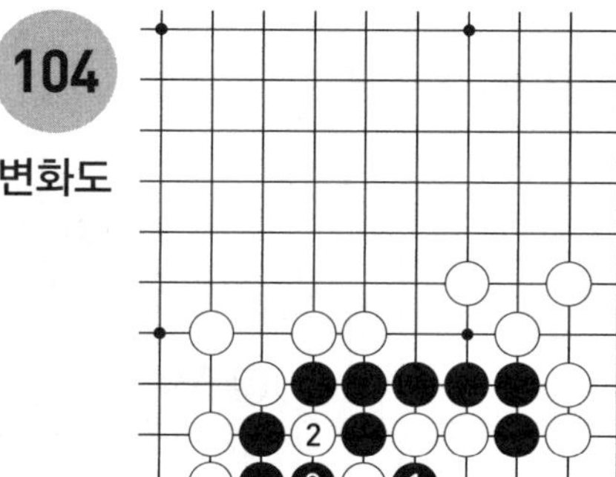

104 변화도

백2의 먹여치기가 성립되지 않아 흑은 3으로 백 2점을 잡음으로 확실하게 살았다.

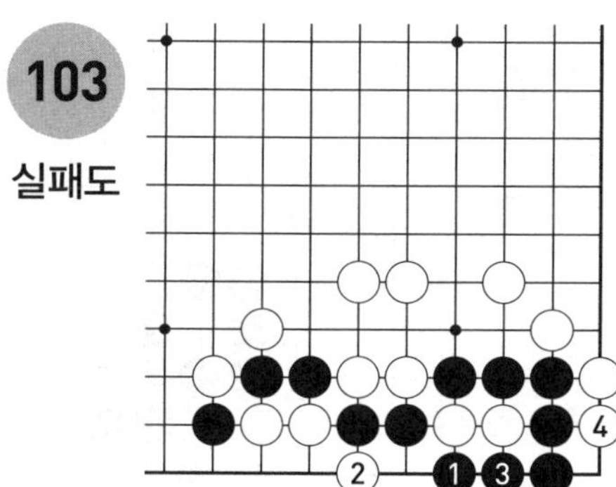

103 실패도

흑이 1로 실수하면 백4까지 흑은 살 수 없다.

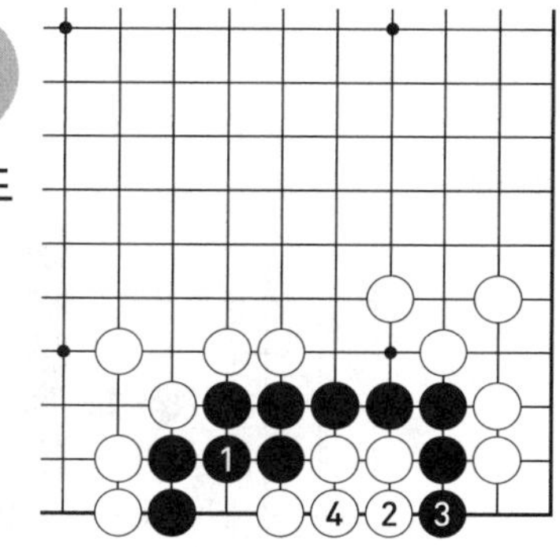

104 실패도

흑1 연결은 실패. 백2, 4로 오궁도가 되어 흑은 살 수 없다.

105 정해도

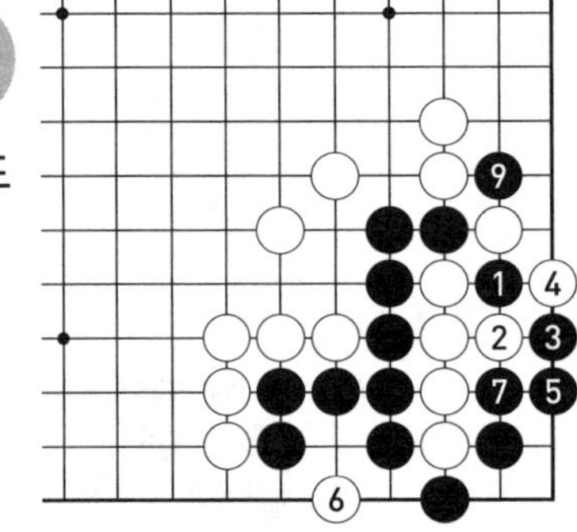

흑1로 끊는 것이 정답. 백2 후에
흑3이 묘수이며, 흑9까지 흑은
살았다. 백8=흑1

106 정해도

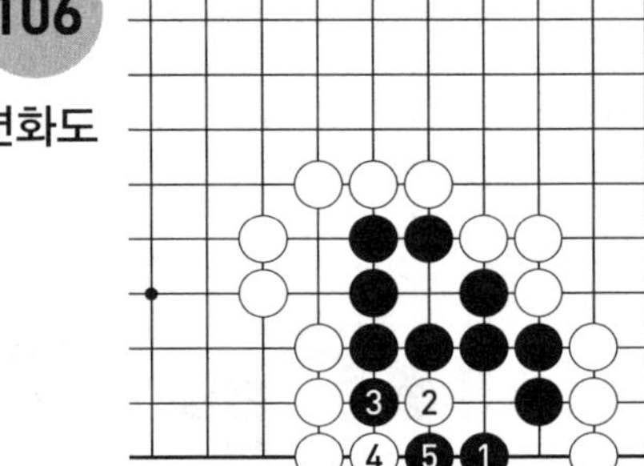

흑1이 살 수 있는 유일한 맥. 흑5
까지 흑은 살았다.

105 변화도

백6의 치중은 성립되지 않아 흑9
까지 백이 죽게 된다. 백8=흑1

106 변화도

백2의 파호는 성립되지 않으며,
흑5로 끊어 여전히 살게 된다.

105 실패도

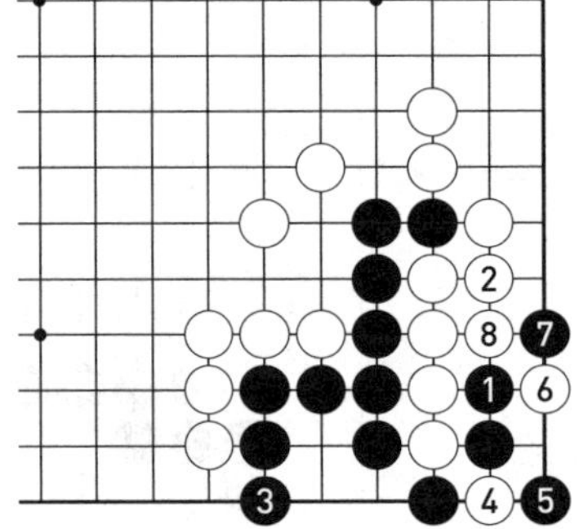

흑1 미는 것은 실수. 백2로 잇고
백4로 먹여친 후 백6의 파호가
묘수. 흑은 살 수 없다.

106 실패도

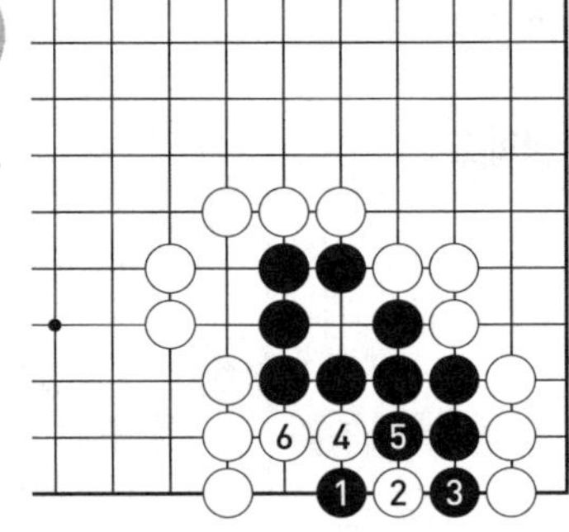

흑1은 실패. 백2, 4는 파호의 맥.
흑은 잡히게 된다.

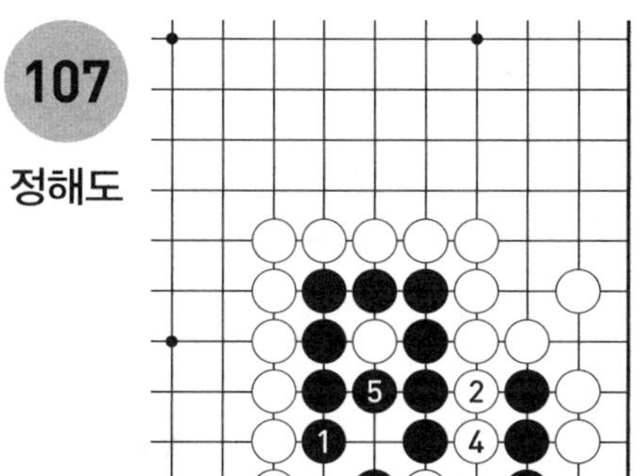

107 정해도

흑1이 정답. 백2로 찌를 때 흑은 3, 5로 3점을 포기함으로 살 수 있다.

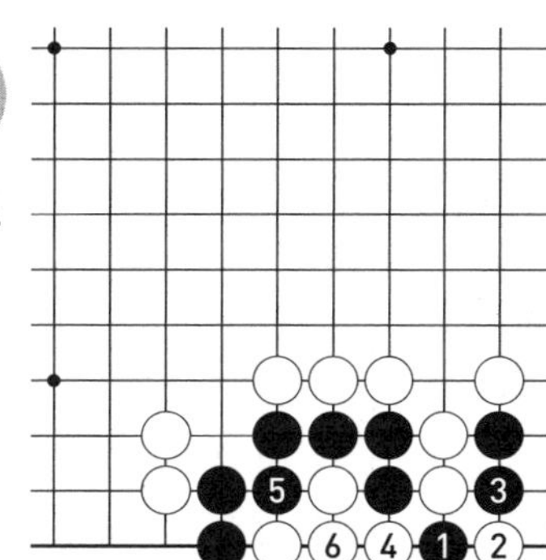

108 정해도

흑1로 젖힘이 묘수. 백2 단수에 흑3이 정답. 흑9까지 흑은 살 수 있다. 흑7=흑1, 백8=백4, 흑9=백6

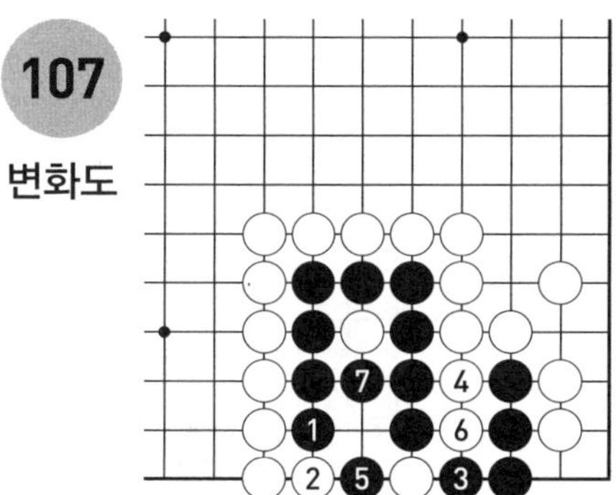

107 변화도

백2의 연결은 성립이 되지 않으며 흑7까지 살았다.

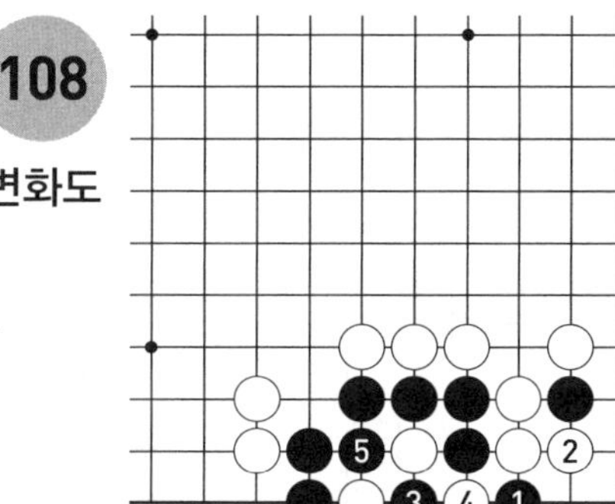

108 변화도

백이 2와 같이 꼬부린다면 흑3 먹여침이 맥. 흑5로 백의 2점을 잡으므로 살 수 있다.

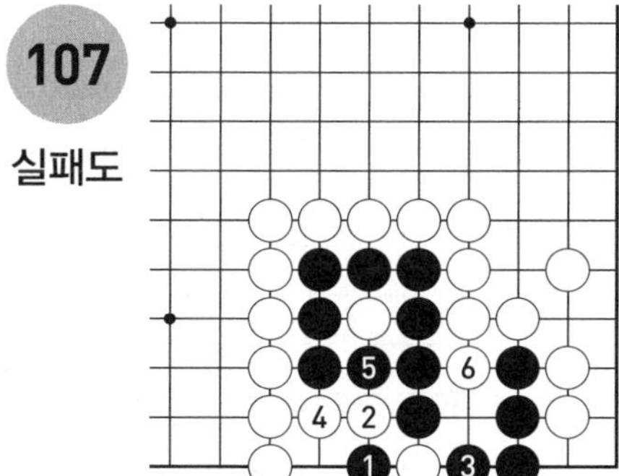

107 실패도

흑1은 실수. 백2 단수부터 백6까지 흑은 잡히게 된다.

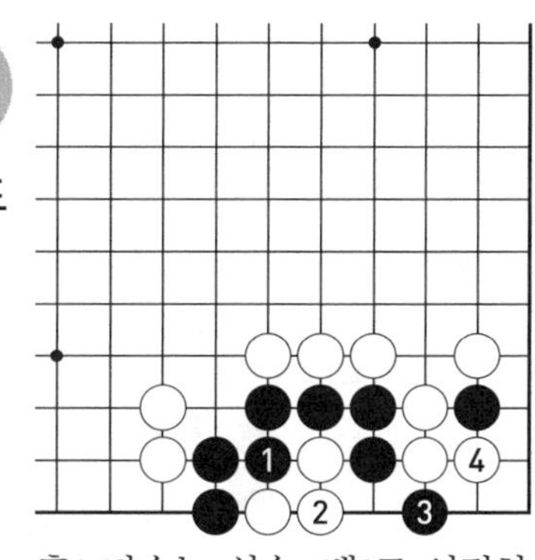

108 실패도

흑1 단수는 실수. 백2로 연결하면 흑은 두 집을 낼 수 없으므로 실패.

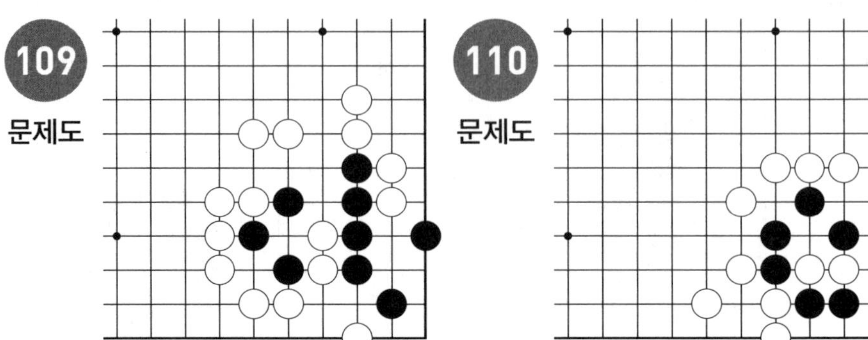

109 문제도

110 문제도

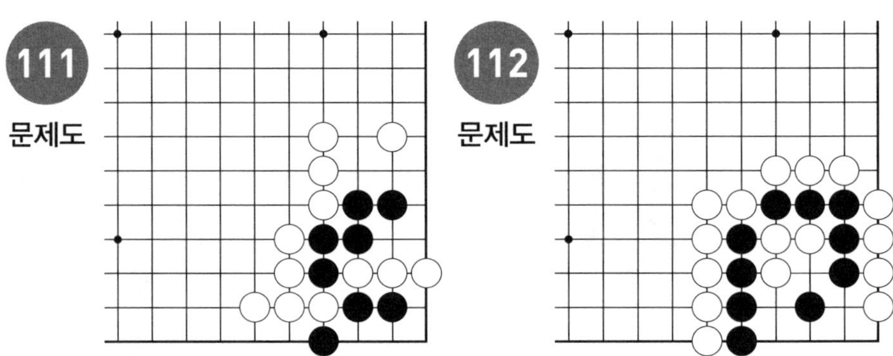

111 문제도

112 문제도

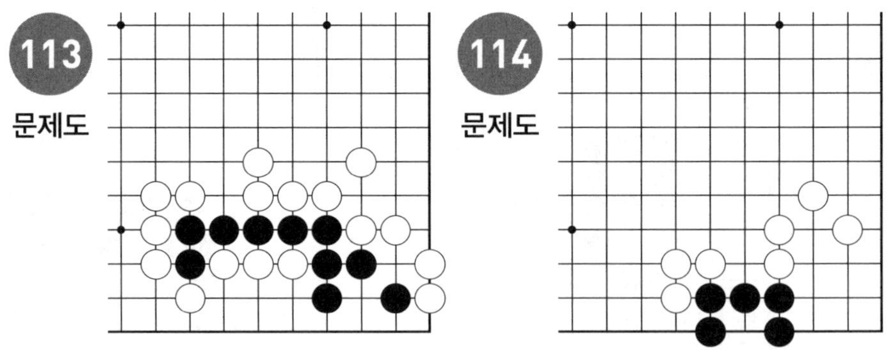

113 문제도

114 문제도

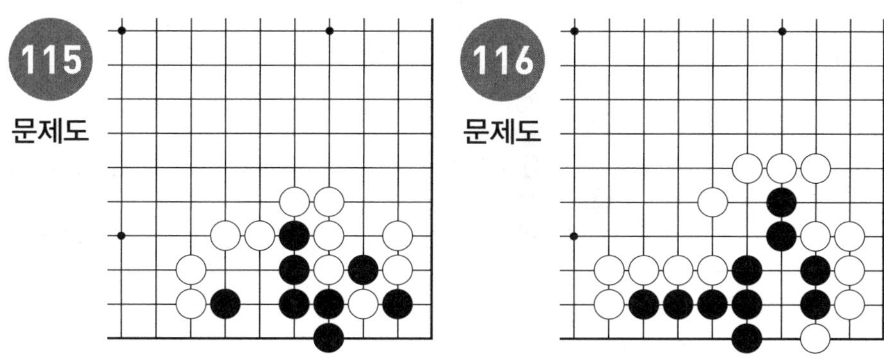

115 문제도

116 문제도

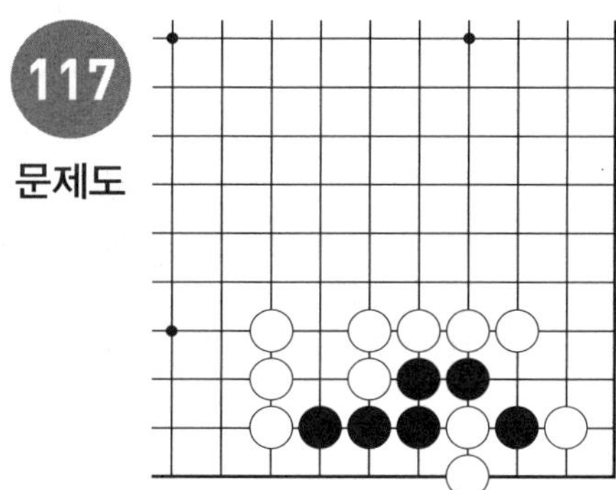

117 문제도

109 정해도

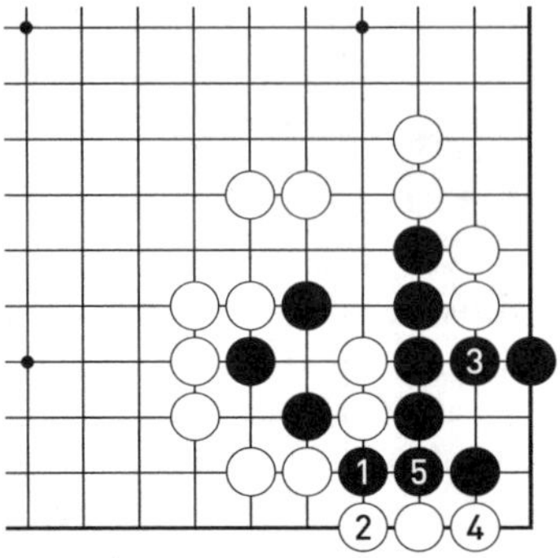

흑1로 끊는 것이 좋은 수. 백이 2로 물러나면 흑은 3, 5로 이어서 살게 된다.

110 정해도

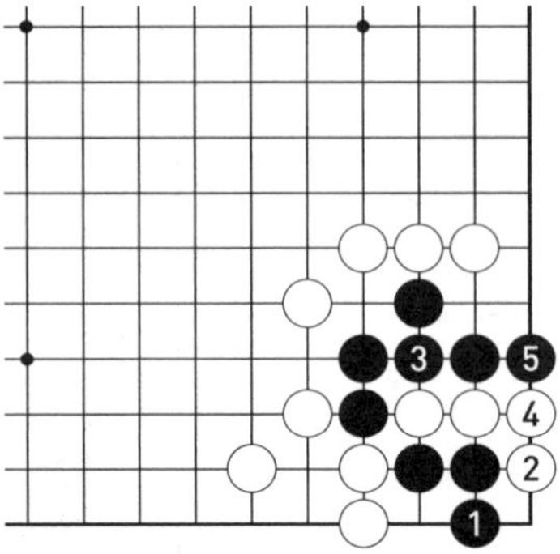

흑1이 묘수. 흑5까지 곡사궁 형태로 흑은 살았다.

109 변화도

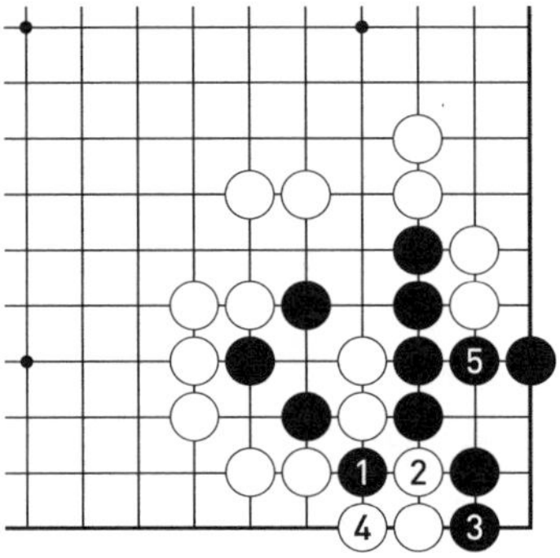

백2로 흑1을 끊는다면 흑3, 5로 곡사궁 형태가 되어 살 수 있다.

110 변화도

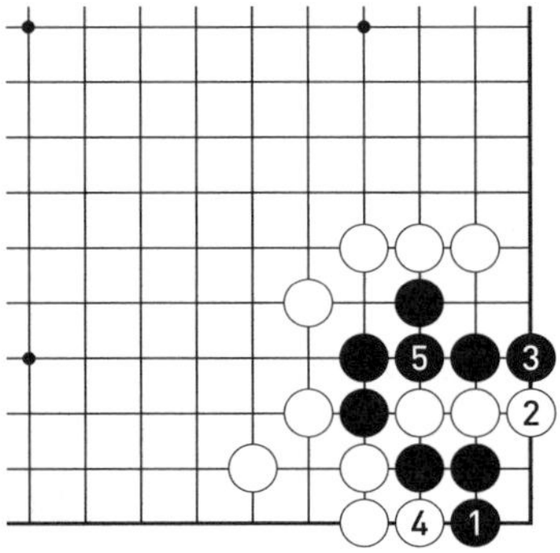

백2로 늘면 흑3으로 막아 산다.

109 실패도

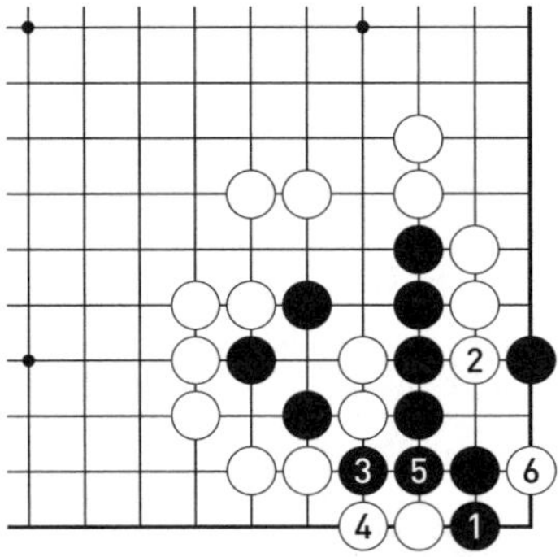

흑1로 먼저 막는 실수를 하면 백2로 찌르고 백4 단수, 백6 파호로 흑은 죽게 된다.

110 실패도

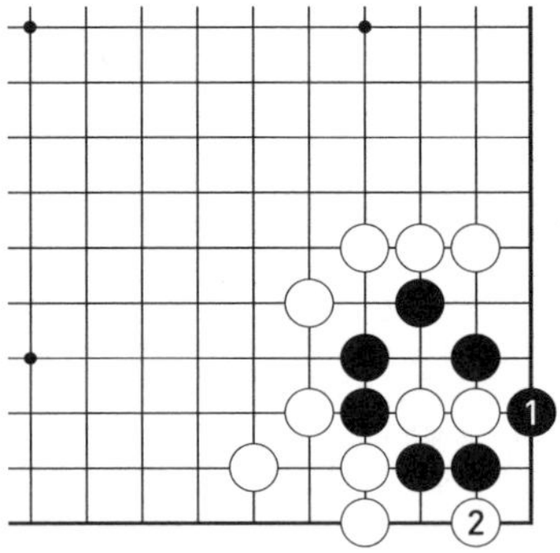

흑1로 잡는 것은 실수. 백2가 파호의 묘수이며 흑은 살 수 없다.

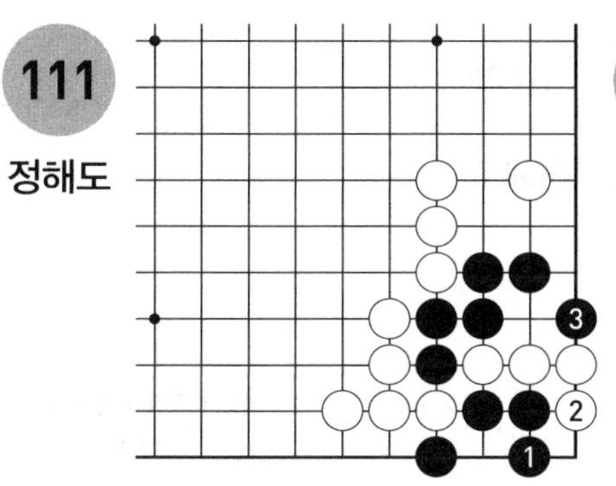

앞 문제와 같이 흑1이 삶의 맥
이다.

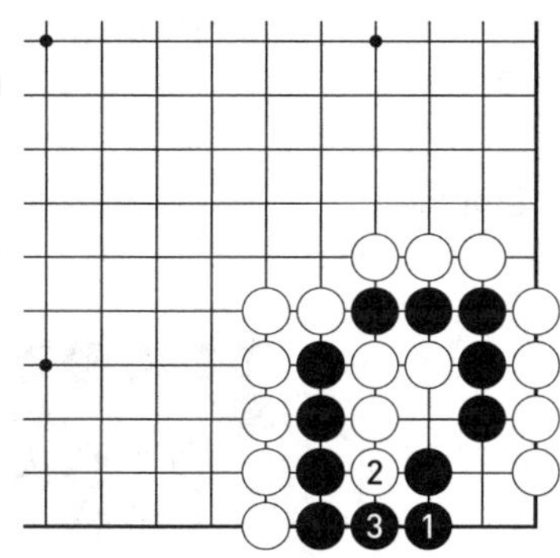

흑1이 정답. 백은 흑을 잡을 방
법이 없다.

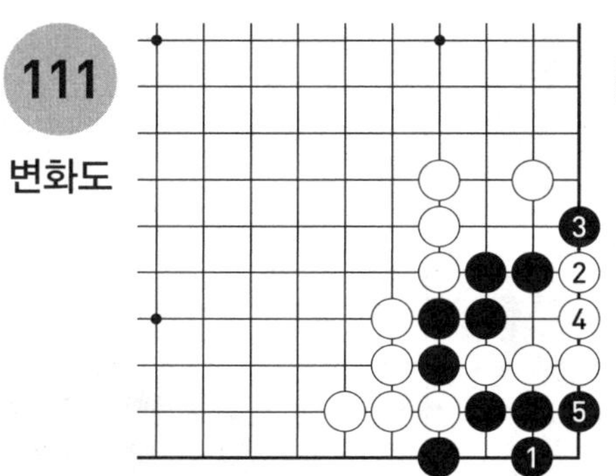

만약 백2로 붙인다면 흑5까지 역
시 살았다.

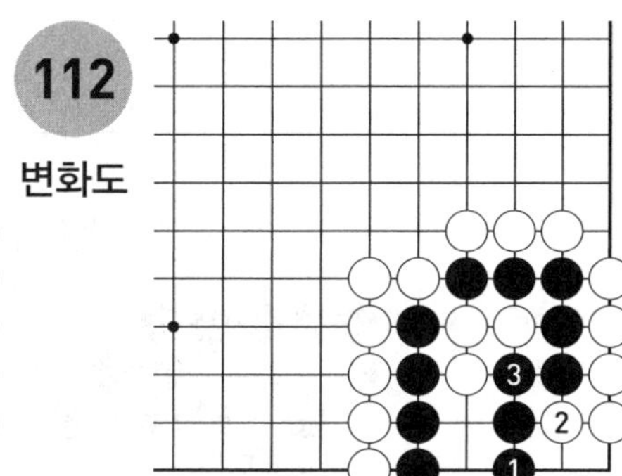

만약 백2로 단수치면 흑3으로 이
어서 역시 살게 된다.

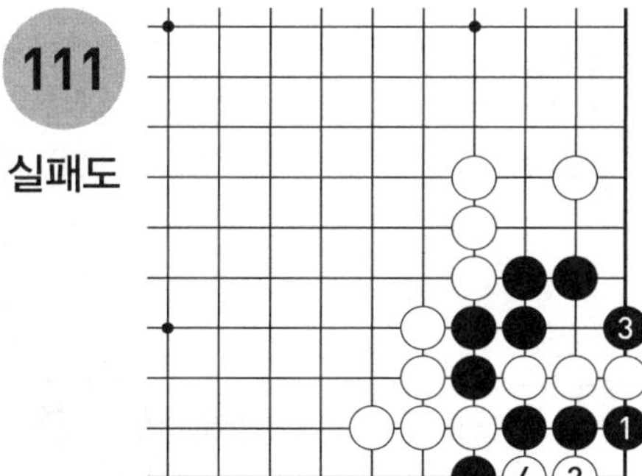

흑1은 실수. 백2로 붙이고 백4
로 먹여쳐서 흑은 두 집을 낼 수
없다.

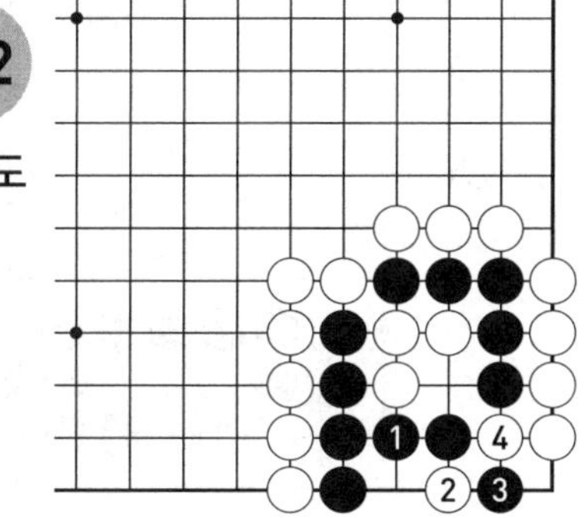

흑1은 실수. 백2는 파호의 묘수.
흑이 죽게 된다.

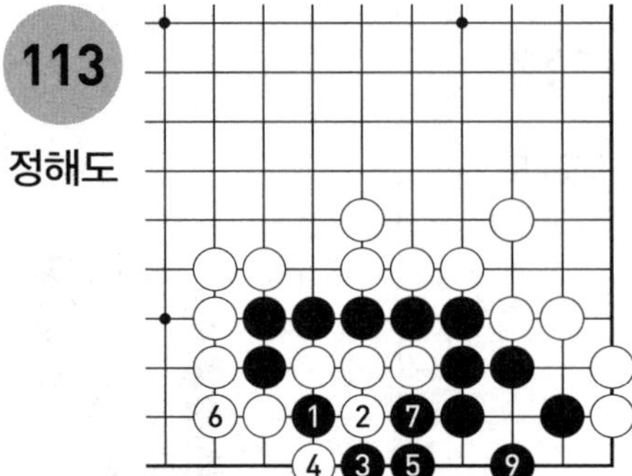

113 정해도

흑1로 끊고 흑3이 좋은 수. 이하 흑9까지 흑은 살았다. 백8=흑1

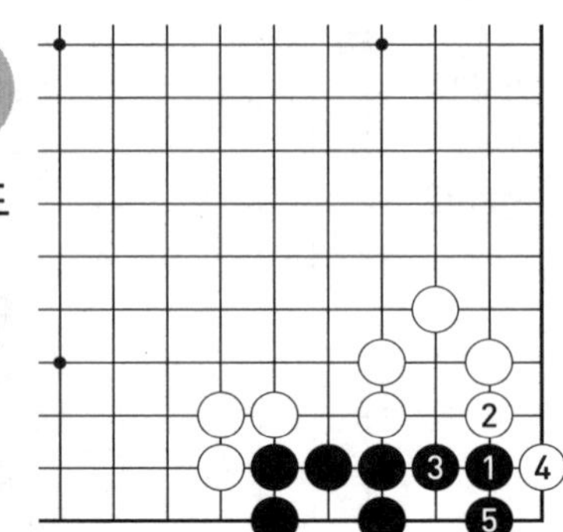

114 정해도

흑1로 안형을 넓힌 후 흑5까지 살 수 있다.

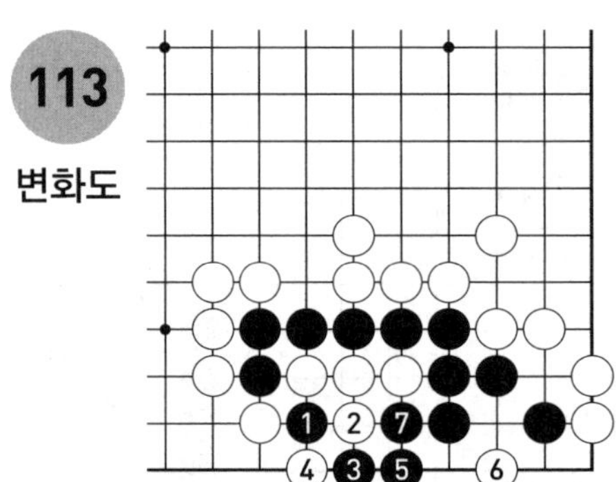

113 변화도

만약 백6이 먹여치기하면 흑7로 단수쳐서 백 4점이 잡히게 된다.

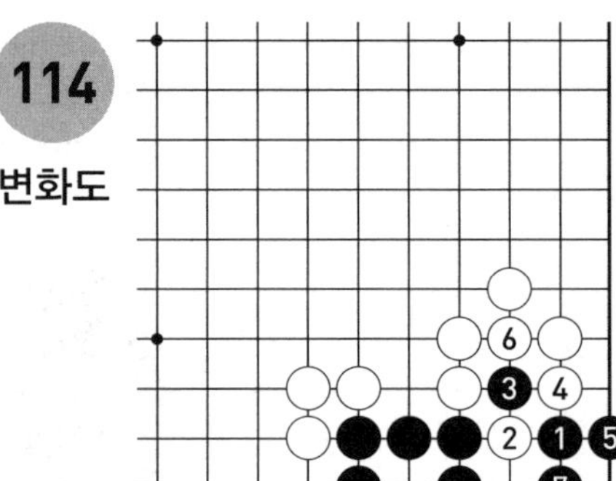

114 변화도

만약 백2로 끼우면 흑3으로 단수 치고 계속해서 흑5, 7로 집을 짓는 묘수로 살게 된다.

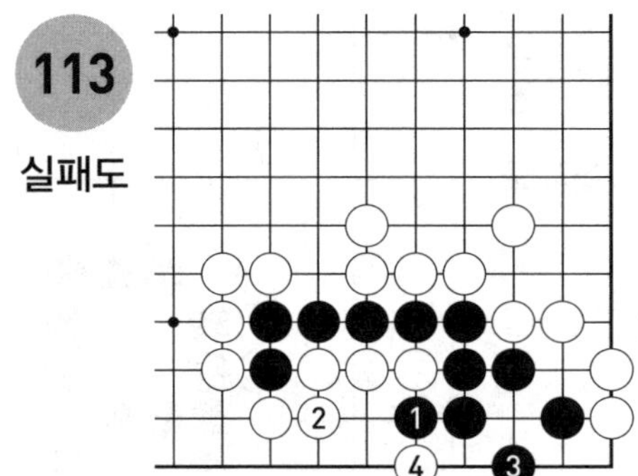

113 실패도

흑1은 실패. 백은 2로 연결한 후 4로 파호하면 흑은 잡히게 된다.

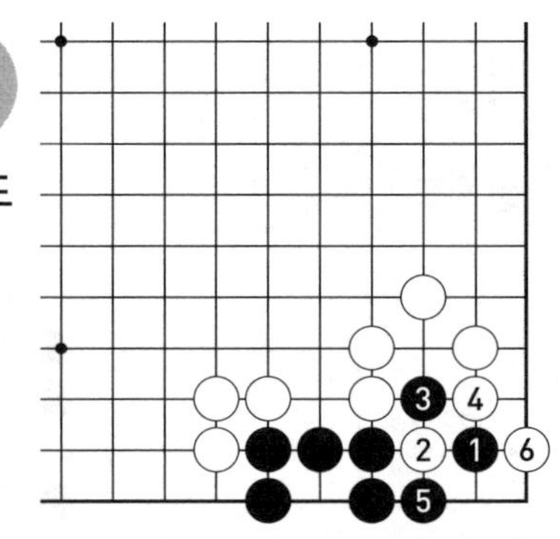

114 실패도

흑5로 따는 것은 착오, 백6의 젖힘으로 흑은 두 집을 낼 방법이 없다.

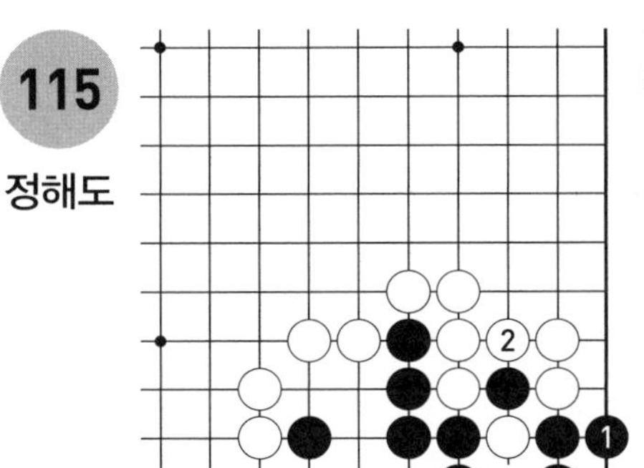

흑1이 정답. 백2로 따낼 때 흑3
으로 살 수 있다. 흑3으로 A에
두는 것은 착오. 백4로 흑3 자리
에 두어 패가 된다.

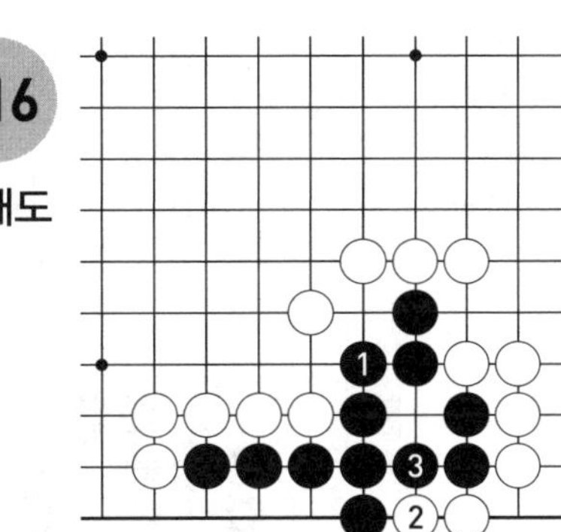

흑1이 정답. 흑3으로 집을 지으
면 흑은 살았다.

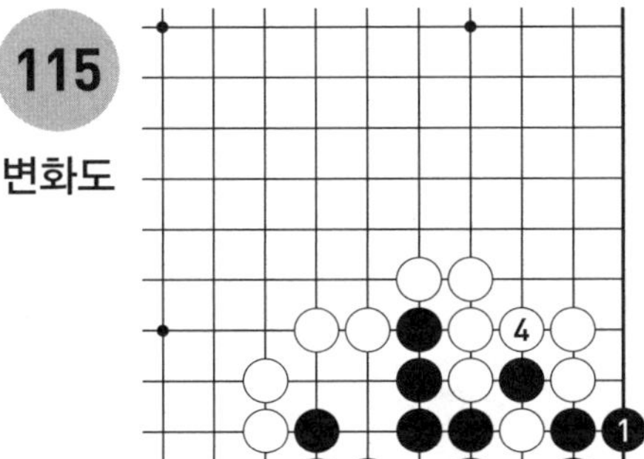

만약 백이 2로 젖히면 흑3으로
막고 흑5로 집을 지으면 역시 살
게 된다.

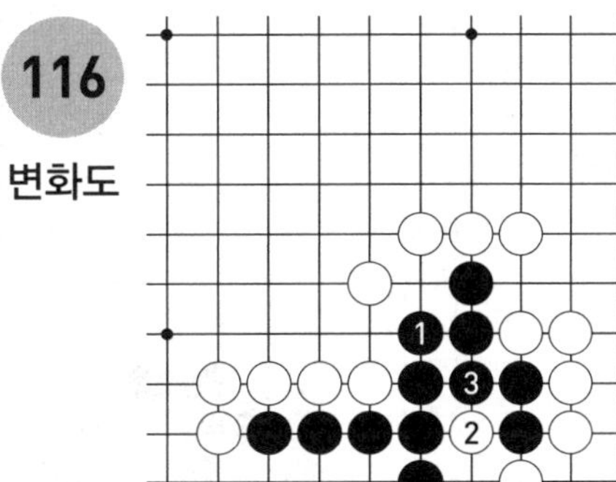

백이 2로 단수치면 흑3으로 이어
백 1점이 잡힌다.

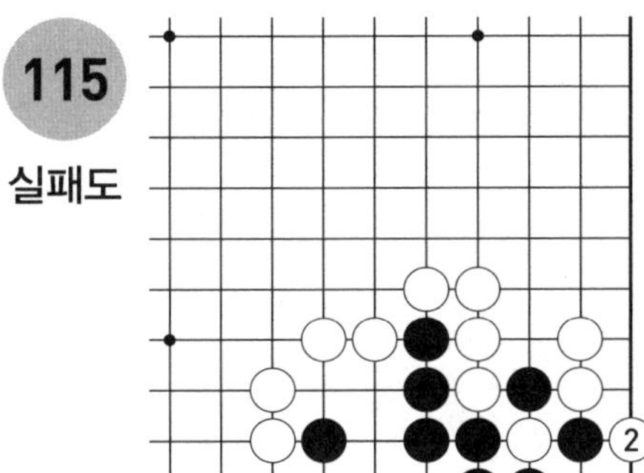

흑1로 따내는 것은 착오. 백이 2
로 젖히면 흑은 두 집을 낼 방법
이 없다.

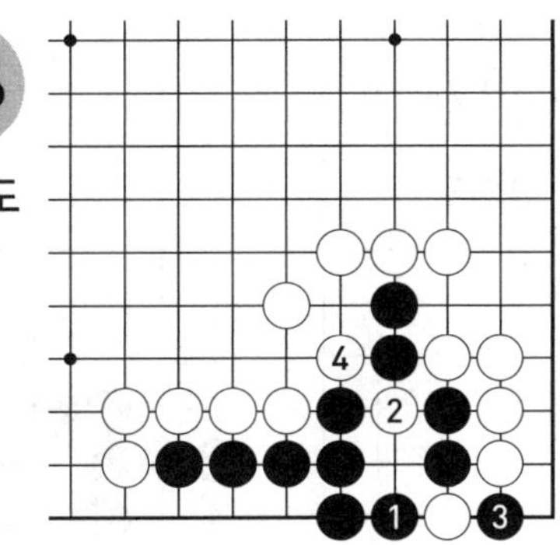

흑1로 집을 넓히는 것은 착오.
백이 2로 먹여치고 백4로 파호하
면 흑은 잡히게 된다.

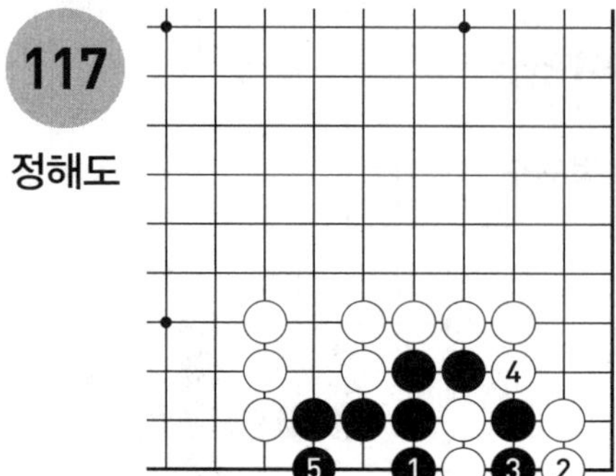

117 정해도

흑1로 단수가 정답. 백은 2로 늘 수밖에 없으며, 흑5까지 집을 지어 살 수 있다.

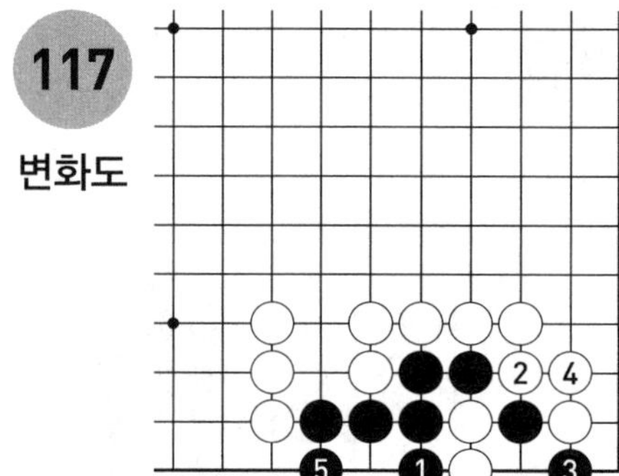

117 변화도

만약 백이 2로 단수치면 흑3으로 젖히는 것이 선수. 계속해서 흑5로 집을 지으면 흑은 여전히 살게 된다.

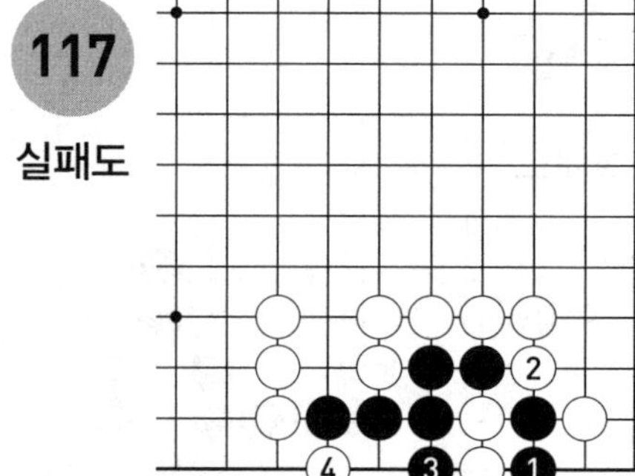

117 실패도

흑1로 단수치는 것은 착오. 백2, 4로 흑은 잡히게 된다.

지금 우리가 쓰고 있는 일반적인 바둑 규칙은 언제 정립되었을까?

바둑이 처음 발명된 것은 고대 중국이라고 이미 밝혀졌지만 현대 바둑의 틀을 만들어 보급한 곳은 오히려 한, 중, 일 3국 중 가장 늦게 바둑이 전해진 일본이다.

그것은 백제를 통해 건너간 바둑을 일본이 중세시대에 국가적 시책으로 집중 육성했기 때문이다. 한마디로 막부시대는 바둑의 일대 부흥기였다고 말할 수 있다. 이때 여러 가지 룰을 정비하는 것은 물론 이론과 정석 등 본격적인 근대경기로서의 틀과 체계가 세워졌다.

그리고 20세기 초중반 일본에서는 '본인방'이라는 바둑세습제도가 사라지면서 협회(일본기원)가 생기고, 각 신문사가 바둑대회와 기전의 스폰서로 나서게 되면서 현대 바둑의 틀이 완전히 자리매김하게 되었다. 뿐만 아니라 일본은 인근의 한국과 중국에 이처럼 현대경기로서의 바둑을 역전파한 데 이어 서양에도 널리 보급하는 데 힘써 지금 세계 각국의 바둑용어는 거의 일본식으로 되어있을 정도이다.

이처럼 중국에서 생겨 일본에서 틀이 만들어진 바둑을 이제는 우리 한국이 세계 최강국의 면모에 걸맞게 승화시켜야하지 않을까?

제 2 부 파호

파호는 바둑에서 중요한 공격 방법 중 하나로 승리의 관건이 되기도 합니다. 이는 상대의 눈을 파괴하는 착점으로, 상대가 생존할 수 없게 합니다.

초보자는 파호 공격 시 종종 공격의 급소를 찾지 못하거나, 상대의 모양에 결함이 있다는 것을 알면서도 어디에서 시작해야 할지 모르는 경우가 있습니다. 게다가 어떤 이들은 잘못된 파호 공격으로 오히려 상대의 약한 돌을 살려주기도 합니다. 귀한 공격의 기회를 실수로 인해 잃게 되는 것입니다. 결국 좋은 국면을 잃는 아픔을 안게 됩니다.

여러분, 제2부의 문제를 쉽게 풀기 위해 우선 파호의 기본 방법을 학습하기 바랍니다. 파호는 제1부의 집짓기 방법과 완전히 반대의 방법입니다. 상대의 눈을 줄여야 합니다. 살 수 있는 공간을 감소시키는 것입니다. 다음으로 급소를 선점해야 합니다. 파호의 기교를 파악하는 것입니다.

제2부는 45개의 연습문제로 구성되어 있으며 모두 흑 선입니다. 이 부분의 연습을 통해서 수읽기 능력을 높일 수 있습니다. 적시에 상대 안형의 약점을 잡아서 통쾌한 공격을 할 수 있기를 바랍니다.

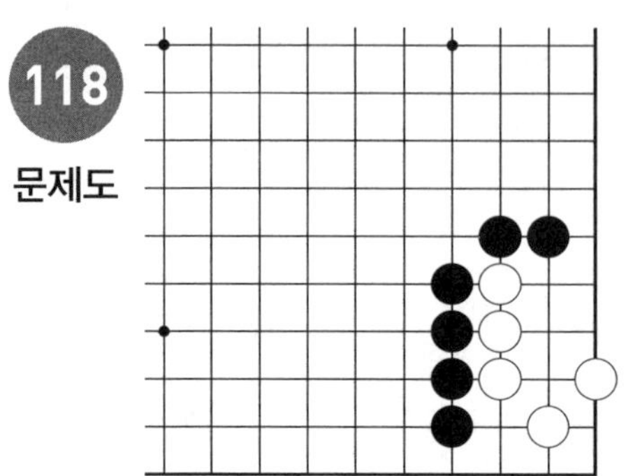

118 문제도

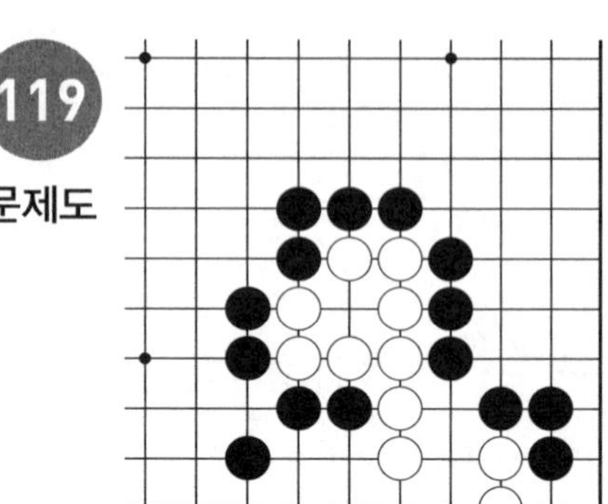

119 문제도

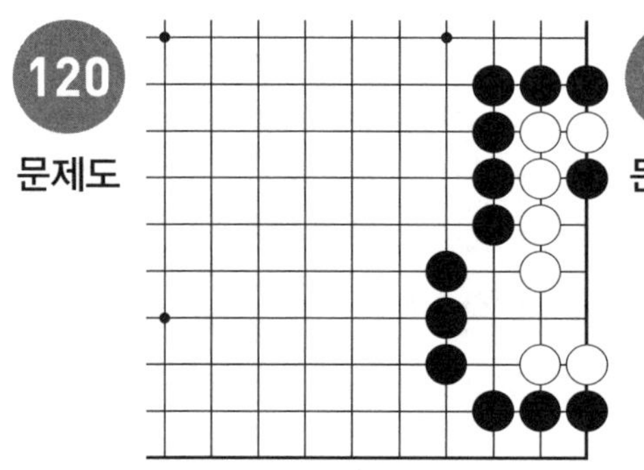

120 문제도

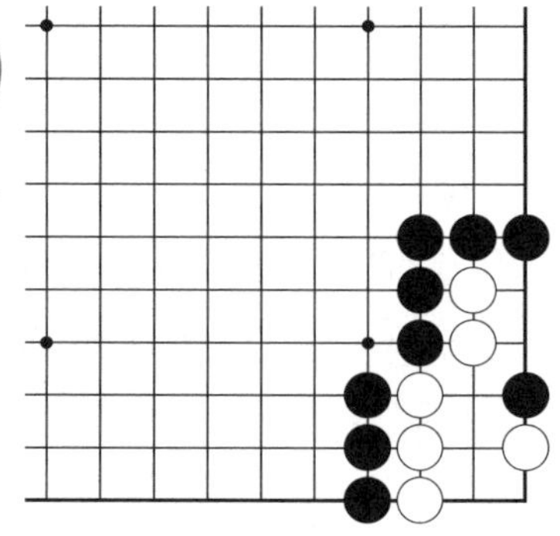

121 문제도

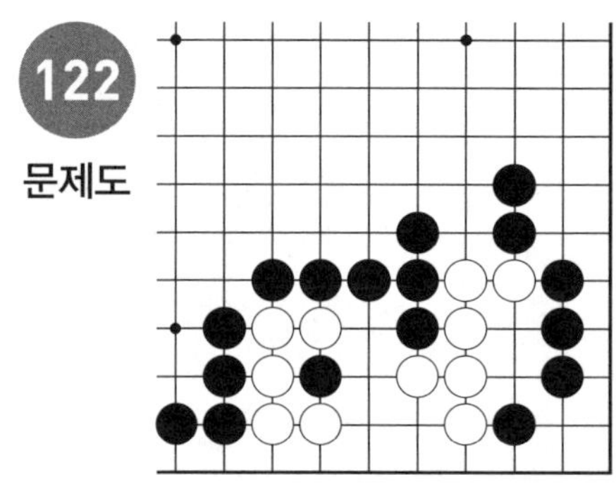

122 문제도

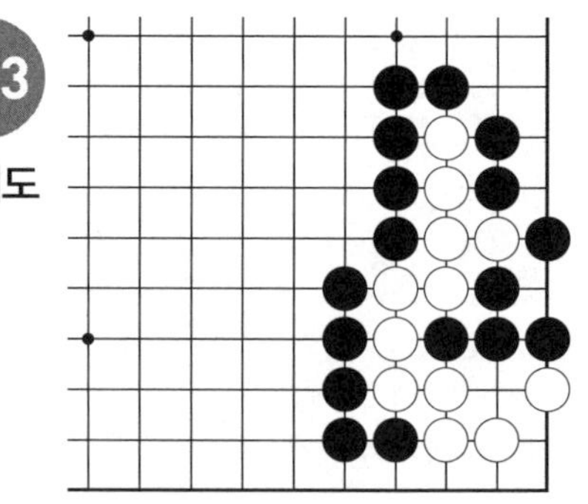

123 문제도

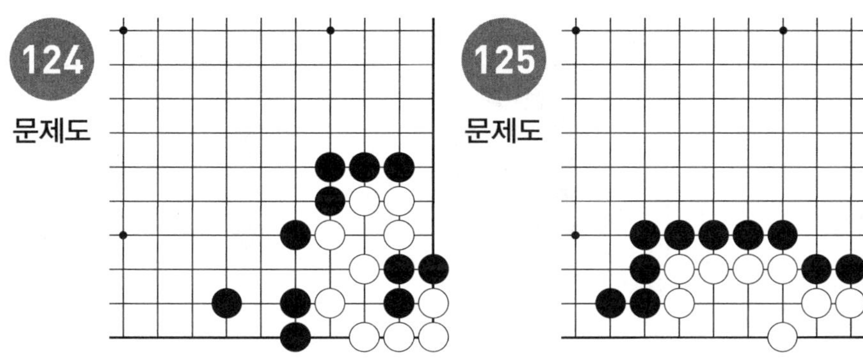

124 문제도

125 문제도

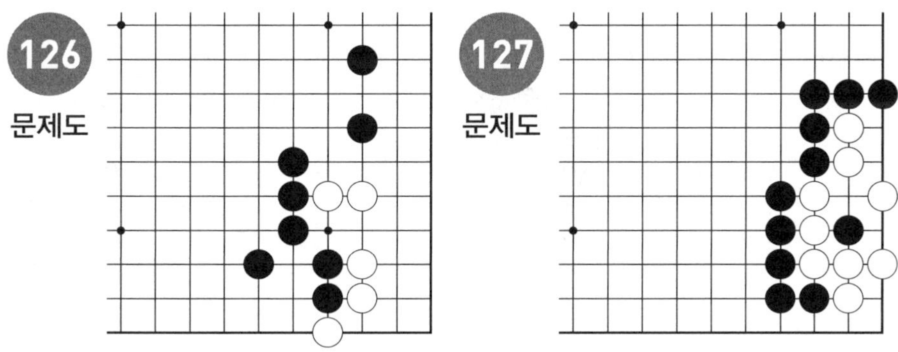

126 문제도

127 문제도

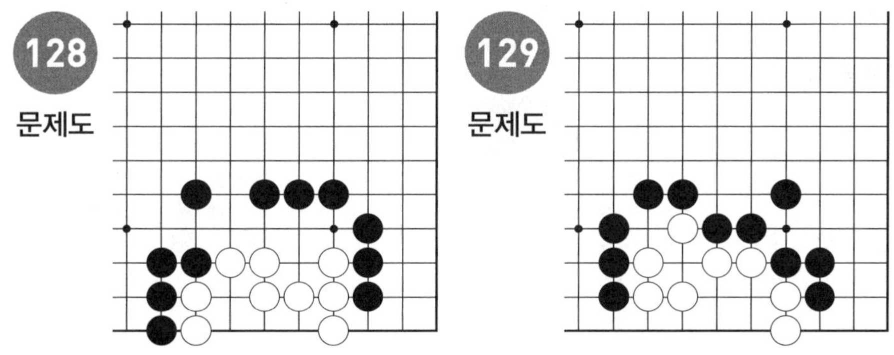

128 문제도

129 문제도

118 정해도

119 정해도

흑1이 정답. 백이 2로 집을 지으면 흑3에 입구자하는 것이 맥점. 흑5로 끼워 백은 잡힌다.

흑1이 묘수. 백4로 둘 때 흑5로 들어가는 것이 파호의 묘수. 백은 잡히게 된다.

118 변화도

119 변화도

만약 백이 2로 막으면 흑은 3, 5로 젖혀서 백은 살 수 없다.

만약 백이 2로 꼬부리면 흑은 3으로 끼우고 흑5로 단수쳐서 여전히 백은 살 수 없다.

118 실패도

119 실패도
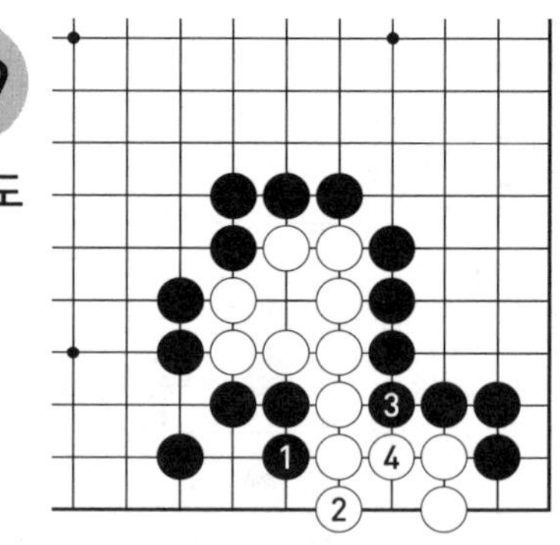

흑1은 착오. 백이 2로 집을 지으면 흑은 백을 잡을 방법이 없다.

흑1은 착오. 백이 2에 늘면 두 눈이 형성되어 흑의 실패.

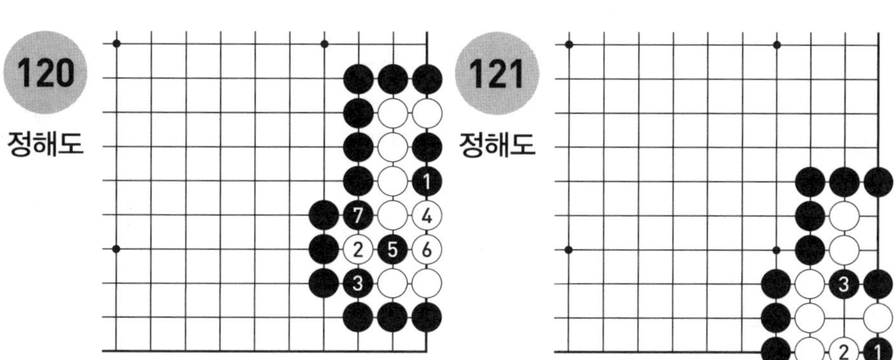

120 정해도

흑1로 움직여 안형을 없애는 것이 정답. 이하 흑7까지 백은 살 수 없다.

121 정해도

흑1이 묘수. 백2로 따내면 흑3으로 양자충이 되어, 백은 흑 2점을 단수칠 수 없으므로 잡힌다.

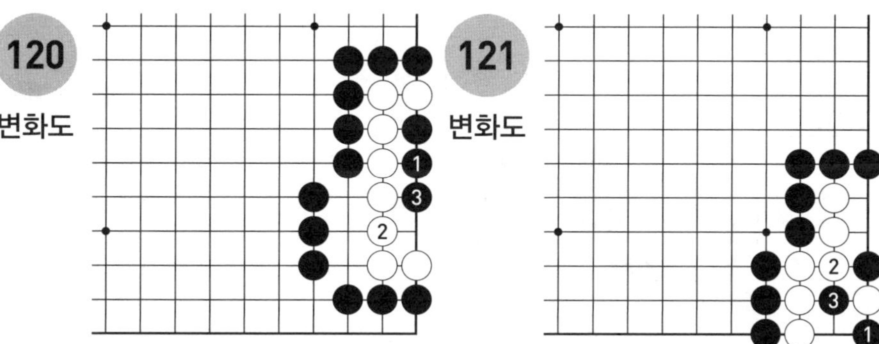

120 변화도

만약 백이 2로 이으면 흑은 3에 두어 삼궁도로 백을 잡는다.

121 변화도

만약 백이 2로 이으면 흑3으로 따내어 백은 두 집을 낼 수 없다.

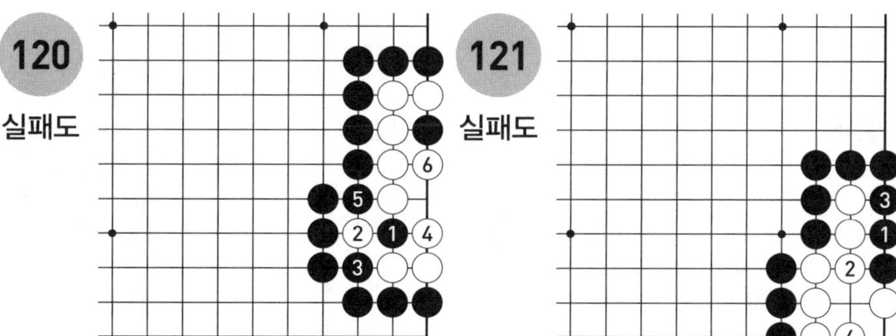

120 실패도

흑1로 먼저 끼우면 수순 착오. 흑7까지 패가 된다. 흑7=흑1

121 실패도

흑1은 실패. 백이 2로 연결하면 흑은 3으로 이을 수밖에 없고 백4로 집을 지어 살게 된다.

122 정해도

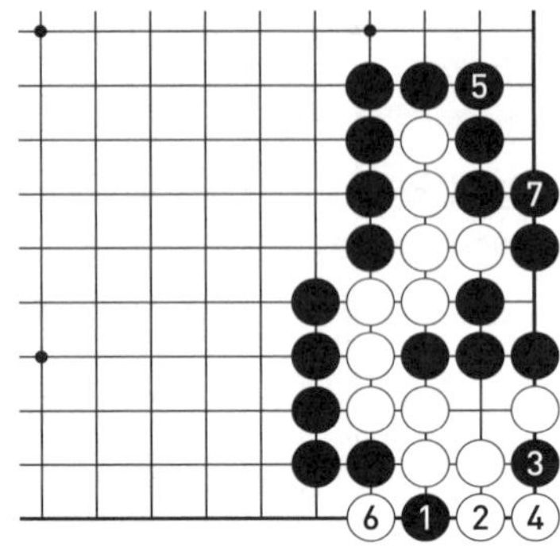

흑1로 키우는 것이 정답. 흑3 젖힘이 좋은 수순. 흑7까지 백은 살 수 없다.

123 정해도

흑1로 젖히고 백2로 막을 때 흑3이 묘수. 계속해서 흑7까지 백은 살 수 없다.

122 변화도

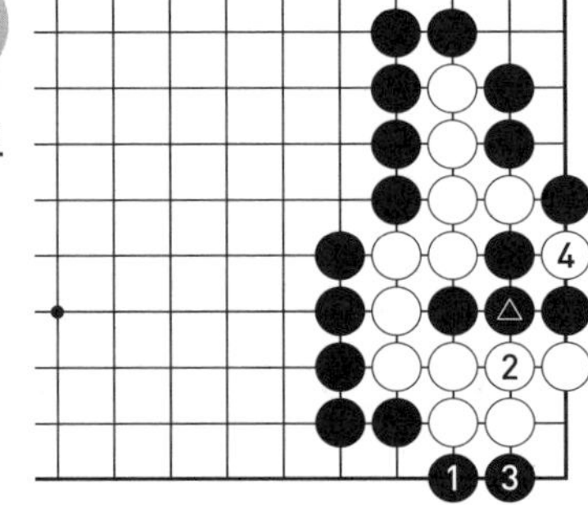

만약 백이 2로 아래에서 단수치면 흑3으로 먼저 치중하는 것이 정답. 흑5로 연결하여 백은 살 수 없다.

123 변화도

백이 2로 단수치면 흑도 3으로 단수친 후 다시 흑5로 ▲에 치중하면 백은 살 수 없다.

122 실패도

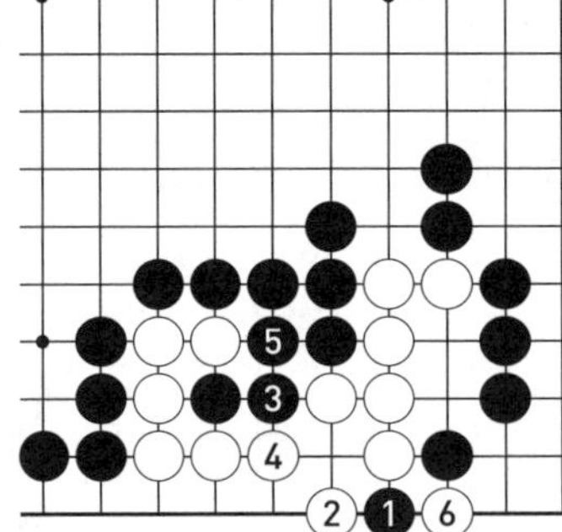

흑1로 먼저 젖히는 것은 수순 착오. 흑3으로 나갈 때 백4로 단수친 후 계속해서 백6으로 따내 흑이 실패.

123 실패도

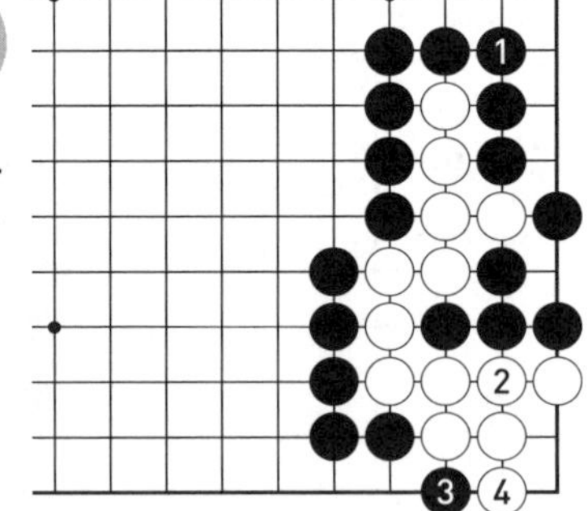

흑1로 잇는 것은 실패. 백2로 단수치고 백4로 집을 지어 백은 살 수 있다.

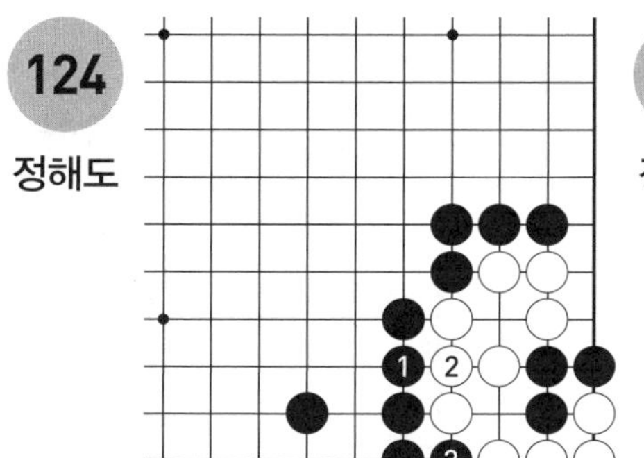

124 정해도

흑1로 잇는 것이 정답. 백2 이음
에 흑3으로 단수치면 백은 촉촉
수가 되어 잡히게 된다.

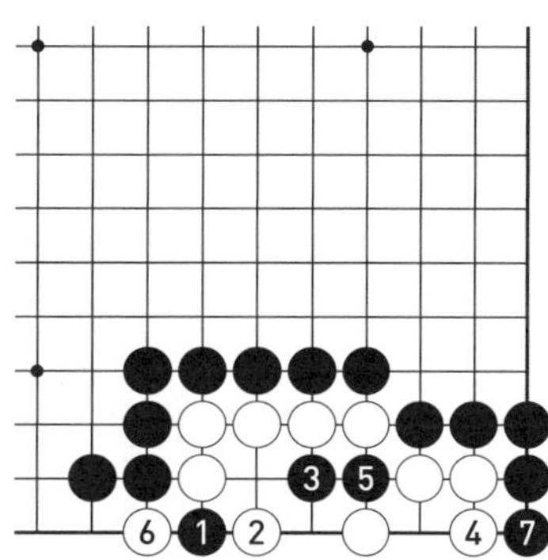

125 정해도

흑1 젖힘이 정답. 백이 2로 막으
면 흑3으로 치중, 흑5, 7 단수로
백은 잡히게 된다.

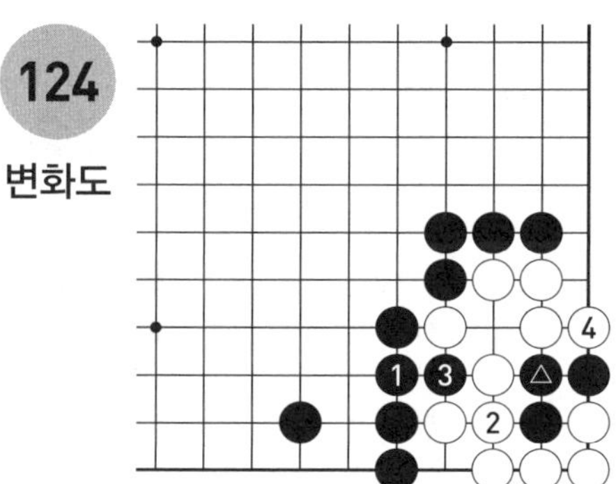

124 변화도

만약 백이 2로 단수치면 흑은 3
으로 파호하고 백4 따내면 흑5로
▲에 치중하기 하면 백은 살 수
없다.

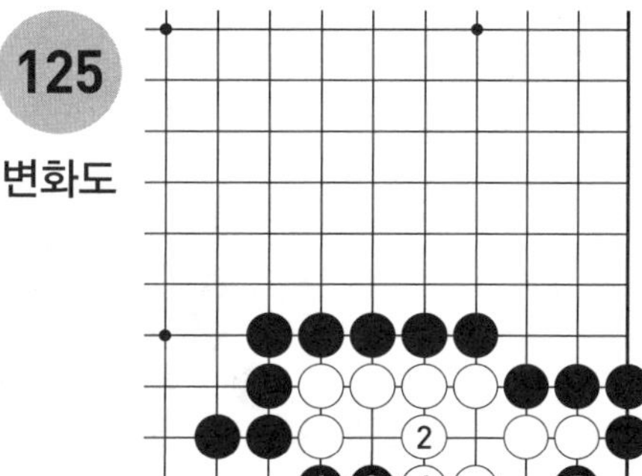

125 변화도

백이 2로 집을 지으면 흑3으로
들어간 뒤 흑5로 젖히면 백은 살
수 없다.

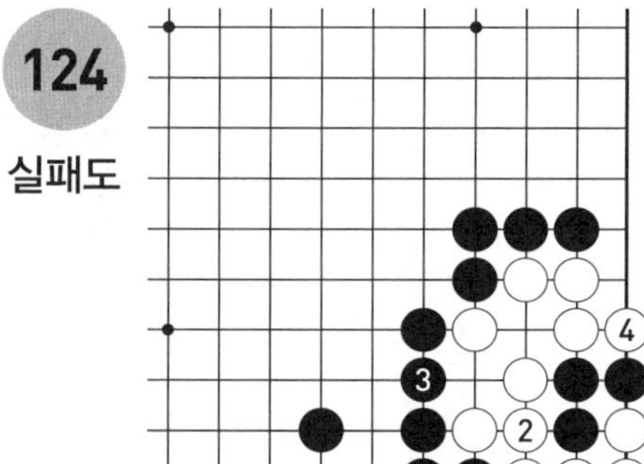

124 실패도

흑1로 먼저 단수치는 것은 착오.
백4로 따내면 맞보기로 흑은 백
을 잡을 수 없다.

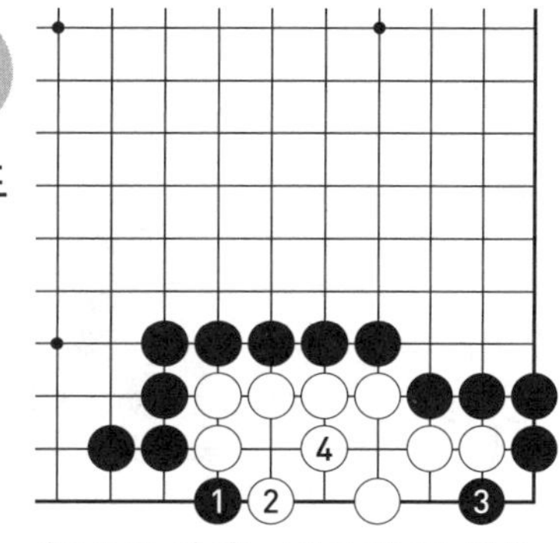

125 실패도

흑3으로 젖히는 것은 백4로 집을
지어 흑의 실패.

126 정해도

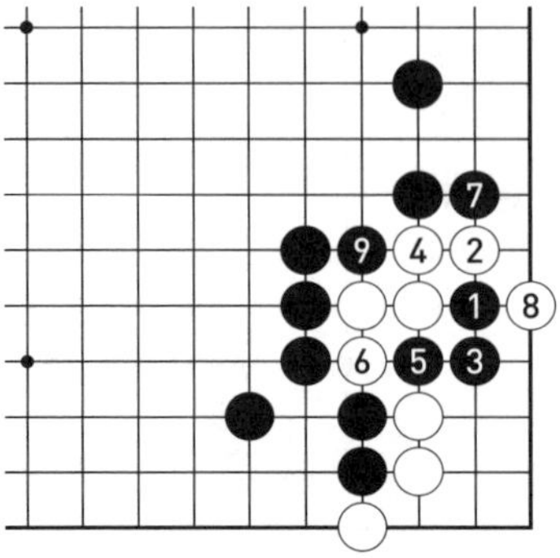

흑1로 공격하는 것이 백을 전멸
시키는 묘수.

127 정해도

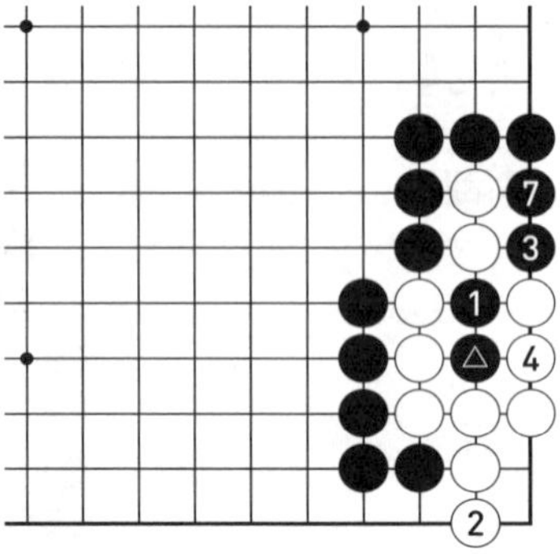

흑1로 1점 더 보태주는 것이 묘수.
백2로 집을 지을 때 흑3으로 먹
여치는 것이 정답. 흑7까지 백은
살 수 없다. 흑5=흑1, 백6=▲

126 변화도

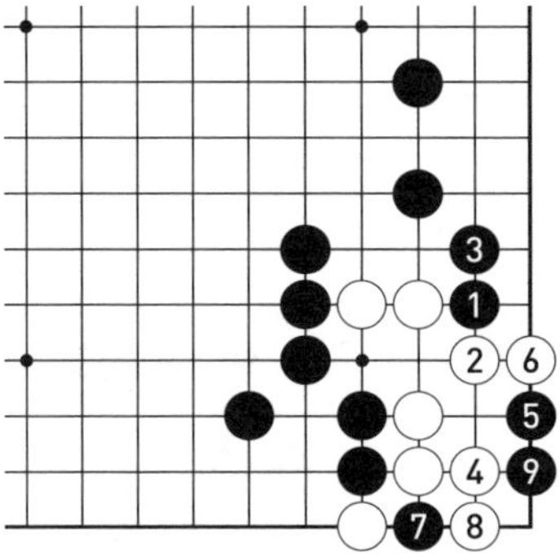

백은 2로 막으려 하나 성립이 되
지 않아 이하 흑9까지 동일하게
백은 살 수 없다.

127 변화도

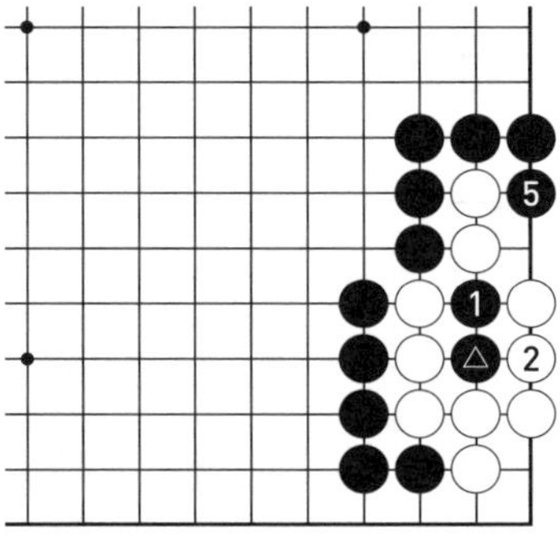

백이 2로 따내면 흑3으로 먹여치
고 다시 흑5로 파호하면 백은 살
수 없다. 흑3=흑1, 백4=▲

126 실패도

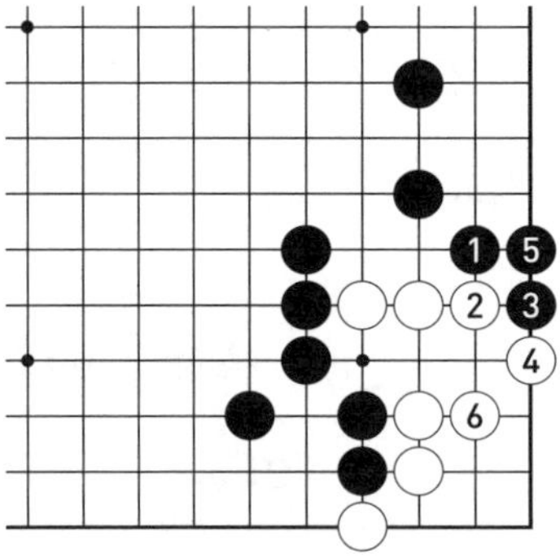

흑1은 착오. 백은 2로 막아서 흑
이 백을 잡을 수 없어서 실패.

127 실패도

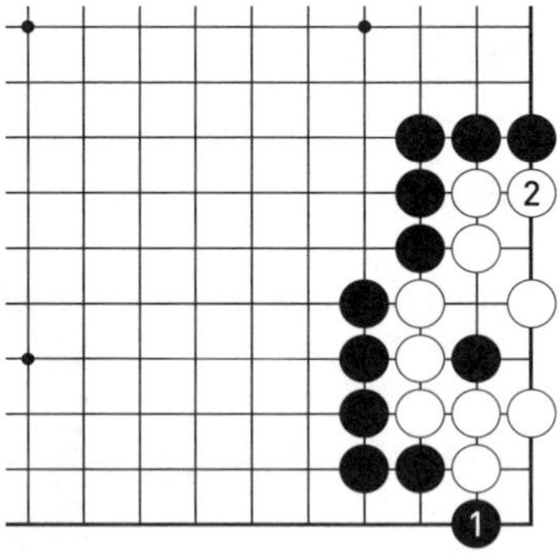

흑1로 먼저 젖힘은 착오. 백2로
집을 지어 백이 살 수 있다.

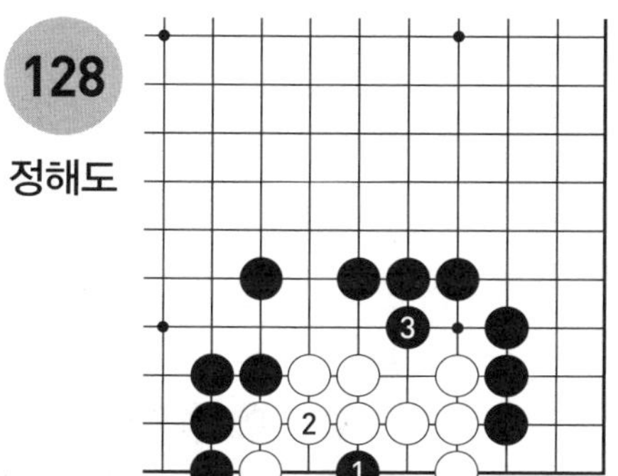

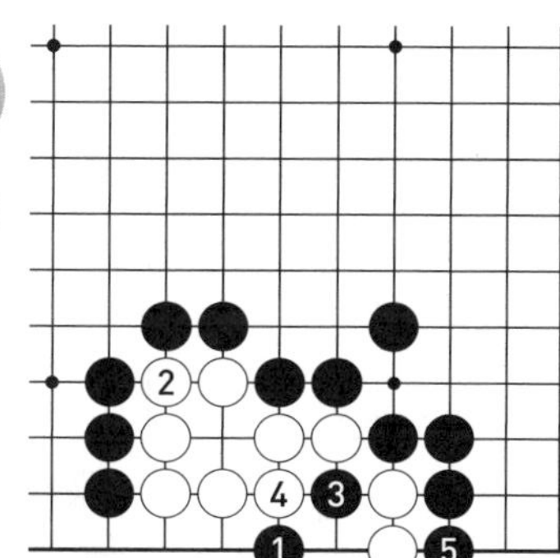

흑1 선수로 파호한 후 계속해서
흑3이면 백은 살 수 없다.

흑1 치중이 정답. 백이 2로 집을
지으면 흑은 3으로 끊고 흑5로
단수쳐서 백이 살 수 없다.

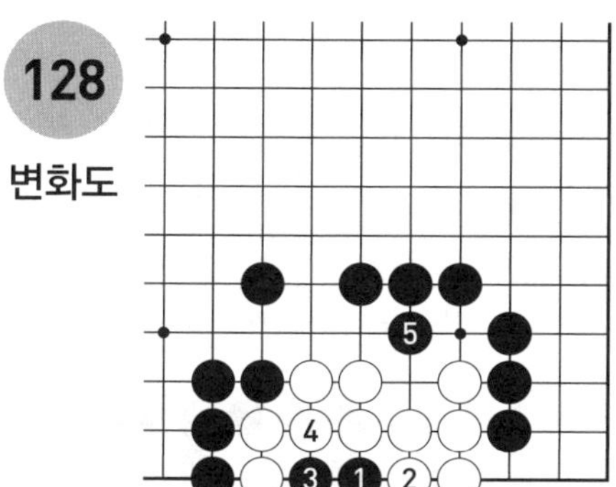

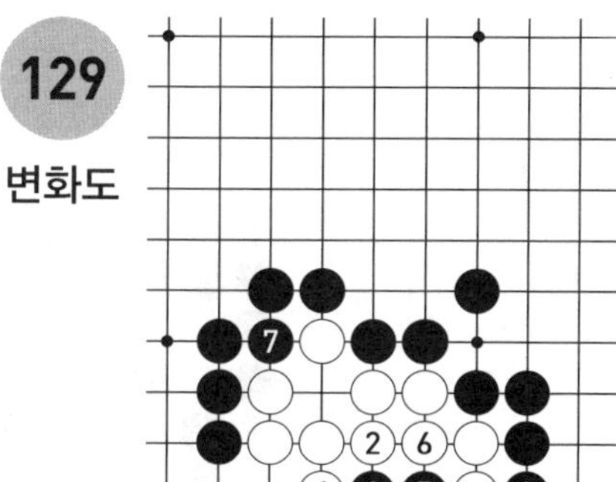

백이 2로 단수치면 흑은 3으로
단수치고 계속해서 흑5로 파호
하면 역시 백은 살지 못한다.

만약 백이 2로 웅크리면 흑3이
정답. 이하 흑7까지 백을 잡을
수 있다.

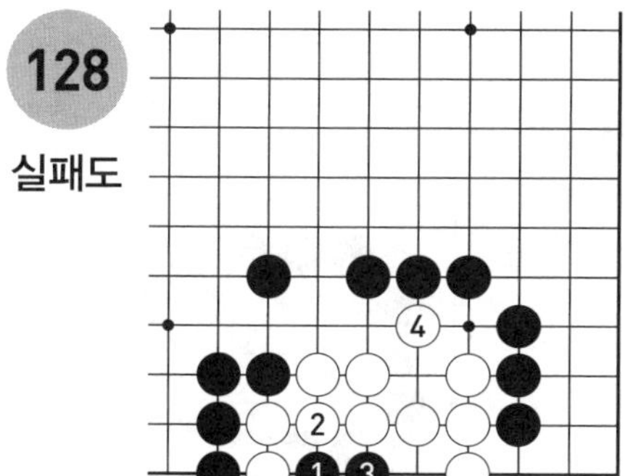

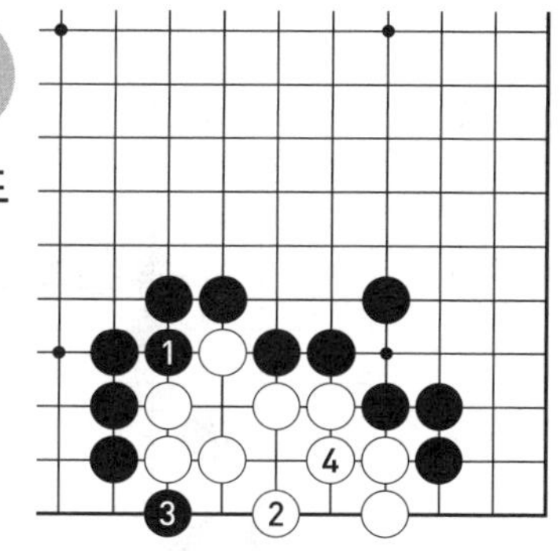

흑1로 단수치는 것은 착오. 백4
로 집을 지어 흑 실패.

흑1로 먼저 파호하는 것은 착오.
백2, 백4로 집을 지어 흑 실패.

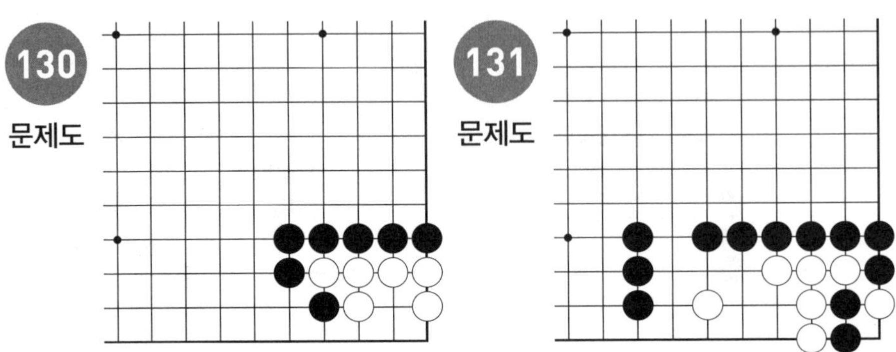

130 문제도

131 문제도

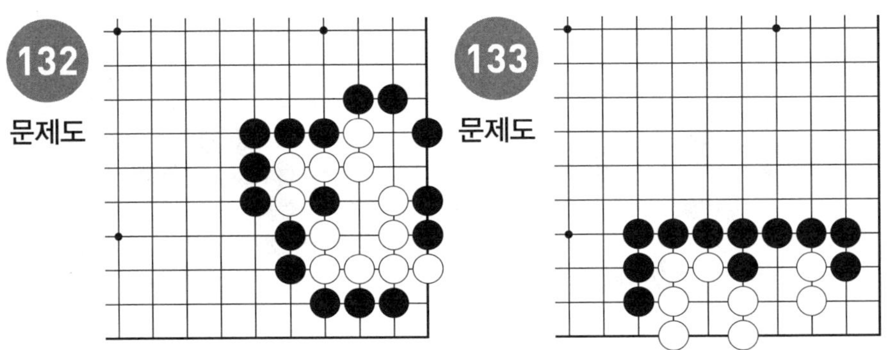

132 문제도

133 문제도

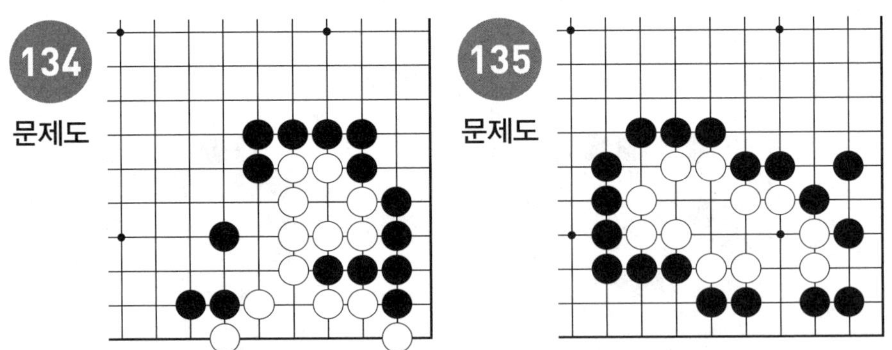

134 문제도

135 문제도

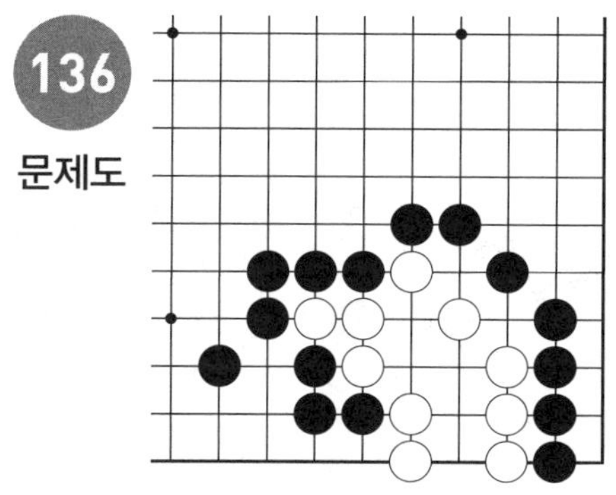

136 문제도

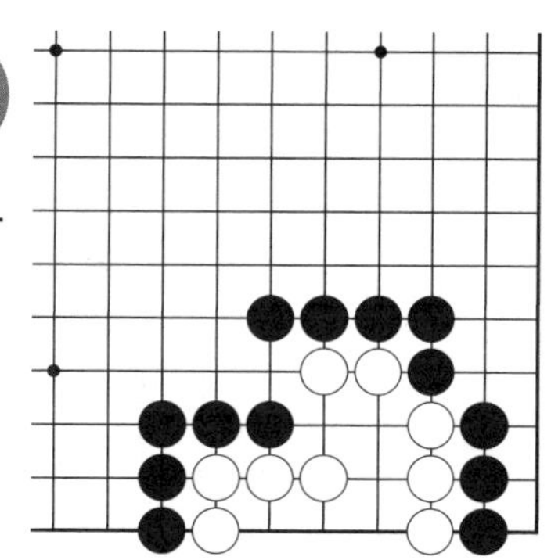

137 문제도

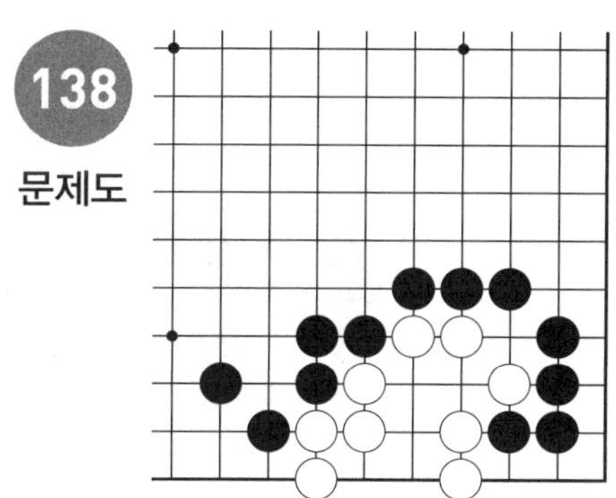

138 문제도

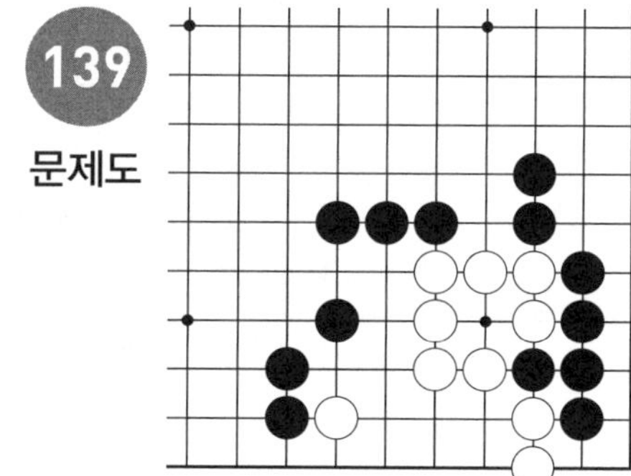

139 문제도

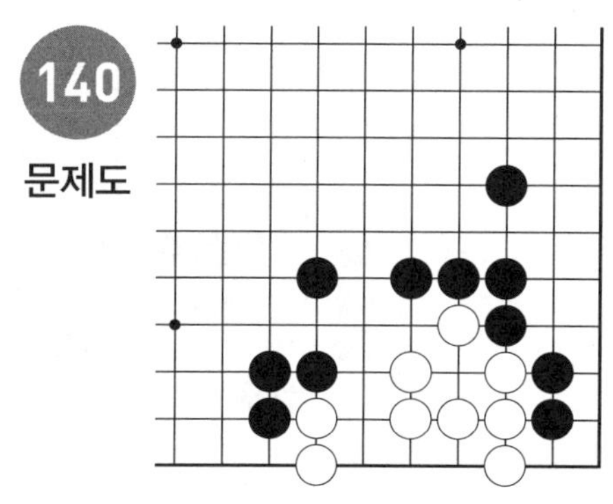

140 문제도

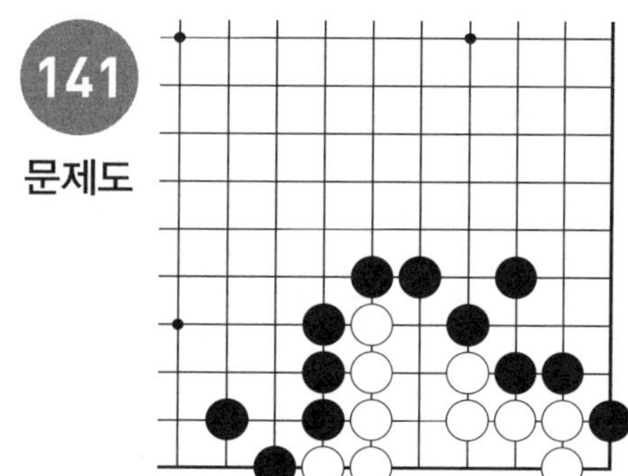

141 문제도

130 정해도

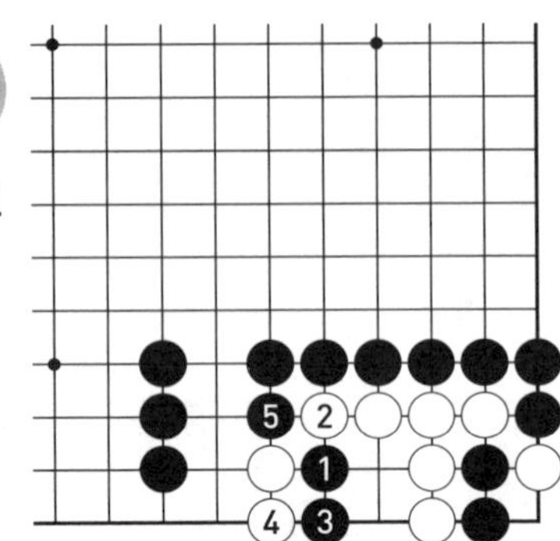

흑1로 치중하는 것이 정답. 백2
로 흑 1점을 잡으면 흑3으로 단
수, 흑5로 내려서고 흑7까지 백
은 살 수 없다.

131 정해도

흑1로 붙이고 흑3으로 내려서는
것이 묘수. 흑5로 끊었을 때 백
이 자충이라 흑 2점을 단수칠 수
없다.

130 변화도

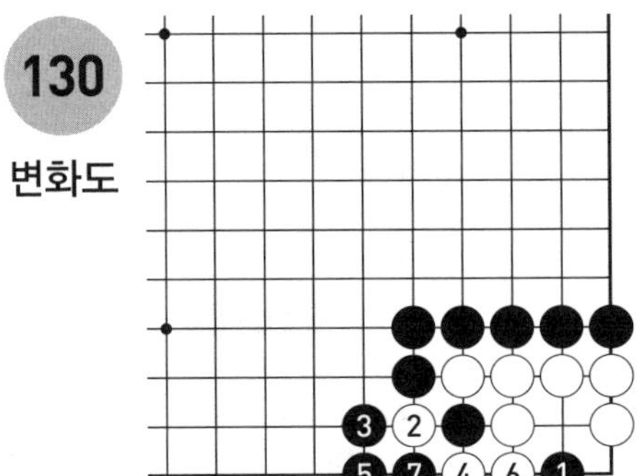

백6으로 이으면 흑7로 파호하여
여전히 살 수 없다.

131 변화도

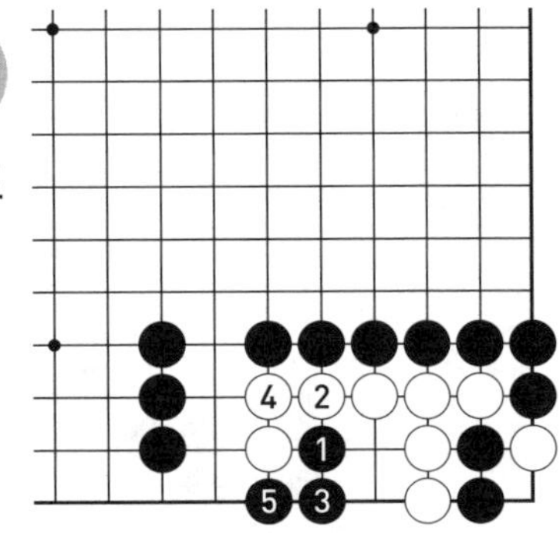

백이 4로 이으면 흑도 5로 꼬부
려 연결할 수 있으므로 백은 살
수 없다.

130 실패도

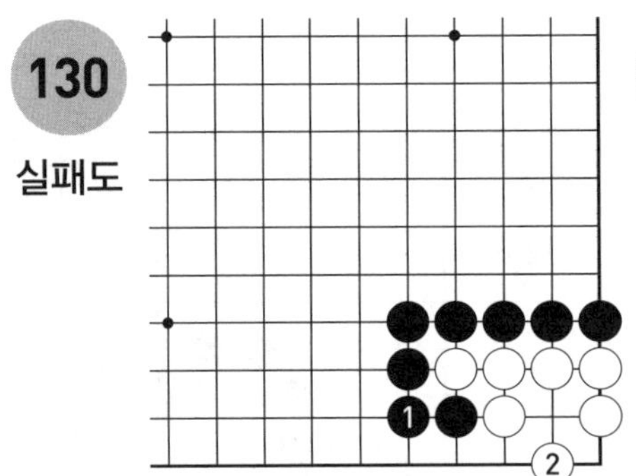

흑1로 잇는 것은 착오. 백은 2로
집을 지어 살 수 있다.

131 실패도

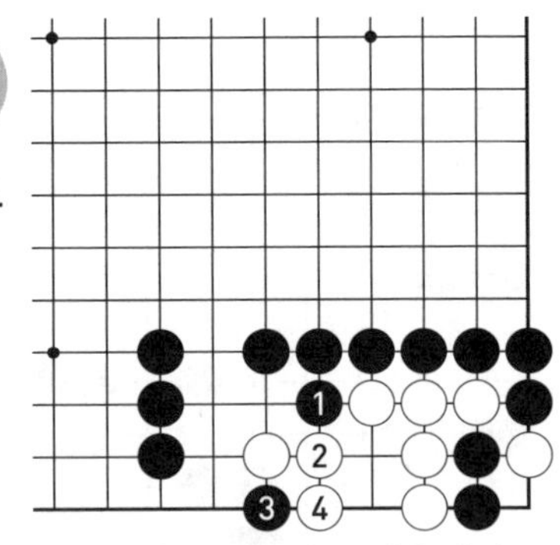

흑1로 먼저 꼬부리는 것은 속수,
백은 2, 4로 집을 지을 수 있다.
흑 실패.

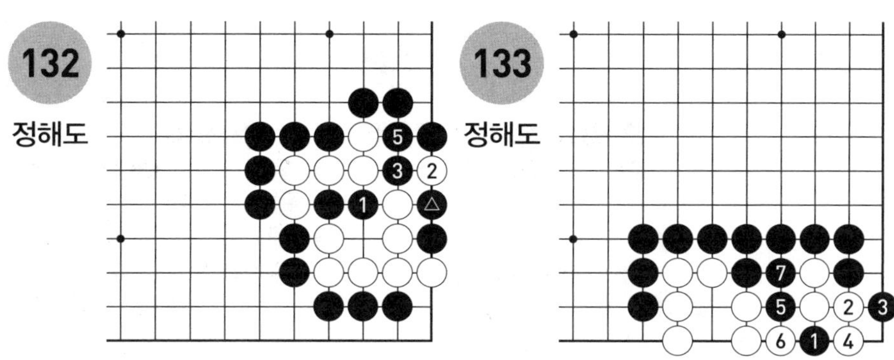

132 정해도

흑 1로 키우는 것이 묘수. 백2로 따내면 흑3의 먹여침이 묘수. 백 4로 △에 이으면 흑5로 백 5점이 잡힌다. 백4=▲

133 정해도

흑1은 파호의 묘수. 흑5로 끼우고 흑7로 연결하면 백은 잡힌다.

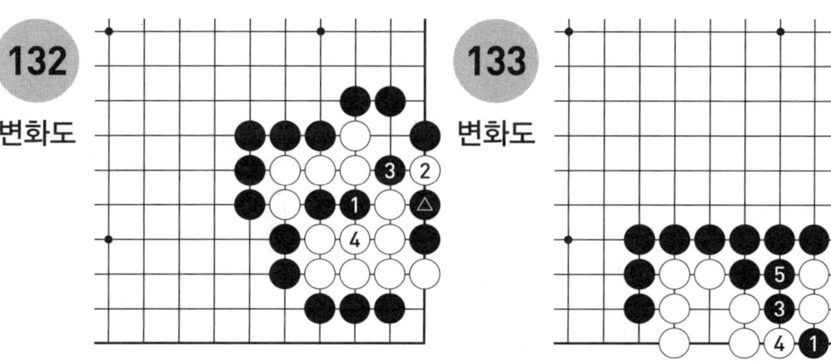

132 변화도

백이 4로 흑 2점을 흑이 5로 백 1점을 따내어 백은 살 수 없다. 흑5=▲

133 변화도

백이 2로 젖히면 흑은 3에 끼우고 흑7까지 여전히 백은 살 수 없다.

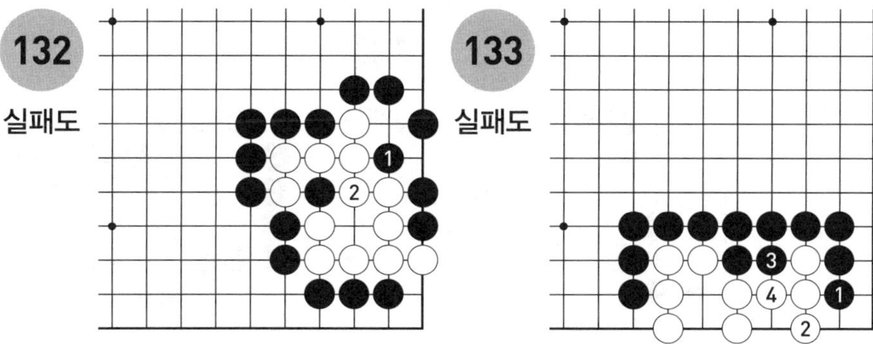

132 실패도

흑1은 실패, 백이 2로 1점 따내면 살 수 있다.

133 실패도

흑1은 속수. 백이 2로 늘면 살 수 있어서 흑의 공격 실패.

134 정해도

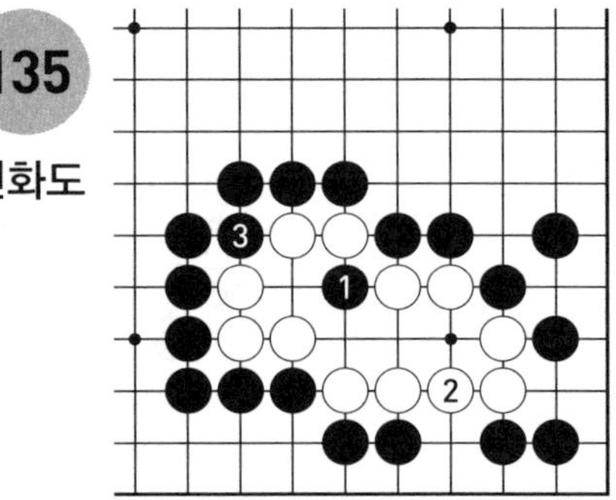

흑1로 안형을 없애는 것이 정답.
백2로 이을 때 흑3, 5로 먹여치
면 백은 살 수 없다.

135 정해도

흑1이 정답. 백2로 이을 때 흑3
으로 단수치고 흑5로 흑돌을 키
우는 것이 묘수. 다시 흑7로 먹
여치면 백은 잡힌다. 흑7=흑5

134 변화도

백이 2로 이으면 흑은 3과 5로 먹
여쳐서 백이 여전히 살 수 없다.

135 변화도

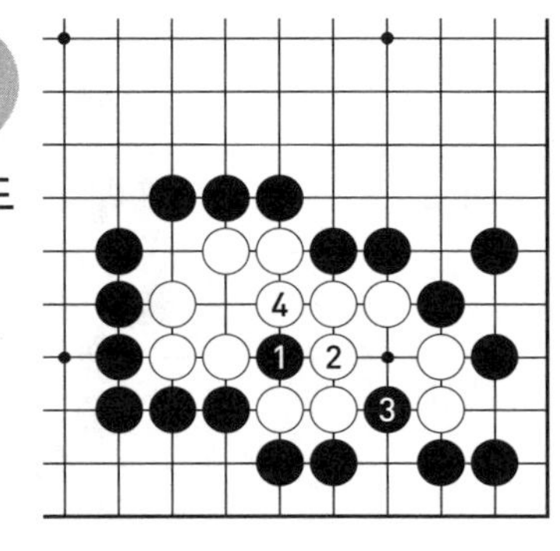

백2 이음은 성립이 안된다. 흑3
으로 단수치면 백은 여전히 살
수 없다.

134 실패도

흑1로 들여다보는 것은 착오. 백
은 2, 4로 이어 살 수 있다. 흑의
공격 실패.

135 실패도

흑 1로 끊는 것은 착오. 백4로 따
내 살 수 있다.

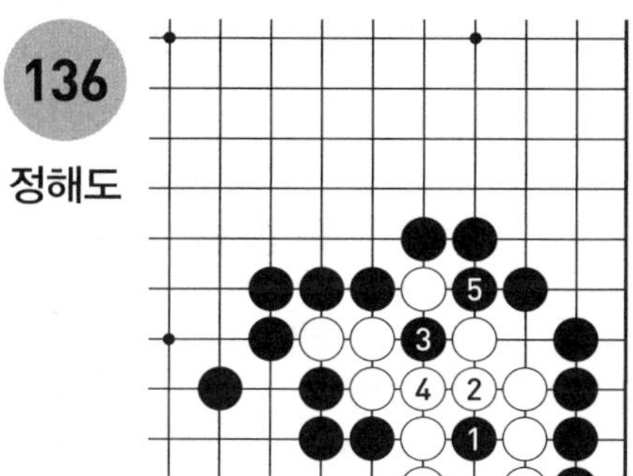

136

정해도

흑1이 묘수. 백2 후에 흑3 먹여
치기, 흑5 파호하면 백은 살 수
없다.

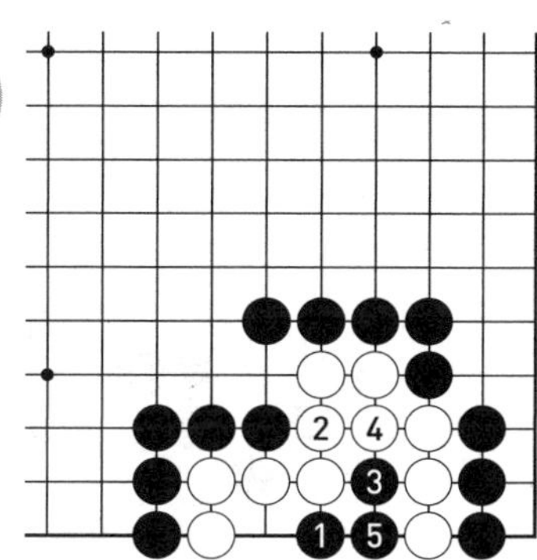

137

정해도

흑1은 파호의 맥. 이하 흑5까지
백이 잡힌다.

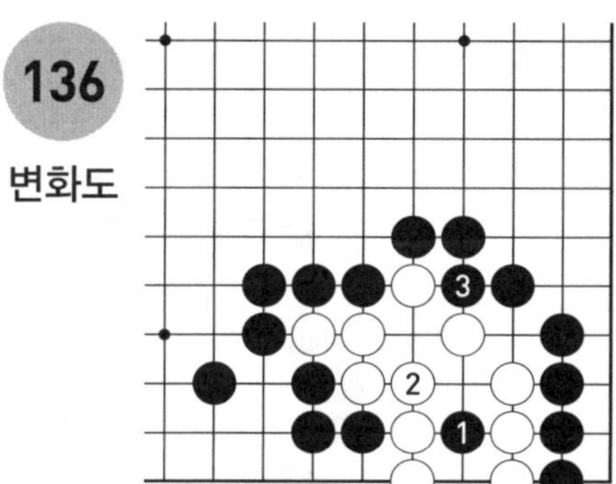

136

변화도

백이 2로 이으면 흑3으로 파호하
여 백은 여전히 살 수 없다.

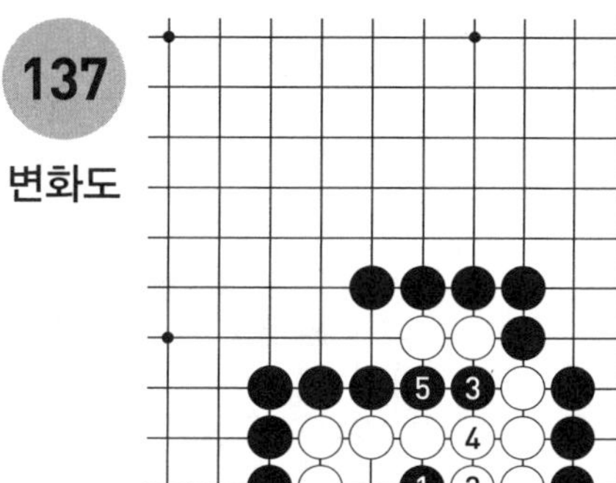

137

변화도

만약 백이 2로 단수치면 흑3으로
단수치고 흑5로 연결하면 백은
살 수 없다.

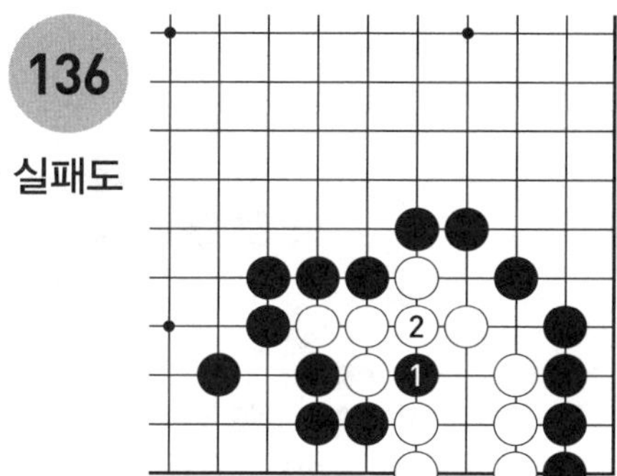

136

실패도

흑1로 단수치는 것은 착오. 백
2로 연결하여 백은 살 수 있다.
흑의 공격 실패.

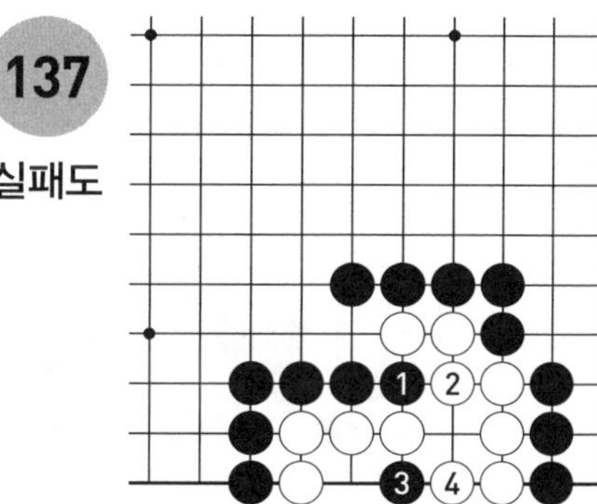

137

실패도

흑1 찌름은 속수. 백4까지 깨끗
하게 살아난다. 흑의 공격 실패.

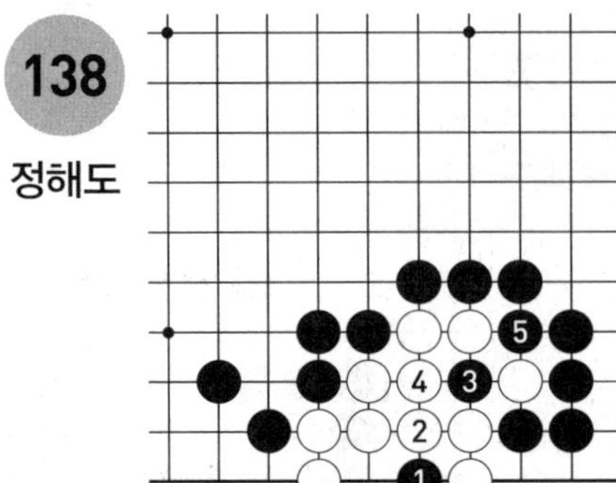

138 정해도

흑1로 치중하는 것이 정답. 흑3 먹여치기, 흑5 파호로 백은 살 수 없다.

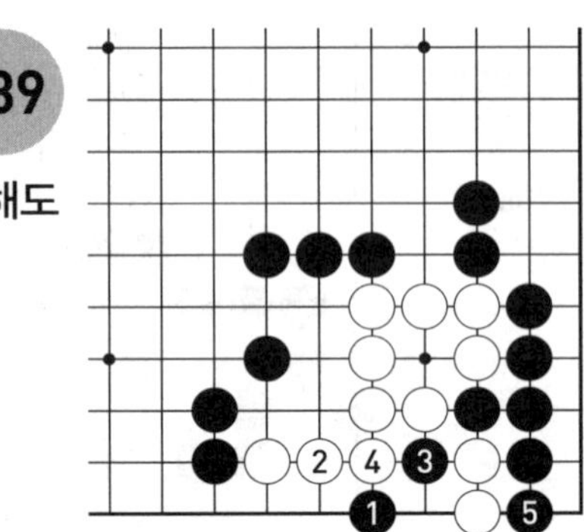

139 정해도

흑1로 공격하는 것이 급소. 흑5까지 환격으로 흑의 성공.

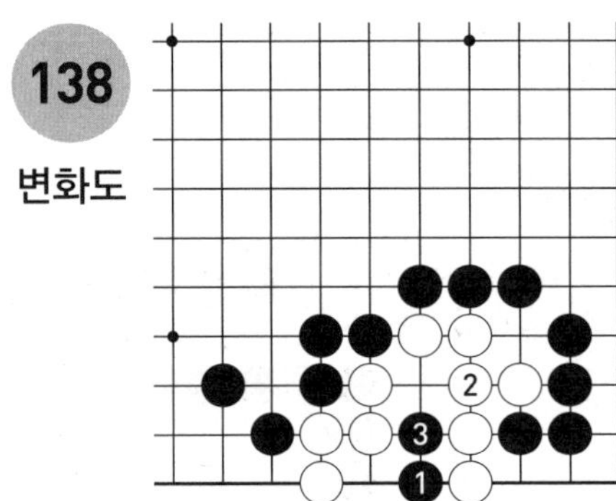

138 변화도

백2로 이으면 흑3으로 올라서서 백은 여전히 살 수 없다.

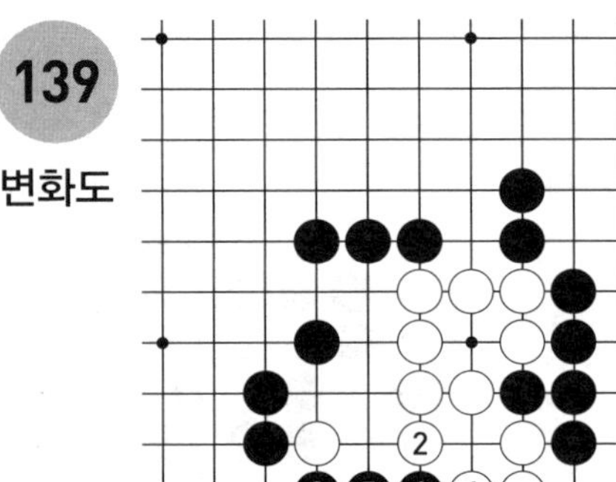

139 변화도

백이 2로 호구치면 흑은 3으로 안전하게 연결하여 백은 살 방법이 없다.

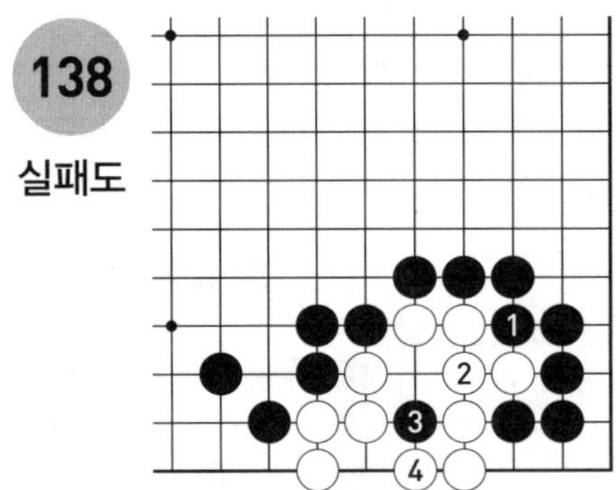

138 실패도

흑1 단수는 착오. 백4까지 백이 살았다. 흑의 공격 실패.

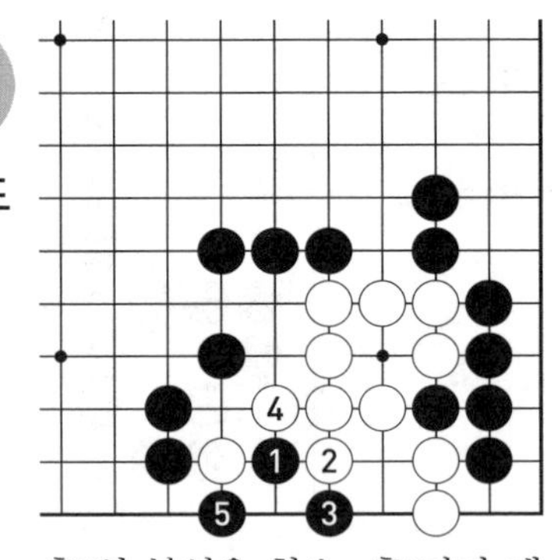

139 실패도

흑1의 붙임은 착오. 흑5까지 패가 난다.

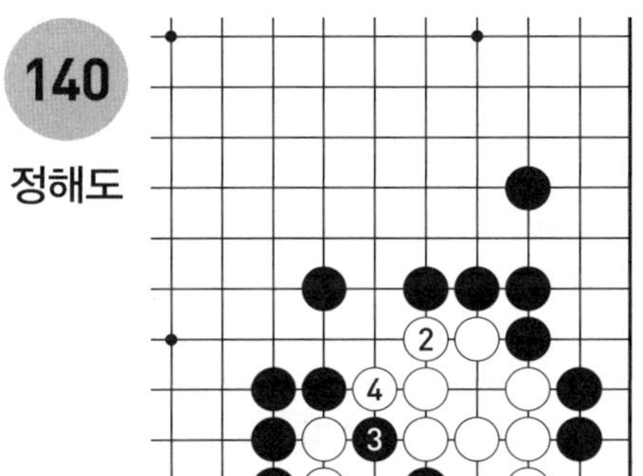

140 정해도

흑1이 묘수. 백2로 집을 지으면 흑3 끼움, 흑5 단수로 백을 잡는다.

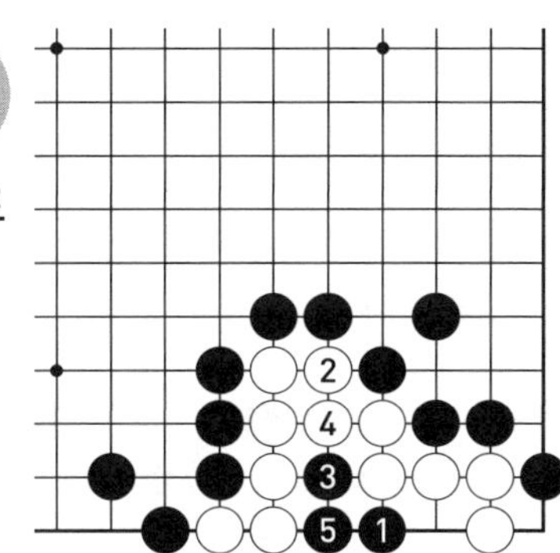

141 정해도

흑1이 묘수. 백2로 안형을 넓히면 흑3, 5로 백은 살 수 없다.

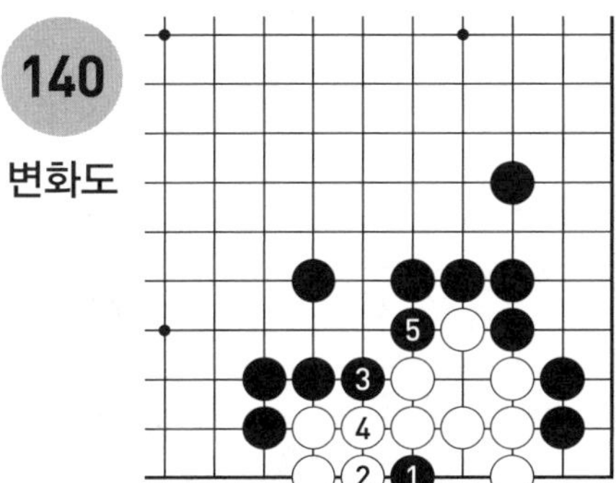

140 변화도

백2로 단수치면 흑3, 5로 파호하여 백은 여전히 살 수 없다.

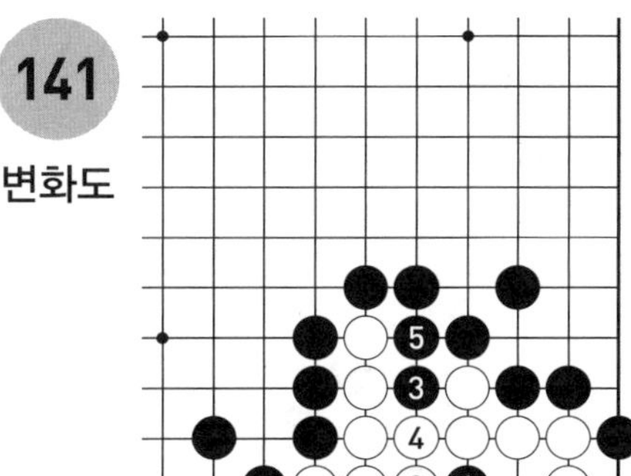

141 변화도

백2로 단수치면 흑3으로 끼우고 흑5로 연결하여 백은 여전히 살 수 없다.

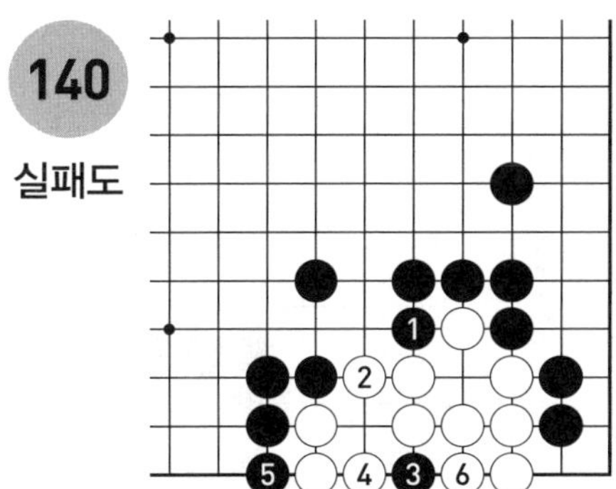

140 실패도

흑1 파호는 착오. 백6까지 백이 살 수 있다.

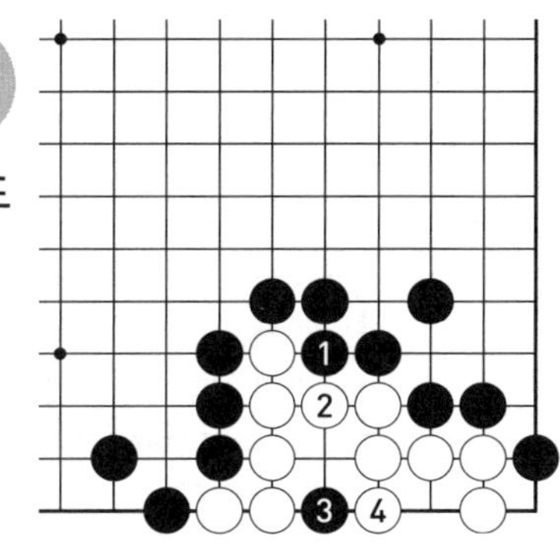

141 실패도

흑1은 속수. 백4까지 백이 집을 지어 살 수 있다.

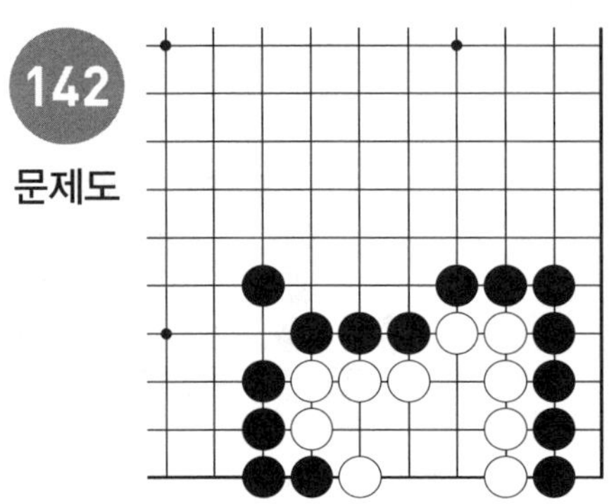

142 문제도

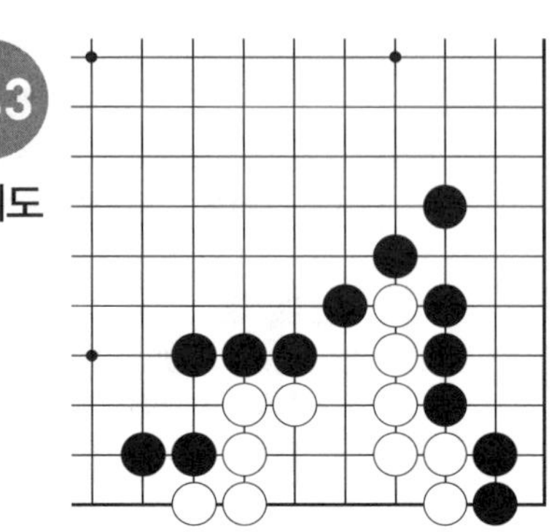

143 문제도

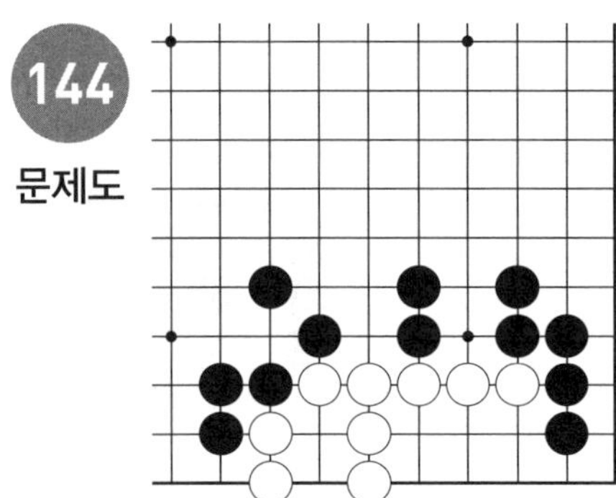

144 문제도

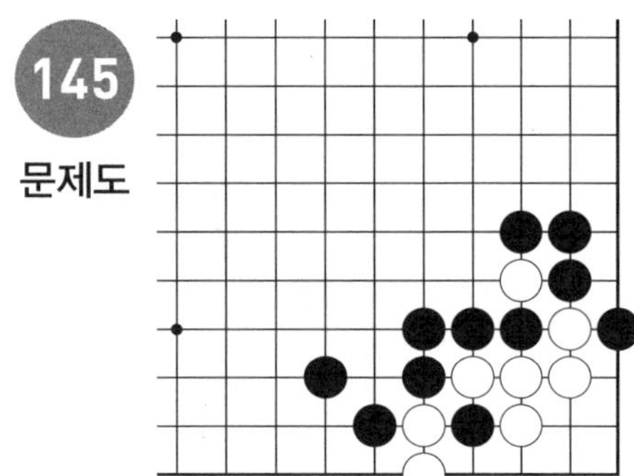

145 문제도

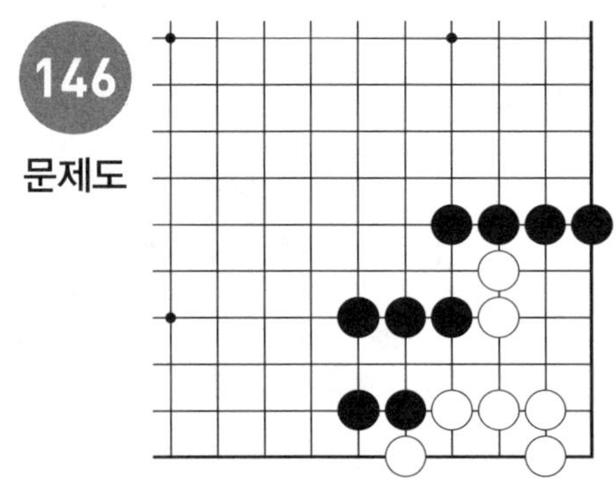

146 문제도

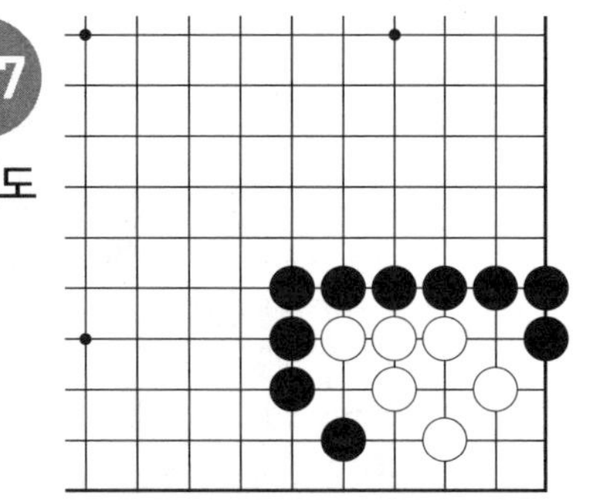

147 문제도

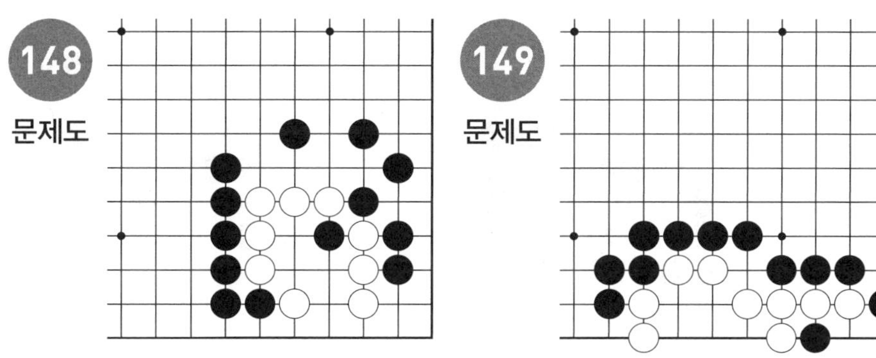

148 문제도

149 문제도

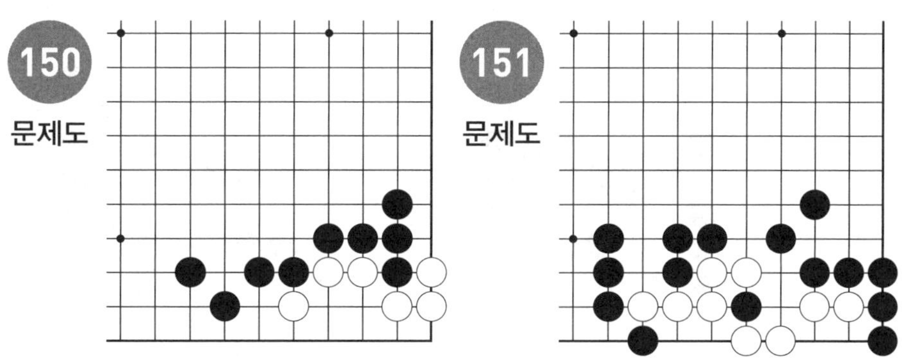

150 문제도

151 문제도

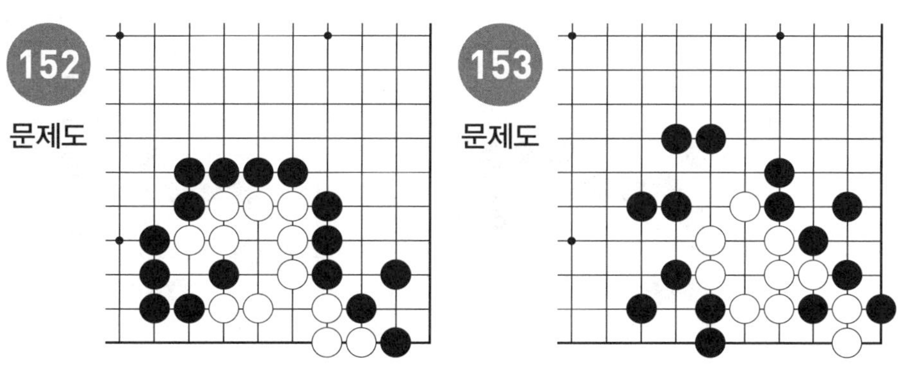

152 문제도

153 문제도

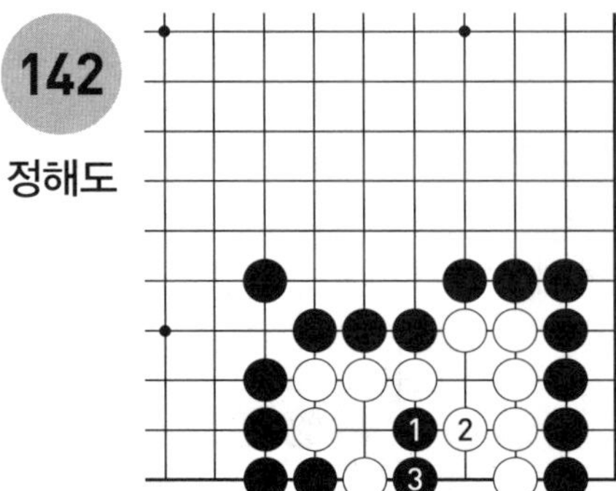

142 정해도

흑1로 치중하는 것이 정답. 백2
한 후 흑3으로 늘면 백은 잡힌다.

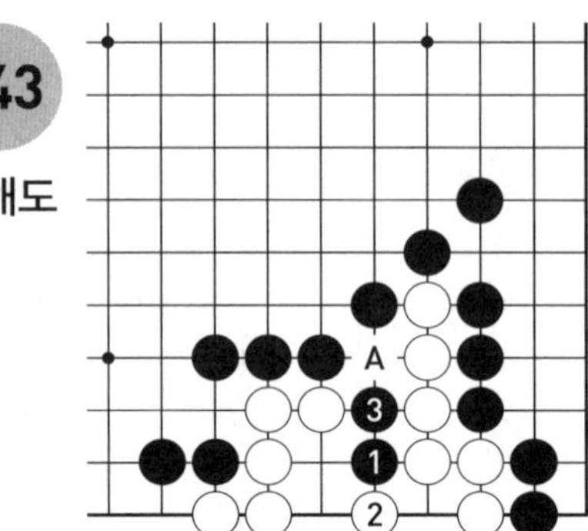

143 정해도

흑1로 붙이고 흑3으로 나오면
백은 A로 끊을 수 없어 잡히게
된다.

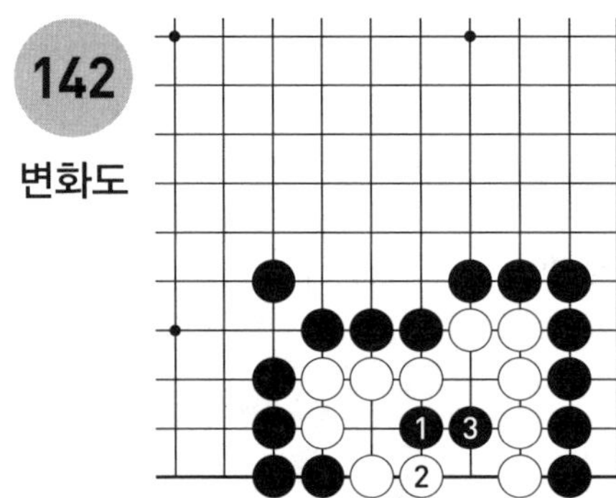

142 변화도

백이 2로 밀면 흑3으로 늘어서
백은 여전히 살 수 없다.

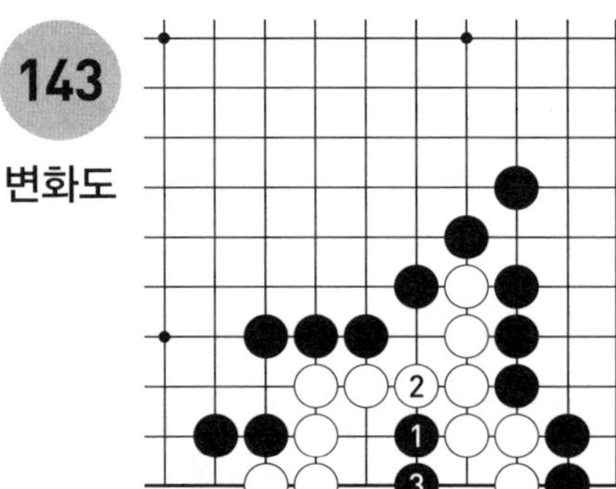

143 변화도

백이 2로 이으면 흑3으로 늘어서
백은 역시 살 수 없다.

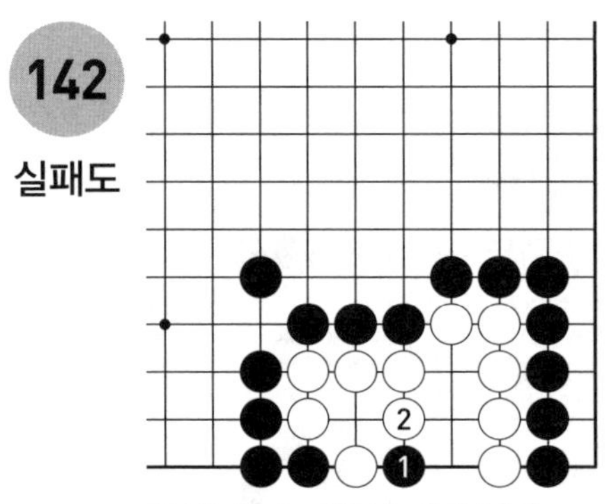

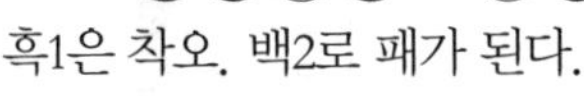

142 실패도

흑1은 착오. 백2로 패가 된다.

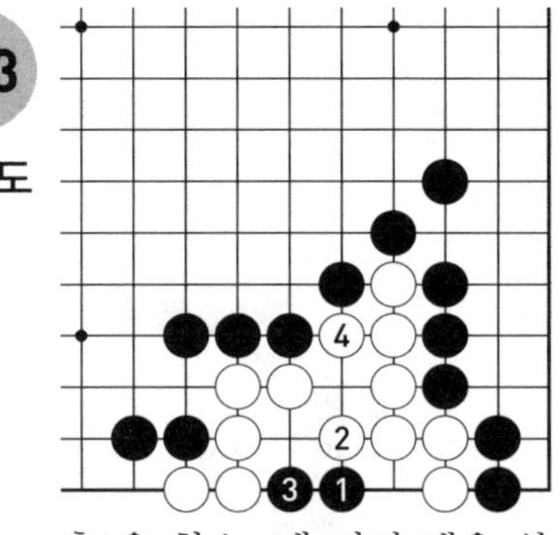

143 실패도

흑1은 착오. 백4까지 백은 살
았다. 흑의 공격 실패.

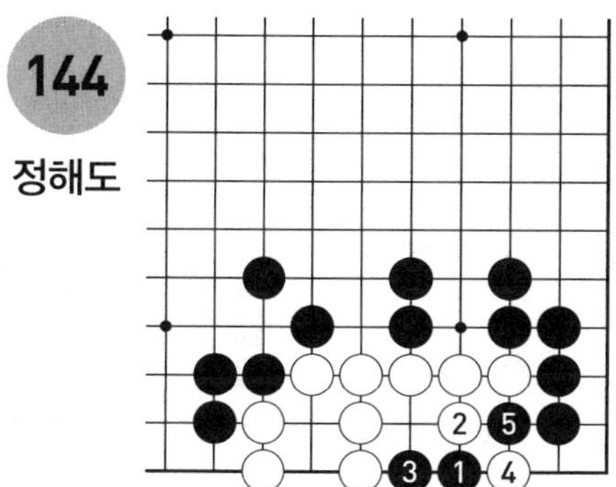

정해도

흑1의 날일자 행마가 파호의 묘수. 백2하면 즉시 흑3, 5로 파호하여 백은 살 수 없다.

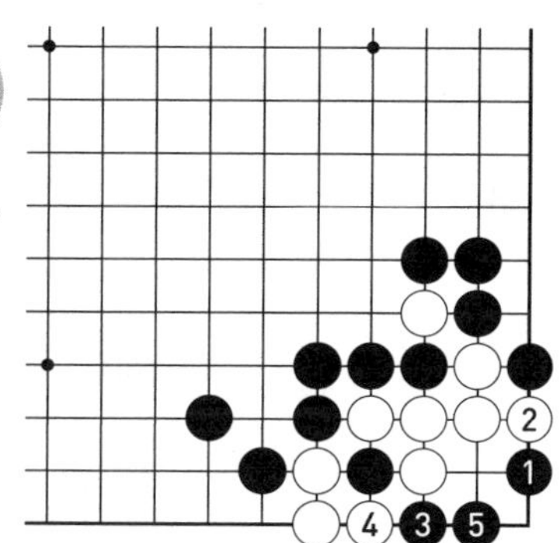

정해도

흑1 치중이 정답. 백2로 막을 때 흑3 단수가 묘수. 흑 5까지 유가 무가가 되어 백이 잡힌다.

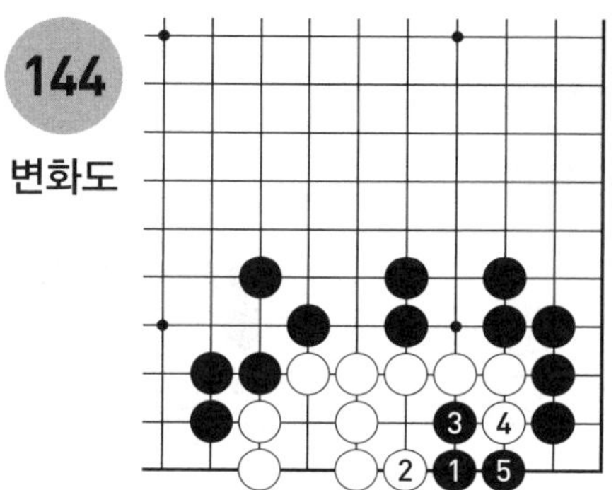

변화도

백2로 두면 흑3으로 올라서서 백은 여전히 살 수 없다.

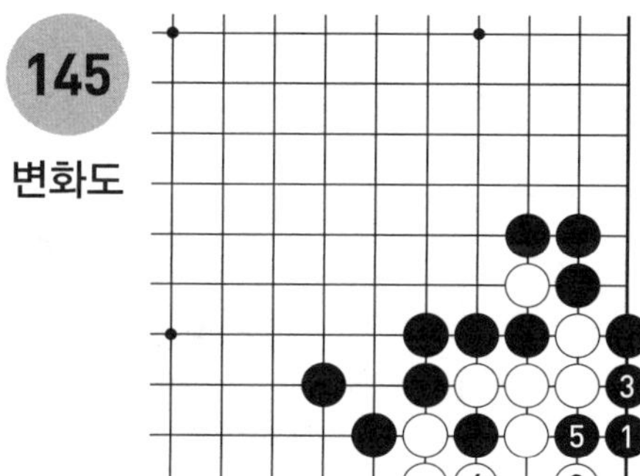

변화도

백이 2로 마늘모하면 흑 3으로 잇고 다시 흑5로 파호하면 백은 역시 살 수 없다.

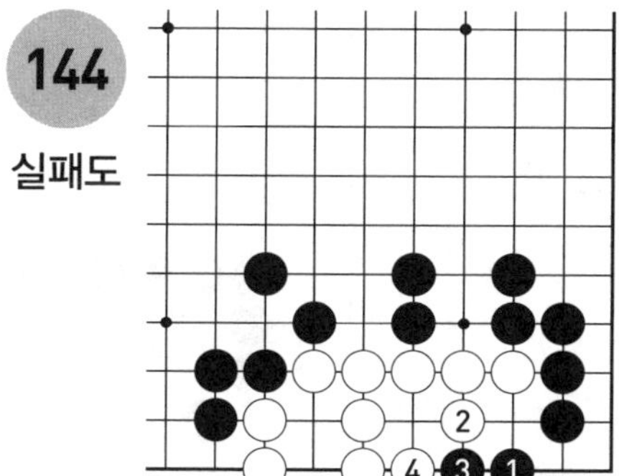

실패도

흑1로 마늘모하는 것은 착오. 백은 2, 4로 집을 지어 살 수 있다.

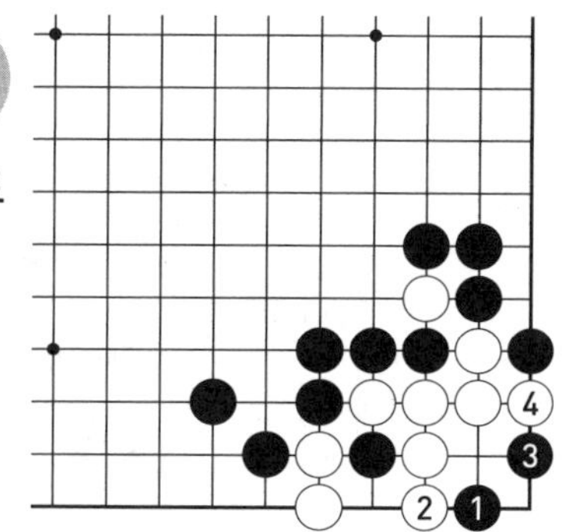

실패도

흑1로 치중하는 것이 착오. 백은 2, 4로 살 수 있다. 흑의 공격 실패.

146 정해도

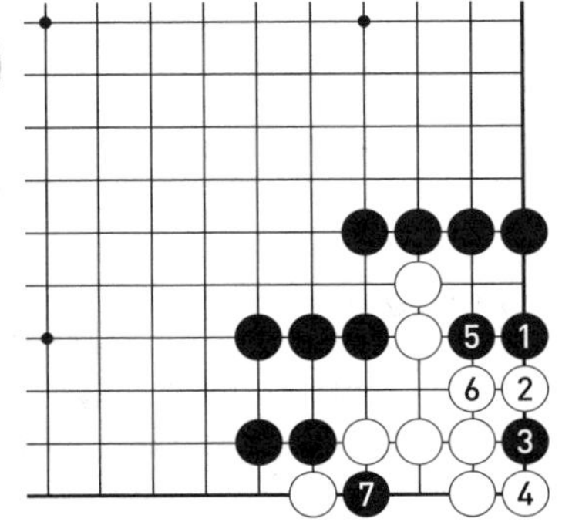

흑1로 뛰고 흑3 먹여치는 것이
묘수. 다시 흑5, 7로 파호. 백은
살 수 없다.

147 정해도

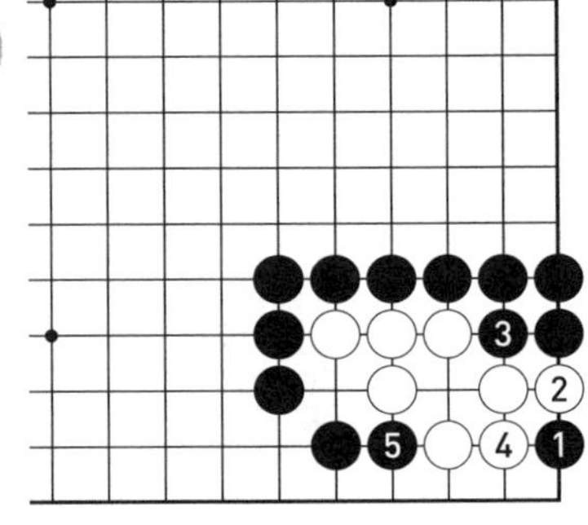

흑1로 뛰고 흑3으로 공배를 메우
는 수순이 정답. 흑5 단수로 백
은 살 수 없다.

146 변화도

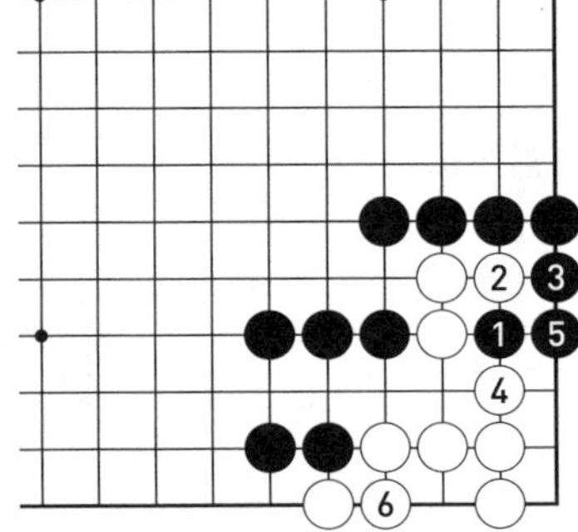

백이 4로 따내면 흑5로 파호하는
것이 정답. 흑7까지 백은 역시
살 수 없다.

147 변화도

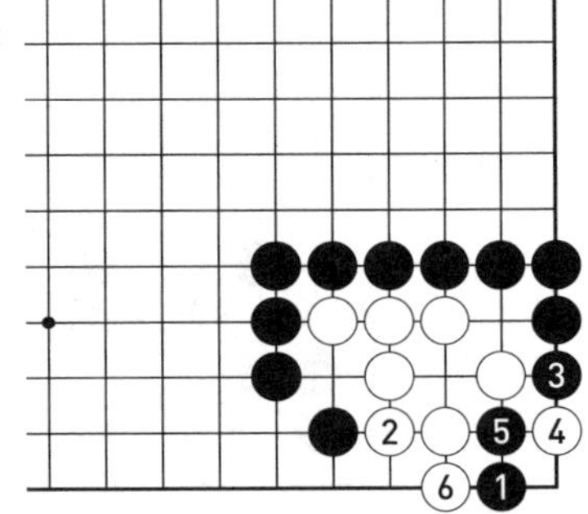

백4로 이으면 흑5로 파호하여 백
은 여전히 살 수 없다.

146 실패도

흑1 자리로 붙이는 것은 착오.
이하 백6까지 백이 살 수 있다.
흑의 공격 실패.

147 실패도

흑1 치중은 착오. 이하 백6까지
살 수 있다. 흑의 공격 실패.

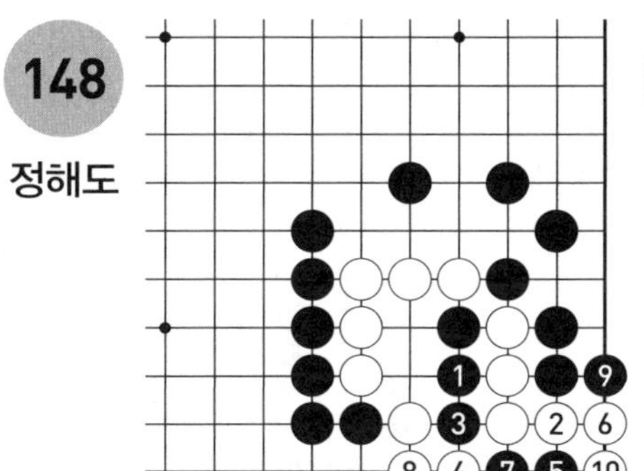

148 정해도

흑1로 먼저 파호하고 백2로 꼬부
릴 때 흑5 붙임이 묘수. 이하 11
먹여치기까지 백은 살 수 없다.
흑11=흑7

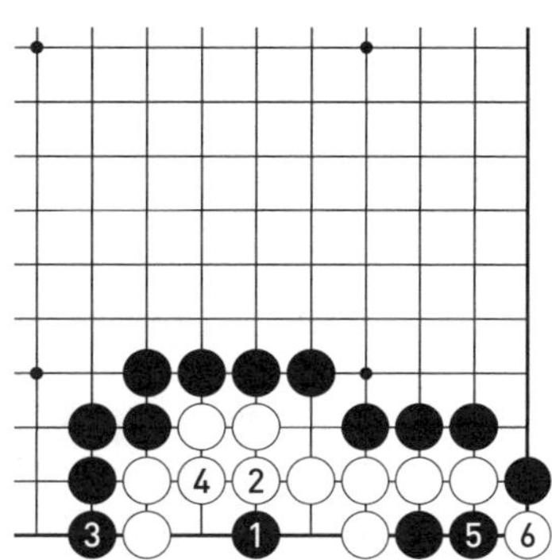

149 정해도

흑1 치중이 정답. 백4로 이을 때
흑5로 1점을 보태주고 7로 다시
따내는 것이 파호의 묘수.
흑7=흑5

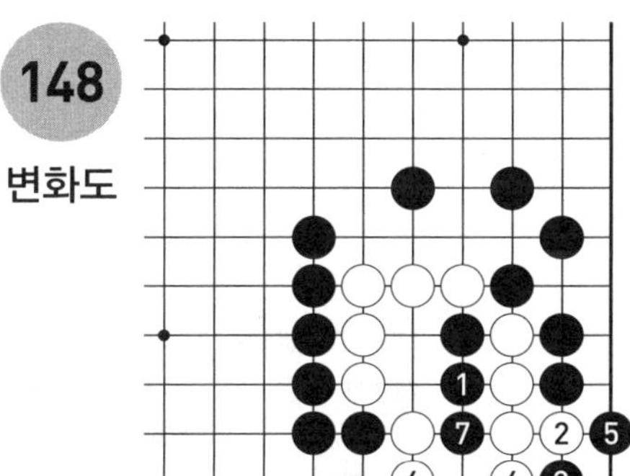

148 변화도

백이 4로 막는다면 흑5로 건너고
흑7로 파호하여 백은 역시 살 수
없다.

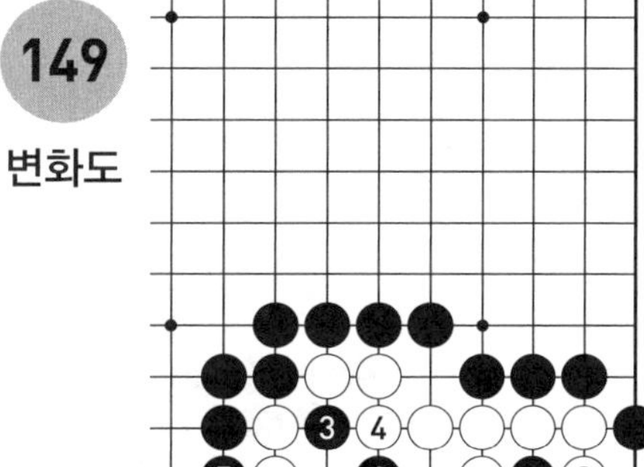

149 변화도

백2로 귀에 집을 짓는다면 흑3,
5로 백 2점이 잡힌다.

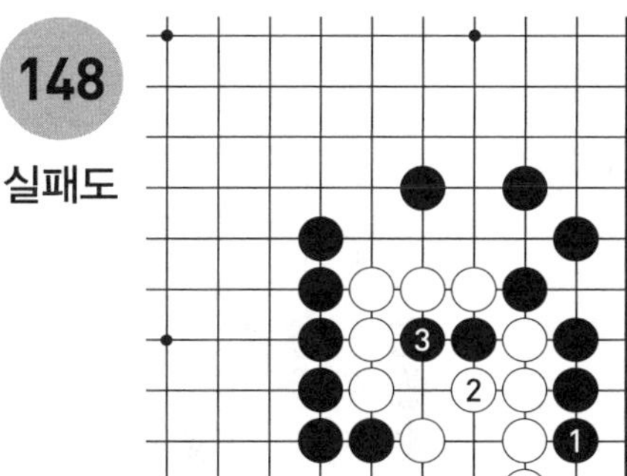

148 실패도

흑1로 막음은 착오. 백2로 단수
치고 백4로 집을 지으면 흑 실패.

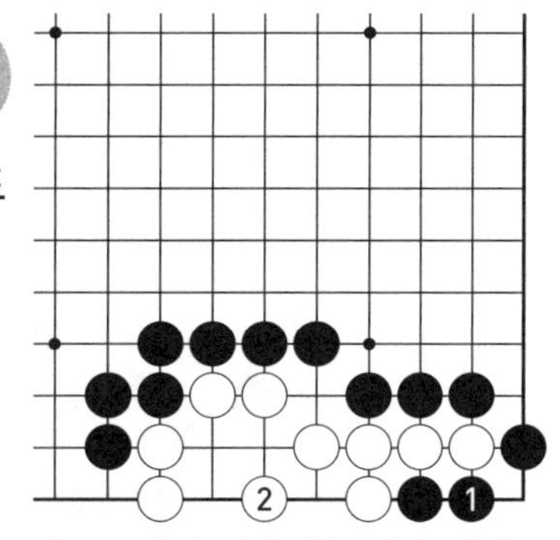

149 실패도

흑1로 먼저 파호하는 것은 수순
착오. 백2로 집을 지을 수 있어
서 흑 실패.

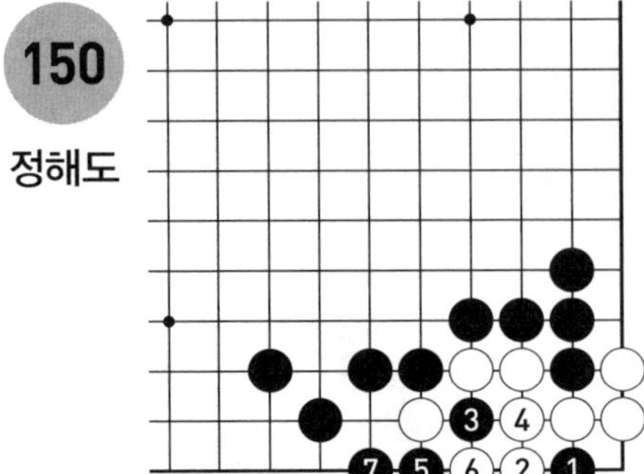

150 정해도

흑1, 3, 5, 7이 백을 잡는 묘수.

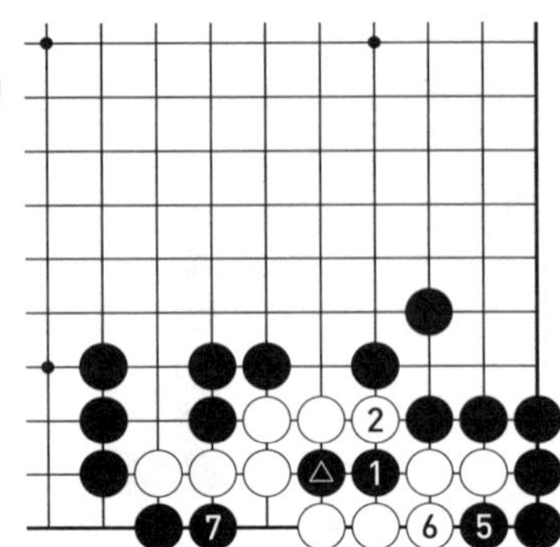

151 정해도

흑1로 키우는 것이 파호의 묘수.
흑3, 5는 선수. 다시 흑7로 들어
가면 백은 잡힌다.
흑3=흑1, 백4=▲

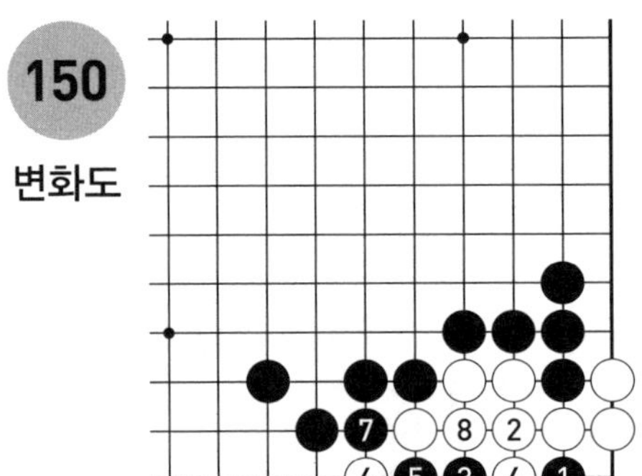

150 변화도

백이 2로 연결한다면 흑3으로 치
중하고 흑9까지 먹여치기하여
백은 역시 살 수 없다. 흑9=흑5

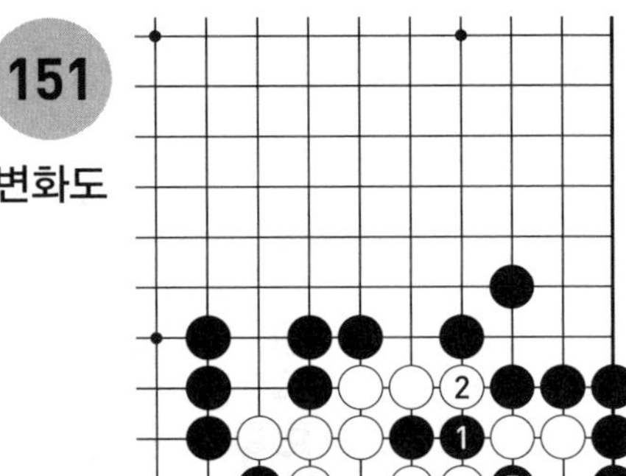

151 변화도

백이 4와 같이 집을 지으면 흑5
로 먹여치기하는 것이 묘수. 백
은 역시 살 수 없다. 흑3=흑1

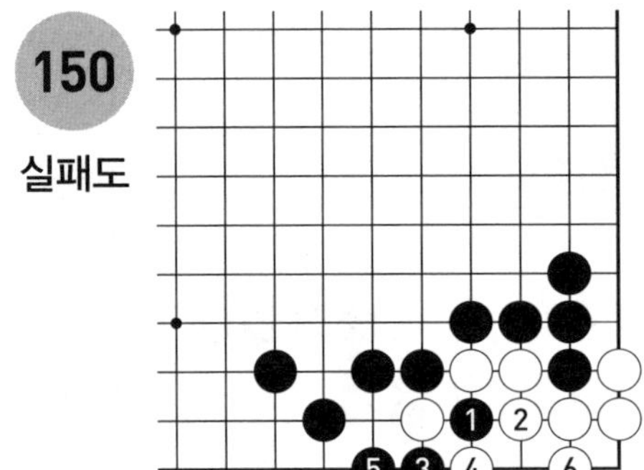

150 실패도

흑1로 먼저 단수치는 것은 착오.
백6까지 백은 살았다.

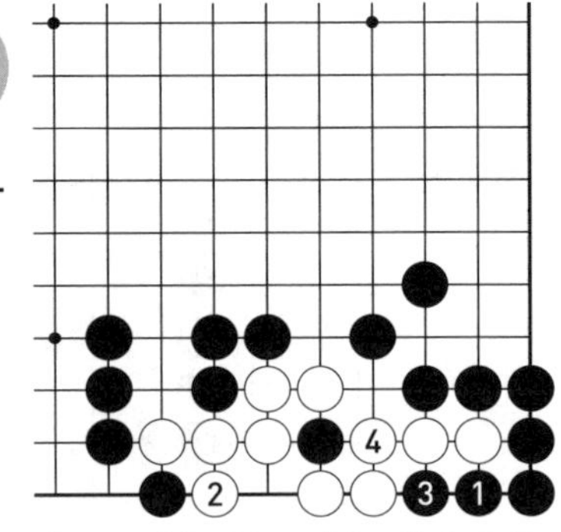

151 실패도

흑1로 파호하는 것은 백이 2에
두어 쉽게 산다.

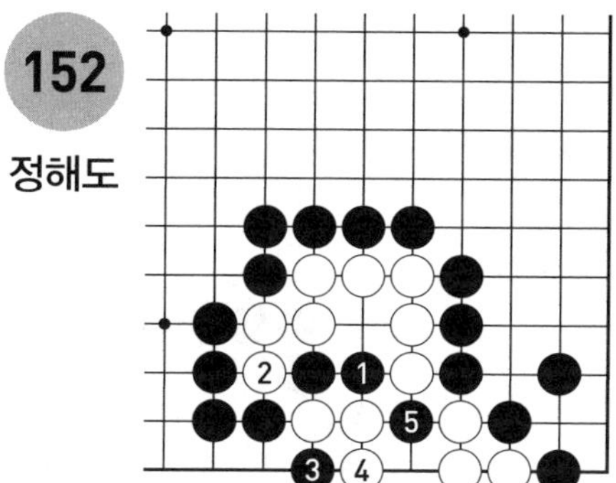

정해도 152

흑1로 1점 더 주는 것이 묘수. 흑 3 젖힘, 흑5 먹여치기로 백은 살 수 없다.

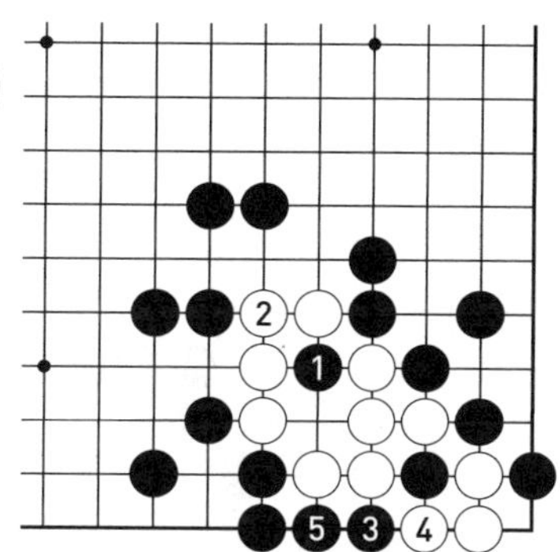

정해도 153

흑1이 절대적인 묘수. 먹여침과 동시에 백 5점의 공배를 메우는 수, 흑3, 5로 백은 살 수 없다.

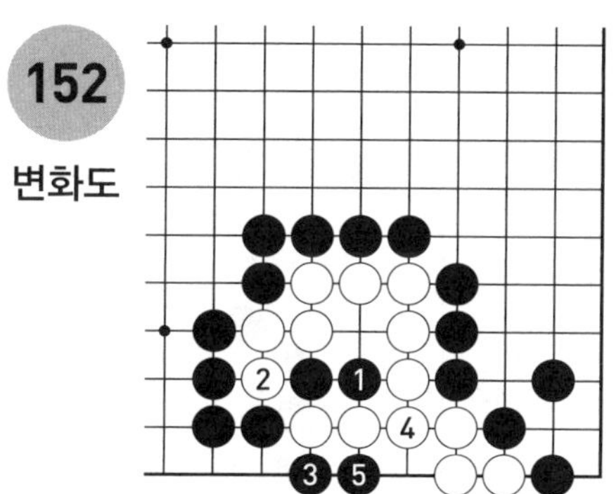

변화도 152

백이 4와 같이 연결하고 흑은 5 로 늘리면 백은 역시 살 수 없다.

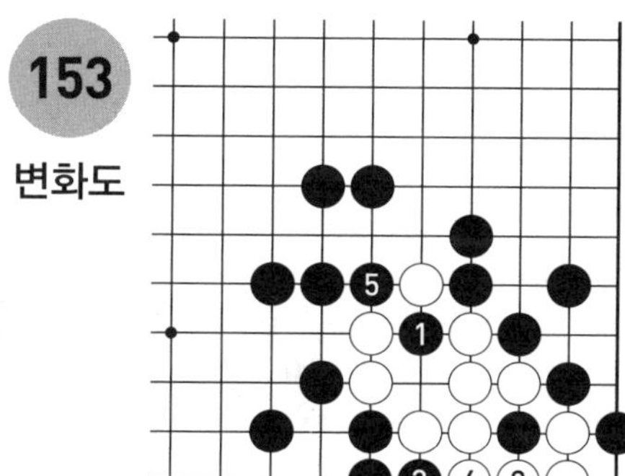

변화도 153

백이 2로 따내도 흑3, 5로 파호 하면 백은 역시 살 수 없다.

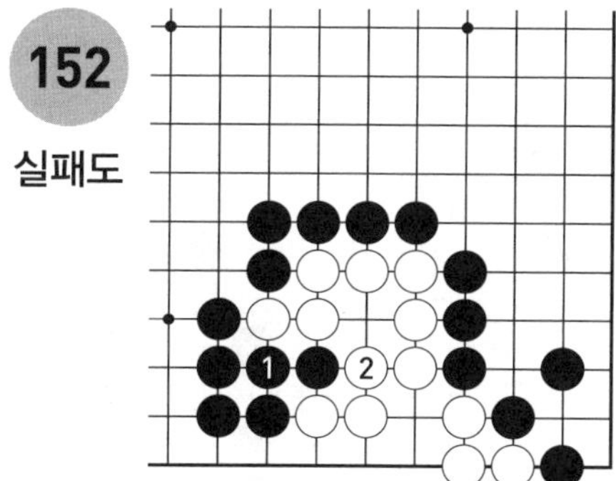

실패도 152

흑1로 1점 잇는 것은 백이 2에 두어 살 수 있다.

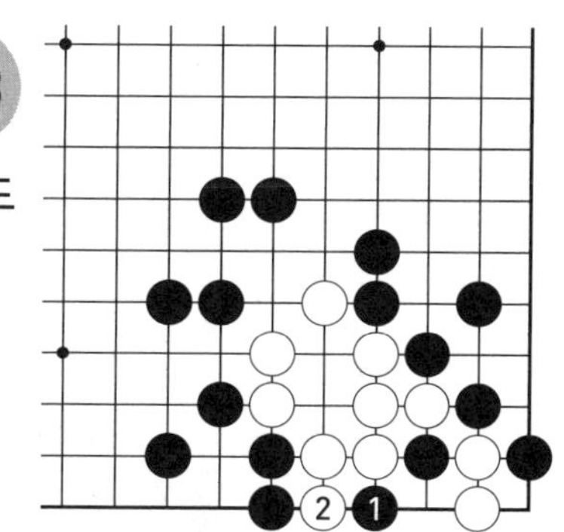

실패도 153

흑1로 먼저 두는 것은 백2로 끊 어 흑의 실패.

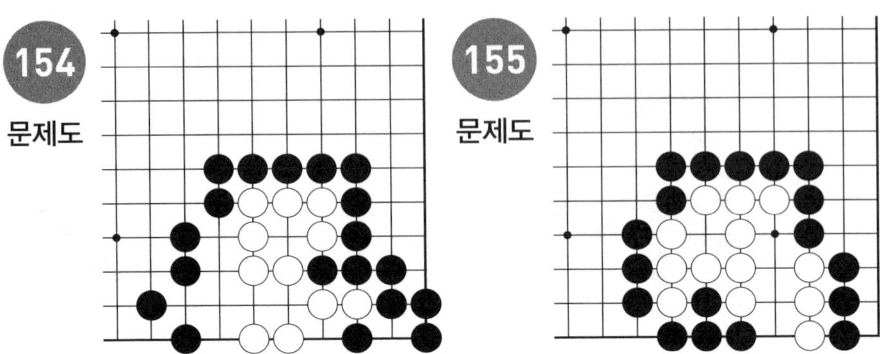

154 문제도

155 문제도

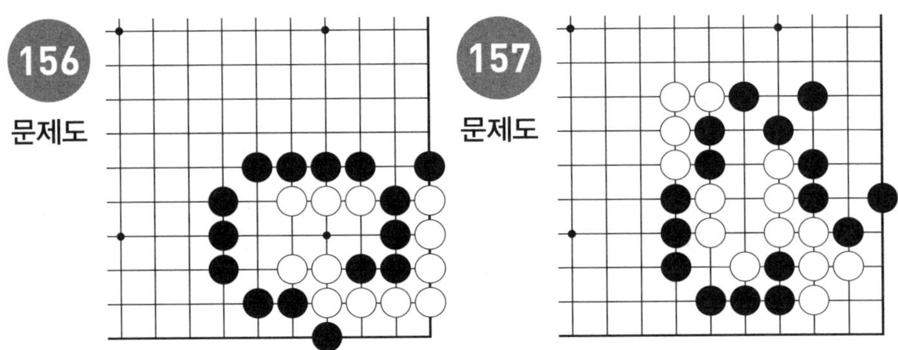

156 문제도

157 문제도

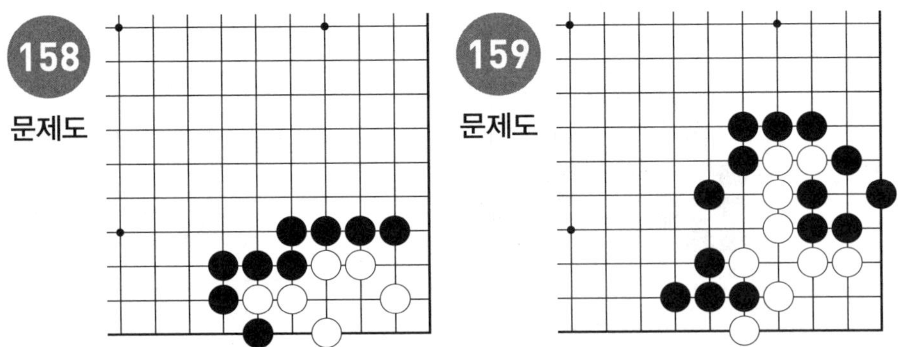

158 문제도

159 문제도

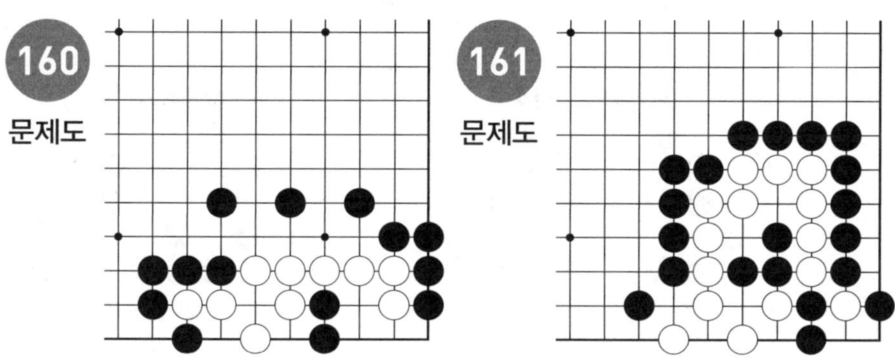

160 문제도

161 문제도

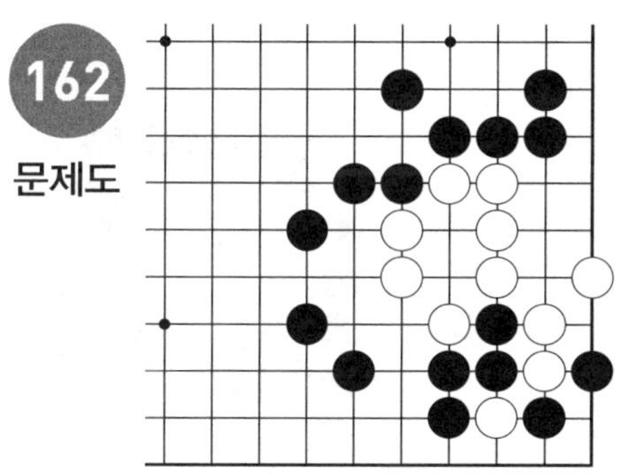

162 문제도

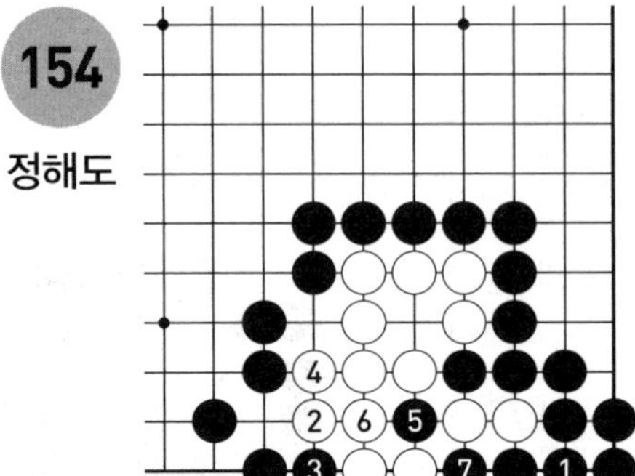

154 정해도

흑1로 침착하게 잇고 백2로 집을 짓고자 할 때 흑3부터 흑7까지의 수순의 정답.

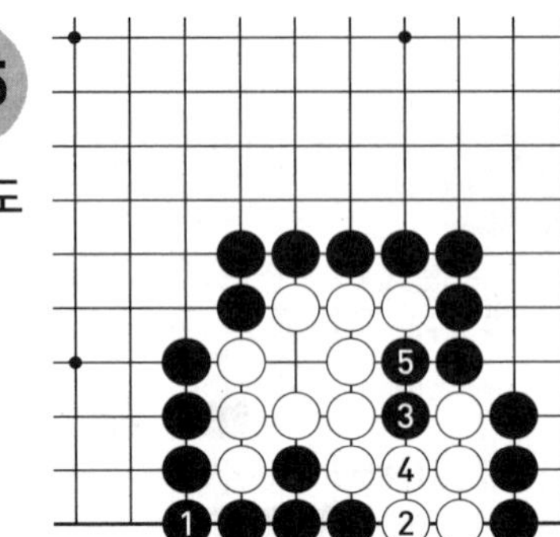

155 정해도

흑1로 잇는 것이 정답. 백은 다른 한 눈을 만들 방법이 없다.

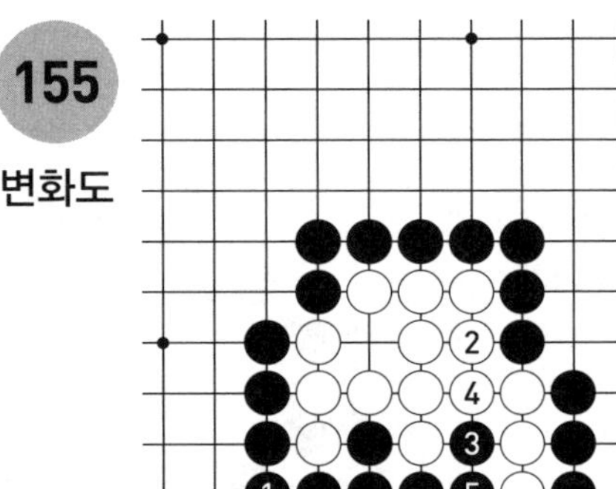

154 변화도

백이 4로 연결해도 흑5 먹여치기, 흑7 파호하면 백은 역시 살 수 없다.

155 변화도

백2로 두면 흑3에 끼워 백은 역시 살 수 없다.

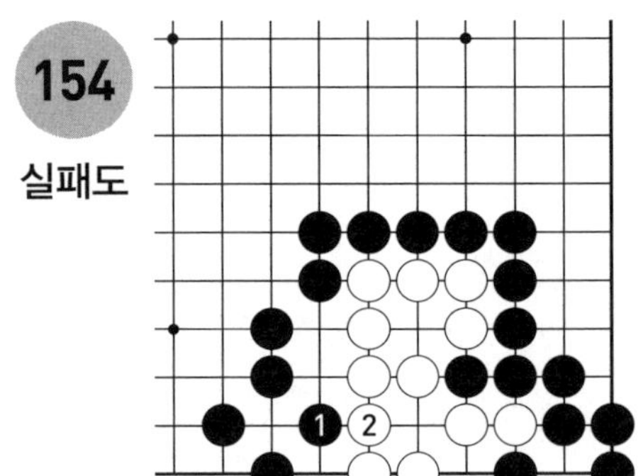

154 실패도

흑1은 속수. 백2로 집을 지으면 살았다. 흑의 공격 실패.

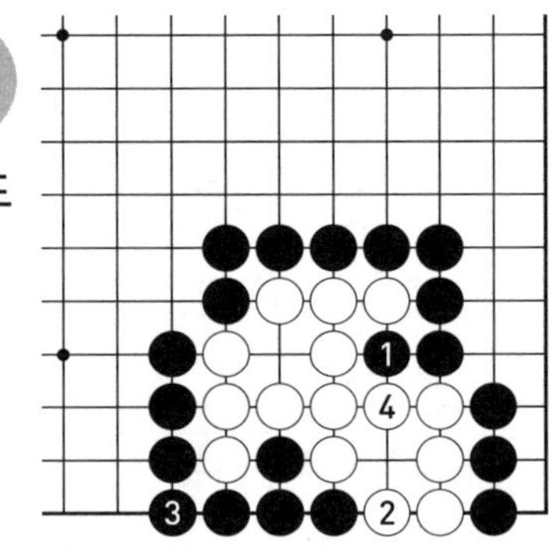

155 실패도

흑1로 먼저 파호하는 것은 착오. 백2로 단수치고 백4로 집을 지으면 백이 살게 된다.

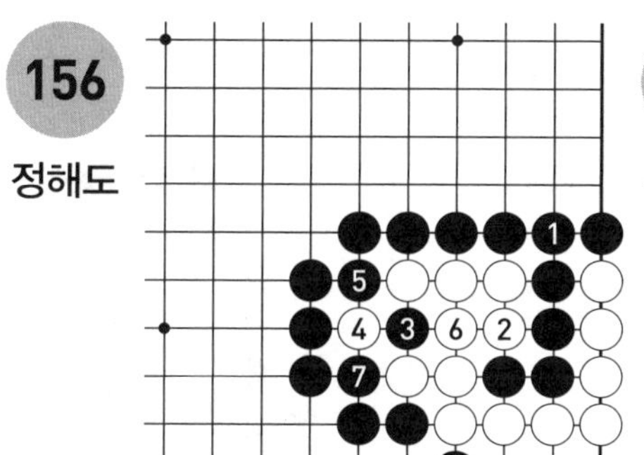

흑1로 침착하게 잇는 것이 정답.
다시 흑3으로 끼우고 이하 7까지
백은 살 수 없다.

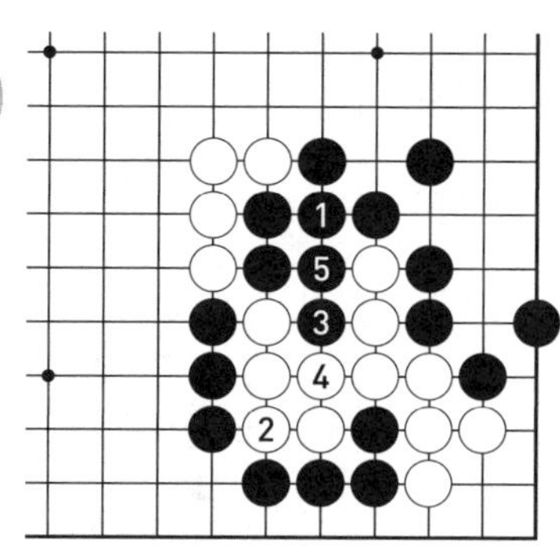

흑1이 백을 잡는 유일한 착점.
흑5까지 백은 살 수 없다.

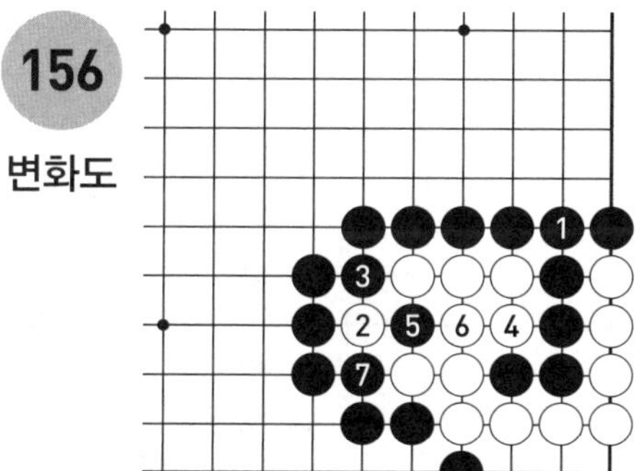

백2로 마늘모하면 흑3으로 찝고
흑5 먹여치기, 흑7까지 백은 역
시 살 수 없다.

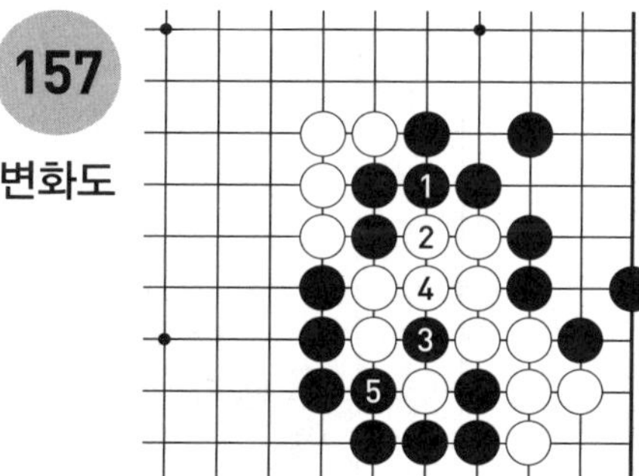

백2로 두어도 흑3 먹여치기, 흑5
파호하여 백은 역시 살 수 없다.

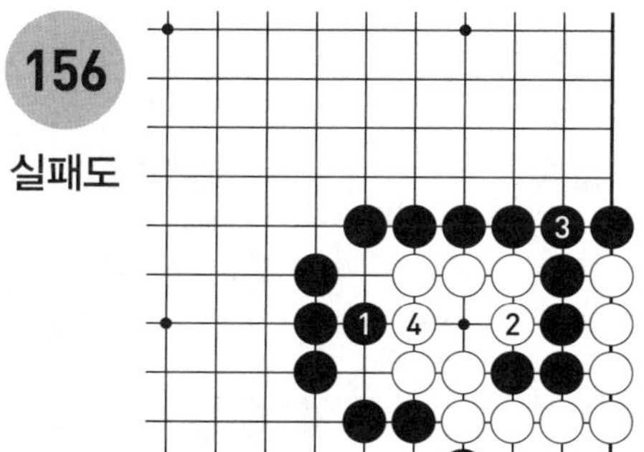

흑1로 파호하는 것은 착오. 백
2 단수, 백4로 집을 지으면 살게
된다.

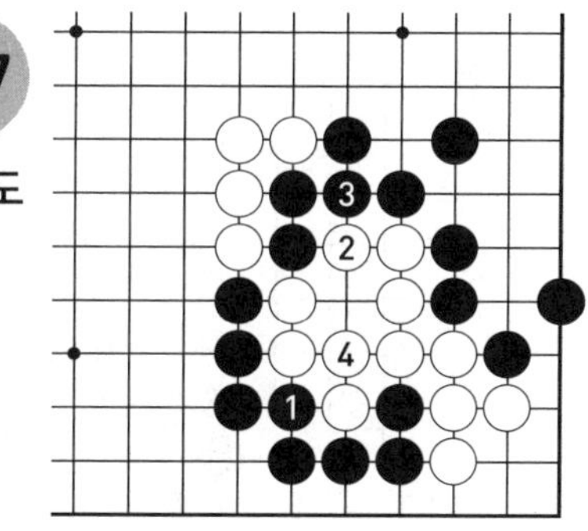

흑1로 먼저 단수치면 착오. 백2
단수치고 백4로 집을 지어 살 수
있다.

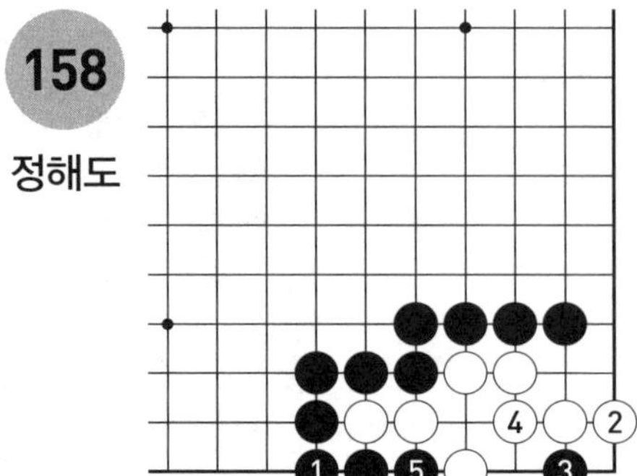

158 정해도

흑1로 침착하게 잇고 백이 2로 늘면 흑3 치중하고 흑5 단수까지 백은 살 수 없다.

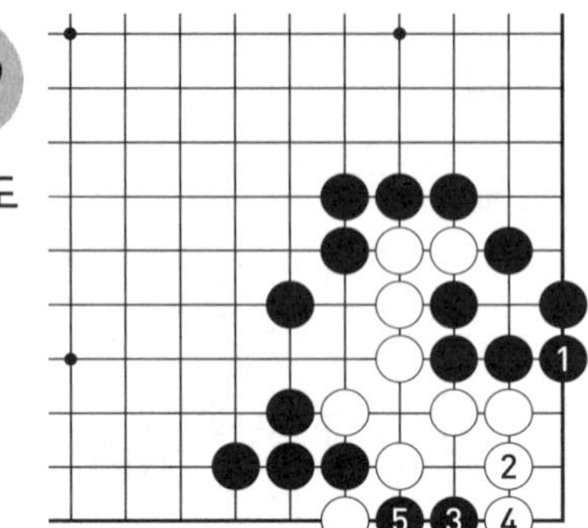

159 정해도

흑1로 잇는 것이 정답. 백2로 꼬부리고 흑3, 5로 파호하면 백은 살 수 없다.

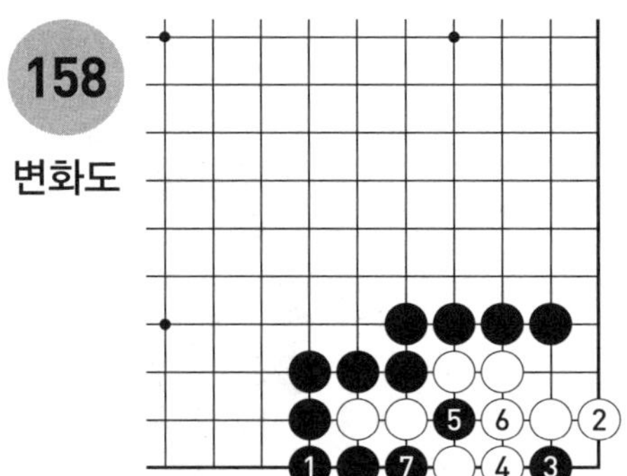

158 변화도

만약 백이 4로 단수치면 흑5 먹여치기, 흑7 파호. 백은 역시 살 수 없다.

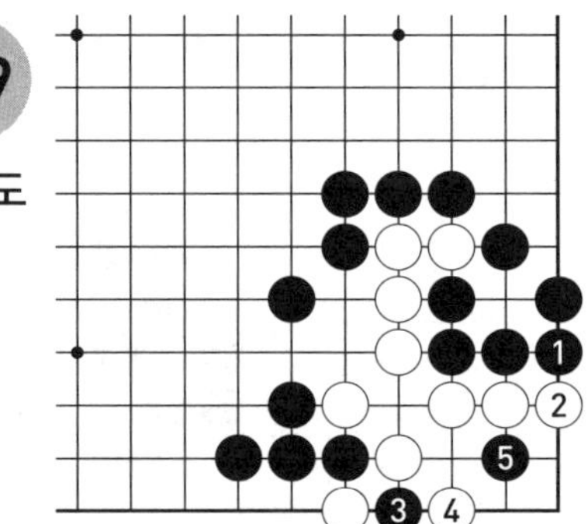

159 변화도

백이 2로 막으면 흑3 먹여치기가 좋은 수. 다시 흑5로 치중하면 백은 역시 살 수 없다.

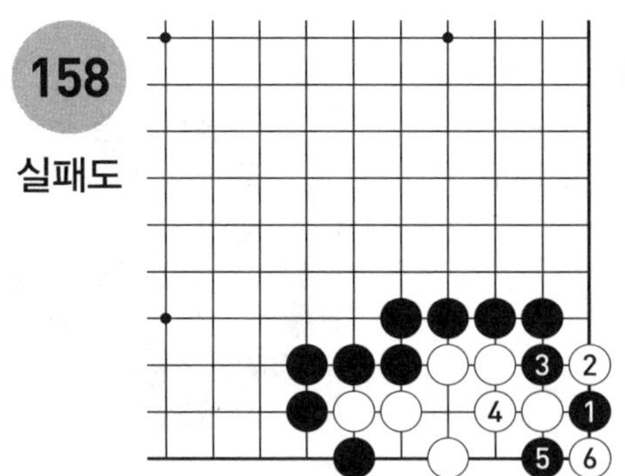

158 실패도

흑1이 착오. 백2 젖힘, 백6까지 패가 된다.

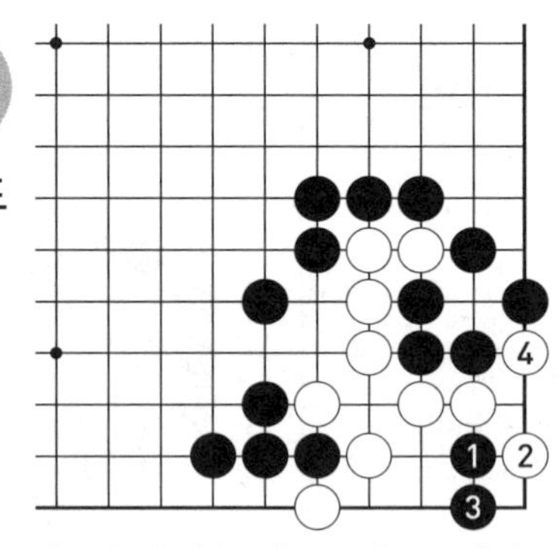

159 실패도

흑1에 붙임은 착오. 백4로 먹여쳐서 패가 된다.

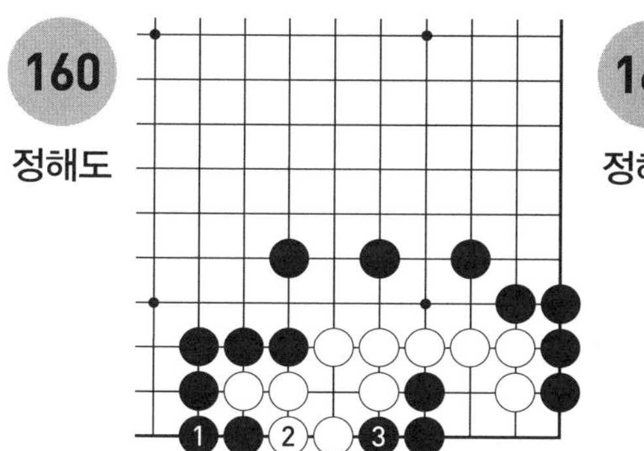

160 정해도

흑1로 잇는 것이 정답. 백2 하면 흑3. 백은 살 수 없다.

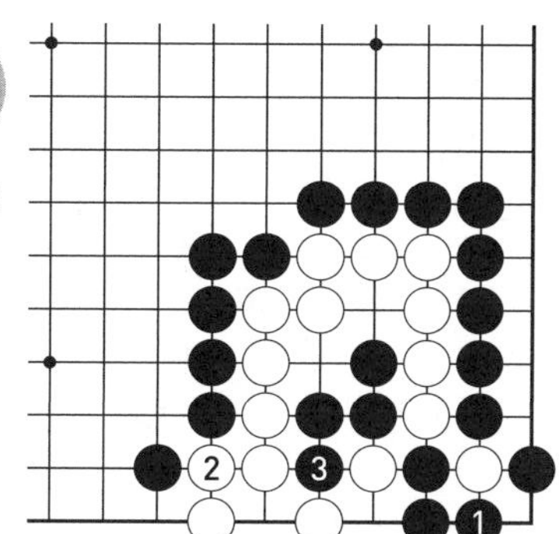

161 정해도

흑1로 침착하게 따낸다. 백2로 연결하면 흑3 단수로 촉촉수가 되어 백은 잡힌다.

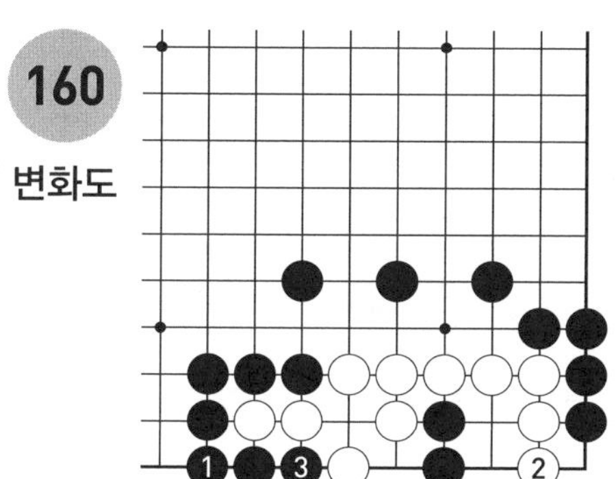

160 변화도

백이 2와 같이 늘면 흑3으로 파호. 백은 역시 살 수 없다.

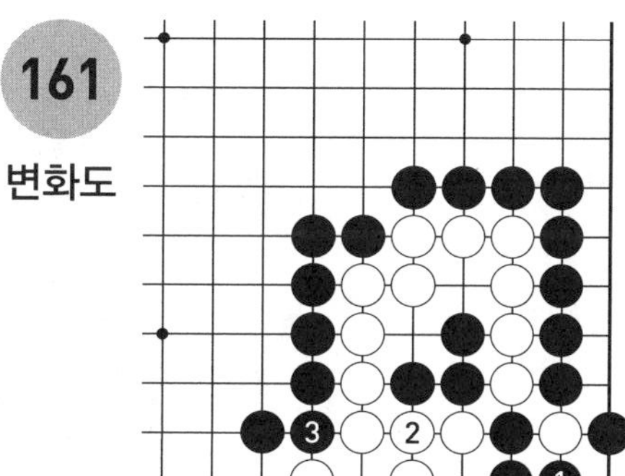

161 변화도

백이 2로 연결하면 흑3으로 파호. 백은 역시 살 수 없다.

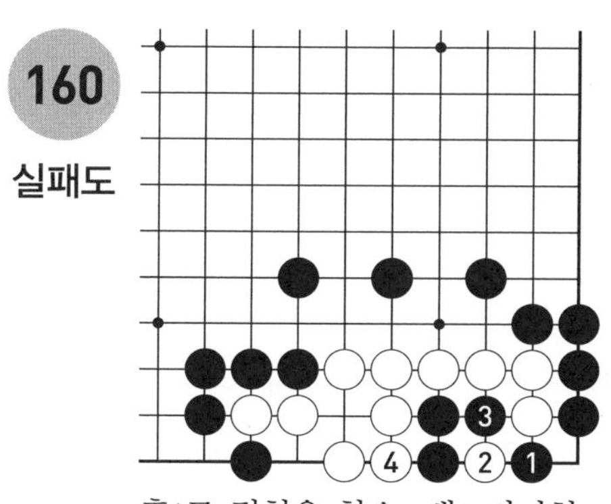

160 실패도

흑1로 젖힘은 착오. 백2 먹여치기, 백4 단수로 흑돌이 잡힌다.

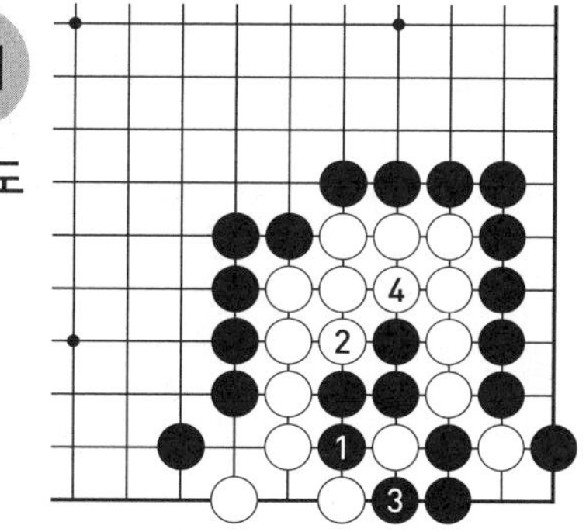

161 실패도

흑1로 단수치는 것은 착오. 백2, 4 단수로 패가 된다.

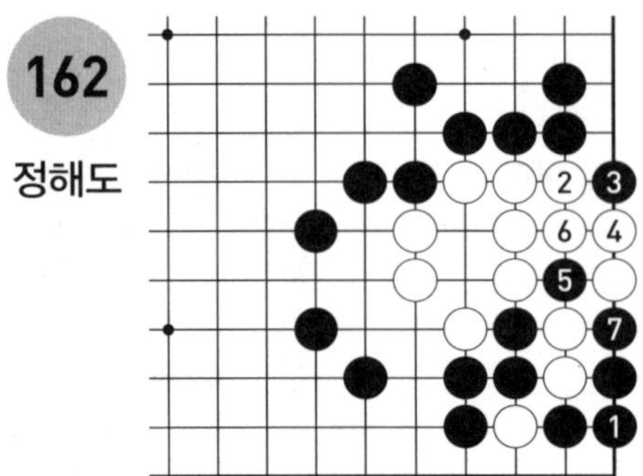

162 정해도

흑1 연결, 흑3 젖힘이 파호의 묘
수. 흑7까지 백이 잡힌다.

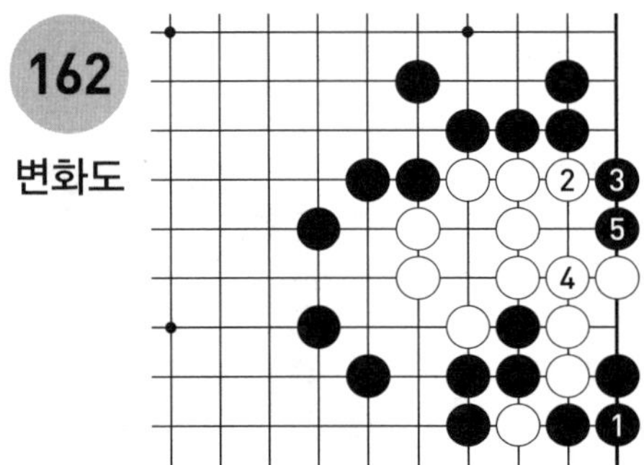

162 변화도

백이 4와 같이 연결하면 흑5로
들어가서 백은 역시 살 수 없다.

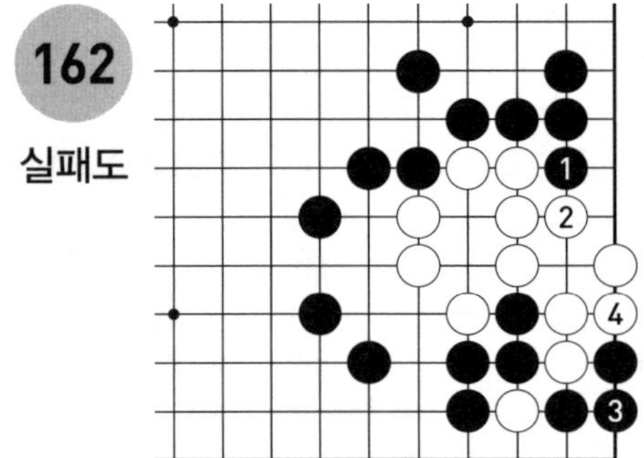

162 실패도

흑1로 파호하는 것은 수순 착오.
백4까지 백은 살았다.

기력이 느는 비결은 이른바 '좋은 상대', '좋은 책', '좋은 스승'의 3박자를 갖추는 것이라고 한다. 그런데 바둑 상대와 바둑책은 구하기 쉽지만 좋은 스승을 만나기란 좀처럼 쉽지 않다. 사실 바둑 단행본 한 권을 자기실력에 맞게 골라 본다거나 여러 상대와 바둑을 두는 그 자체로도 공부가 되긴 하지만 체계적이고 효율적인 방법이라고는 볼 수 없다.

상대가 아무리 많아도 승부욕에 빠져 수의 잘잘못을 등한하기 일쑤이며, 좋은 책이라 하더라도 실전에서 응용하고 그것을 검증받는 자세가 되어있지 않으면 그 효과는 반감되고 만다. 중요한 것은 자신의 약한 점, 몰랐던 수들을 바둑을 두는 그때그때에 체크하는 것이다.

두었던 바둑을 약 5분만 중반전까지라도 복기해 보길 권한다. 물론 복기가 가능한 기력이어야 한다는 조건은 붙지만 몇 점 상수한테 배우는 접바둑의 경우라면 반드시 양해를 구해서 수순을 재현하고 초반 행마의 잘잘못과 중반 이후의 패인을 분석하는 시간을 갖는 것이 좋다. 거기에 스파링 상대로서의 호적수와 볼만한 바둑책을 가미한다면 완벽한 3박자가 되리라 여긴다.

제 3 부 한집만들어 살기

'한집만들기'란 안형을 만들어 상대를 잡는 방법입니다. 바둑에서 상대를 잡기 위해 자주 쓰이는 방법이지요. '유가무가불상전(有家無家不相戰)', '대궁소궁(大宮小宮)이면 대궁이 이긴다'라는 바둑속어는 상대의 안형을 없애는 것이 최선의 공격임을 나타내는 말입니다.

한집만들기는 앞에서 설명한 파안과 반대되는 개념입니다. 파안이 상대의 안형을 없애 상대를 잡는 것에 반해 한집만들기는 자신의 안형을 만듦으로 상대를 잡습니다. 수비의 중요성, 수비가 최선의 공격이라는 것을 보여주는 것이지요. 파안이 비교적 단순한 공격법이라면 한집만들기는 보다 더 깊은 의미를 담고 있습니다. 초보자도 쉽게 이해할 수 있을 것입니다.

연습문제를 풀기에 앞서 다음 두 가지를 복습해두시길 바랍니다.
(1) 눈 수가 많은 집을 잡는 수
(2) 상대를 잡기 위한 급소

제3부는 54개의 연습문제로 구성되어 있으며 모두 흑 선입니다. 집짓기를 어떻게 활용하여 상대를 잡을 것인지, 한번 천천히 고민해 봅시다. 조금만 생각을 한다면 승리의 여신이 당신을 향해 미소 지을 것입니다.

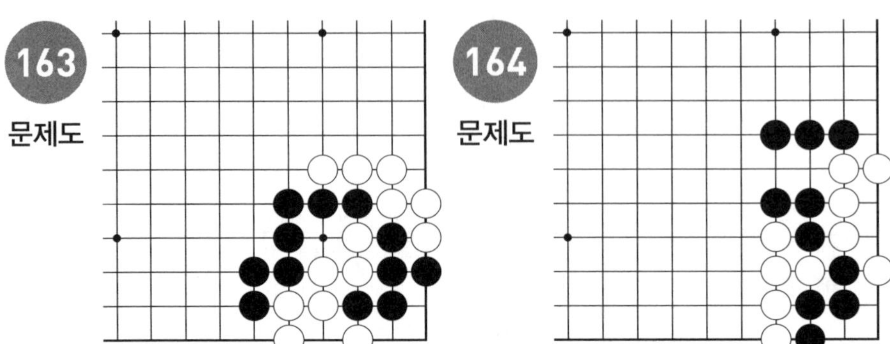

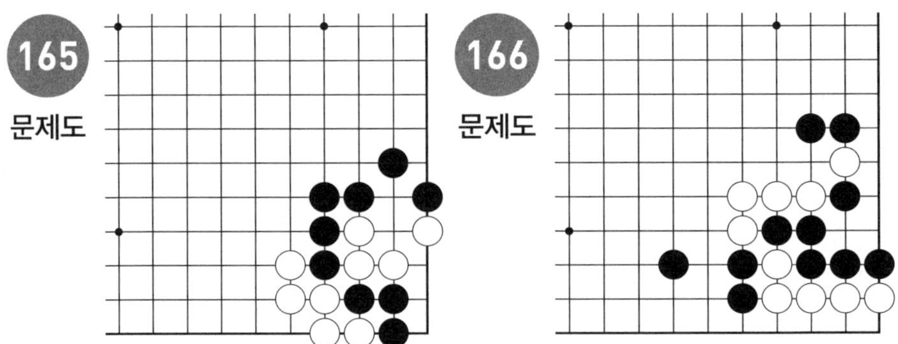

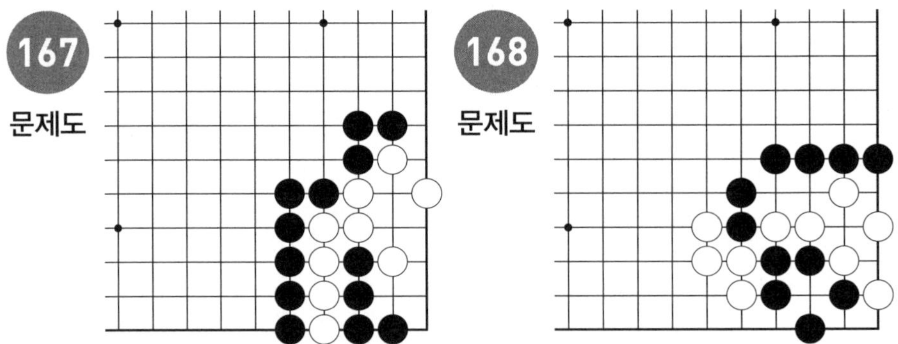

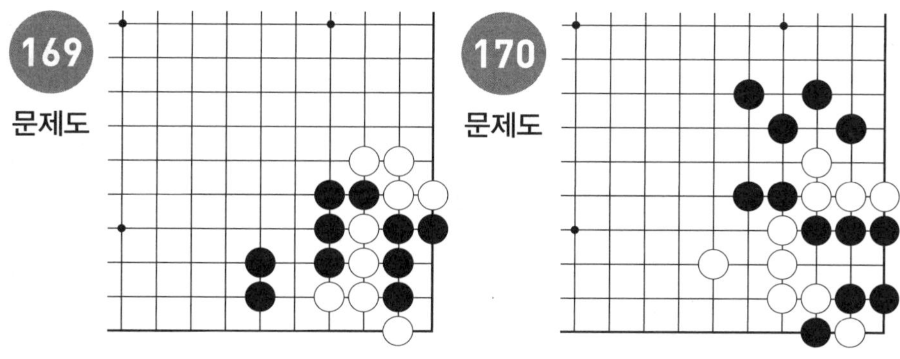

169 문제도

170 문제도

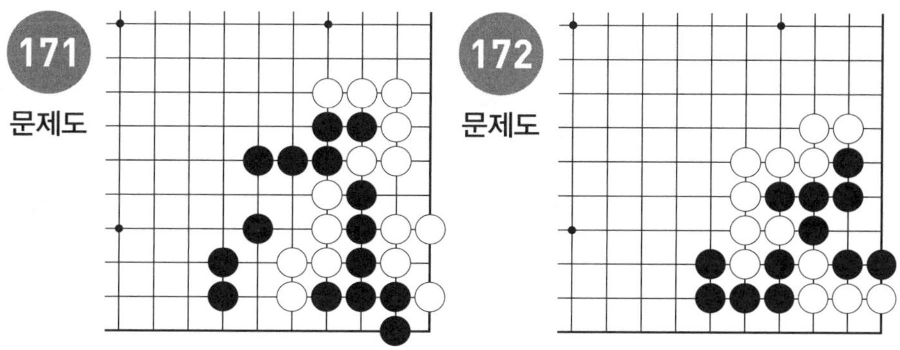

171 문제도

172 문제도

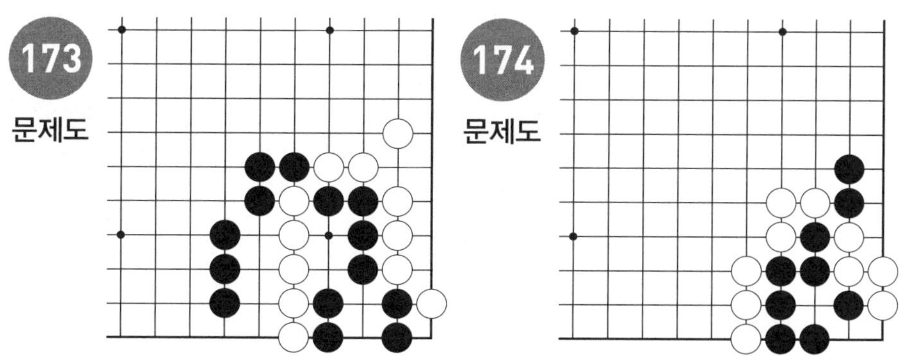

173 문제도

174 문제도

163 정해도

흑1로 마늘모하는 것이 정답. 백
2 하면 흑3하여 유가무가로 백이
잡힌다.

164 정해도

흑1로 먹여쳐 먼저 파호하고 흑
3으로 집을 지으면 백을 잡을 수
있다.

165 정해도

흑1로 집을 지으면 유가무가가
되어 흑 성공.

166 정해도

흑1이 정답. 만약 흑1로 백2에
놓아 백 1점을 단수치면 백이 흑
1에 두어 흑 5점이 잡힌다.

167 정해도

흑1 단수, 흑3 파호 흑5까지 유
가무가가 되어 흑 승.

168 정해도

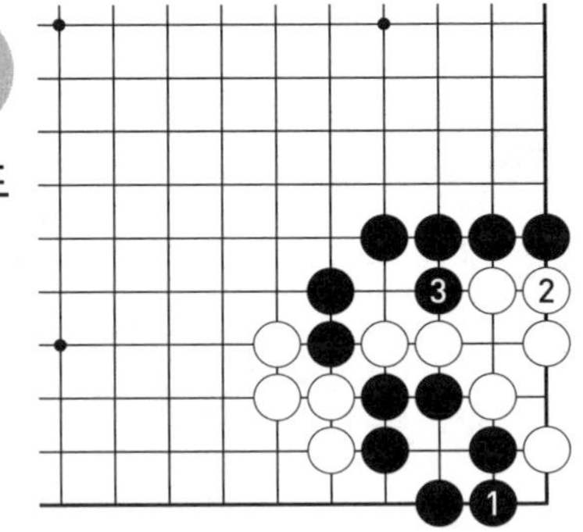

흑1로 집을 짓는 것이 정답. 백2
와 흑3은 맞보기.

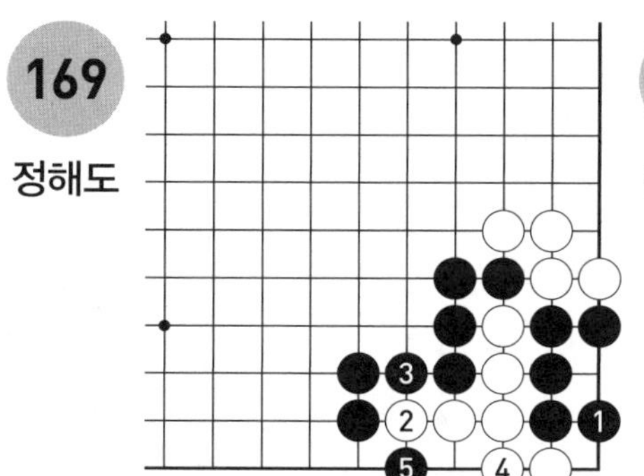

169 정해도

흑1로 집을 짓고 흑5까지 유가무가가 되어 흑 성공.

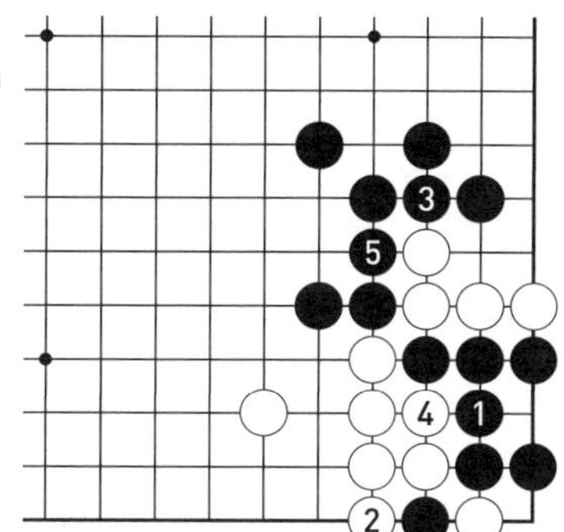

170 정해도

흑1로 집을 짓는 것이 정답. 수상전 결과 흑 승.

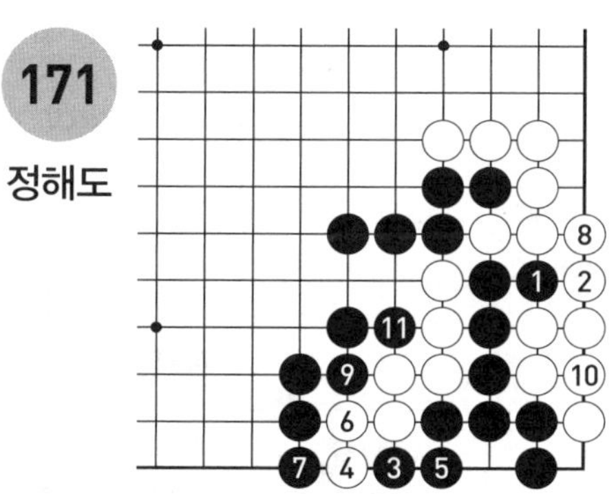

171 정해도

흑1로 찌름이 정답. 흑3 젖힘, 흑5 연결. 서로 수를 줄이면 흑11까지 백이 잡힌다.

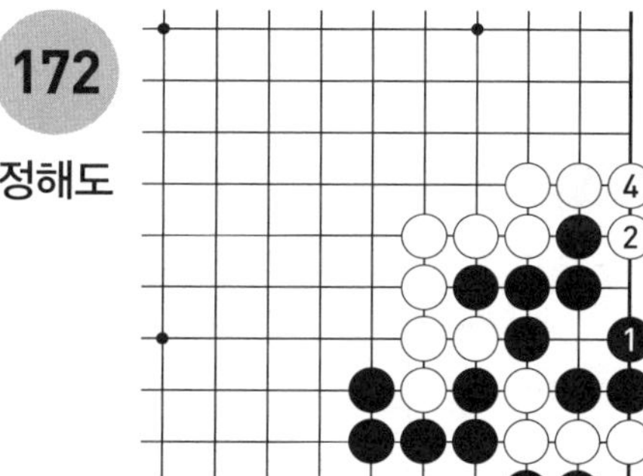

172 정해도

흑1로 집을 지어 흑의 수를 늘릴 수 있다.

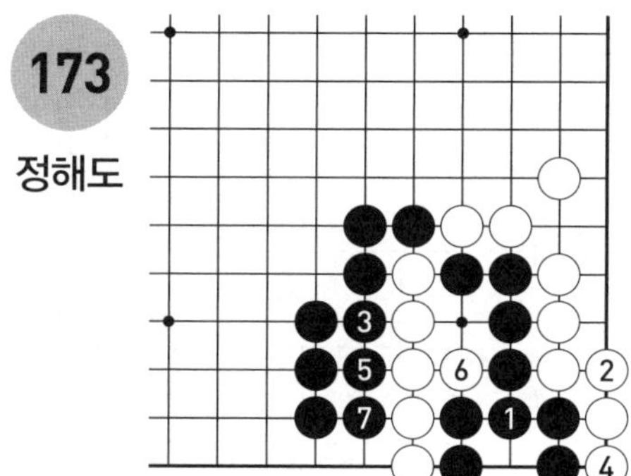

173 정해도

흑1로 집을 짓는 것이 정답. 수상전에서 흑 승.

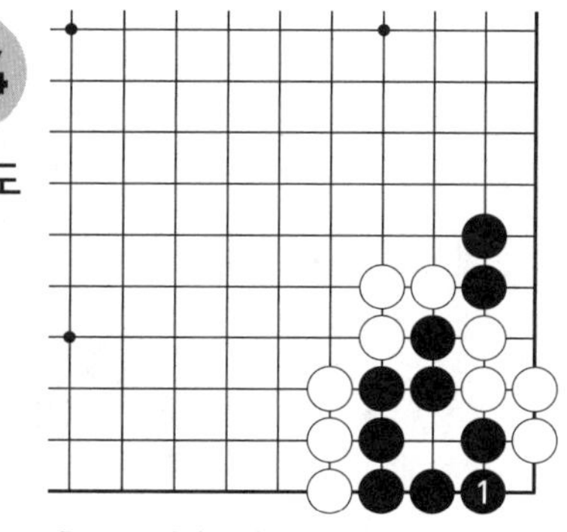

174 정해도

흑1로 집을 지으면 백은 흑돌을 단수칠 수 없어 흑이 성공.

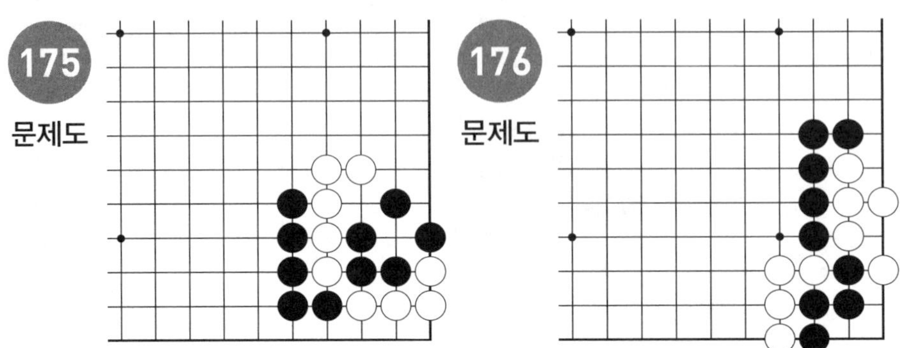

175
문제도

176
문제도

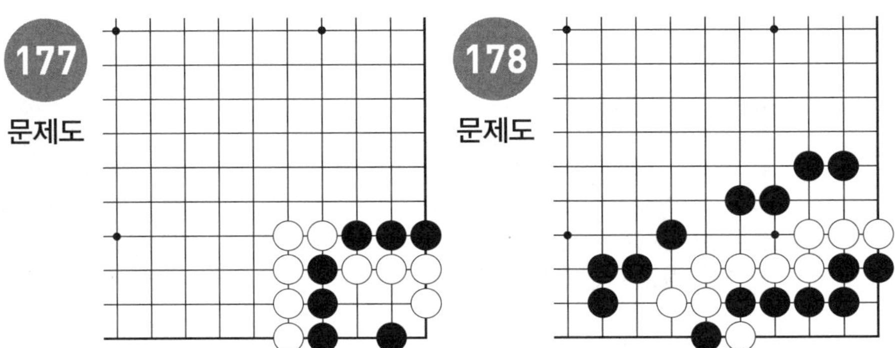

177
문제도

178
문제도

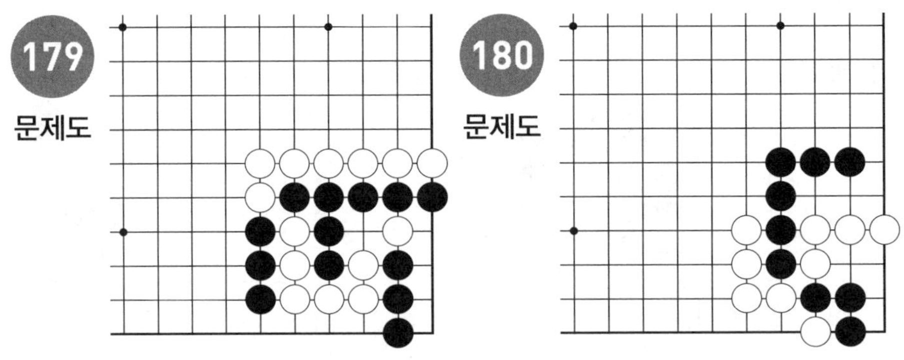

179
문제도

180
문제도

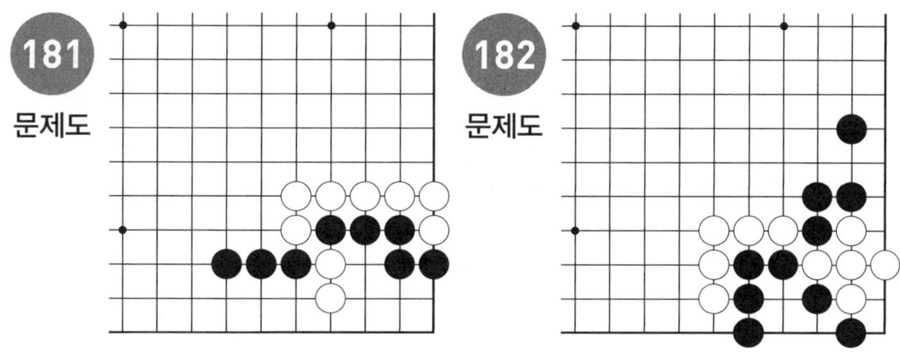

181 문제도

182 문제도

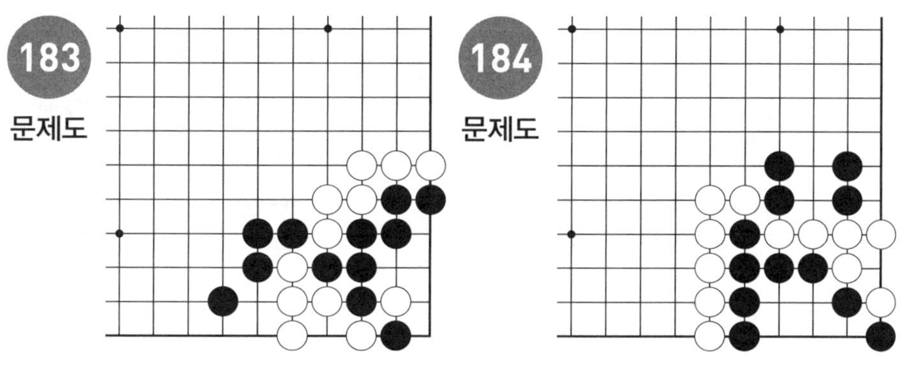

183 문제도

184 문제도

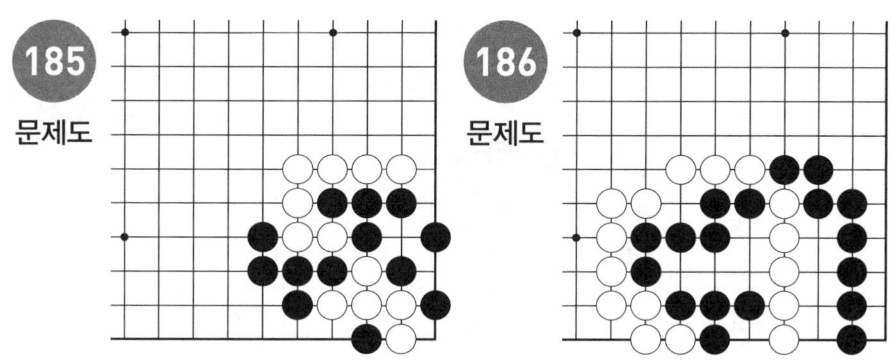

185 문제도

186 문제도

175 정해도

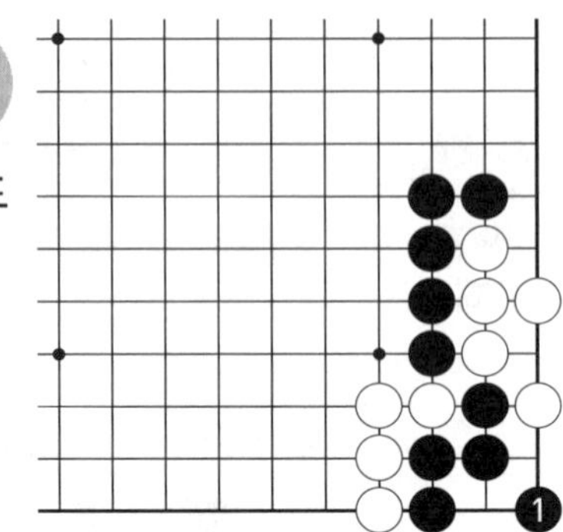

흑1로 집을 짓는 것이 정답. 수상전 흑 승.

176 정해도

흑1로 마늘모하는 것이 묘수. 백은 흑의 공배를 메울 수 없으므로 잡히게 된다.

177 정해도

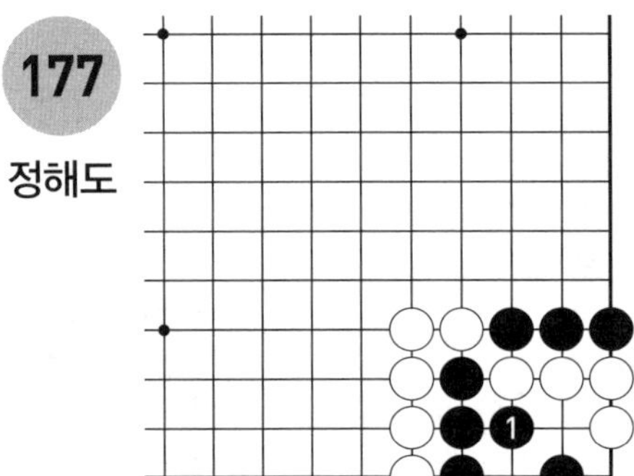

흑1로 집을 지어 백을 잡을 수 있다.

178 정해도

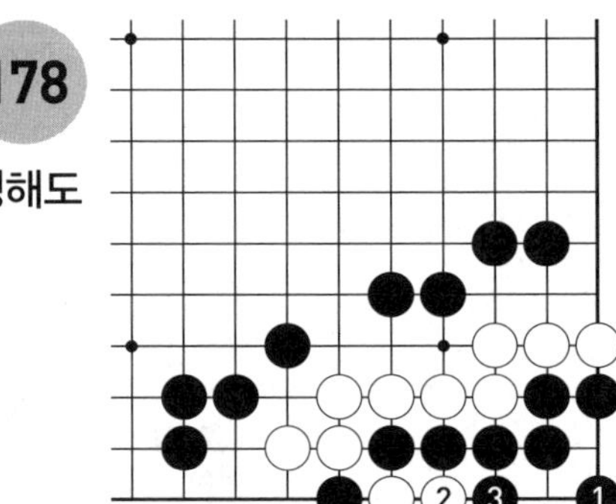

흑1이 묘수. 백은 잡힌다.

179 정해도

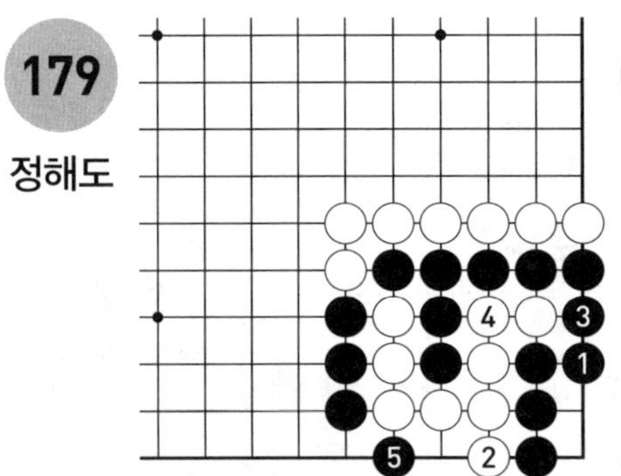

흑1이 정답. 만약 흑1로 흑3에 둔다면 백이 흑1에 먹혀서 흑돌이 잡힌다.

180 정해도

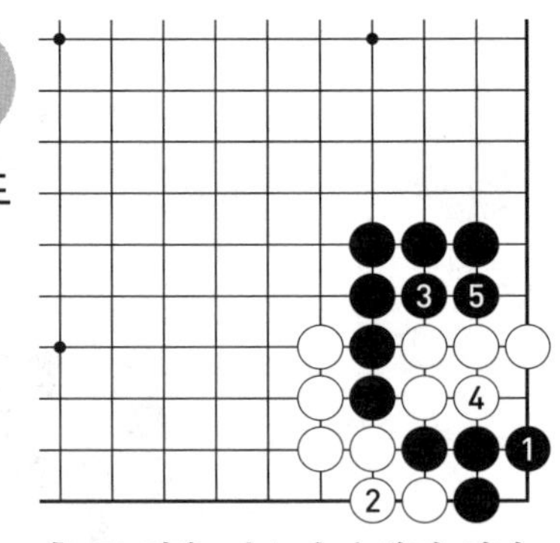

흑1로 집을 지으면 수상전 결과 흑 승.

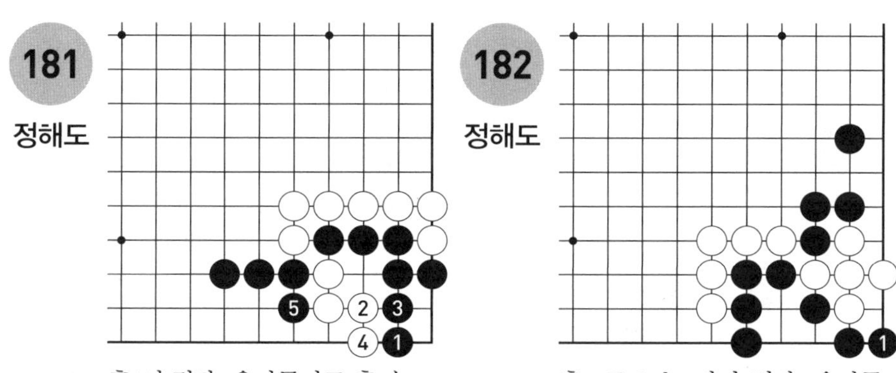

181 정해도

흑1이 정답. 유가무가로 흑 승.

182 정해도

흑 1로 느는 것이 정답. 유가무가로 흑 승.

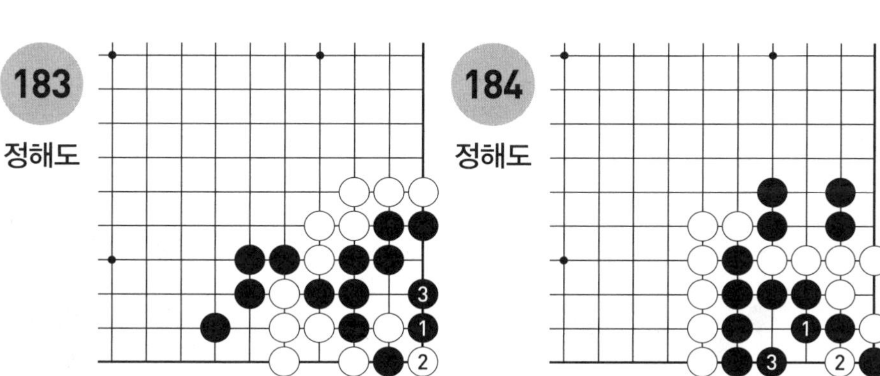

183 정해도

흑1 단수치고 흑3으로 늘면 유가무가가 되어 흑 승.

184 정해도

흑1, 3이 정답. 유가무가가 된다.

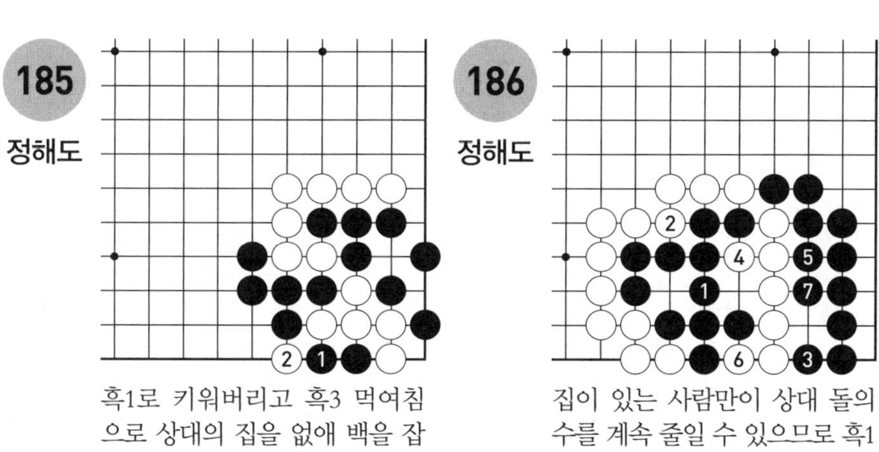

185 정해도

흑1로 키워버리고 흑3 먹여침으로 상대의 집을 없애 백을 잡는다. 흑3=흑1

186 정해도

집이 있는 사람만이 상대 돌의 수를 계속 줄일 수 있으므로 흑1로 집을 짓는 것이 정답.

187
문제도

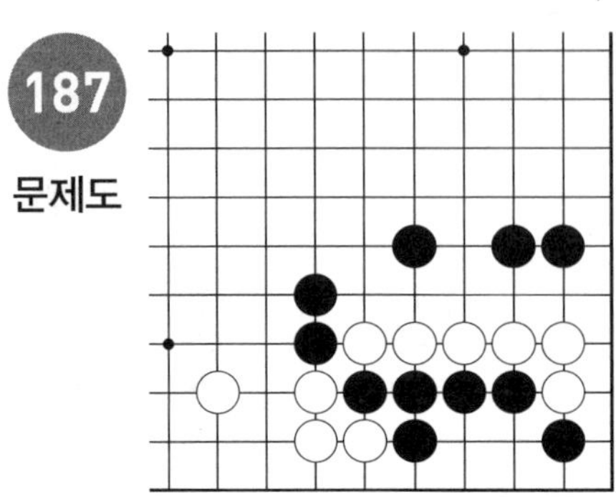

188
문제도

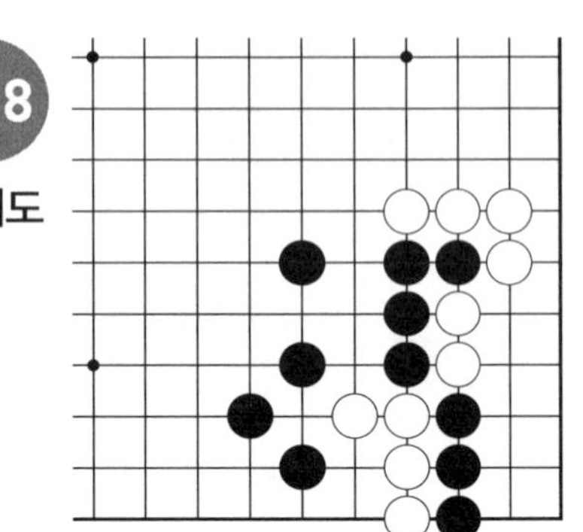

189
문제도

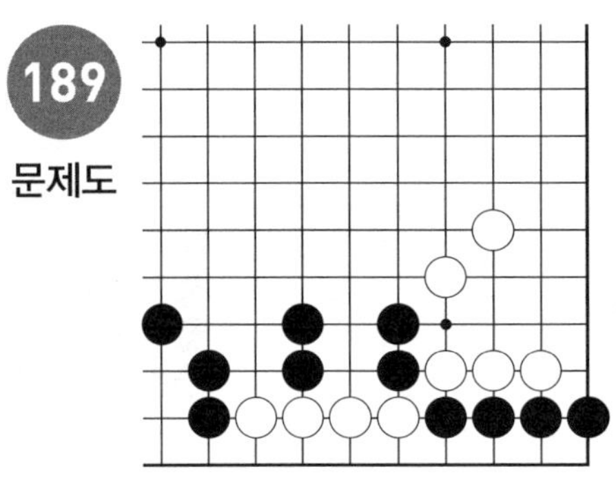

190
문제도

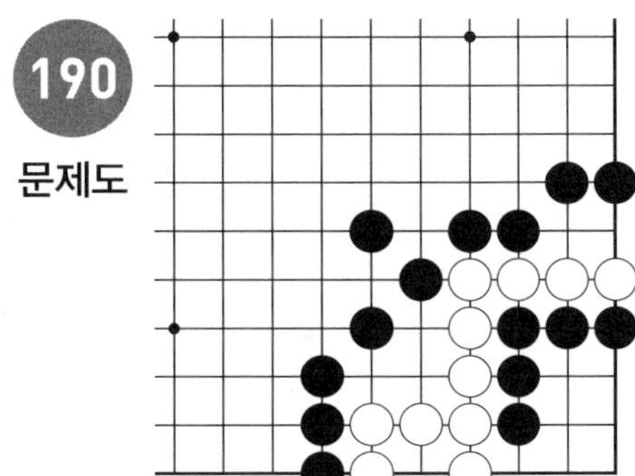

191
문제도

192
문제도

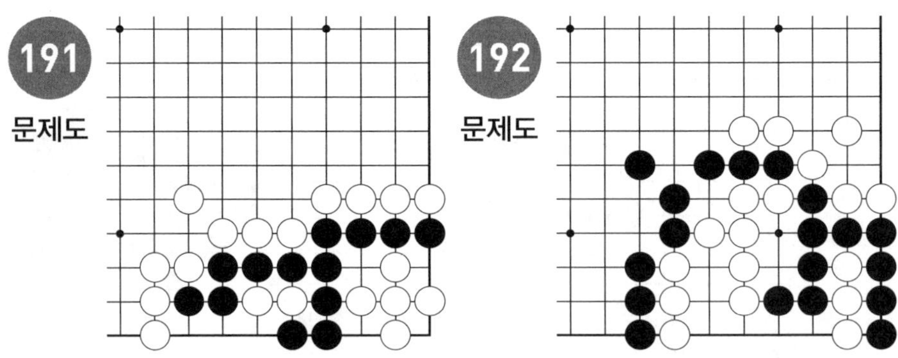

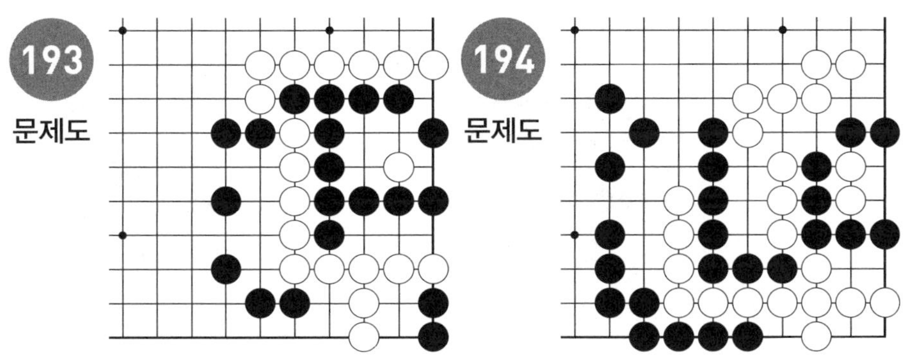

193 문제도

194 문제도

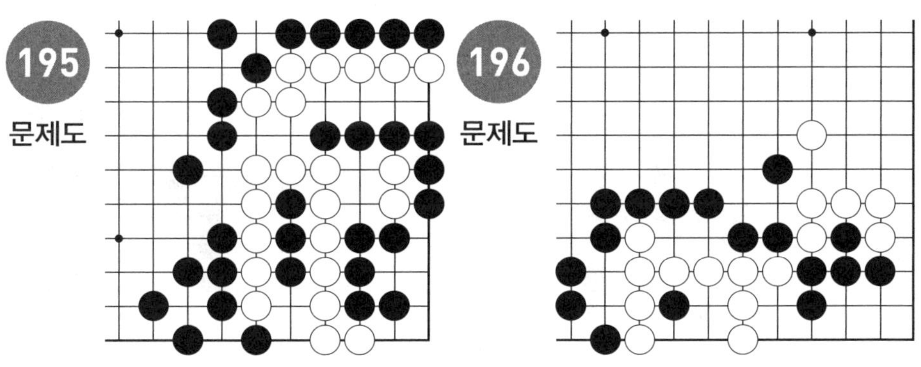

195 문제도

196 문제도

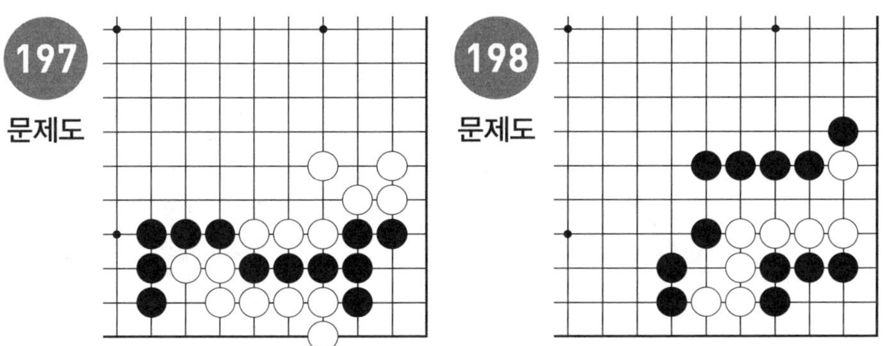

197 문제도

198 문제도

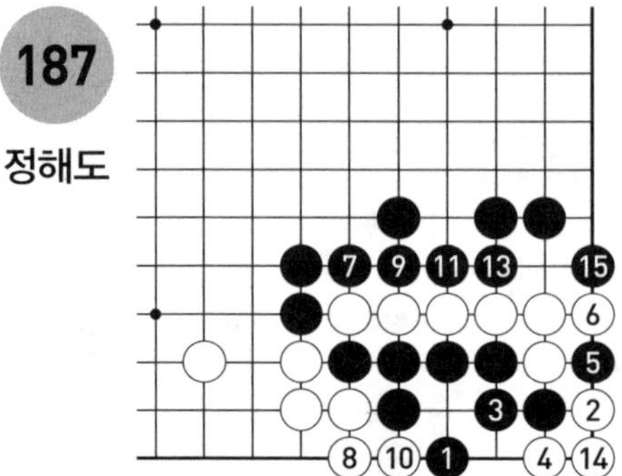

187
정해도

흑1, 3으로 집을 짓고 이하 흑15
까지 수상전 결과 흑 승.
백12=흑5

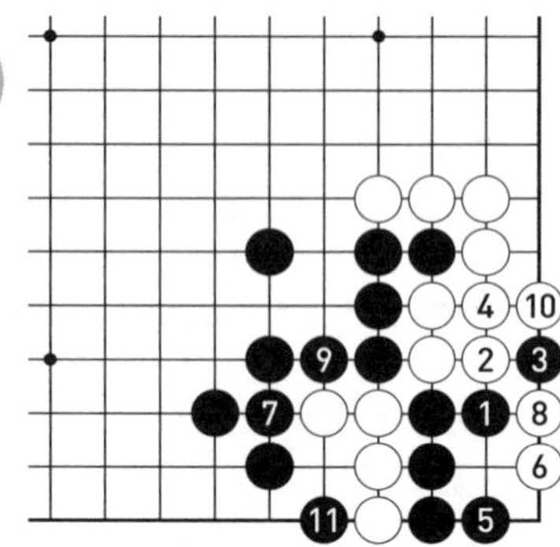

188
정해도

흑1, 3 선수 후 흑5가 수를 늘리
는 호점. 이하 흑11까지 수상전
결과 흑 승.

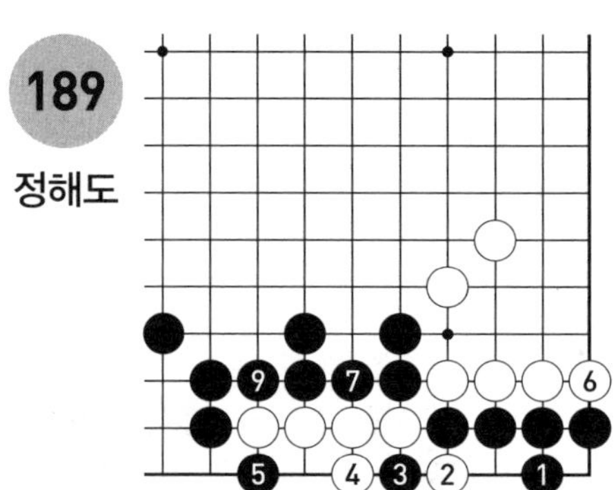

189
정해도

흑1로 집을 지어 유가무가가 되
어 흑 승. 백8=흑3

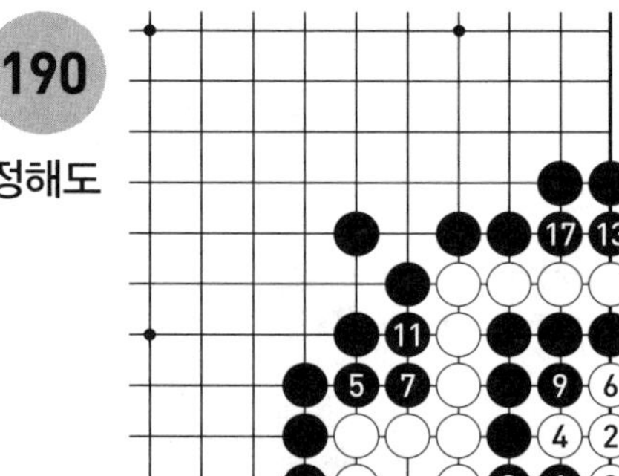

190
정해도

흑1, 3으로 대궁을 만들어 수상전
결과 흑 승. 백10=백2, 백12=백4,
백14=백6, 흑15=백8, 백16=백2

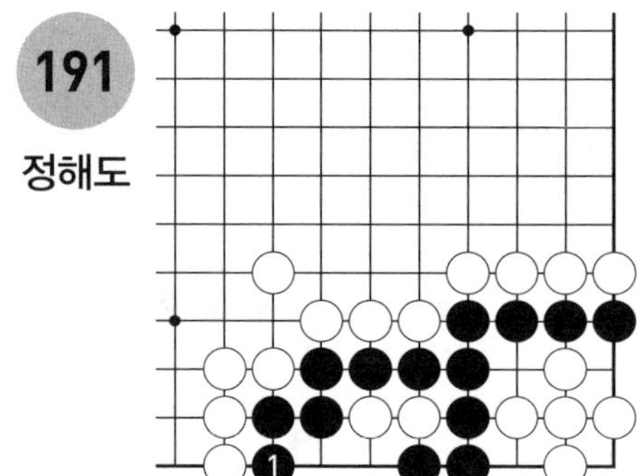

191
정해도

흑1로 집을 지어 대궁소궁이 되
어 흑 승.

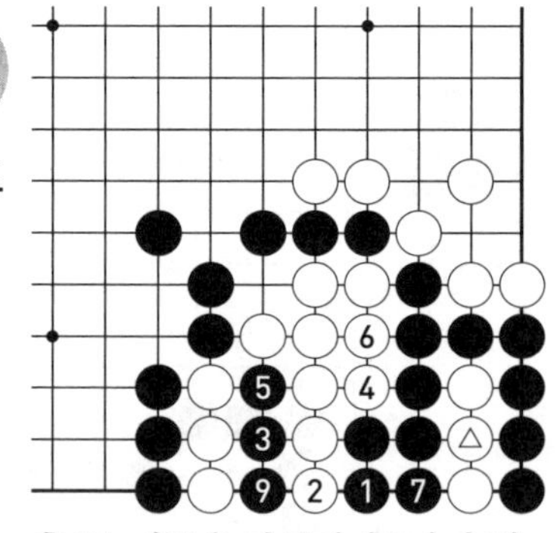

192
정해도

흑1로 대궁을 만들어 흑9까지 백
을 잡을 수 있다. 백8=△

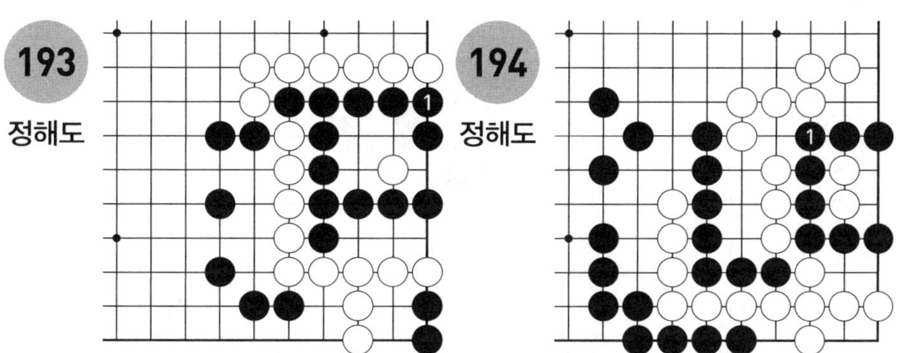

193

정해도

흑1로 이어서 대궁이 되어 흑10
수, 백9 수로 수상전에서 흑 승.

194

정해도

흑1로 이어서 대궁이 되어 흑8
수, 백7 수로 수상전 결과 흑 승.

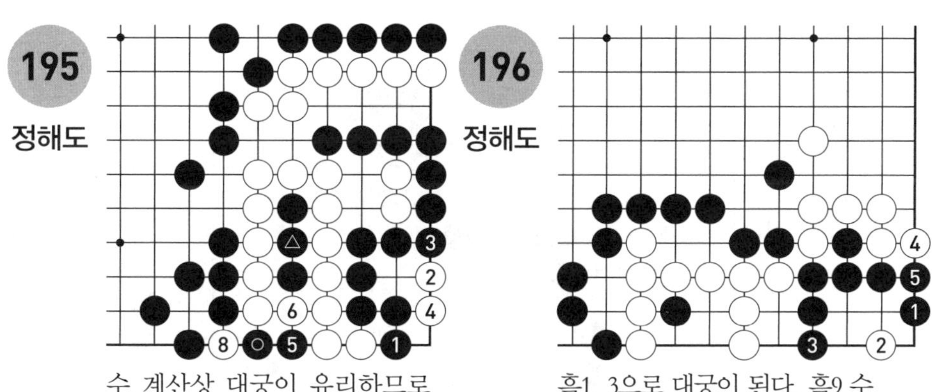

195

정해도

수 계산상 대궁이 유리하므로
흑1로 막아 대궁을 만든다. 수상
전 결과 흑 승. 흑7=▲, 흑9=●

196

정해도

흑1, 3으로 대궁이 된다. 흑9 수,
백8 수, 수상전 결과 흑 승.

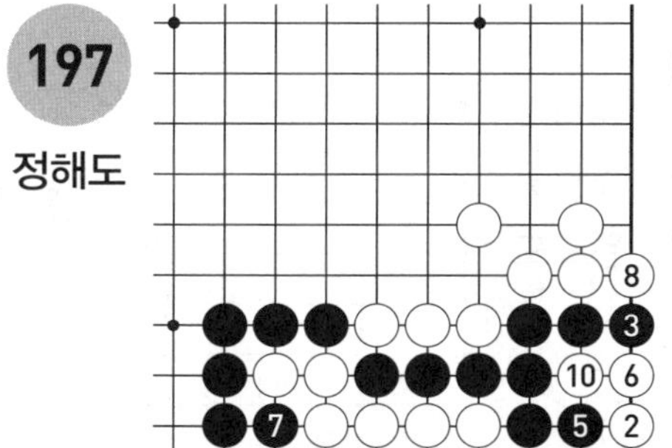

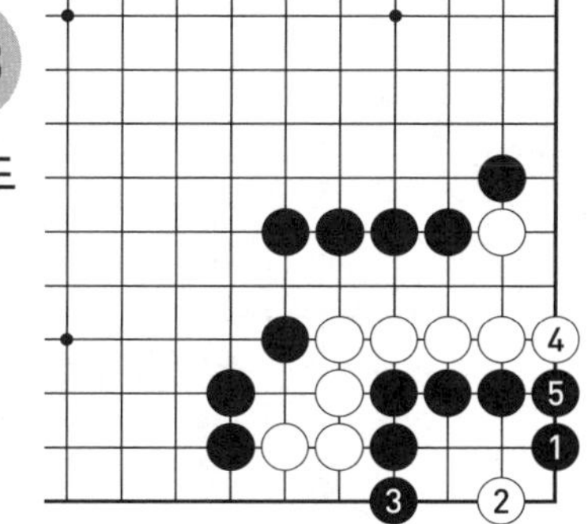

197

정해도

흑1, 3으로 대궁이 된다. 수상전
결과 흑 승. 백12=백6

198

정해도

흑1, 3, 5로 대궁이 된다. 수상전
결과 흑 승.

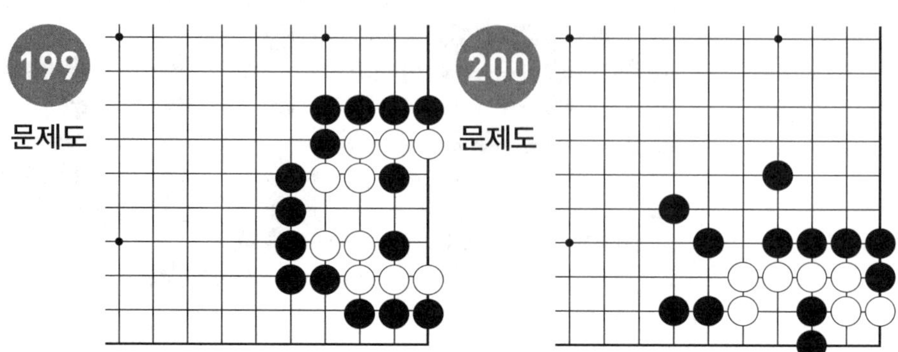

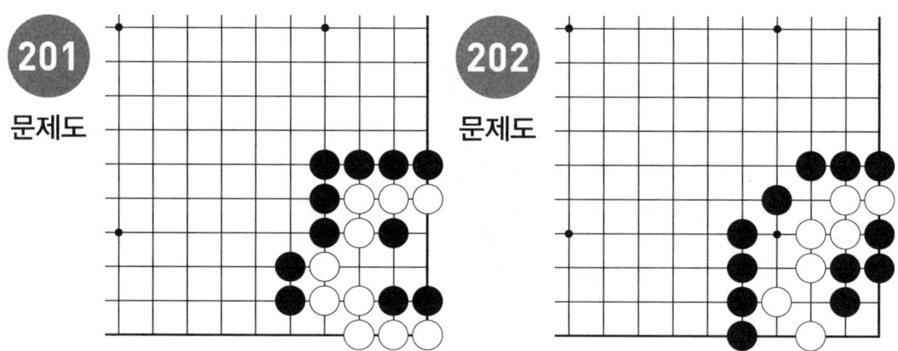

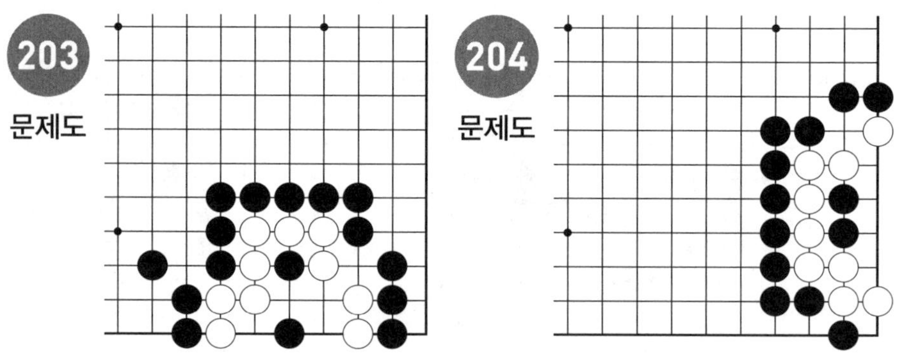

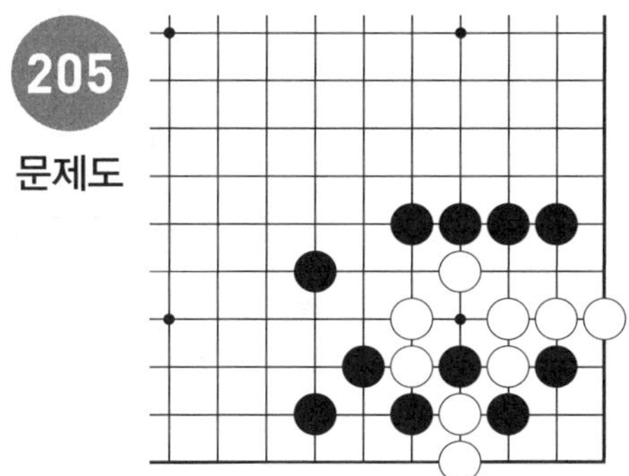

205
문제도

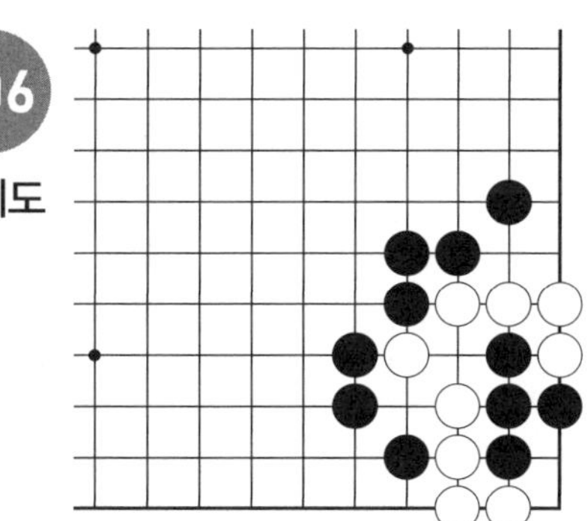

206
문제도

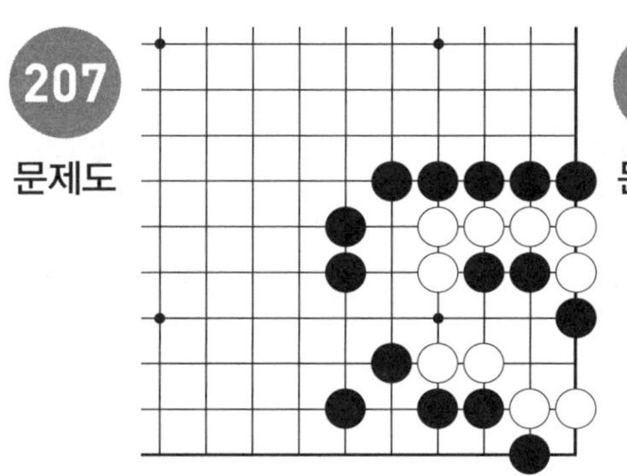

207
문제도

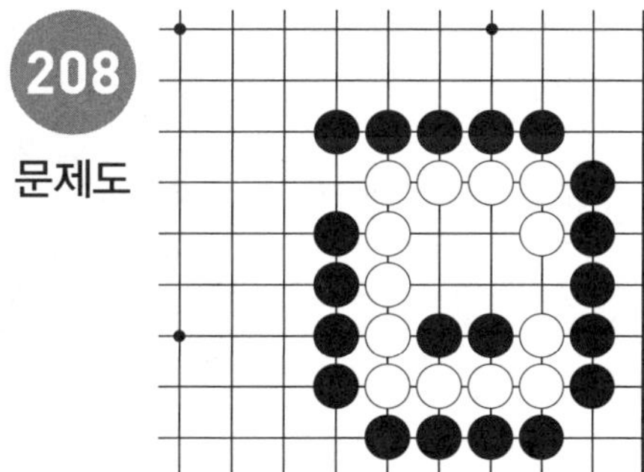

208
문제도

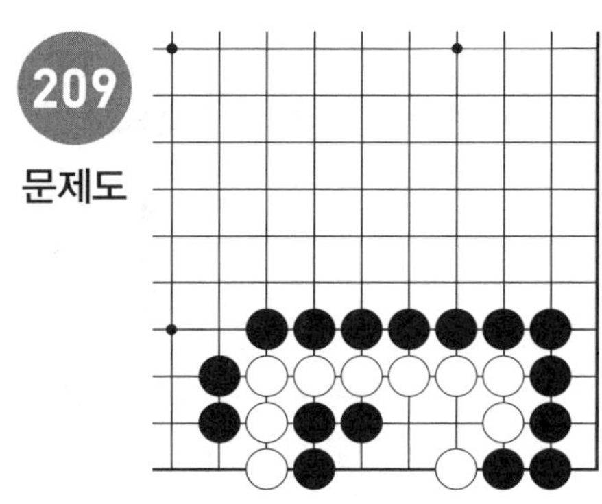

209
문제도

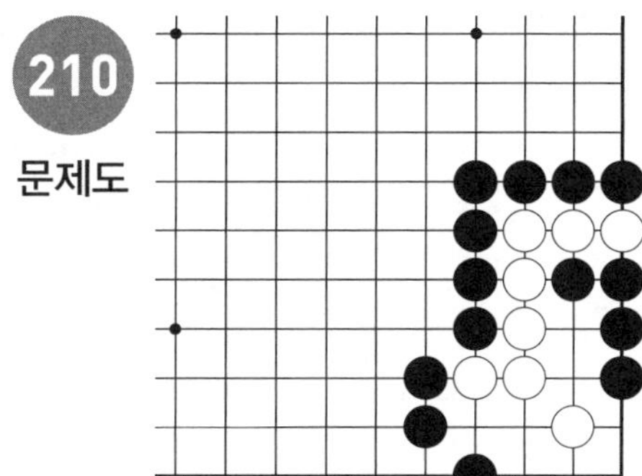

210
문제도

199
정해도

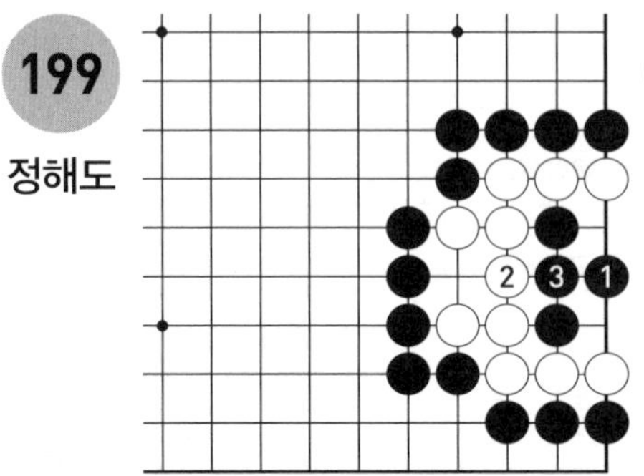

1로 호구가 묘수. 백2하면 흑3.
백은 살 수 없다.

200
정해도

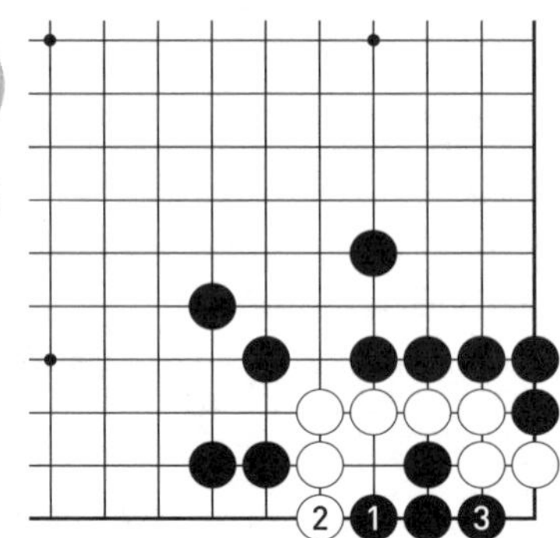

흑1로 넘어가고자 하는 것이 정
답. 백2로 막을 때 흑3으로 두어
오궁도 모양으로 백은 잡힌다.

201
정해도

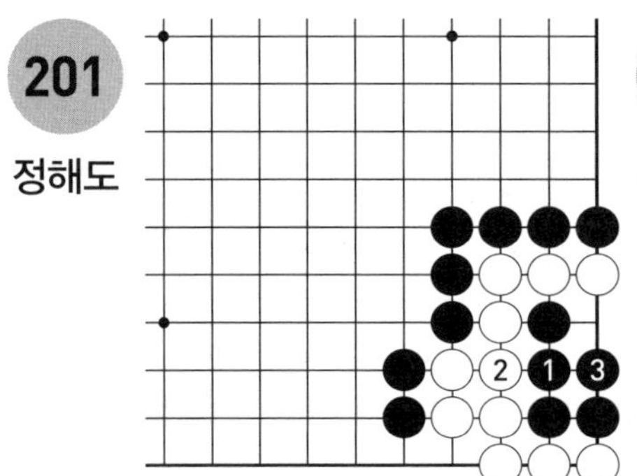

흑1, 3이 정답. 오궁도가 되어 백
이 잡힌다.

202
정해도

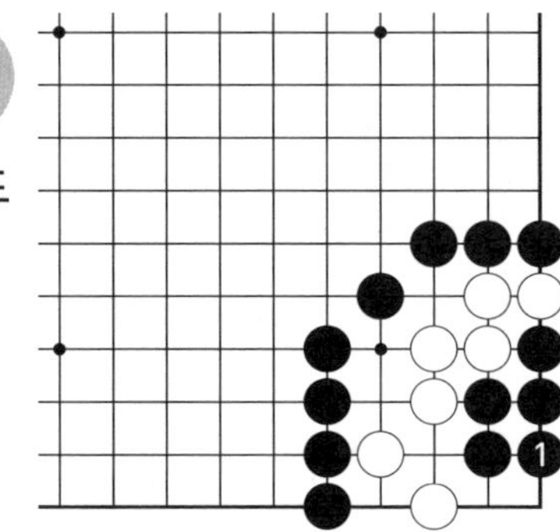

흑1로 오궁도가 되어 백이 잡
힌다.

203
정해도

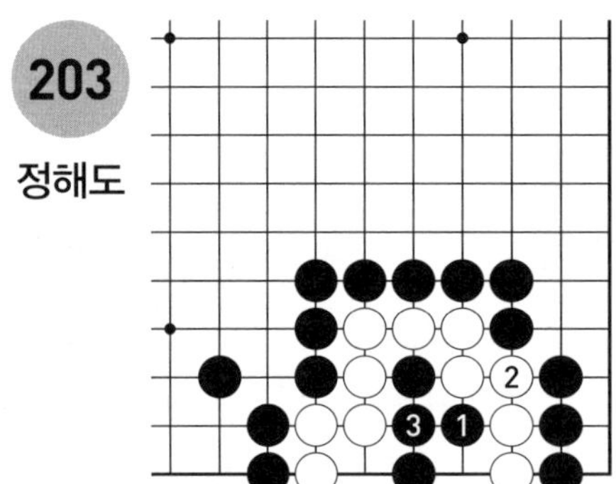

흑1이 정답. 만약 백2로 흑3에
둔다면 흑이 백2의 자리에 두어
백 2점이 잡힌다.

204
정해도

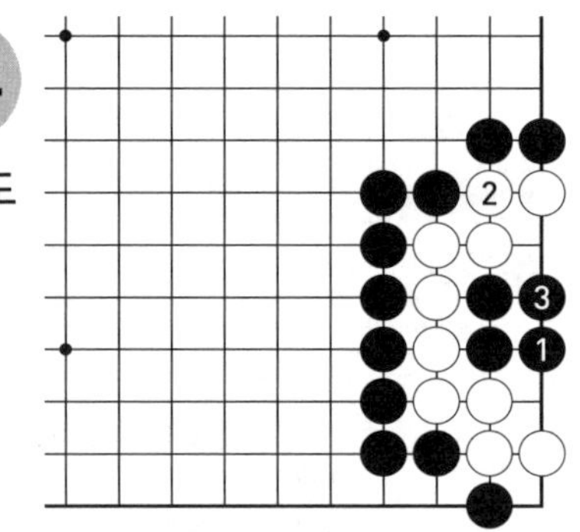

흑1이 정답. 백2로 이을 때 흑
3이면 오궁도가 되어 백이 잡
힌다.

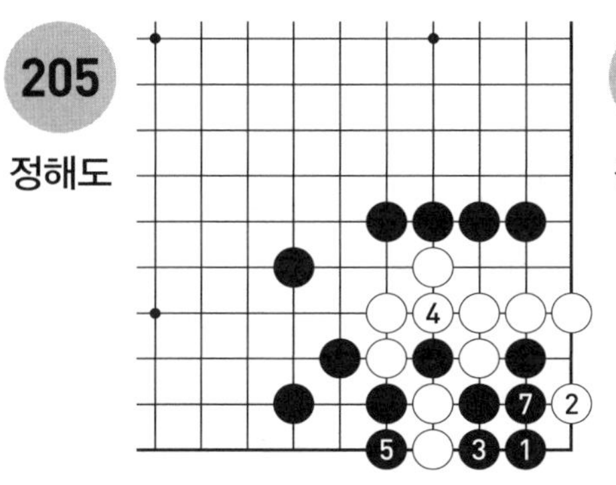

205 정해도

흑1 호구가 급소. 이하 흑7까지 오궁도가 되어 백은 살 수 없다. 백6=백4

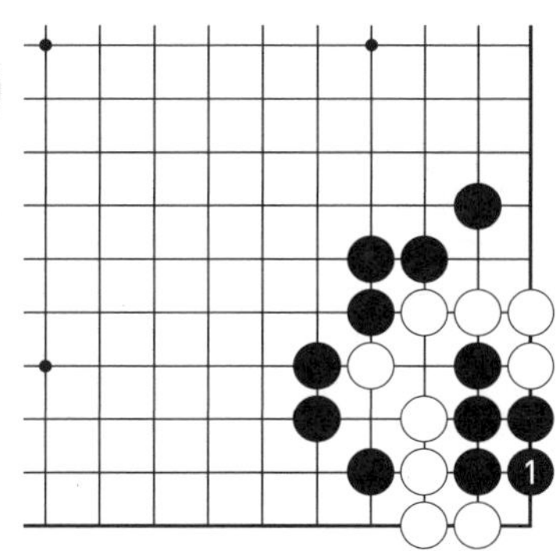

206 정해도

흑1로 오궁도가 되어 백은 살 수 없다.

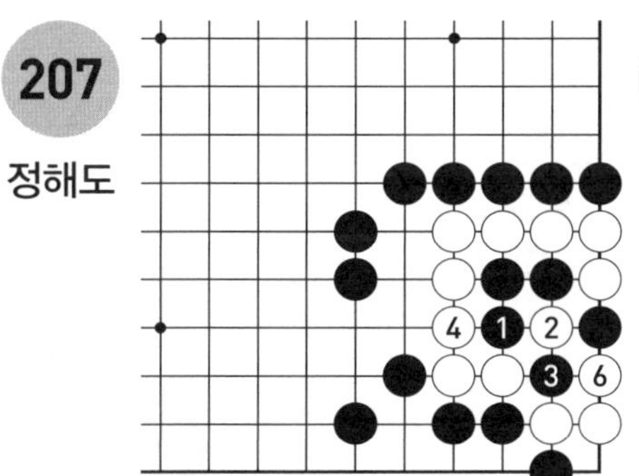

207 정해도

흑1이 백을 잡는 급소. 이하 흑7까지 매화육궁이 되어 백이 잡힌다. 흑5=백2, 흑7=백2

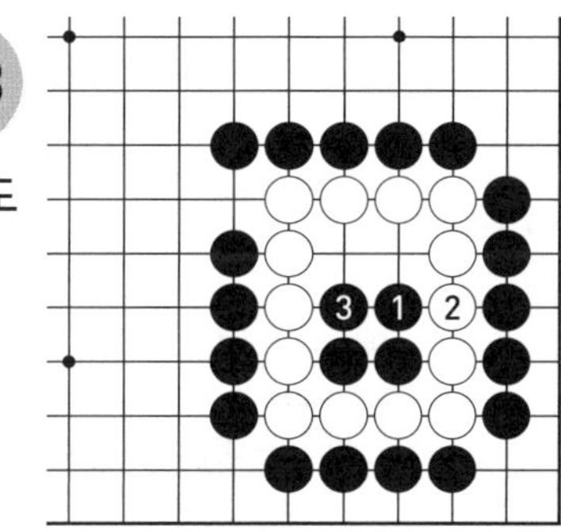

208 정해도

흑1이 정답. 백2로 연결할 때 흑3으로 웅크리면 백은 두 집을 낼 수 없다.

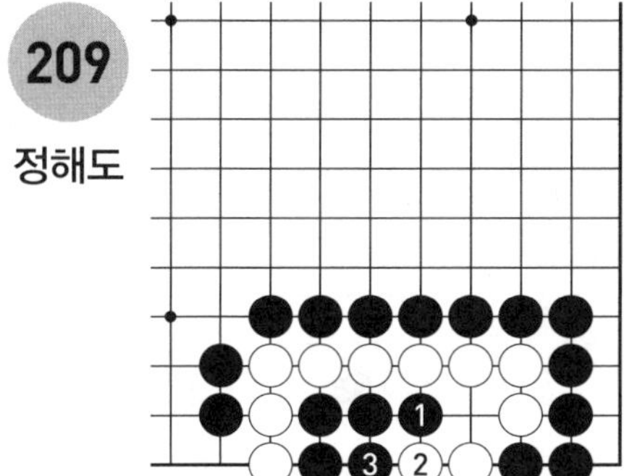

209 정해도

흑1로 들어가고 흑3으로 웅크리면 오궁도가 되어 백이 잡힌다.

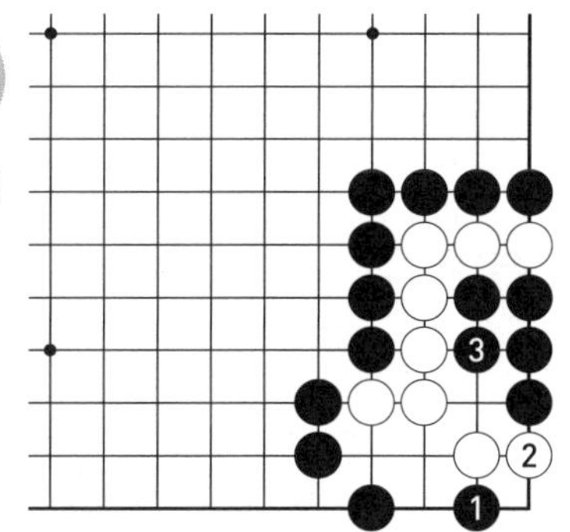

210 정해도

흑1로 붙이는 것이 파호의 맥점. 흑3까지 오궁도가 되어 백은 살 수 없다.

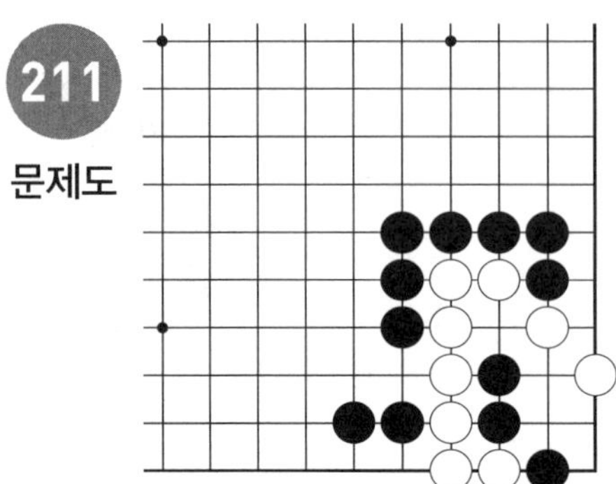

211 문제도

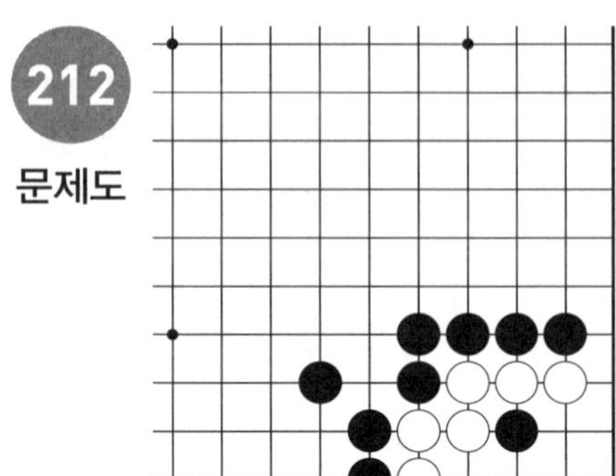

212 문제도

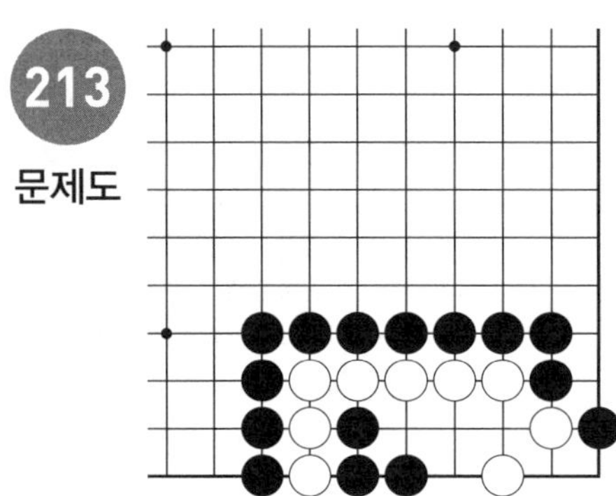

213 문제도

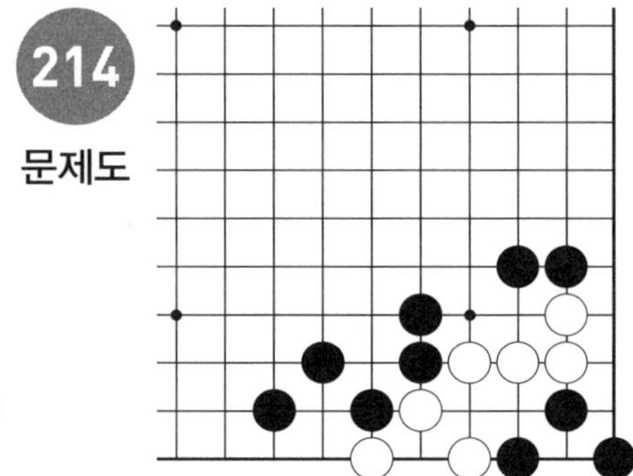

214 문제도

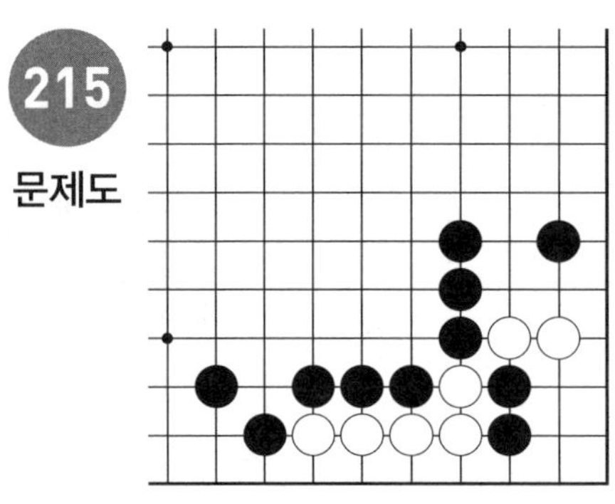

215 문제도

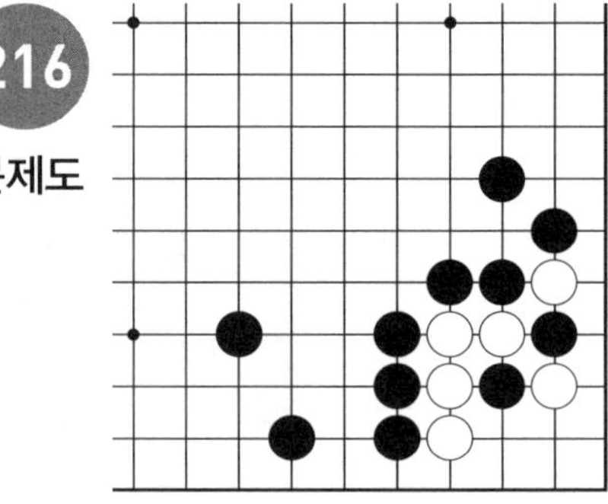

216 문제도

211

정해도

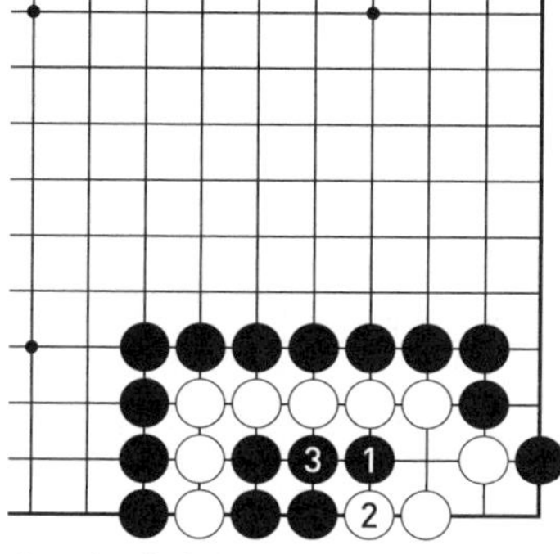

흑1이 정답. 이하 백8 따낼 때 흑은 다시 백2 자리에 치중하면 매화육궁으로 되어 백이 역시 살 수 없다. 흑7=백2, 흑9=백2

212

정해도

흑1로 느는 것이 정답. 흑5까지 오궁도가 되어 백은 살 수 없다.

213

정해도

흑1이 정답. 백2 후에 흑3으로 이으면 오궁도가 되어 백이 잡힌다.

214

정해도

흑1로 끊자고 하고 백2로 연결할 때 흑5까지 오궁도가 되어 백이 잡힌다.

215

정해도

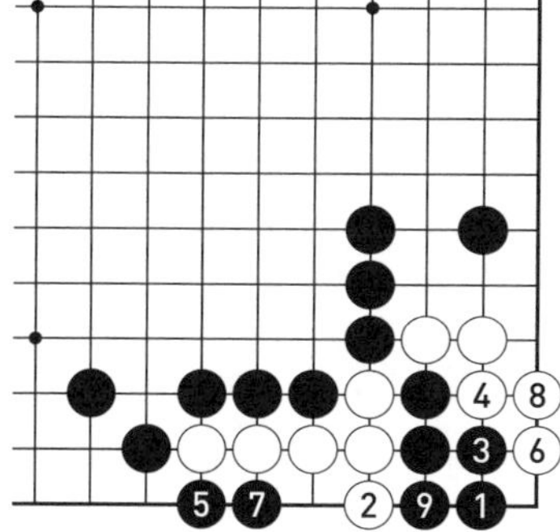

흑1로 마늘모하는 것이 묘수. 백2로 늘 때 흑3은 백을 잡을 수 있는 묘수. 이하 흑9까지 오궁도가 되어 흑 성공.

216

정해도

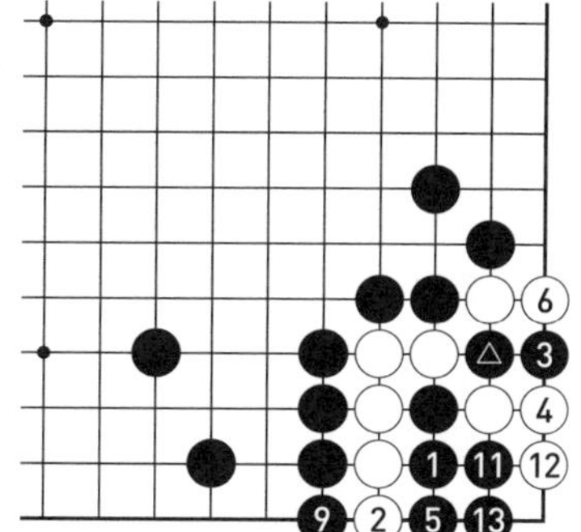

흑1로 나가는 것이 정답. 흑13까지 오궁도가 되어 흑 승.
흑7=▲, 백8=흑3, 백10=▲

제 4 부 수상전

바둑의 '수상전'에는 원래 두 가지 의미가 있습니다. 하나는 서로의 격전을 통해서만 사활의 경쟁 과정이 결정된다는 것이고 또 다른 하나는 서로 간의 수싸움 과정을 뜻합니다. 수상전에서는 다양한 전략이 필요합니다. 전략 선택 시 중요한 것이 바로 상대의 정곡을 찌르는 것과 민첩성입니다. 정곡을 찌른다는 것은 '화살을 쏜다'는 것으로 싸움으로서 전쟁을 장악한다는 것을 뜻합니다. 민첩성이란 전술에 다양한 변화를 주어야 한다는 것을 의미합니다. 즉, 싸우는 것이 전쟁에 대한 가장 좋은 준비라는 뜻입니다. 자신을 지키기 위한 가장 효과적인 방법은 적을 소멸시키는 것이라는 말을 기억합시다. 이러한 마음가짐을 가졌을 때 비로소 수상전에서 정확한 예측을 할 수 있고 상대가 두지 않는 곳에 둘 수 있으며, 상대의 약점을 공략하여 승리할 수 있습니다.

특히 수상전에서는 '맹점'에 주의를 기울여야 합니다. 맹점이란 상대가 눈치 채지 못한 좋은 곳을 지칭하는 것으로 두 종류로 나눌 수 있습니다. 하나는 대부분이 눈치채지 못하는 예측 밖의 요점으로, 특별히 숨어 있는 곳을 말합니다. 또 다른 하나는 착점이 아주 좋은 곳은 아니지만 대국하는 쌍방이 모두 모르는 곳을 역설적으로 맹점이라 부릅니다.

연습문제를 풀기 전에 다음 두 가지를 미리 학습하기 바랍니다.
(1) 수상전의 종류
(2) 수상전의 조건과 결과

제4부는 72개의 연습문제로 구성되어 있으며 모두 흑 선입니다. 연습문제를 통해 작전 능력을 배양하고 승리에 대한 자신감, 바둑 실력을 높일 수 있기를 바랍니다.

217

문제도

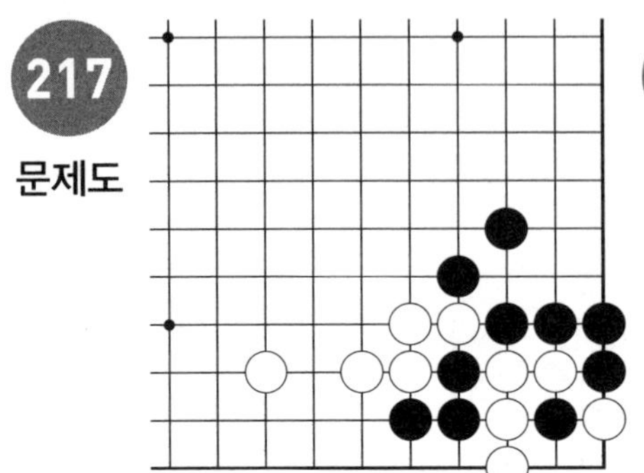

218

문제도

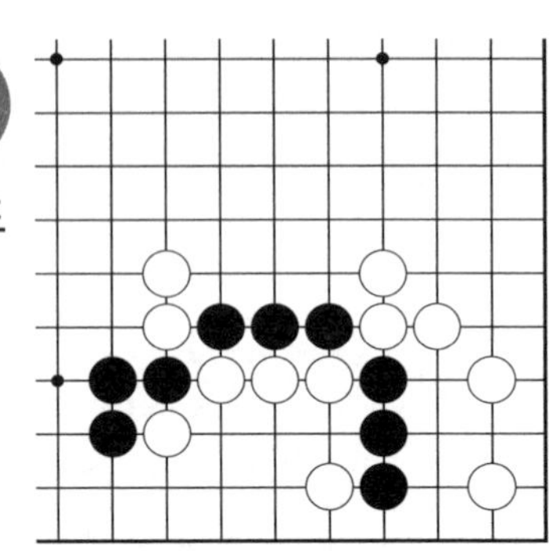

219

문제도

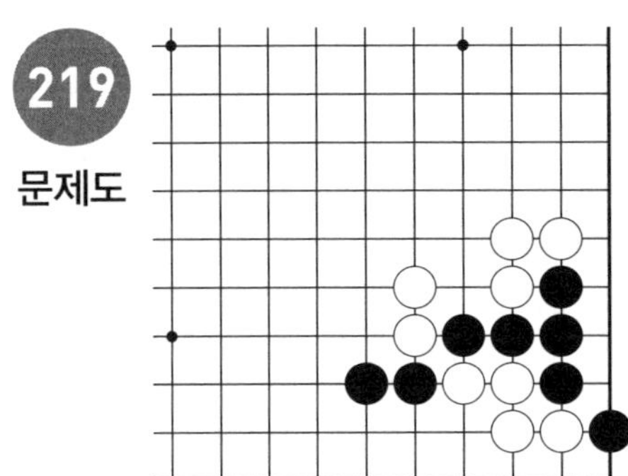

220

문제도

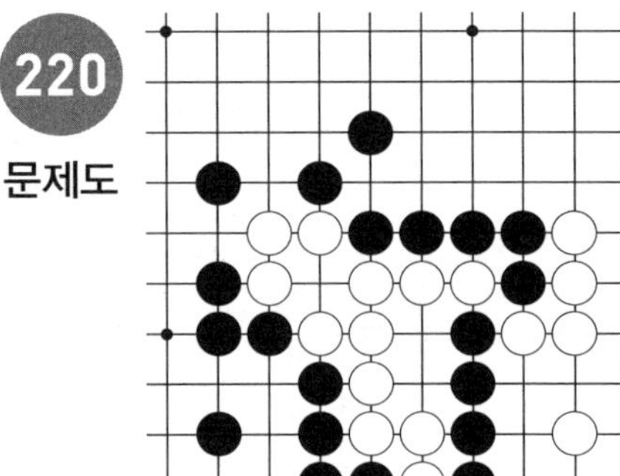

221

문제도

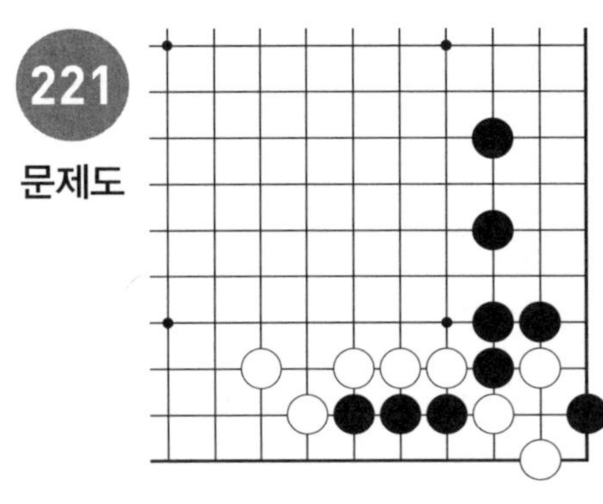

222

문제도

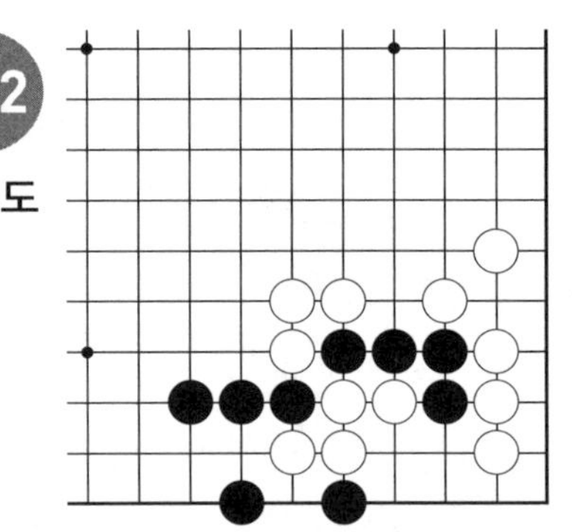

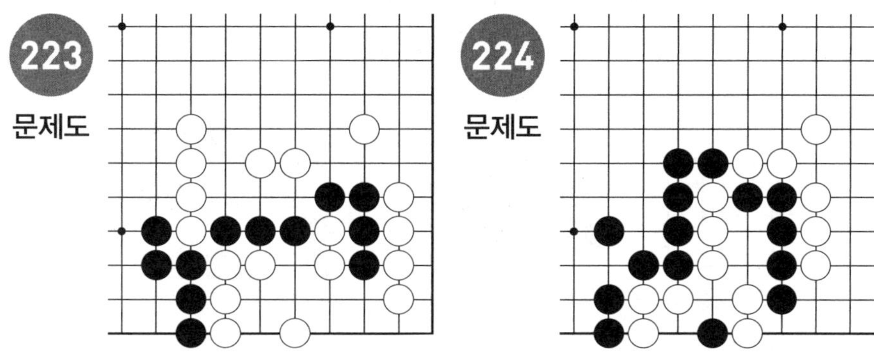

223 문제도

224 문제도

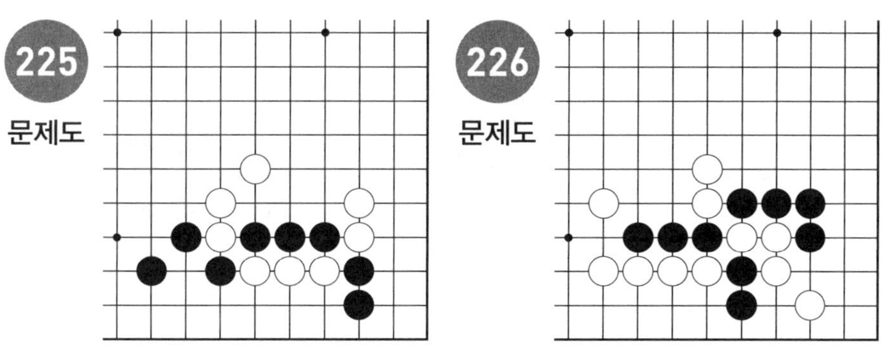

225 문제도

226 문제도

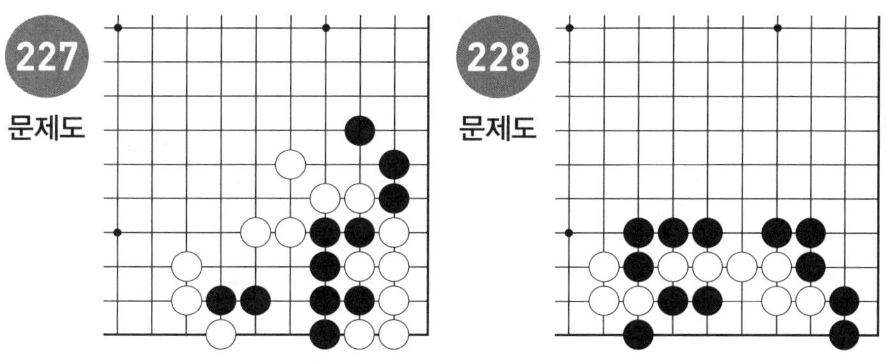

227 문제도

228 문제도

217 정해도

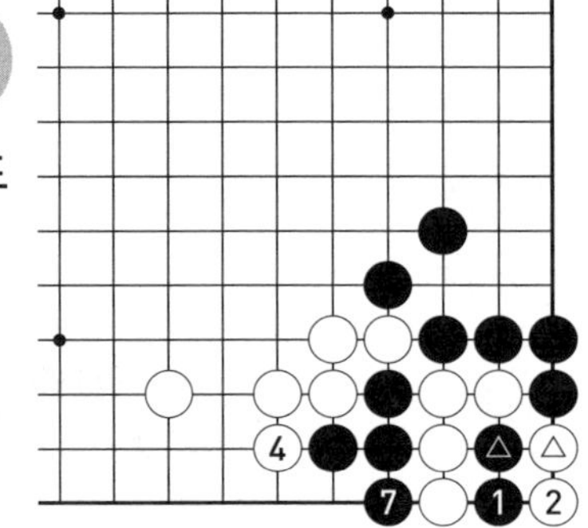

흑1로 1점 더 주는 것이 정답. 백
2로 따낼 때 흑3으로 다시 먹여
치면 백 귀는 잡힌다. 흑3=흑1

218 정해도

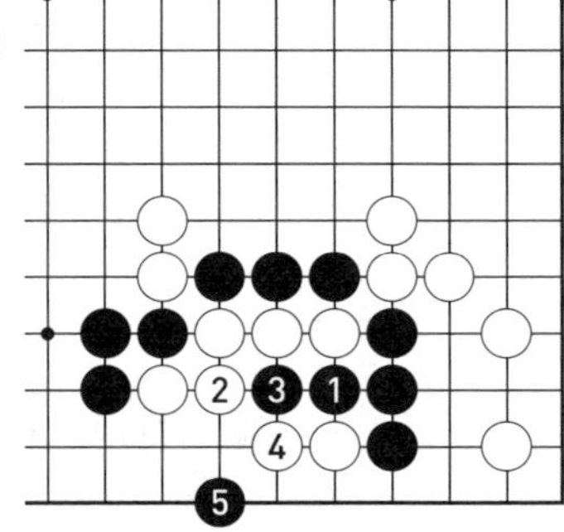

흑1, 3으로 찌르고 흑5로 들여다
보는 것이 묘수. 흑13까지 백이
잡힌다.

217 변화도

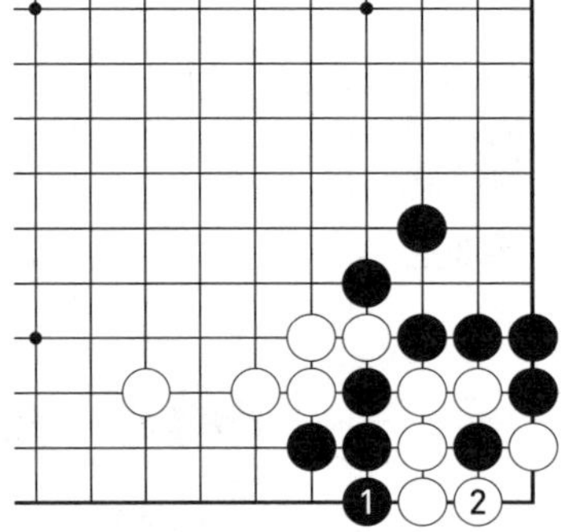

백6은 성립되지 않는다. 흑7로
따내어 백 실패.
흑3=흑1, 흑5=▲, 백6=△

218 변화도

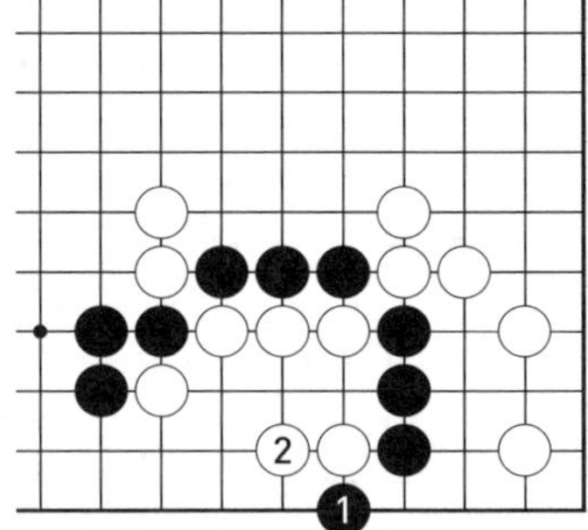

백2로 이어도 흑3으로 메우면 백
4, 흑5로 위와 같은 모양이 되어
백이 잡힌다.

217 실패도

흑1은 착오. 백2로 따내면 흑
실패.

218 실패도

흑1 젖힘은 착오. 백2로 늘어 수
상전에서 흑 실패.

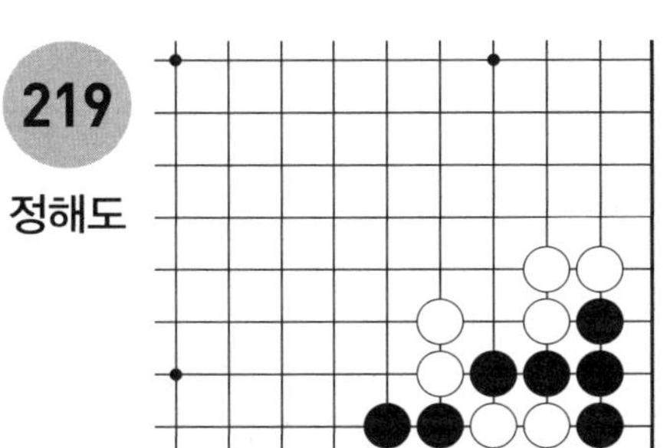

흑1이 교묘한 수. 백2로 젖힐 때, 흑3으로 젖혀두고 흑5로 막아 백이 잡힌다.

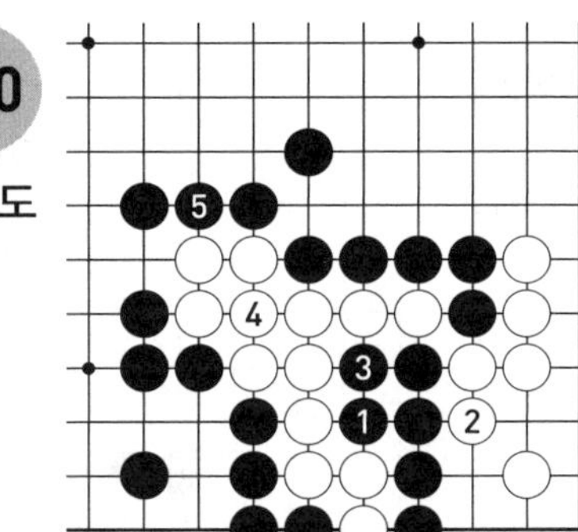

흑1로 먼저 안공배를 메운다. 이것은 특수한 상황에서의 착점.

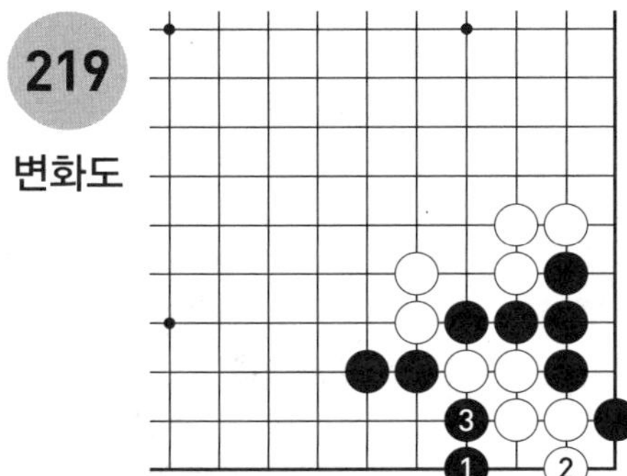

백이 2로 늘면 흑3으로 메워서 백이 역시 잡힌다.

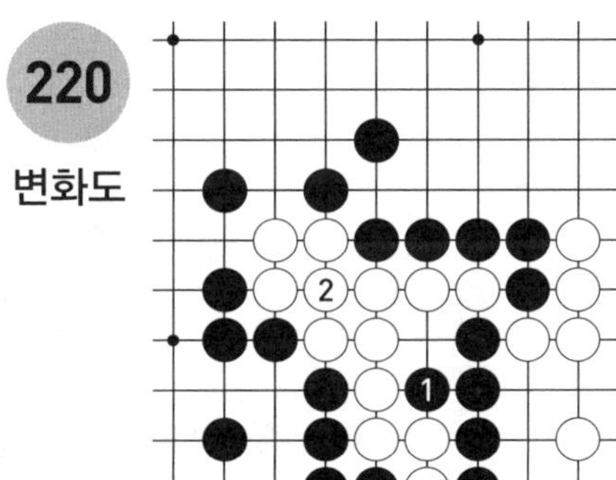

백이 2로 연결해도 흑이 수를 줄여가면 백은 역시 잡힌다.

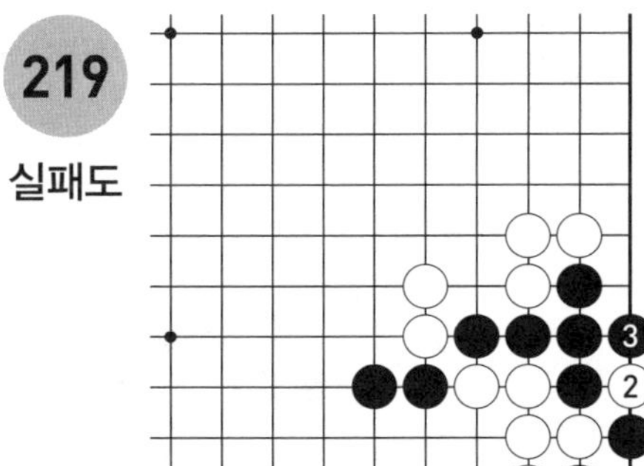

흑1 젖힘이 착오. 이하 백4까지 패가 된다.

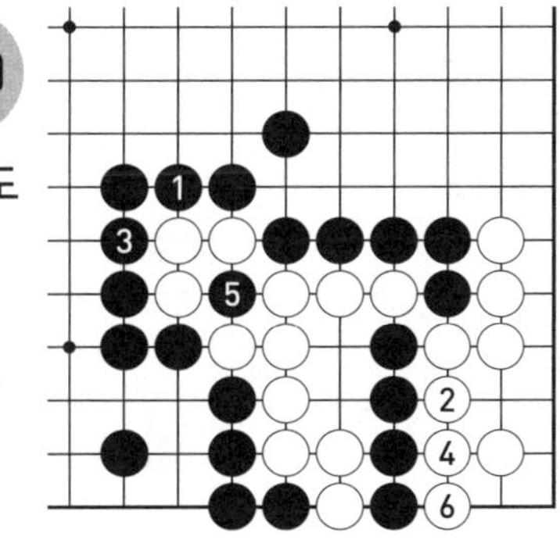

흑1로 먼저 바깥공배를 메우는 것은 착오. 백6까지 빅이 되어 흑 실패.

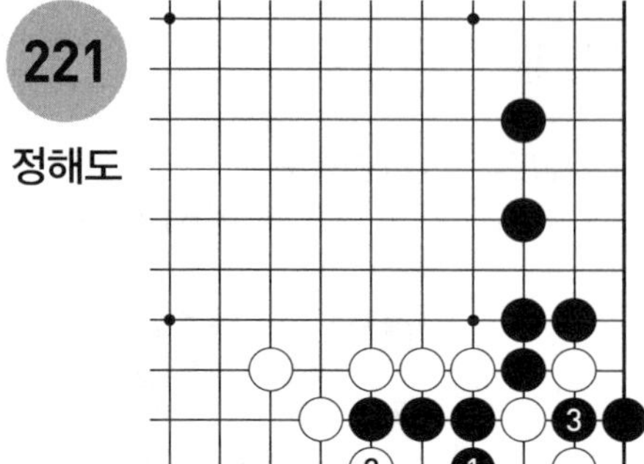

흑1로 느는 것이 패를 피하는 정수. 백2 젖히면 흑3 단수쳐서 흑 승.

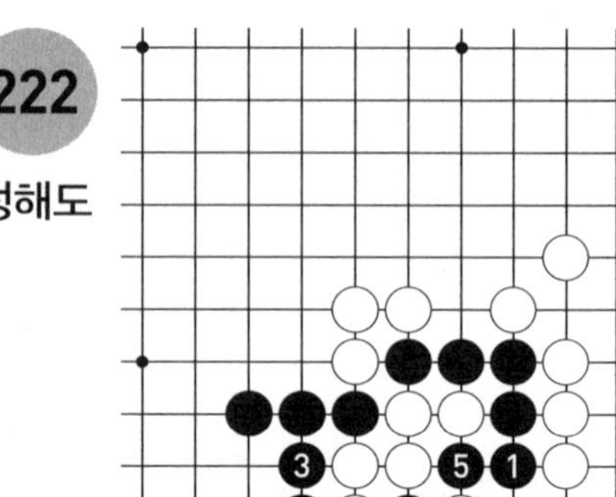

흑1이 정답. 백2 단수, 흑3 메움. 흑5로 단수쳐서 백 잡힌다.

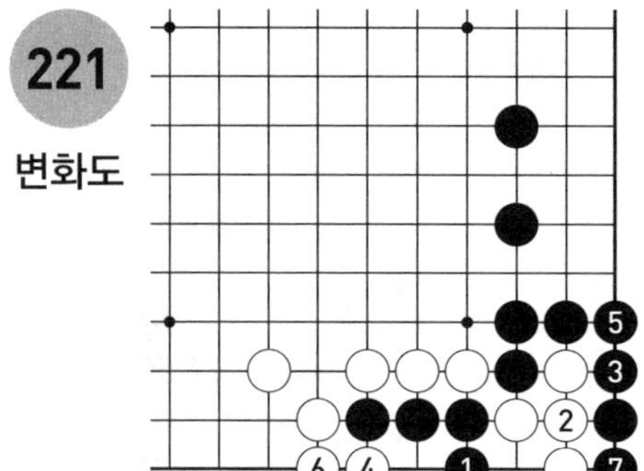

만약 백2로 연결하면 흑3으로 물리고 흑7까지 백은 역시 잡힌다.

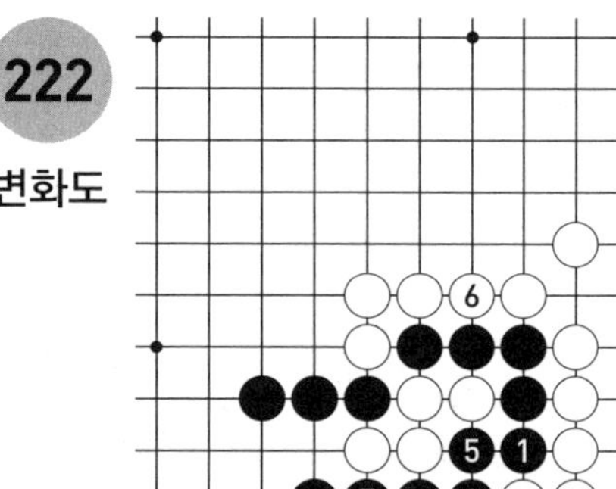

백2로 젖히면 흑3으로 단수치고 다시 흑5, 7로 연결하여 흑 승.

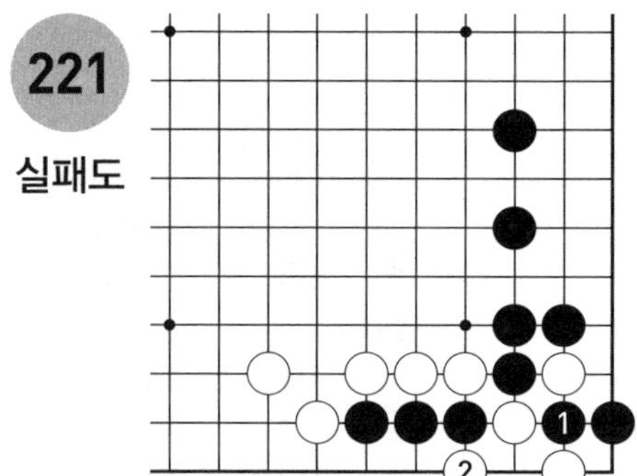

만약 흑1로 끊어 단수치면 착오. 백2로 젖혀서 패가 된다.

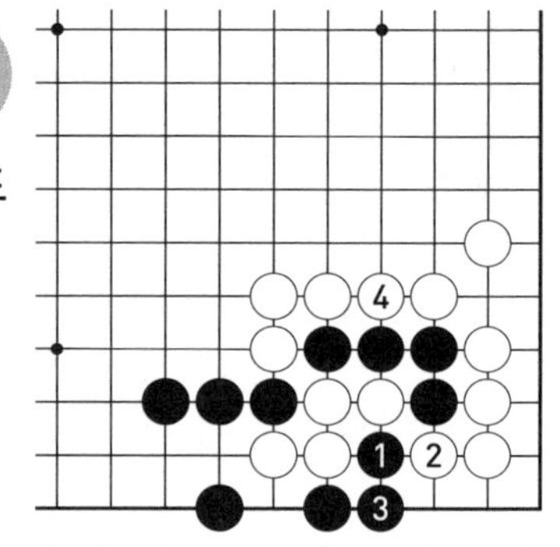

흑1은 착오. 백2 단수, 백4로 따낸다. 흑 실패.

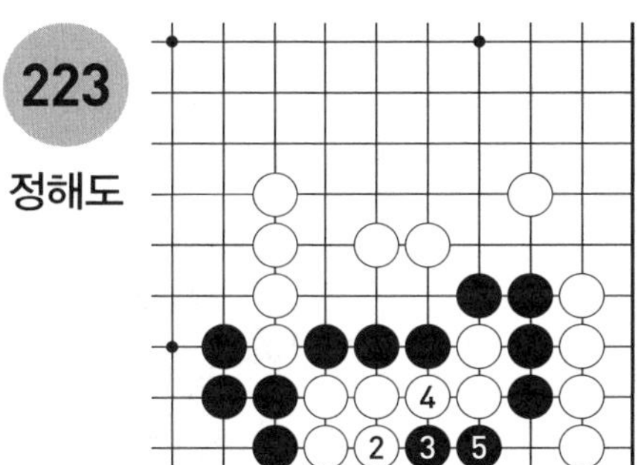

223 정해도

흑1이 묘수. 백2로 따내면 흑3이 좋으며, 흑5까지 백을 잡을 수 있다.

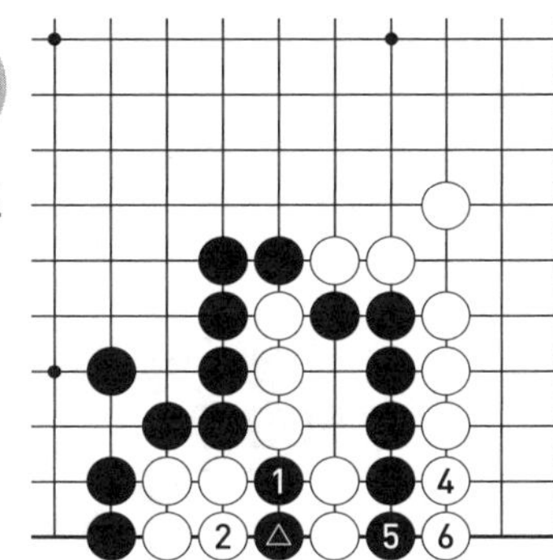

224 정해도

흑1로 1점 보태 주고 다시 흑3 먹여치기하는 수순이 정답. 흑7까지 흑 승. 흑3=흑1. 흑7=▲

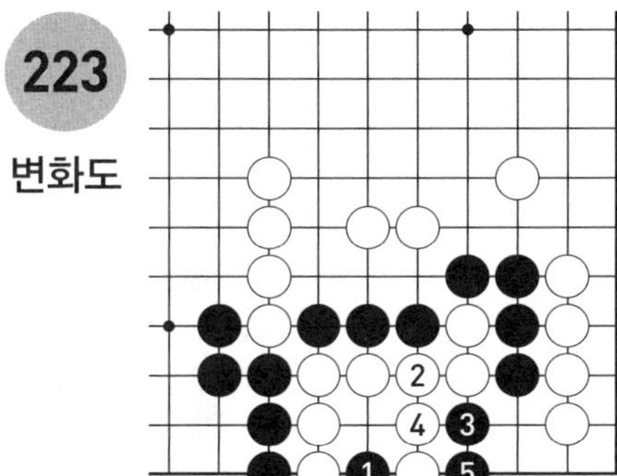

223 변화도

백이 2로 연결하면 흑3 젖힘, 흑5 단수로 백은 역시 잡힌다.

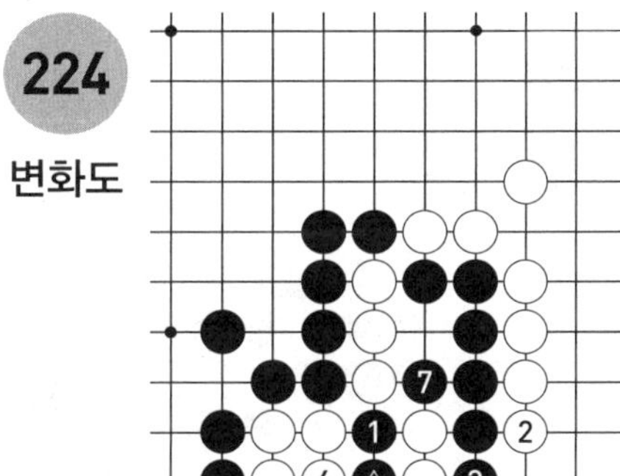

224 변화도

만약 백2로 막으면 흑3으로 단수치고 흑7까지 역시 백이 잡힌다. 흑5=흑1, 백6=▲

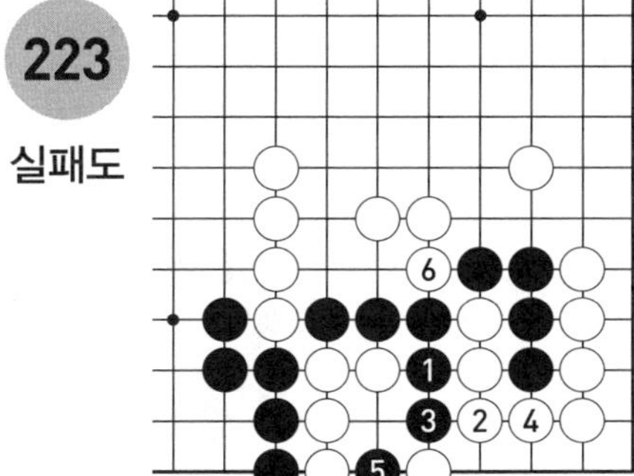

223 실패도

흑1로 단수치는 것은 실수. 이하 백6까지 흑은 반 밖에 살지 못해서 성공이라고 할 수 없다.

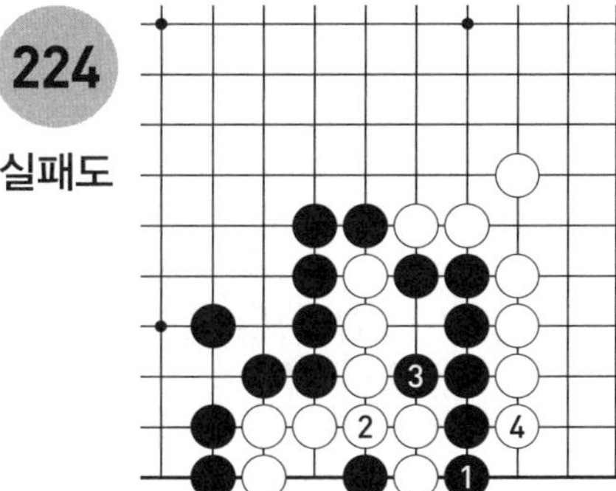

224 실패도

흑1이 착오, 백4까지 유가무가로 흑이 잡힌다.

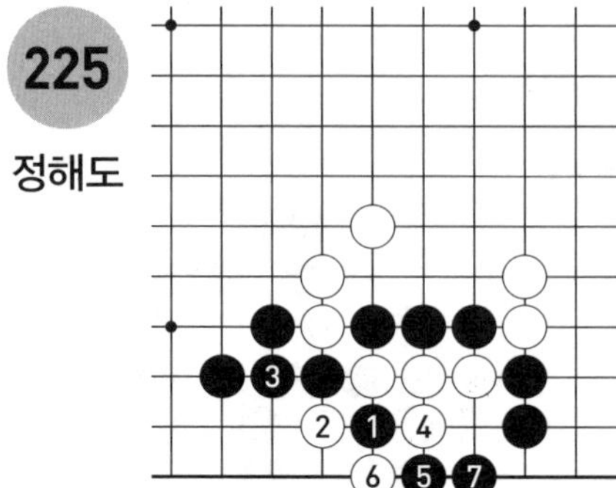

225 정해도

흑1 젖힘이 정답. 백이 2, 4로 흑 1점을 잡을 때 흑5가 좋음. 흑7 까지 백이 잡힌다.

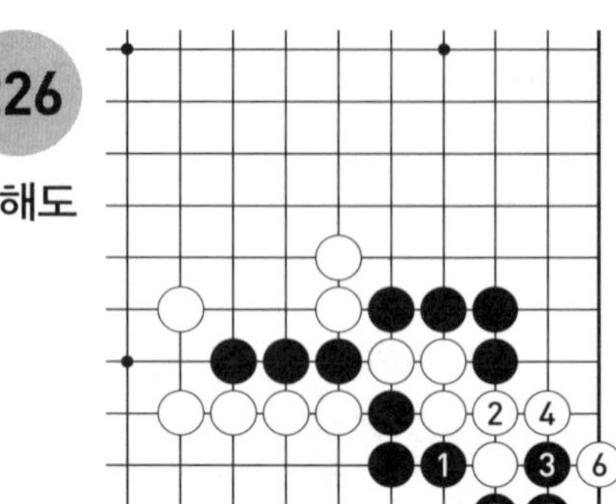

226 정해도

흑1 단수에 백이 2로 이을 수밖에 없을 때 흑3 붙임이 절묘, 흑7까지 수상전, 흑 승.

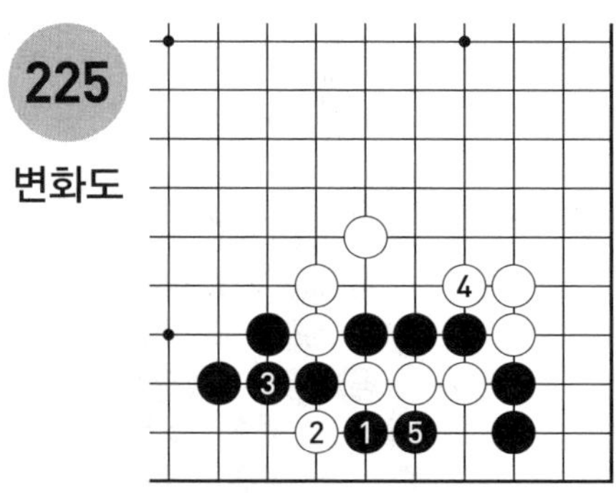

225 변화도

백이 4와 같이 메우면 흑5로 백이 잡힌다.

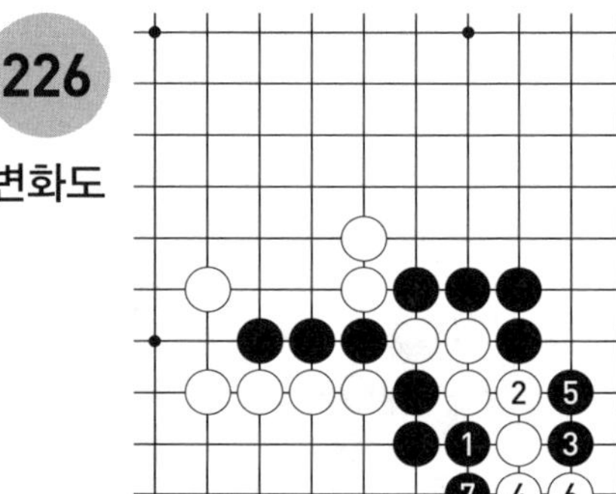

226 변화도

백이 4와 같이 늘면 흑5, 7로 공배를 줄여 역시 백이 잡힌다.

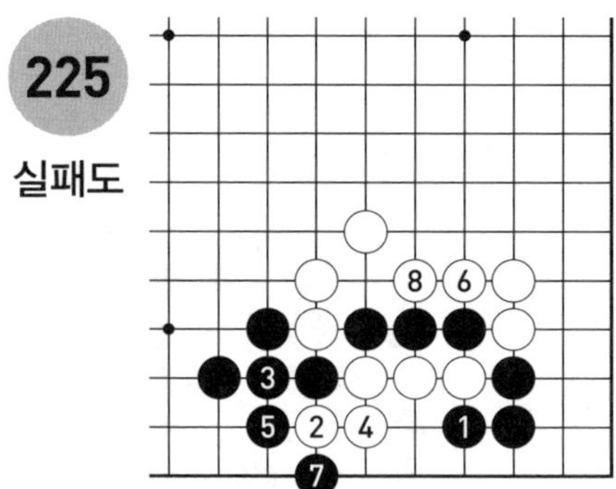

225 실패도

흑1이 착오. 백2 단수, 백4 연결, 백8까지 흑이 잡힌다.

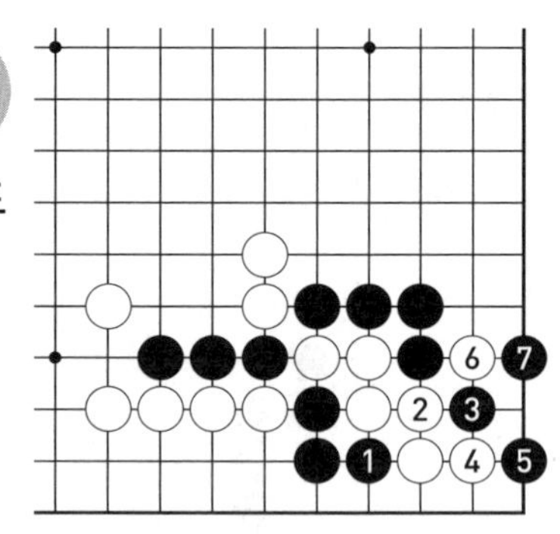

226 실패도

흑3 젖힘이 착오, 흑7까지 패가 된다.

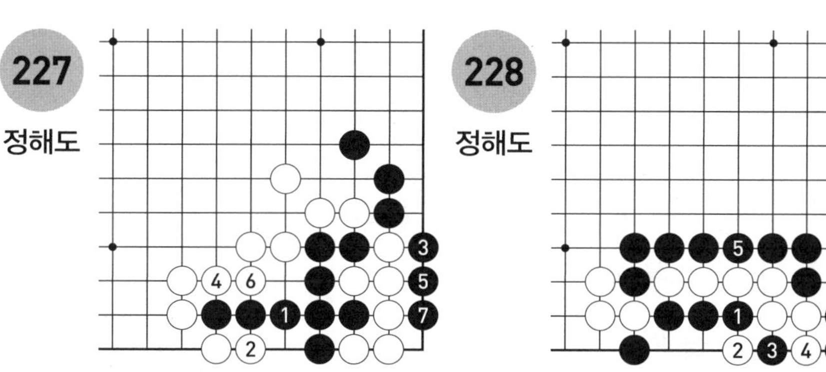

227 정해도

흑1로 잇는 것이 정답. 흑돌은 다섯 수, 백돌은 네 수로 백이 잡힌다.

228 정해도

흑1이 교묘. 백2 젖힘에 흑3으로 먹여치고 흑5까지 백이 잡힌다.

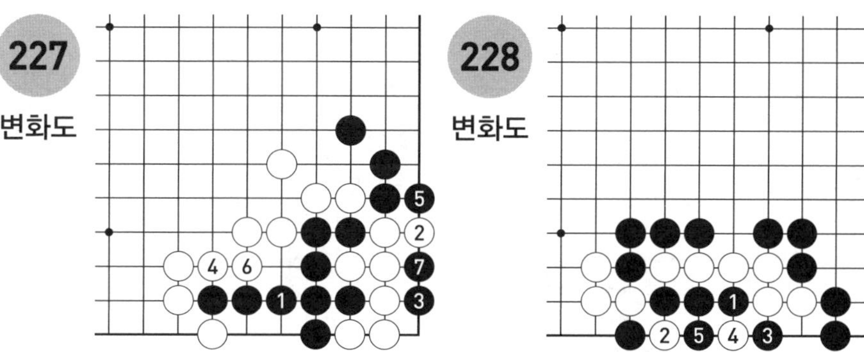

227 변화도

백2로 늘면, 흑3 이중으로 백은 역시 한 수 모자람.

228 변화도

만약 백2로 먹여치면 흑3 젖힘, 흑5로 따내어 백은 역시 잡힌다.

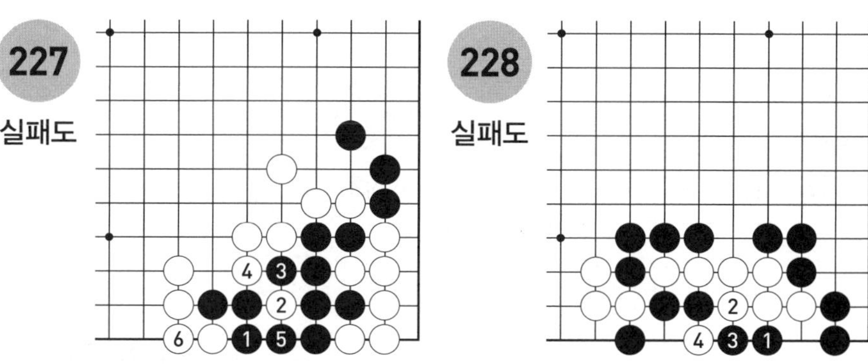

227 실패도

흑1 단수가 착오, 백2 끼움이 묘수, 백6까지 흑이 잡힌다.

228 실패도

흑1이 착오, 백4로 먹여쳐서 흑이 잡힌다.

229

문제도

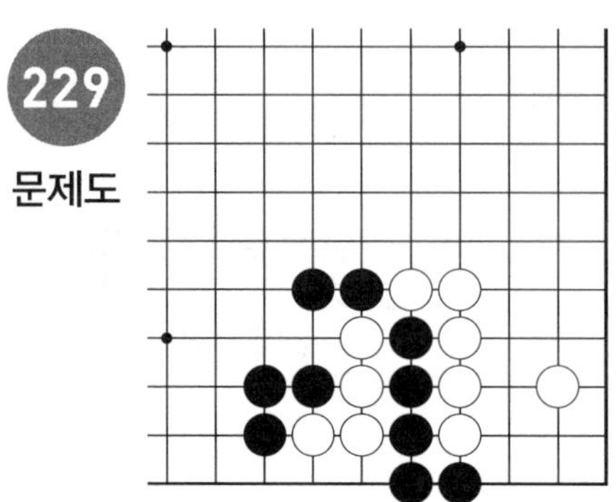

230

문제도

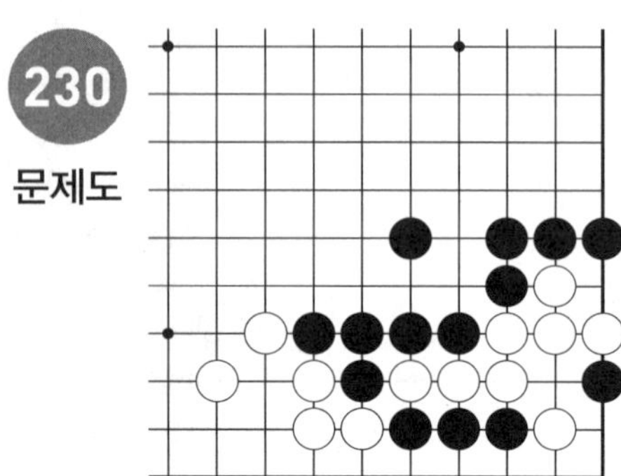

231

문제도

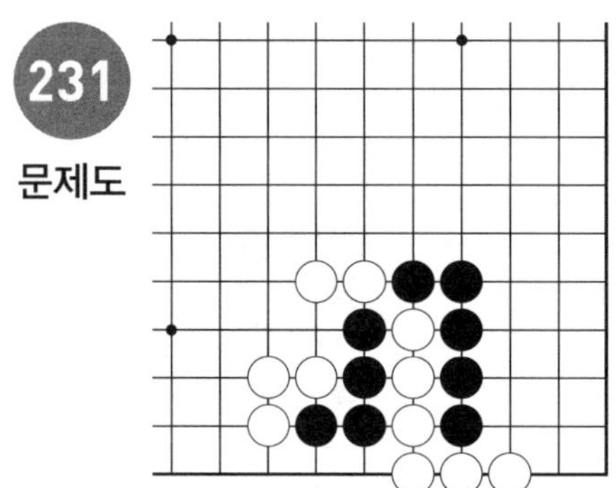

232

문제도

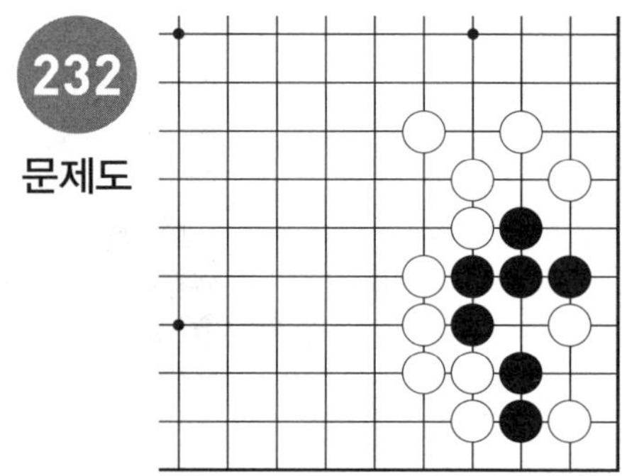

233

문제도

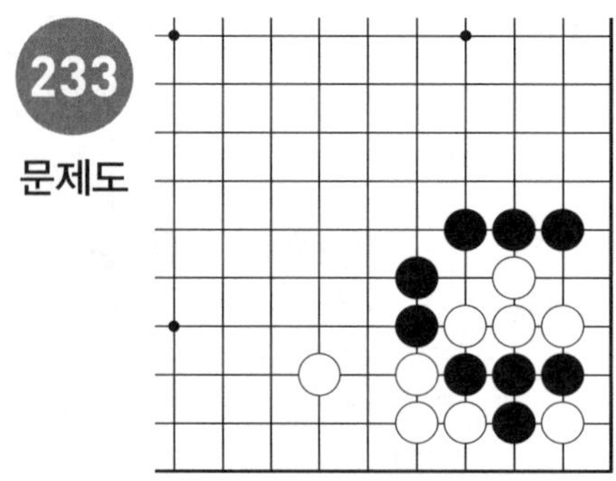

234

문제도

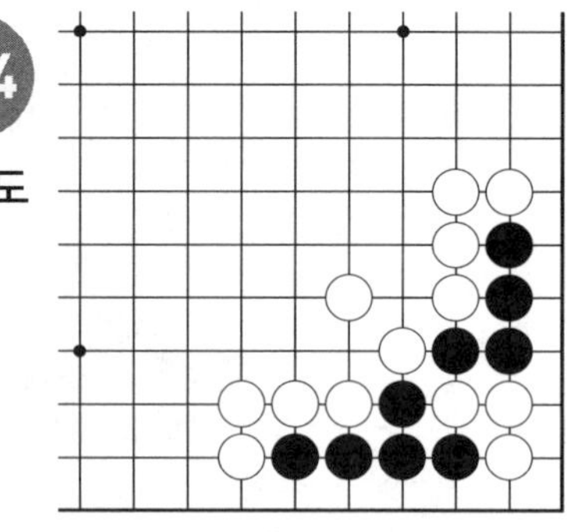

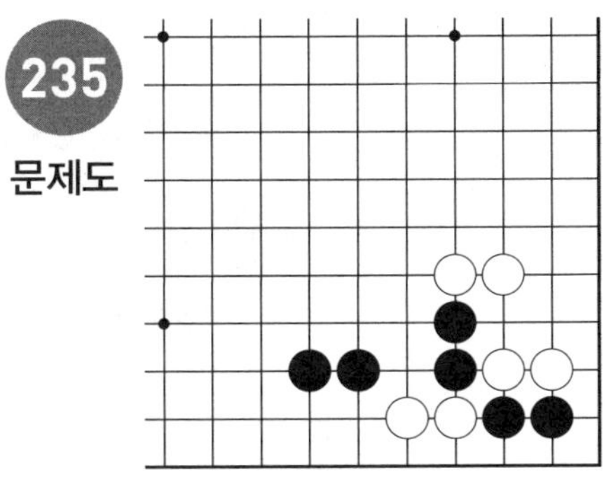

235
문제도

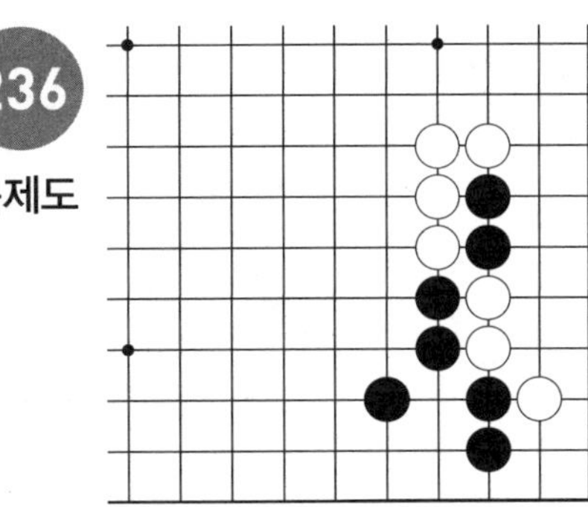

236
문제도

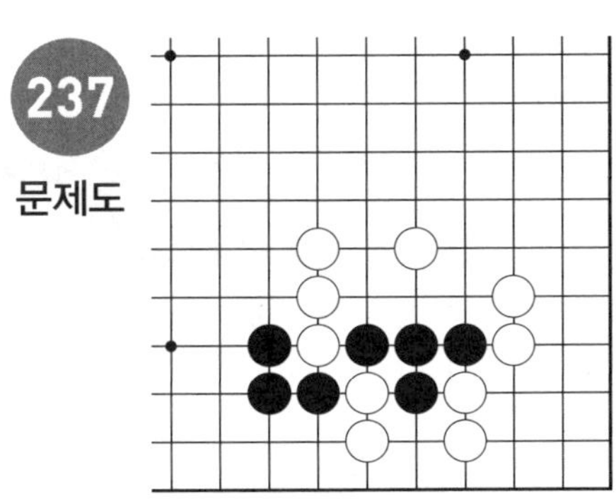

237
문제도

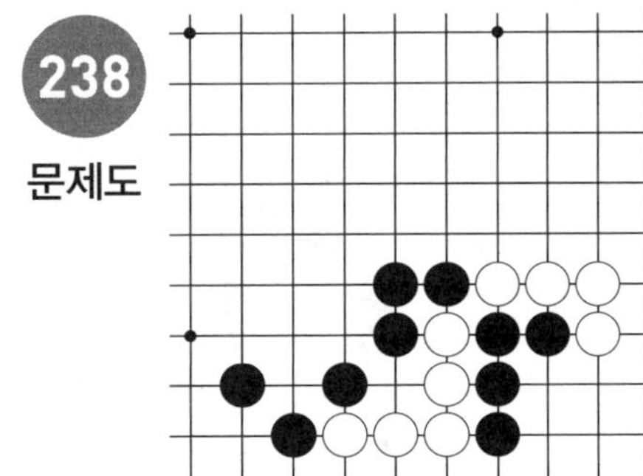

238
문제도

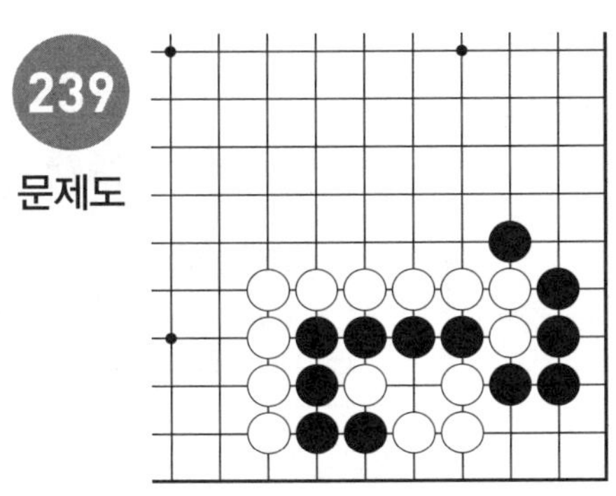

239
문제도

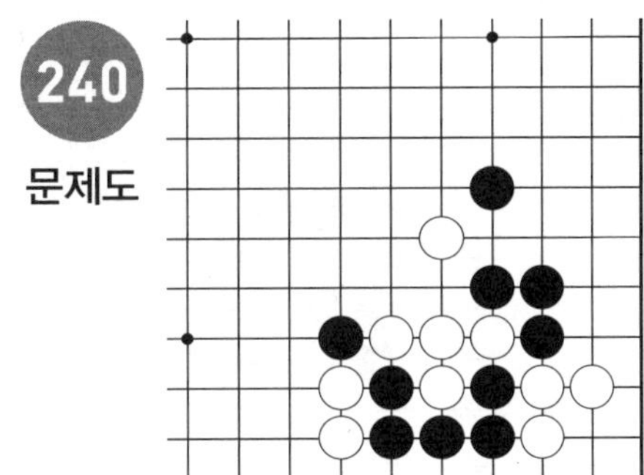

240
문제도

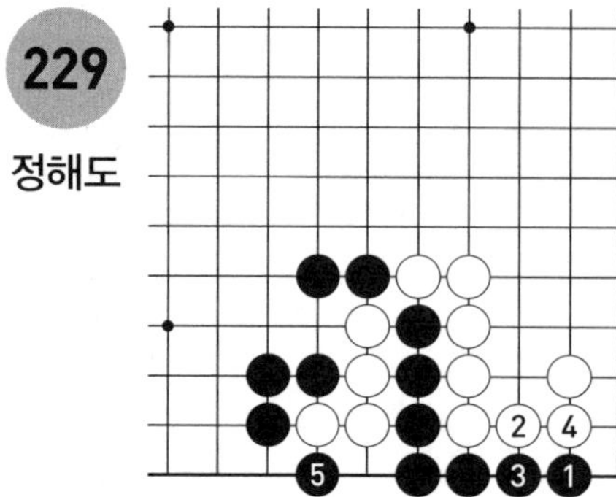

229 정해도

흑1로 뛰는 것이 수를 늘리는 묘
수. 흑5 젖힘까지 백은 잡힌다.

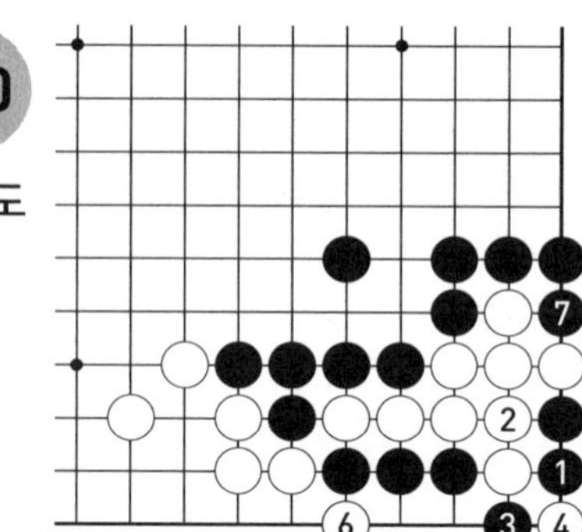

230 정해도

흑1로 미는 것이 정답. 흑5 되따
냄, 흑7까지 수상전 결과 흑 승.
흑5=흑1

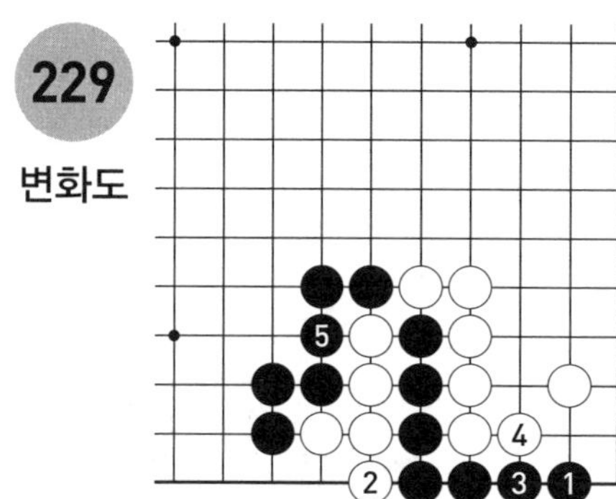

229 변화도

백이 2로 단수치면 흑3으로 잇고
흑5를 메우면 백은 역시 잡힌다.

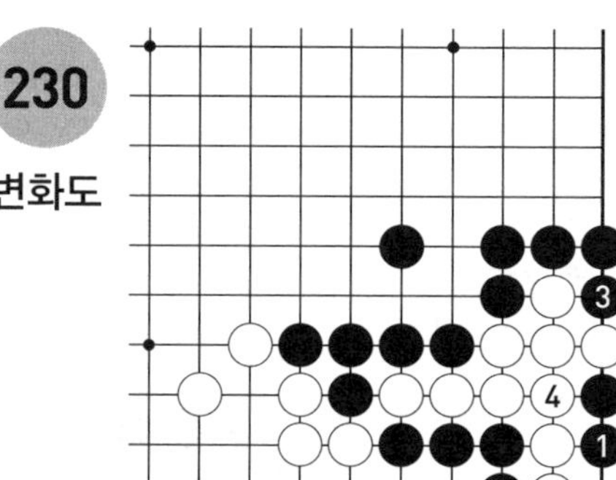

230 변화도

백이 2와 같이 늘면 흑3, 5 단수
치면 백은 한 수 차이로 잡히게
된다.

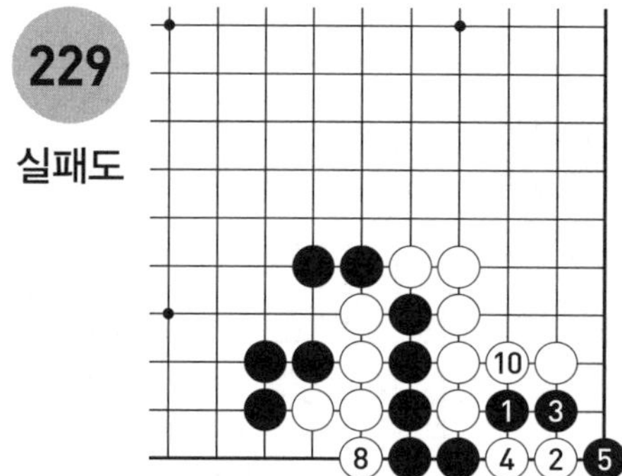

229 실패도

흑1 젖힘은 착오. 백2가 좋은 수
이며 백10까지 흑이 잡힌다.
백6=백4, 흑7=백2, 흑9=백4

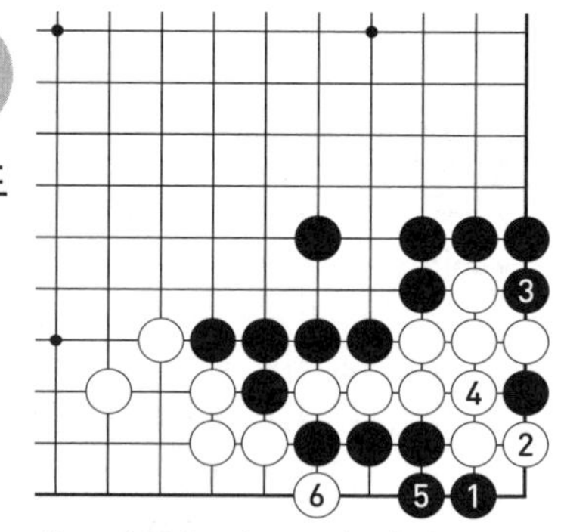

230 실패도

흑1 젖힘은 착오. 백6까지 유가
무가가 되어 흑이 잡힌다.

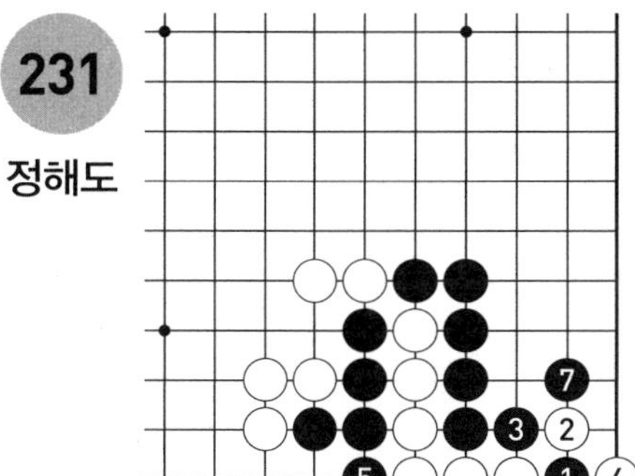

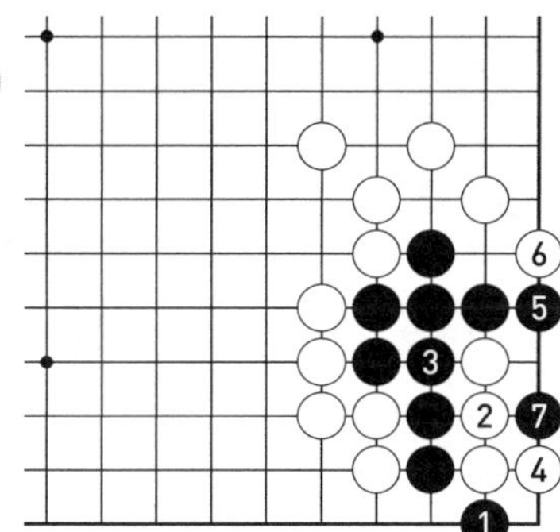

231 정해도

흑1로 붙임이 좋은 수. 이하 흑7
까지 백이 잡힌다. 백6=흑1

232 정해도

흑1 젖힘, 흑3 연결, 흑5로 내려
서는 수순이 정답. 흑7이 묘수로
흑이 살았다.

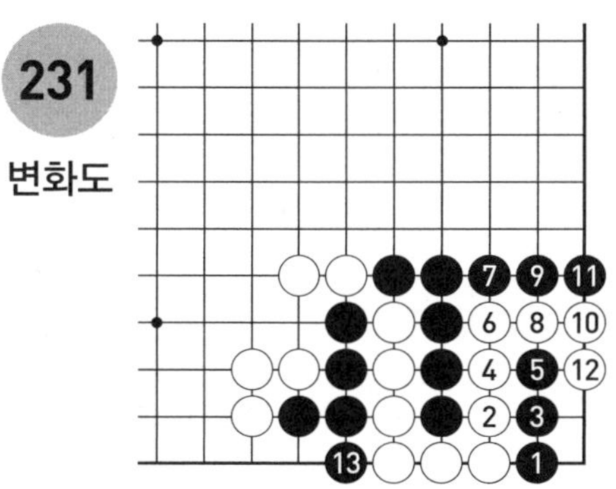

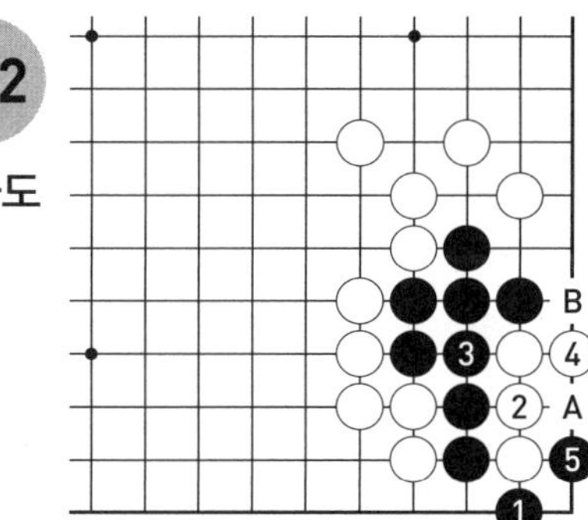

231 변화도

백이 2로 늘면 흑3에서 흑13까지
빈 축으로 역시 백이 잡힌다.

232 변화도

만약 백이 4로 늘면 흑5 젖힘으
로 살게 된다. 백4로 A에 둔다면
흑은 B에 두어 백이 흑5에 둘 때
빅으로 흑이 산다.

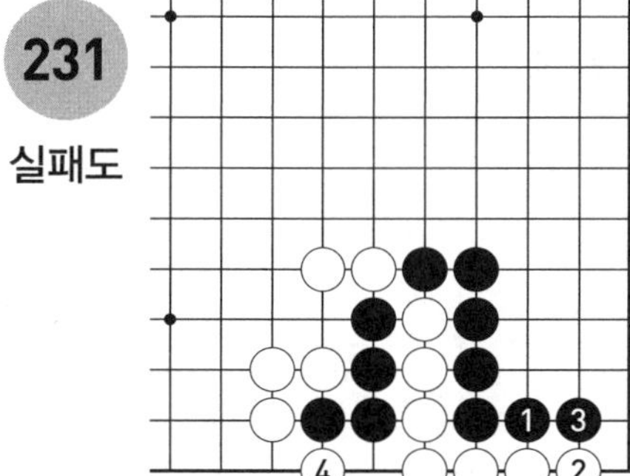

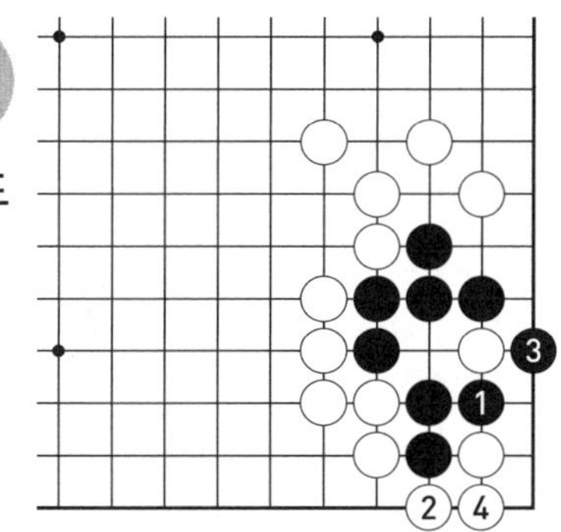

231 실패도

흑1로 위에서 메우는 것은 착오.
백2로 늘면 백이 한 수가 더 늘
어나서 백4까지 오히려 흑이 잡
힌다.

232 실패도

흑1로 찌르는 것은 착오. 이하
백4로 연결까지 흑은 살 수 없다.

233 정해도

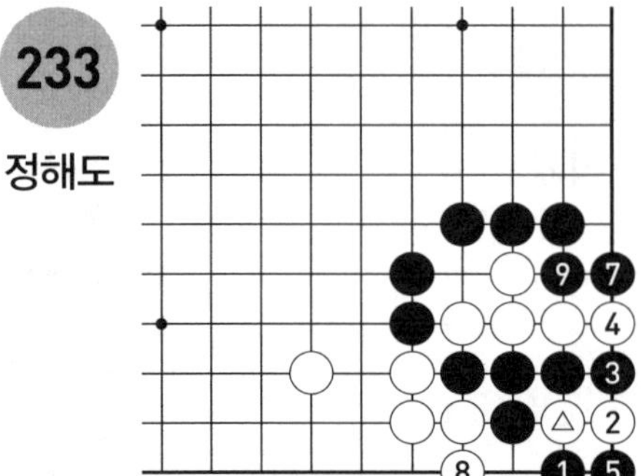

흑1 단수가 정답. 이하 흑9까지
백이 잡힌다. 백6=△

234 정해도

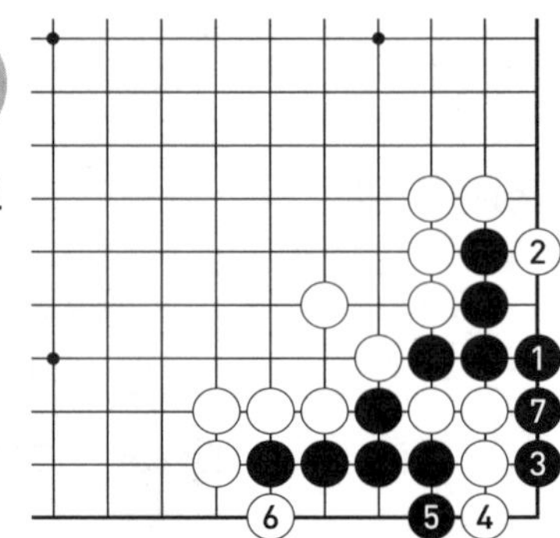

흑1, 3이 교묘. 이하 흑7까지 백
이 잡힌다.

233 변화도

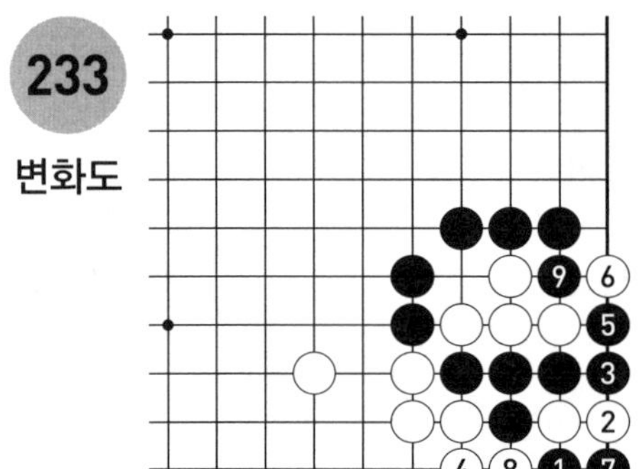

만약 백이 4로 늘면 흑5로 꼬부리
는 수순이 좋다. 이하 흑9까지
역시 백이 잡힌다.

234 변화도

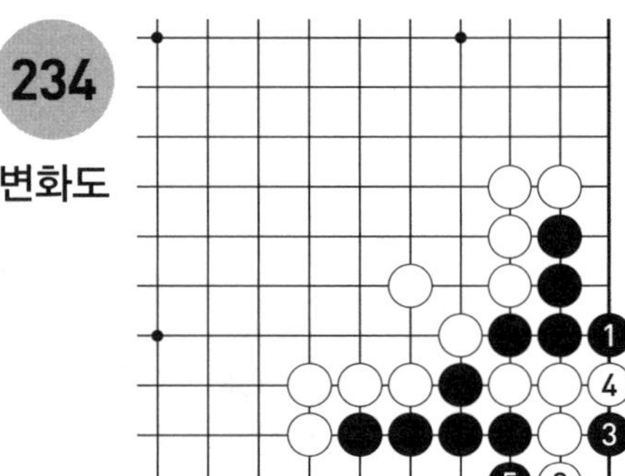

만약 백이 2로 늘면 흑3이 정답.
흑5까지 역시 백이 잡힌다.

233 실패도

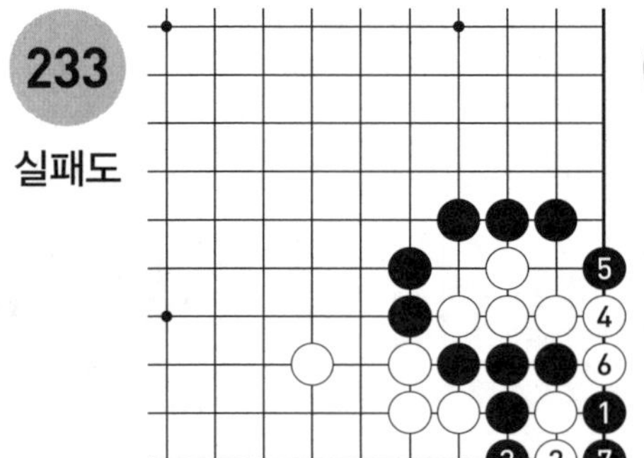

흑1로 단수치는 것은 방향 착오.
이하 백8까지 흑이 오히려 잡
힌다. 백8=백2

234 실패도

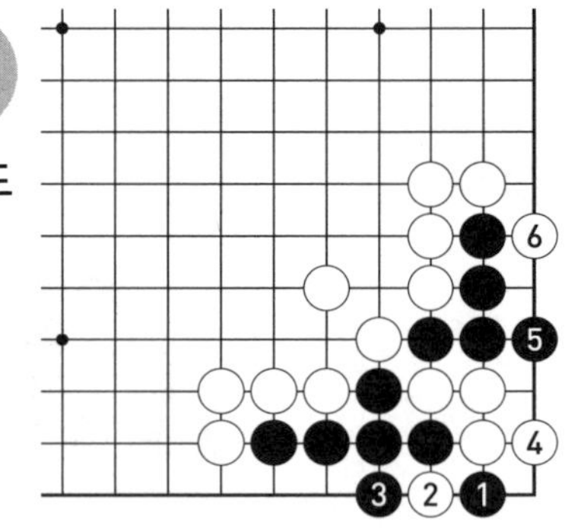

흑1 젖힘은 착오, 백2 먹여치기
가 좋으며 이하 백6까지 흑이 잡
힌다. 만약 흑3으로 백4에 두면
패가 된다.

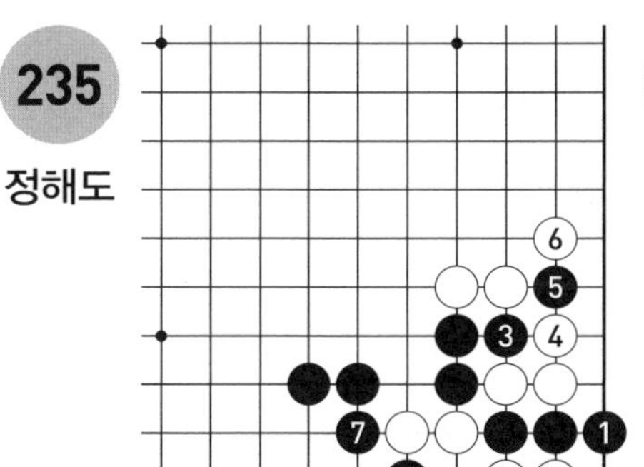

흑1로 느는 것이 정답. 흑5로 끊는 것이 수를 늘리는 묘수로 이하 흑9까지 백이 잡힌다.

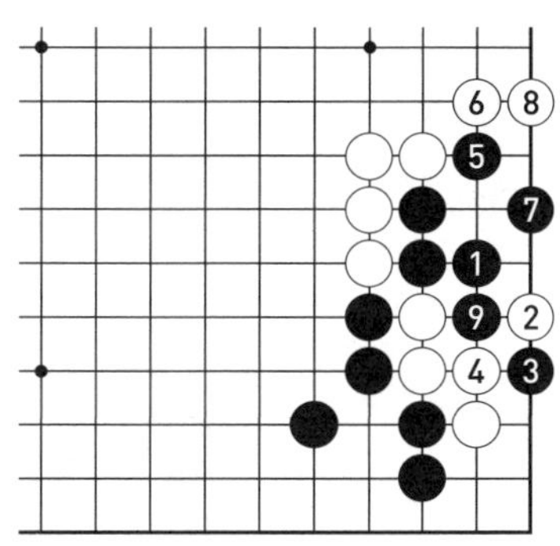

흑1로 세우고 흑3 붙이는 수순이 좋다. 이하 흑9까지 백을 잡을 수 있다.

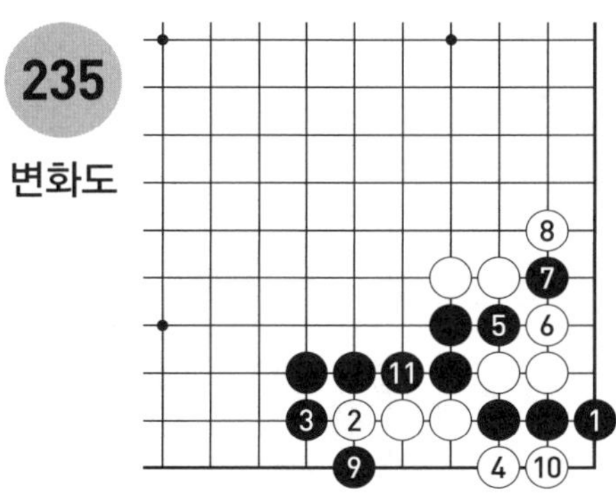

백이 2로 밀면 흑3으로 막고 이하 흑11까지 역시 백이 잡힌다.

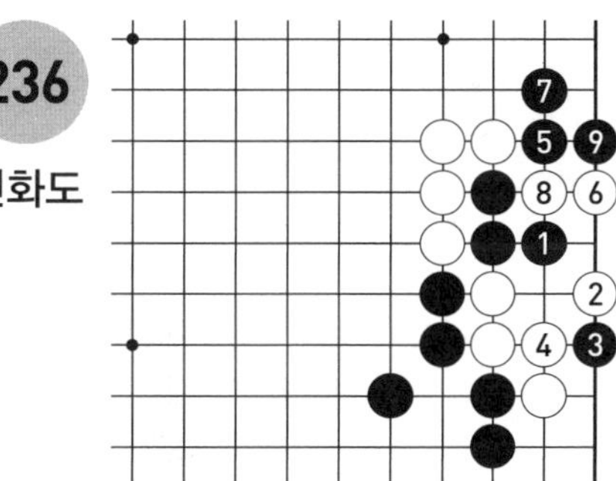

백6으로 치중하면 흑7로 늘고 흑9 단수쳐서 촉촉수로 백이 잡힌다.

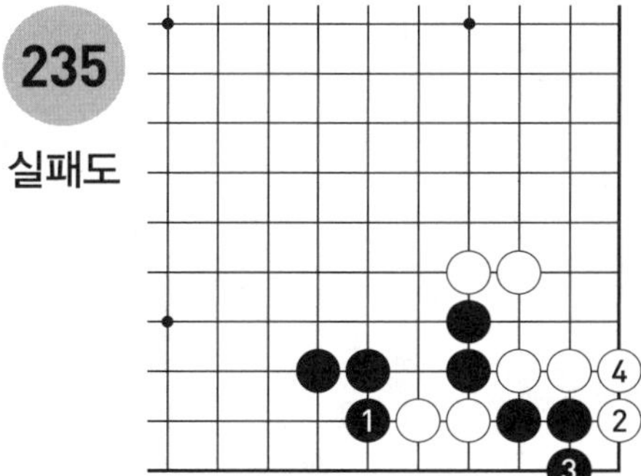

흑1로 먼저 막는 것은 착오. 백4까지 흑이 잡힌다.

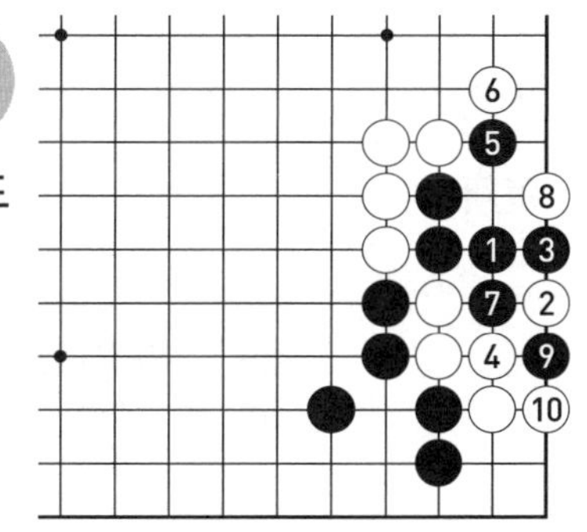

흑3은 착오. 이하 백10까지 패가 된다.

237 정해도

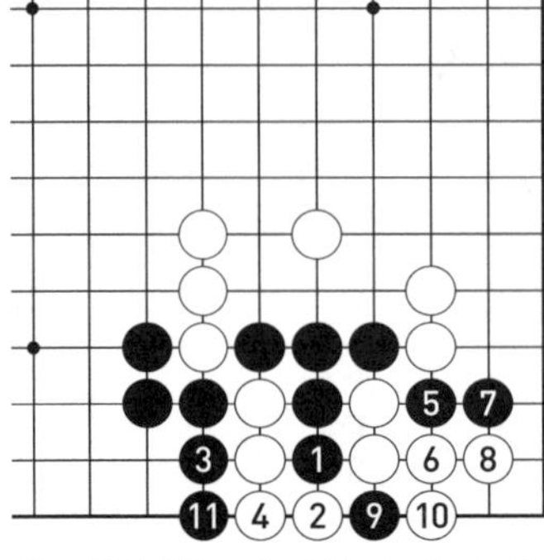

흑1에서 흑11까지의 수순이 정답. 한 수 차이로 흑이 백을 잡는다.

238 정해도

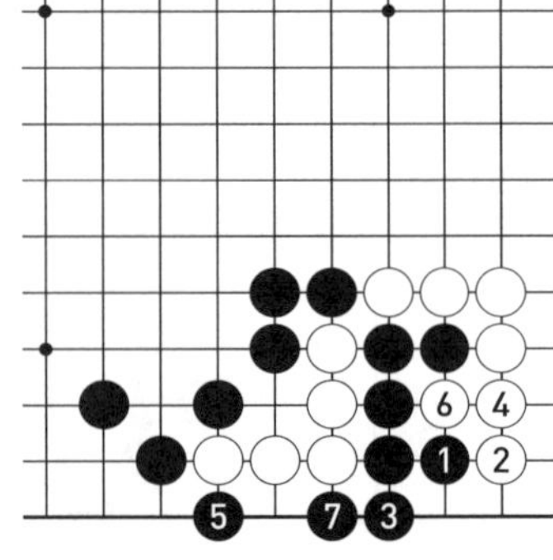

흑1로 꼬부리는 것이 우형이지만 묘수. 이하 흑7까지 백을 잡을 수 있다.

237 변화도

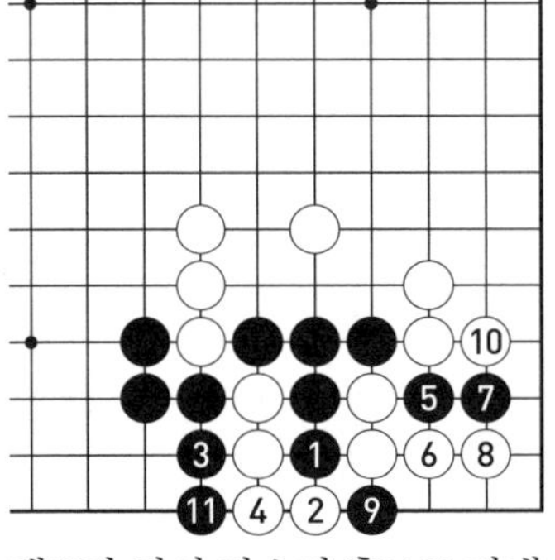

백10과 같이 막으면 흑11로 따내어 흑돌을 구해낸다.

238 변화도

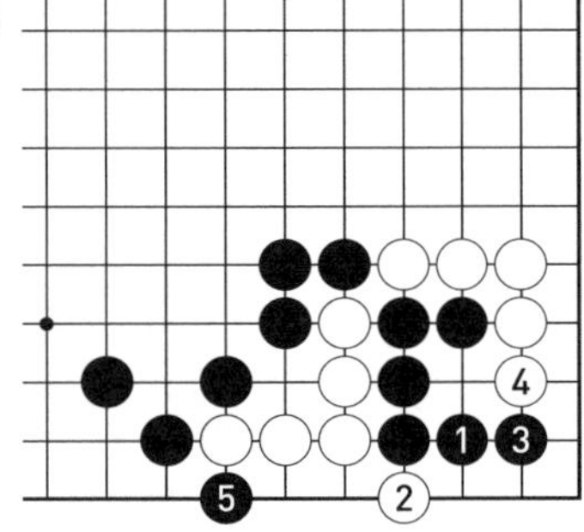

백이 2와 같이 젖히나 성립되지 않는다. 흑3으로 수를 늘리고 흑5로 젖히면 수상전에서 흑이 승리한다.

237 실패도

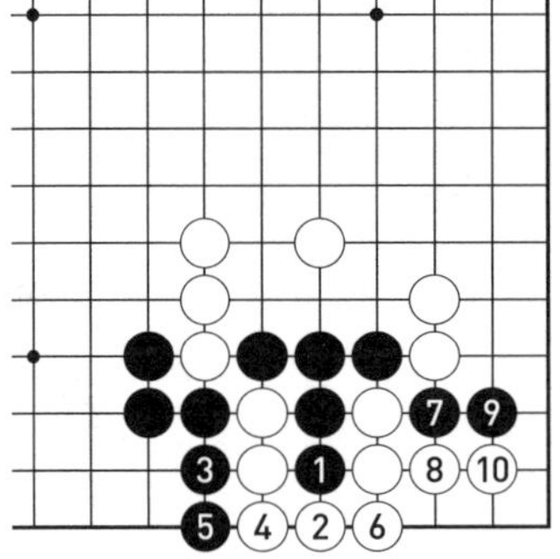

흑5로 단수치는 것은 착오. 이하 백10까지 흑이 잡힌다.

238 실패도

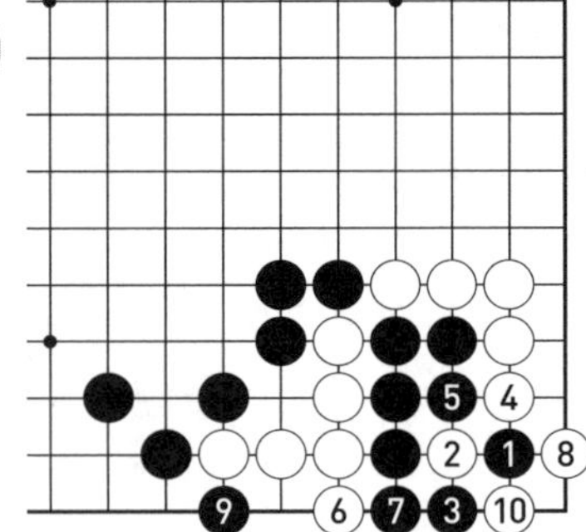

흑1로 뛰는 것은 착오. 이하 백10까지 패. 쌍방은 패가 된다.

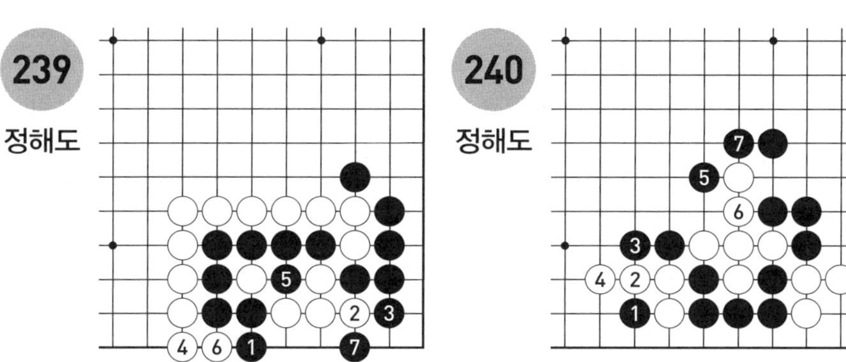

239 정해도

240 정해도

흑1이 교묘. 이하 흑7까지 백은 잡힌다.

흑1 붙임이 묘수. 백2 후에 흑3 선수. 이하 흑7까지 백이 잡힌다.

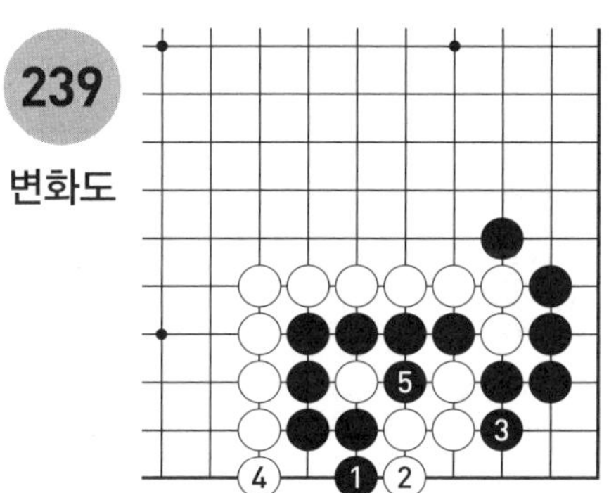

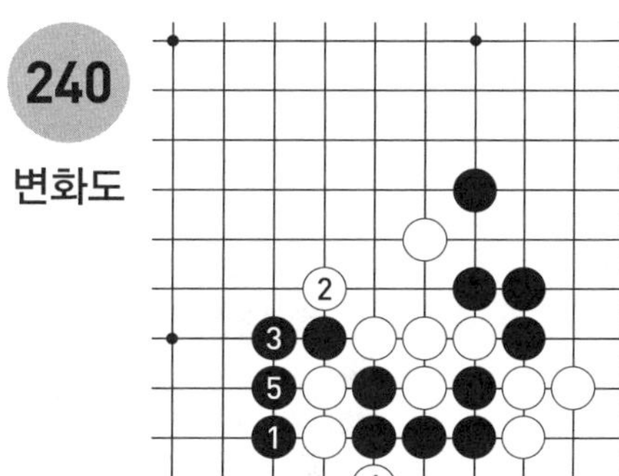

239 변화도

240 변화도

백이 2로 막으면 흑3으로 바깥을 메우고, 흑5로 다시 따내어 흑 승.

백이 2와 같이 단수치면 흑3으로 늘어 백은 역시 잡힌다.

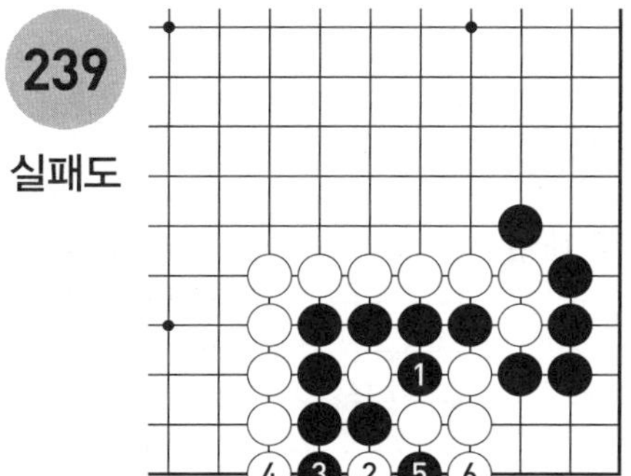

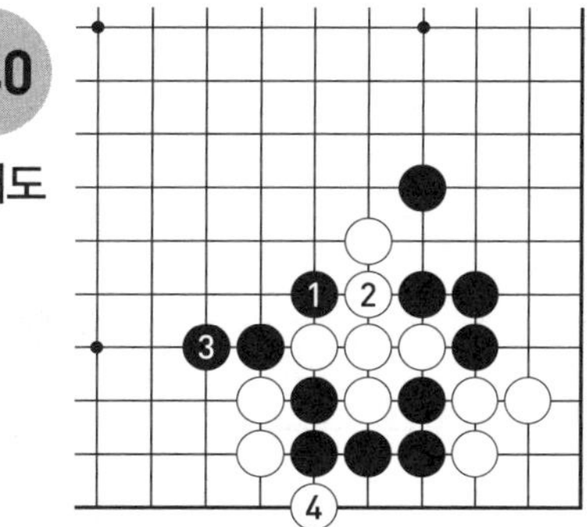

239 실패도

240 실패도

흑1로 먼저 따내는 것은 착오. 이하 백6까지 패가 된다.

흑1은 착오, 백2로 잇고 다시 백 4로 수를 메우면 흑이 잡힌다.

241

문제도

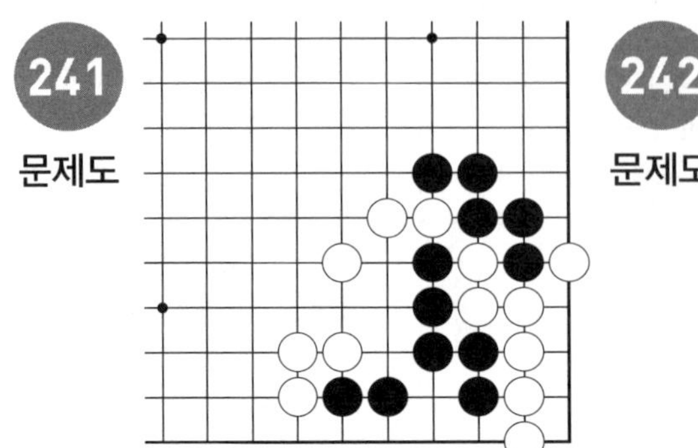

242

문제도

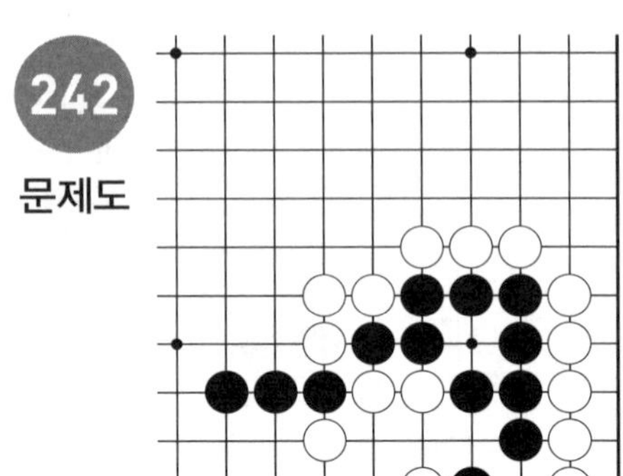

243

문제도

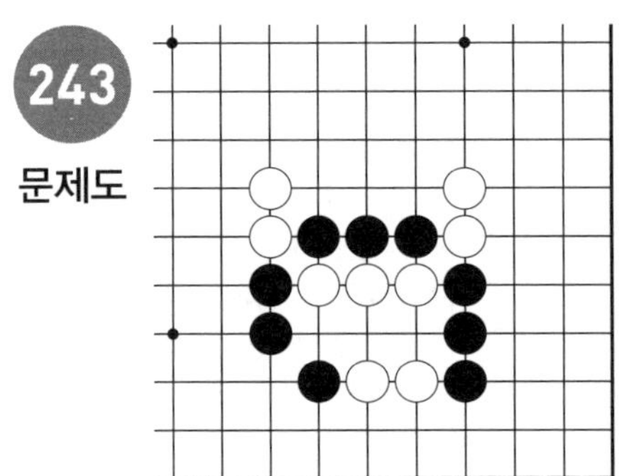

244

문제도

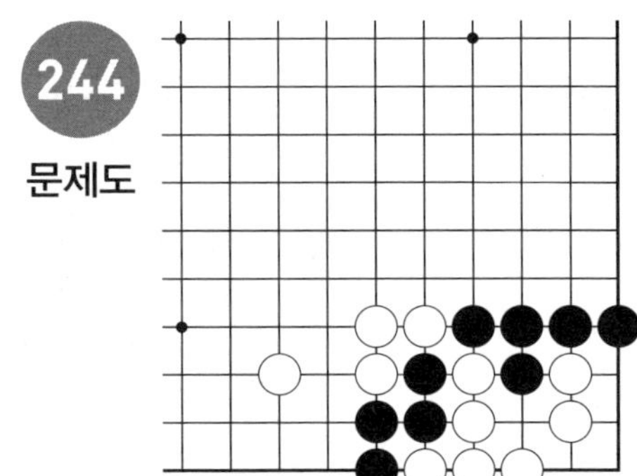

245

문제도

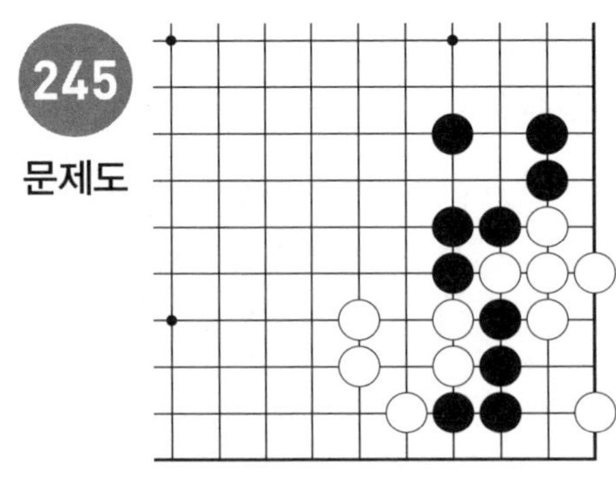

246

문제도

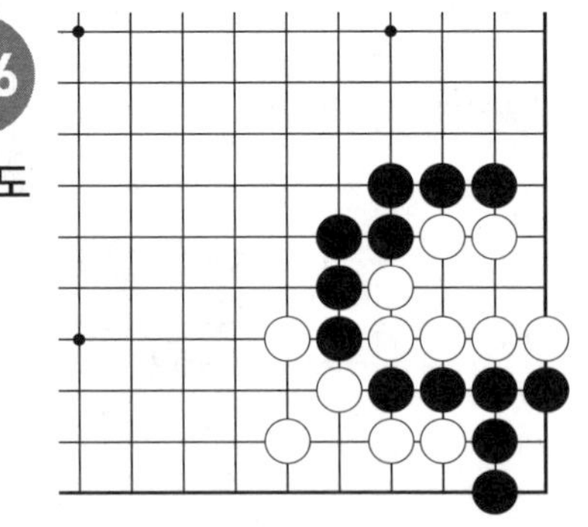

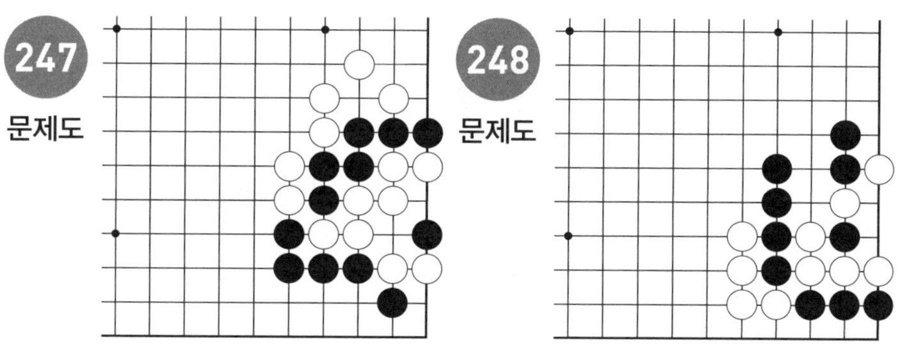

247 문제도

248 문제도

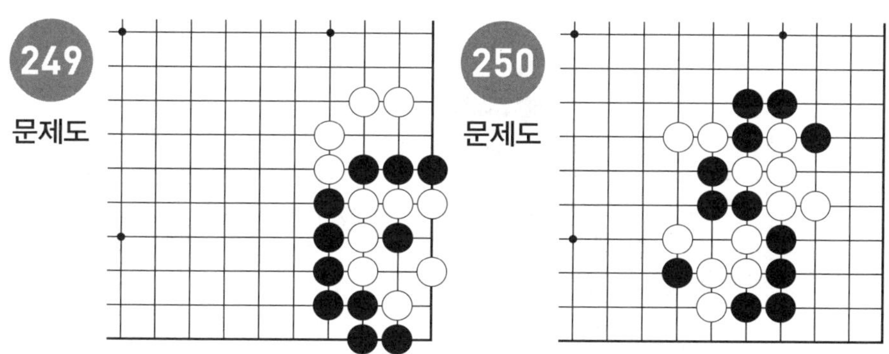

249 문제도

250 문제도

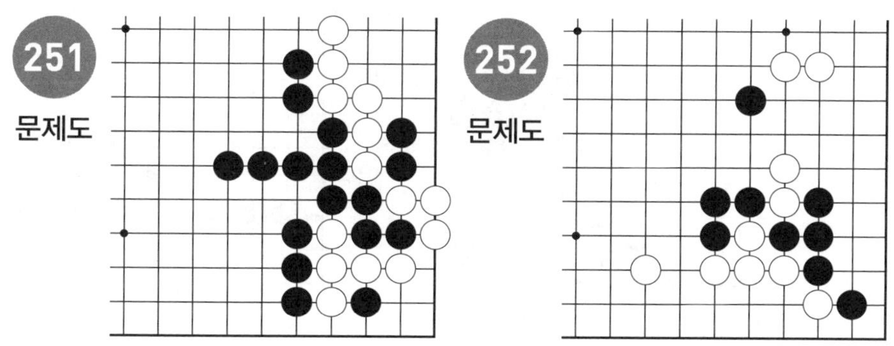

251 문제도

252 문제도

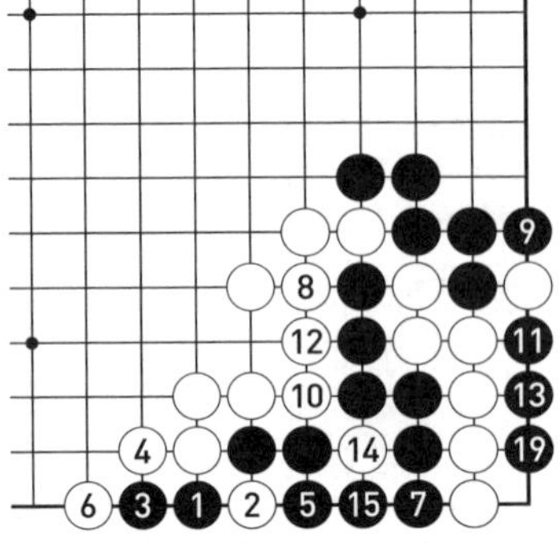

241 정해도

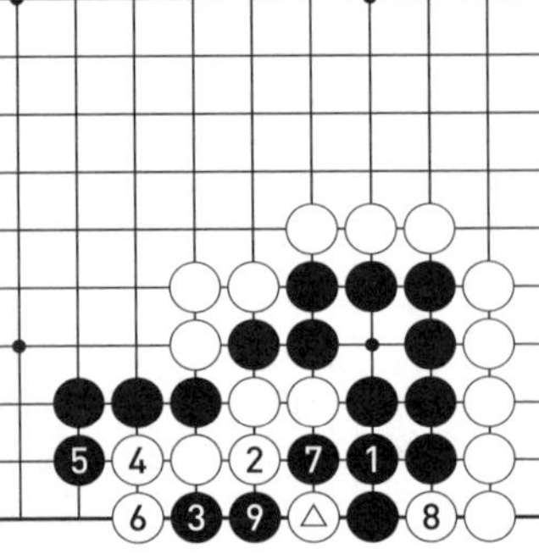

242 정해도

흑1 젖힘 후 흑3 느는 것이 묘수. 이하 흑19까지 백이 잡힌다.
백16=백2, 흑17=흑1, 백18=흑3

흑1로 잇는 것이 정답. 백2로 연결할 때 흑3이 묘수. 흑11까지 되따내 흑이 잡는다.
백10=△, 흑11=흑9

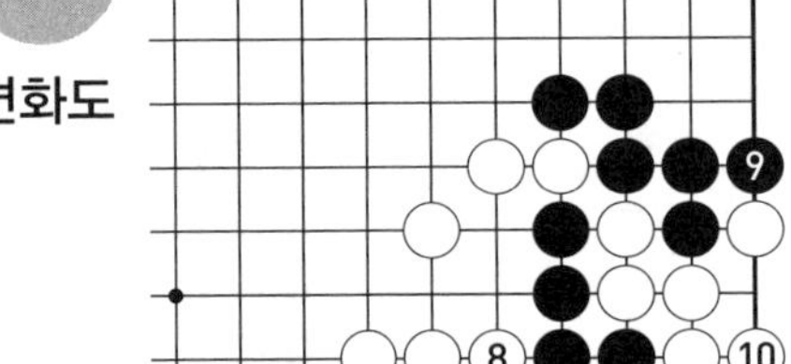

241 변화도

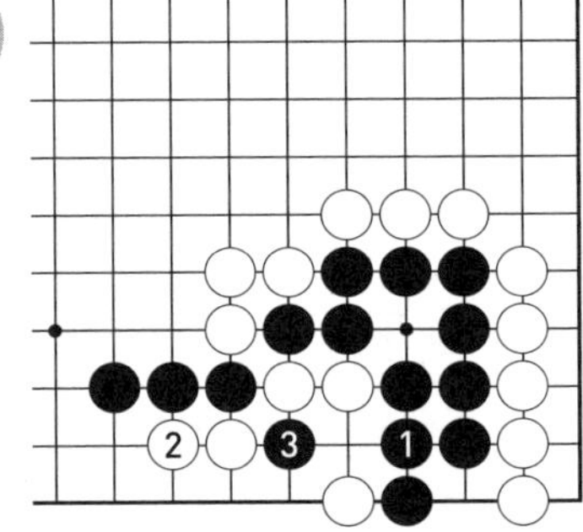

242 변화도

흑9 단수에 백10으로 패를 만들어도 많이 늘어진 패라서 백이 이기기 어렵다.

만약 백이 2와 같이 밀면 흑3으로 단수쳐서 백은 잡힌다.

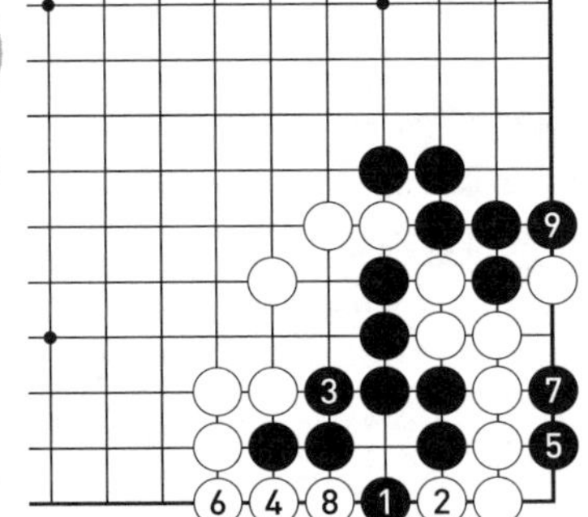

241 실패도

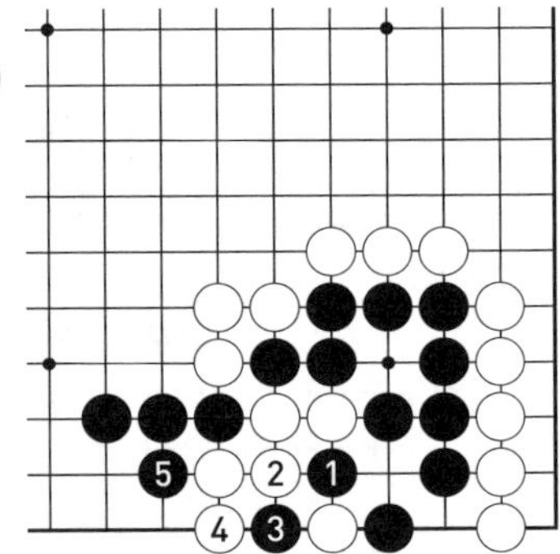

242 실패도

흑1로 집을 짓는 것은 착오. 백2로 파호, 흑은 3으로 연결할 수밖에 없고, 이하 흑9까지 백 선패가 되어 흑의 실패.

흑1로 단수치는 것은 착오. 백2 연결, 흑3 따내고 백4로 막아서 패가 된다. 흑 실패.

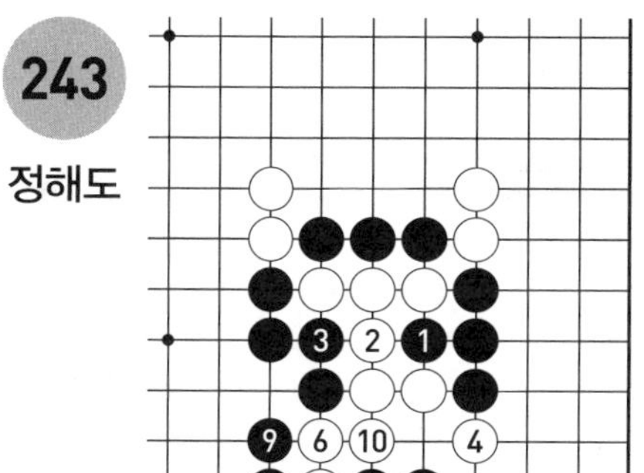

243 정해도

흑1로 지르고 흑3으로 메운 후 흑5, 흑7의 연속된 묘수로 백이 잡힌다.

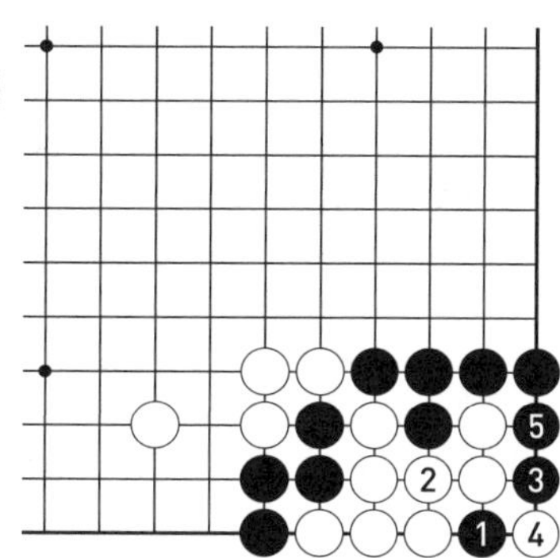

244 정해도

흑1 먹여침이 묘수. 백2로 연결할 때 흑3, 5단수로 백이 잡힌다.

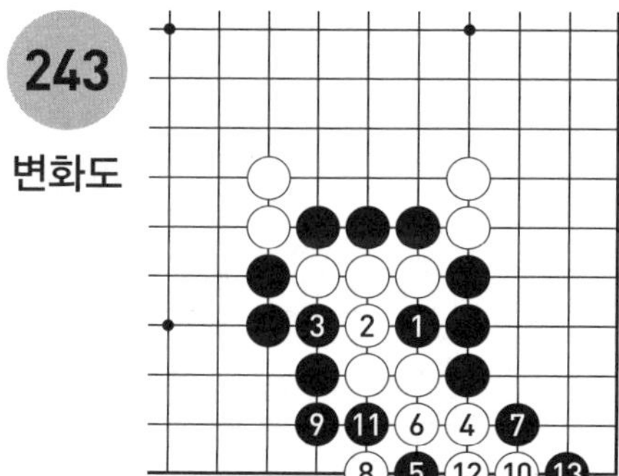

243 변화도

흑5로 들여다본 후에 백이 6으로 연결하면 흑7 젖힘, 이하 흑13까지 역시 백이 잡힌다.

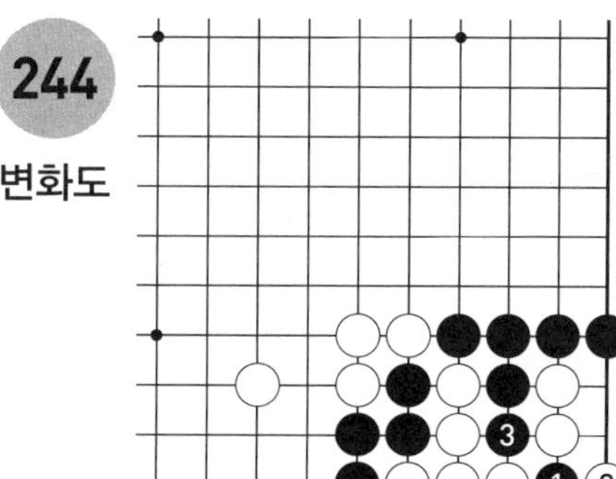

244 변화도

만약 백이 2로 따내면 흑3으로 단수. 백은 역시 잡힌다.

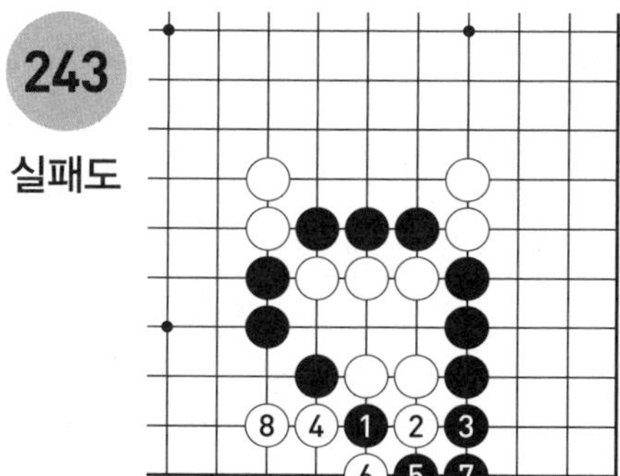

243 실패도

흑1로 젖힘은 착오. 백2로 막고 다시 백4로 단수쳐서 흑의 실패.

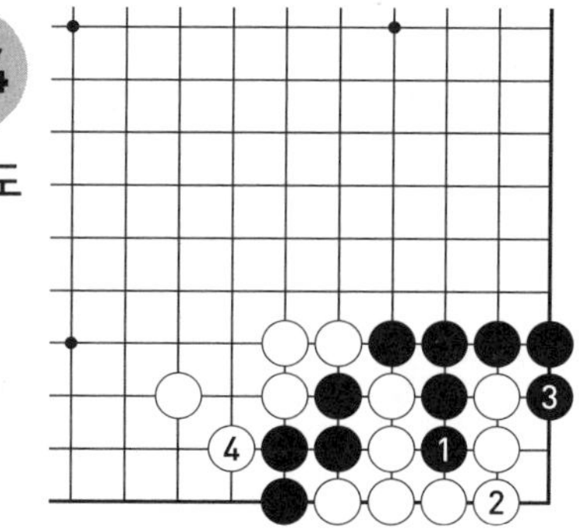

244 실패도

흑1로 단수치는 것은 착오. 백2로 이어 한 수 차이로 오히려 흑이 잡힌다.

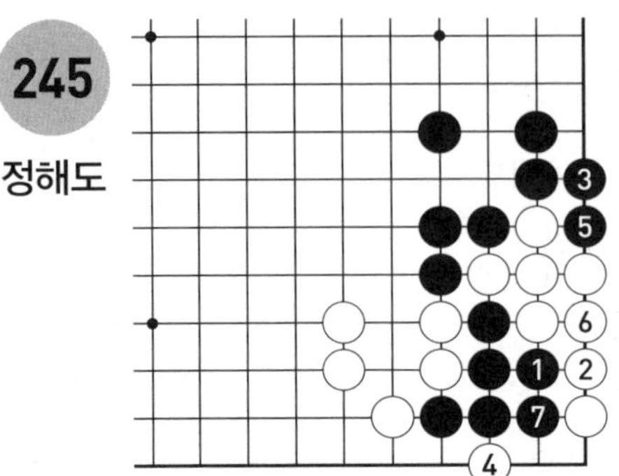

245 정해도

흑1이 정답. 백2로 막고 이하 흑 7까지 수싸움에서 흑 승.

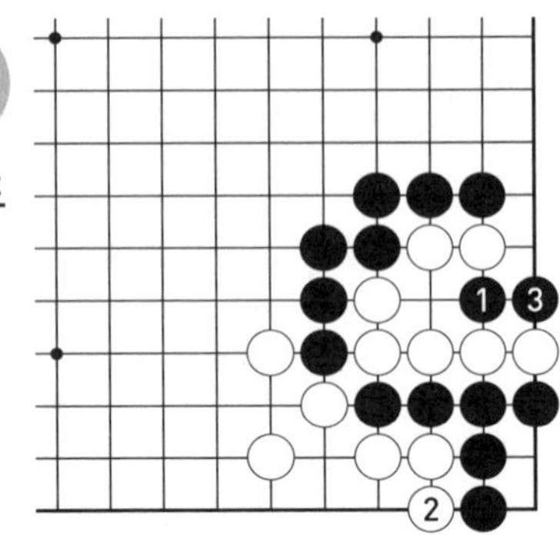

246 정해도

흑1이 수 줄임의 요처. 백이 잡 힌다.

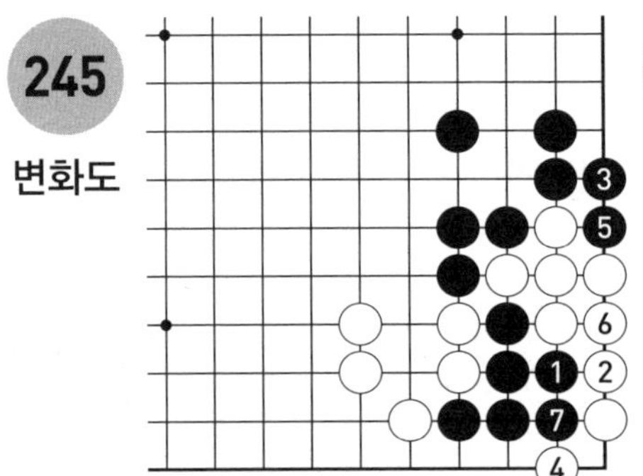

245 변화도

백4 입구자 행마는 성립되지 않 는다. 이하 흑7까지 백은 여전히 잡힌다.

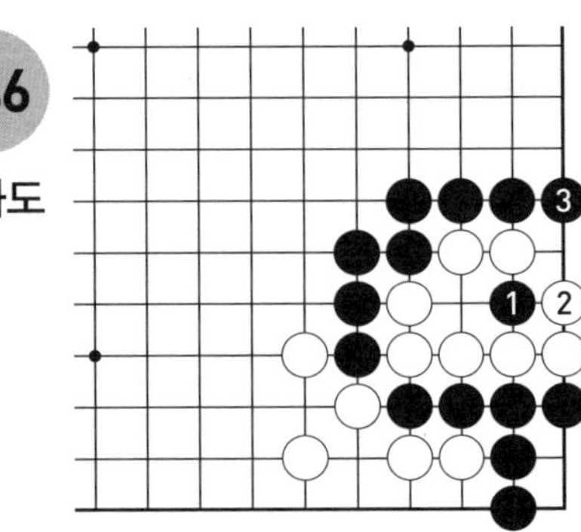

246 변화도

만약 백이 2로 두면 흑3으로 늘 어서 역시 잡힌다.

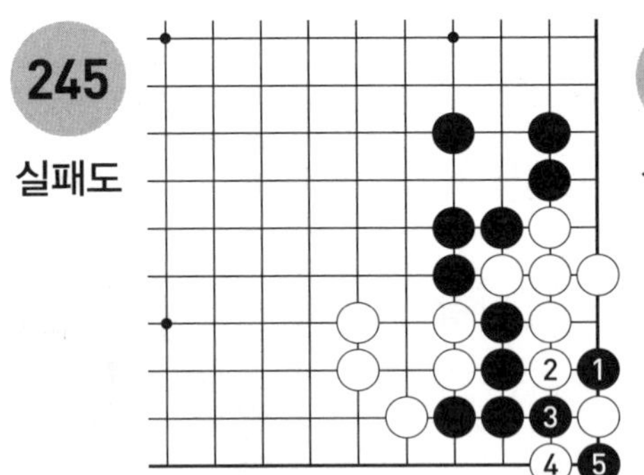

245 실패도

흑1은 착오, 백2 단수, 백4로 젖 혀 패가 만들어진다.

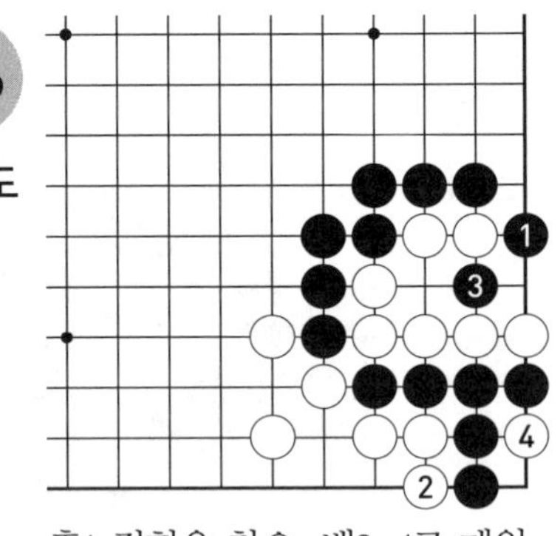

246 실패도

흑1 젖힘은 착오. 백2, 4로 메워 서 흑이 잡힌다.

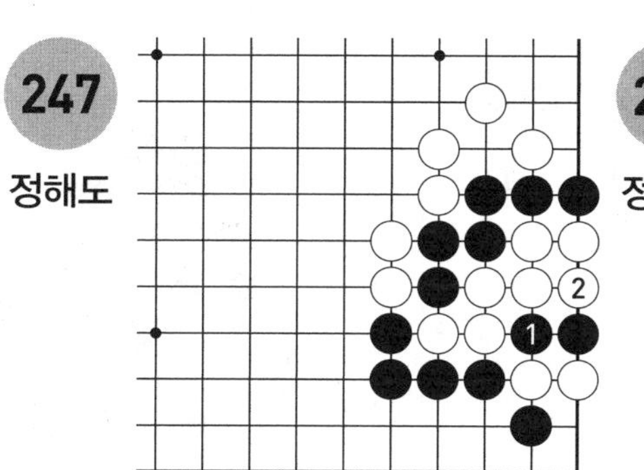

흑1로 먼저 먹여치는 것이 정답.
수싸움에서 흑 승. 흑3=흑1

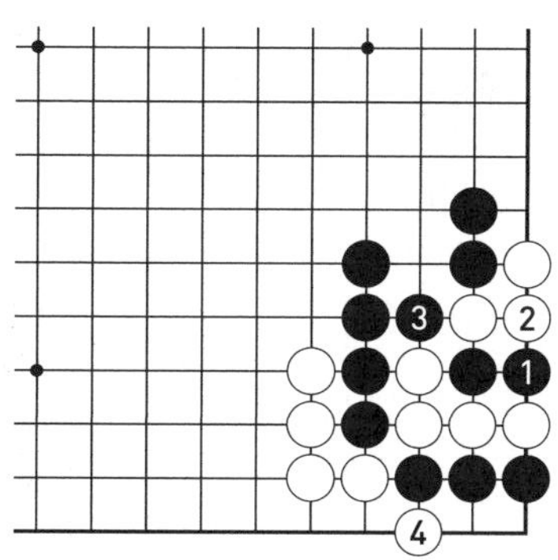

흑1로 안쪽을 단수치는 것이 정
답. 흑5 후에 백은 한 수 차이로
잡힌다. 흑5=흑1

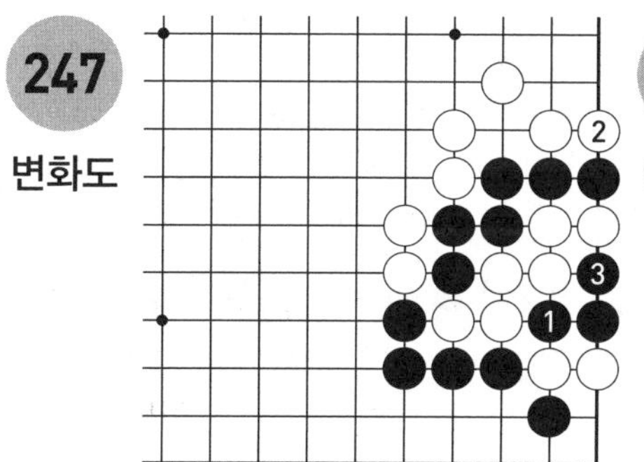

만약 백이 2로 단수치면 흑3으로
백을 따낸다.

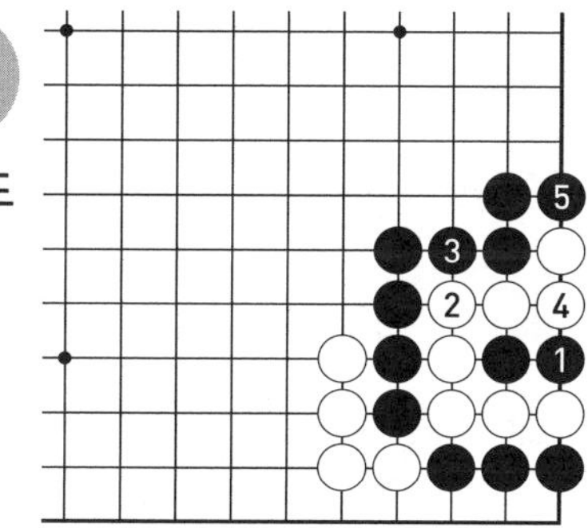

만약 백이 2로 연결하면 흑3으로
바깥을 메우고 흑5까지 백은 여
전히 잡힌다. 흑5=흑1

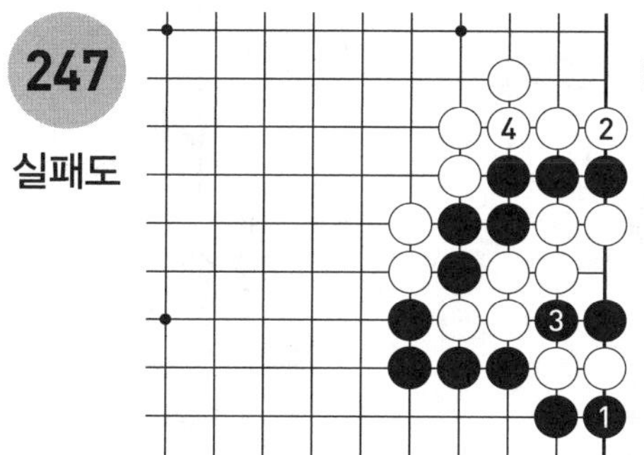

흑1로 먼저 바깥을 메우는 것은
착오, 백2, 4로 메워서 흑이 잡
힌다.

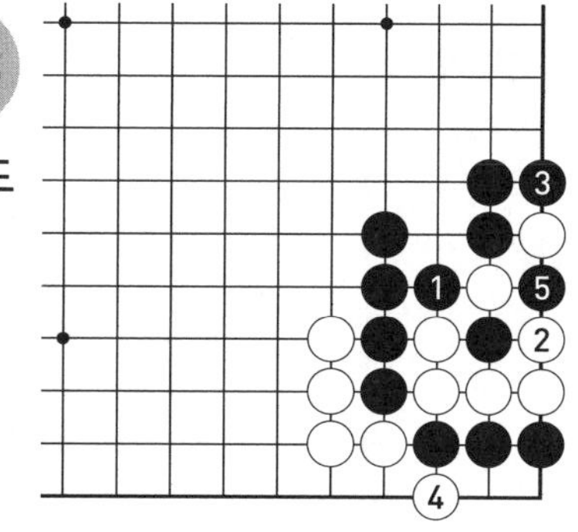

흑1로 바깥을 단수치는 것은 착
오. 이하 흑5까지 패가 된다.

249 정해도

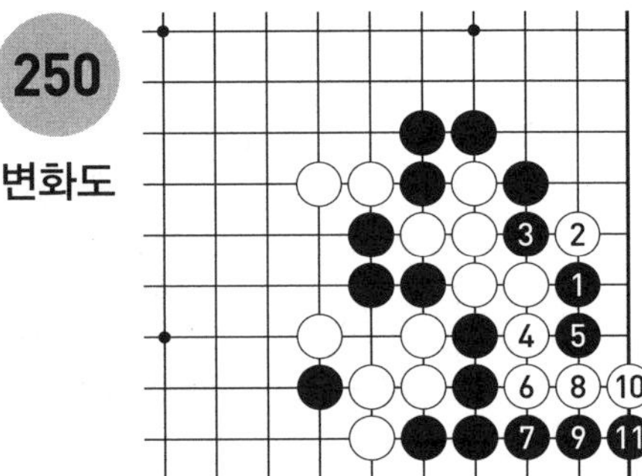

흑1로 먹여치는 것이 정답. 흑5
까지 흑이 한 수 빨라서 백이 잡
힌다. 흑3=흑1, 백4=▲

250 정해도

흑1로 붙이는 것이 정답. 백2로
늘고 흑3에서 흑11까지 수를 줄
여 백이 잡힌다.

249 변화도

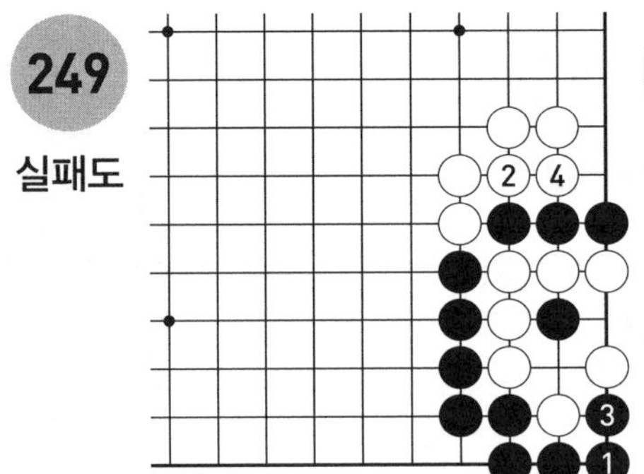

백2로 바깥을 메우면 흑3으로 백
돌을 따낸다.

250 변화도

만약 백이 2로 젖히면 흑3으로
끊어 축이 된다. 역시 백이 잡힌
모양.

249 실패도

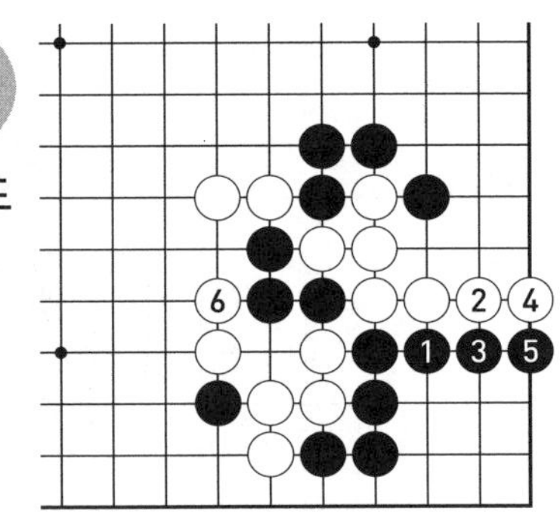

흑1은 착오. 백2, 4로 메워서 흑
이 잡힌다.

250 실패도

흑1로 미는 것은 착오. 백2, 백4
로 수를 늘려 흑 3점은 잡힌다.

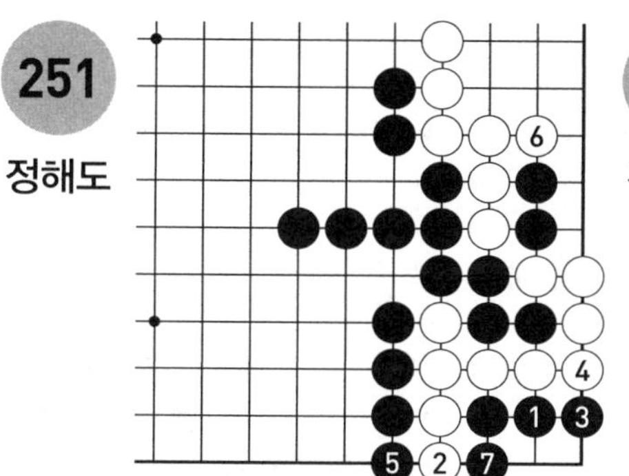

흑1로 미는 것이 정답. 백2로 세우고, 흑3이 좋은 수. 흑7까지 백이 잡힌다.

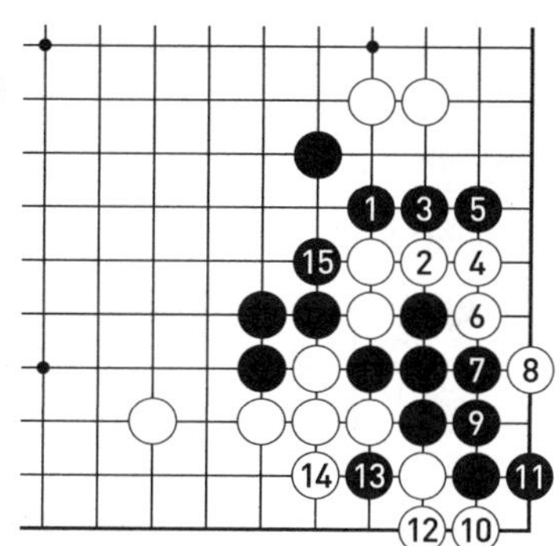

흑1 입구자 붙임이 정답. 흑11로 세우고, 흑13 끊음이 수 늘림의 상용 수법으로 백이 잡힌다.

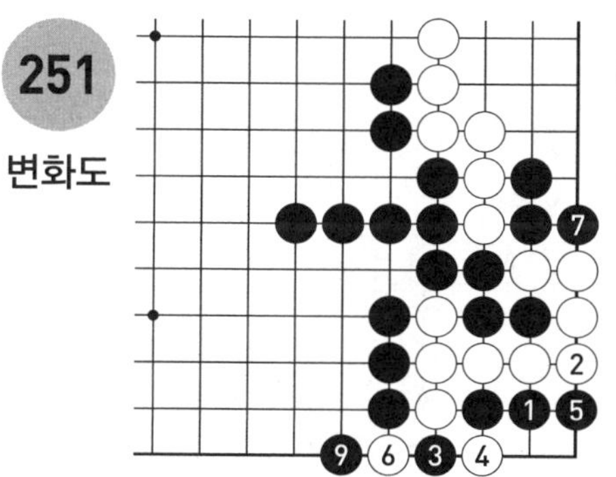

만약 백이 2로 연결하면 흑3으로 넘어간 후 흑9까지 역시 백이 잡힌다. 백8=흑3

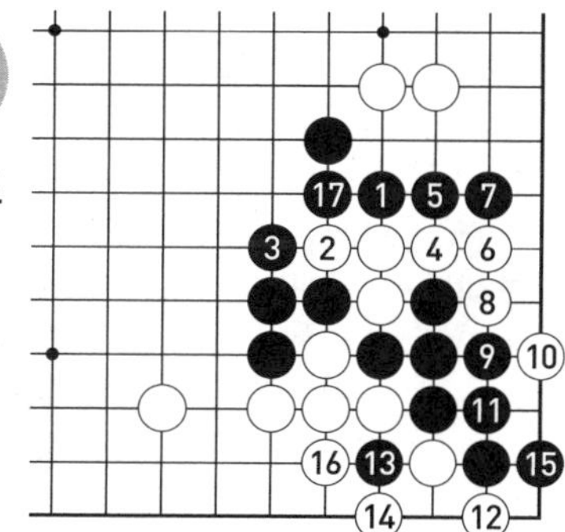

백이 2로 꼬부려도 흑3으로 막아 성립되지 않는다. 이하 흑17까지 역시 백이 잡힌다.

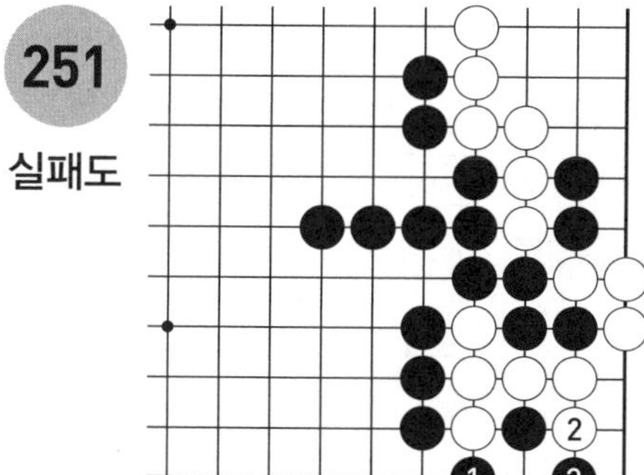

흑1은 착오. 백2로 단수, 흑은 3으로 패를 만들 수밖에 없다.

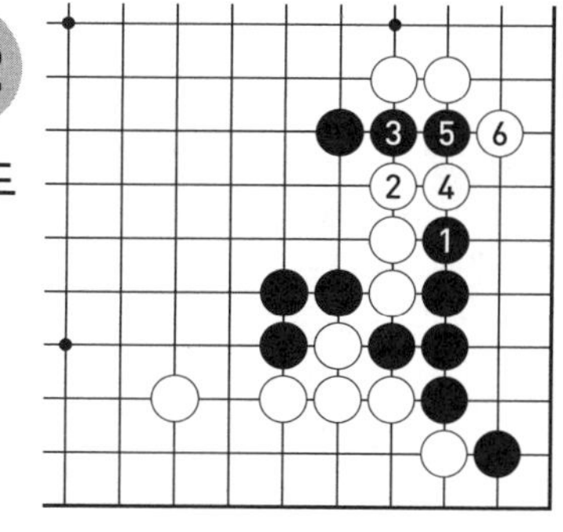

흑1로 미는 것은 착오. 이하 백6까지 백은 안전하게 건너간다. 흑 실패.

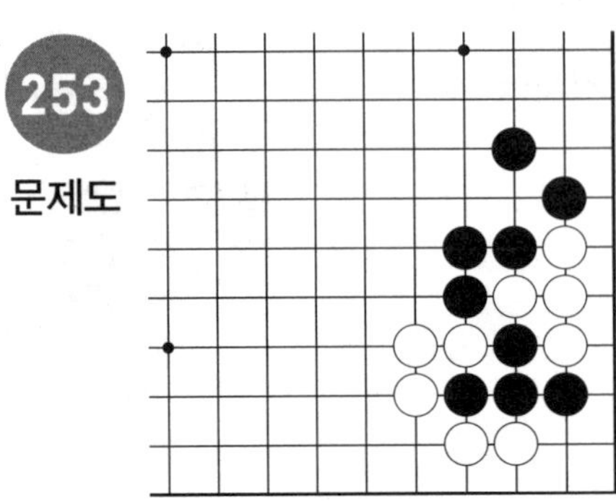

253 문제도

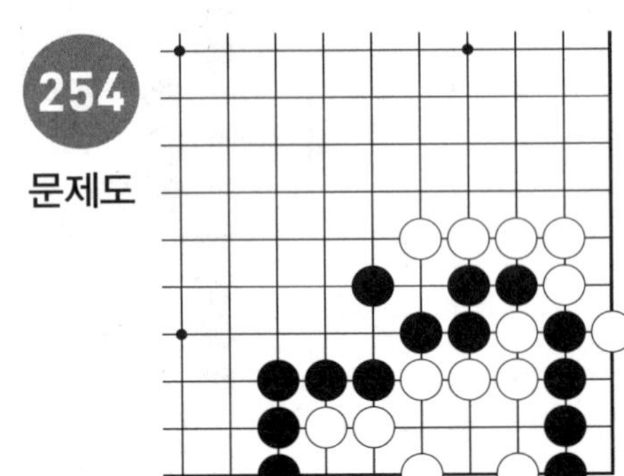

254 문제도

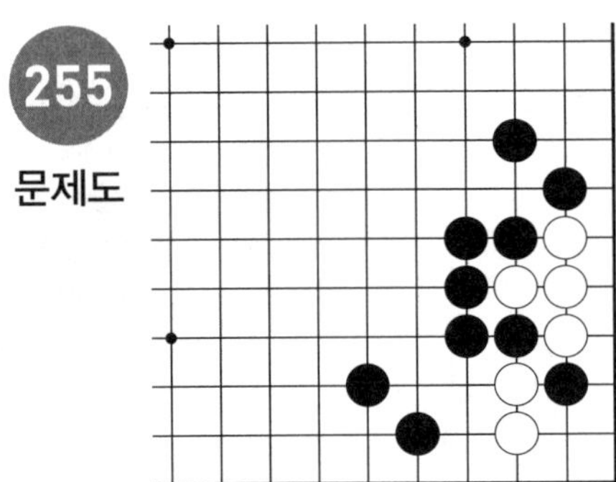

255 문제도

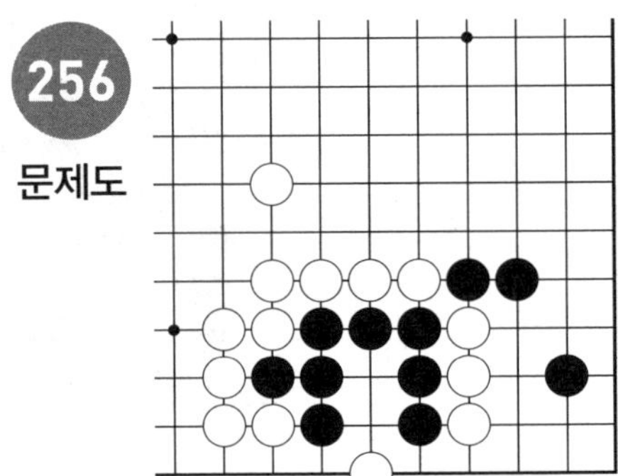

256 문제도

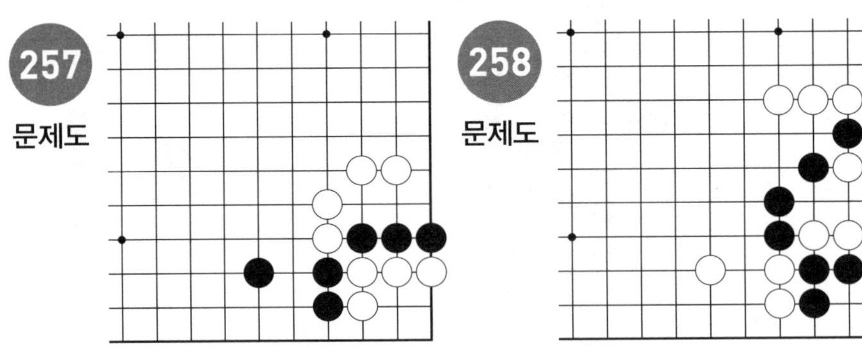

257 문제도

258 문제도

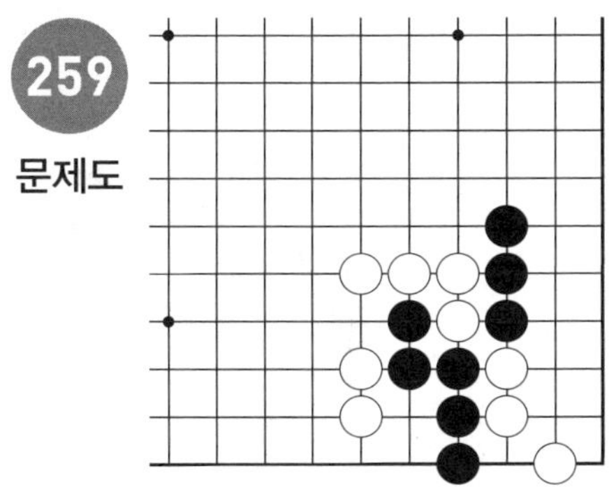

259 문제도

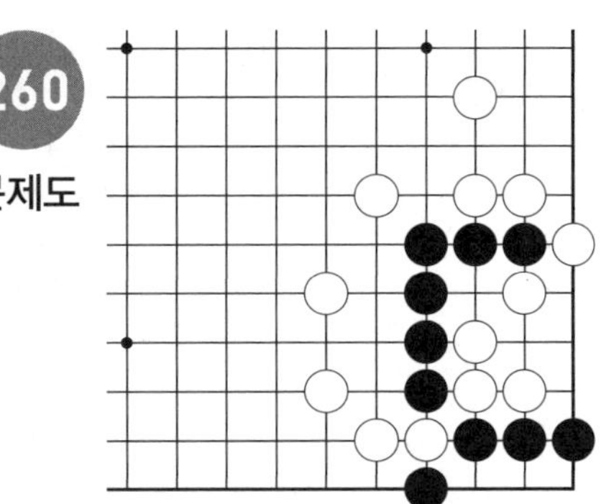

260 문제도

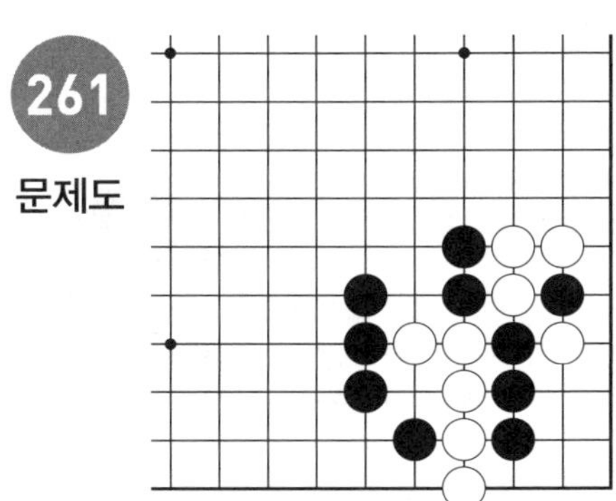

261 문제도

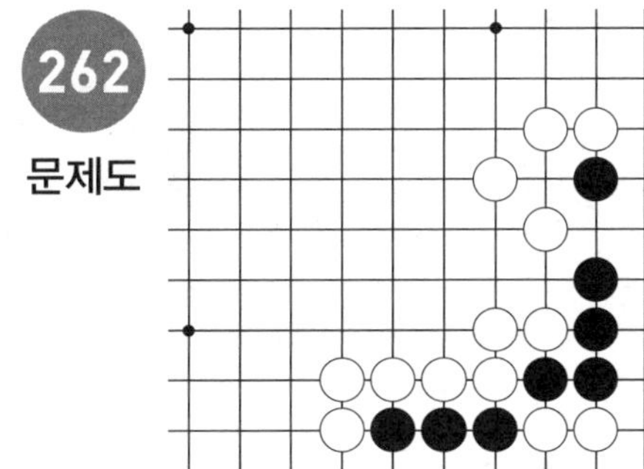

262 문제도

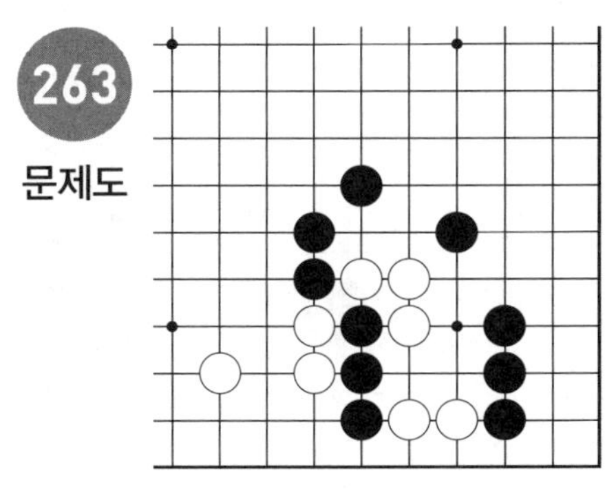

263 문제도

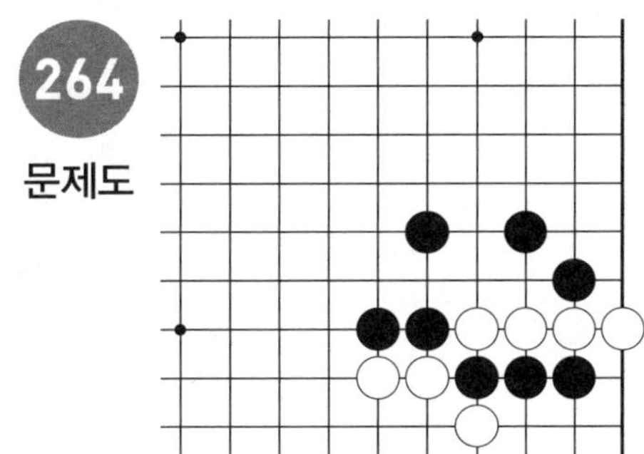

264 문제도

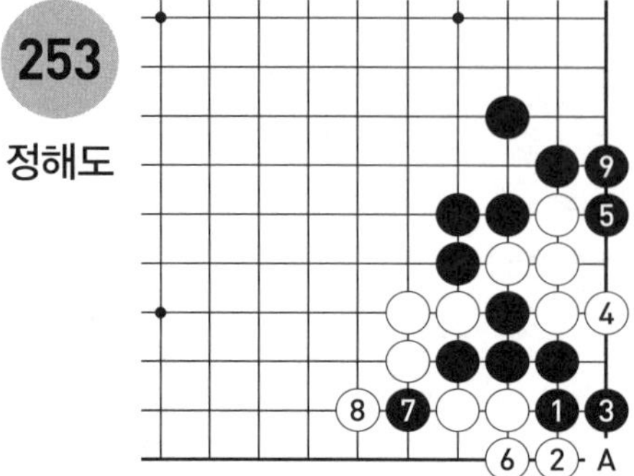

253 정해도

흑1로 꼬부리고 흑3으로 느는 것
이 백6으로 연결할 때 흑7로 끊
는다. 백은 A로 단수칠 수 없어
서 잡히게 된다.

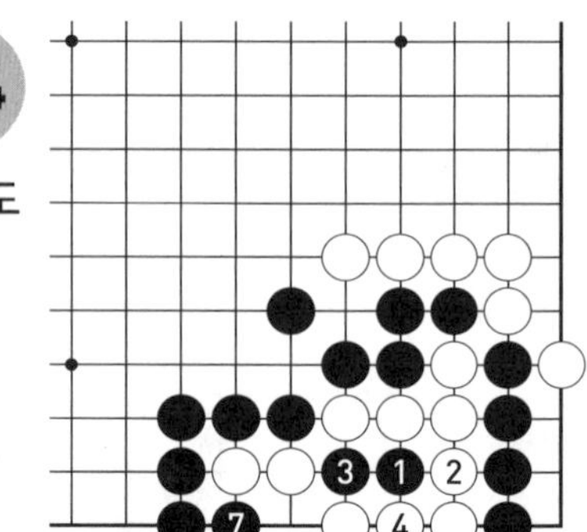

254 정해도

흑1,3이 수 줄임의 묘수. 이하 흑
7까지 백은 잡힌다.
흑5=흑3, 백6=흑1

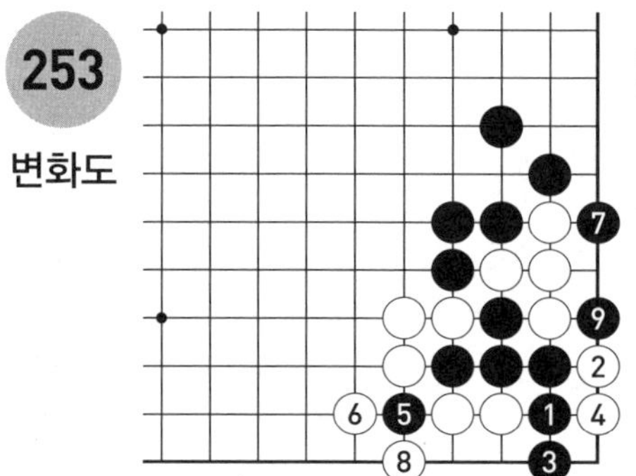

253 변화도

만약 백이 2로 젖히면 흑3으로
세우고 흑5로 끊는 것이 좋은 수.
이하 흑9까지 백이 잡힌다.

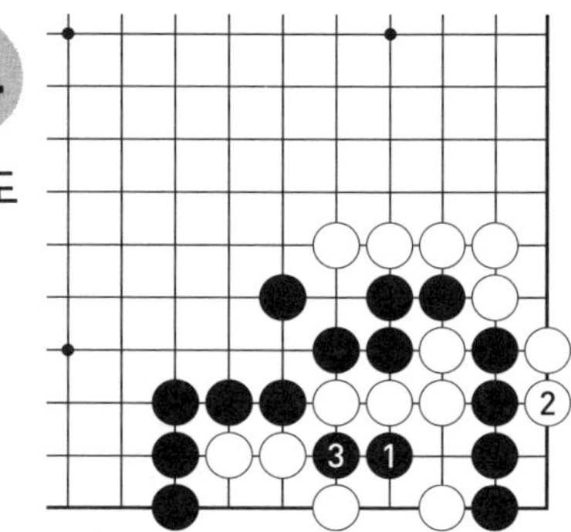

254 변화도

만약 백이 2로 밀면 흑은 3으로
끊어서 백을 잡는다.

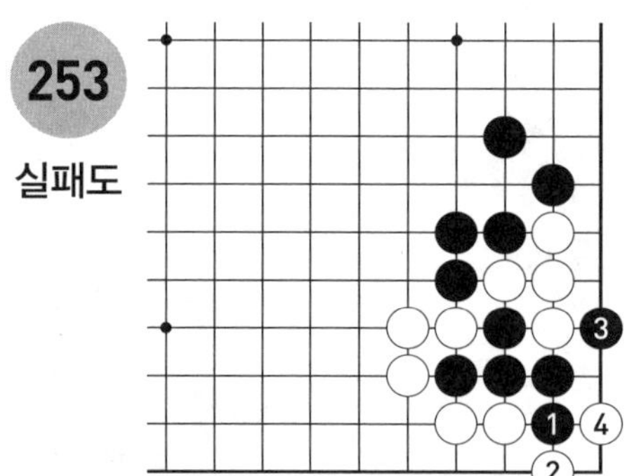

253 실패도

흑3으로 먼저 수를 메우는 것은
백4 단수로 흑이 쉽게 잡힌다.

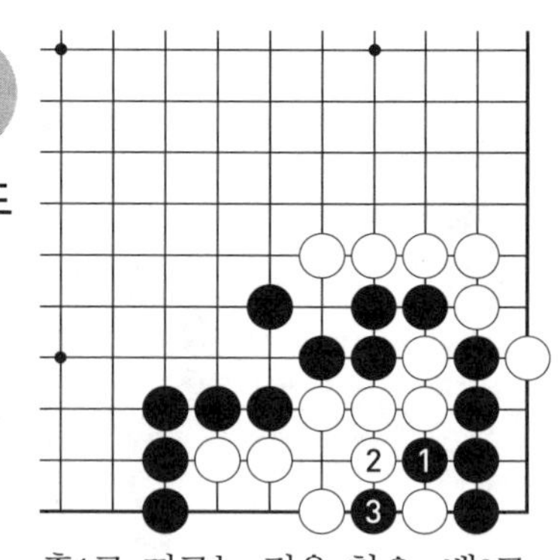

254 실패도

흑1로 찌르는 것은 착오. 백2로
막아 패가 된다.

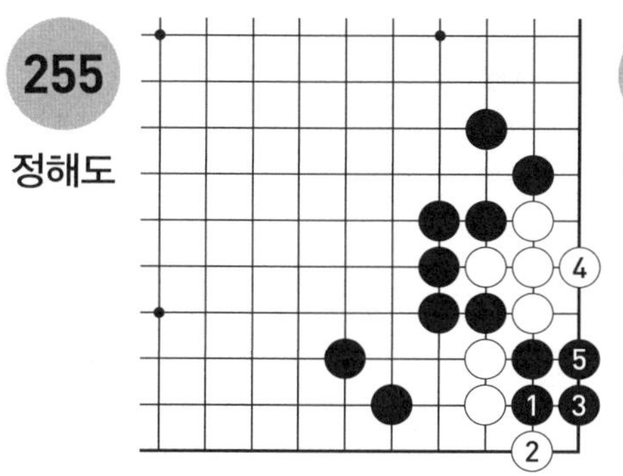

흑1로 밀고 흑3으로 느는 것이 정답. 백4에 흑5로 웅크리면 백은 살 수 없다.

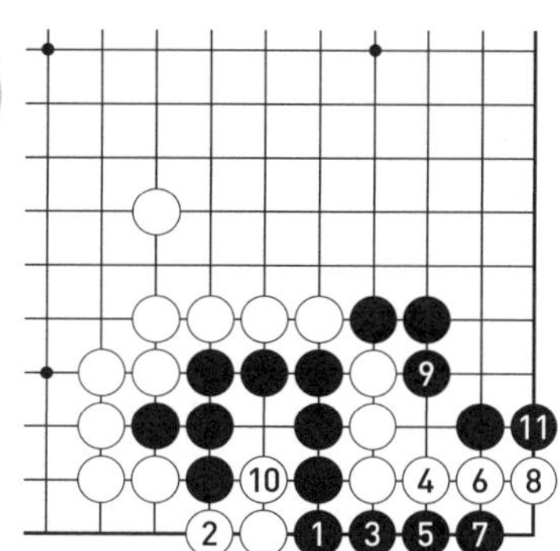

흑1로 느는 것이 정답. 백2로 넘어가면 흑이 흑11까지 귀의 특수성을 이용하여 백을 잡는다.

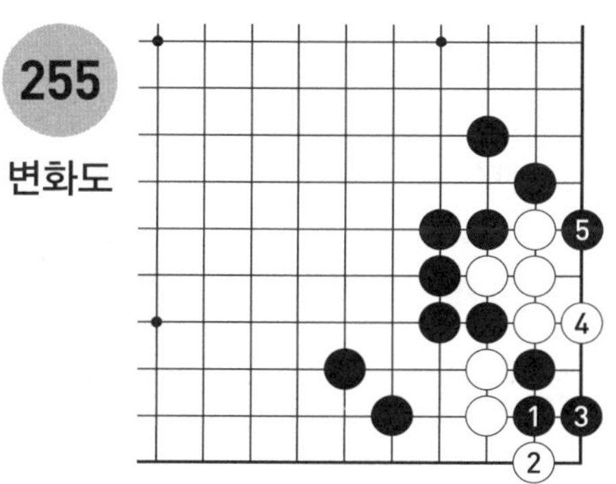

만약 백이 4로 늘면 흑5로 젖혀서 백은 역시 살 수 없다.

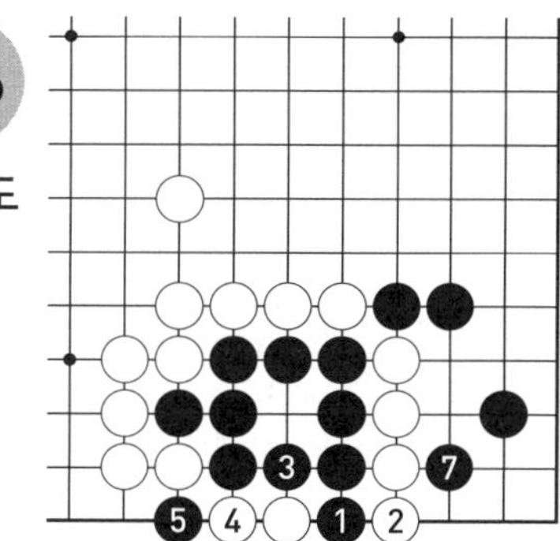

만약 백이 2로 막으면 흑은 흑3으로 집을 짓고 이하 흑7까지 백을 잡는다. 백6=백4

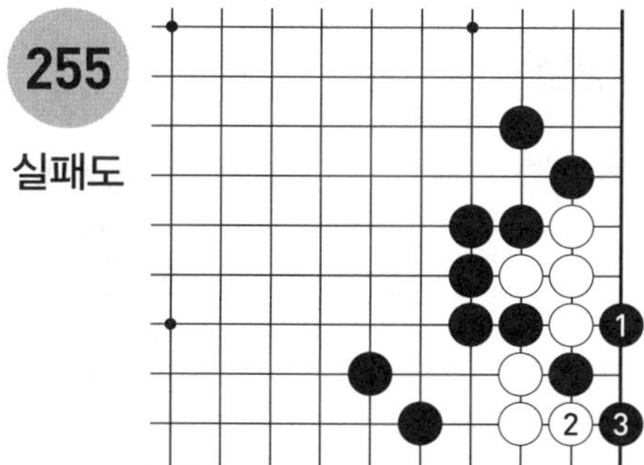

흑1로 젖히는 것은 착오. 백2, 흑3으로 패가 된다.

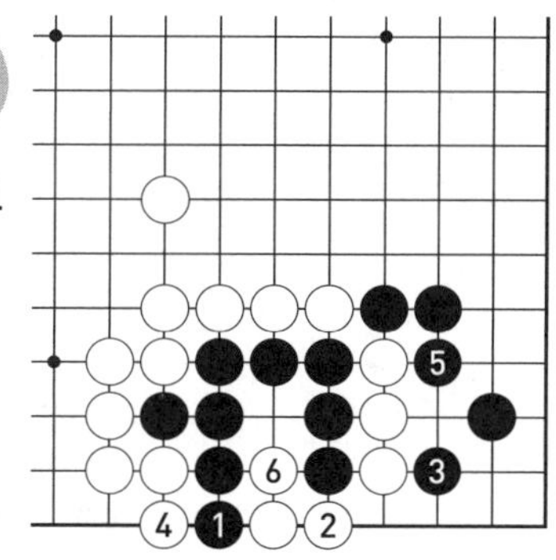

흑이 1로 막는 것은 착오. 백이 2로 건너고, 서로 수를 메우면 백6까지 흑이 잡힌다.

257 정해도

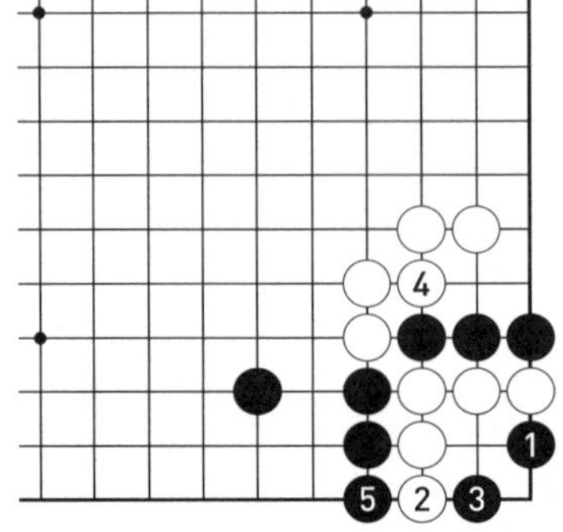

흑1로 수를 메우는 것이 좋은 수. 백2 하면 흑3, 5로 메워서 백이 잡힌다.

258 정해도

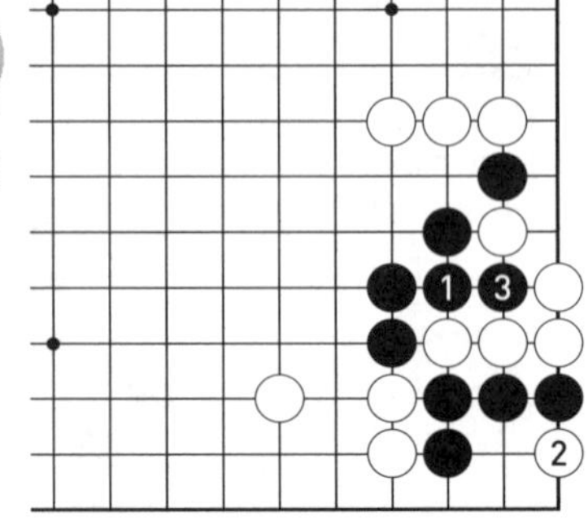

흑1로 바깥 수를 메우는 것이 좋다. 백2 하면 흑3 해서 백이 잡힌다.

257 변화도

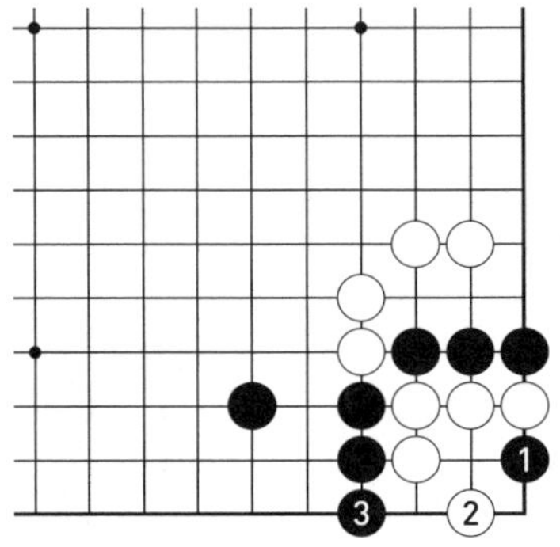

백이 2로 입구자하지만 성립이 되지 않는다. 흑3으로 늘어서 역시 백이 잡힌다.

258 변화도

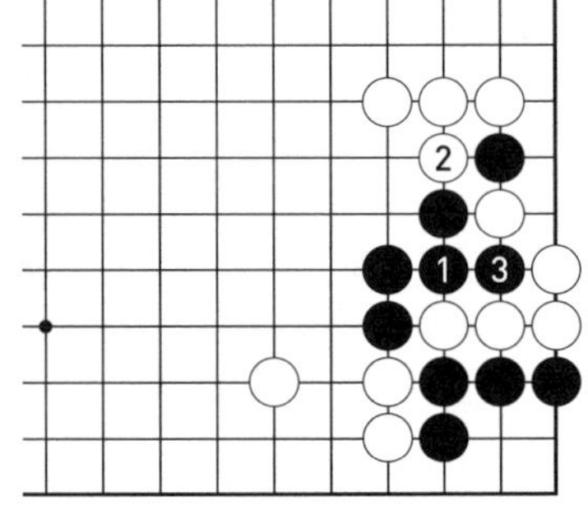

만약 백이 2로 흑 1점을 단수치면 흑3으로 단수쳐서 요석. 백 4점을 잡는다.

257 실패도

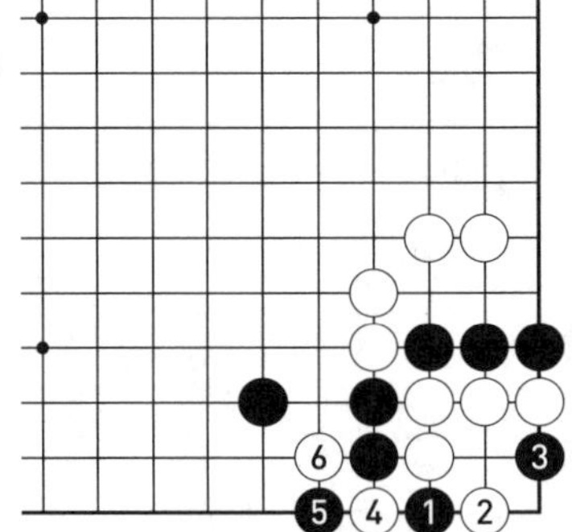

흑1로 젖히는 것은 착오. 이하 백6까지 패가 된다.

258 실패도

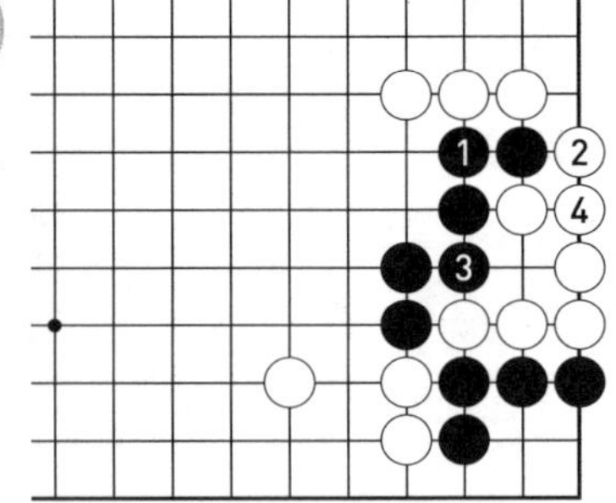

흑1로 잇는 것은 착오. 백2로 넘어가서 귀의 흑은 살 수 없다.

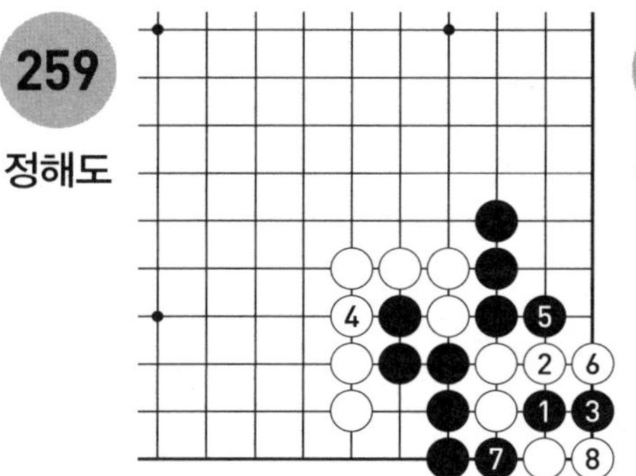

259 정해도

흑1, 3이 묘수. 이하 흑9까지 수
싸움에서 흑 승. 흑9=흑1

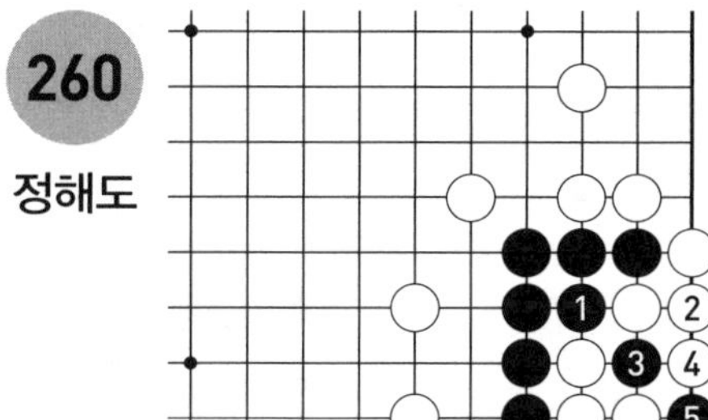

260 정해도

흑1이 정답. 백2로 이을 때 흑3
먹여치기, 흑5 단수로 백 3점이
잡힌다.

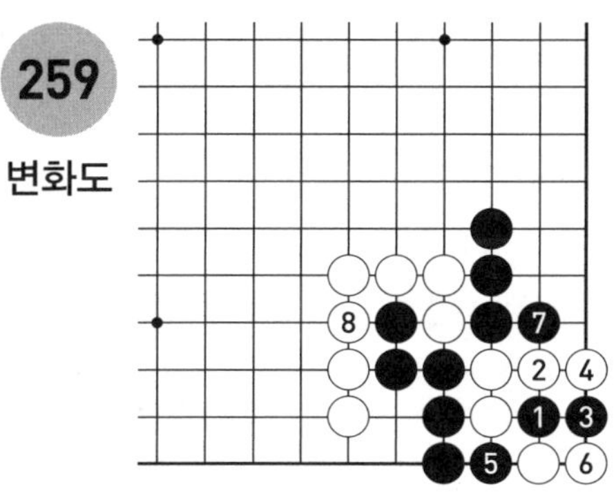

259 변화도

백이 4와 같이 수를 메우면 흑5
가 정답. 이하 흑9까지 역시 백
이 잡힌다. 흑9=흑1

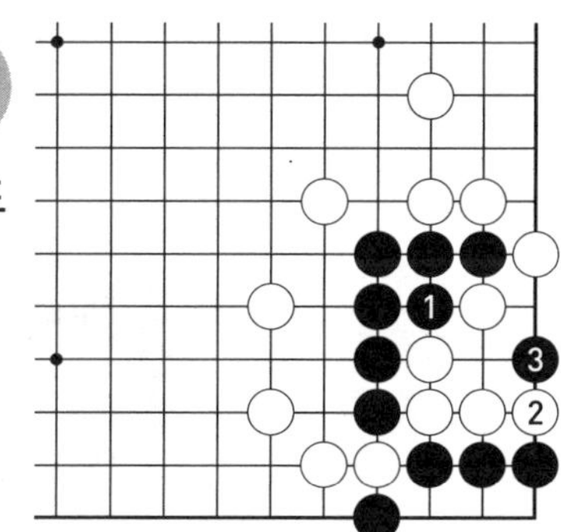

260 변화도

백이 2로 막으면 흑3 단수쳐서
역시 백이 잡힌다.

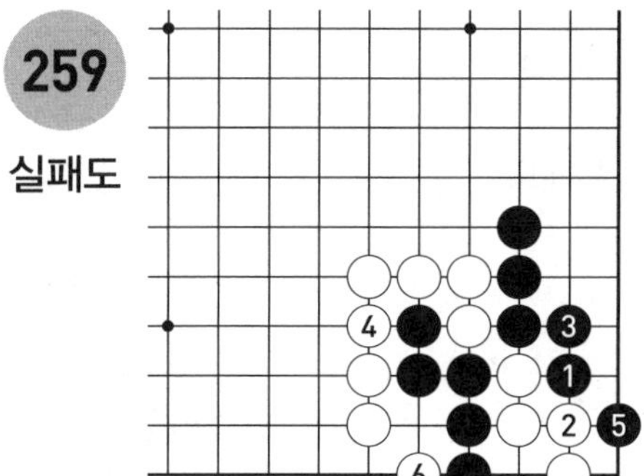

259 실패도

흑1로 젖힘은 착오, 이하 백6까
지 흑이 잡힌다.

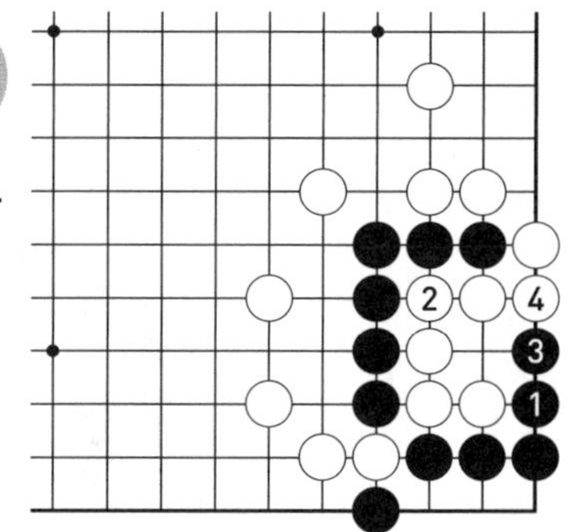

260 실패도

흑1은 착오. 백은 2, 4로 연결하
여 흑이 잡힌다.

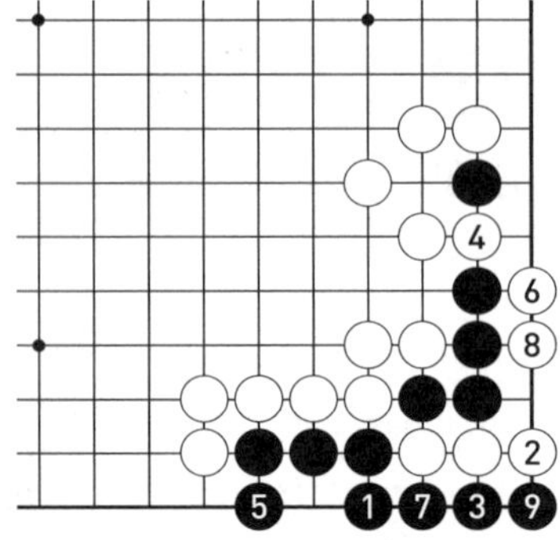

흑1로 뛰고 흑3으로 이어서 흑5
까지 백이 한 수 차이로 잡힌다.

흑1이 묘수. 백이 2로 늘면 흑3
에 붙이고 흑5로 집을 지어 흑이
살 수 있다.

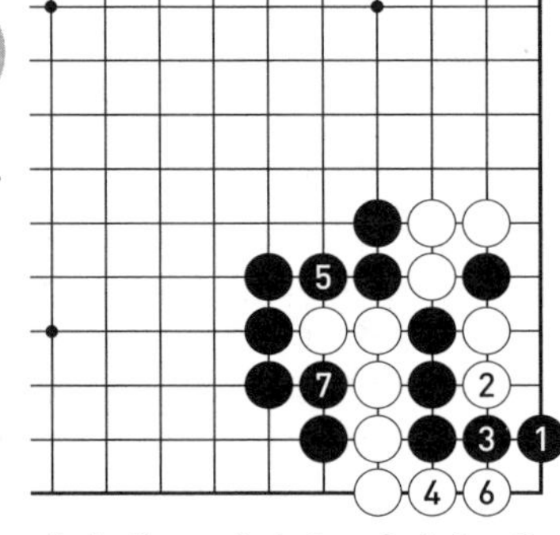

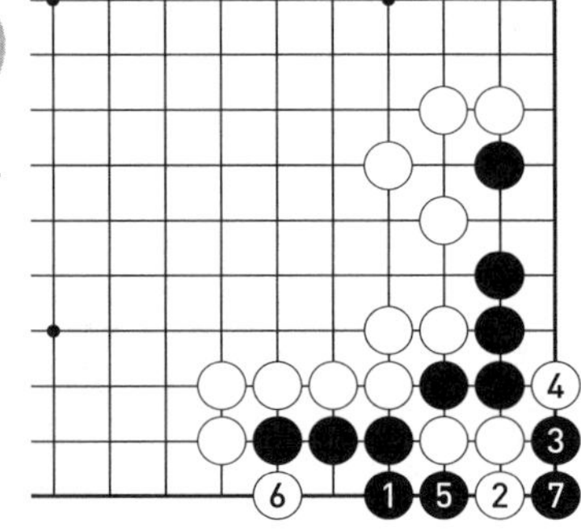

만약 백2로 밀면 흑3 연결 후, 흑
7까지 역시 백 실패.

만약 백이 2로 꼬부려도 성립되
지 않는다. 이하 흑7까지 흑이
산다.

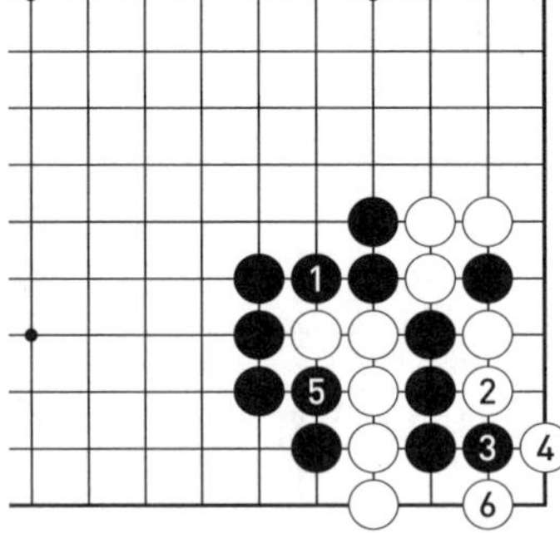

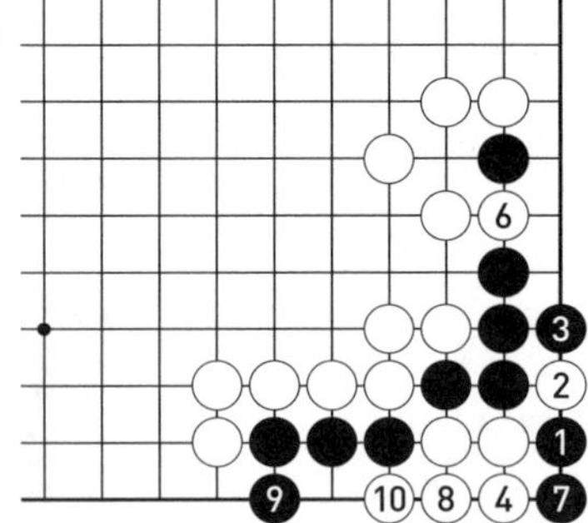

흑1로 먼저 수를 메우는 것은 착
오. 백2로 밀고 이하 백6까지 흑
이 잡힌다.

흑1로 젖힘은 착오. 계속해서 백
10까지 흑은 오궁도가 되어 살
수 없다. 흑5=백2

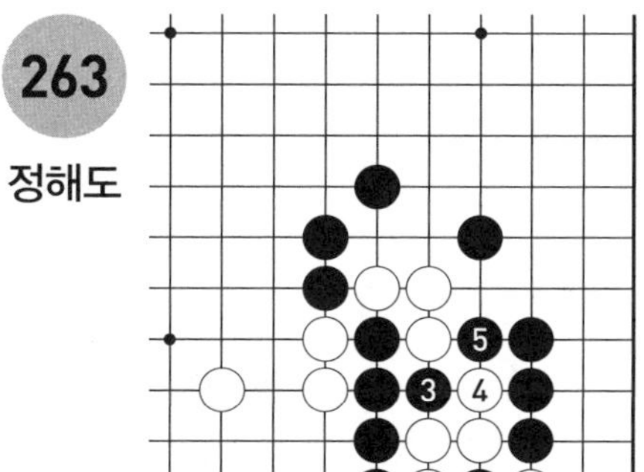

흑1 젖힘이 정답. 백2로 막을 때
흑3으로 찌르고 흑5로 끊어 흑7
단수치면 백을 잡는다.

흑1로 끊고 흑3으로 뛰는 것이
좋은 수순. 계속해서 흑9까지 양
자충으로 백이 잡힌다.

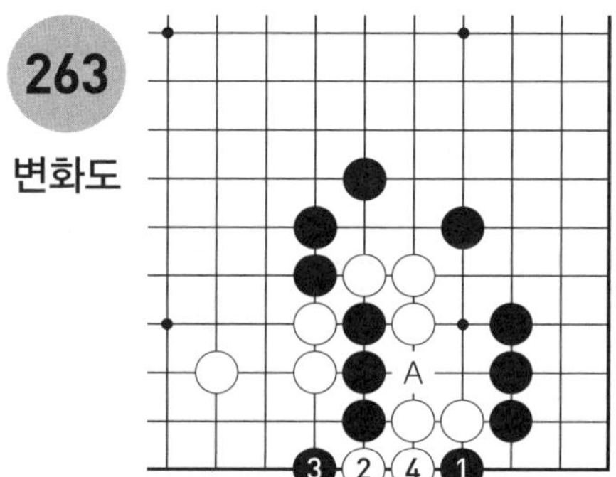

만약 백이 2로 젖히면 흑3 단수
로 역시 백이 안된다. 백4로 A에
둔다면 흑5로 백4 자리에 두어
백 1점을 따낸다.

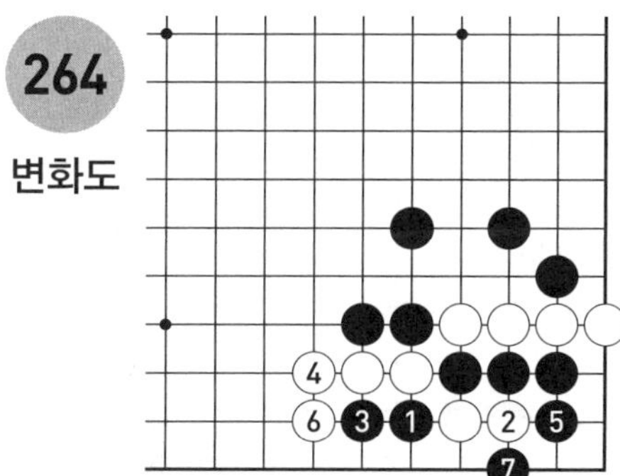

백이 2로 밀면 흑3으로 단수치고
다시 흑5, 7로 백 2점을 잡는다.

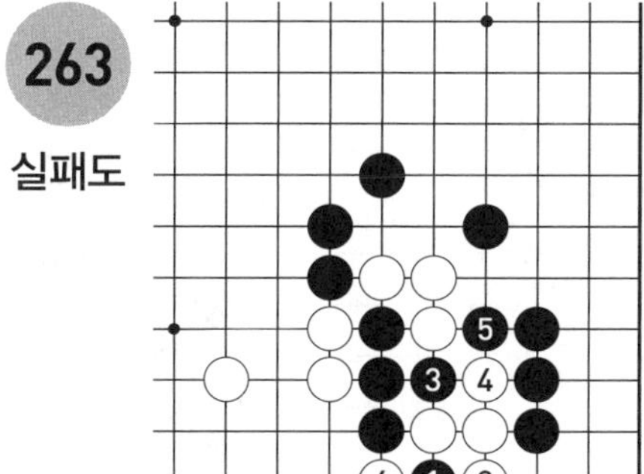

흑1의 젖힘은 방향 착오. 백6까
지 흑이 잡힌다.

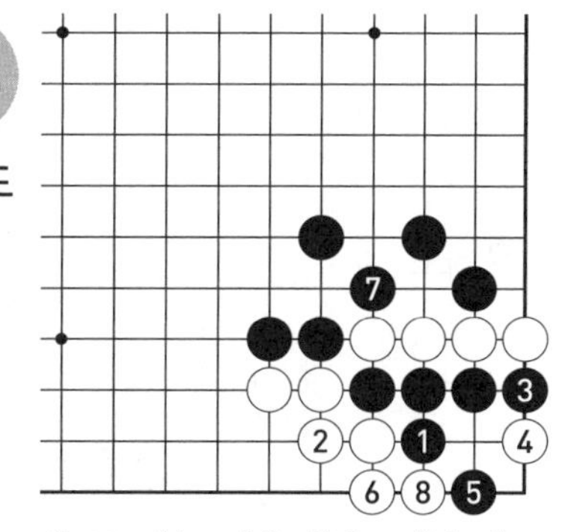

흑1로 막는 것은 착오. 이하 백8
까지 흑이 잡힌다.

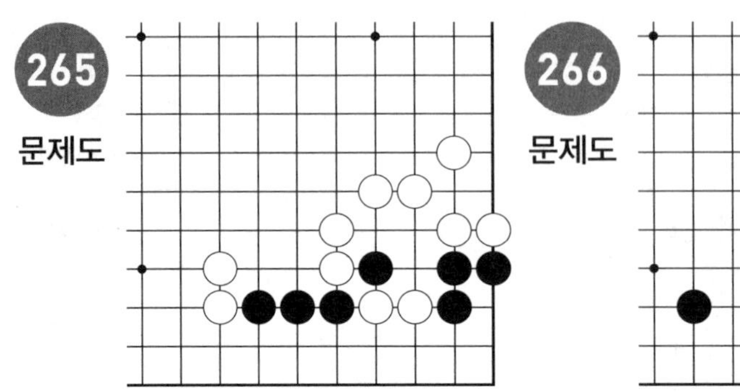

265 문제도

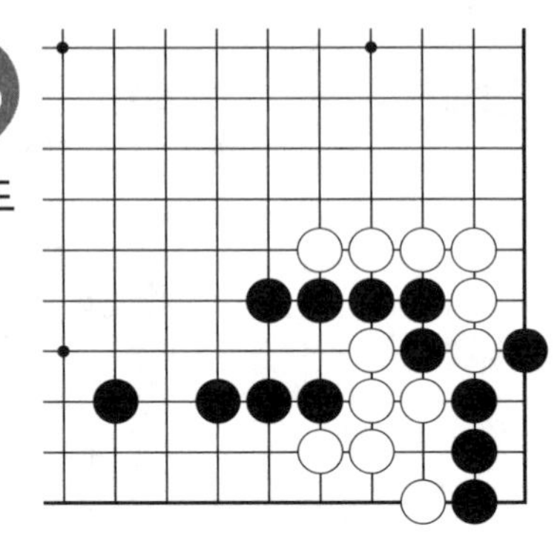

266 문제도

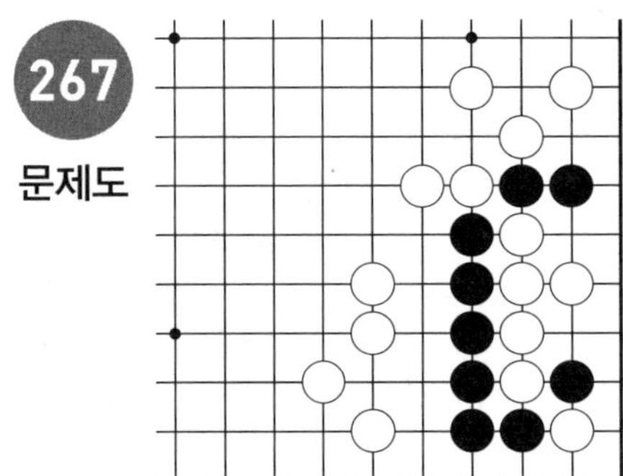

267 문제도

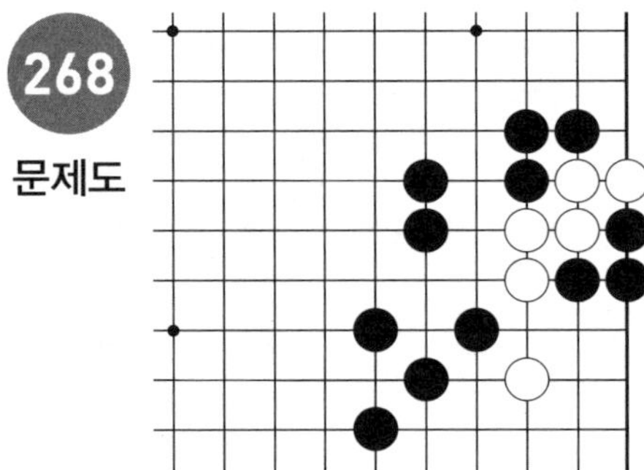

268 문제도

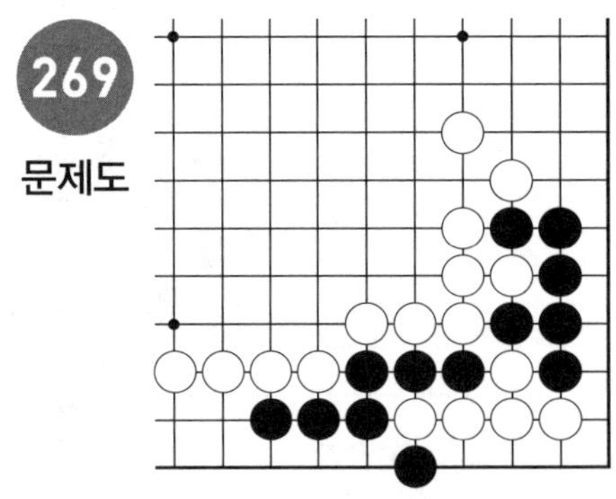

269 문제도

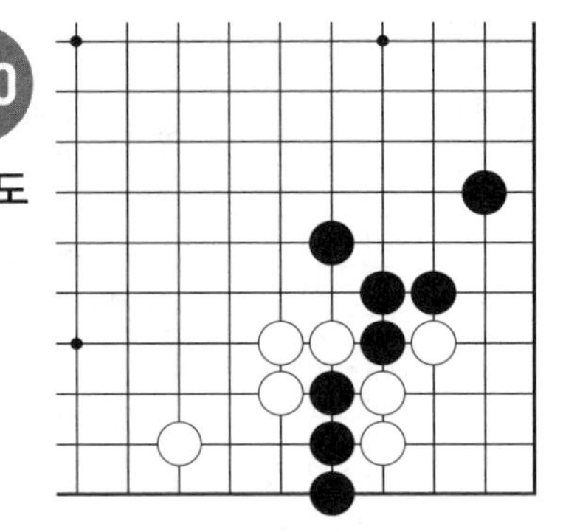

270 문제도

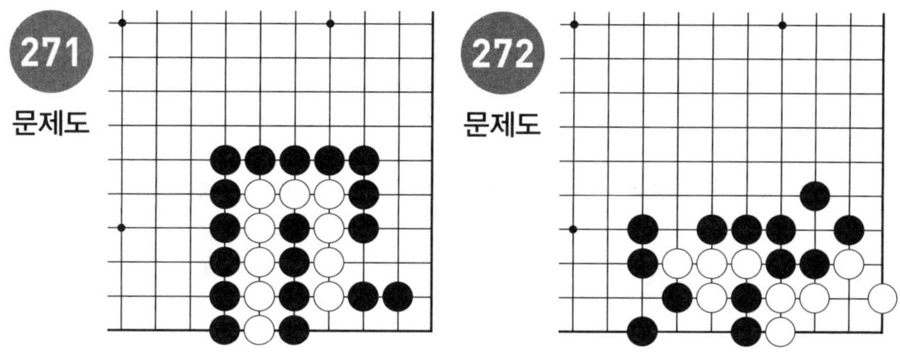

271
문제도
272
문제도

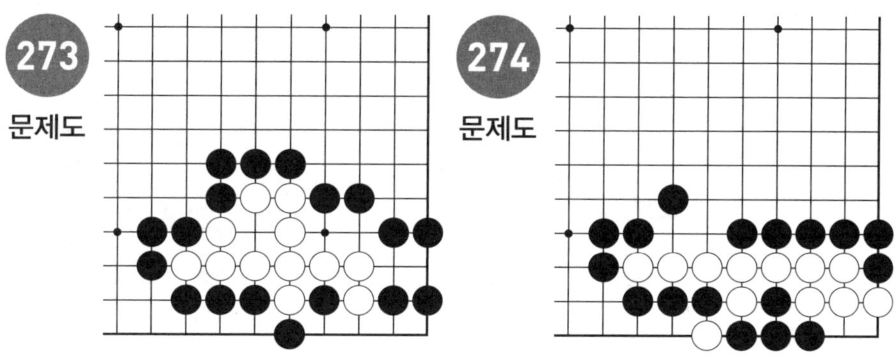

273
문제도
274
문제도

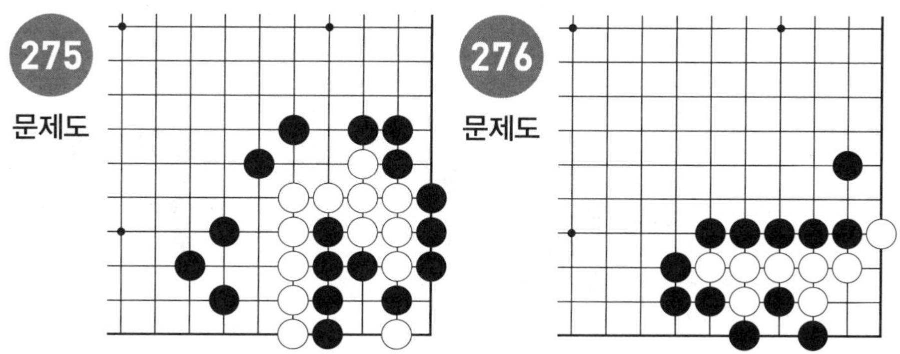

275
문제도
276
문제도

265 정해도

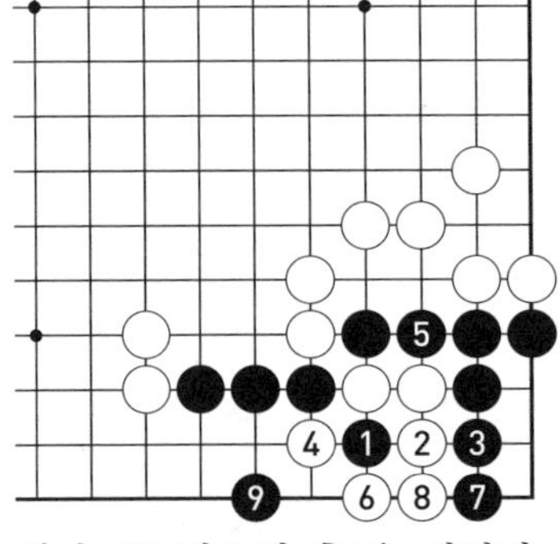

흑1 젖힘이 묘수. 흑3 단수, 흑5
로 이어서 흑은 살 수 있다.

266 정해도

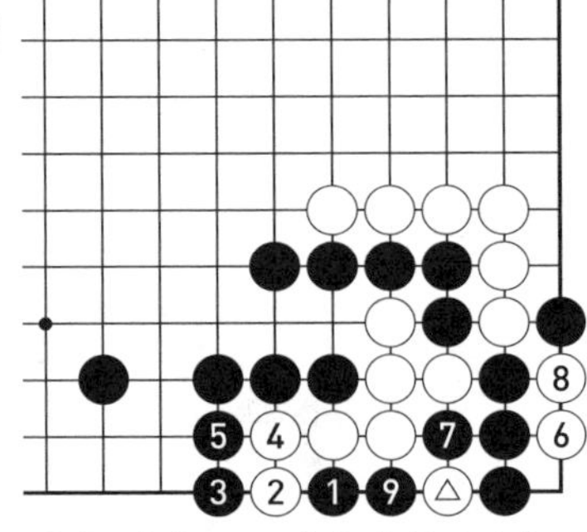

흑1이 절묘함, 백2로 나올 때 흑
3으로 막고 흑11까지 백이 잡
힌다. 백10=△, 흑11=흑9

265 변화도

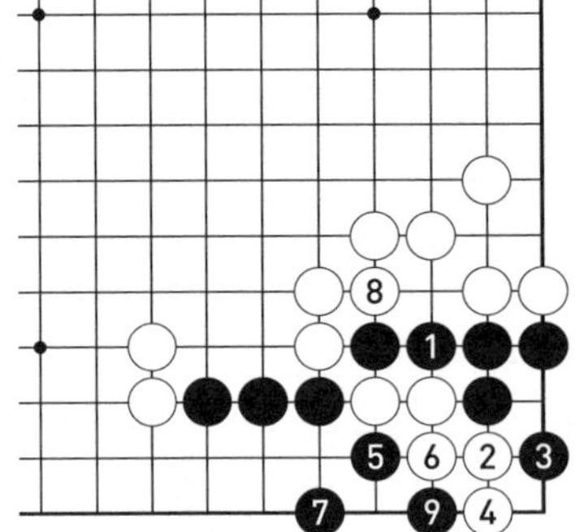

백이 2로 막으면 흑3은 필연적
이다. 백4로 단수치면 흑5에서
흑9까지 백이 잡힌다.

266 변화도

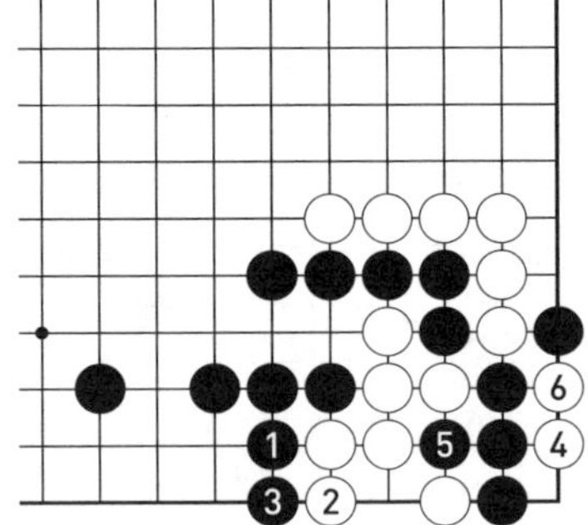

만약 백이 2로 젖히면 흑3 단수,
이후 흑11까지 정해도와 같아
진다. 백10=△, 흑11=흑9

265 실패도

흑1로 잇는 것은 착오. 백2로 젖
히고 백4로 늘면 흑9까지 패가
된다. 흑의 실패.

266 실패도

흑1은 착오, 백2로 늘어서 백6까
지 패가 된다.

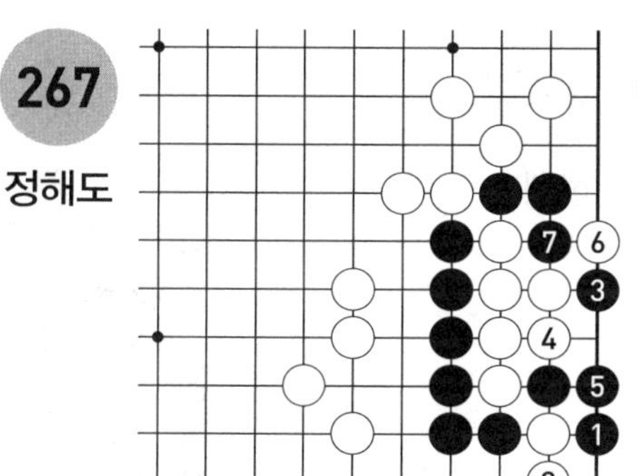

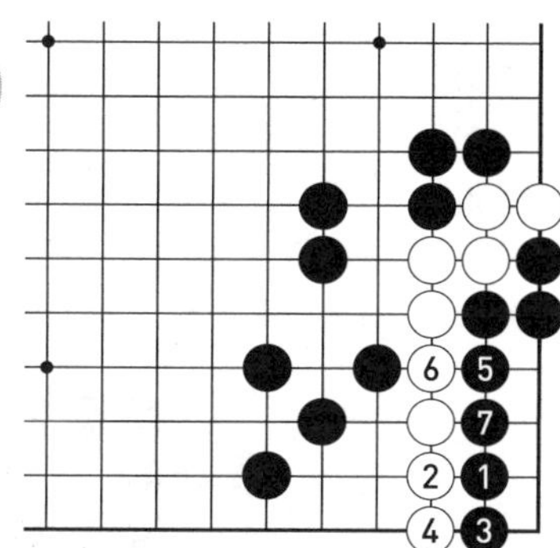

흑1 단수, 흑3으로 붙이는 것이 절묘. 이하 흑7까지 흑 승.

흑1의 침입이 묘수. 백은 2로 막을 수밖에 없고 이하 흑7까지 백이 잡힌다.

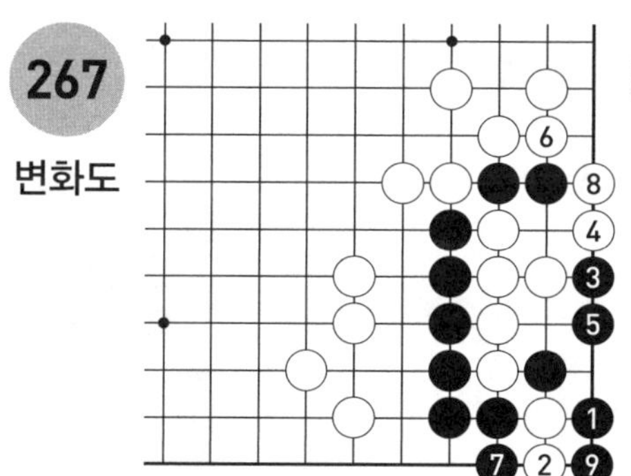

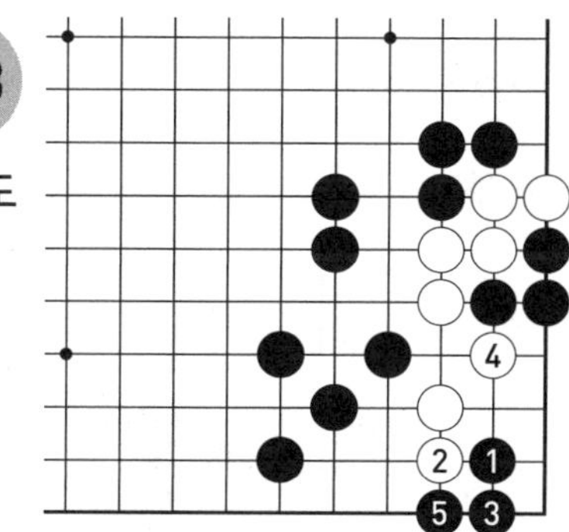

백이 4로 단수치면 흑5로 늘고 백6으로 메우면 흑7 단수, 흑9 따냄으로 흑은 깨끗하게 산다.

만약 백이 백4로 단수치면 흑5로 건너서 백은 역시 살 수 없다.

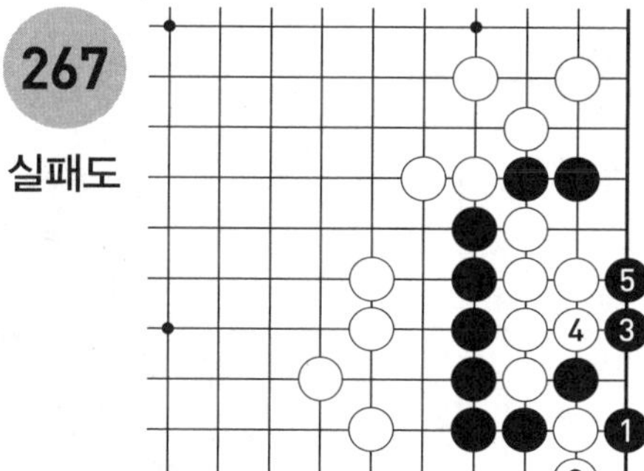

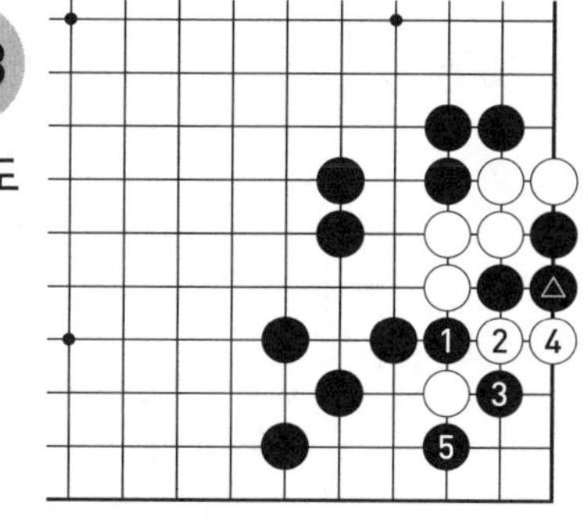

흑3으로 입구자하는 것은 착오. 백4, 흑5 단수로 패가 된다. 흑의 실패.

흑1로 찌름은 착오. 흑5로 백 1점을 잡아야 할 때 백은 백6으로 집을 지어 살게 된다. 백6=▲

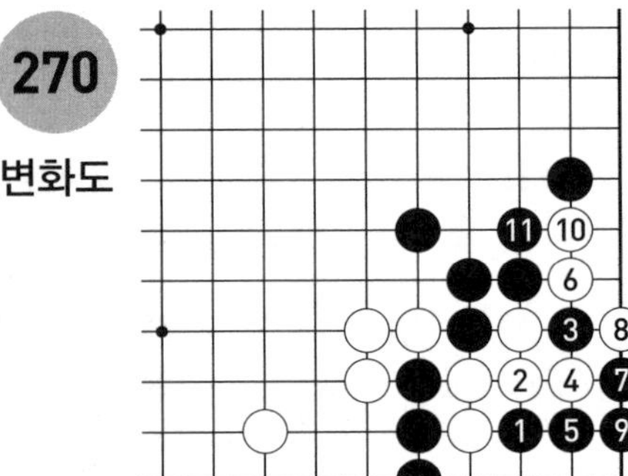

269 정해도

흑1로 침착하게 잇는 것이 정답. 백이 2로 늘면 흑3에서 흑7까지 수를 메워 백을 잡는다.

270 정해도

흑1로 붙임이 정답, 백2로 이을 때 흑3 젖힘, 흑15까지 한 수 차이로 백이 잡힌다.

269 변화도

만약 백이 2로 메우면 흑3 젖힘, 흑5, 7로 메움으로 역시 백이 잡히게 된다.

270 변화도

만약 백이 6으로 단수치면 흑7부터 흑11까지 역시 백이 잡힌다.

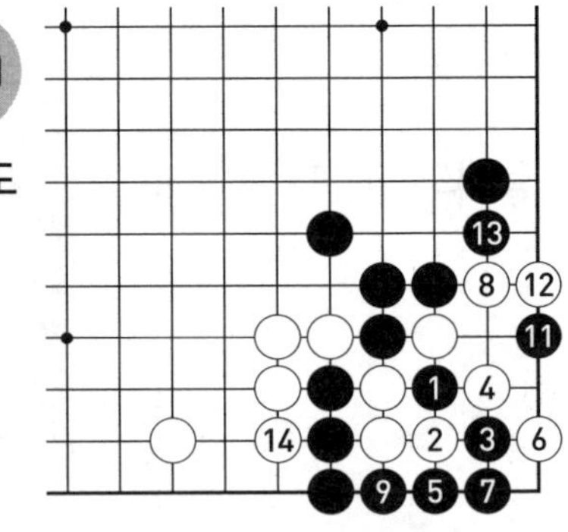

269 실패도

흑1로 먼저 젖힘은 착오. 백2, 4 먹여치기 후 백8까지 패가 된다.
백8=백4

270 실패도

흑1로 끊는 것은 착오. 이하 백14까지 흑의 수가 부족하다.
백10=흑1

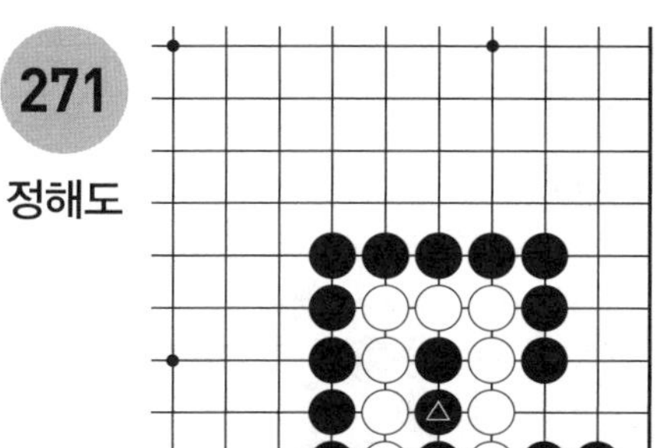

정해도

흑1로 키워버리는 것이 정답. 백
2로 따낼 때 흑3 치중, 흑5 먹여
치기하여 백은 살 수 없다.
흑3=▲, 백4=●, 흑5=흑1

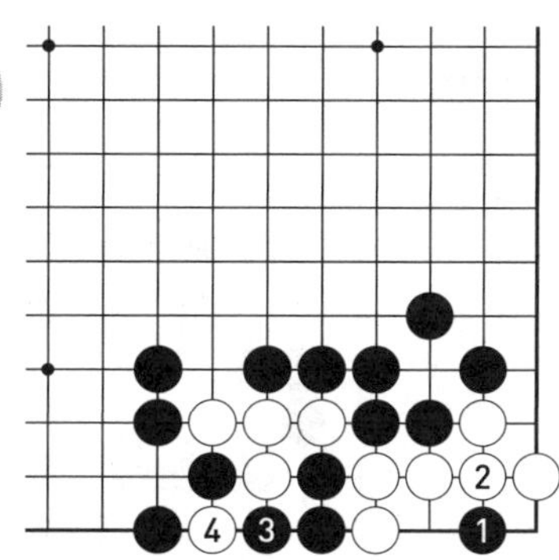

정해도

흑1로 들여다본 후 다시 흑3으로
키워버리는 것이 묘수. 흑5 로
되따내어 백이 잡히게 된다.
흑5=흑3

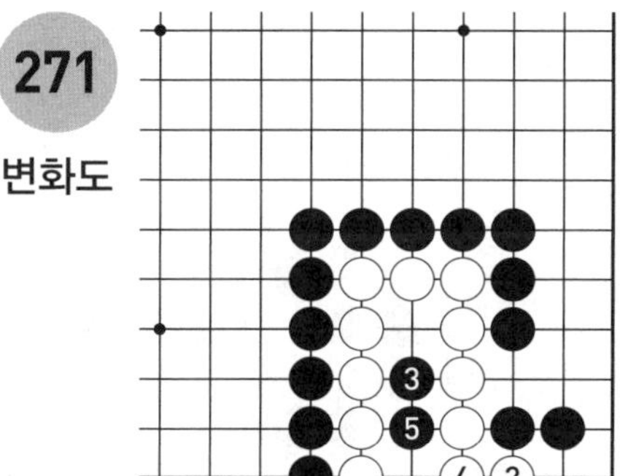

변화도

흑3 치중에 백4로 이으면 흑5에
두어 백이 두 눈을 만들 수 없다.

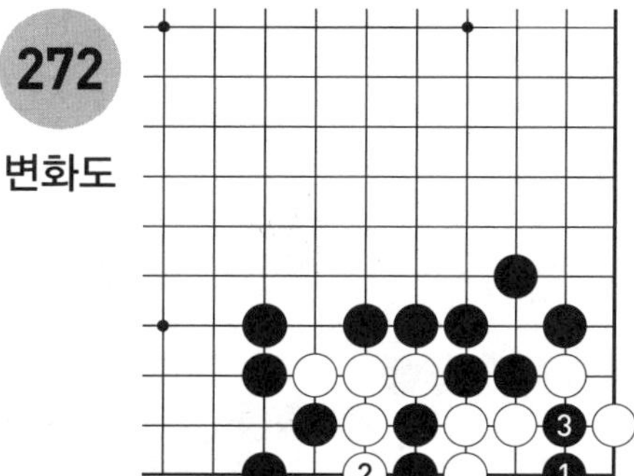

변화도

백이 2로 따내면 흑3 단수쳐서
역시 백 전체가 잡힌다.

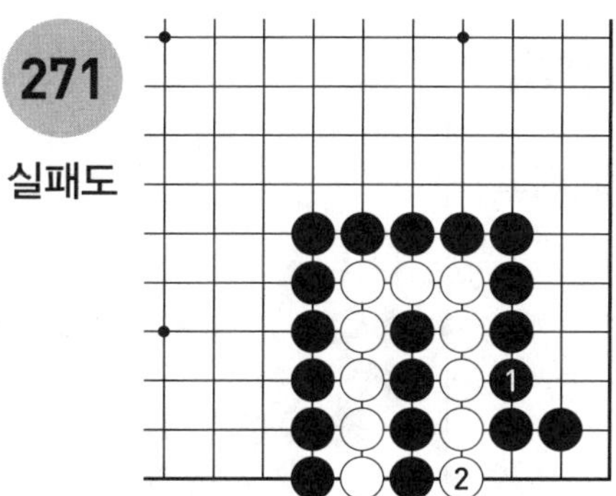

실패도

흑1은 착오, 백2로 따내 직사궁
으로 살게 된다.

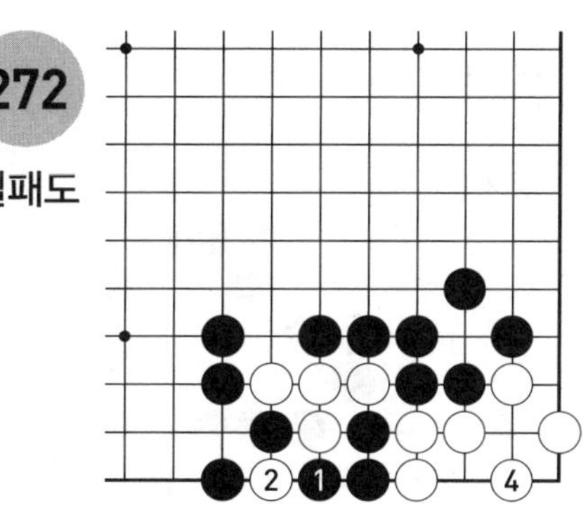

실패도

흑1은 착오, 백4로 집을 지을 수
있어서 살게 된다.
흑3=흑1

273 정해도

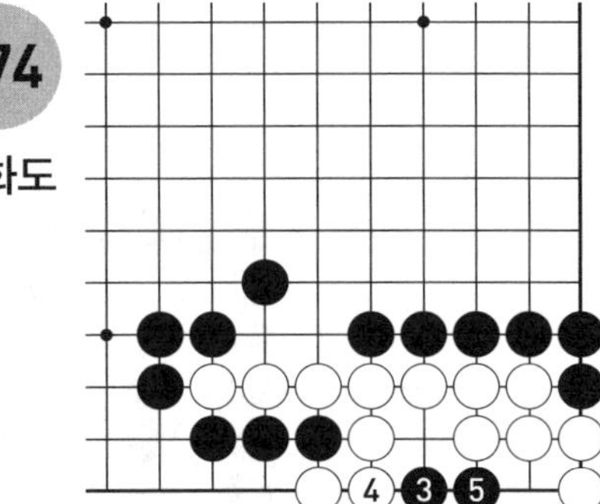

흑1로 잇는 것이 좋은 수. 백2로 먹여칠 때 흑3이 묘수. 다시 흑1 위치에 들여다보기로 백은 살 수 없다. 흑5=흑1

273 변화도

백이 2로 단수치면 흑3으로 이어서 백은 여전히 살 수 없다.

273 실패도

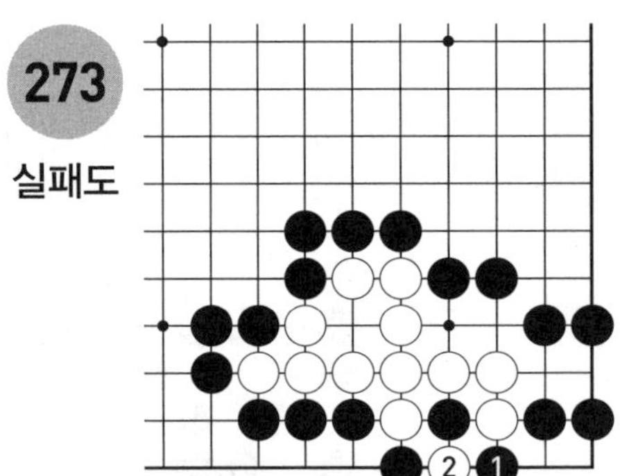

흑1로 넘어가자고 하는 것은 착오, 백2로 따내어 패가 된다.

274 정해도

흑1로 1점 더 보태주는 것이 묘수. 백은 2로 따낼 수밖에 없다. 이하는 아래 변화도 참조.

274 변화도

흑3 치중 후 흑5로 밀면 백은 살 수 없다. 백4로 흑5자리에 둔다면 흑이 백4자리에 먹여쳐서 여전히 백은 살 수 없다.

274 실패도

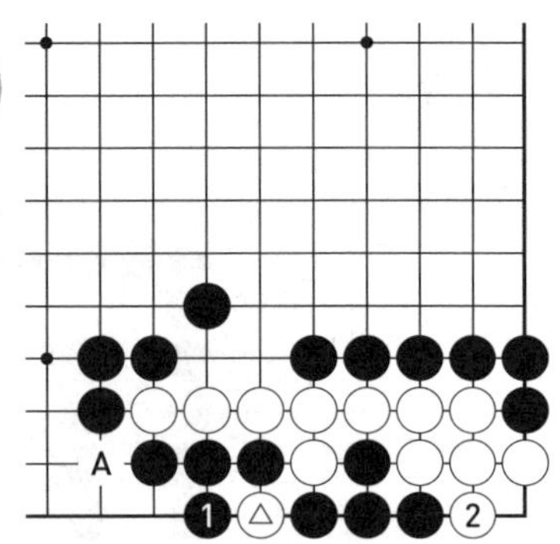

흑1로 따내는 것은 착오, 백2로 단수칠 때 흑3을 백△에 이을 수 없다. 잇는 것은 백이 A로 끊어 크게 잡힌다.

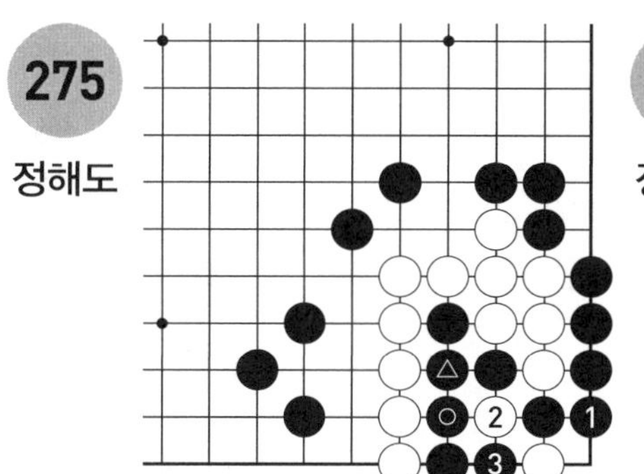

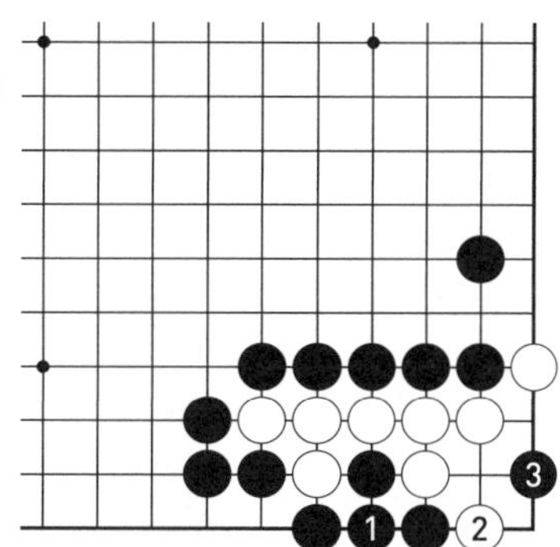

흑1로 잇는 것이 정답. 백2 먹여
침에 흑3으로 따내고 다시 ▲에
치중하여 백은 잡히게 된다. 백
4=백2, 흑5=▲, 백6=●, 흑7=흑3

흑1로 잇는 것이 정답. 백2로
단수, 흑3 치중으로 백은 살 수
없다.

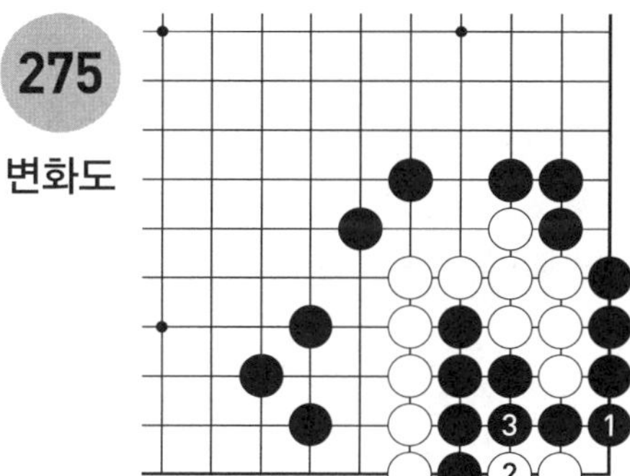

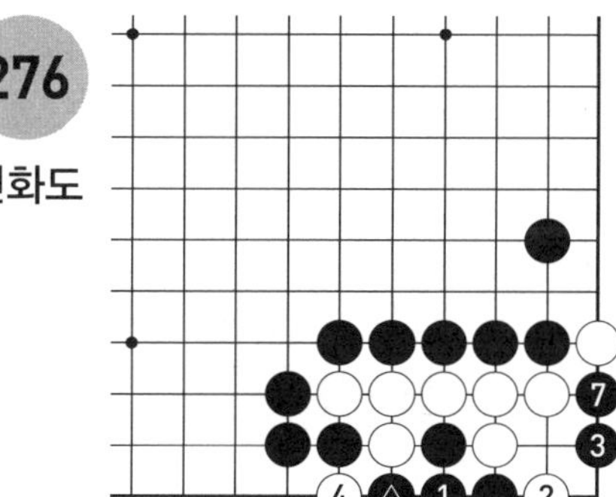

백2 단수는 흑3 연결로 백이 쉽
게 잡힌다.

백이 4로 따내면 흑5로 1 자리에
또 한번 치중, 흑7로 파호하여
백은 여전히 살 수 없다.
흑5=흑1, 백6=▲

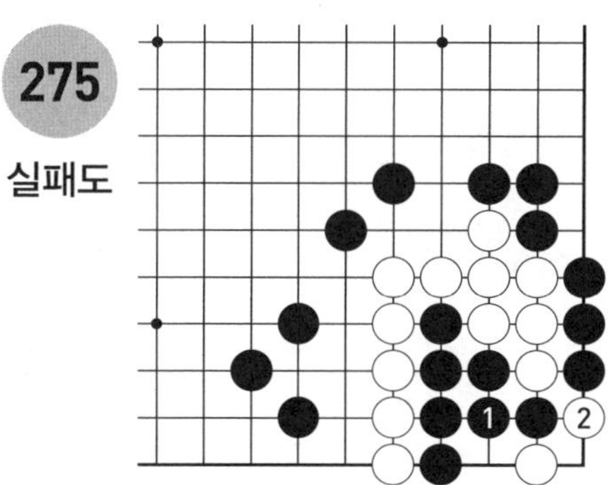

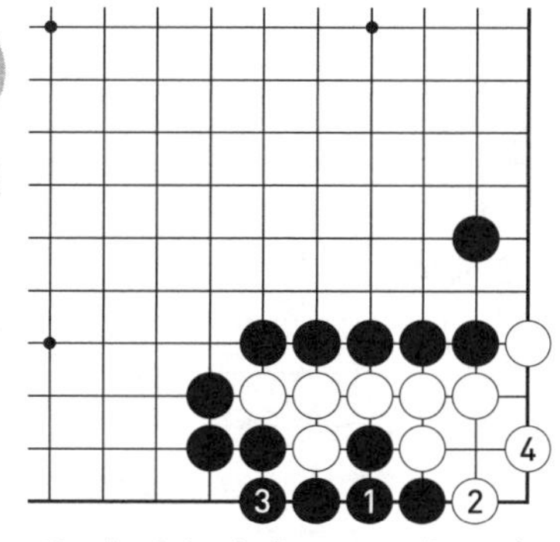

흑1로 잇는 것은 착오. 백2 먹여
쳐 패가 된다. 흑의 실패.

백2의 단수에 흑3으로 잇는 것
은 착오. 백4로 집을 지어 살게
된다. 흑의 실패.

277 문제도

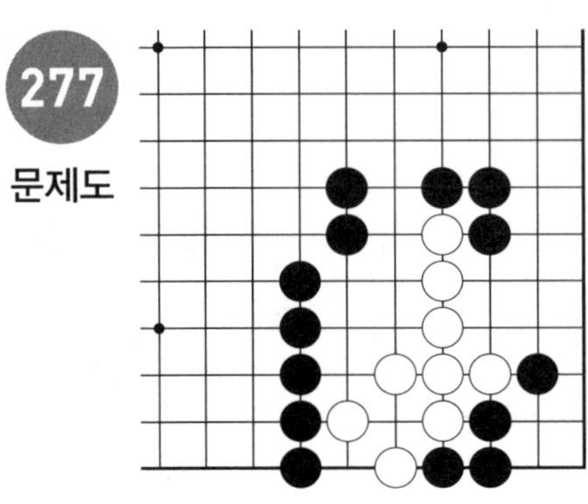

278 문제도

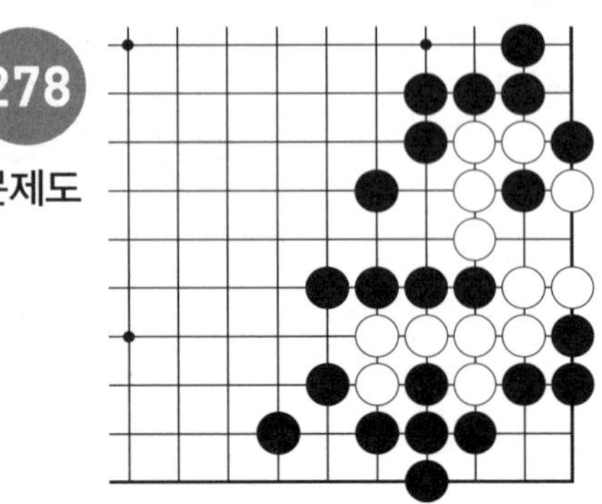

279 문제도

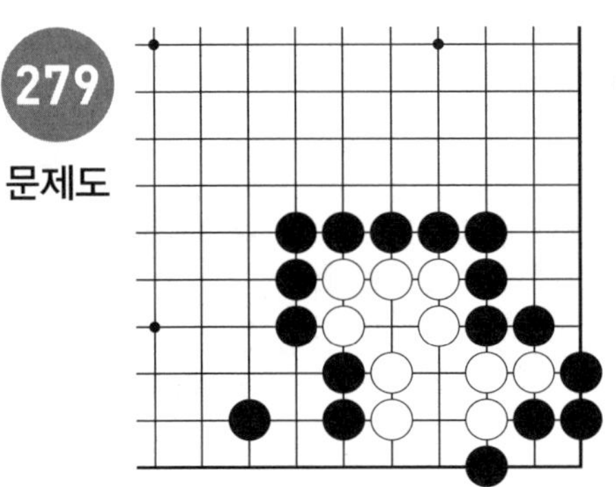

280 문제도

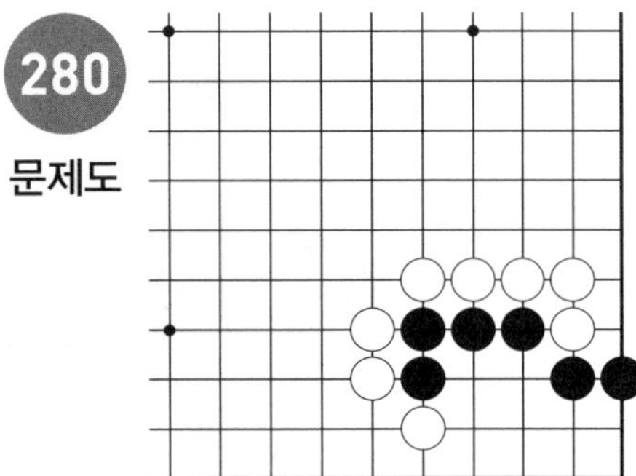

281 문제도

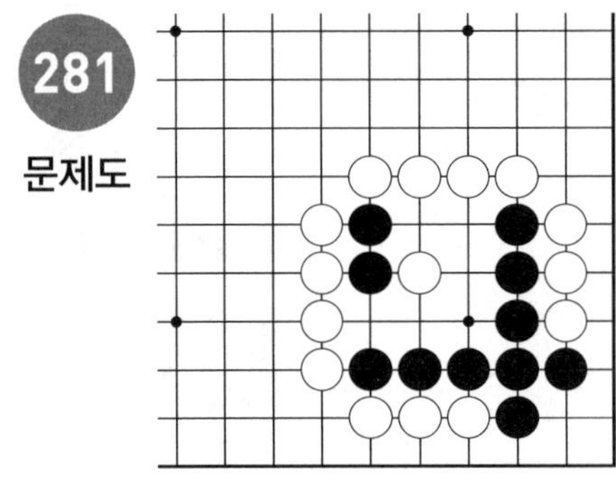

282 문제도

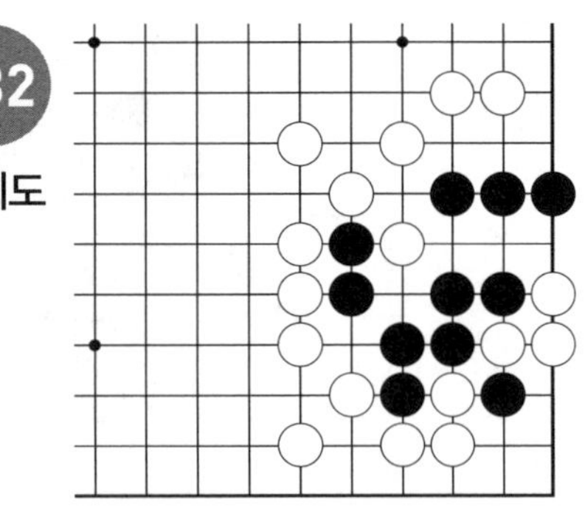

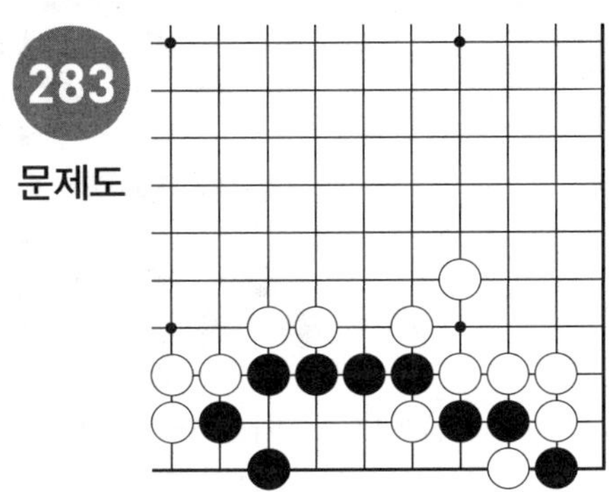

283
문제도

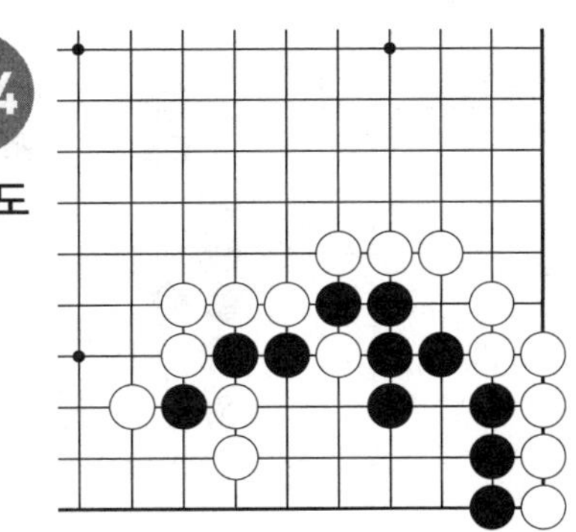

284
문제도

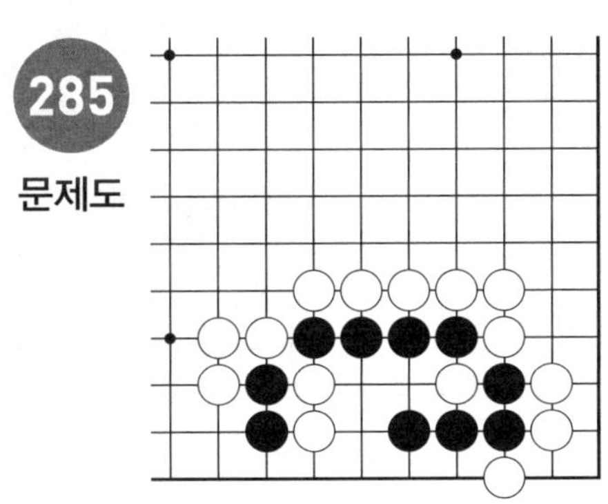

285
문제도

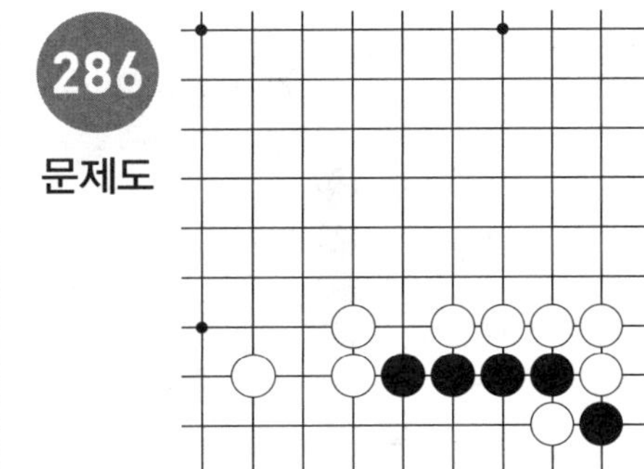

286
문제도

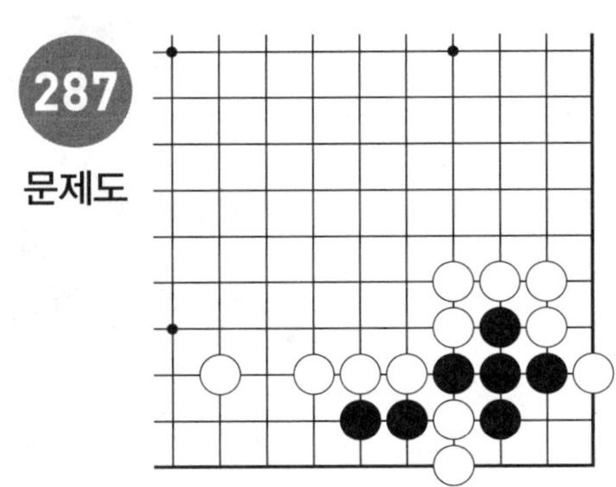

287
문제도

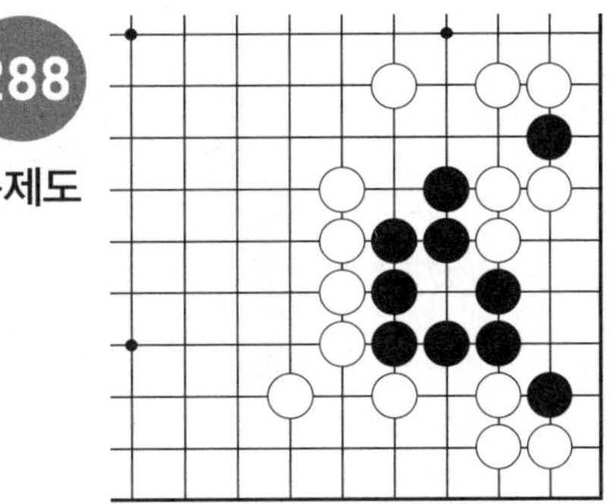

288
문제도

277 정해도

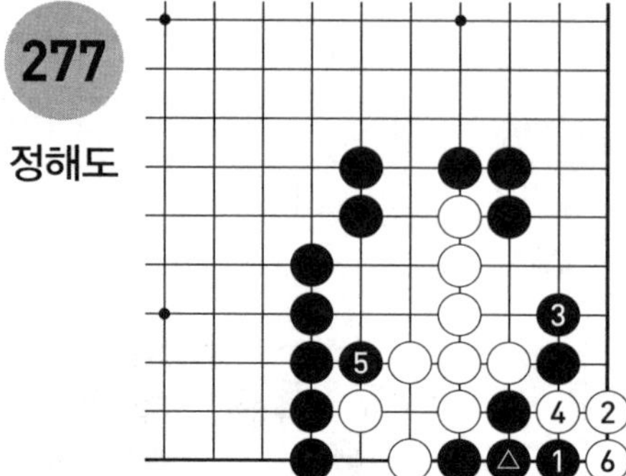

흑1이 묘수. 백2로 들여다볼 때 흑7 치중까지 백이 잡힌다. 흑7=▲

278 정해도

흑1이 정답. 키워버리고 치중하는 것이 좋은 수순으로 흑13까지 백이 살 수 없다. 흑3=△, 흑5=△, 흑9=▲, 흑10=●, 흑13=흑7

277 변화도

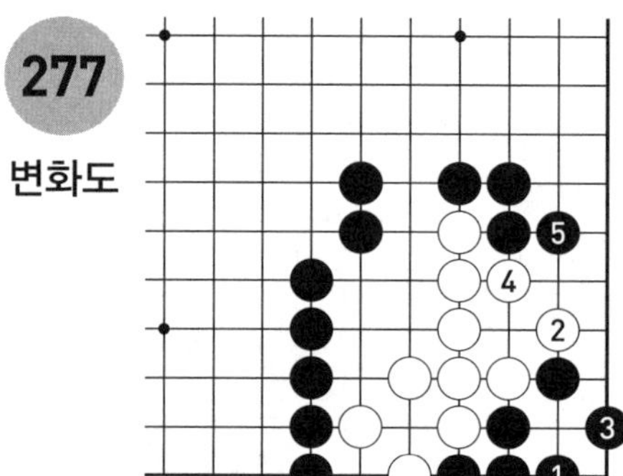

만약 백이 2로 젖히면 흑3으로 살게 된다. 흑5까지 백은 여전히 살 수 없다.

278 변화도

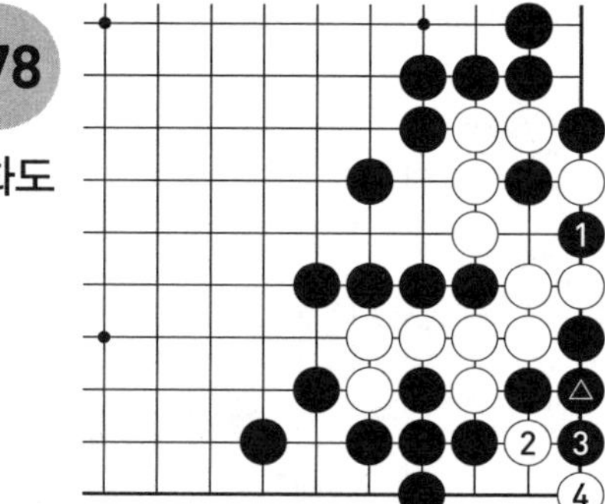

백이 2로 단수쳐도 마찬가지 수법으로 흑5까지 백은 여전히 살 수 없다. 흑5=▲

277 실패도

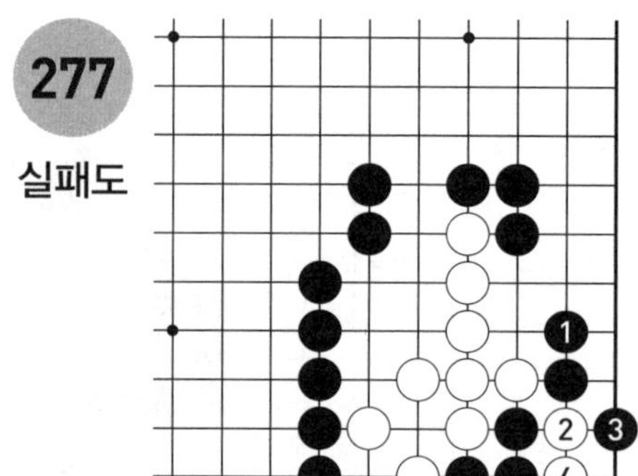

흑1로 느는 것은 착오. 백4로 따내면 흑은 백을 잡을 수 없다.

278 실패도

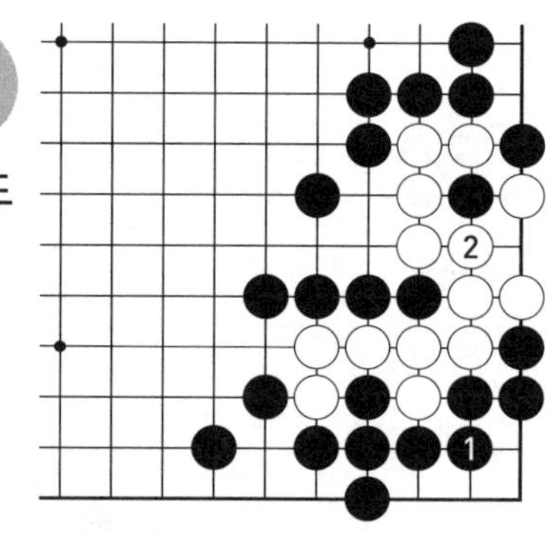

흑1로 잇는 것은 착오. 백2로 따내어 살 수 있다.

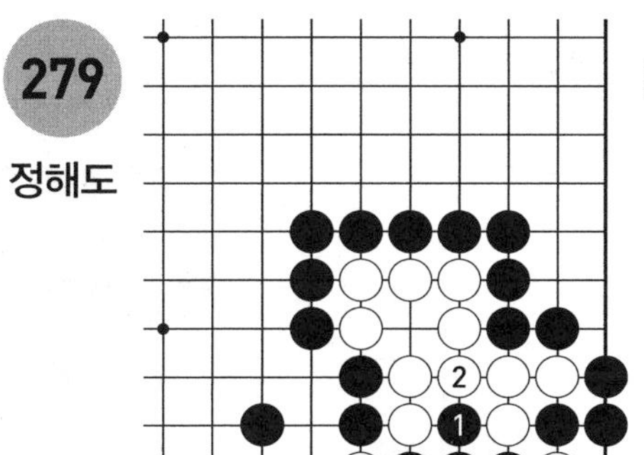

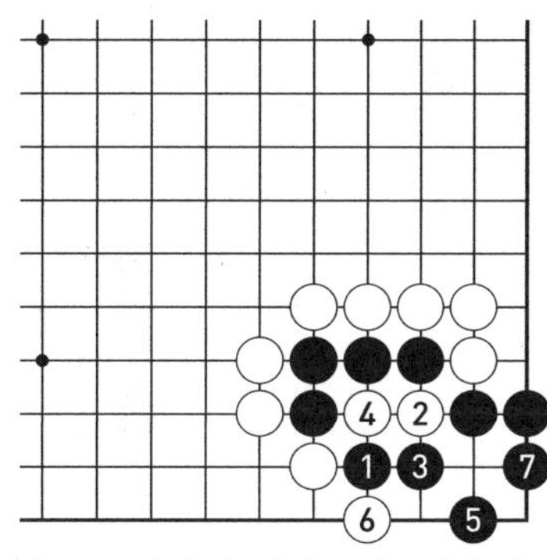

흑1, 3이 정답. 백4로 먹여칠 때 흑5로 키움이 묘수. 흑7로 다시 흑3에 들여다보아 백은 살 수 없다. 흑7=흑3

흑1로 젖힘이 정답. 백2 단수칠 때 흑3으로 물러서 귀의 흑은 살게 된다. 흑 성공.

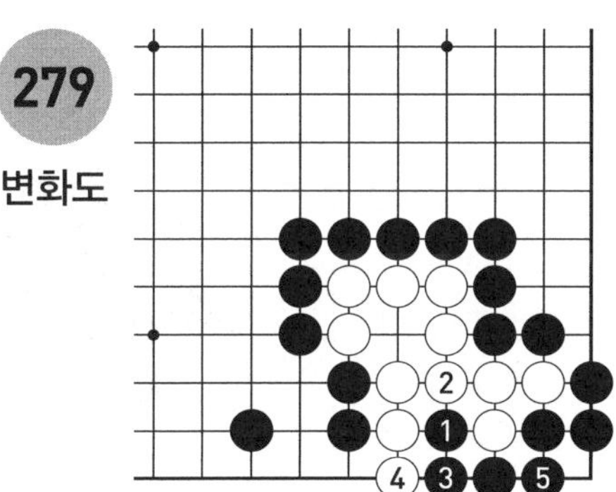

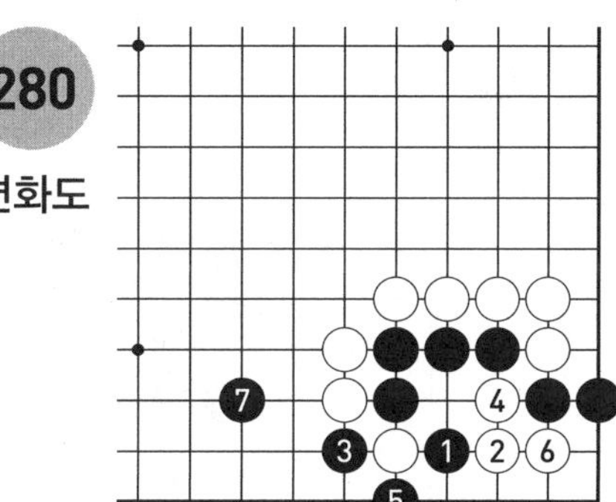

만약 백이 4로 단수치면 흑5로 이어서 백은 한 눈뿐이다.

만약 백2로 붙이면 흑3 단수쳐서 흑7까지 흑이 순조롭게 탈출.

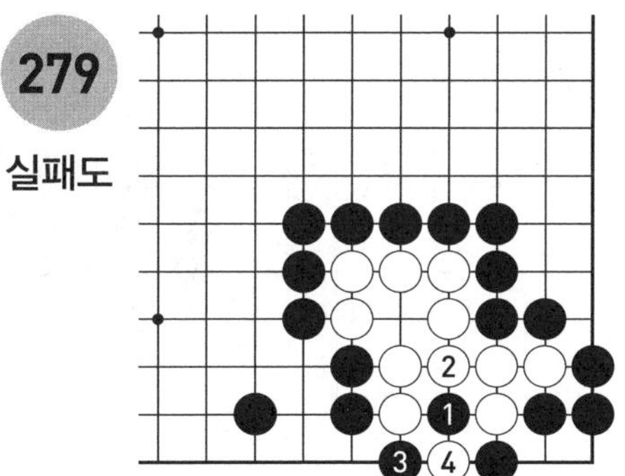

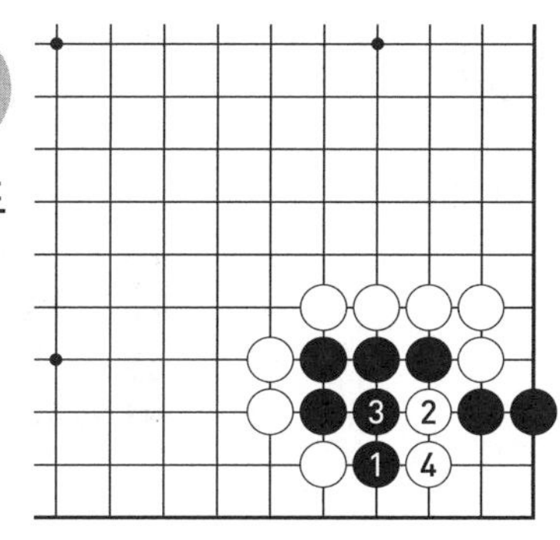

흑3은 착오. 백4로 따내어 패가 된다.

백2로 단수칠 때 흑3으로 잇는 것은 착오, 백4 단수치면 흑은 전멸.

281 정해도

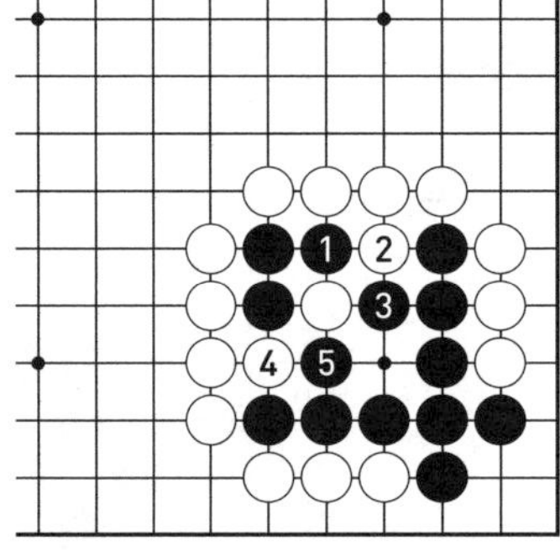

흑1이 정답. 백2로 찌를 때 흑 3, 5로 흑 3점을 버림으로 살 수 있다.

282 정해도

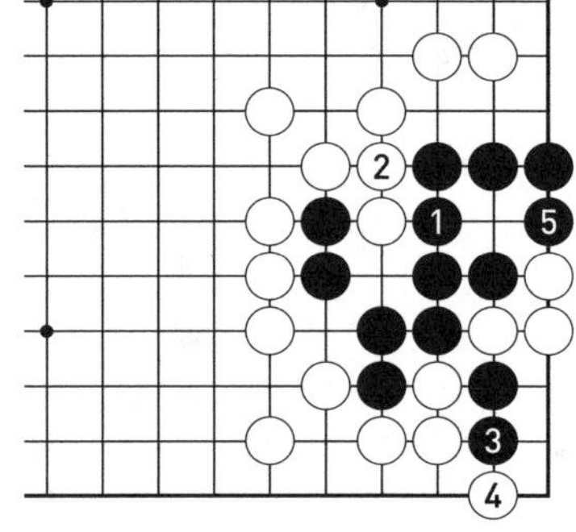

흑1이 정답. 백2 단수, 흑3 선수로 집을 짓고 흑5로 끊어서 흑은 깨끗히 살게 된다.

281 변화도

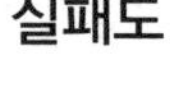

반대쪽 백2로 찔러도 흑3, 5로 역시 살게 된다.

282 변화도

만약 백이 2로 연결하면 흑3, 5로 백 3점을 잡아서 살게 된다.

281 실패도

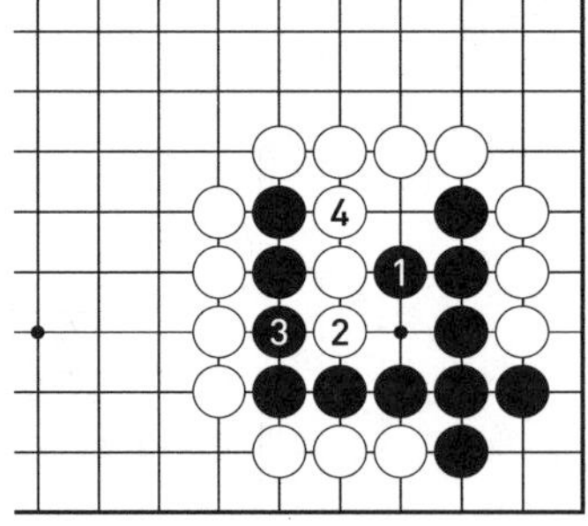

흑1은 착오. 백2로 늘어 두 눈을 만들 수 없다. 흑 실패.

282 실패도

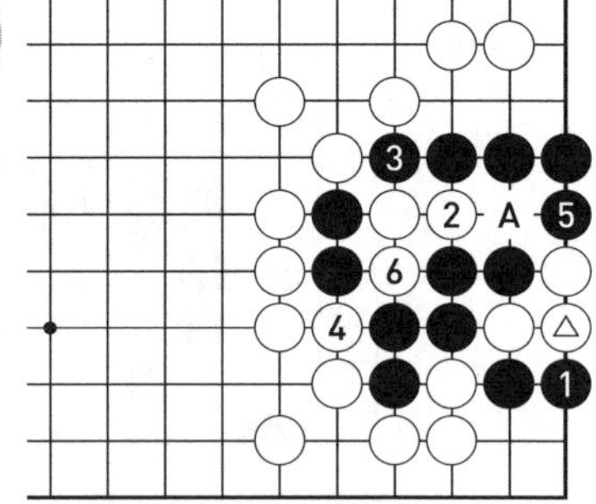

흑1로 단수치는 것은 착오. 백 2가 좋은 수로 백6까지 흑이 살 수 없다. 흑이 △에 두어도 백이 A에 두어 흑이 잡힌다.

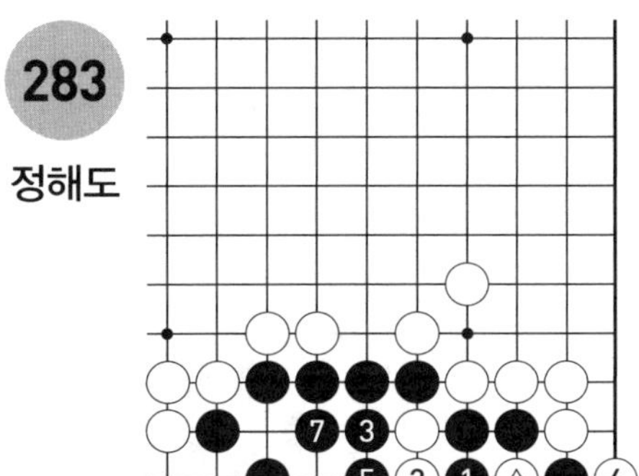

흑1로 따내는 것이 정답. 백2로
단수칠 때 흑3 역시 단수. 다시
흑5, 7로 집을 지어 살 수 있다.
백4=△

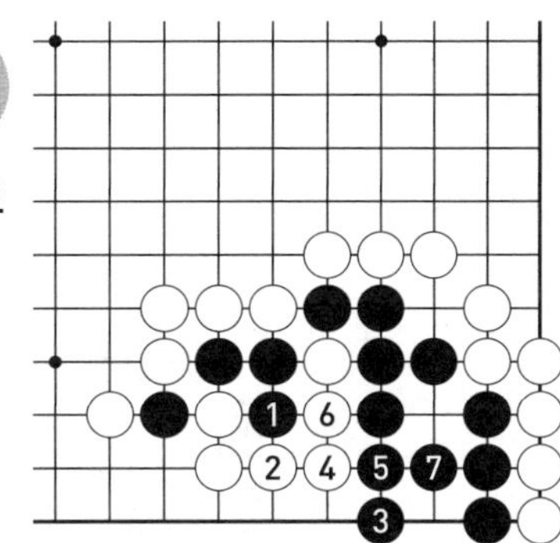

흑1, 3이 묘수. 이하 흑7까지 3점
을 버리며 살 수 있다.

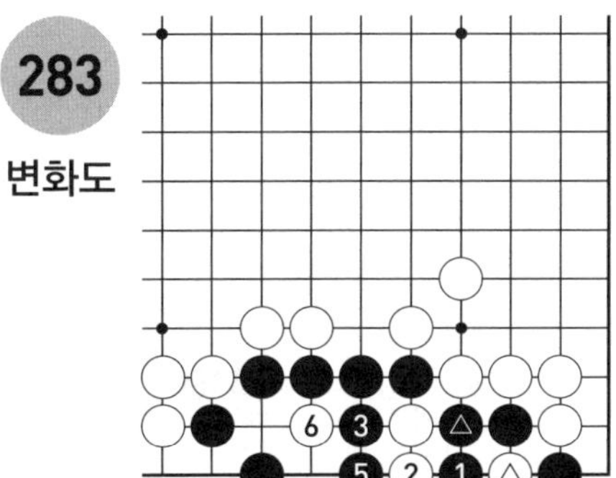

백6 치중은 착오. 흑7로 ▲에 단
수, 백 2점이 잡힌다.

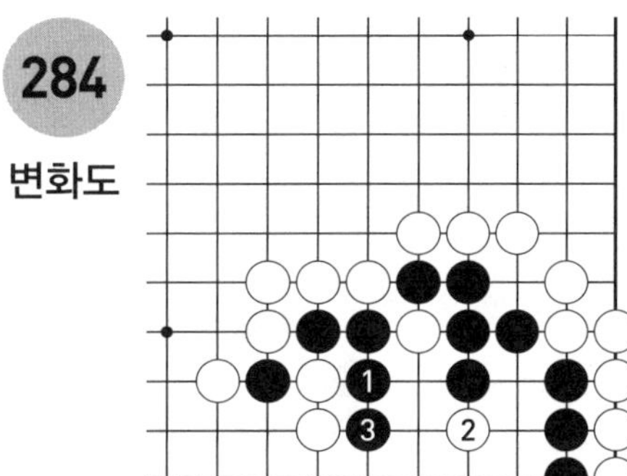

백2 붙임은 흑3으로 막아서 흑이
크게 산다.

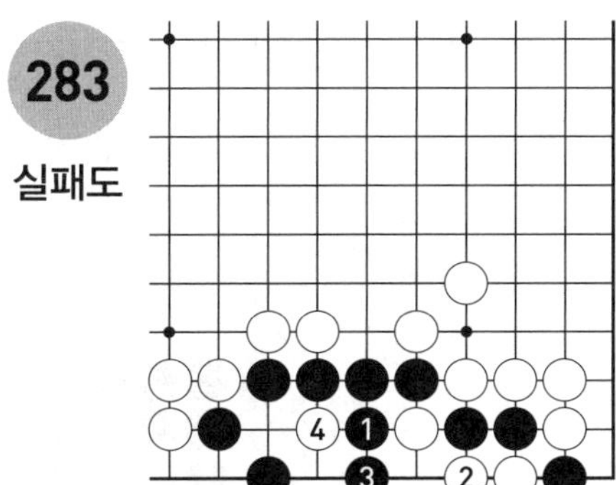

흑1로 먼저 단수치는 것은 착오.
백4로 치중하여 흑은 살 수 없다.

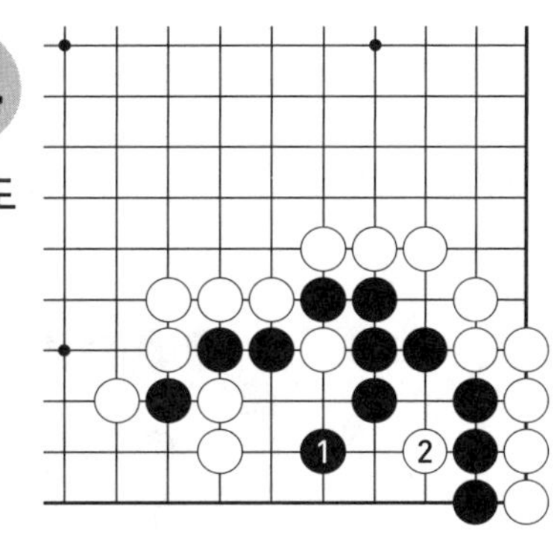

흑1은 착오. 백2 치중으로 흑은
살 수 없다.

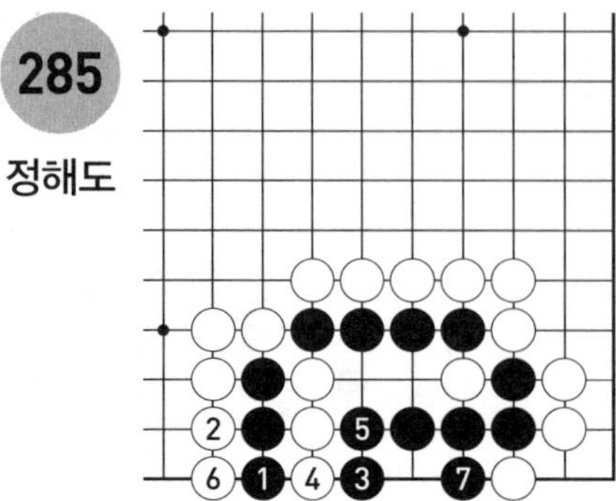

285 정해도

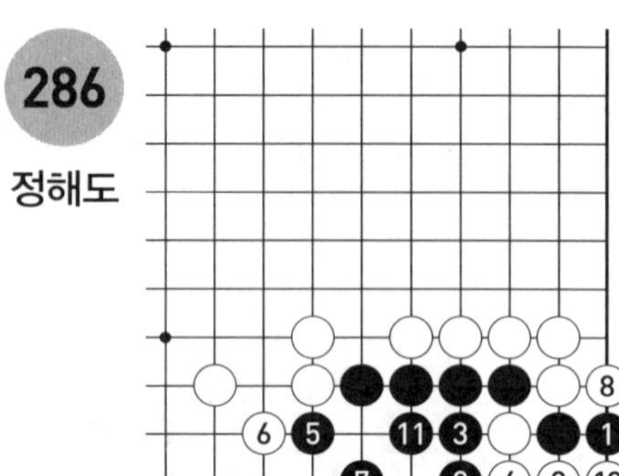

286 정해도

흑1로 내려서는 것이 정답. 이하
흑3, 5, 7로 집을 지어 살 수 있다.

흑1로 느는 것이 정답. 백2 하면
흑3에서 흑11까지 2점을 버리면
서 살게 된다.

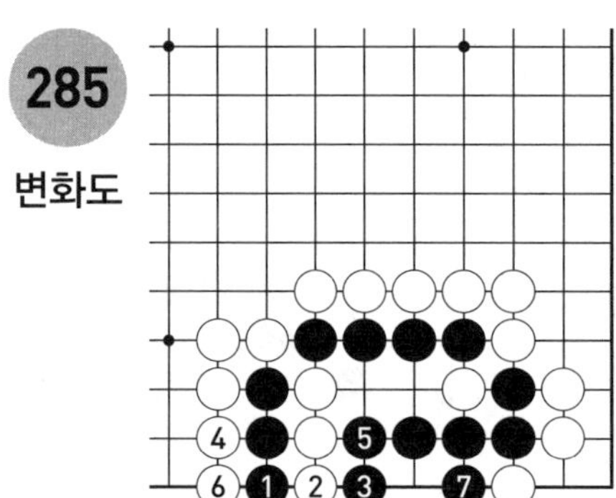

285 변화도

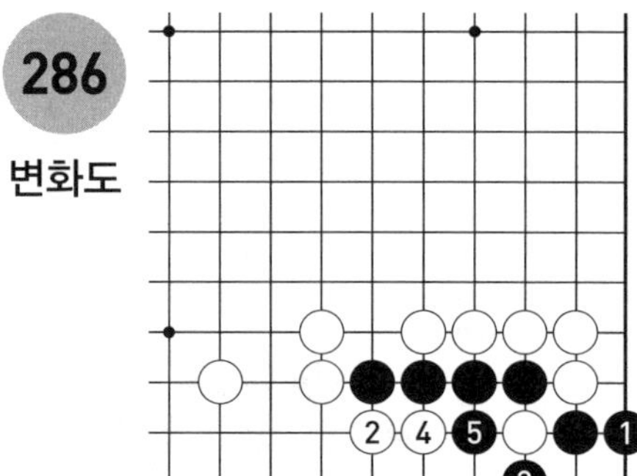

286 변화도

백이 2로 막아도 흑3, 5가 역시
선수. 흑은 역시 살게 된다.

만약 백이 2로 젖히면 흑3으로
단수, 흑5로 따내어 역시 살게
된다.

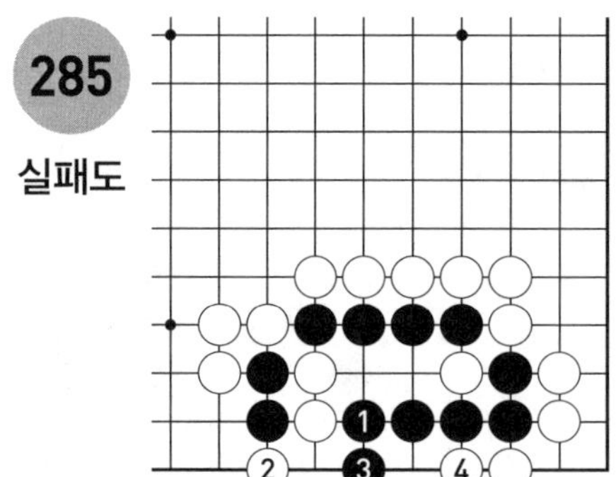

285 실패도

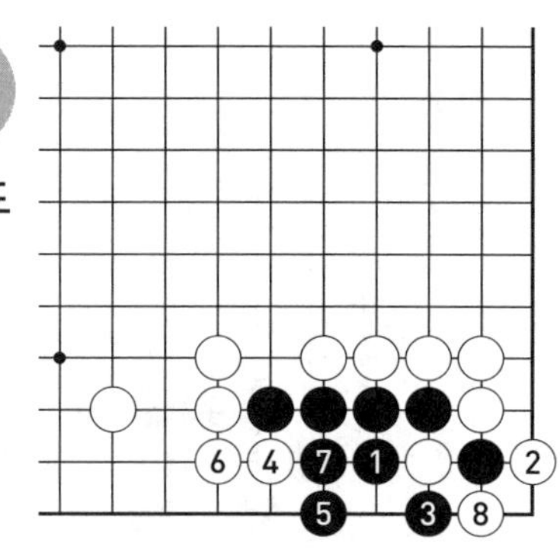

286 실패도

흑1은 착오. 백2 단수가 좋은 수
로 흑이 잡힌다.

흑1로 단수치는 것은 착오. 백8
패로 흑이 완벽하게 살 수 없다.

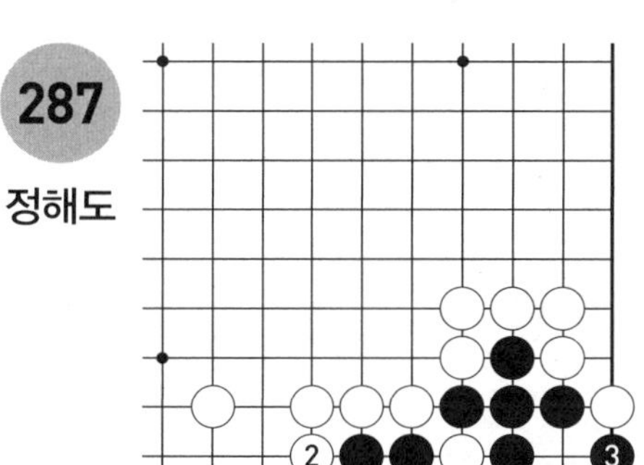

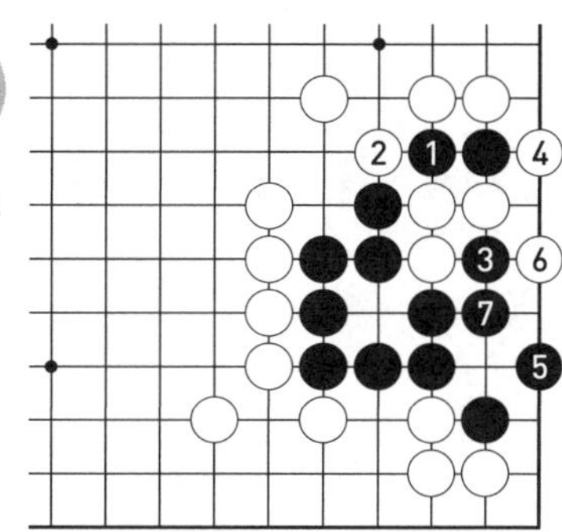

흑1로 메우는 것이 묘수. 백2 단수, 흑3, 5로 교묘하게 살게 된다.

흑1로 1점을 더 버리는 것이 묘수. 백2로 단수치면 흑3부터 흑7까지 집을 지어 살게 된다.

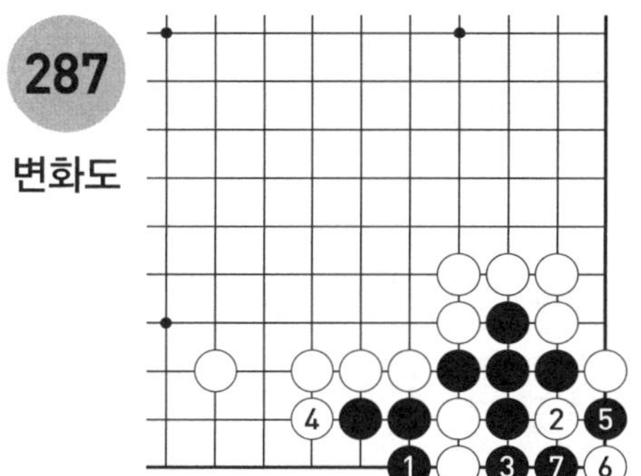

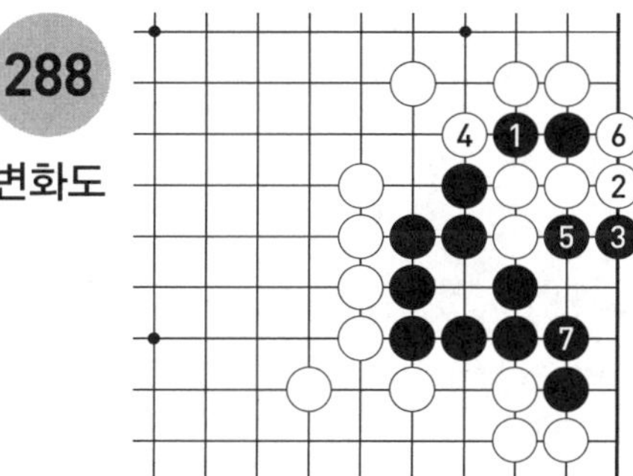

백2로 단수치면 흑은 흑3 따냄, 흑5, 7로 백 2점을 잡아 살 수 있다. 백4로 흑5에 이어도 흑5로 백4에 밀어 흑이 역시 산다.

만약 백이 2로 늘면 흑3으로 붙이고, 백4 단수칠 때, 흑5, 7로 집을 지어 역시 살게 된다.

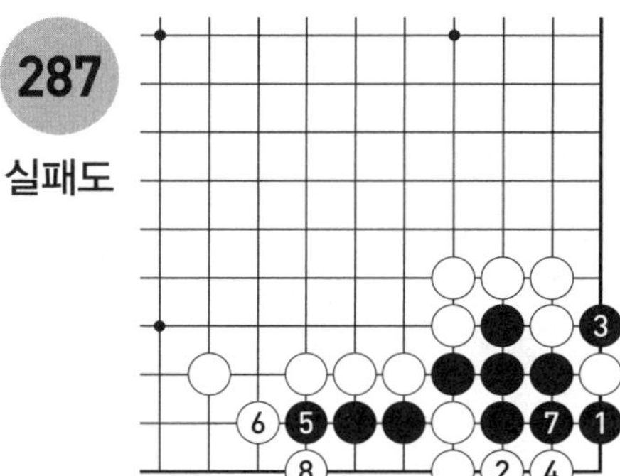

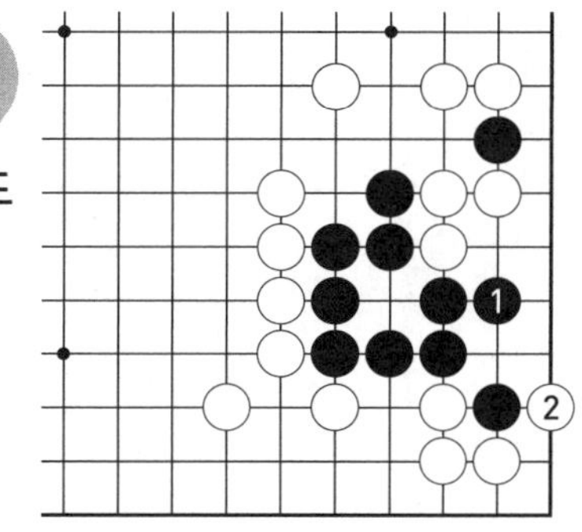

흑1로 단수는 착오. 백2로 단수치고 백4로 늘어 백8까지 흑은 살 수 없다.

흑1은 착오. 백2 단수로 흑은 살기 어렵다.

제5부 빅

어떤 이들은 '바둑은 너 죽고 나 살기의 싸움이다'라고 말하나, 완전히 그런 것은 아닙니다. 왜냐하면 바둑에 서로 나름대로 함께 사는 방법이 있기 때문입니다. 이를 '빅'이라고 합니다. 빅이란, 상대와 내가 한 국지전에서 대치하여 어떠한 수도 둘 수 없으며 둘러싸고 있는 상태에서 누구도 두 집이 나지 않는, 힘이 동일한 상태를 말합니다. 즉, 서로를 잡을 수 없는 국면의 상태를 뜻하는 것이지요.

사실 이러한 것은 인류의 생존 방식과도 많이 닮았습니다. 예를 들어 생활 중에서의 좋고 나쁨, 선과 악 등의 모순, 이들은 서로가 대립되어 통일되어 있는 방식으로 생활의 공간에서 서로 공존을 영위하는 것입니다. 바둑에서 빅 역시 생활의 공존으로 볼 수 있습니다. 쌍방이 대립되는 방식으로 형성된 통일된 결과, 즉 서로 사는 것입니다.

다음의 세 가지는 연습문제를 풀기 전에 우선 학습하기 바랍니다.
(1) 빅이 되는 형태
(2) 서로가 각기 한 집만 갖는 빅
(3) 빅의 필요 조건

제5부는 모두 54개의 문제로 구성되어 있으며 모두 흑 선입니다. 한번 생각해 보세요. 어떤 묘수를 써야 서로가 살 수 있을까요?

289 문제도

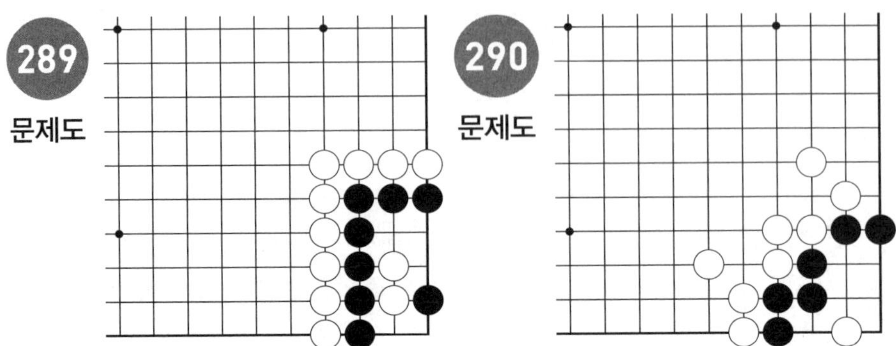

290 문제도

291 문제도

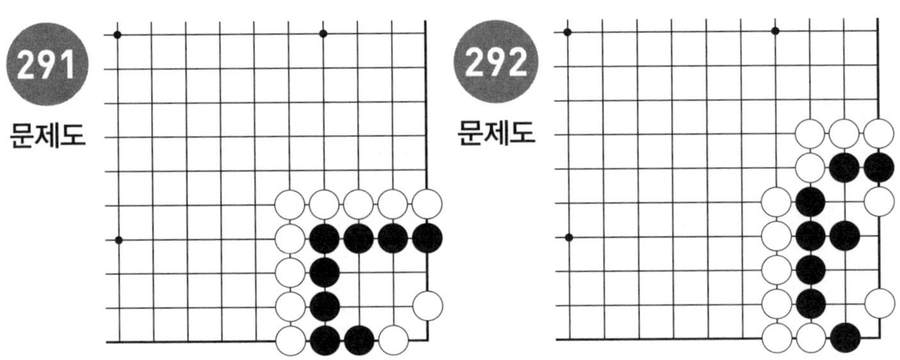

292 문제도

293 문제도

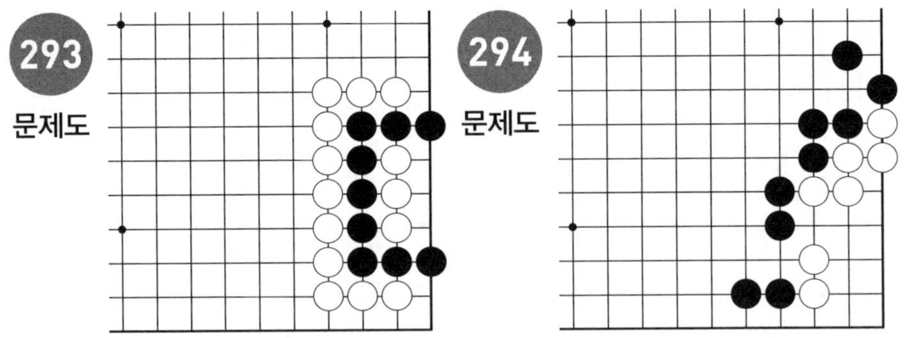

294 문제도

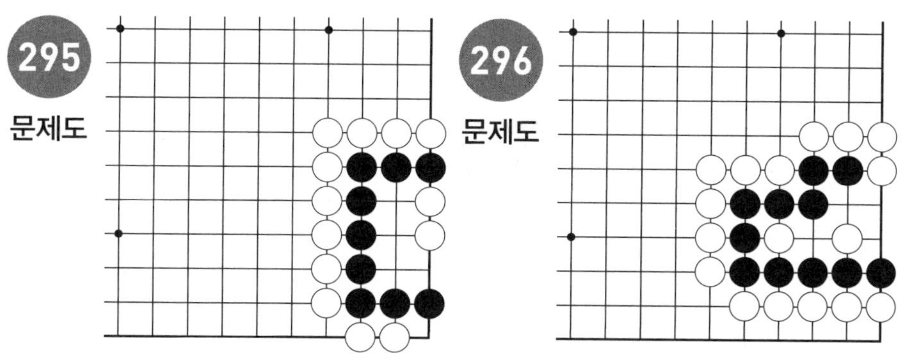

295 문제도

296 문제도

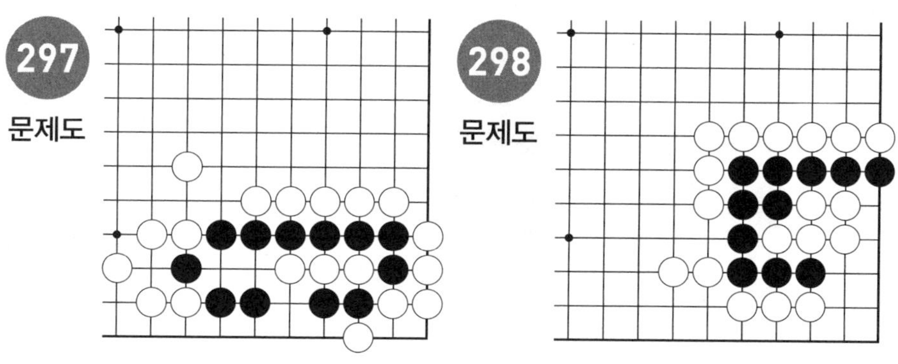

297 문제도

298 문제도

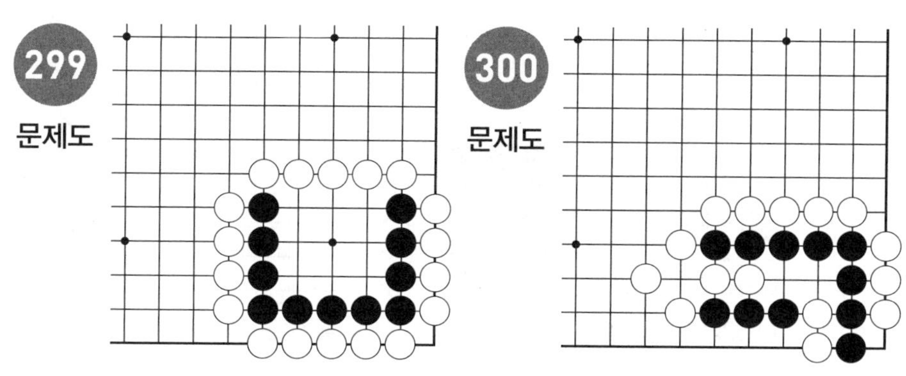

299 문제도

300 문제도

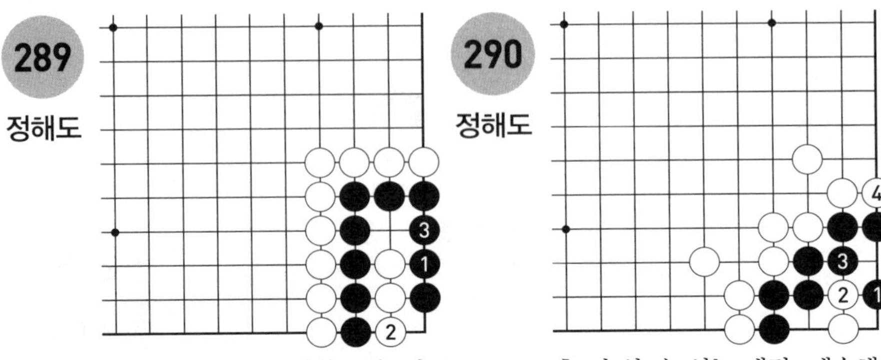

289 정해도

흑1로 밀고 백2로 귀의 눈을 없
앨 때 흑3으로 이어 빅이 된다.

290 정해도

흑1이 살 수 있는 맥점. 계속해
서 백4까지 빅이 된다.

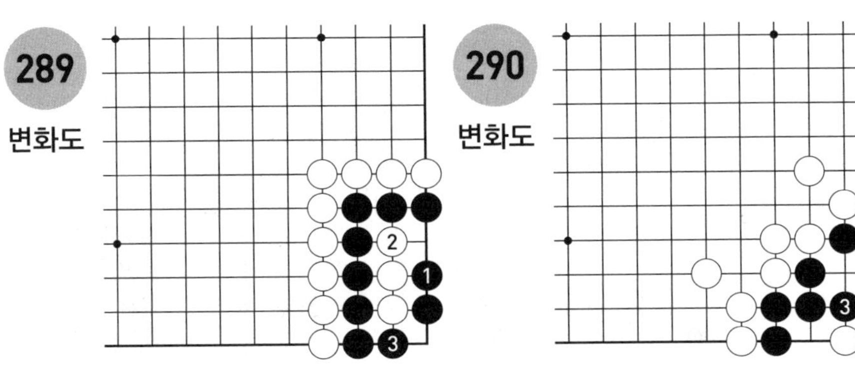

289 변화도

백2는 흑3으로 흑이 깨끗히 살게
된다.

290 변화도

백이 2로 막으면 흑은 3으로 두
어 살게 된다.

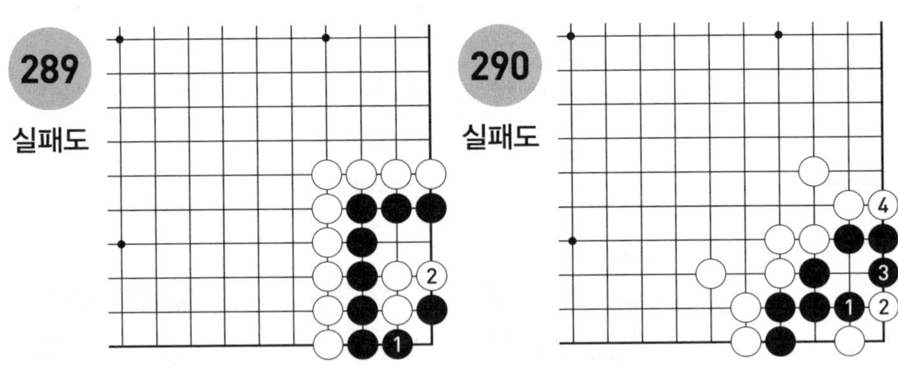

289 실패도

흑1 꼬부림은 착오. 백2로 단수
쳐서 만년패가 된다.

290 실패도

흑1은 착오. 백2 젖힘, 백4 단수
로 패가 된다.

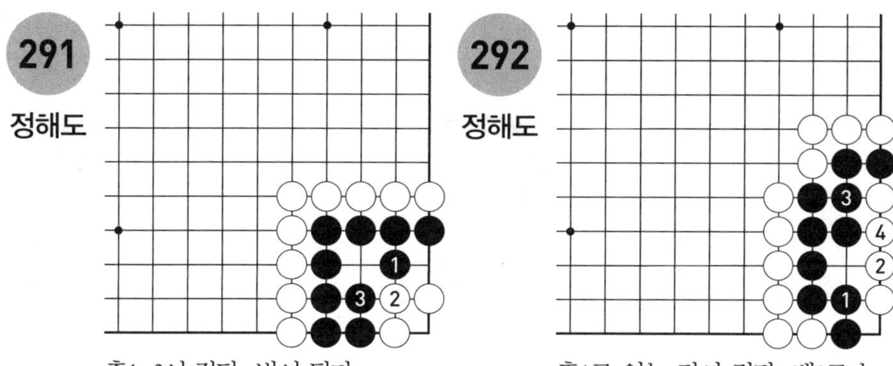

흑1, 3이 정답. 빅이 된다.

흑1로 잇는 것이 정답. 백2로 늘고 백4로 이으면 빅이 된다.

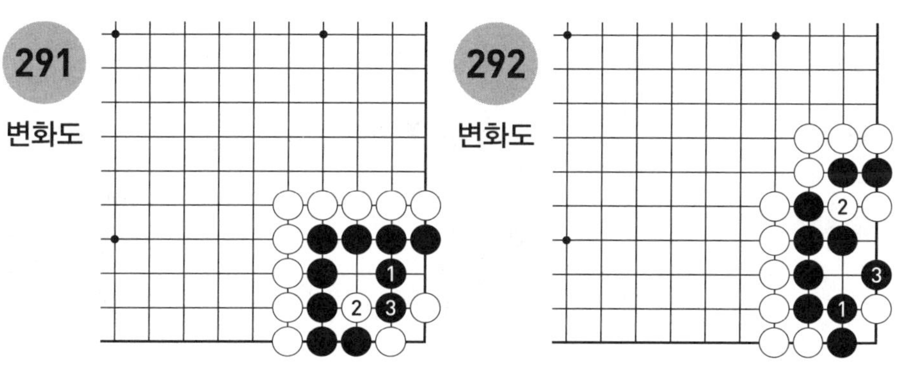

백2는 성립되지 않는다. 흑3으로 끊어 흑이 깨끗이 살게 된다.

백이 2로 흑 2점을 따내면 흑3으로 집을 지어 확실히 살게 된다.

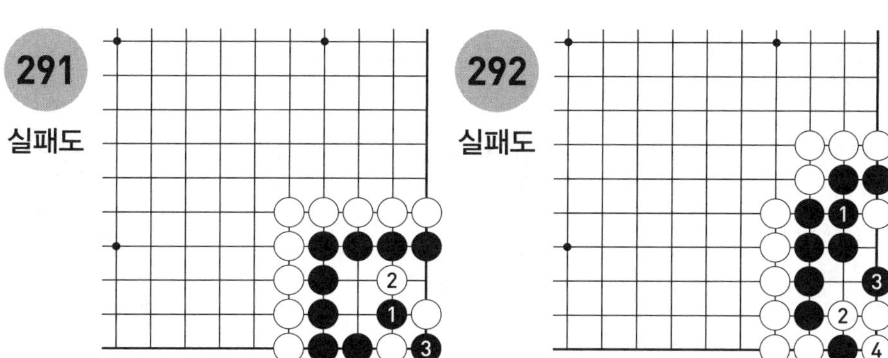

흑1은 착오. 백2 단수쳐서 패가 된다.

흑1은 착오. 백2, 4로 따내어 흑은 살 수 없다.

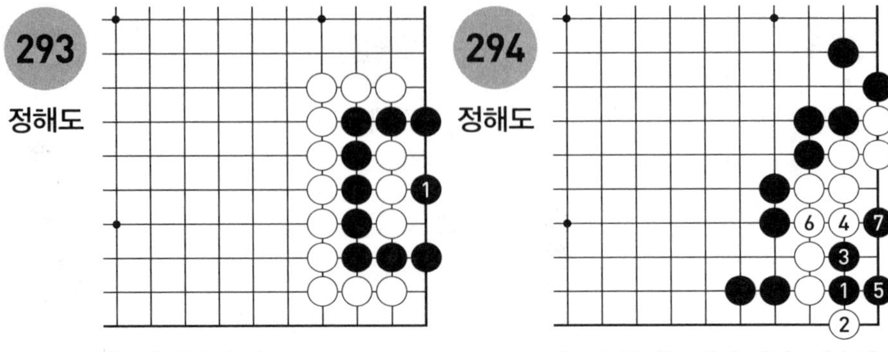

293 정해도

흑1이 빅의 요점.

294 정해도

흑1로 붙이는 것이 정답. 계속해서 흑7까지 빅이 된다.

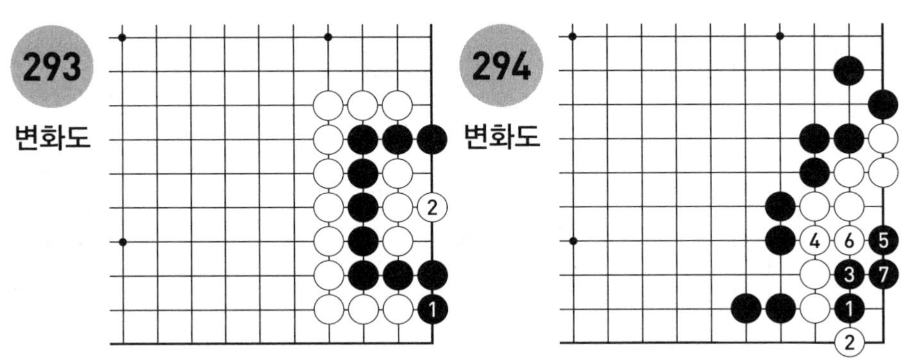

293 변화도

흑1은 착오. 백2로 흑은 살 수 없다.

294 변화도

백4는 착오. 흑7로 이은 후 귀에 패가 남아 백이 부담스럽다.

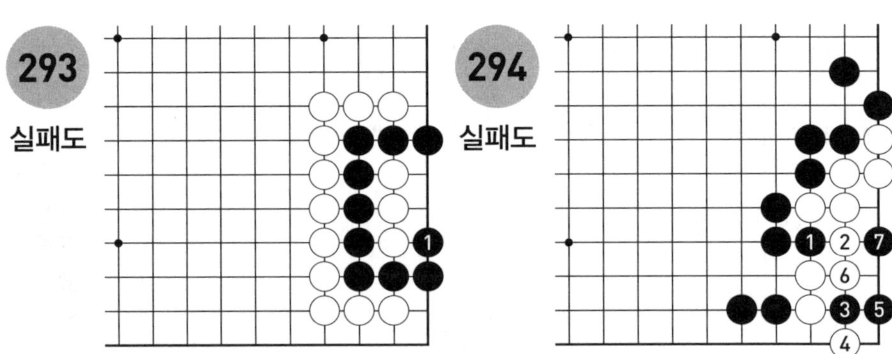

293 실패도

흑이 1로 가는 것은 착오. 흑은 빅을 만들 수 없으며 잡힌 모양이 된다.

294 실패도

흑1로 먼저 찌름은 착오. 백6까지 백이 쉽게 산다.

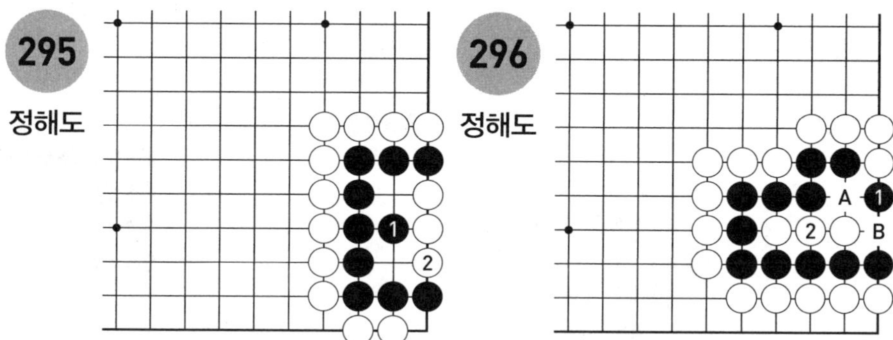

정해도 흑1은 빅의 요점.

정해도 흑1 젖힘이 정답. 백2로 이을 때 흑이 손을 빼면 빅이 된다.

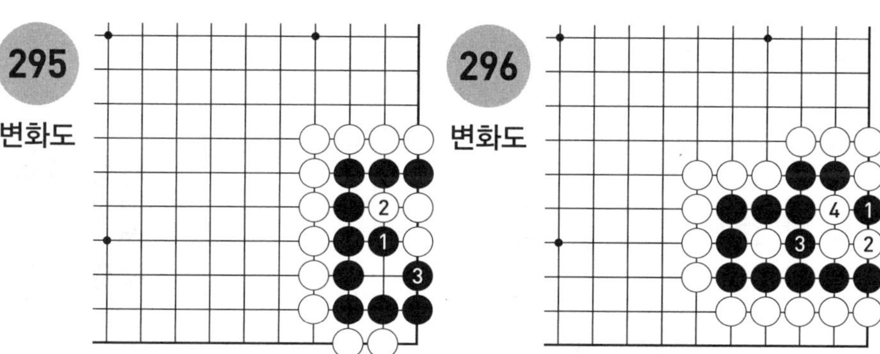

변화도 백2는 착오. 흑3으로 따내어 살게 된다.

변화도 백의 단수는 성립되지 않는다. 흑3으로 따내면 환격으로 백을 잡을 수 있다. 흑5=흑1

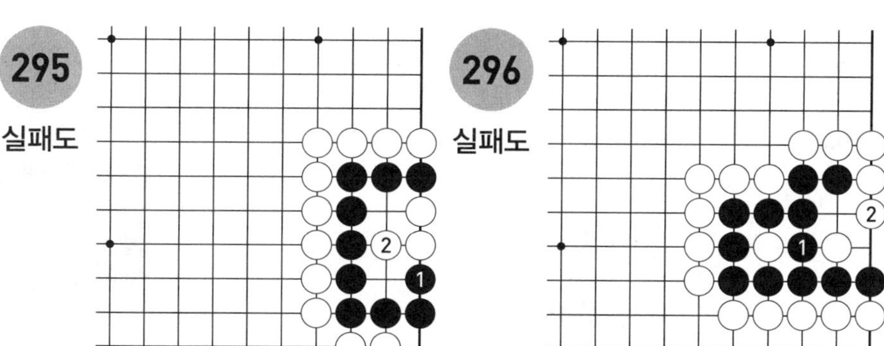

실패도 흑1은 착오. 백2로 꼬부려서 잡혔다.

실패도 흑1은 착오. 백2 연결로 살 방법이 없다. 흑 실패.

297 정해도

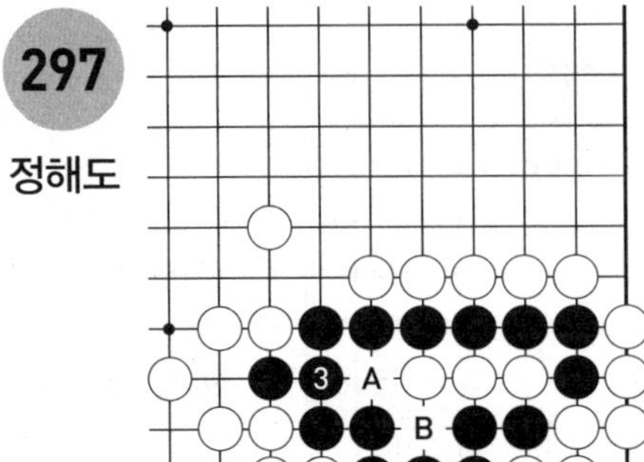

흑1이 묘수. 이하 흑7까지 진행
되며 A, B 두 지점은 서로가 둘
수 없어 빅이 된다.

298 정해도

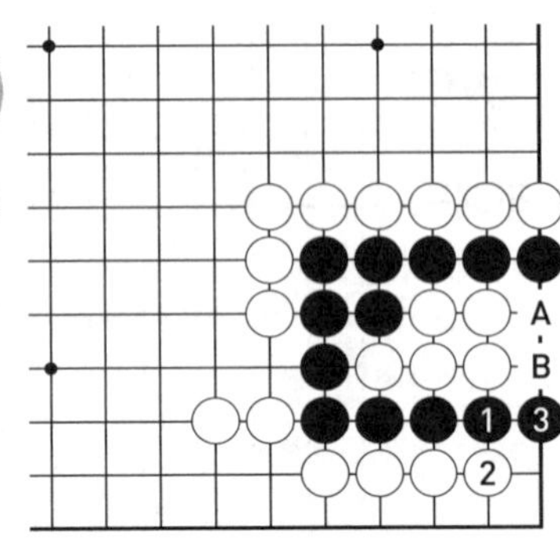

흑1, 3이 정답. A, B 두 지점은
서로가 둘 수 없기 때문에 빅이
된다.

297 변화도

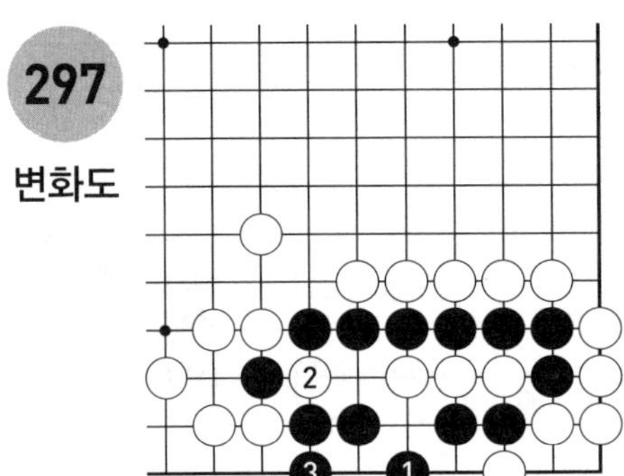

백2는 착오. 흑3으로 집을 지어
흑이 산다.

298 변화도

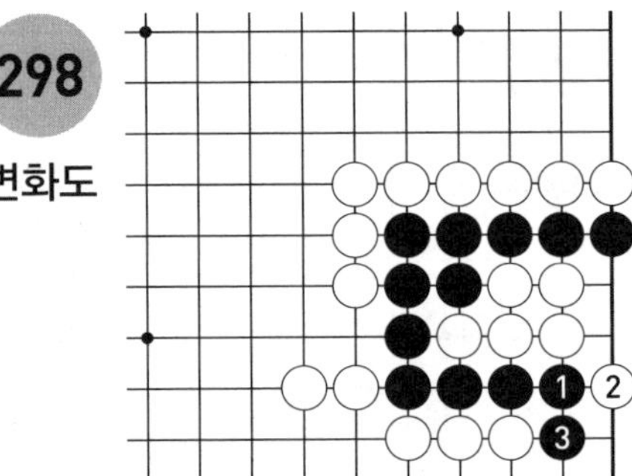

백이 2로 젖히면 흑3으로 꼬부려
서 흑이 크게 산다.

297 실패도

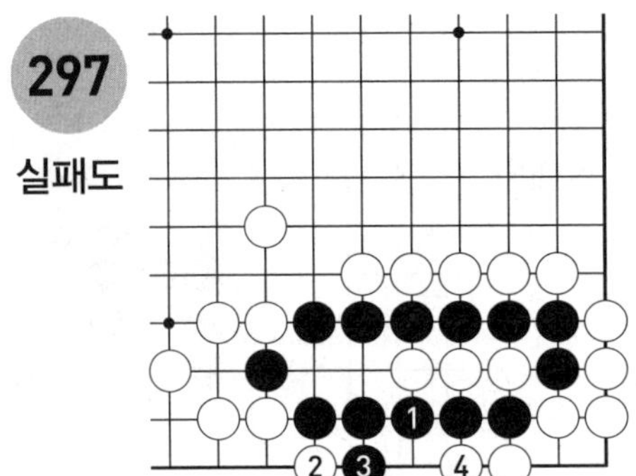

흑1은 착오. 백2, 4 파호로 흑은
살 수 없다.

298 실패도

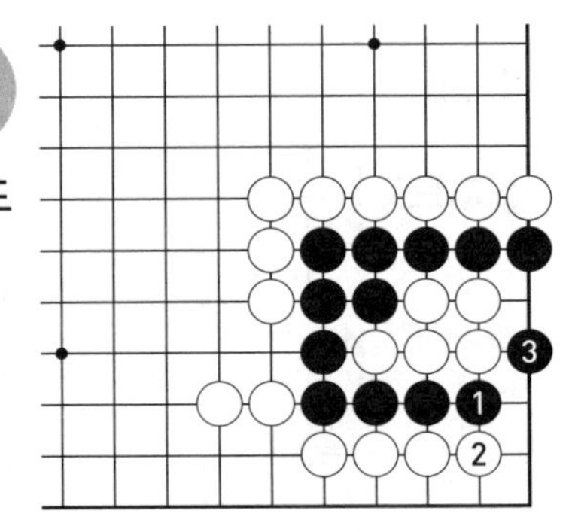

흑3은 착오. 백 5점을 따낸 후 흑
이 잡힌 모양.

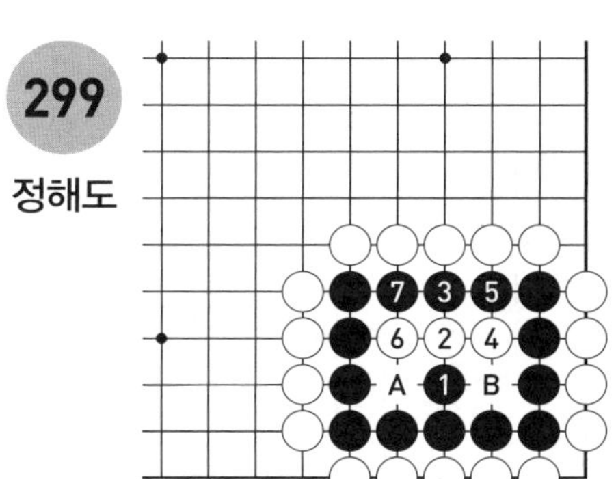

흑1이 정답. 백2 할 때 흑3이 묘수. 이하 흑7까지 진행되어 빅이 된다.

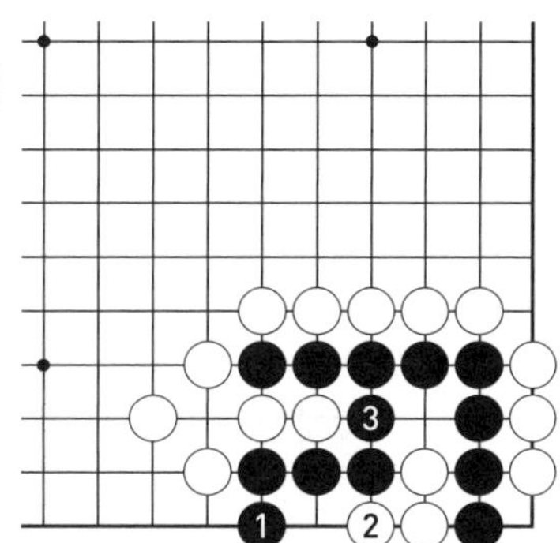

흑1이 정답. 백2 파호, 흑3 단수쳐서 빅이 된다.

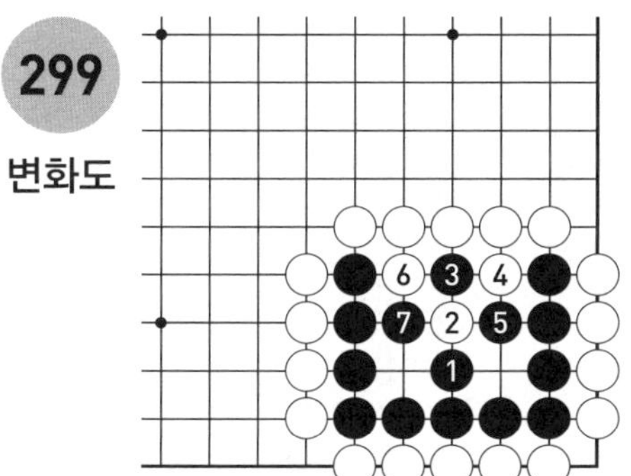

백4로 단수치면 흑7까지 흑이 살게 된다.

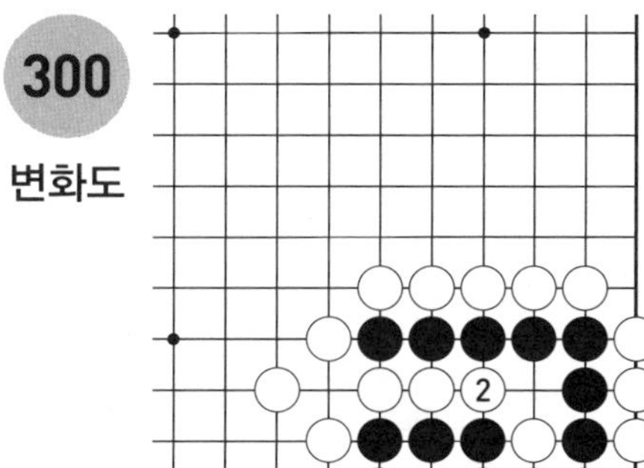

백2는 성립되지 않는다. 흑3 단수로 흑은 살았다.

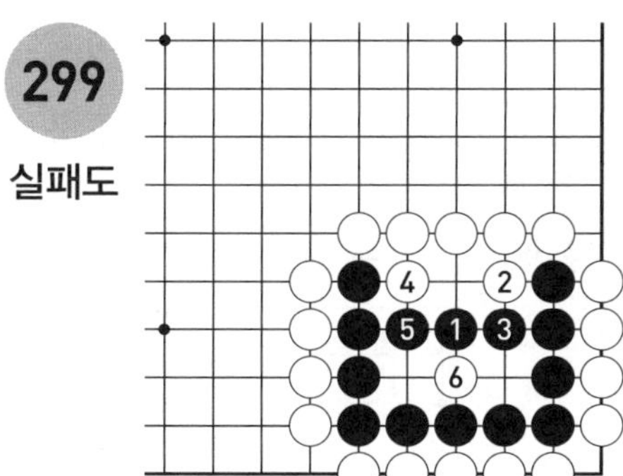

흑1은 착오. 백2, 4로 찌르고 백6 치중으로 흑이 잡힌다.

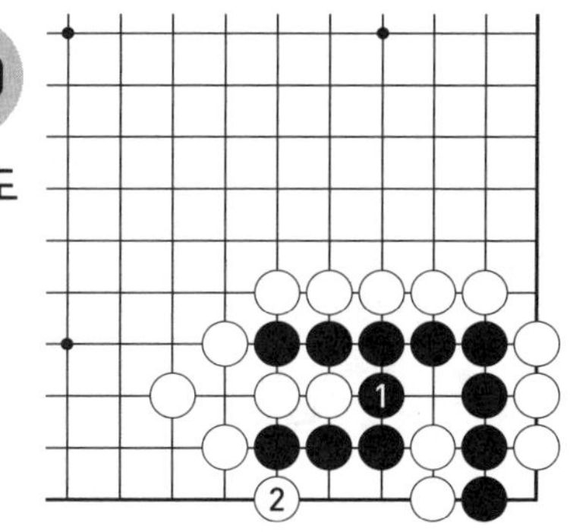

흑1은 착오. 백은 2로 젖혀서 흑을 잡을 수 있다.

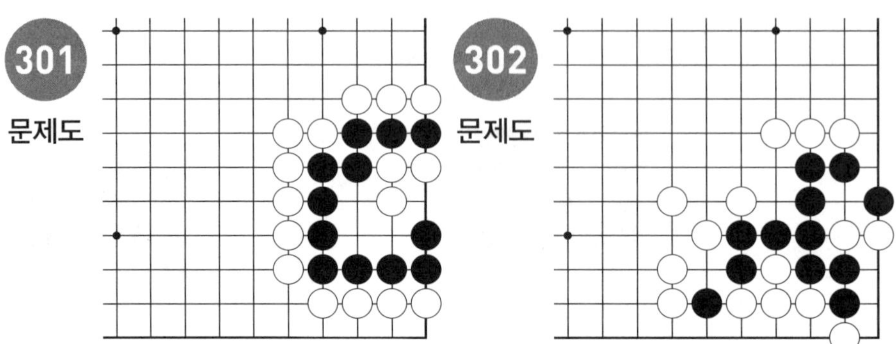

301
문제도
302
문제도

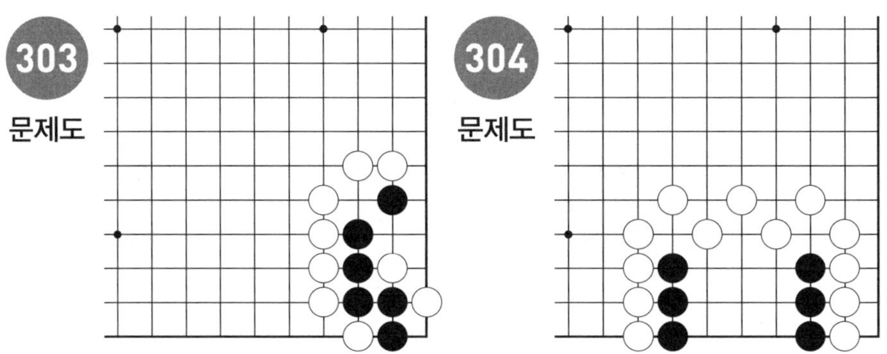

303
문제도
304
문제도

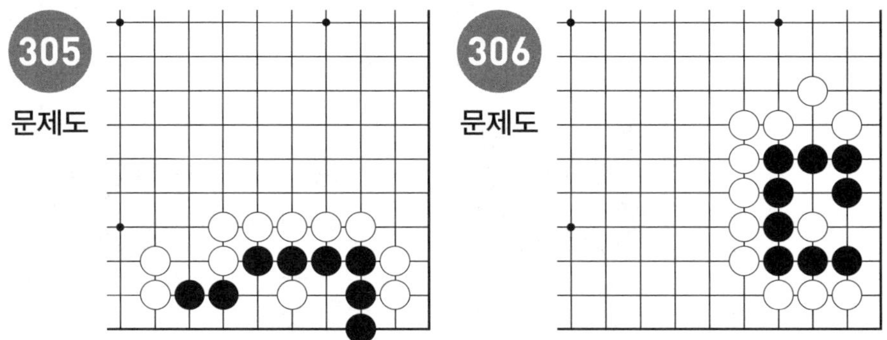

305
문제도
306
문제도

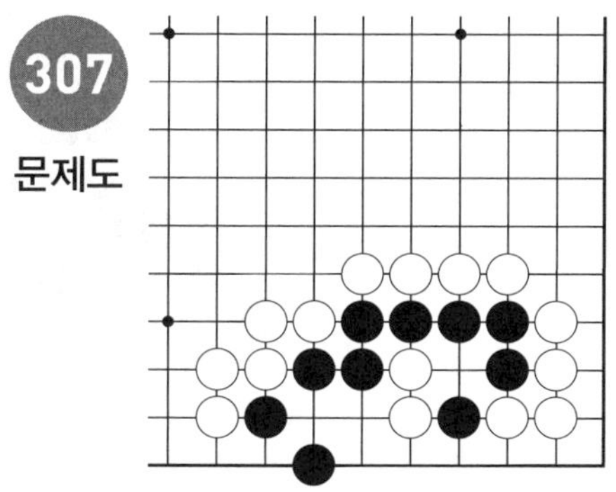

307
문제도

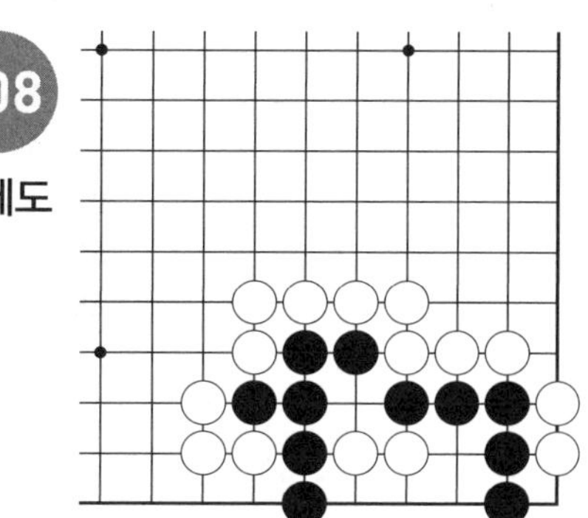

308
문제도

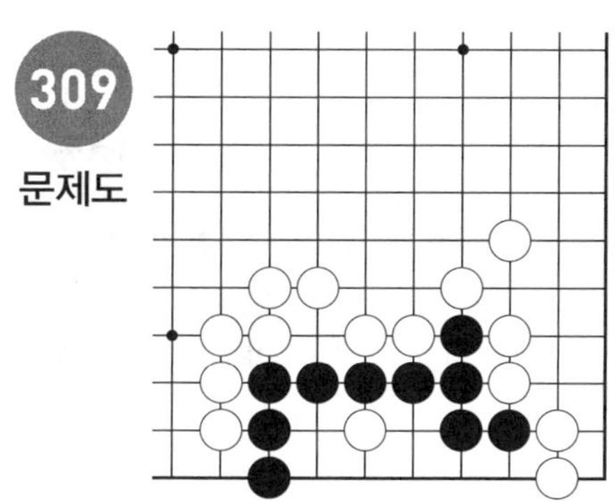

309
문제도

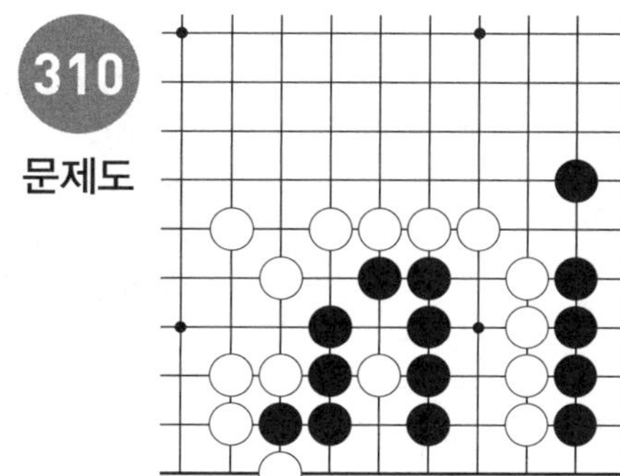

310
문제도

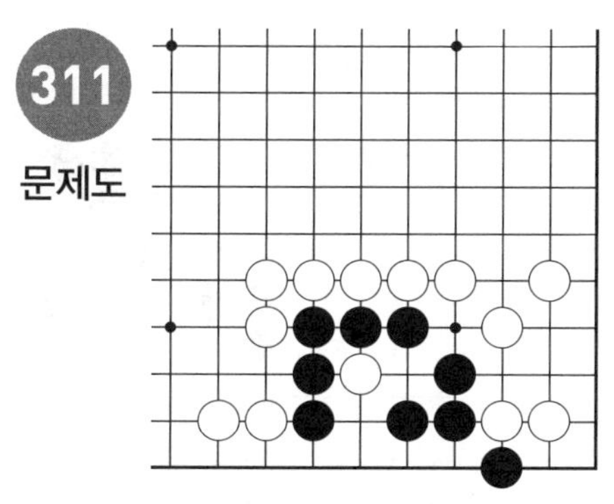

311
문제도

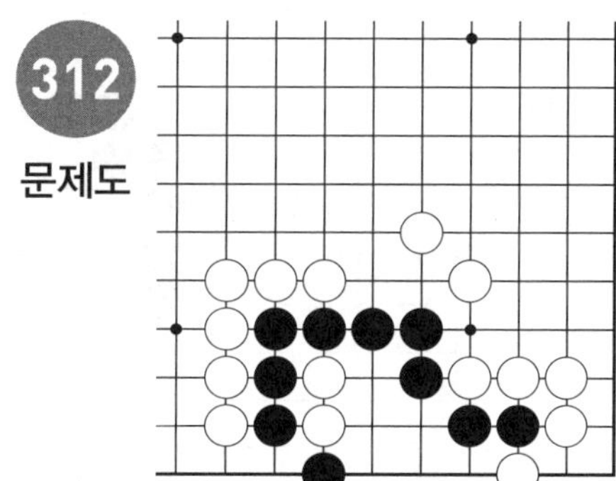

312
문제도

301 정해도

302 정해도

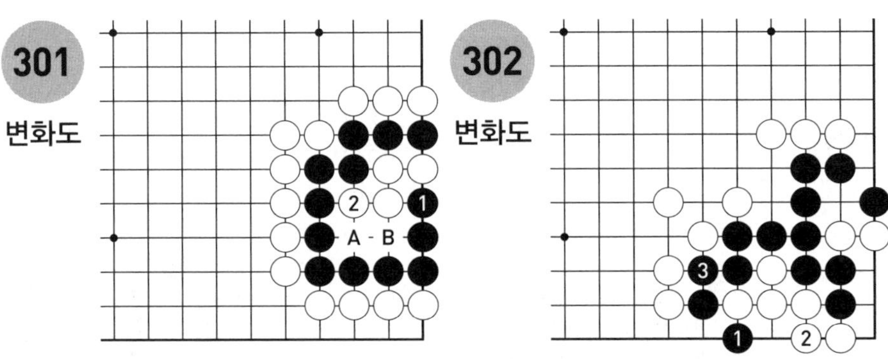

흑1이 정답. 이후 백이 어떻게
하든 결과는 빅이 된다.

흑1 젖힘, 흑3 먹여치는 수순이
정답. 이하 백6까지 빅이 된다.

301 변화도

302 변화도

백이 2로 두어도 A, B 두 지점은
서로 메울 수 없어서 역시 빅이
된다.

백2로 연결하면 흑3으로 백이 크
게 잡히게 된다.

301 실패도

302 실패도

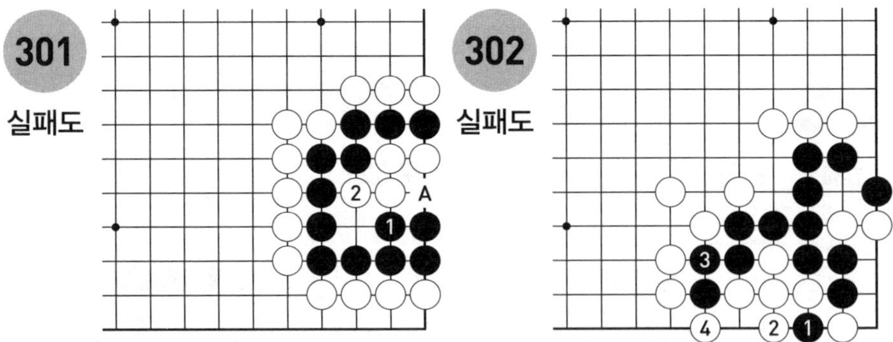

흑1은 착오. 백2 파호로 흑이 A
에 둘 수 없어 흑이 잡힌다.

흑1로 먹여치기는 착오. 백4 후
에 흑은 살 수 없다.

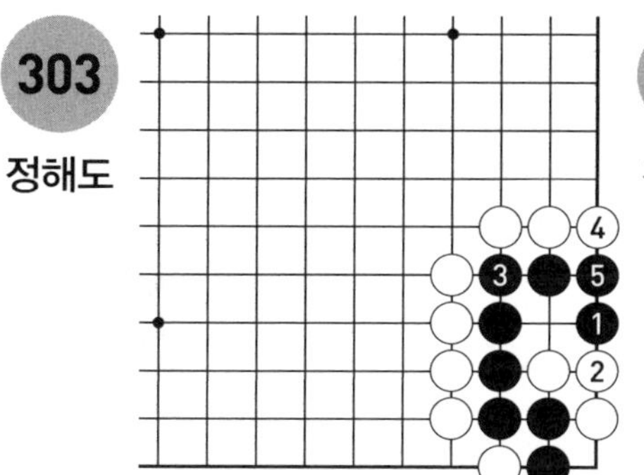

흑1이 정답. 백2로 이을 수밖에 없을 때 흑3, 5로 빅이 된다.

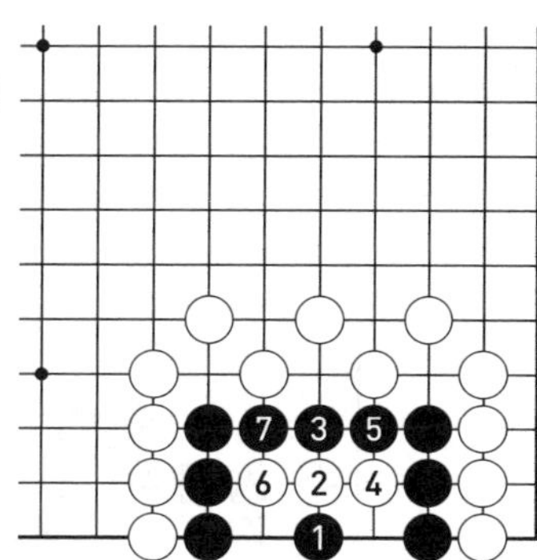

흑1이 정답. 백2에 흑3으로 붙임이 절묘. 이하 흑7까지 빅이 된다.

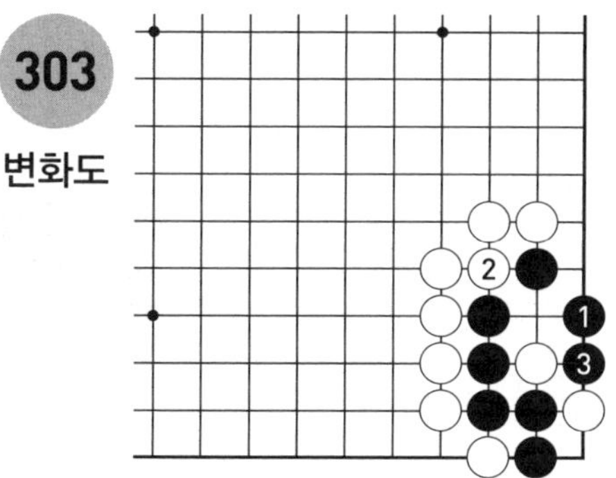

백2는 흑3으로 끊어서 흑이 살 수 있다.

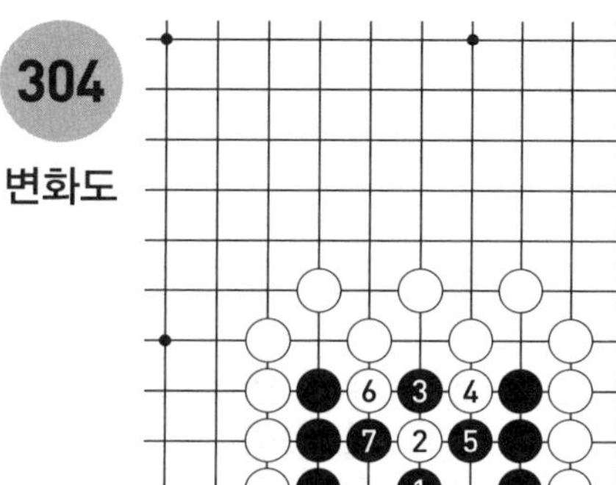

백4로 찌르면 흑5로 막고 흑7로 따내어 산다.

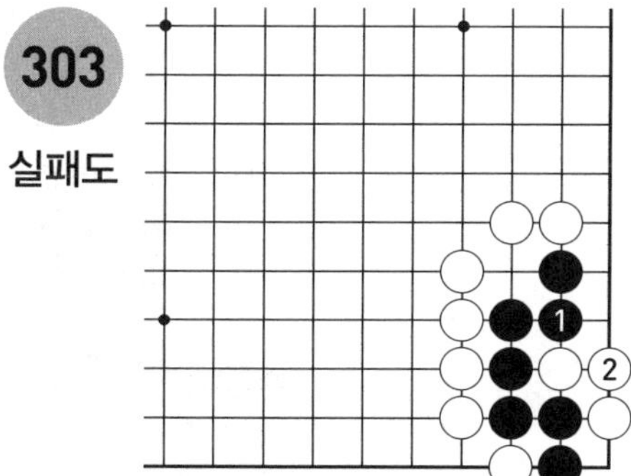

흑1은 착오. 백2 연결 후 흑은 살 수 없다.

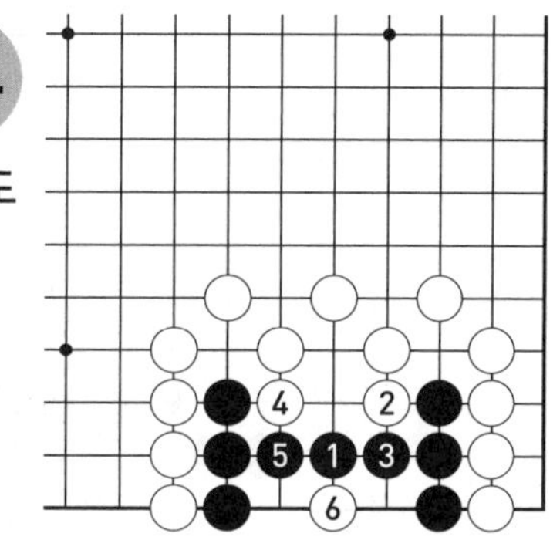

흑1은 착오. 이하 백6 치중으로 흑은 살 수 없다.

305 정해도

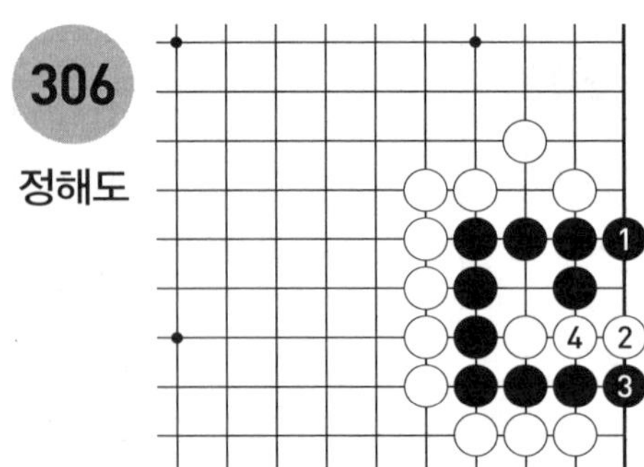

흑1이 정답. 흑3으로 집을 넓히
면 백4로 파호할 수밖에 없고 흑
5로 꼬부려서 빅이 된다.

306 정해도

백2로 들여다보기,
흑1이 정답. 백4 이어서 빅이 된다.

305 변화도

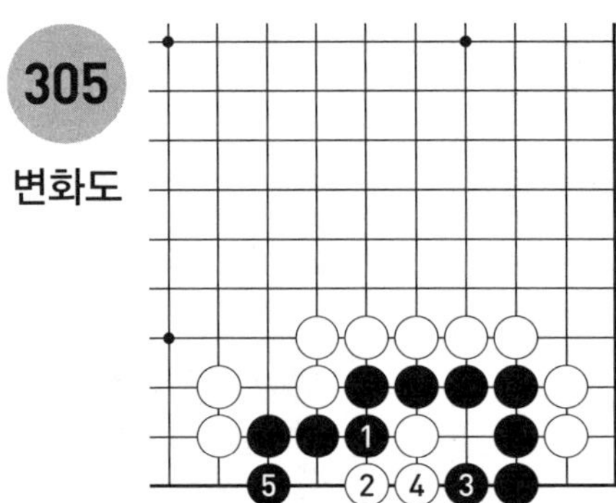

백이 2로 젖히면 흑3으로 들여다
보고 흑5로 내려서 정해도와
같이 빅이 된다.

306 변화도

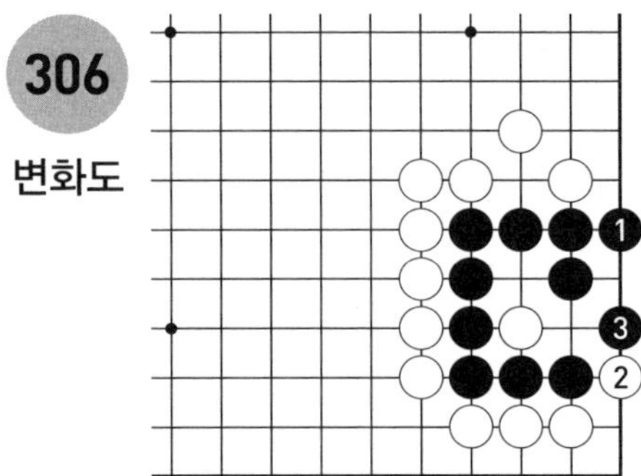

백2와 같이 젖히면 흑3으로 막아
깨끗히 살게 된다.

305 실패도

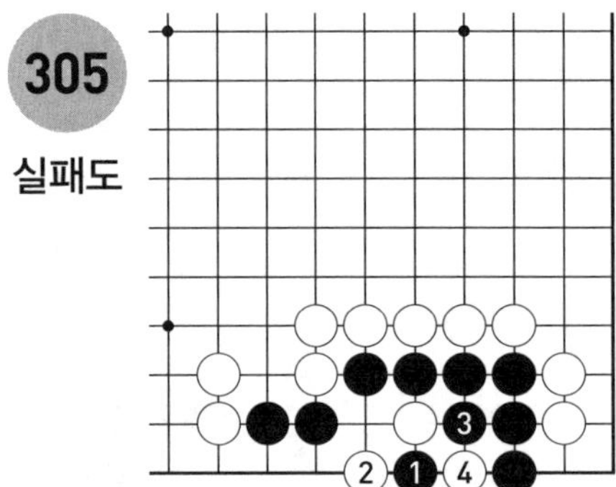

흑1은 착오. 백2 젖힘, 백4로 따
내어 패가 된다. 흑 실패.

306 실패도

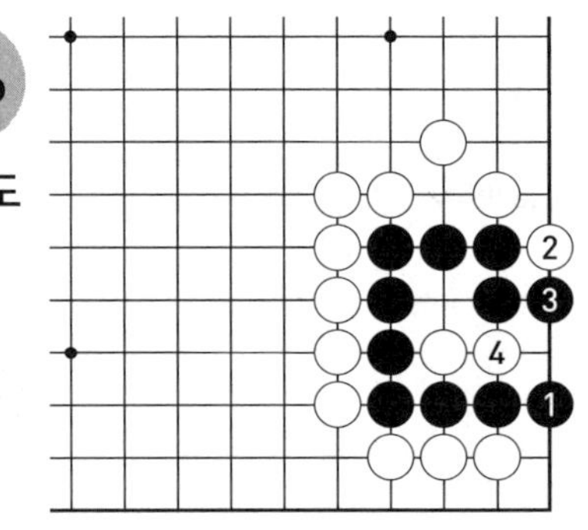

흑1로 느는 것은 착오. 백2 젖힘,
백4 파호로 흑은 살 수 없다.

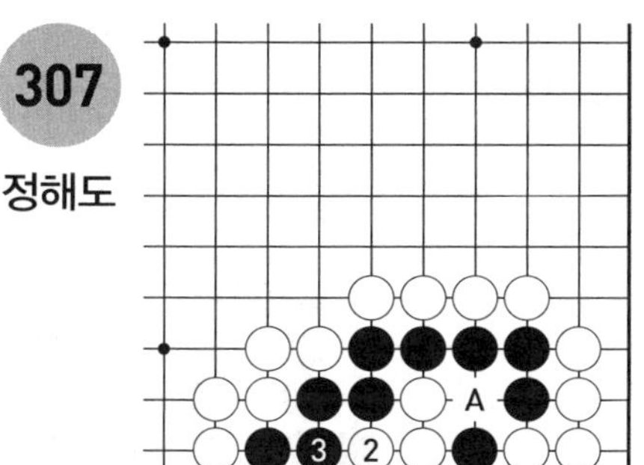

흑1로 젖힘이 정답. 백2 파호는 필연적이며 이하 흑5까지 서로 A, B지점을 메울 수 없어 빅이 된다.

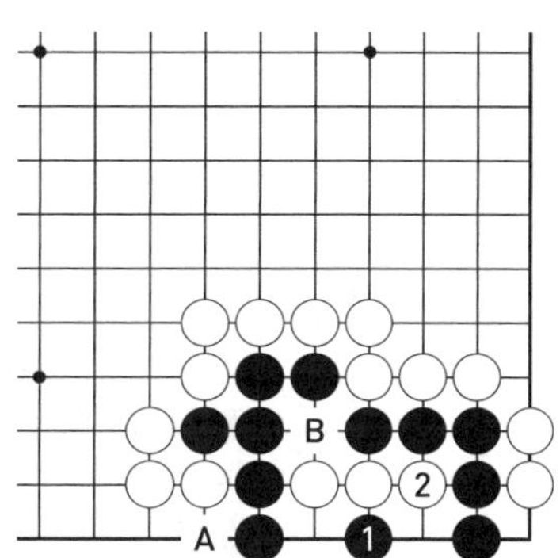

흑1 붙임이 정답. 백2로 느는 것이 필연적이며 이후 백이 A에 메우면 흑은 B를 이어서 빅이 된다.

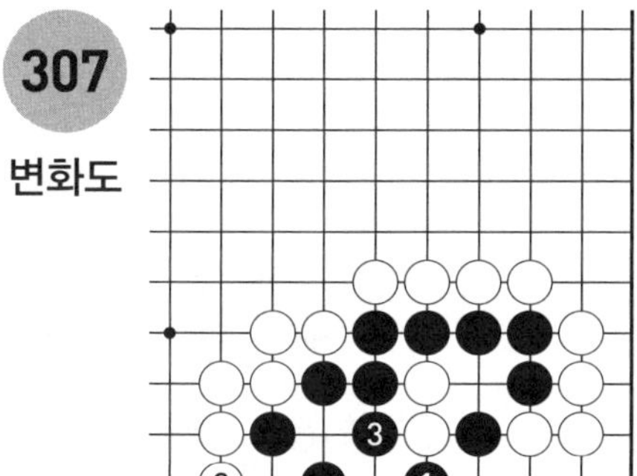

백이 2와 같이 늘면 흑3으로 단수쳐서 깨끗히 살게 된다.

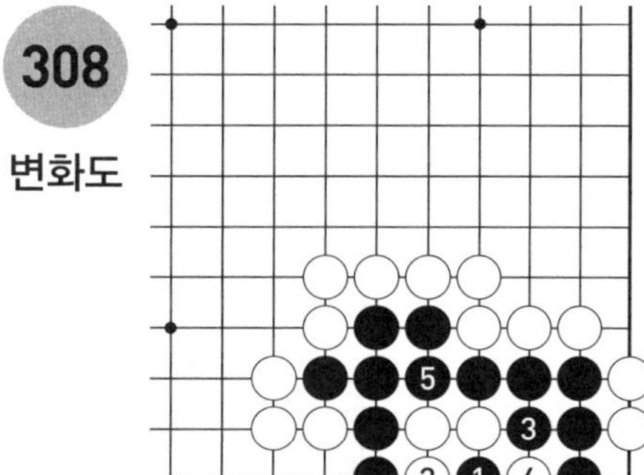

백2는 성립되지 않는다. 흑3, 5 단수치면 흑이 깨끗히 살게 된다.

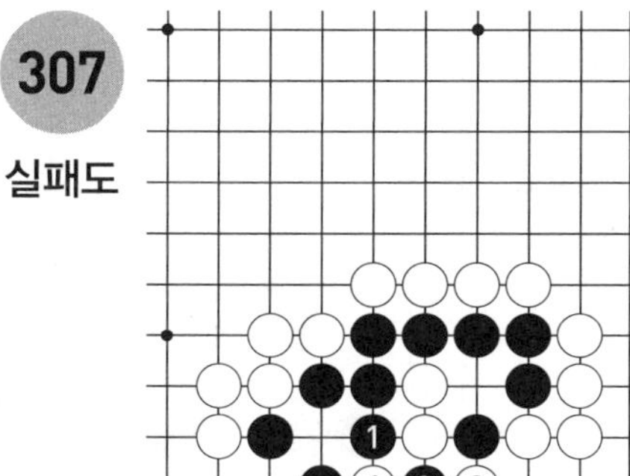

흑1로 먼저 집을 짓는 것은 착오. 백2로 건넘, 흑3 먹여치기, 백4 따냄으로 패가 된다.

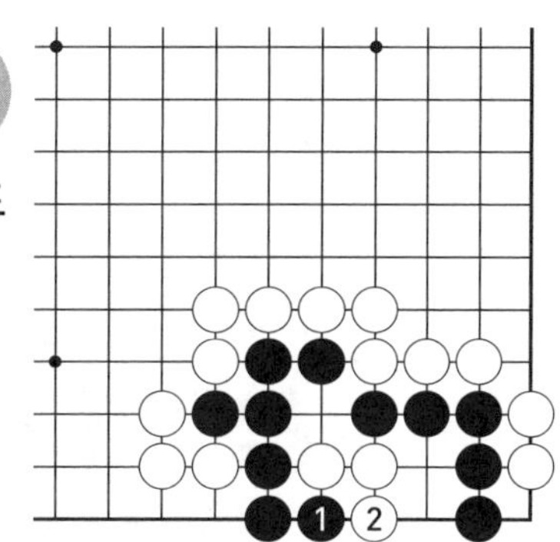

흑1 꼬부림은 착오. 백2로 막아 흑은 살 수 없다.

309 정해도

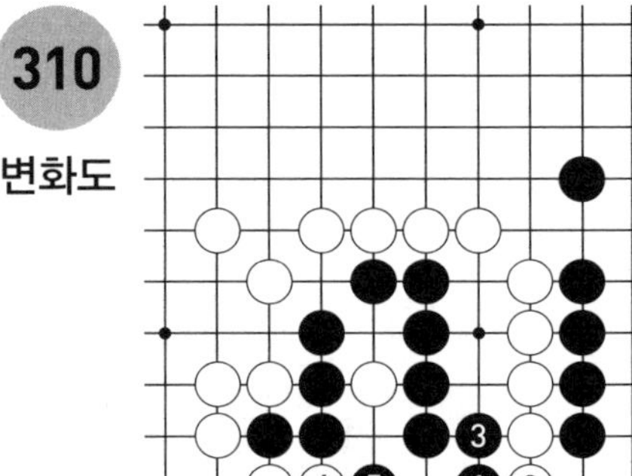

흑1로 막는 것이 정답. 백2로 마늘모하면 흑3, 5로 빅이 된다. 만약 백4가 흑5 자리에 두면 흑은 백4 자리에 두어서 빅이 된다.

310 정해도

흑1이 정답. 백4 치중, 백6 연결. 이하 흑7까지 빅이 된다.

309 변화도

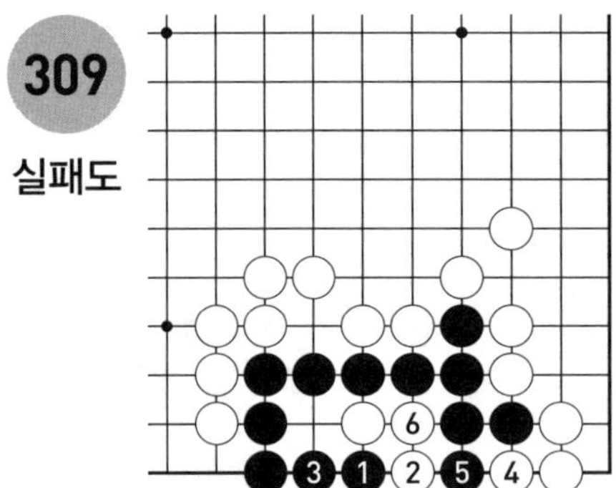

백이 2로 내려서면 흑3으로 마늘모 후 흑7까지 흑은 깨끗이 살게 된다.

310 변화도

백4로 들어가는 것은 실패. 흑이 5로 막아 살 수 있다.

309 실패도

흑1은 착오. 백6까지 흑은 살 수 없다.

310 실패도

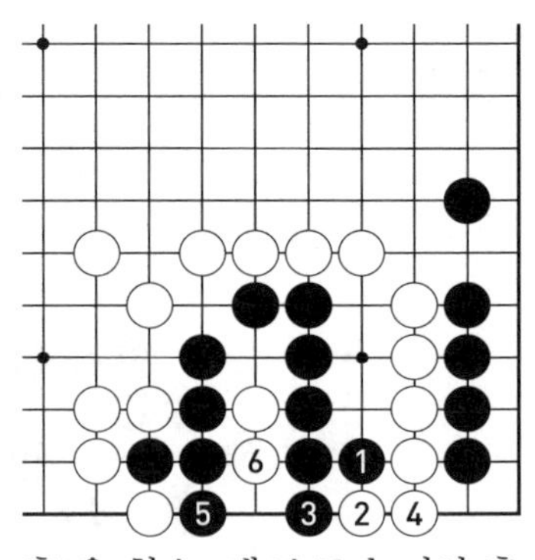

흑1은 착오. 백6으로 늘어서 흑은 살 수 없다.

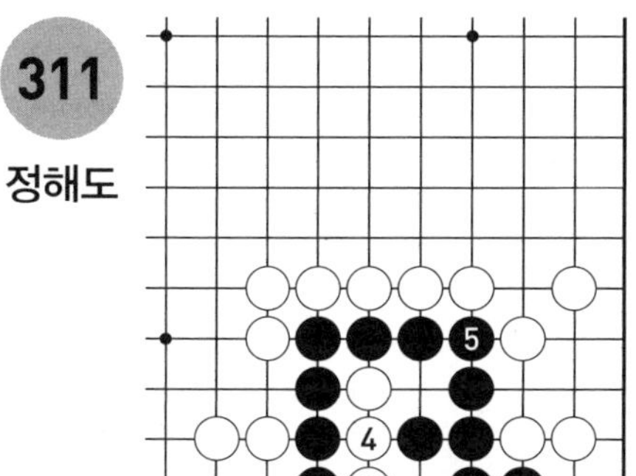

311 정해도

흑1이 정답. 백2 치중, 백4 연결.
이하 흑5까지 빅이 된다.

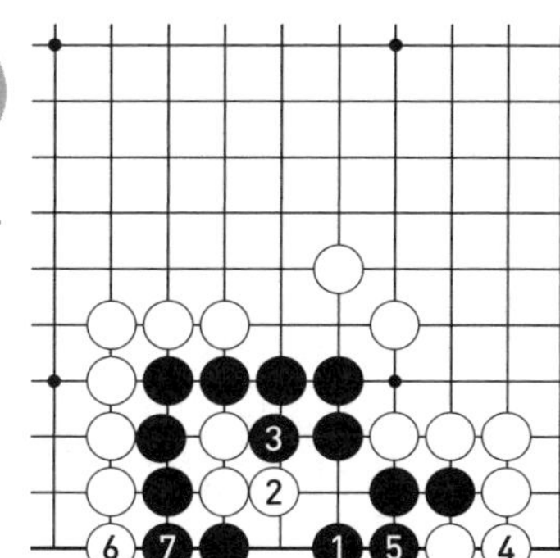

312 정해도

흑1로 호구치는 것이 정답. 백2
할 때 흑3이 묘수. 이하 흑7까지
빅이 된다.

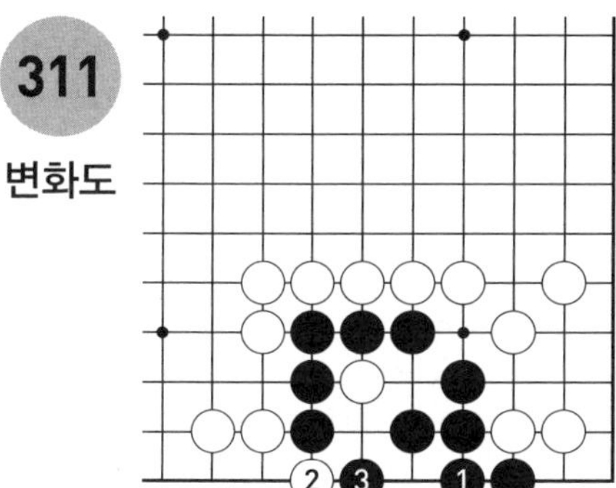

311 변화도

백2 젖힘은 실패. 흑3으로 막아
흑이 살게 된다.

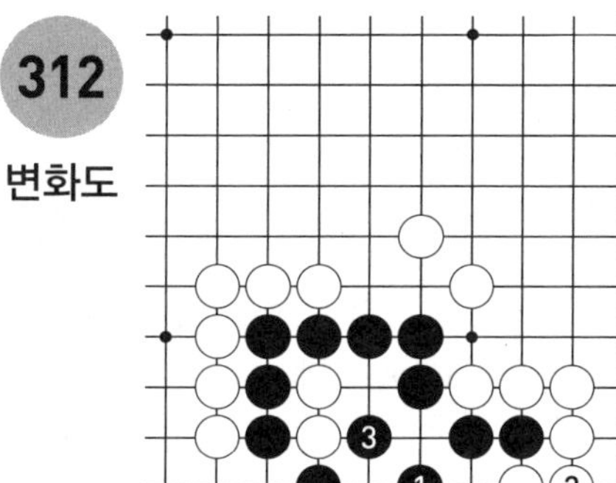

312 변화도

백2로 잇는 것은 흑3으로 집을
지어 흑이 쉽게 산다.

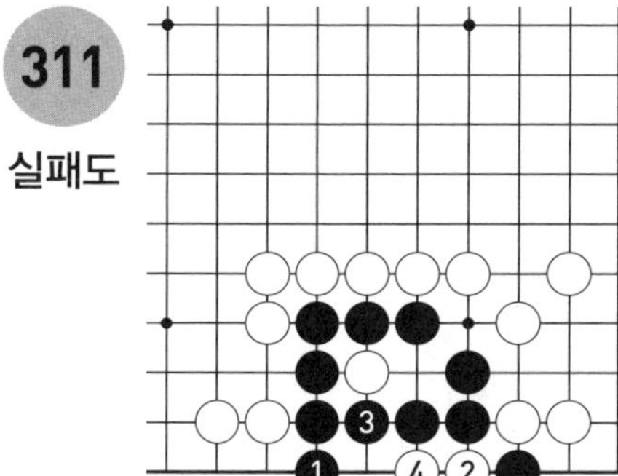

311 실패도

흑1로 느는 것은 착오. 백2로 먹
여친 후 백4로 들어가 흑은 살
수 없다.

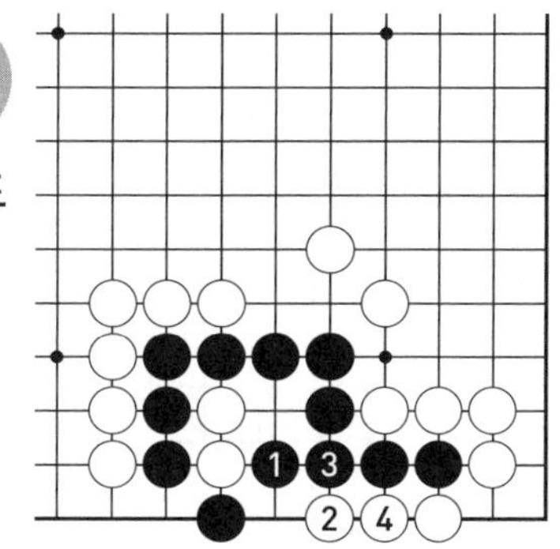

312 실패도

흑1로 2점 단수침은 착오. 백2로
뛰는 것이 집을 없애는 묘수. 백
4까지 흑은 살 수 없다.

313
문제도

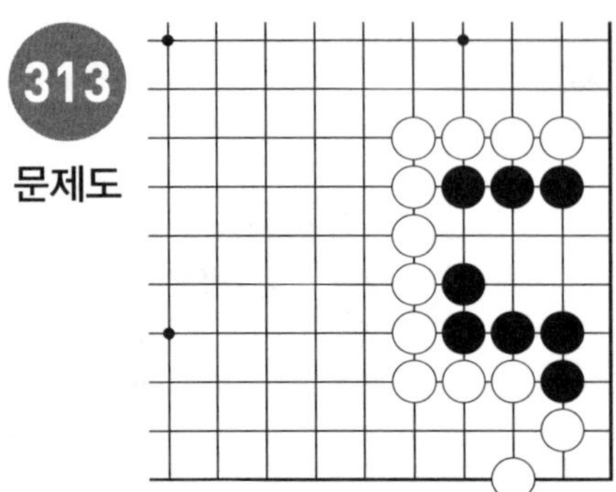

314
문제도

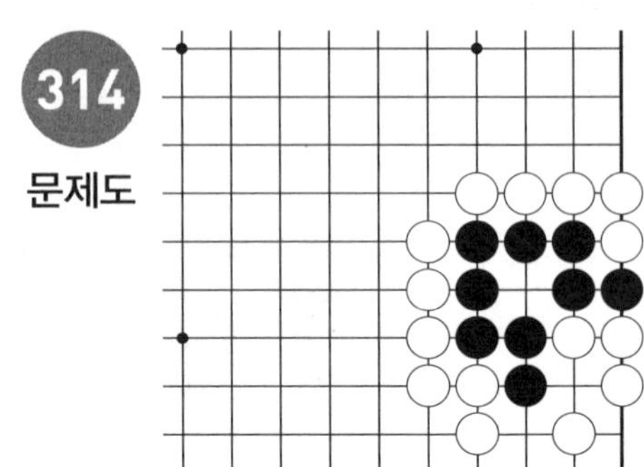

315
문제도

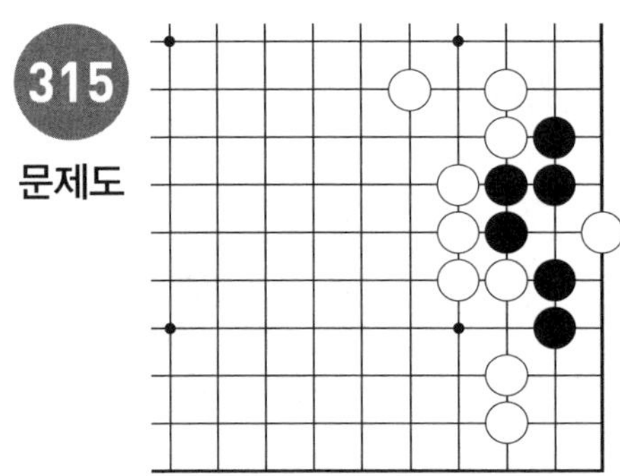

316
문제도

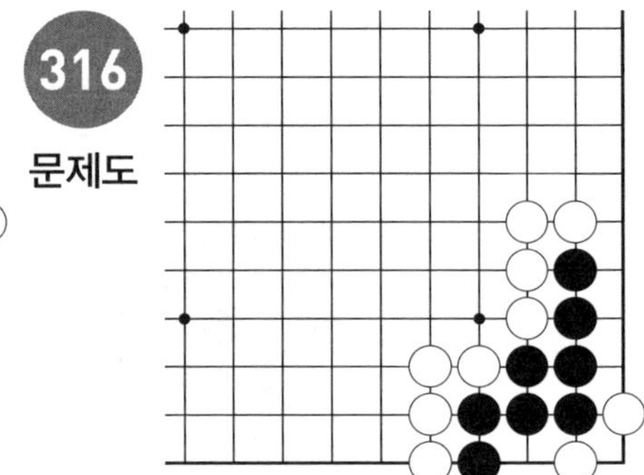

317
문제도

318
문제도

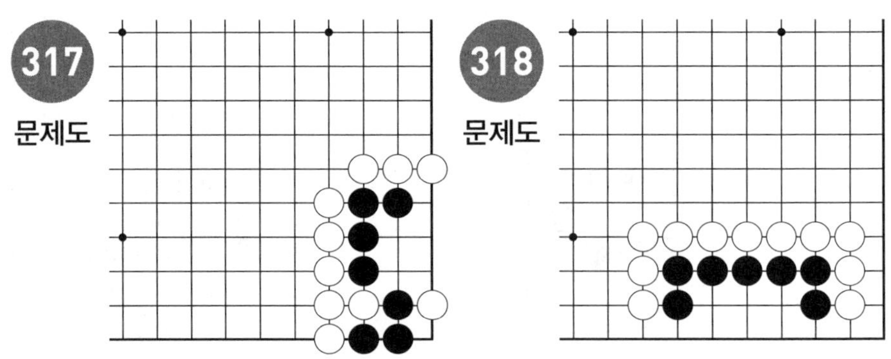

319 문제도

320 문제도

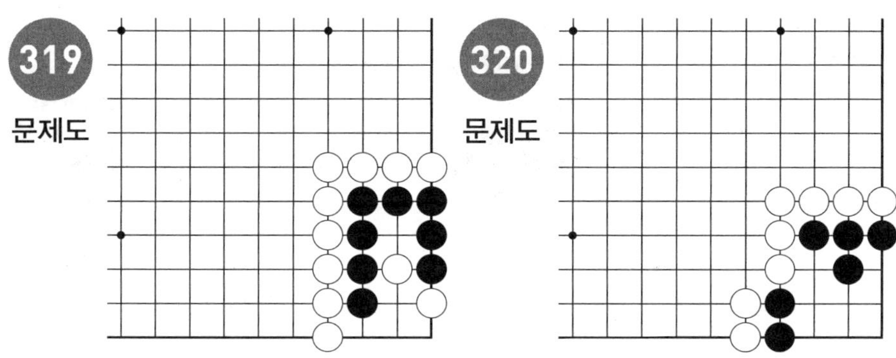

321 문제도

322 문제도

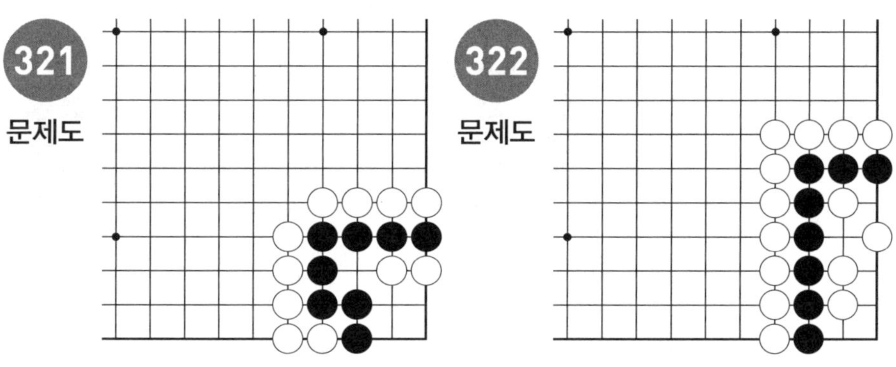

323 문제도

324 문제도

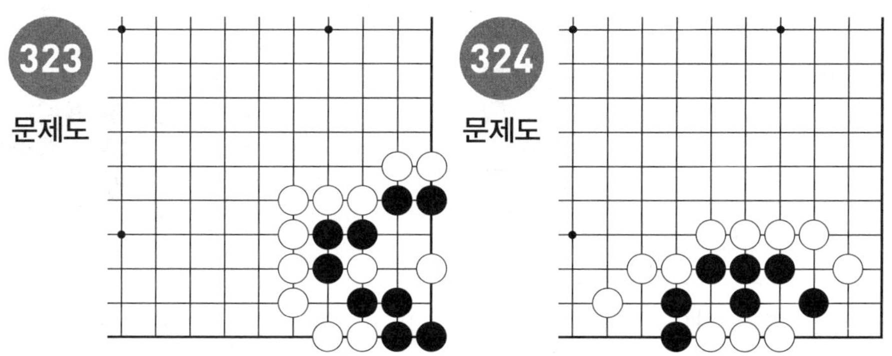

313 정해도

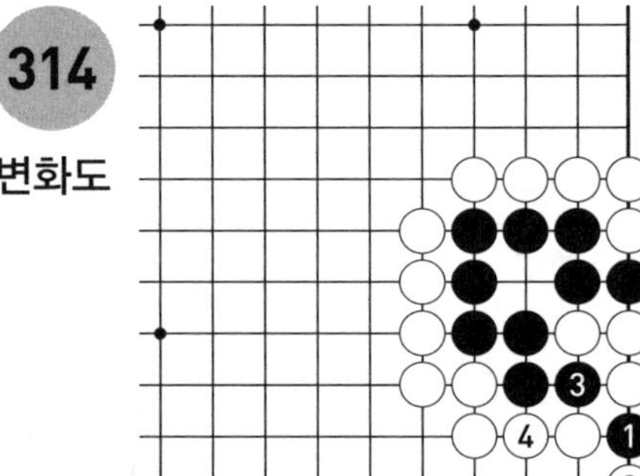

흑1이 정답. 백2 치중 후 백4 젖힘은 중요한 수순. 이하 백8까지 빅이 된다.

314 정해도

흑1 먹여치기가 묘수. 백2로 이을 때, 흑3으로 단수친다. 이하 백6까지 빅이 된다.

313 변화도

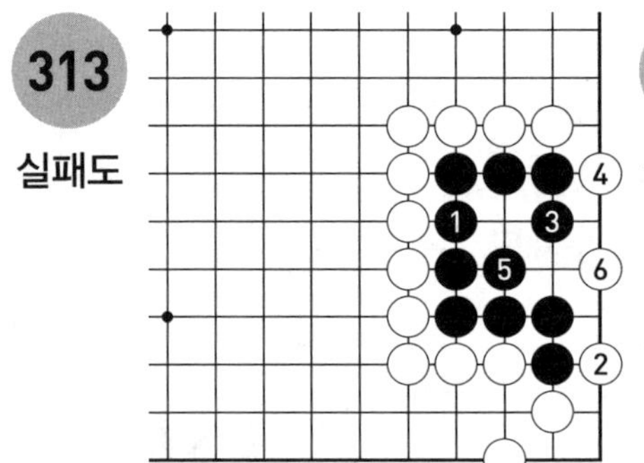

백4로 먼저 들여다보는 것은 착오. 백6 젖힘에 흑7 이음으로 흑이 깨끗히 살았다.

314 변화도

백이 2로 따내면 흑3 단수치고 백4로 연결할 수밖에 없을 때, 흑5로 3점을 따내어 살게 된다. 흑5=흑1

313 실패도

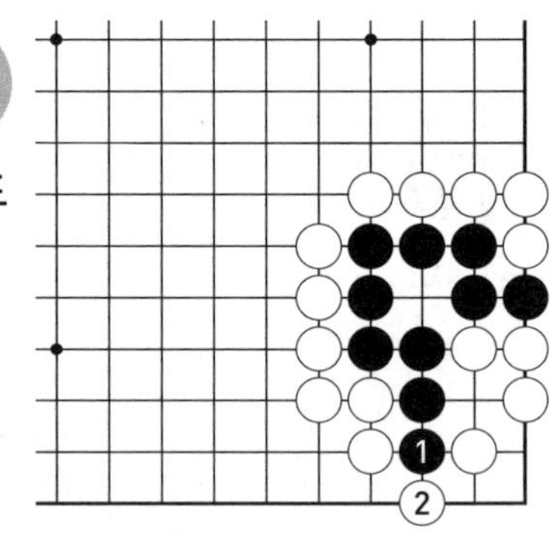

흑1은 착오. 백2로 젖힌 후 백6 치중까지 흑은 살 수 없다.

314 실패도

흑1로 찌르는 것은 착오. 백은 2로 막으면 흑이 둘 곳이 없다. 흑이 잡힌 모양.

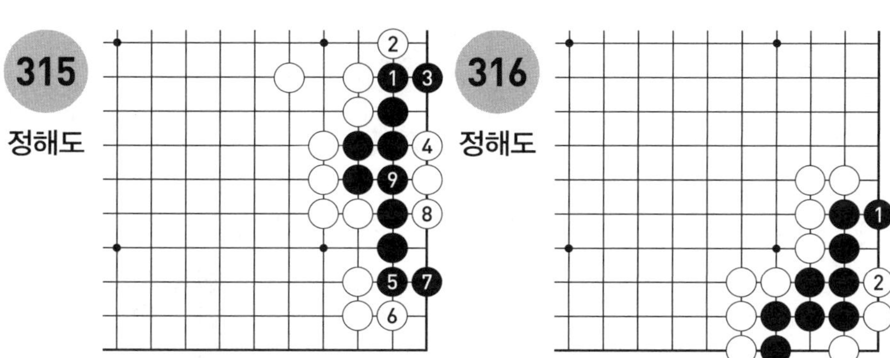

흑1로 밀고 흑3으로 안형을 넓혀 백4로 파호할 때, 흑은 다시 5로 밀고, 흑7로 내려선 후 흑9로 이어서 빅이 된다.

흑1로 안형을 넓히고 백은 2로 들어가서 빅이 된다.

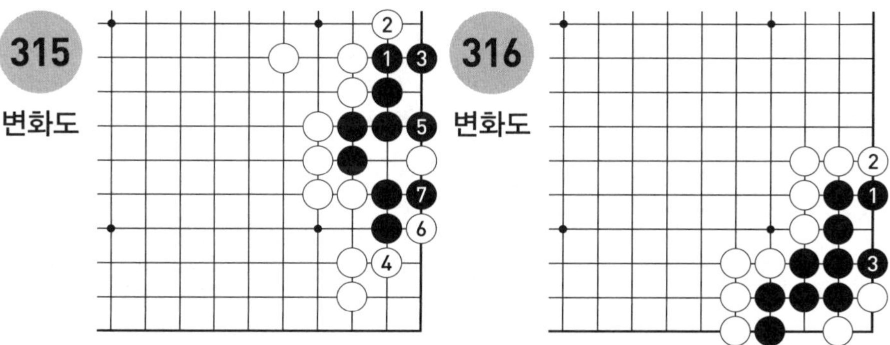

흑3으로 늘 때 백이 4로 막으면 흑5로 집을 지어 살게 된다.

백이 2로 막으면 흑은 3으로 집을 지어 깨끗이 살게 된다.

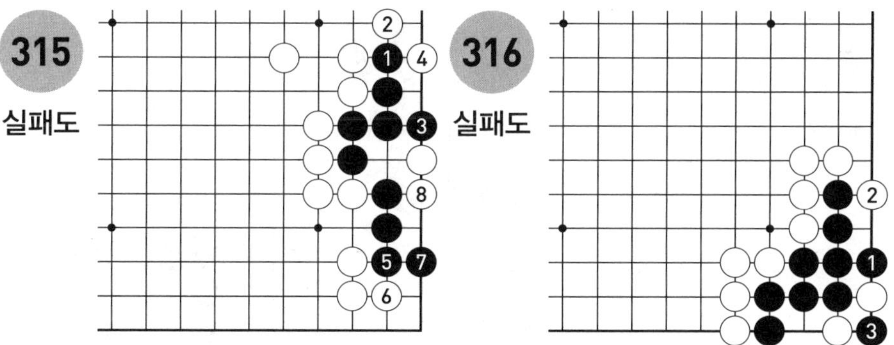

흑3은 착오. 백4, 8 파호로 흑은 살 수 없다.

흑1 단수는 착오. 백2 젖힘. 흑3으로 따냄으로 패가 된다.

317　정해도

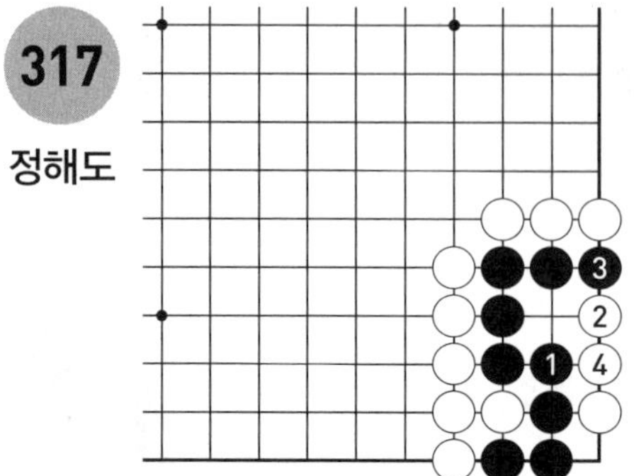

흑1이 정답. 백2로 들여다볼 때 흑3으로 막고 백은 4로 이어서 빅이 된다.

318　정해도

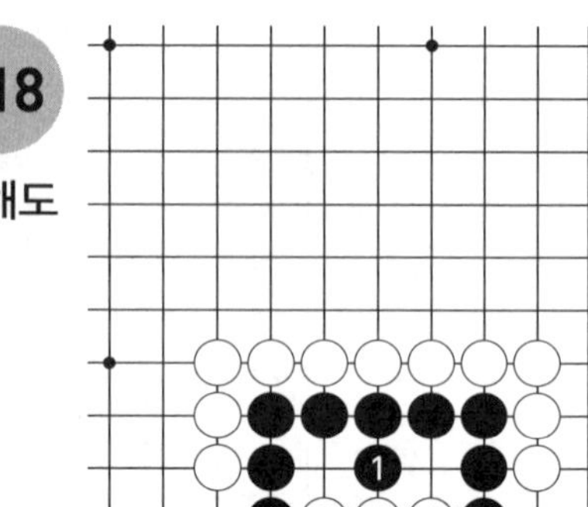

흑1이 정답. 백2, 4 치중, 백6까지 빅이 된다.

317　변화도

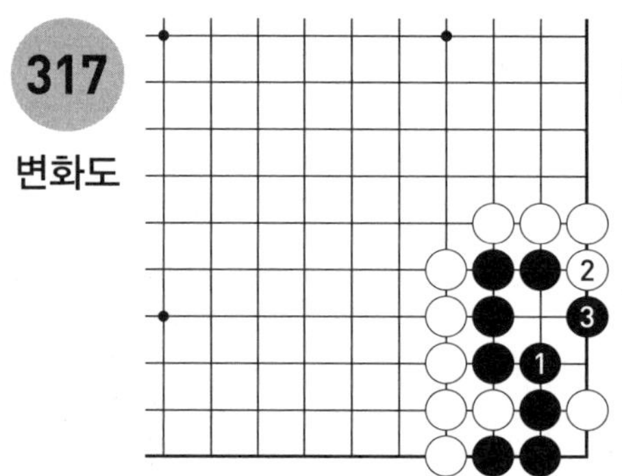

백이 2로 찌르면 흑3으로 막아서 살게 된다.

318　변화도

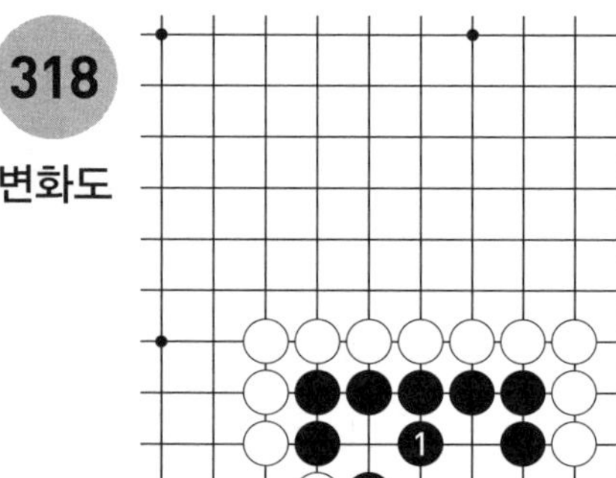

백이 2로 젖히나 성립되지 않는다. 흑3으로 집을 지어 깨끗하게 살았다.

317　실패도

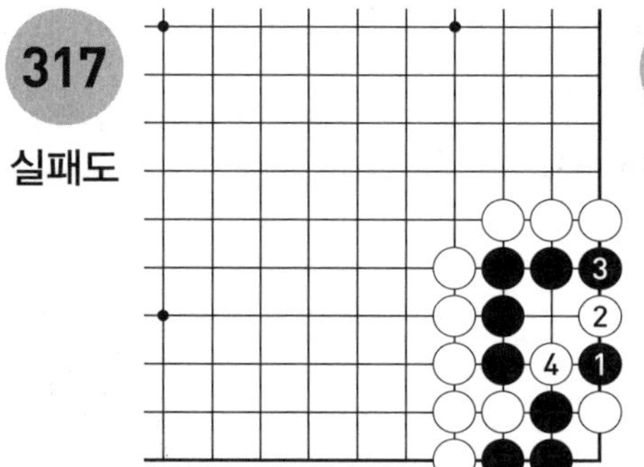

흑1 젖힘은 착오. 백2로 단수, 백4로 따내어 흑이 잡힌다.

318　실패도

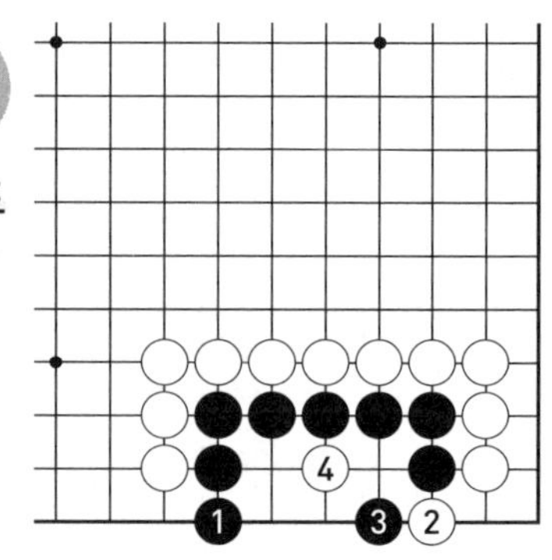

흑1로 느는 것은 착오. 백2 젖힘, 백4 치중으로 흑은 살 수 없다.

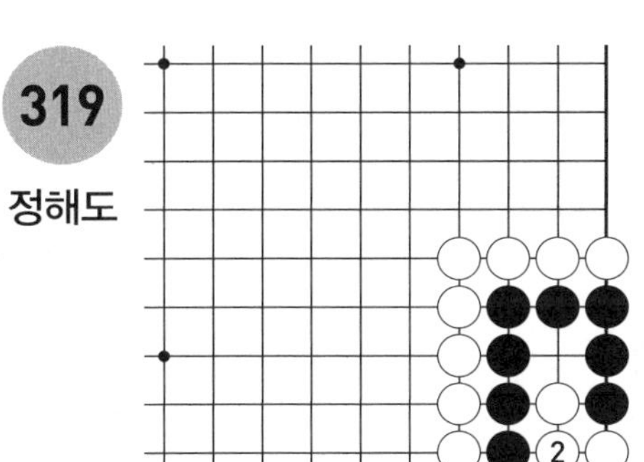

흑1로 입구자하는 것이 정답. 백
2로 이을 때 흑3 역시 이어 빅이
된다.

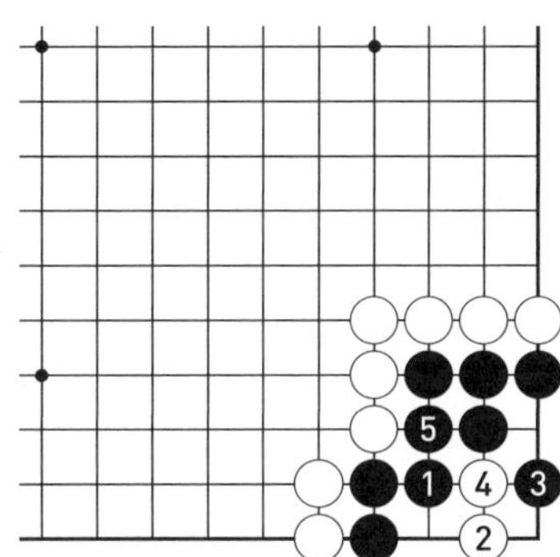

흑1로 물러서는 것이 정답. 백2
로 치중할 때 흑3이 좋은 수. 백
4로 찌르고 흑5로 이어서 빅이
된다.

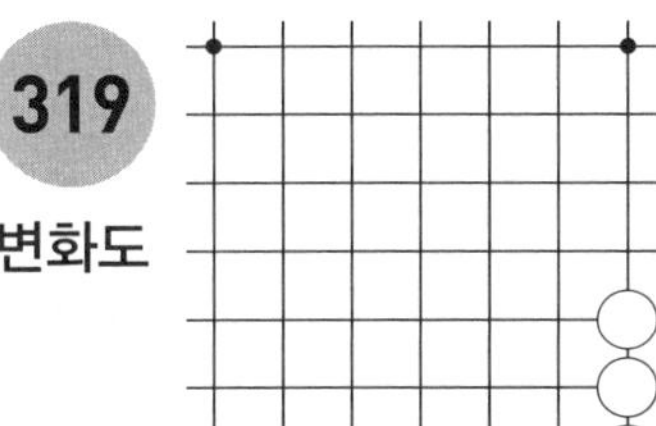

만약 백이 2로 찌르면 흑3으로
이어서 깨끗히 살게 된다.

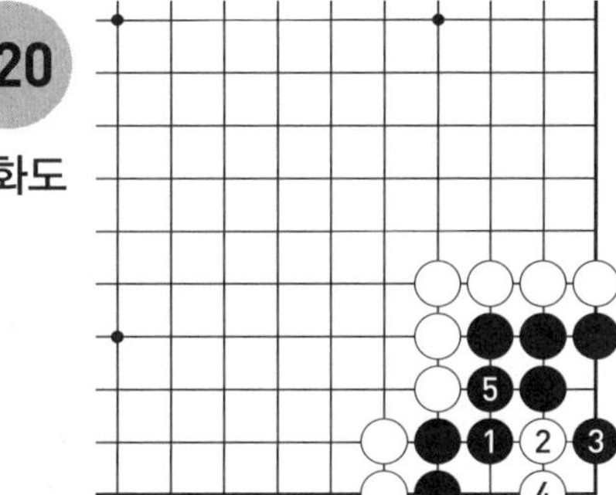

백이 2로 찝으면 흑3으로 단수치
고 흑5로 이어서 정해도와 같이
빅이 된다.

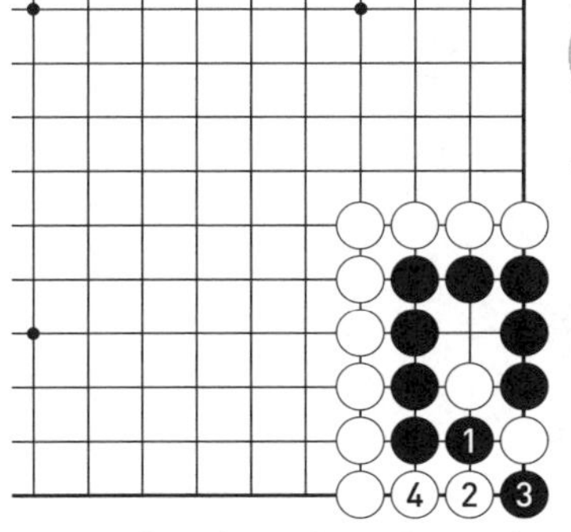

흑1로 단수치는 것은 착오. 백
2 젖힘, 백4 연결로 흑은 살 수
없다.

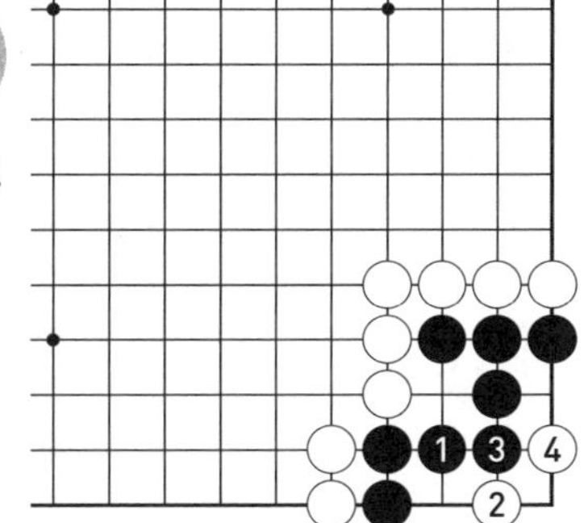

백2로 치중할 때 흑3 이음은 착
오. 백4 젖힘으로 흑이 귀곡사.

321 정해도

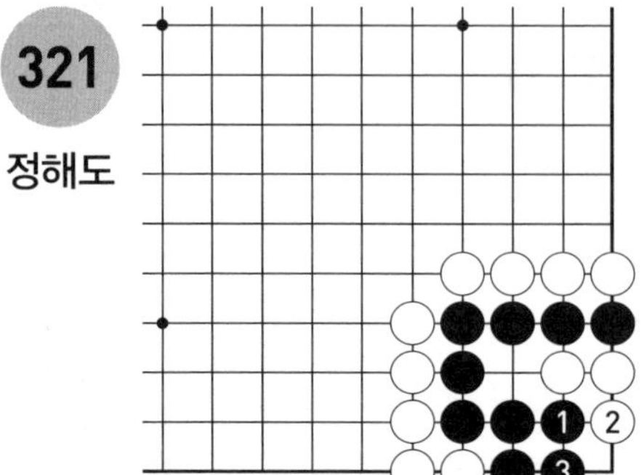

흑1이 정답. 백2로 꼬부리면 흑3
으로 웅크려 두어 빅이 된다.

322 정해도

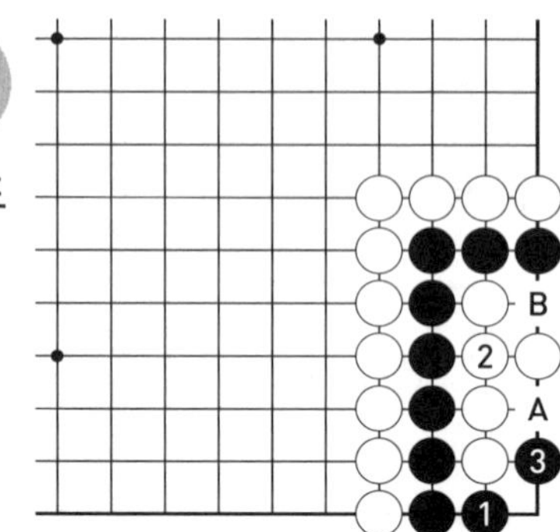

흑1로 꼬부리는 것이 정답. 백2
이음, 흑3 젖힘으로 빅이 된다.
A, B 두 지점은 서로 수를 메울
수 없다.

321 변화도

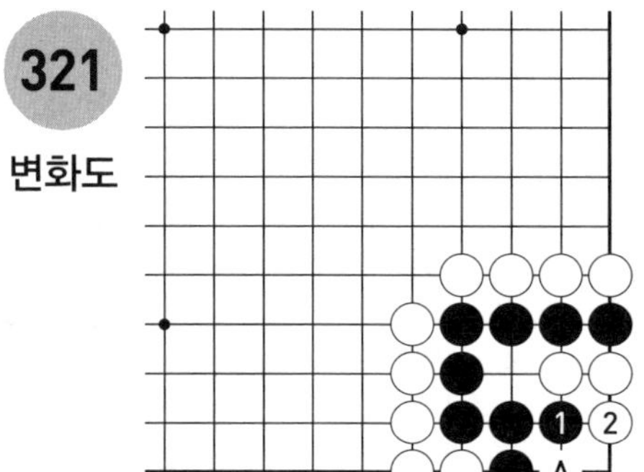

백이 2로 두었을 때 흑이 손을
빼면 백이 A에 두어 패가 된다.

322 변화도

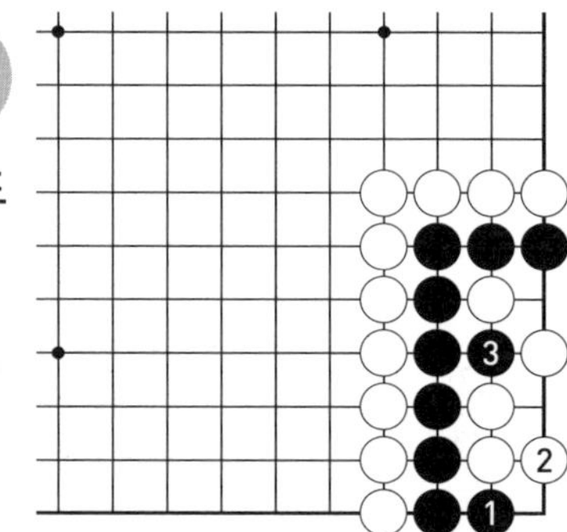

백이 2로 늘면 흑3 단수로 유가
무가가 되어 흑이 살아난다.

321 실패도

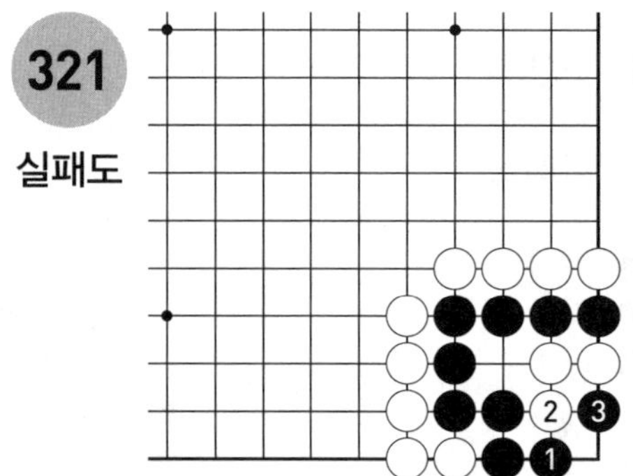

흑1은 착오. 백2로 둘 때 흑3으
로 패를 만들 수밖에 없다.

322 실패도

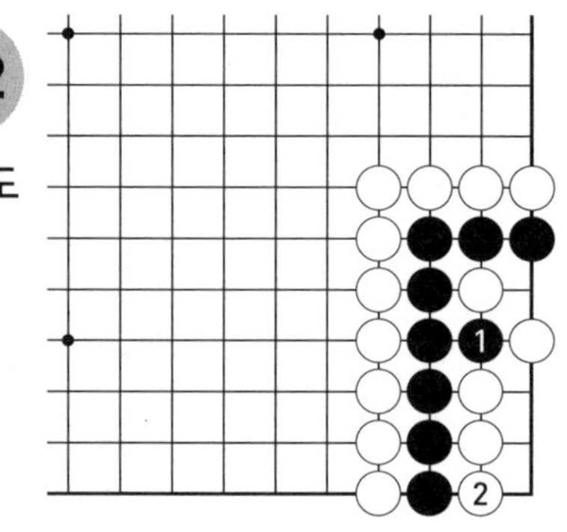

흑1은 착오. 백2로 단수쳐서 흑
은 살 수 없다.

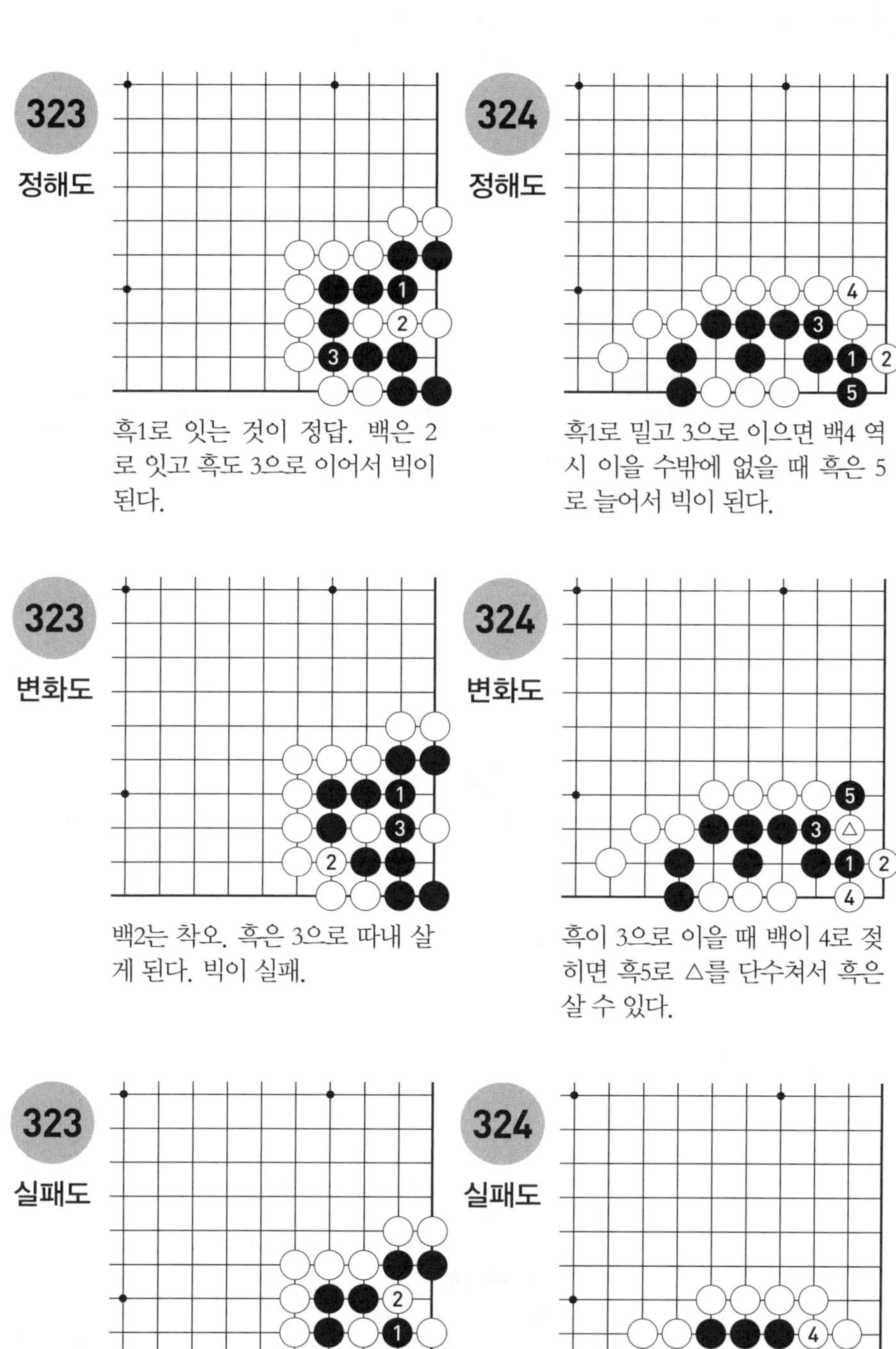

323 정해도

흑1로 잇는 것이 정답. 백은 2로 잇고 흑도 3으로 이어서 빅이 된다.

324 정해도

흑1로 밀고 3으로 이으면 백4 역시 이을 수밖에 없을 때 흑은 5로 늘어서 빅이 된다.

323 변화도

백2는 착오. 흑은 3으로 따내 살게 된다. 빅이 실패.

324 변화도

흑이 3으로 이을 때 백이 4로 젖히면 흑5로 △를 단수쳐서 흑은 살 수 있다.

323 실패도

흑1로 따내는 것은 착오. 백2로 먹여쳐 흑은 살 수 없다.

324 실패도

흑3으로 내려서는 것은 착오. 백4로 흑은 살 수 없다.

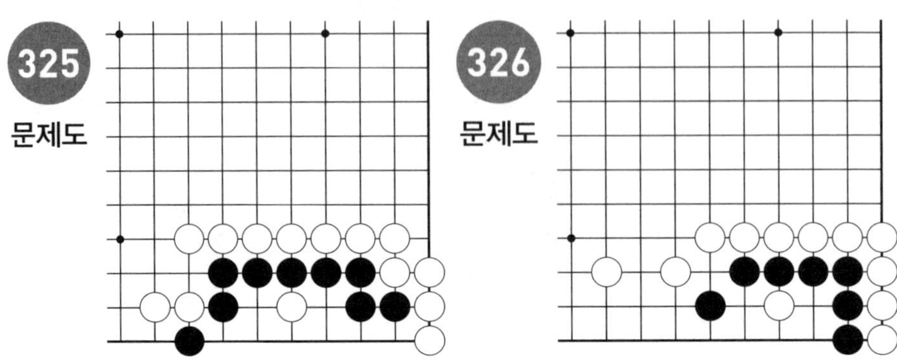

325 문제도

326 문제도

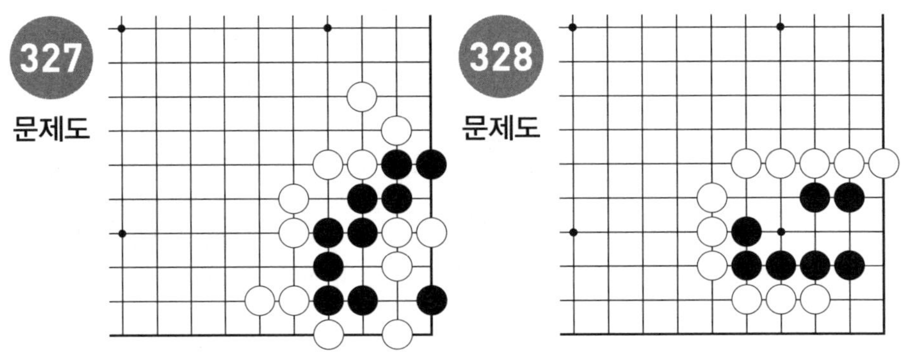

327 문제도

328 문제도

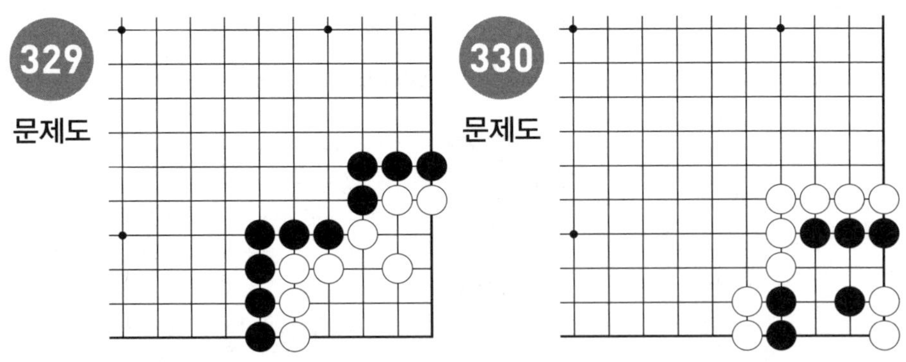

329 문제도

330 문제도

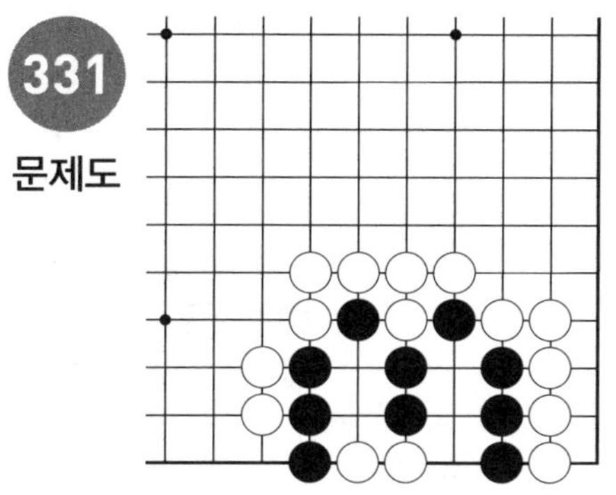

331 문제도

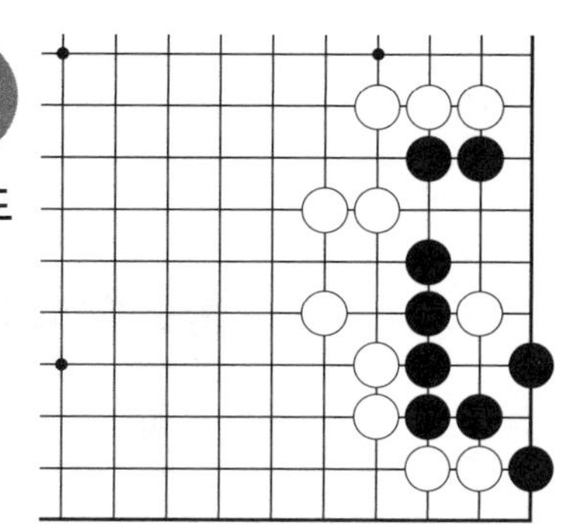

332 문제도

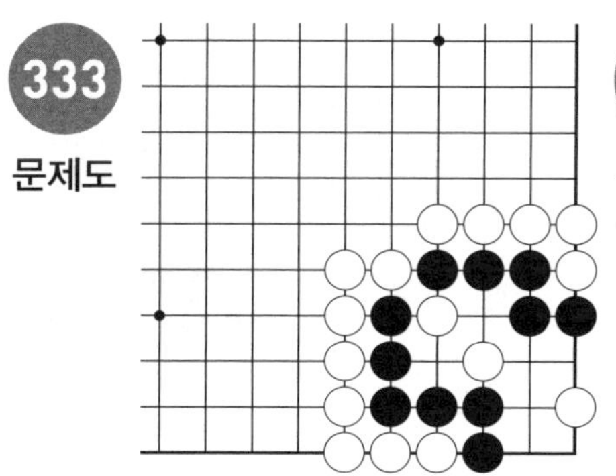

333 문제도

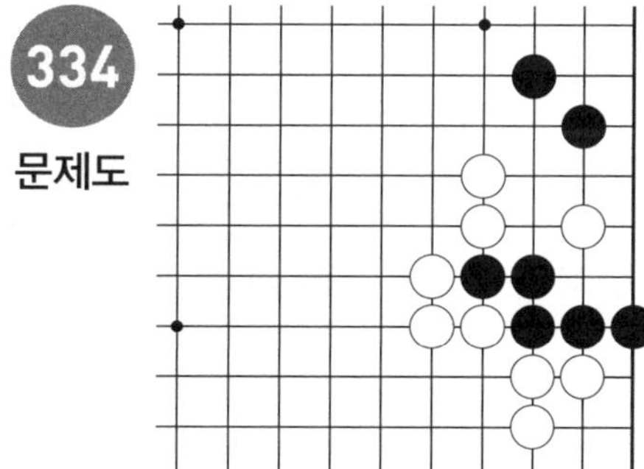

334 문제도

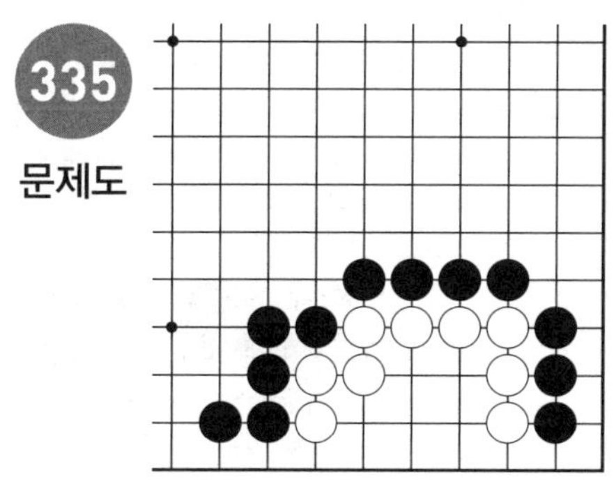

335 문제도

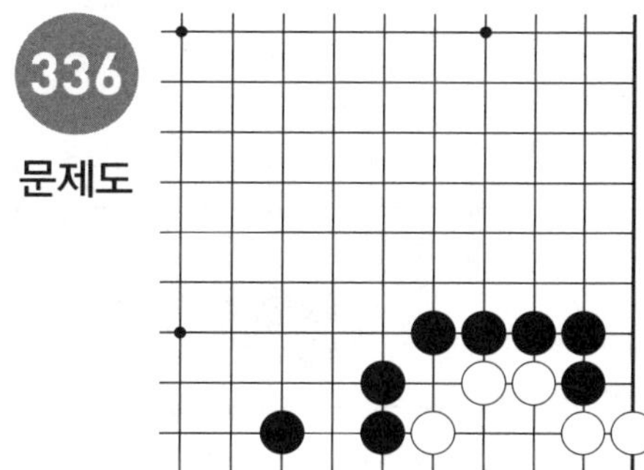

336 문제도

325 정해도

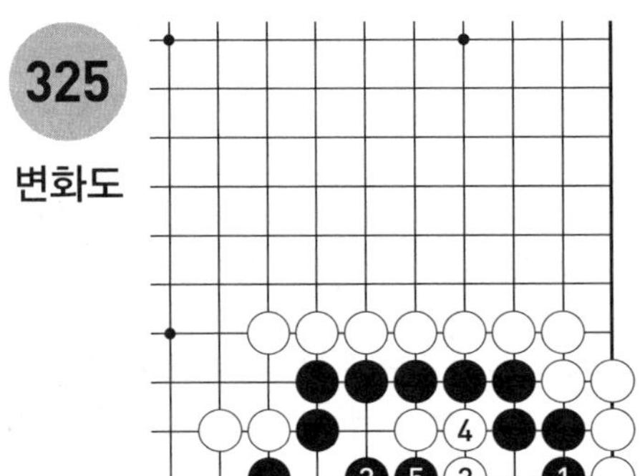

흑1로 막는 것이 정답. 백2로 입구자할 때, 흑 역시 3으로 입구자, 흑5까지 빅이 된다.

326 정해도

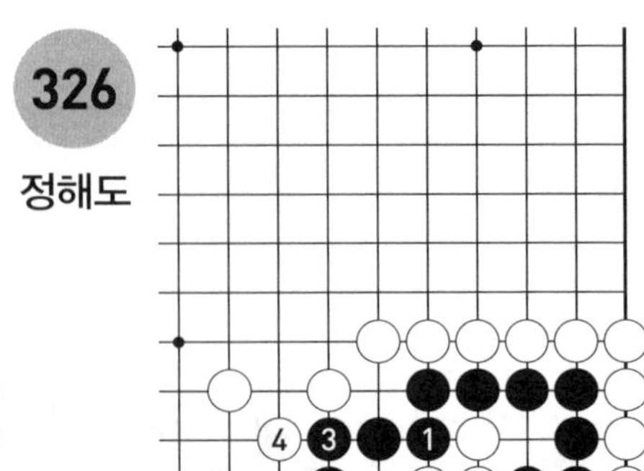

흑1이 정답. 백2 젖힘, 흑3, 5, 7이 정답. 빅이 된다.

325 변화도

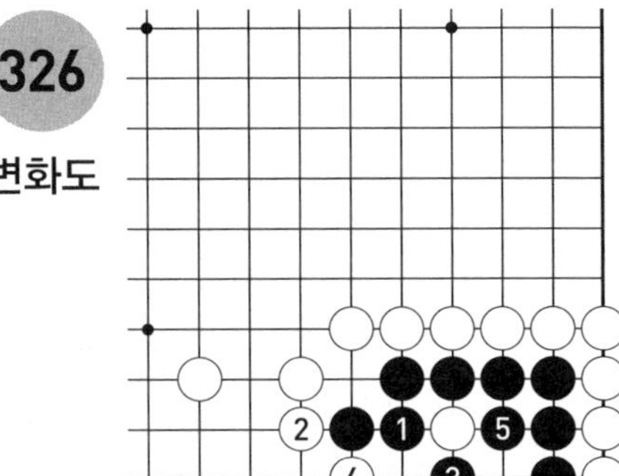

백이 4로 위를 이어도 흑이 5로 두어 역시 빅이 된다.

326 변화도

백이 2로 막으면 흑3으로 단수쳐서 백4, 흑5가 서로 맞보기. 흑이 산다.

325 실패도

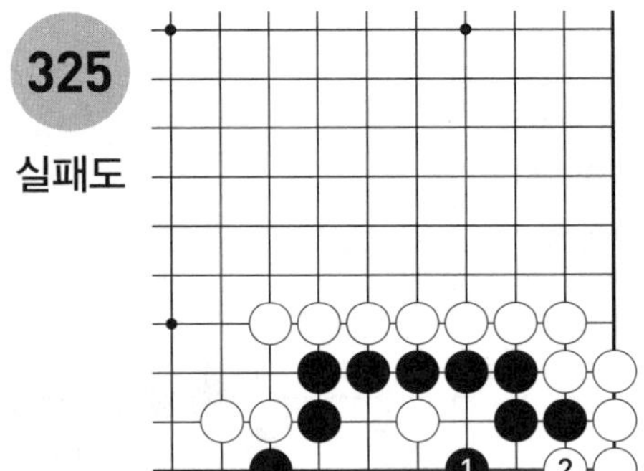

흑1은 착오. 백이 2로 꼬부려서 흑은 살 수 없다.

326 실패도

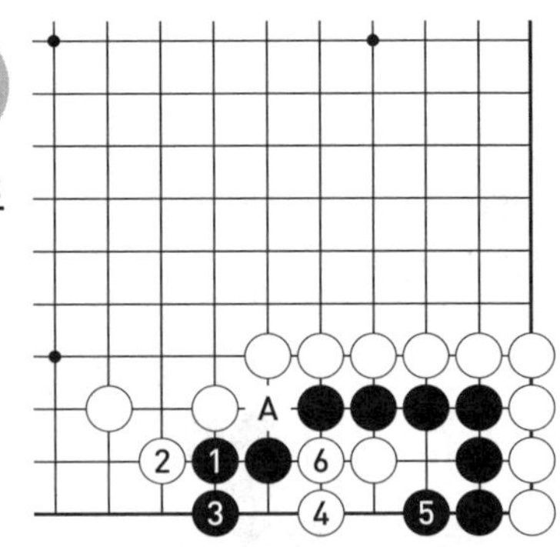

흑3으로 느는 것은 착오. 백6으로 이어서 A위치가 끊기게 되어 흑은 살 수 없다.

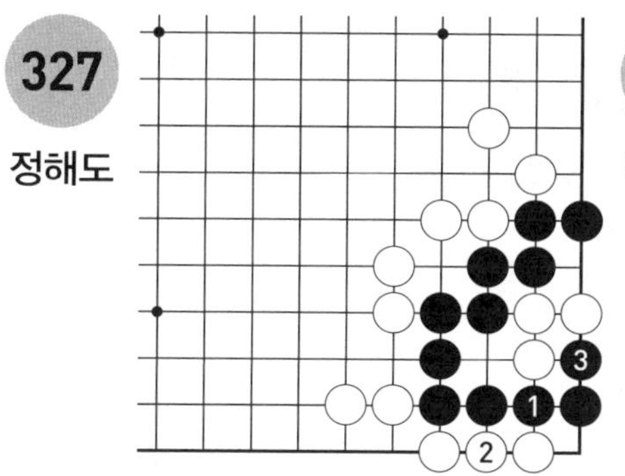

327 정해도

흑1로 잇는 것이 정답. 백2하면 흑3하여 빅이 된다.

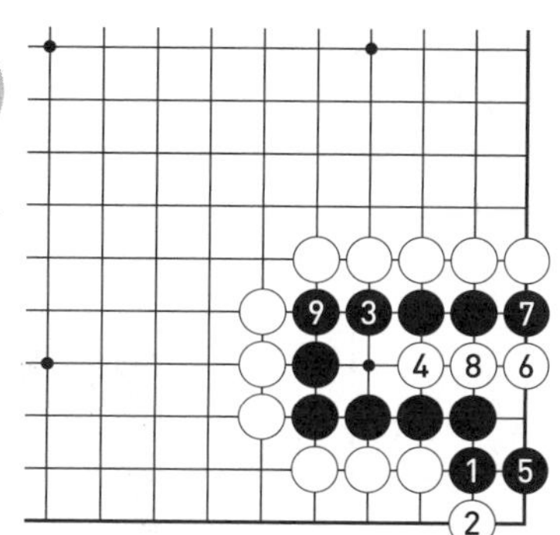

328 정해도

흑1로 꼬부리고 흑3으로 집을 넓히는 것이 정답. 이하 흑9까지 빅이 된다.

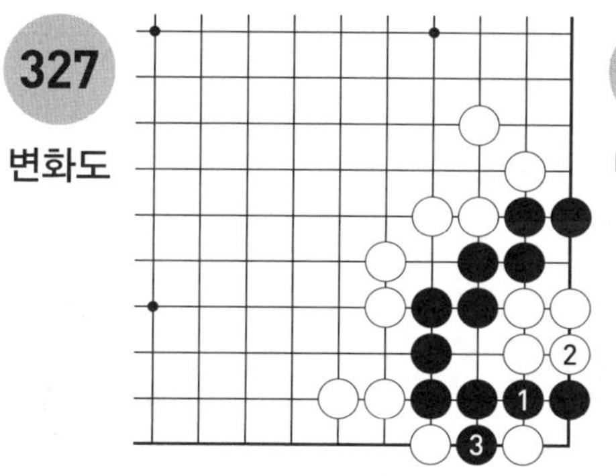

327 변화도

백이 2로 웅크리면 흑은 3으로 끊어서 깨끗이 살게 된다.

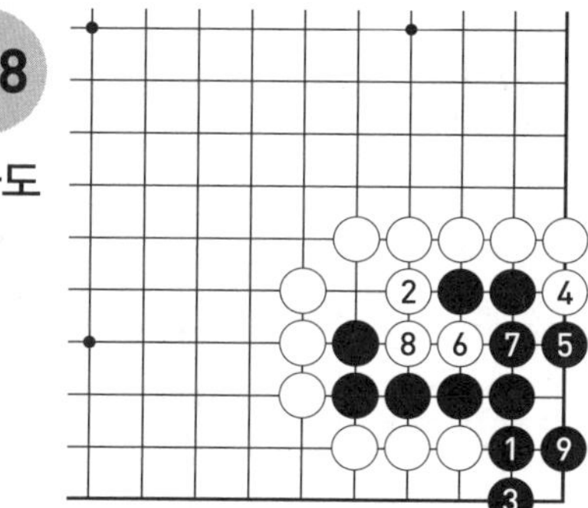

328 변화도

백이 2로 파호하면 흑3으로 세우고 이하 흑9까지 흑은 깨끗이 살게 된다.

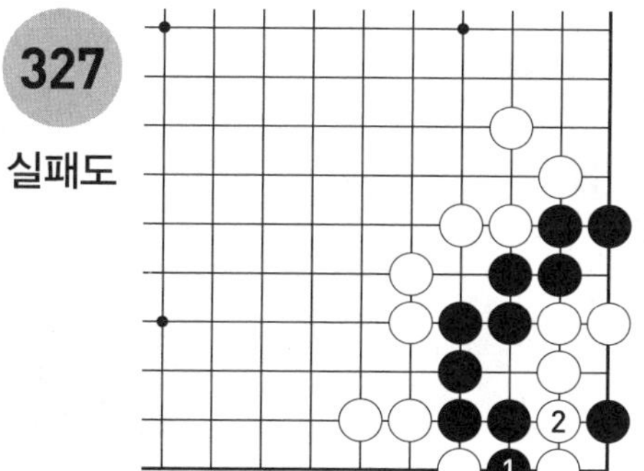

327 실패도

흑1은 착오. 백2로 이어 유가무가로 흑이 잡히게 된다.

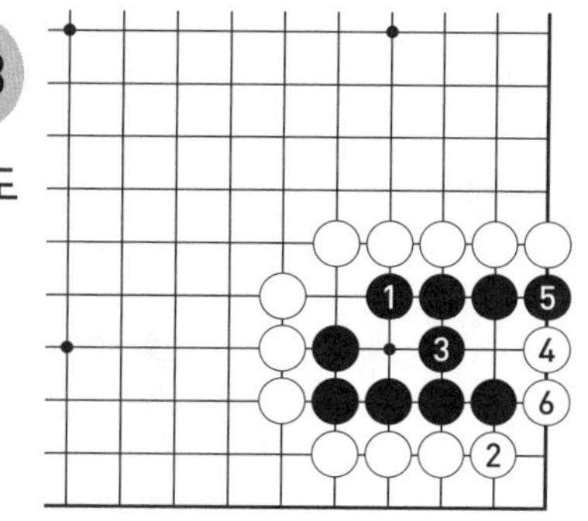

328 실패도

흑1로 막는 것은 착오. 이하 백6까지 흑은 잡히게 된다.

329 정해도

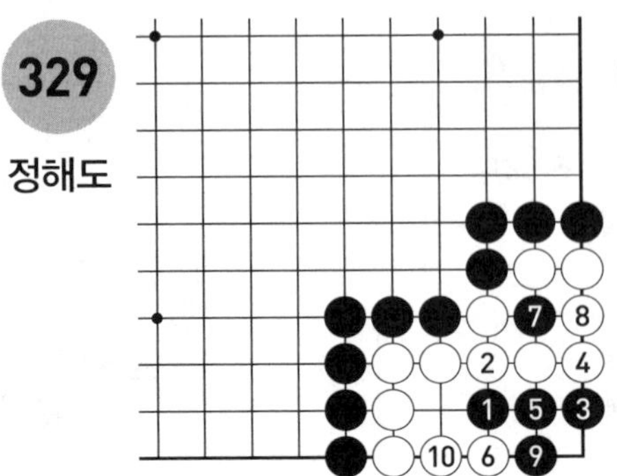

흑1로 들여다보기, 흑3 뜀이 묘수. 백10까지 집이 있는 빅이 된다.

330 정해도

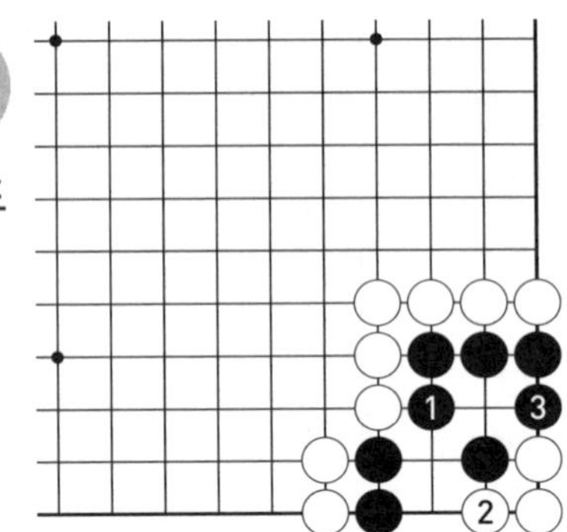

흑1로 막고 백2에는 흑3의 단수로 쉽게 산다.

329 변화도

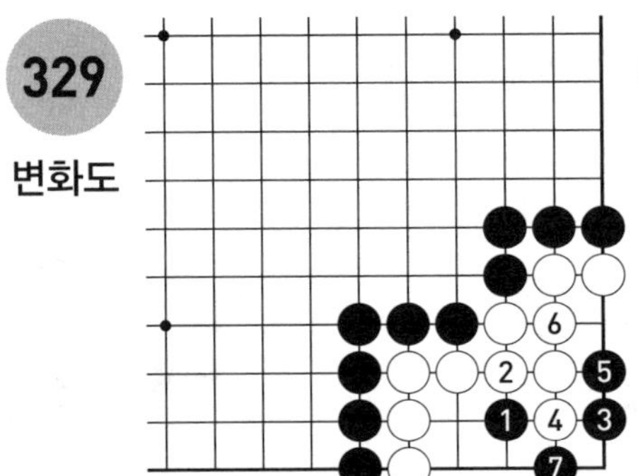

백이 4로 찌르면 흑5로 미는 것이 정답. 흑7까지 빅이 된다.

330 변화도

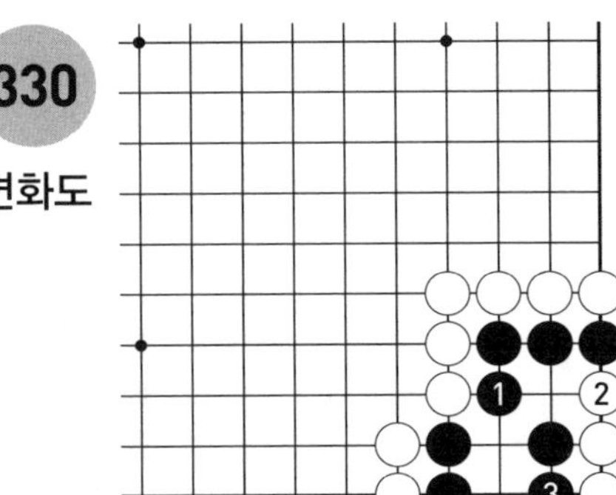

백2는 흑3으로 단수쳐서 깨끗히 살게 된다.

329 실패도

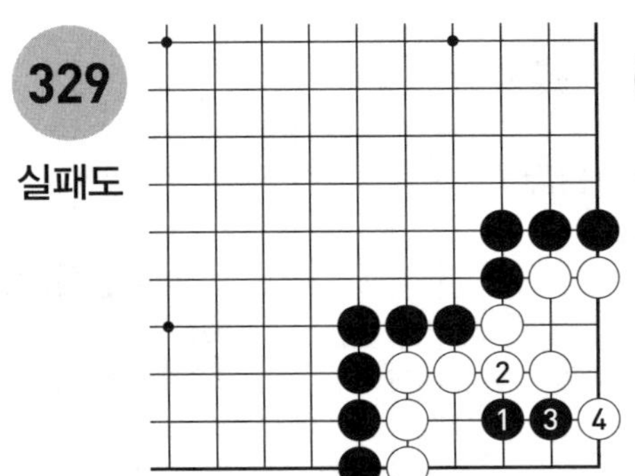

흑3으로 미는 것은 착오. 백4로 젖혀서 흑의 실패.

330 실패도

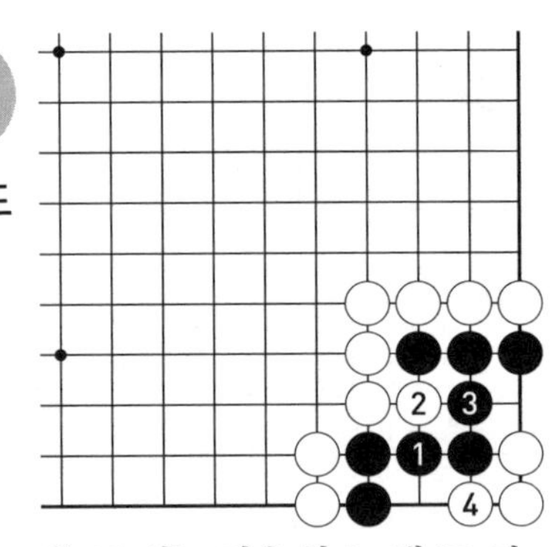

흑1로 잇는 것은 착오. 백4로 귀 곡사 모양. 흑이 잡힌다.

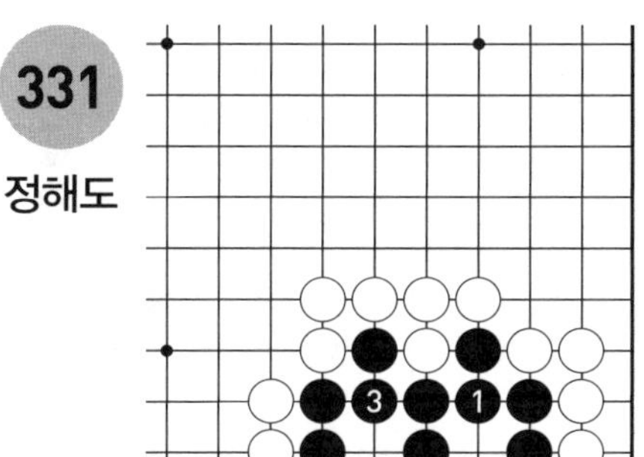

흑1로 잇는 것이 정답. 백2 파호할 때 흑3으로 다시 이어 빅이 된다.

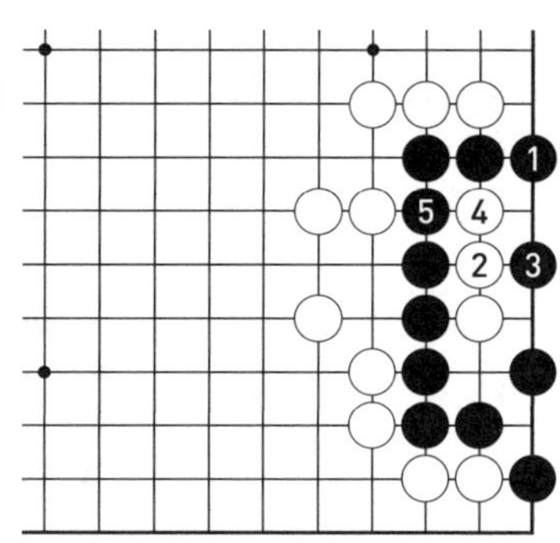

흑1로 느는 것이 정답. 백2로 밀 때 흑3으로 붙이는 것이 묘수. 흑5까지 빅이 된다.

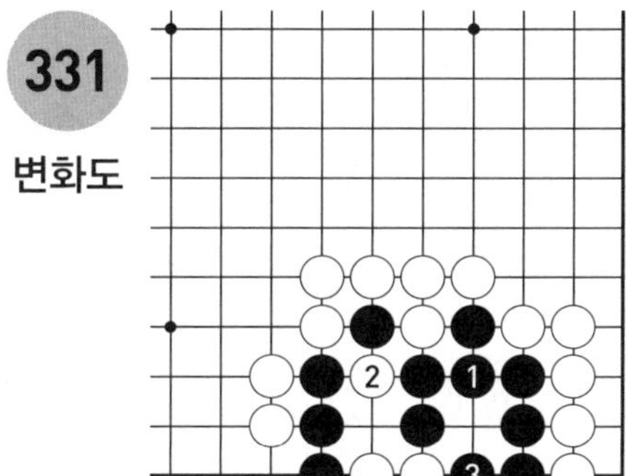

백이 2로 따내나 성립이 되지 않는다. 흑3 단수치면 백은 촉촉수가 되어 흑이 깨끗히 살게 된다.

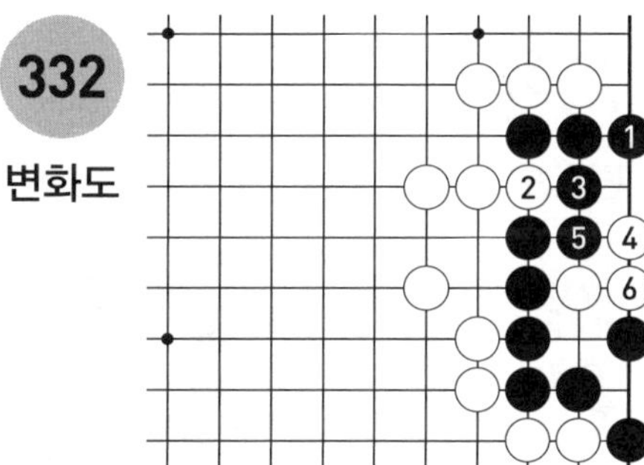

백이 2로 찌르면 흑3으로 막고 백6까지 역시 빅이 된다.

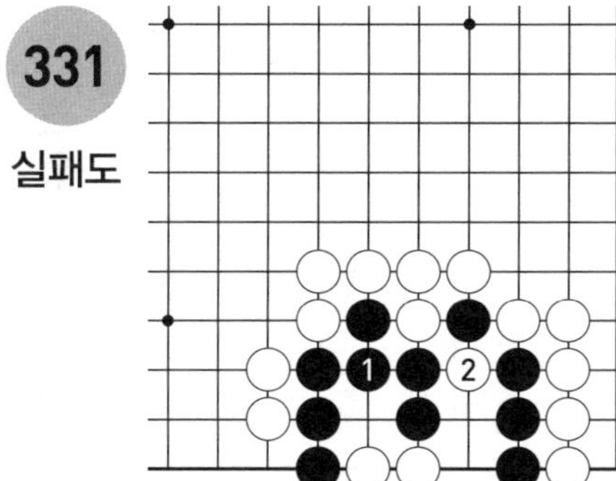

흑1로 잇는 것은 착오. 백2로 따낸 후 흑은 살 수 없다.

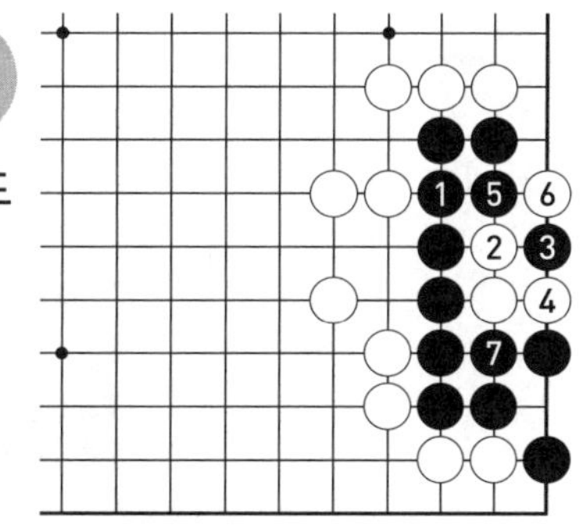

흑1로 잇는 것은 착오. 백2로 밀어서 백8까지 오궁도 모양이 되어 흑이 잡힌다. 백8=흑3

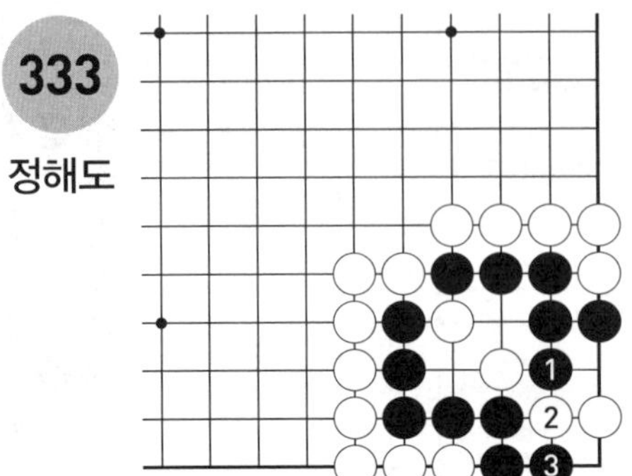

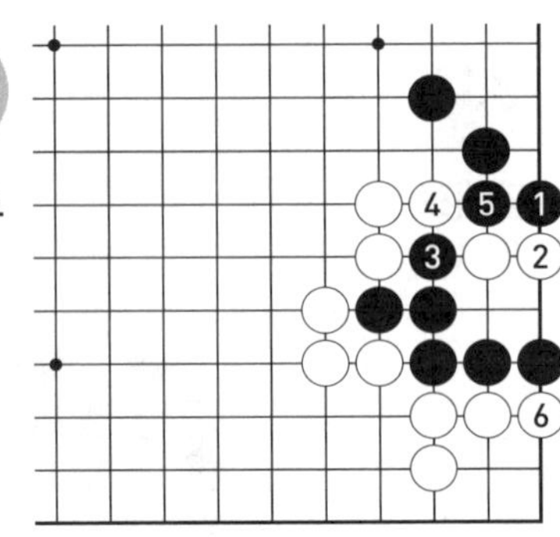

흑1이 정답. 백2로 끊을 때 흑3
으로 꼬부려서 빅이 된다.

흑1 입구자 행마가 정답. 백2로
막을 때 백6까지 흑 선수로 빅이
된다.

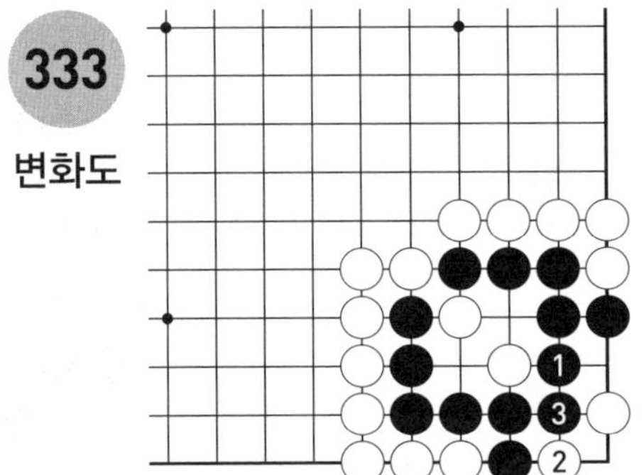

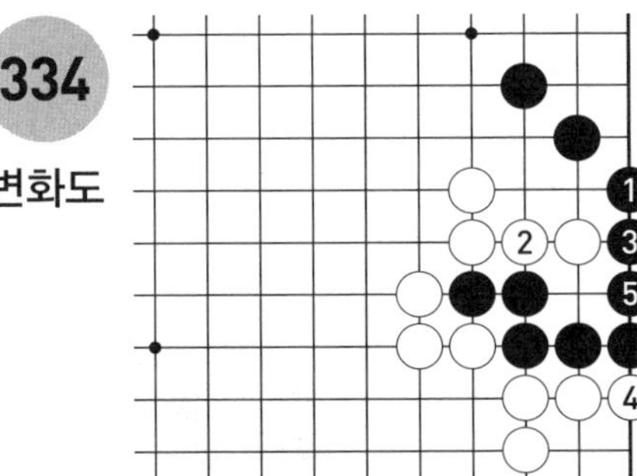

백2는 성립되지 않는다. 흑3으로
파호하면 흑이 살게 된다.

만약 백이 2로 연결하면 흑3, 5
로 넘어가서 흑 탈출 성공.

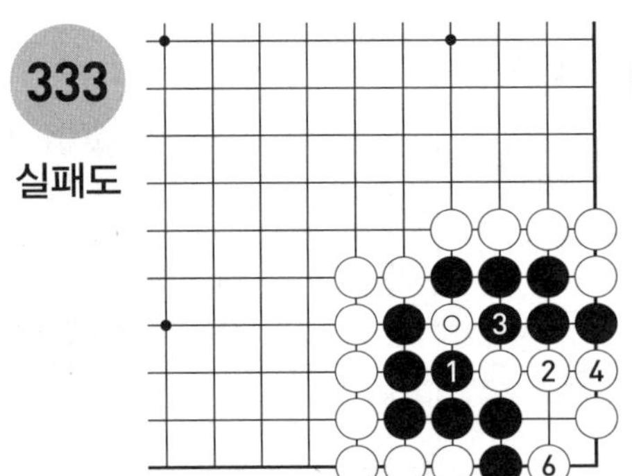

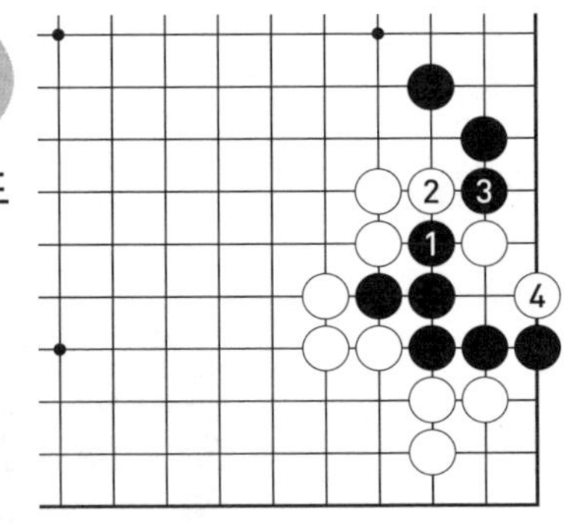

흑1은 착오. 이하 백6까지 흑이
잡히게 된다. 흑5=○

흑1로 찌르는 것은 착오. 흑3으
로 끊을 때 백4로 입구자하여 흑
은 잡히게 된다.

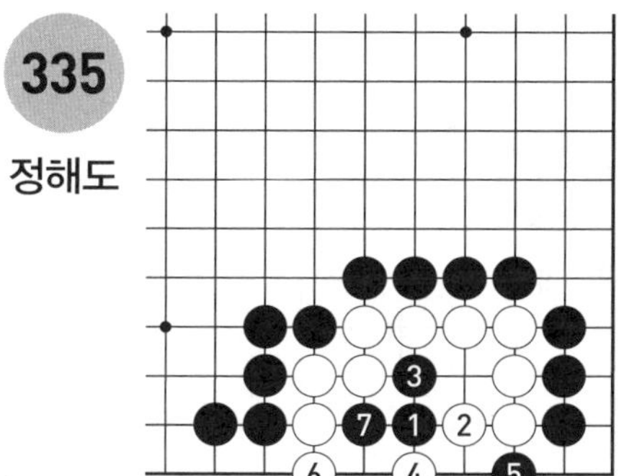

흑1로 치중, 흑3 파호, 백은 4로 젖힐 수밖에 없고 흑7까지 빅이 된다.

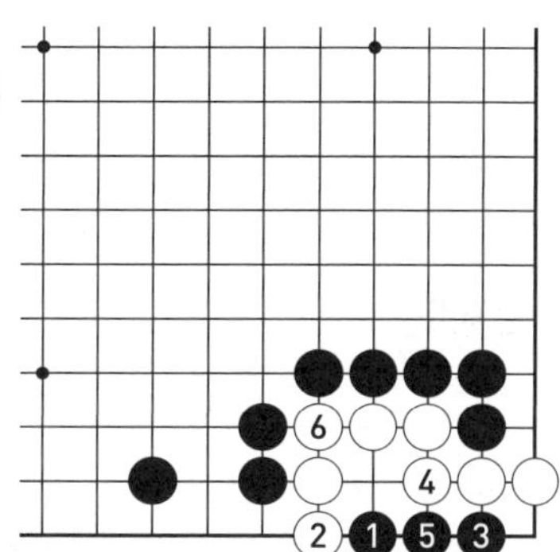

흑1 치중이 정답. 흑3으로 붙이는 것이 좋은 수. 백6까지 흑 선수로 빅이 된다.

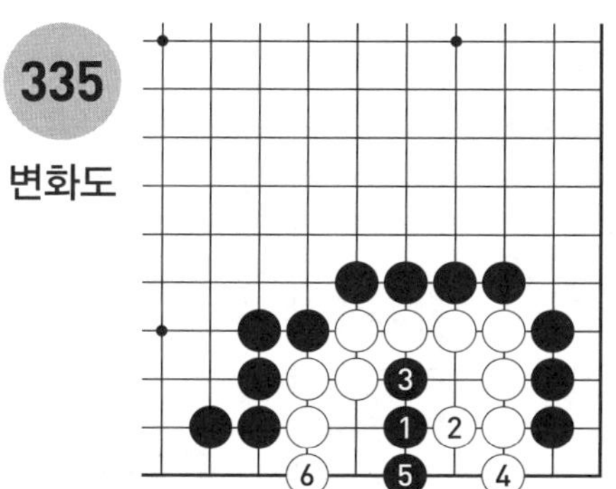

백이 늘면 흑은 5에 두고 백6까지 역시 빅이 된다.

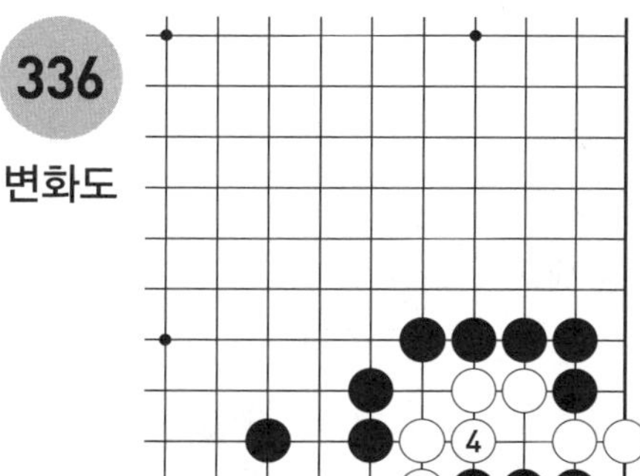

백4로 단수치는 것은 착오. 흑5로 이어서 백이 살 수 없다.

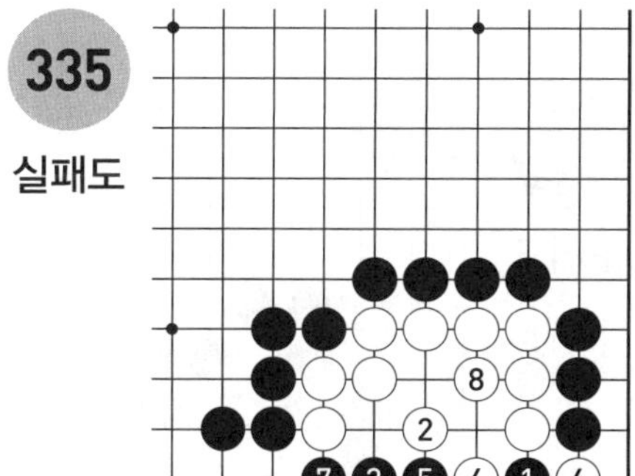

흑1로 젖히는 것은 성립되지 않는다. 백8까지 깨끗히 살게 된다. 흑의 실패.

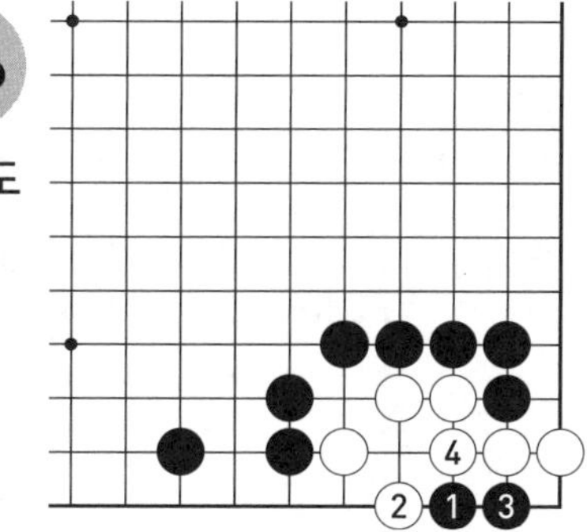

흑1로 치중하는 것은 백2로 차단하고 백4로 두어 백이 두 눈을 만들어 산다.

337 문제도

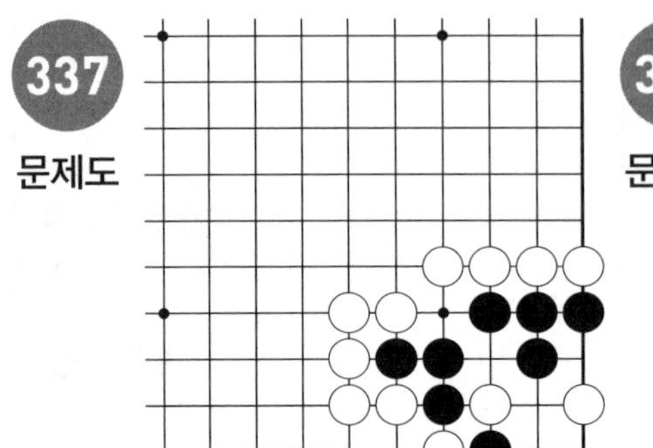

338 문제도

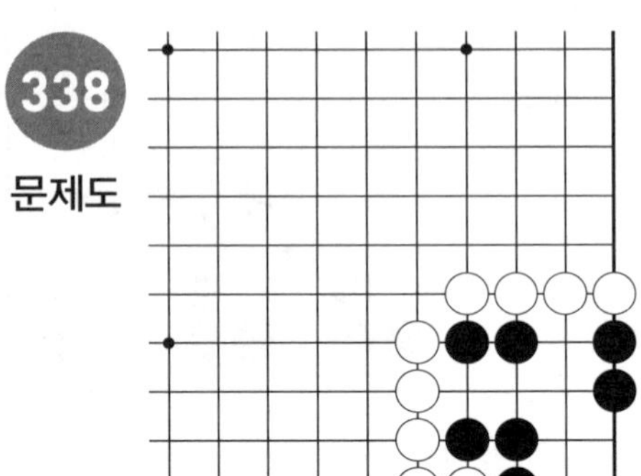

339 문제도

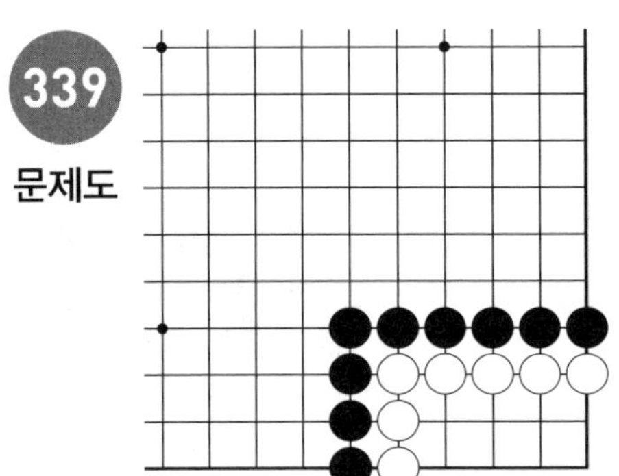

340 문제도

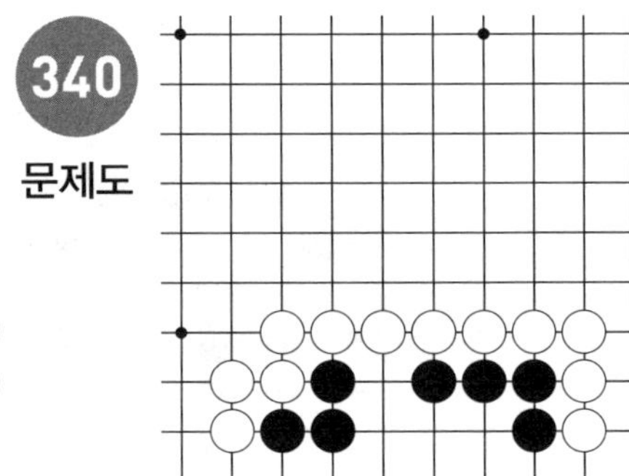

341 문제도

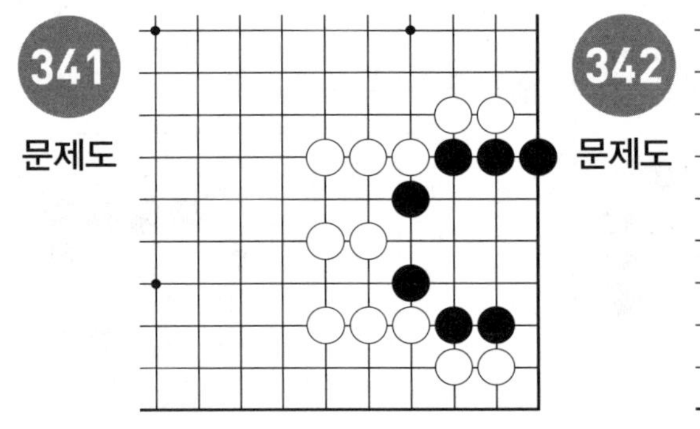

342 문제도

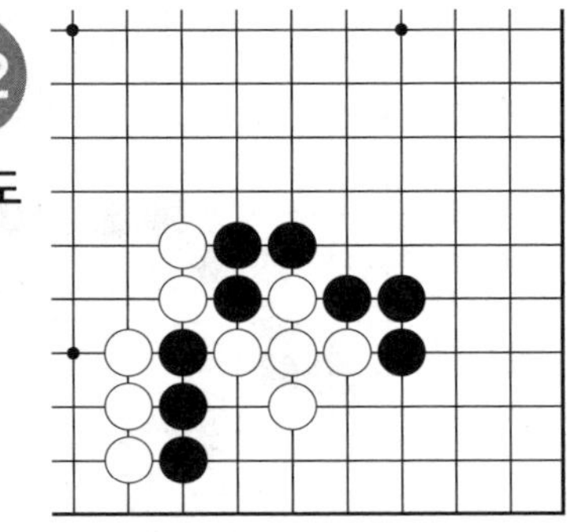

337 정해도

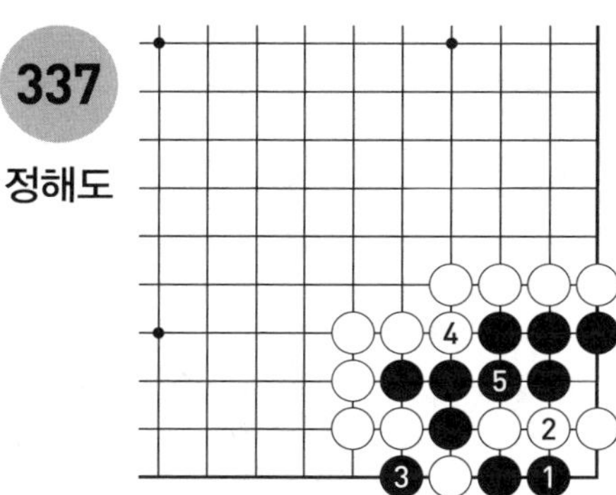

흑1로 늘이는 것이 정답. 백2 연결, 흑3 따냄, 흑5까지 빅이 된다.

338 정해도

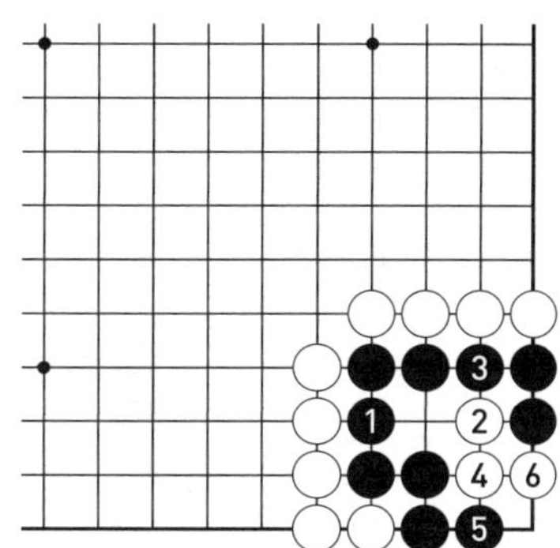

흑1이 정답. 이하 백6까지 흑 선수로 빅이 된다.

337 변화도

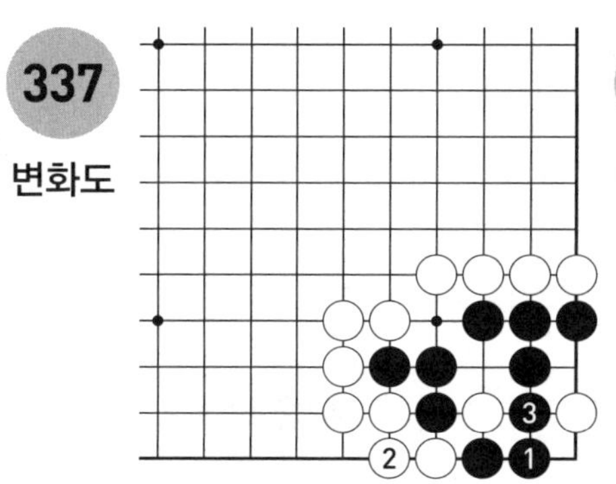

백이 2와 같이 연결하면 흑3으로 살 수 있다.

338 변화도

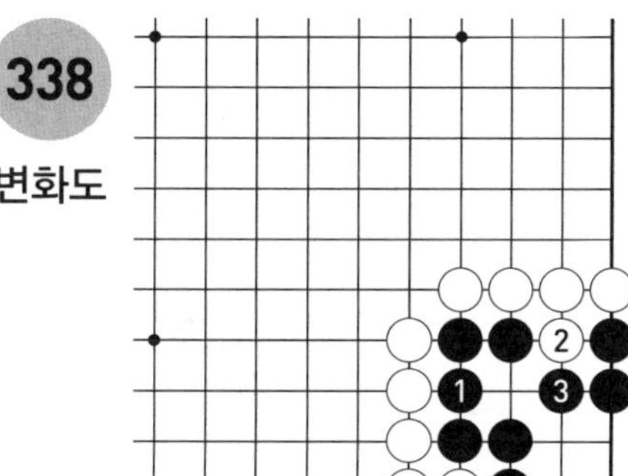

백2로 끼우는 것은 실패. 흑3으로 막아서 살았다.

337 실패도

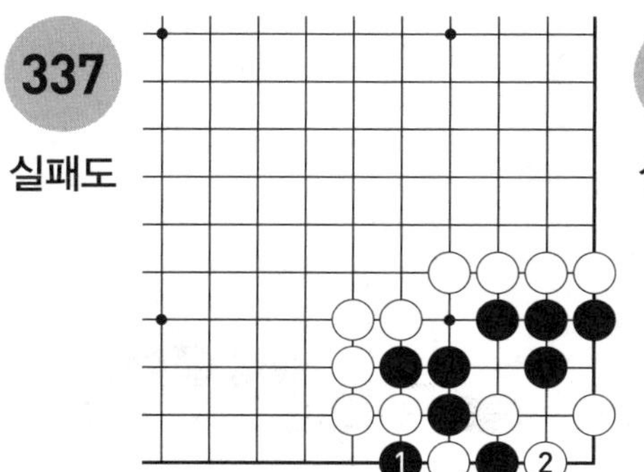

흑1로 따내는 것은 착오. 백2 단수쳐서 패가 된다.

338 실패도

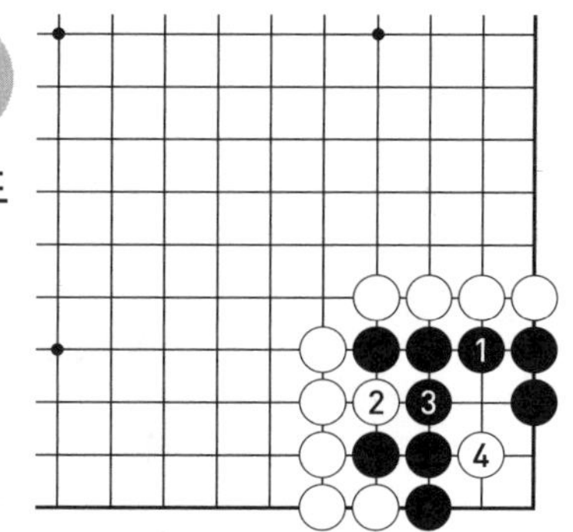

흑1로 막는 것은 착오. 백2로 끼우고 백4로 들여다봐서 흑은 살 수 없다.

339 정해도

흑1이 정답. 이하 백6까지 흑 선수로 빅이 된다.

340 정해도

흑1로 호구치는 것이 정답. 백2로 붙임할 때, 흑3으로 느는 것이 묘수. 이하 흑9까지 빅이 된다.

339 변화도

만약 백이 2로 뛰면 흑은 3으로 늘임. 백4로 흑5 위치로 가게 되면 흑은 백4 위치로 가서 패가 된다.

340 변화도

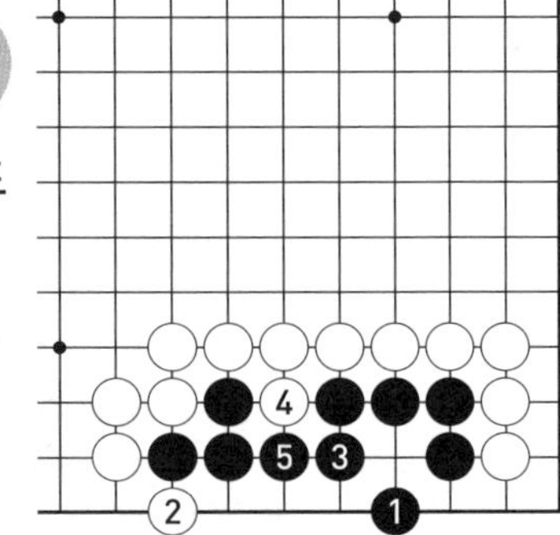

백2로 젖힘은 착오. 이하 흑5까지 흑은 깨끗히 살게 된다.

339 실패도

흑1로 들여다보는 것은 착오. 비록 빅이 되나 흑의 후수로 빅이 된다.

340 실패도

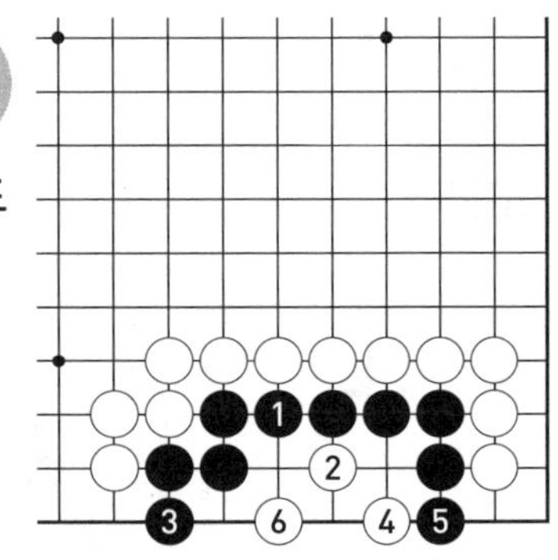

흑1로 잇는 것은 착오. 백2 들여다보기 후 백6까지 흑은 살 수 없다.

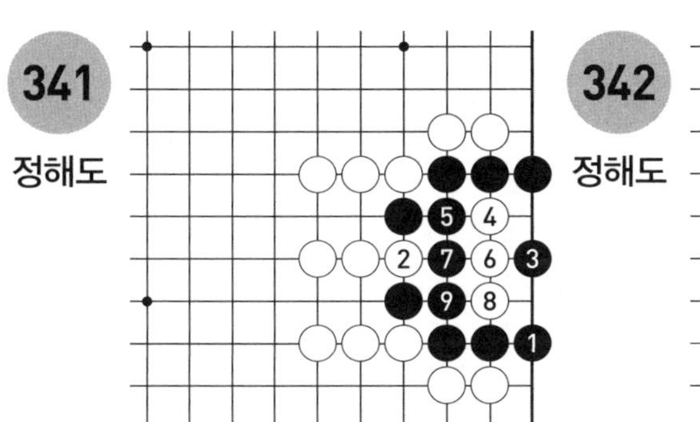

흑1로 느는 것이 정답. 만약 백이 2로 끼우면 흑3으로 뛰는 것이 묘수. 이하 흑9까지 빅이 된다.

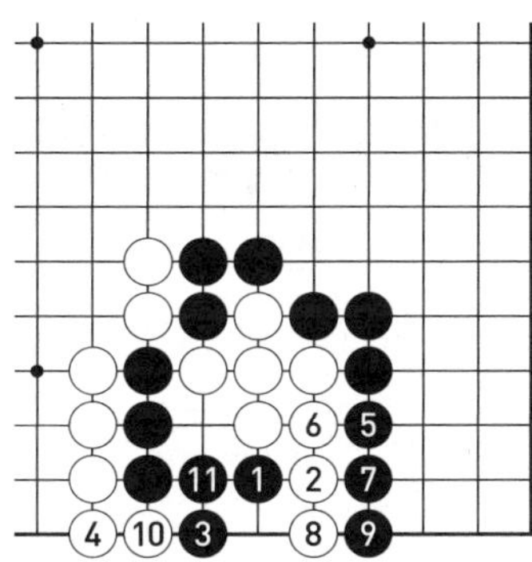

흑1로 받히고 백2 젖힘. 흑3이 교묘함. 이하 흑11까지 빅이 된다.

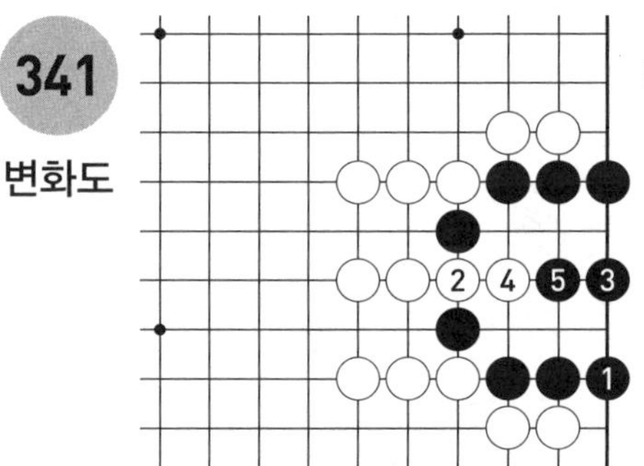

만약 백이 4의 위치에 끼우면 흑5로 받혀서 흑은 살았다.

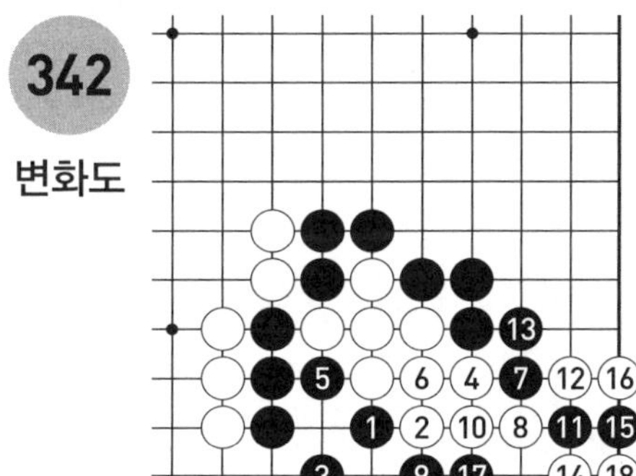

백4는 착오. 이하 흑19까지 결정타가 되어 백이 잡힌다.
흑19=흑11

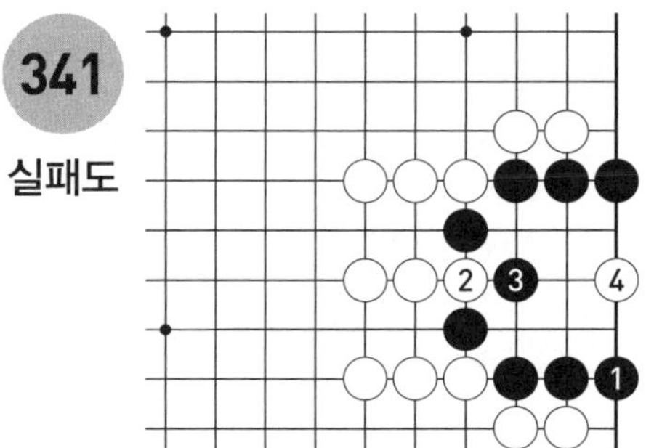

백2로 끼울 때 흑3으로 막는 것은 착오. 백4 들여다보기로 흑은 살 수 없다.

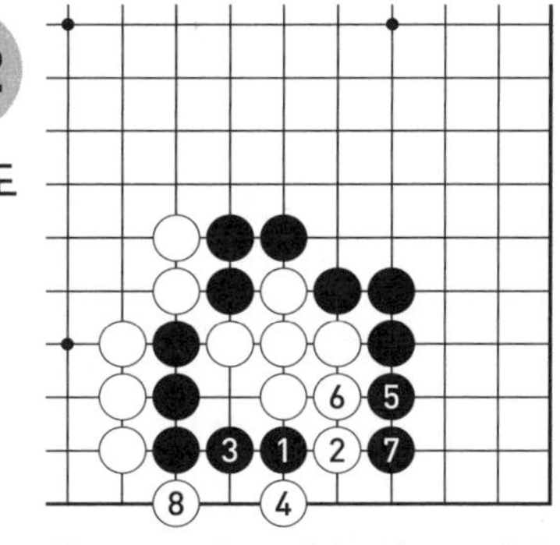

흑3으로 잇는 것은 착오. 이하 백8 젖힘까지 흑이 잡히게 된다.

제 6 부 맥

제 6 부 맥

上篇

'맥'은 그 이름에서 알 수 있듯이 대국에서 쟁점이 될 수 있는 중요한 위치를 뜻합니다. 누가 먼저 맥점에 착수하느냐에 따라 유리한 지형을 먼저 차지하게 되고, 이는 대국의 주도권으로 이어집니다. 결국 맥점을 차지하는 것이 승부를 가르는 분수령이 되는 것이지요.

맥점은 다음처럼 크게 세 가지로 분류할 수 있습니다.
(1) 서로의 형세상 관련된 급소점. 대국에 대한 상황파악을 얼마나 잘하는지 점검할 수 있다.
(2) 서로의 근거지와 관련된 맥점. 전투를 하려는 의식과 전투능력을 점검할 수 있다.
(3) 사활과 관련된 맥점. 돌의 형태에 대한 예민한 감각과 민첩한 대응력을 점검할 수 있다.

이러한 맥점을 발견하는 눈을 키우기 위해서는 평상시에 꾸준히 지식을 쌓아야 합니다.

제6부는 63개의 연습문제로 구성되어 있으며 모두 흑 선입니다. 당신은 맥점이 어디인지 얼마나 발견할 수 있을까요? 지금부터 점검해 봅시다.

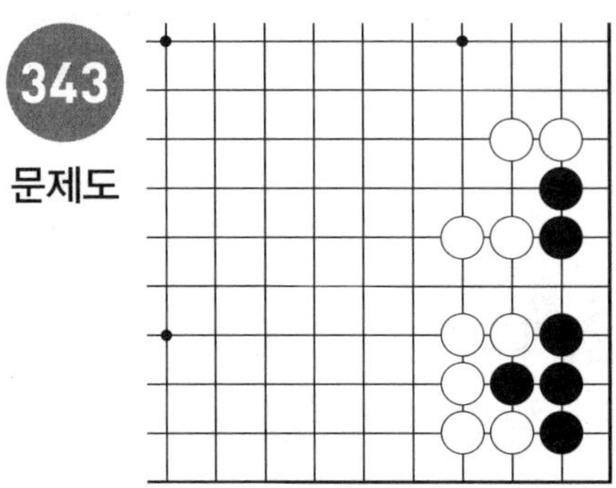

343 문제도

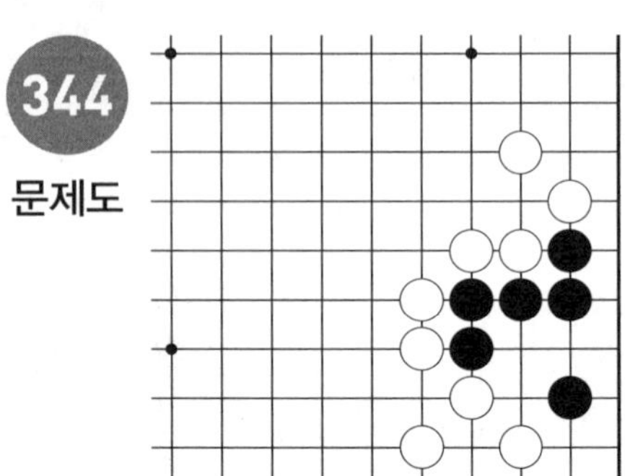

344 문제도

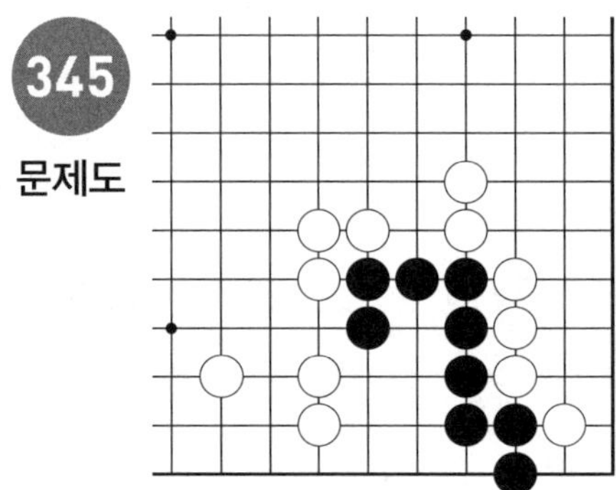

345 문제도

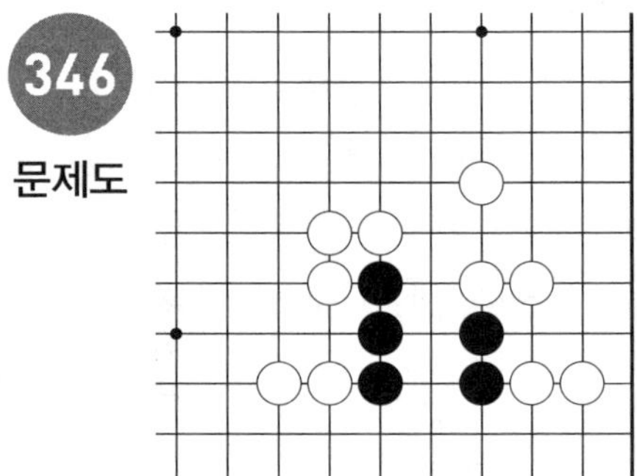

346 문제도

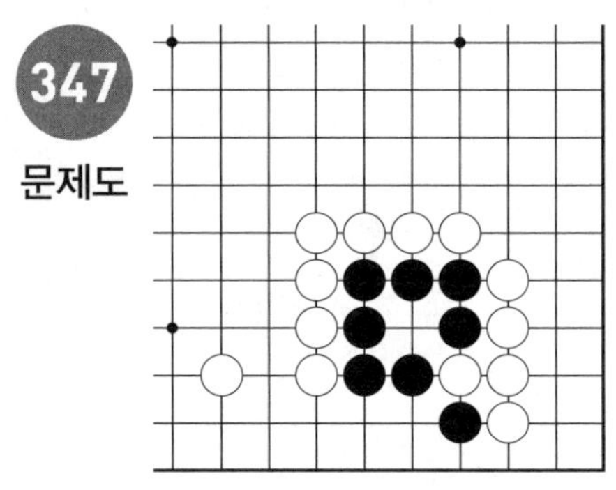

347 문제도

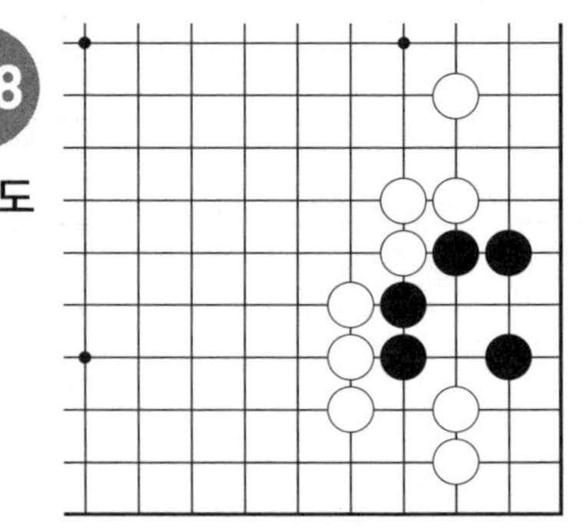

348 문제도

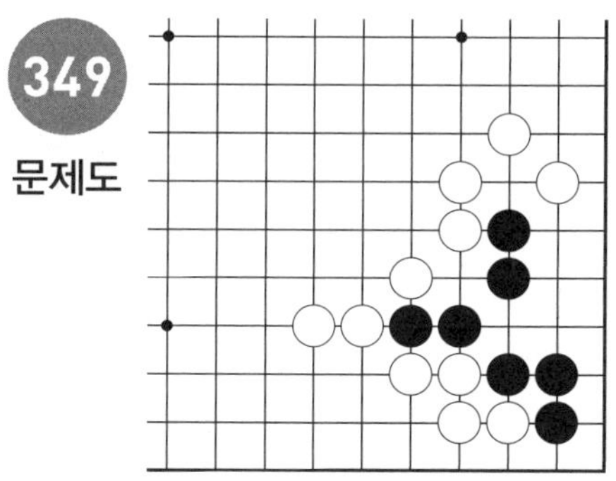

349 문제도

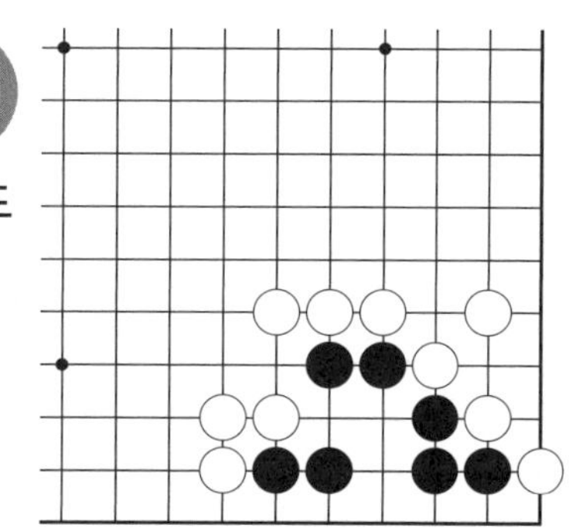

350 문제도

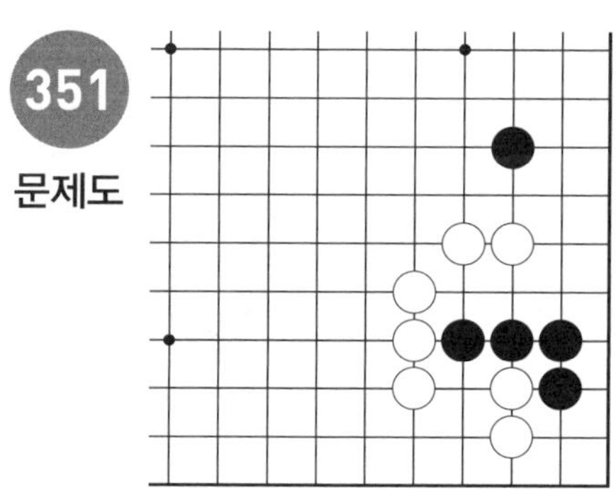

351 문제도

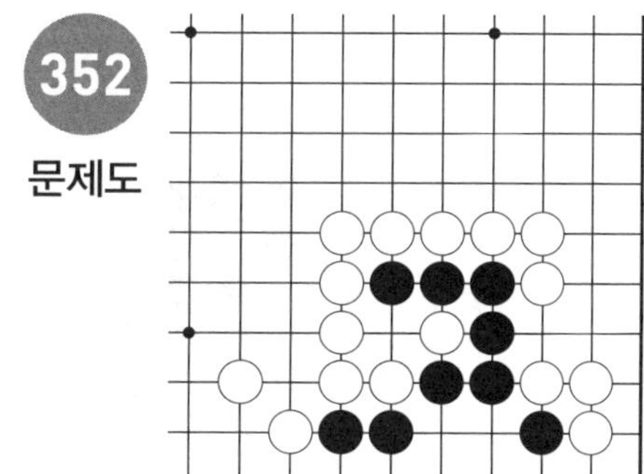

352 문제도

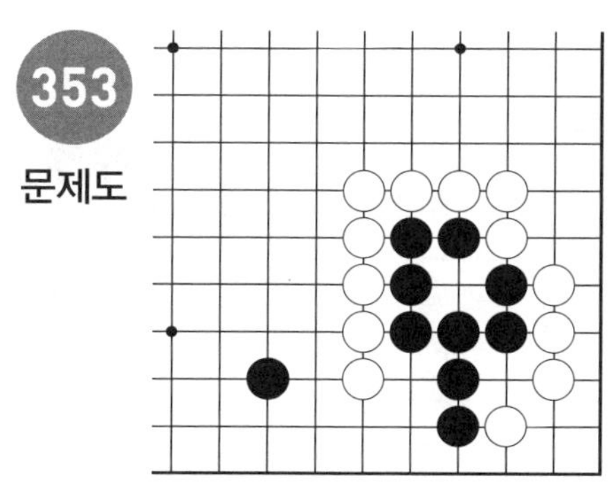

353 문제도

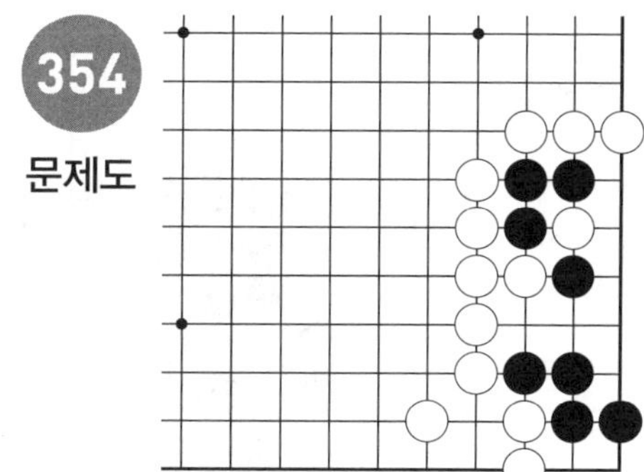

354 문제도

343
정해도

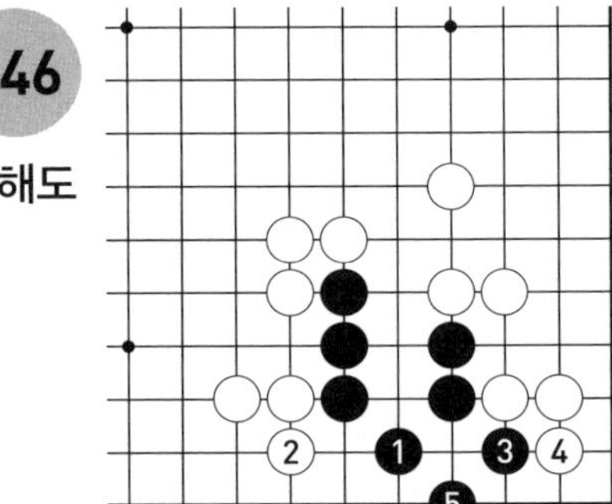

흑1로 거꾸로 호구치는 것이 유일하게 살 수 있는 요점. 백2로 파호할 때 흑3하여 직사궁이 되어 살게 된다.

344
정해도

흑1로 호구쳐서 요점을 점령하는 것이 살 수 있는 묘수. 백2로 막은 후 흑3으로 두 집을 짓게 된다.

345
정해도

흑1이 정답. 백은 어떻게 하든 흑을 잡을 방법이 없다.

346
정해도

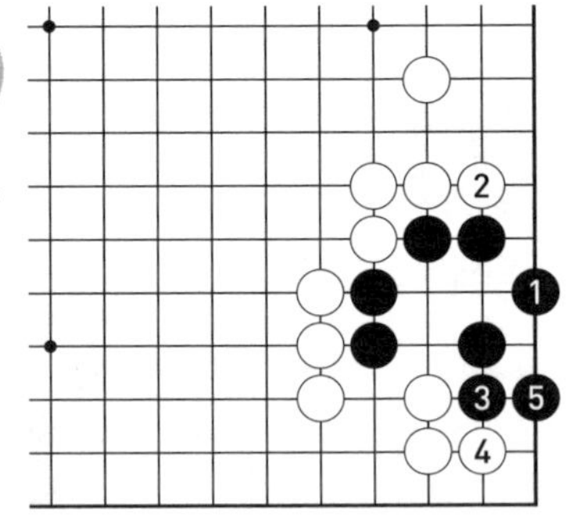

흑1로 거꾸로 호구치는 것이 교묘하다. 이후 백2, 흑3 이렇게 2점은 필수적이다. 흑5까지 흑은 깨끗히 살게 된다.

347
정해도

흑1이 정답. 백2가 젖히면서 파호. 흑3 끊고 흑5 늘어서 백 1점을 잡으면서 살게 된다.

348
정해도

흑2로 거꾸로 호구치는 것이 살 수 있는 요점. 이하 흑5까지 흑은 살았다.

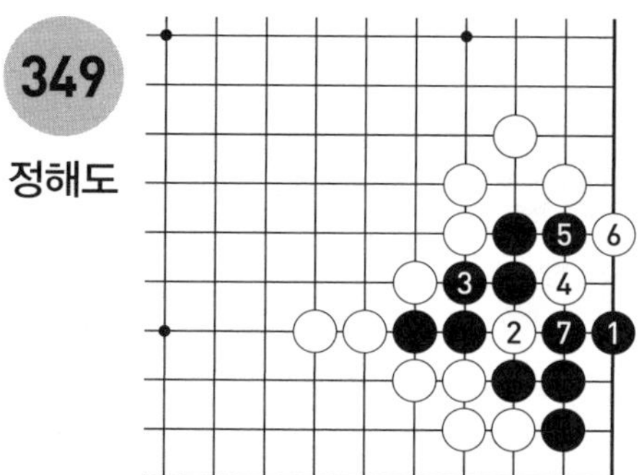

349 정해도

흑1로 호구치는 것이 정답. 백2로 먹여치기할 때 흑3으로 연결. 이하 흑7까지 흑은 살았다.

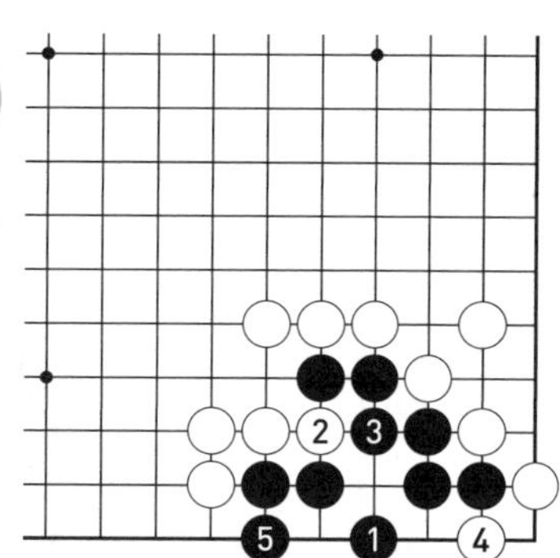

350 정해도

흑1 위치로 가는 것이 살 수 있는 유일한 묘수. 이후 백이 어떻게 가든지 흑을 잡을 방법이 없다.

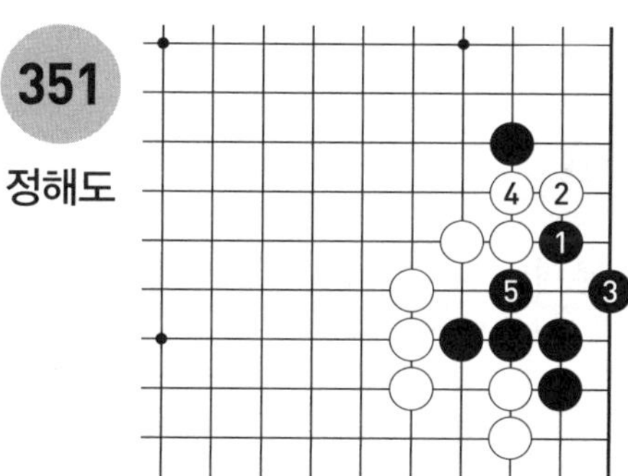

351 정해도

흑1로 기대고 흑3 호구가 정답. 흑5까지 집을 지어 흑은 살았다.

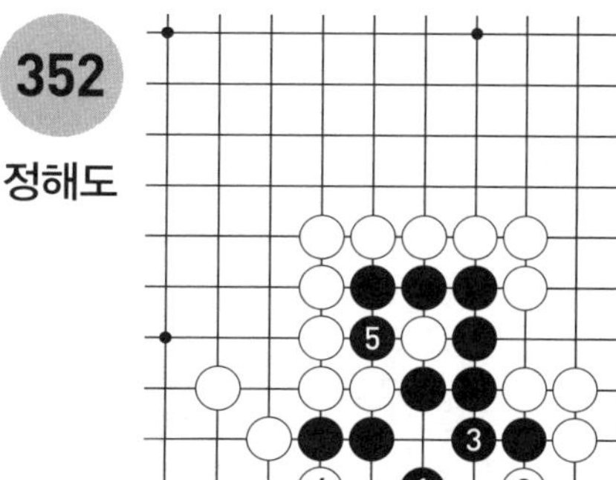

352 정해도

흑1로 호구치는 것이 정답. 만약 백2가 흑3 위치로 단수치면 흑3은 백2 위치에 늘어서 여전히 살게 된다.

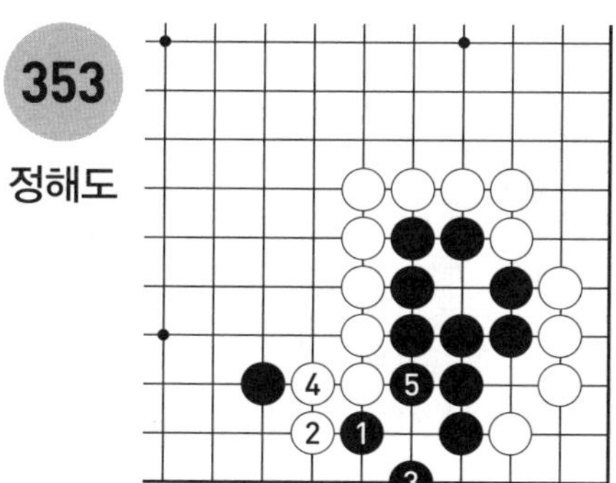

353 정해도

흑1로 기대고 흑3으로 거꾸로 호구치는 것이 살 수 있는 묘수. 다시 흑5 위치로 집을 지어서 살 수 있다.

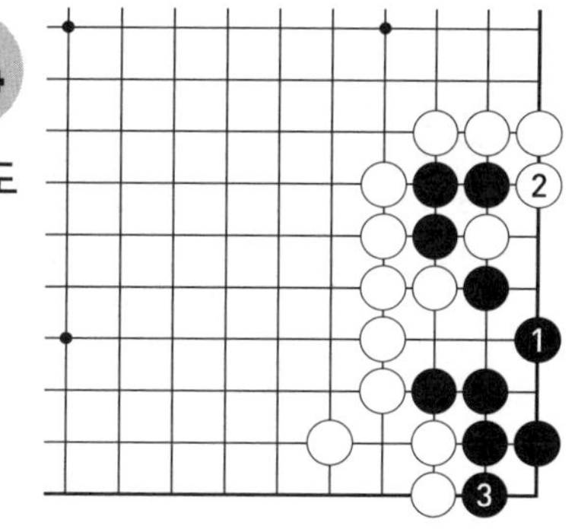

354 정해도

흑1로 호구치는 것이 교묘하다. 백2 하면 흑3으로 살게 된다.

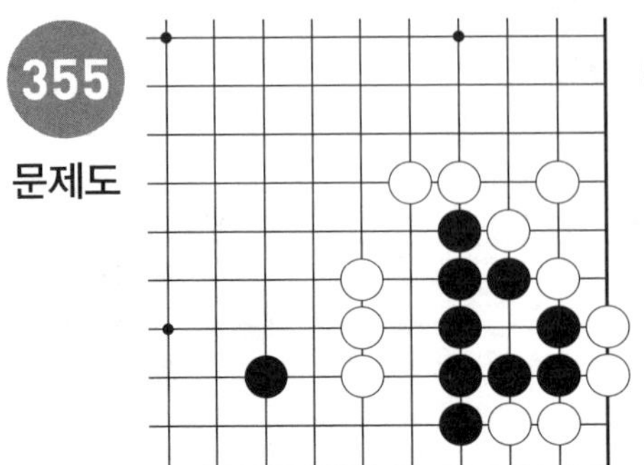

355 문제도

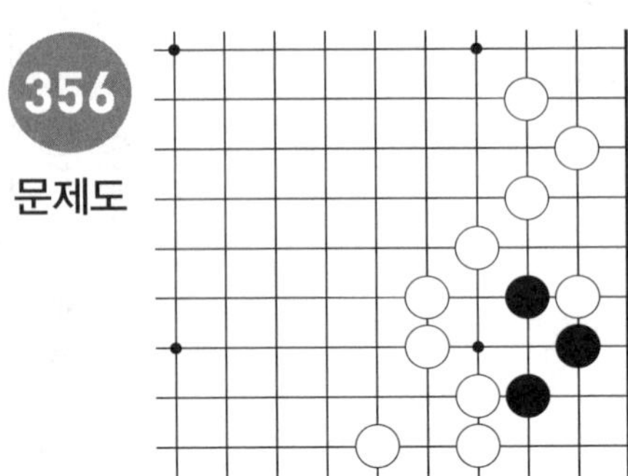

356 문제도

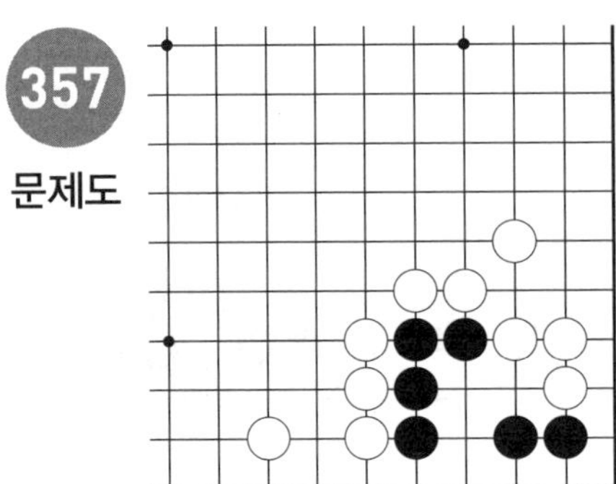

357 문제도

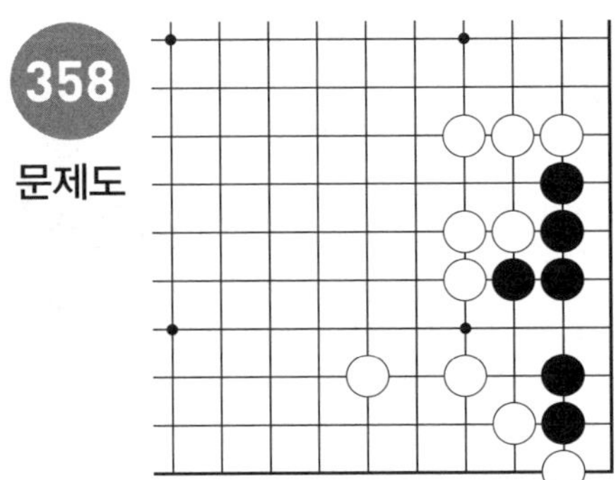

358 문제도

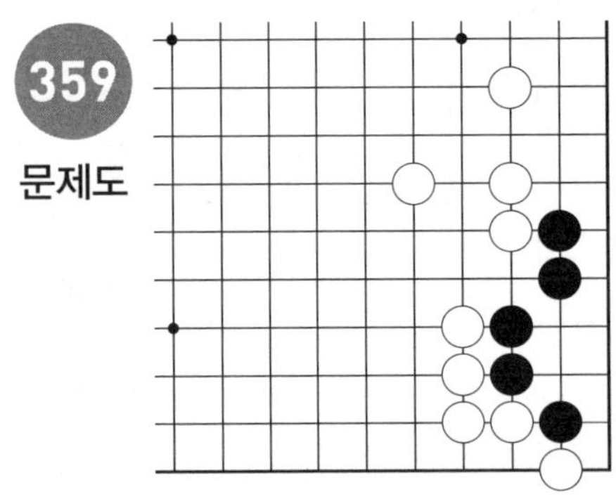

359 문제도

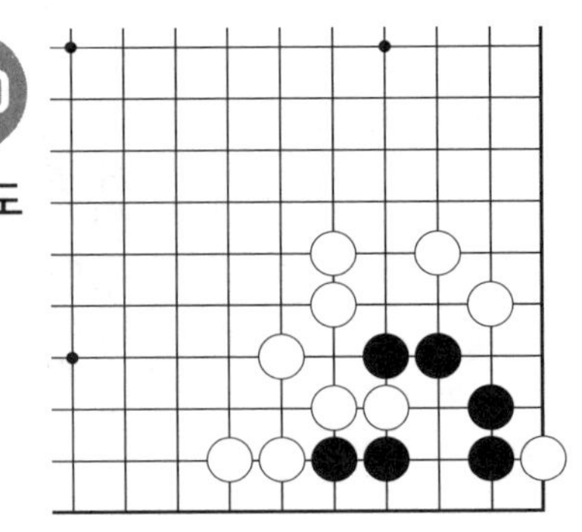

360 문제도

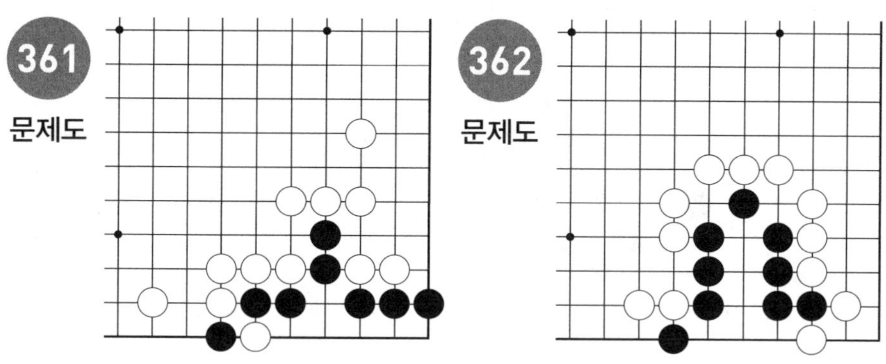

361
문제도
362
문제도

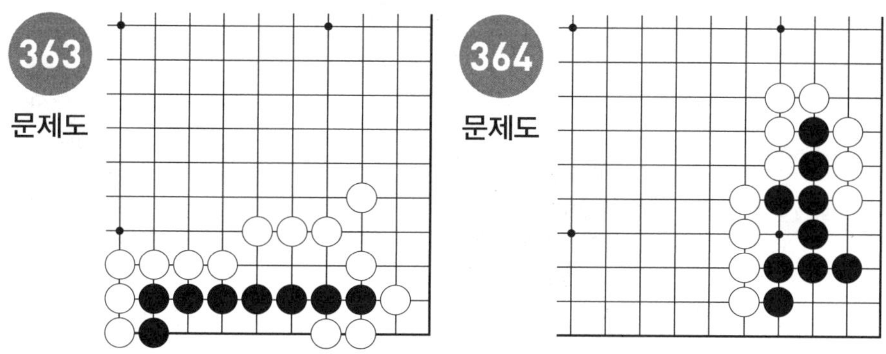

363
문제도
364
문제도

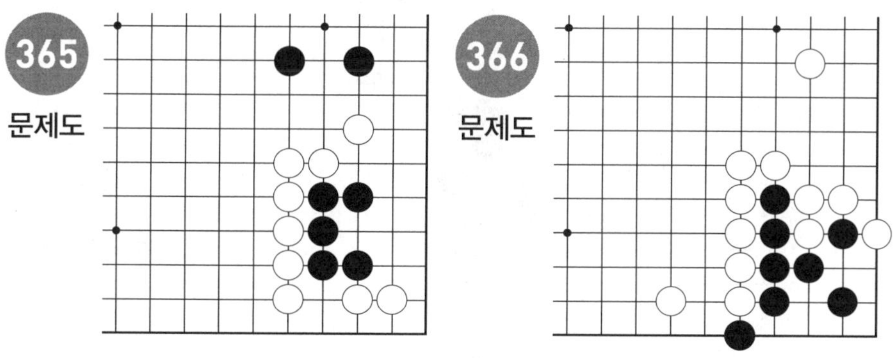

365
문제도
366
문제도

355

정해도

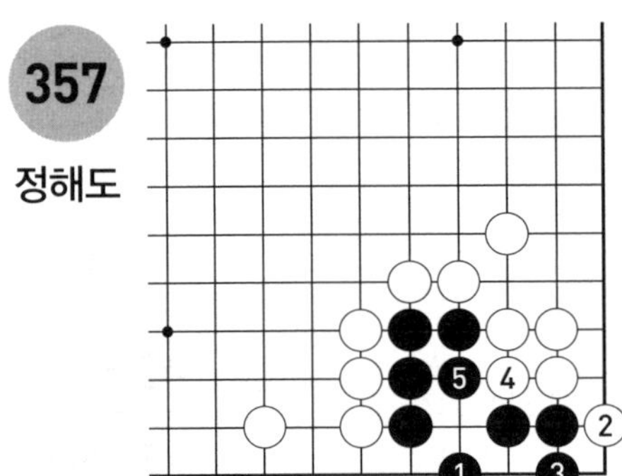

흑1이 정답. 흑5까지 살게 된다.

356

정해도

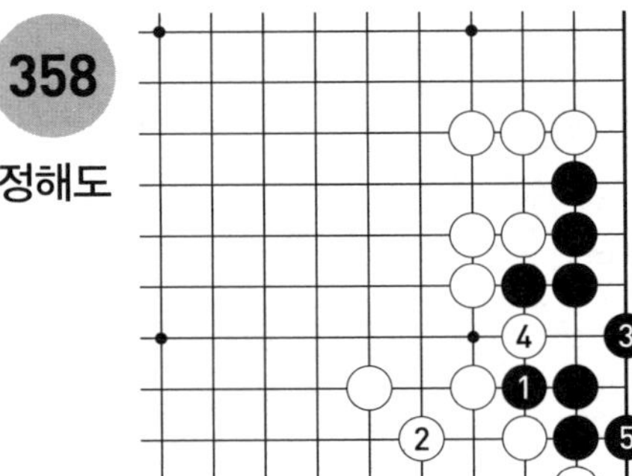

흑1로 호구치는 것이 정답. 백은 2로 물러설 수밖에 없고 흑3으로 집을 지어 살게 된다.

357

정해도

흑1, 3, 5가 살 수 있는 유일한 착지법.

358

정해도

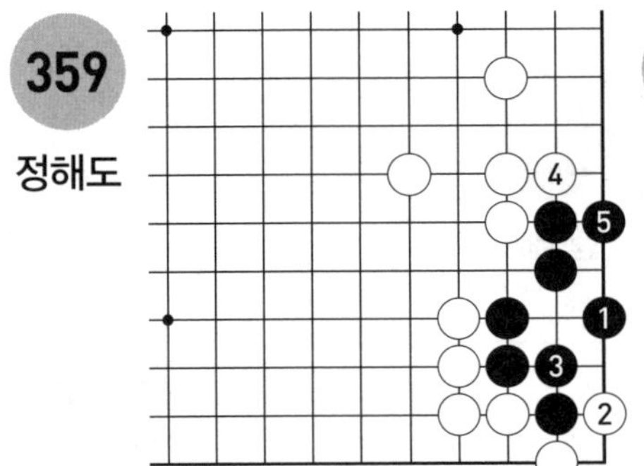

흑1 선수로 먹여치고 다시 흑3 위치에 거꾸로 호구치는 것이 묘수. 백4로 끼워 붙임할 때 흑5로 집을 지어 살 수 있다.

359

정해도

흑1이 정답. 만약 백2로 흑3 위치에 단수치면 흑3은 백2 위치에 늘어서 살 수 있다.

360

정해도

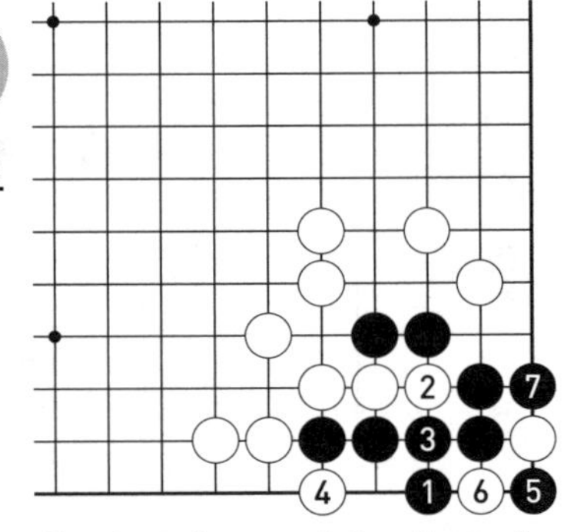

흑1 호구가 교묘하다. 백4로 파호할 때 흑5 먹여치기가 좋다. 이하 흑7까지 착수금지 규정에 의해 흑은 살게 된다.

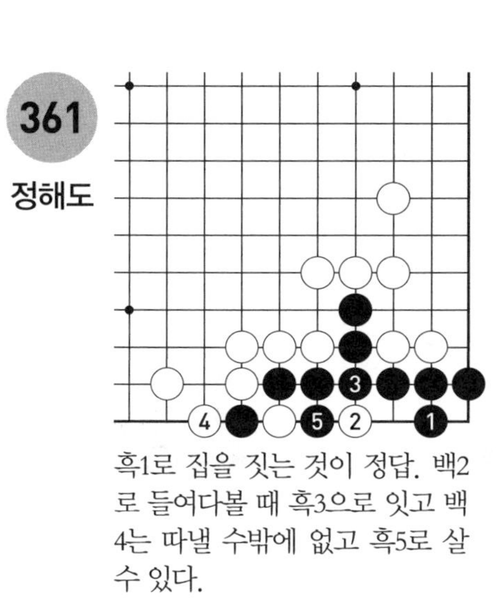

361 정해도

흑1로 집을 짓는 것이 정답. 백2로 들여다볼 때 흑3으로 잇고 백4는 따낼 수밖에 없고 흑5로 살 수 있다.

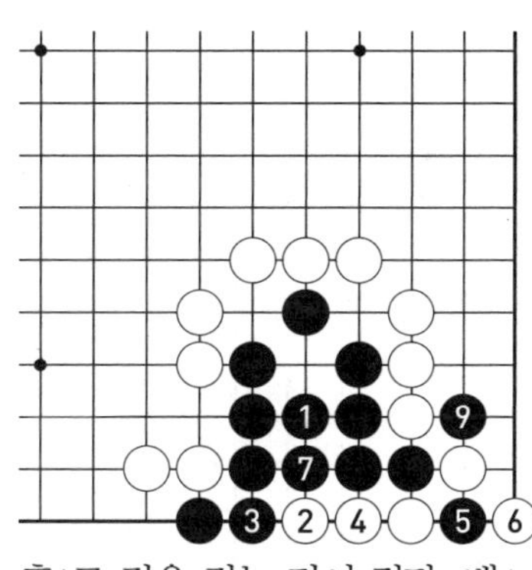

362 정해도

흑1로 집을 짓는 것이 정답. 백4로 이을 때 흑5로 먹여치기하는 것이 묘수. 이하 흑9까지 백은 잡히게 된다. 백8=흑5

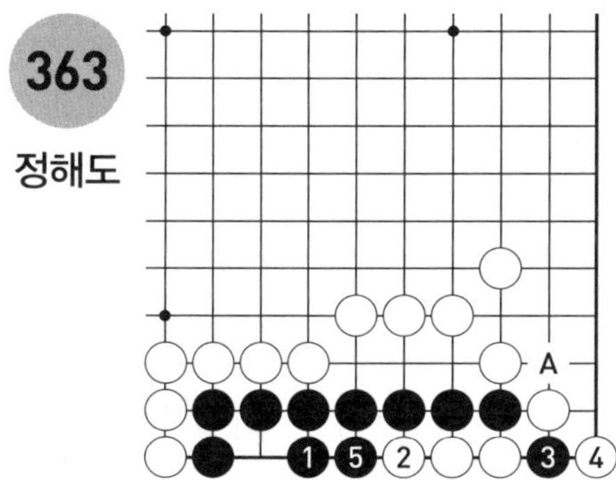

363 정해도

흑1로 집을 짓는 것이 정답. 흑5 단수, 백은 흑3 위치에 연결해야 한다. 그렇지 않다면 흑이 A위치로 가서 백은 전부 죽게 된다.

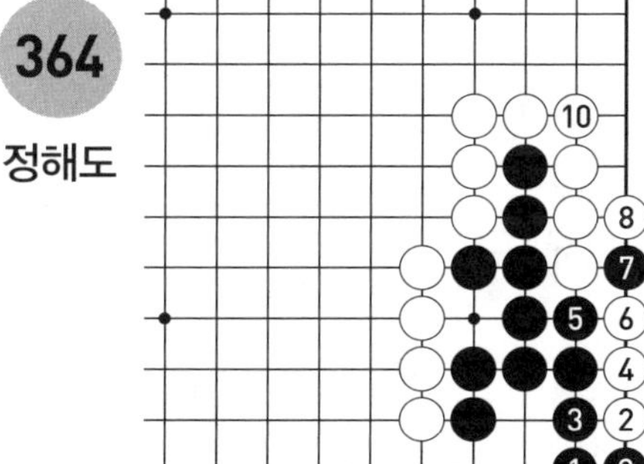

364 정해도

흑1로 뛰는 것이 교묘하다. 백2로 들여다볼 때, 흑3으로 잇고 흑9까지 단수, 백은 흑7 자리에 연결할 수 없다. 흑 삶. 흑11=흑7

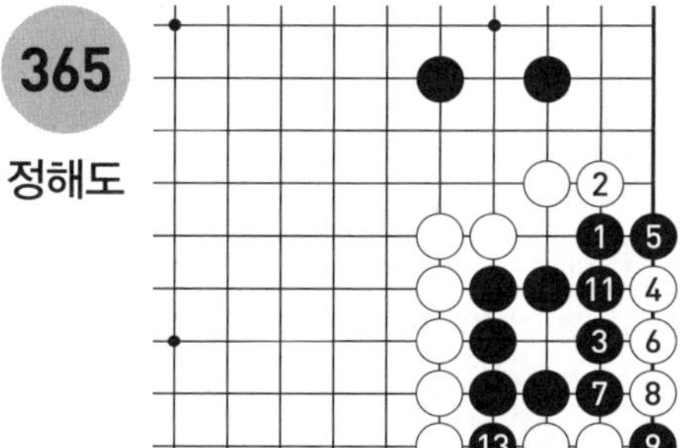

365 정해도

흑1로 먼저 건너자고 하는 것이 중요하며 정답이다. 이하 흑15까지 백이 잡히게 된다. 백12=흑9

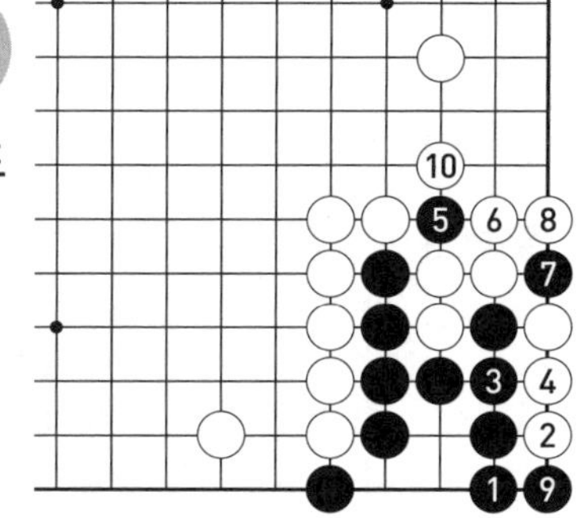

366 정해도

흑1이 정답. 흑9로 단수칠 때, 백은 10으로 따낼 수밖에 없으며, 흑11까지 살았다. 흑11=흑7

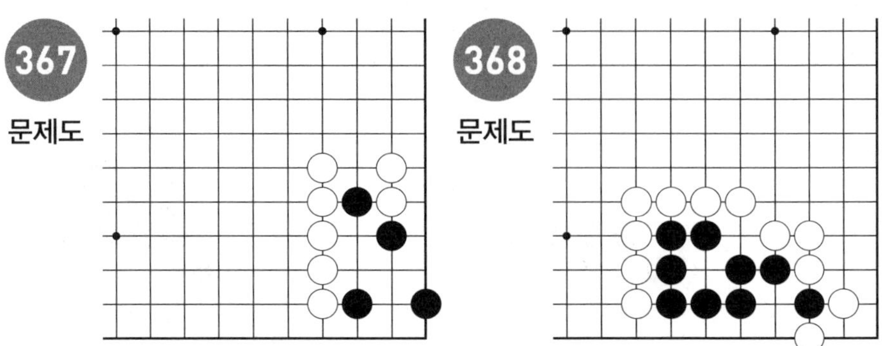

367 문제도

368 문제도

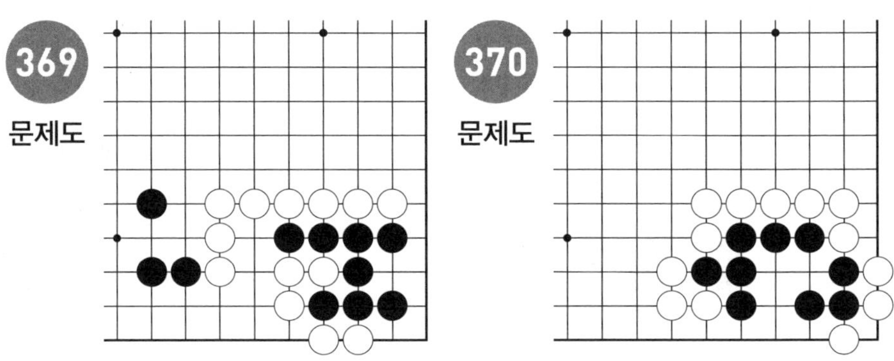

369 문제도

370 문제도

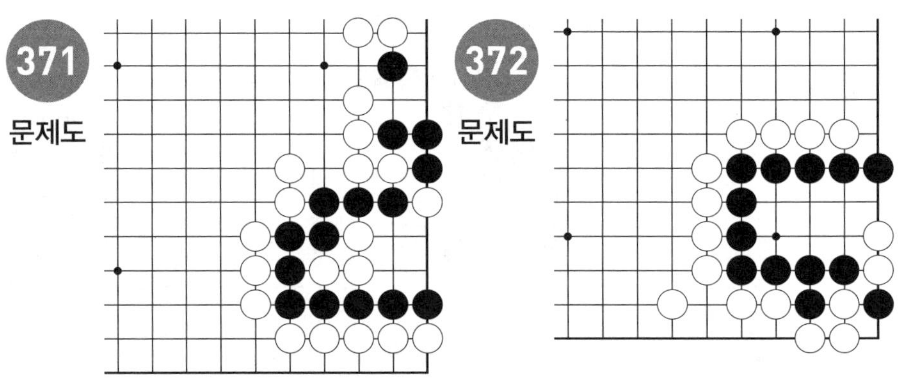

371 문제도

372 문제도

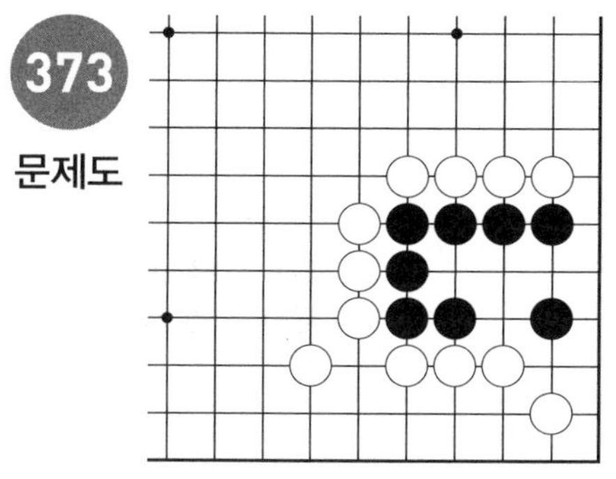

373 문제도

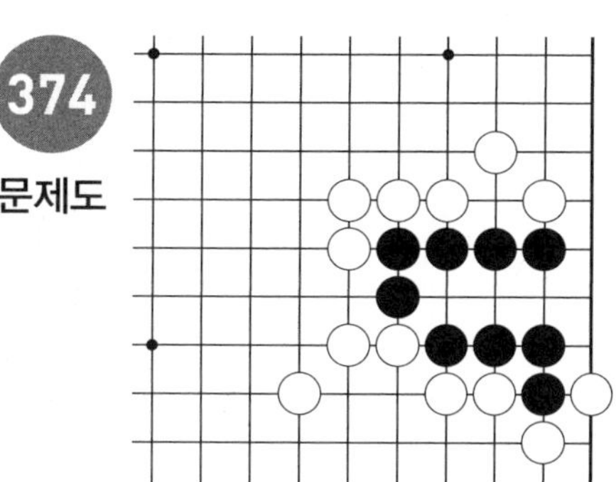

374 문제도

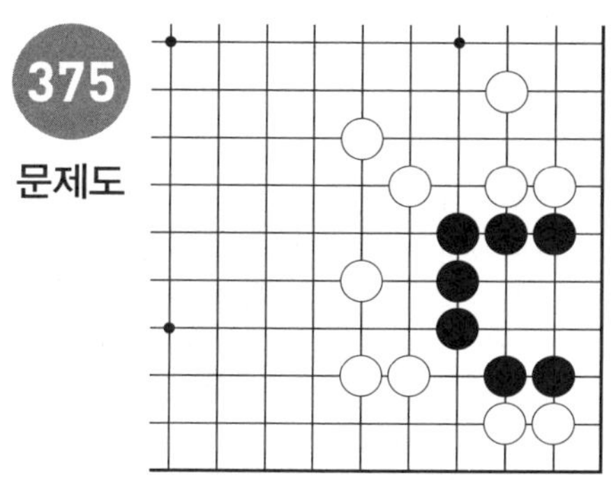

375 문제도

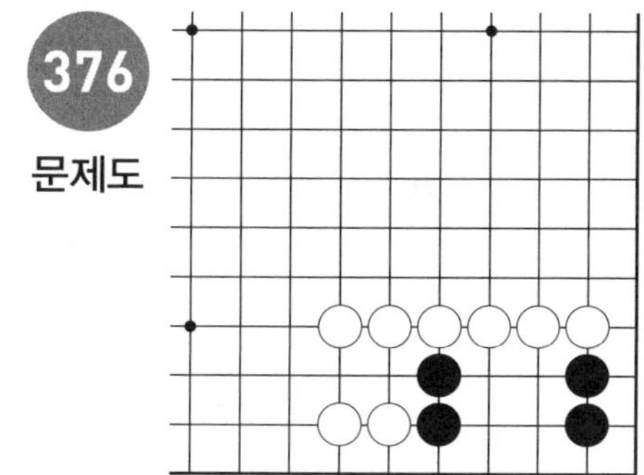

376 문제도

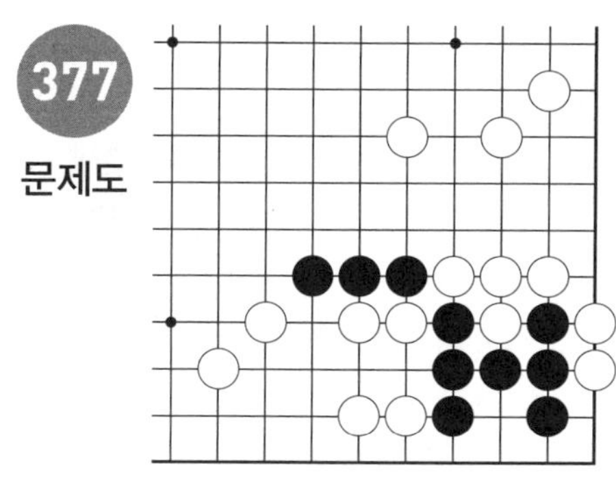

377 문제도

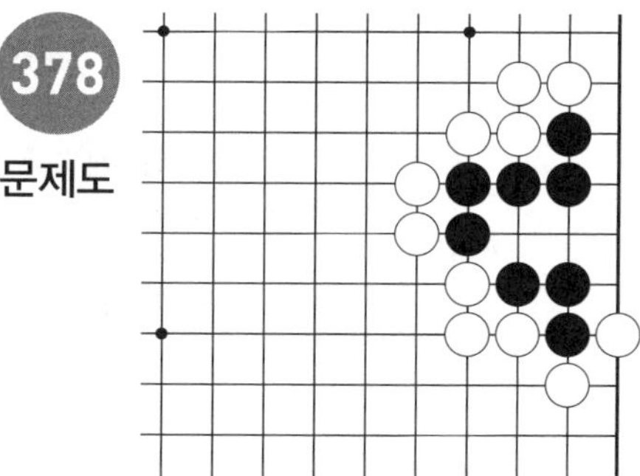

378 문제도

367 정해도

흑1로 집을 짓는 것이 정답. 백이 2로 가나 성립되지 않는다. 이하 흑11까지 흑은 살았다.

368 정해도

흑1이 정답. 흑7로 단수치면 백은 8로 연결할 수밖에 없다. 흑9로 백 3점을 따내어 살게 된다. 흑9=흑5

369 정해도

흑1로 들어다 보고 흑3 먹여치기가 수순상 좋으며 흑5가 정답. 흑9까지 백 3점을 잡아서 살았다. 만약 백이 6으로 늘리지 않으면 흑이 백6 자리로 가서 산다.

370 정해도

흑1이 정답. 백2로 들어다볼 때, 흑3으로 막고 흑5로 단수쳐서 백이 촉촉수가 되어 흑은 살았다.

371 정해도

흑1이 정답. 백2로 늘릴 때 흑3 단수, 백은 연결할 수 없으므로 흑은 살았다.

372 정해도

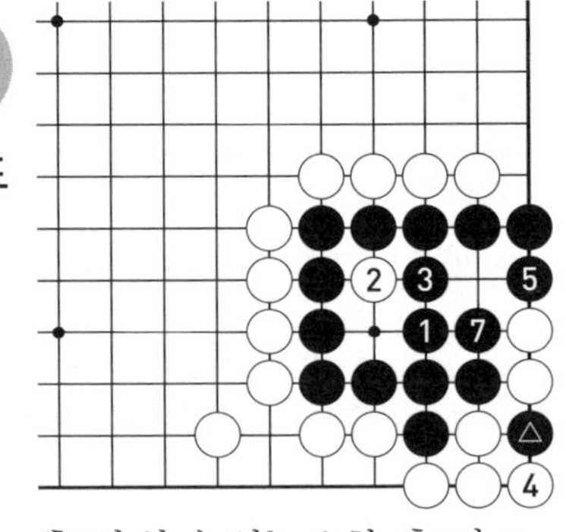

흑1이 살 수 있는 요처. 흑3이 묘수. 흑7까지 살 수 있다. 백6=▲

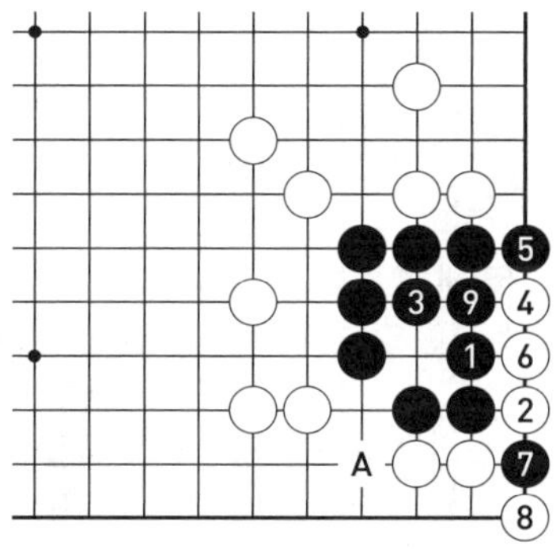

373 정해도

흑1로 집을 짓는 것이 정답. 흑9까지 백 3점을 잡아서 살게 된다. 백10으로는 흑 7 위치에 연결할 수 없다. 그렇지 않으면 흑이 A위치로 가서 백은 전부 잡힌다.

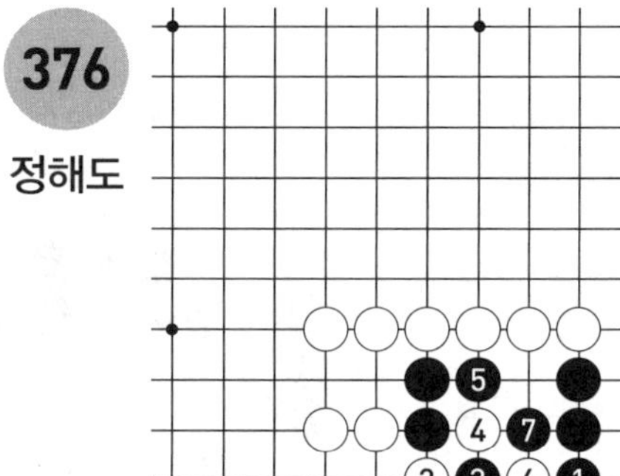

374 정해도

흑1로 집을 짓는 것이 정답. 흑7 까지 이전 그림과 유사함. 흑은 살았다.

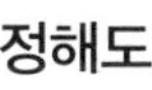

375 정해도

흑1, 3으로 집을 짓는 것이 묘수. 흑9로 단수칠 때 백은 흑8 자리에 연결할 수 없다. 그렇지 않으면 흑 이 A위치로 젖혀서 백이 잡힌다.

376 정해도

흑1이 묘수. 백2로 젖힐 때 흑3 이 맥. 이하 흑7까지 백은 촉촉 수가 된다.

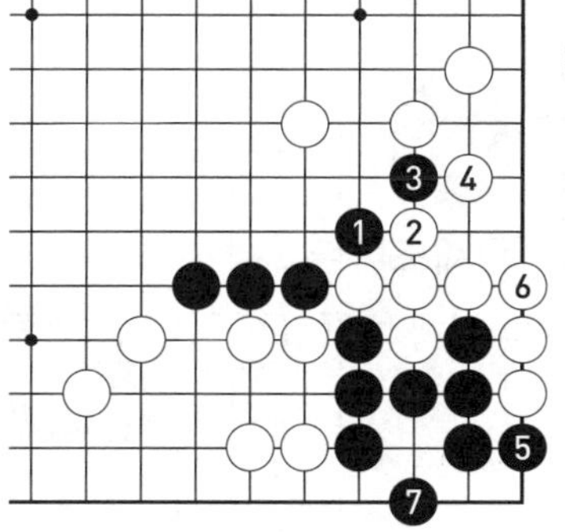

377 정해도

흑1, 3으로 버리는 것이 살 수 있 는 묘수. 이하 흑7까지 흑은 살 았다.

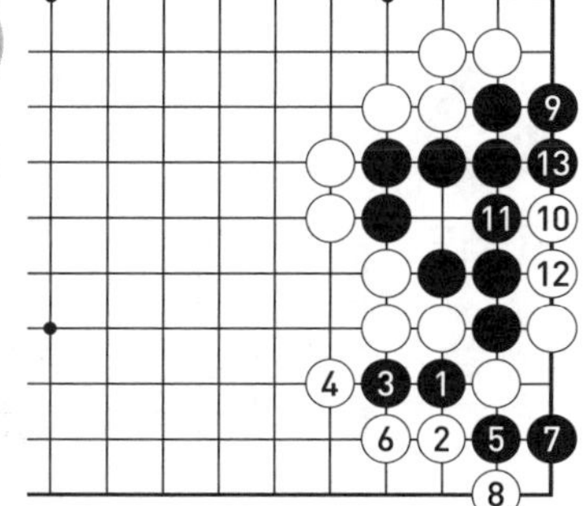

378 정해도

흑1로 버리는 것이 살 수 있는 묘수. 흑9로 느는 것이 사는 요 점. 흑13까지 백은 촉촉수가 된다.

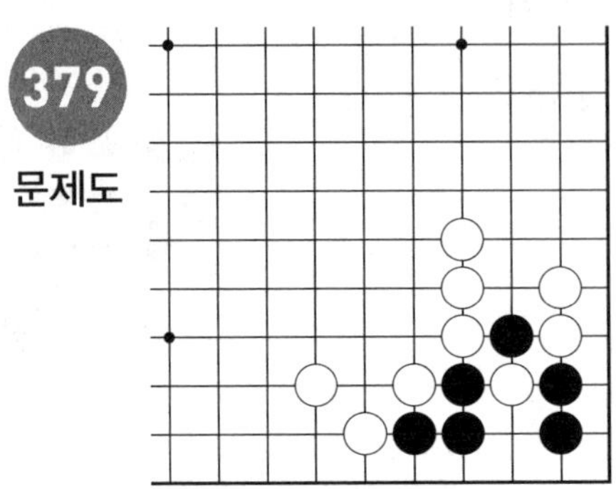

379 문제도

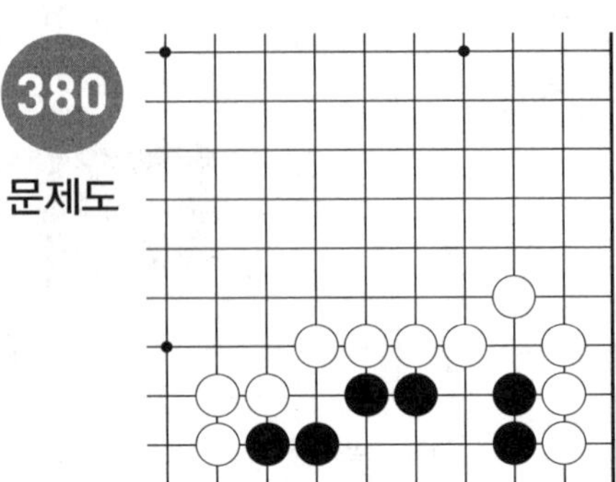

380 문제도

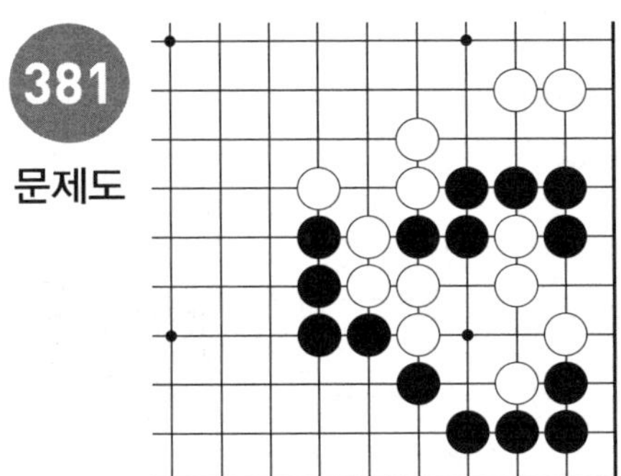

381 문제도

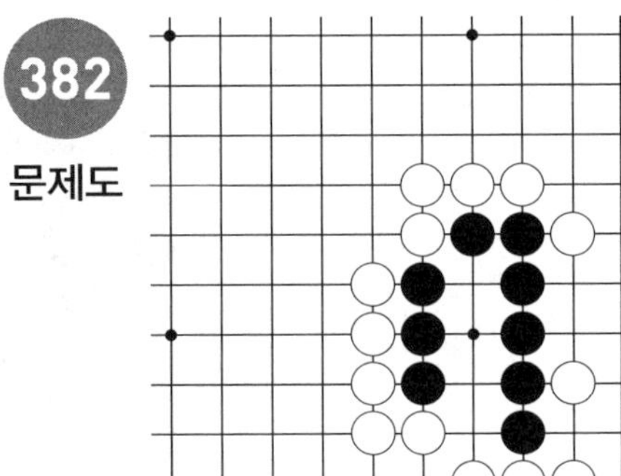

382 문제도

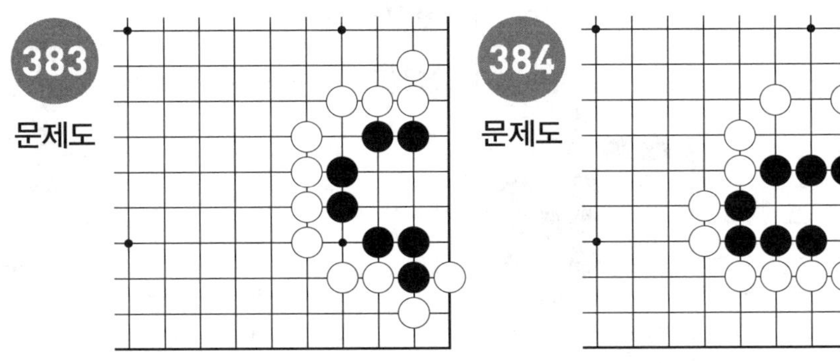

383 문제도

384 문제도

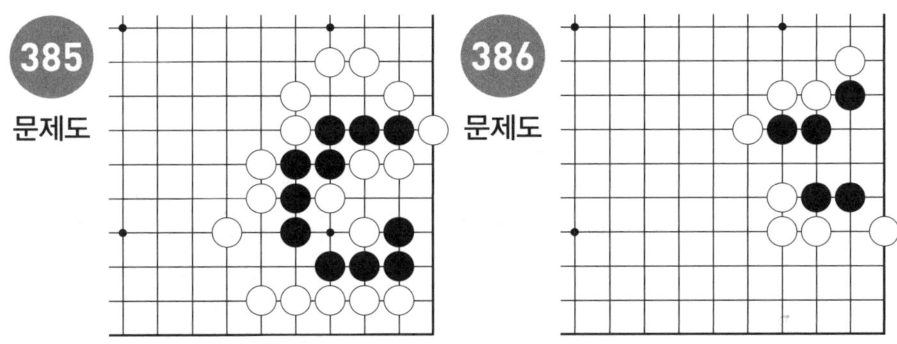

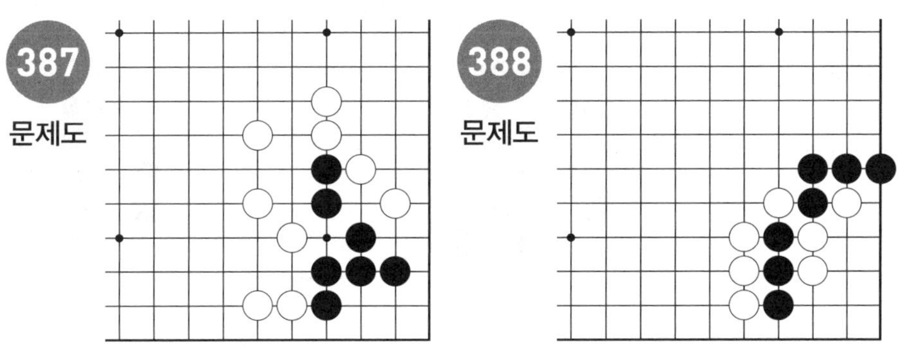

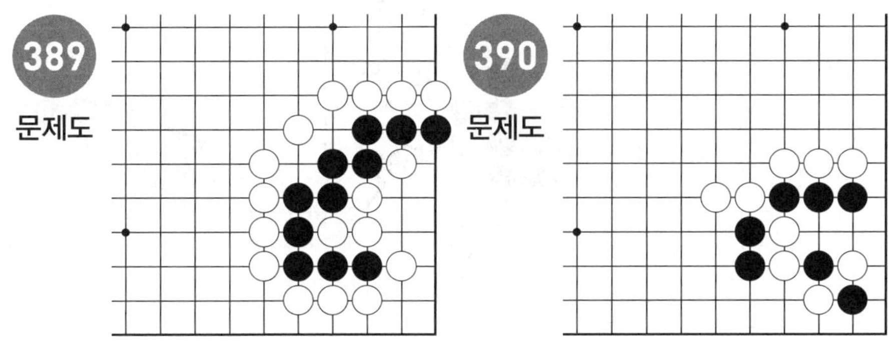

379
정해도

흑1로 느는 것이 중요. 백2 젖힘, 흑3 막음. 백4로 들어다볼 때 흑 5로 집을 짓는다. 백은 A에 연결할 수밖에 없으며 흑은 살았다.

380
정해도

흑1로 호구치는 것이 정답. 백6으로 건널 때 흑7로 먹여치기, 흑9 단수, 백은 촉촉수.

381
정해도

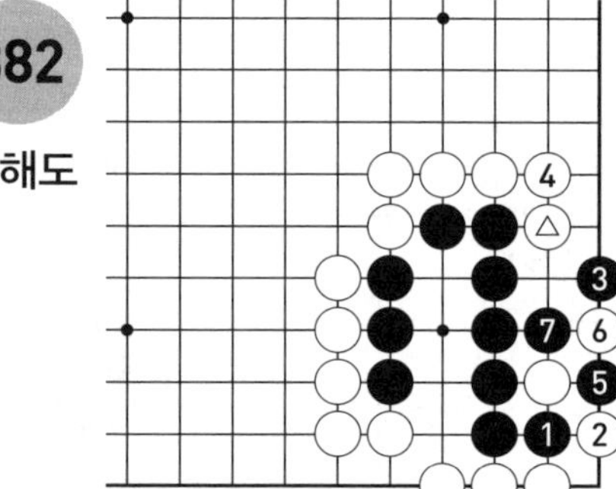

흑1로 젖힘이 정답. 흑5, 7이 묘수. 흑13까지 백은 촉촉수.
흑9=흑7, 백10=흑5

382
정해도

흑1로 먼저 끼우고 흑3으로 다시 뜬다. 만약 백4로 연결하지 않으면 흑이 백4 자리로 가서 백△ 1점을 잡게 된다. 흑7 단수로 백은 촉촉수.

383
정해도

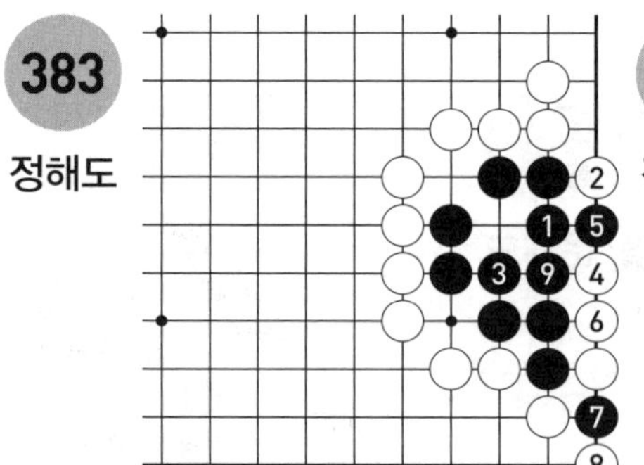

흑1로 물러서고 흑3으로 집을 짓는 것이 정답. 흑9로 단수쳐서 백 3점을 잡아서 살게 된다.

384
정해도

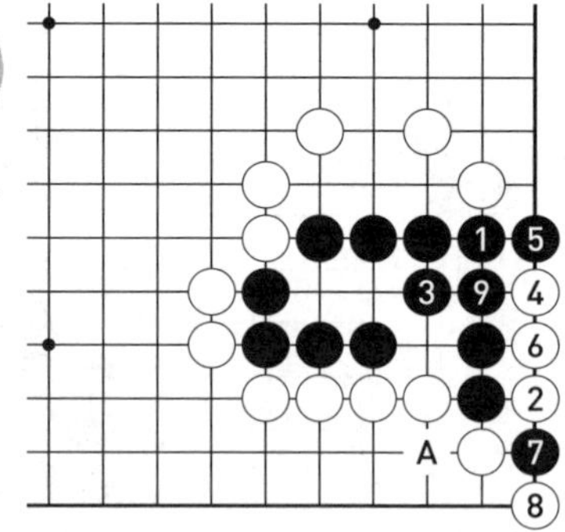

흑1로 막고, 흑3으로 집을 지음. 흑9 단수칠 때 백은 흑7 위치로 연결할 수밖에 없다. 그렇지 않으면 흑이 A위치로 하여 백이 잡히게 된다.

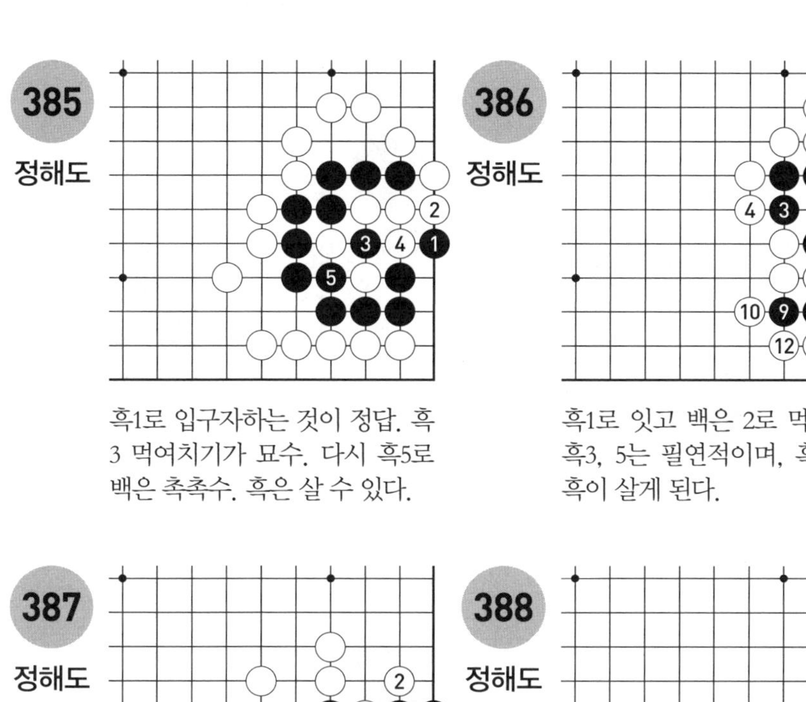

385 정해도

흑1로 입구자하는 것이 정답. 흑
3 먹여치기가 묘수. 다시 흑5로
백은 촉촉수. 흑은 살 수 있다.

386 정해도

흑1로 잇고 백은 2로 먹여치기.
흑3, 5는 필연적이며, 흑19까지
흑이 살게 된다.

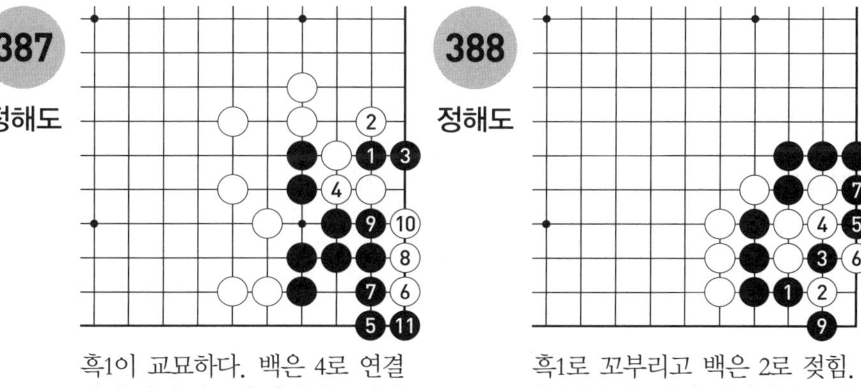

387 정해도

흑1이 교묘하다. 백은 4로 연결
할 수밖에 없으며 이하 흑11까지
백은 회돌이.

388 정해도

흑1로 꼬부리고 백은 2로 젖힘.
흑3에서 흑9까지 먹여치기로 한
수 차이로 성공. 백8=흑3

389 정해도

흑1, 3, 5, 7 연속적으로 해서 수
싸움에서 흑 승. 백6=흑1

390 정해도

흑1에서 흑7까지 연속해서 백이
잡힌다. 백4=▲

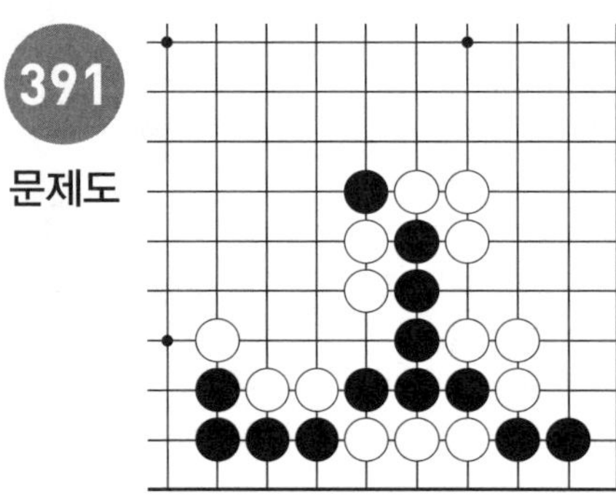

391 문제도

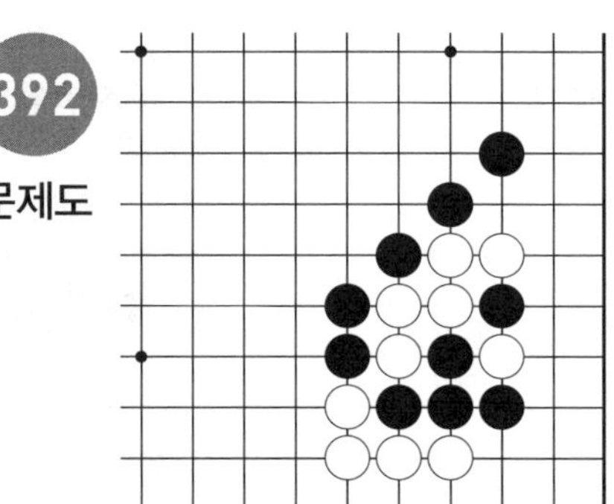

392 문제도

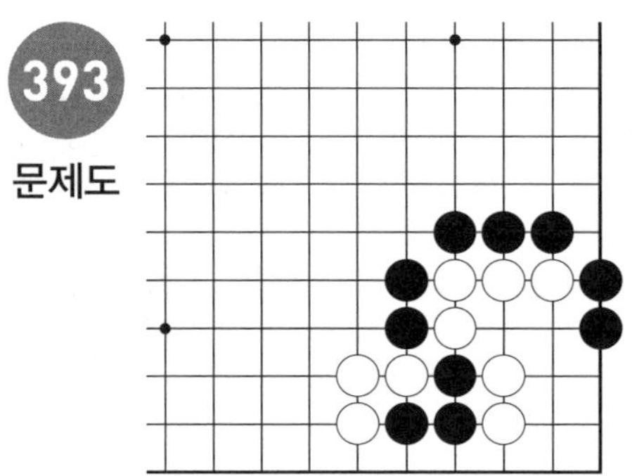

393 문제도

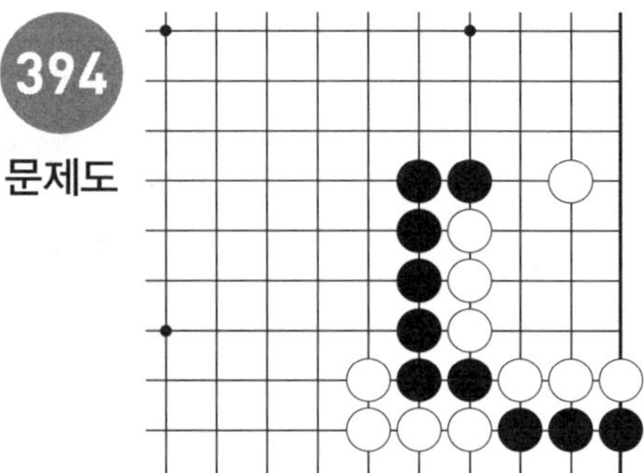

394 문제도

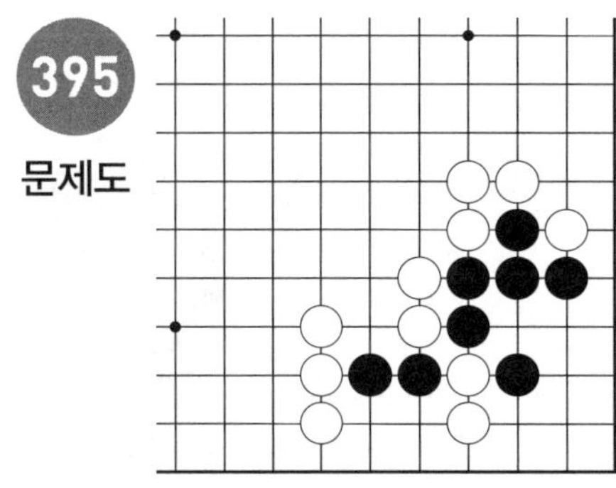

395 문제도

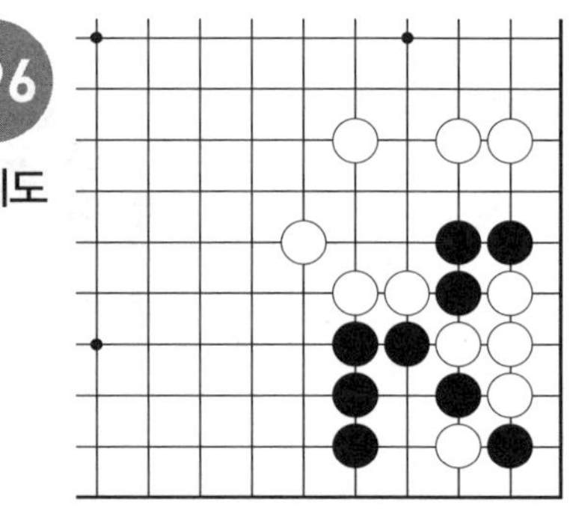

396 문제도

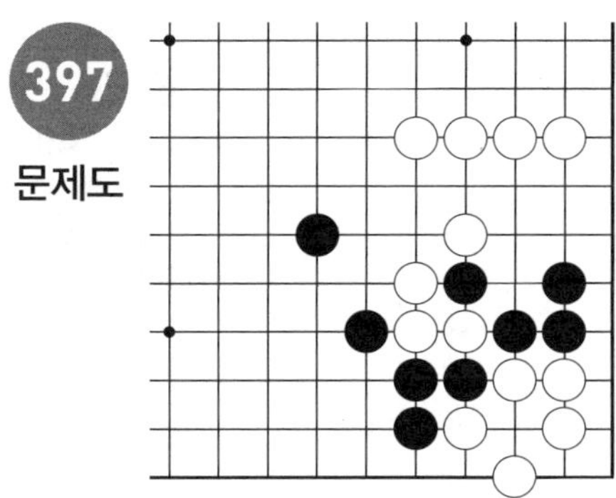

397 문제도

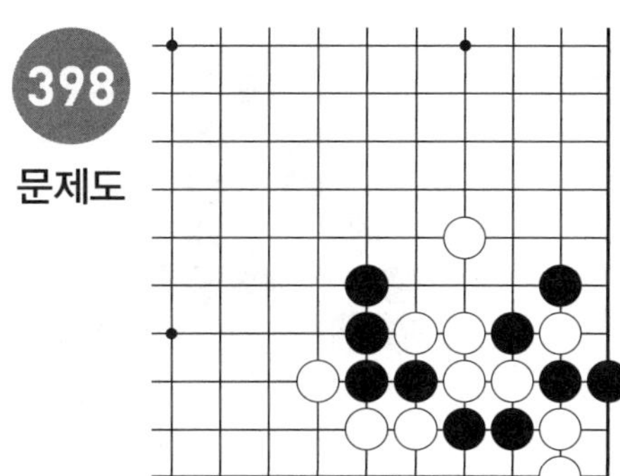

398 문제도

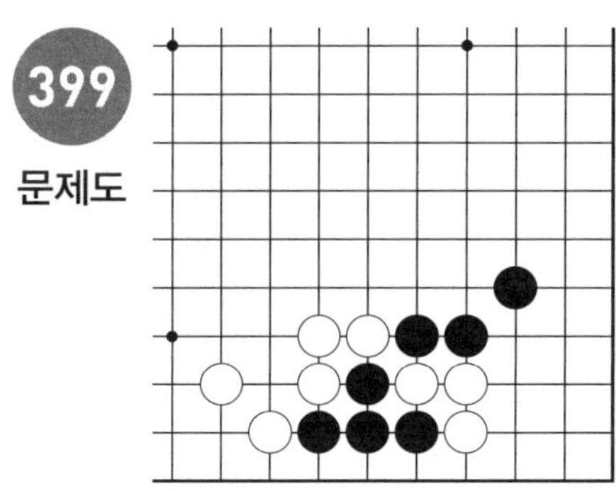

399 문제도

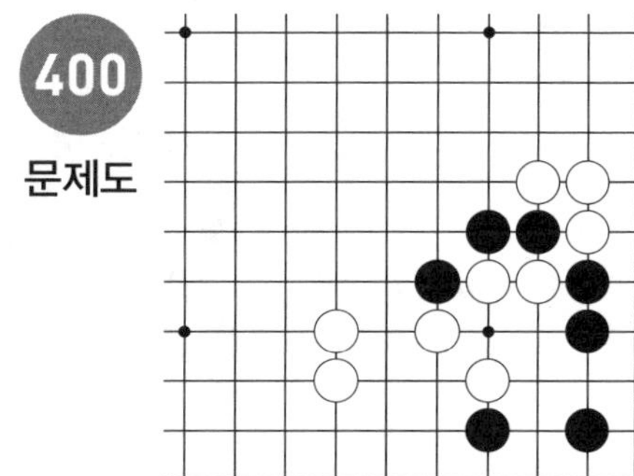

400 문제도

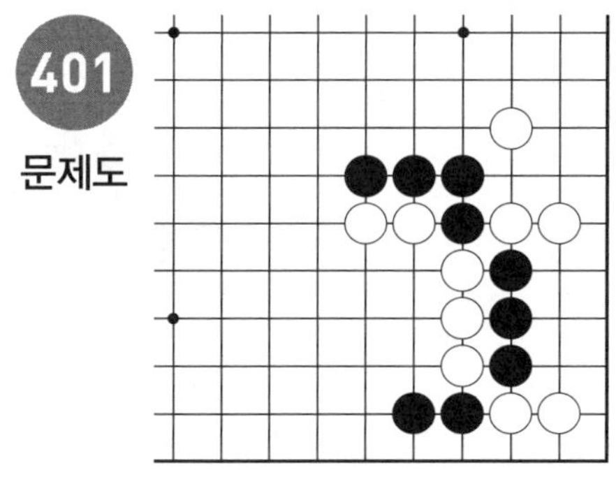

401 문제도

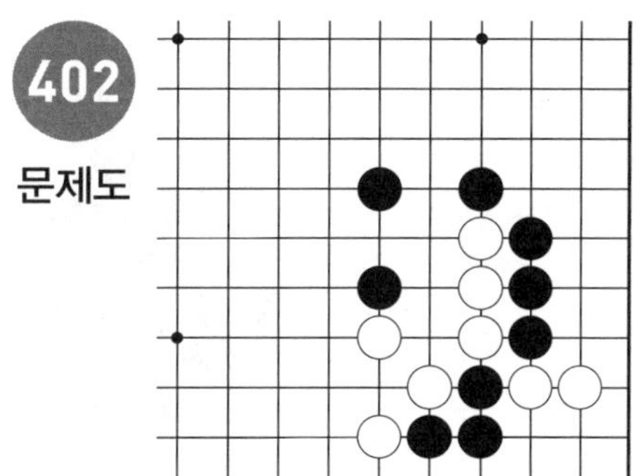

402 문제도

391 정해도

흑1로 단수치는 것이 정답. 백
2 단수칠 때 흑3, 5로 젖힘. 흑은
순리적으로 탈출.

392 정해도

흑1로 단수치는 것이 정답. 흑5
까지 백은 전멸. 백4=▲

393 정해도

흑1 치중이 잡을 수 있는 묘수.
흑5까지 수싸움에서 흑 승.
백4=흑1

394 정해도

흑1로 끊는 것이 좋은 수. 백2 단
수칠 때 흑3, 5로 단수쳐서 흑이
성공.

395 정해도

흑1이 정답. 백2로 꼬부릴 때 흑
3 젖힘이 묘수. 이하 흑9까지 백
이 잡히게 된다. 백8=▲

396 정해도

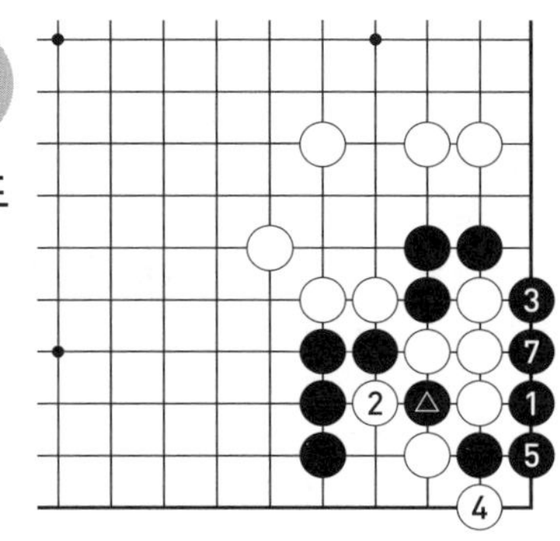

흑1로 젖힘. 백2로 따내고 흑7까
지 백이 잡힌다. 백6=▲

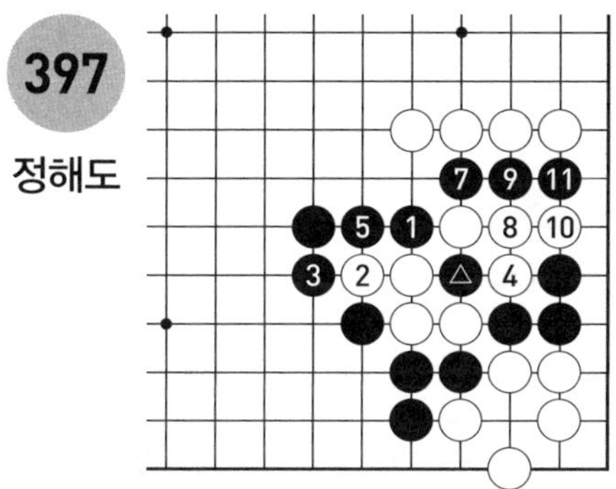

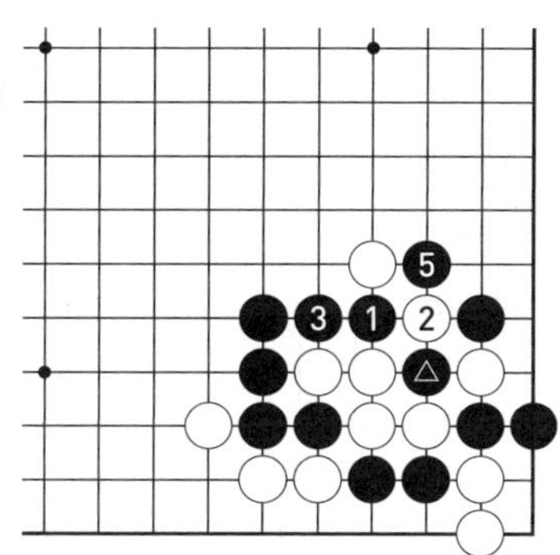

397 정해도

흑1로 단수치는 것이 정답. 이하 흑11까지 백이 잡힌다. 백6=▲

398 정해도

흑1, 3, 5로 연속 촉촉수. 흑의 성공. 백4=▲

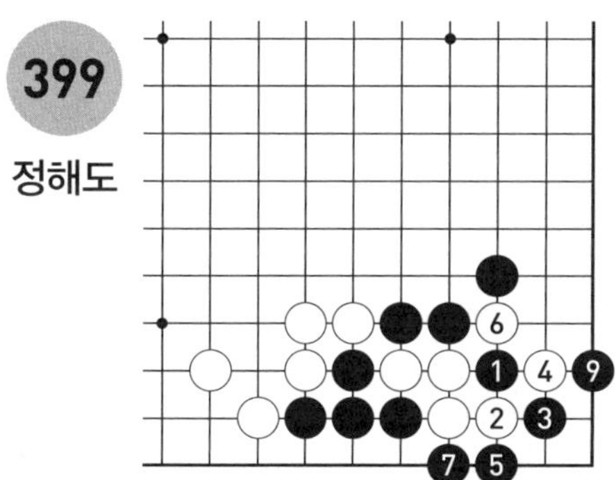

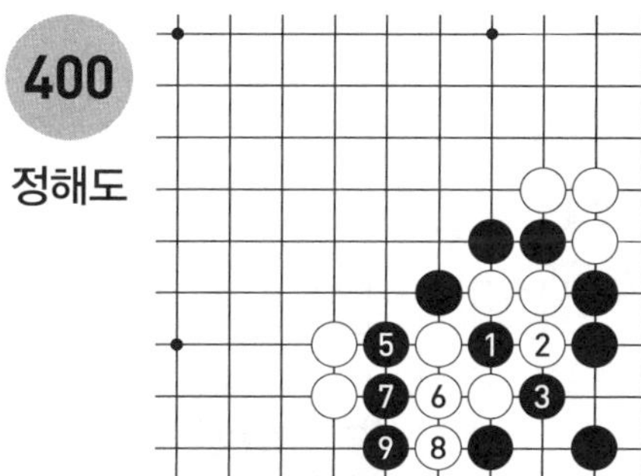

399 정해도

흑1, 3으로 연속적인 촉촉수의 묘수, 이하 흑9까지 수싸움에서 흑 승. 백8=흑1

400 정해도

흑1 먹여치기가 정답. 흑9까지 흑의 한 수 빠른 수로 백이 전멸. 백4=흑1

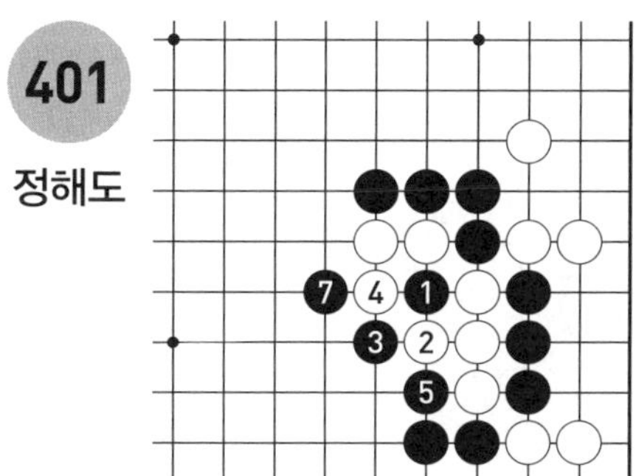

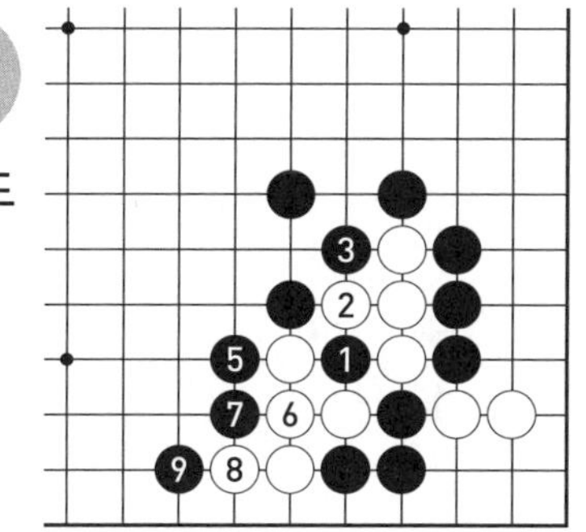

401 정해도

흑1로 끊는 것이 정답. 이하 흑7 까지 백은 키워서 축이 된다. 백6=흑1

402 정해도

흑1로 먹여치기하는 것이 정답. 이하 흑9까지 백은 전멸. 백4=흑1

403

문제도

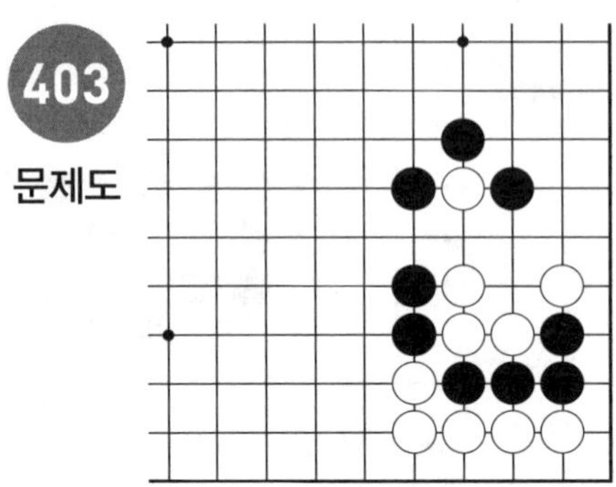

404

문제도

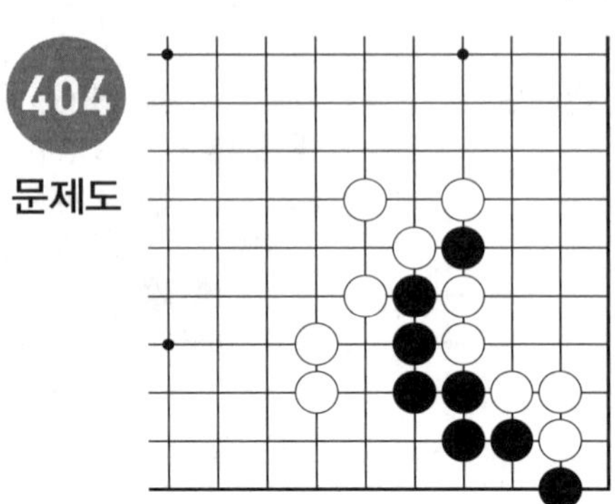

405

문제도

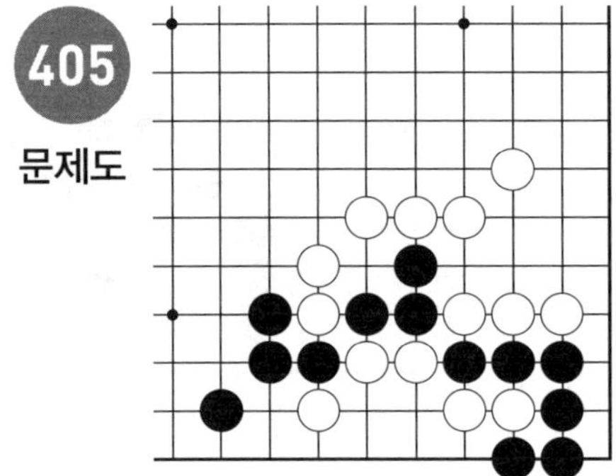

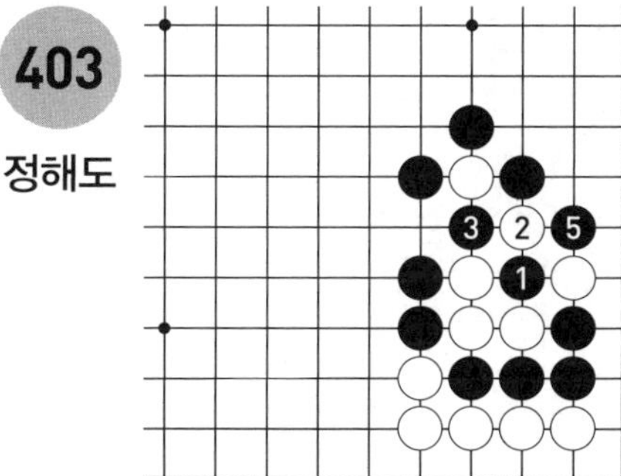

403 정해도

흑1로 먹여치는 것이 정답. 이하
흑5까지 수싸움에서 흑 승.
백4= 흑1

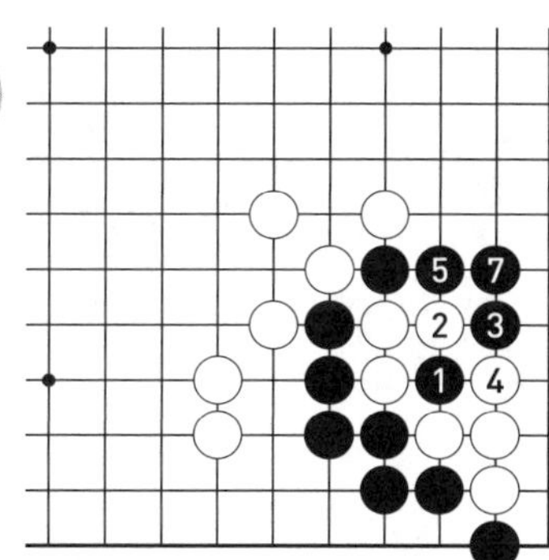

404 정해도

흑1로 끊고, 흑3으로 젖힘이 묘
수. 이하 흑7 연결까지 백은 한
수 차이로 잡히게 된다. 백6=흑1

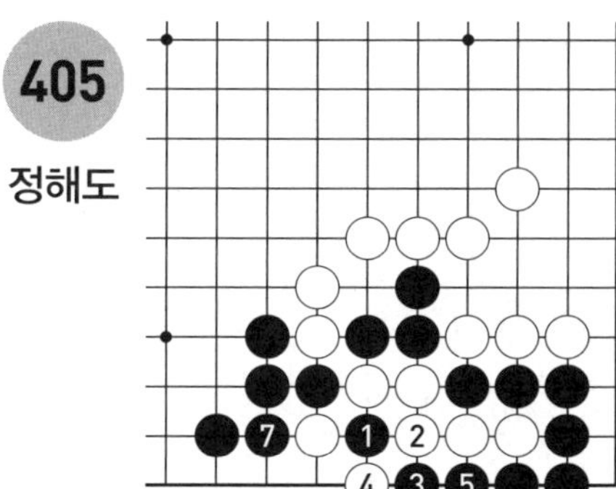

405 정해도

흑1이 정답. 흑7까지 진행되어
백은 잡힌다. 만약 흑1로 백2의
자리에 두면 백은 흑1 자리로 가
서 흑의 실패. 백6=흑1

제 7 부　바둑 격언을 활용한 사활

'1선에 묘수가 있다', '좌우동형이면 중앙이 급소'처럼 바둑에는 많은 격언들이 전해지고 있습니다. 이러한 격언에는 오랜 기간 실전을 통해 얻은 바둑 철학이 담겨있습니다. 격언은 깊은 뜻을 내포하고 있기 때문에 초보자들은 격언의 숨은 뜻을 잘 파악하여 실전에서 민첩하게 활용하기 바랍니다.

제7부는 36개의 연습문제로 구성되어 있으며 모두 흑 선입니다. 바둑 격언을 정확하게 이해하고 활용하여 사활 문제의 해답을 찾아봅시다.

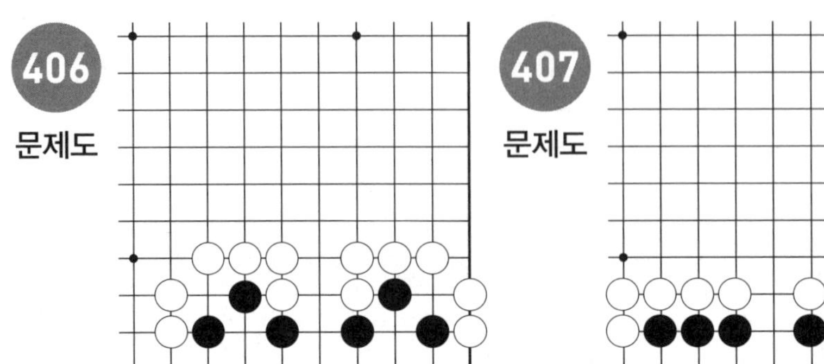

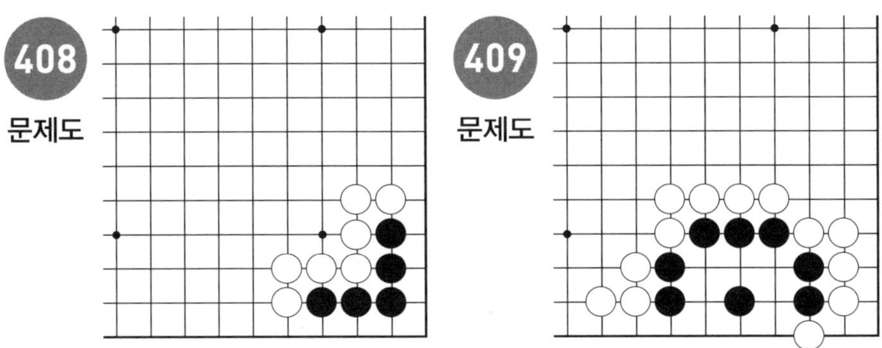

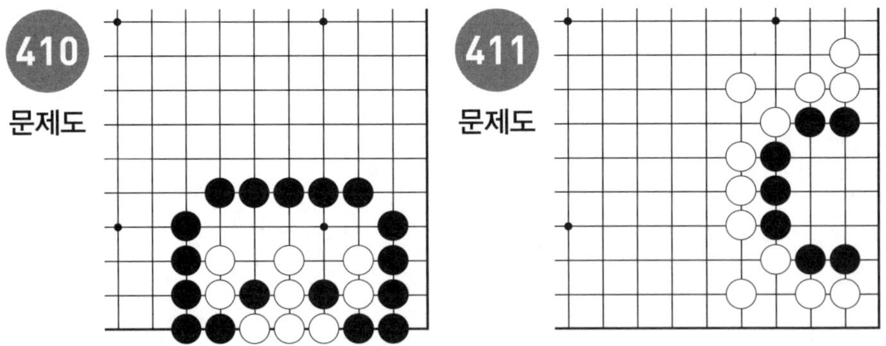

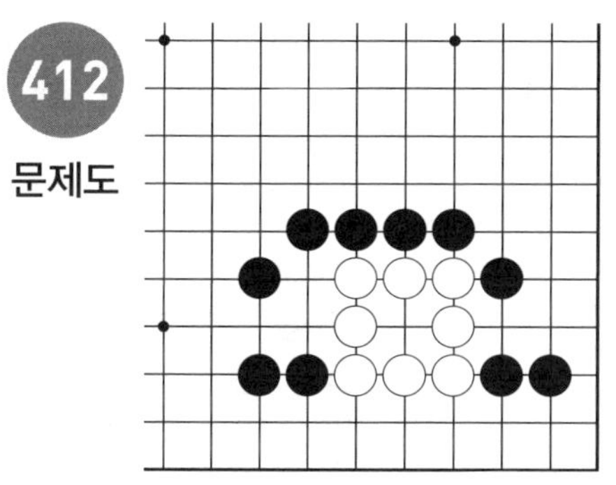

412 문제도

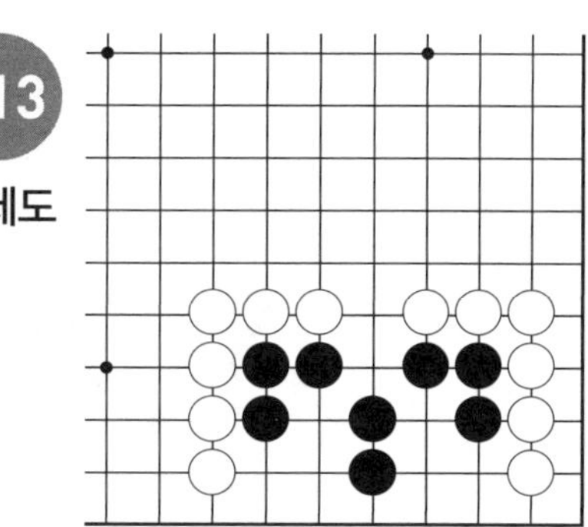

413 문제도

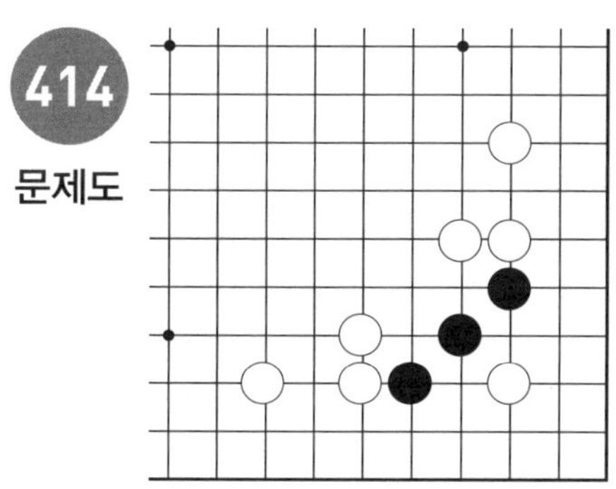

414 문제도

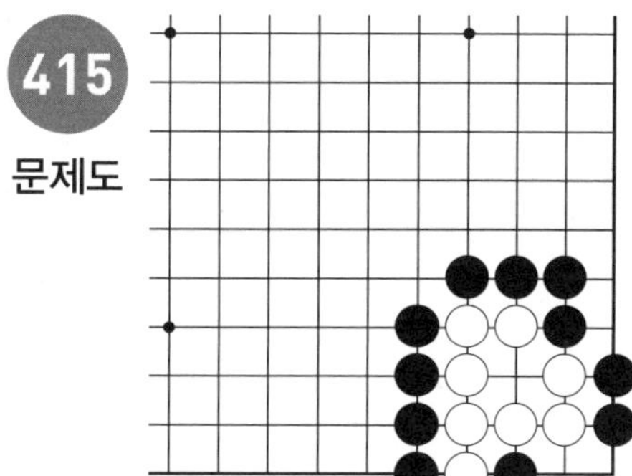

415 문제도

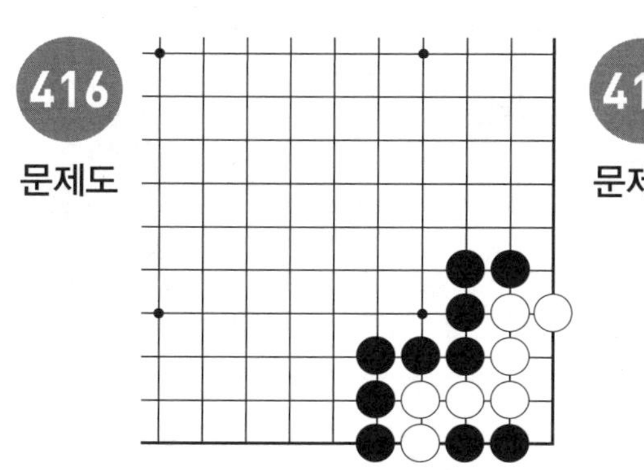

416 문제도

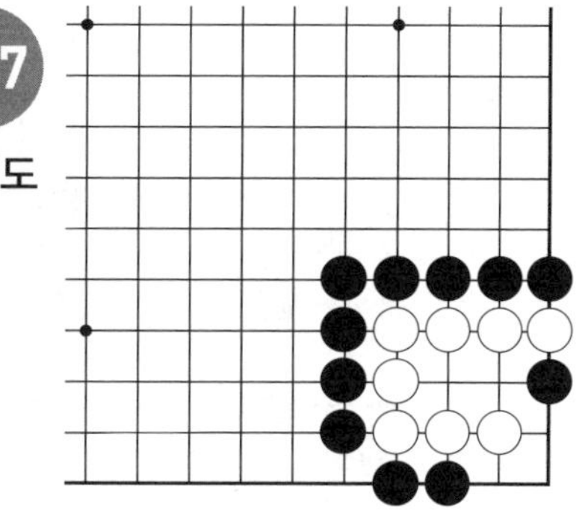

417 문제도

406 정해도

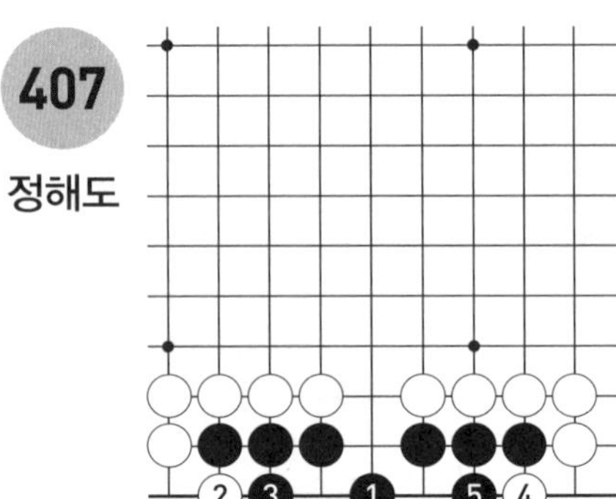

흑1이 좌우동형의 요처. 흑7까지 살았다. 백4로 단수칠 때 흑은 백2를 잡을 수 없다. 그렇지 않으면 패가 된다.

407 정해도

흑1이 정답. 좌우동형은 중앙이 급소.

408 정해도

흑1이 유일한 요처. 다른 곳은 어디로 두든 간에 모두 살 수 없다.

409 정해도

흑1이 정답. 백4 젖힘, 흑5 연결에서 흑7까지 흑은 살았다.

410 정해도

흑1이 정답. 좌우동형은 중앙이 급소. 흑3으로 1점 더 보태 주고 다시 흑5로 먹여치기하는 것이 묘수. 백은 잡힌다. 흑5=흑3, 백6=▲

411 정해도

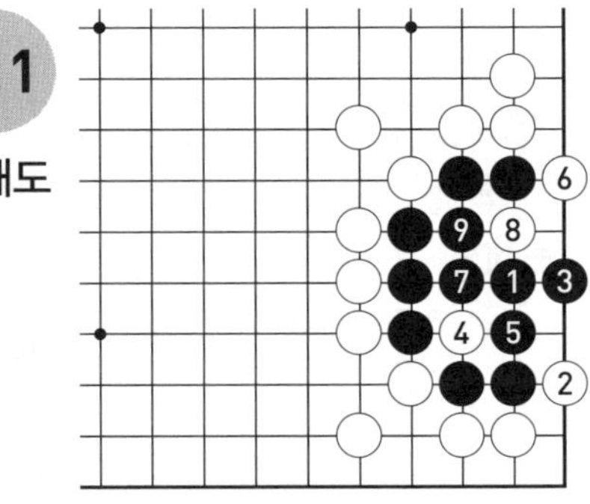

흑1로 좌우동형은 중앙이 급소. 흑9까지 살게 된다.

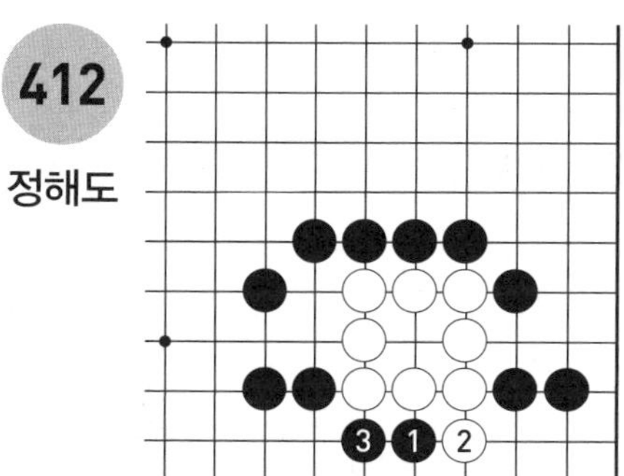

흑1로 중앙을 공격하여 피해를 입힌다. 백은 살 방법이 없다.

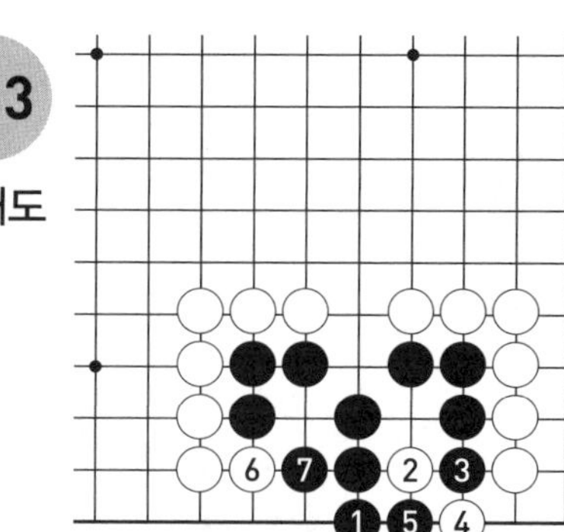

흑1로 느는 것이 정답. 좌우동형이면 중앙이 급소. 이하 흑7까지 흑은 살았다.

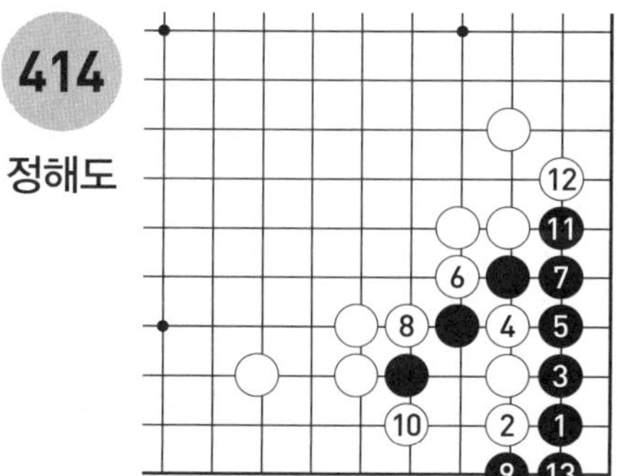

흑1이 절묘함. 이하 흑13까지 2점을 버리고 교묘히 귀살이한다.

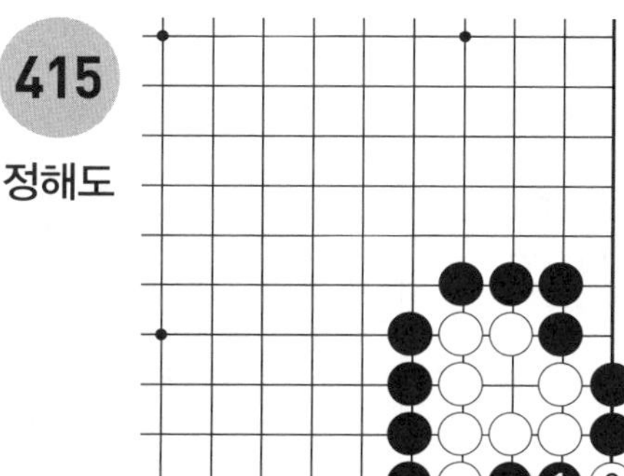

흑1로 1점 더 버리는 것이 백을 잡을 수 있는 요처. 백2로 따낸 후 흑3으로 되따내면 백이 잡힌다. 흑3=흑1

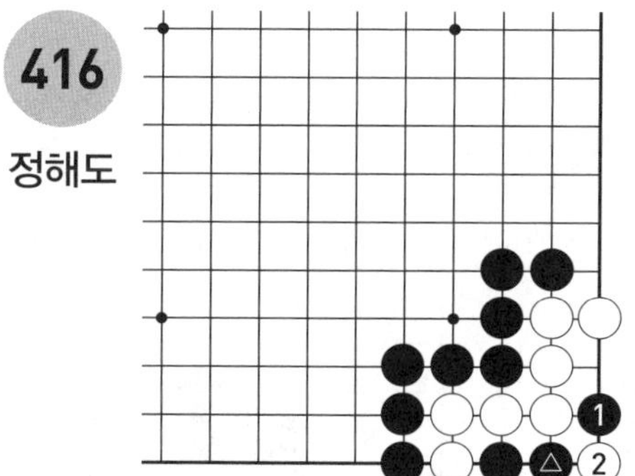

흑1로 젖히는 것이 정답. 백2로 따내면 흑3으로 되따내어 백은 살 수 없다. 흑3=▲

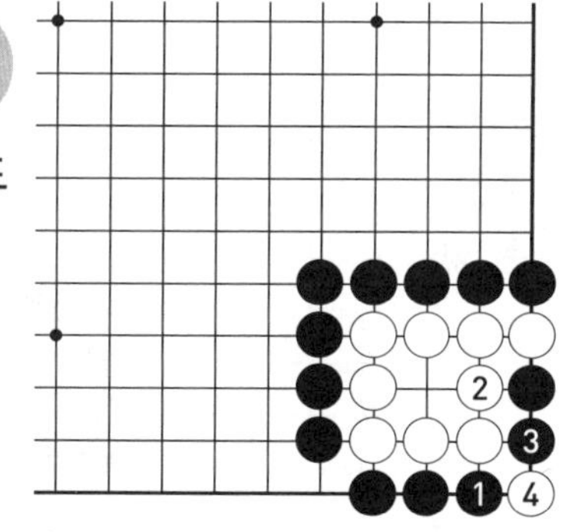

흑1이 정답. 백4로 따내면 흑5로 되따내어 백이 잡힌다. 흑5=흑3

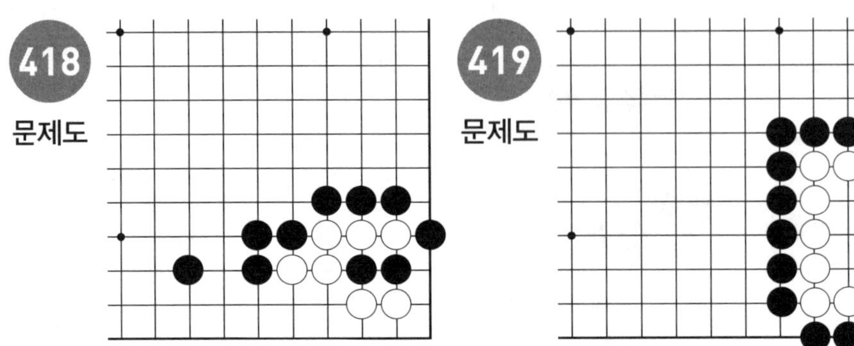
418
문제도
419
문제도

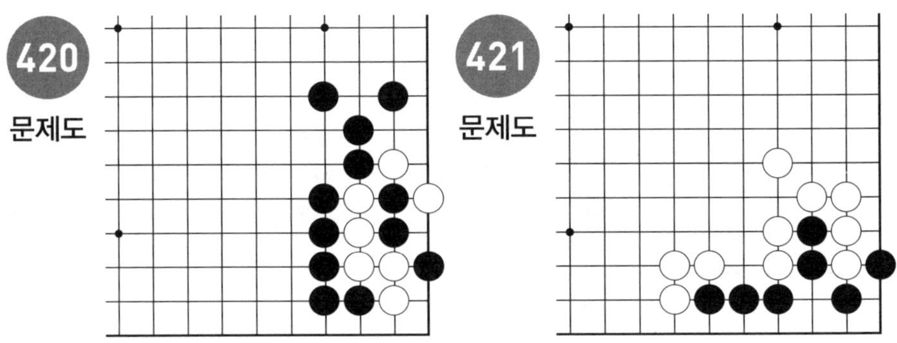
420
문제도
421
문제도

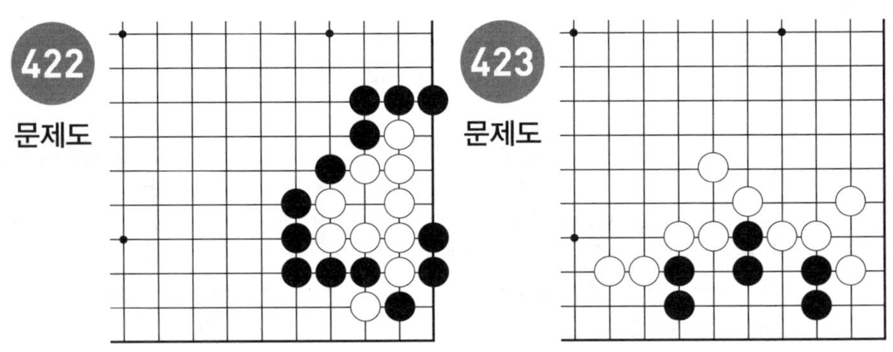
422
문제도
423
문제도

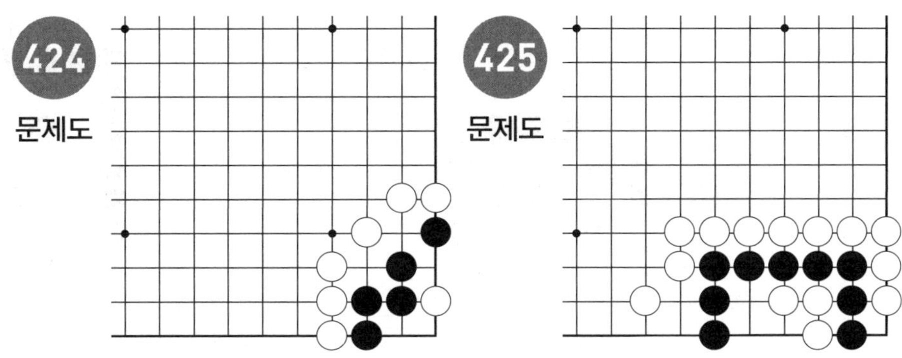

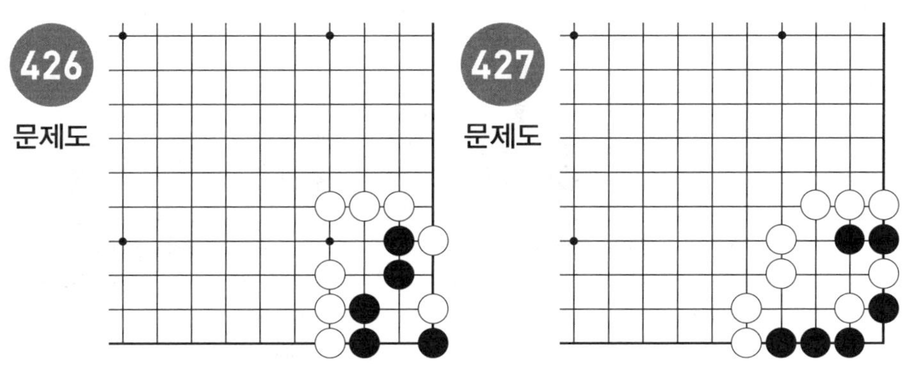

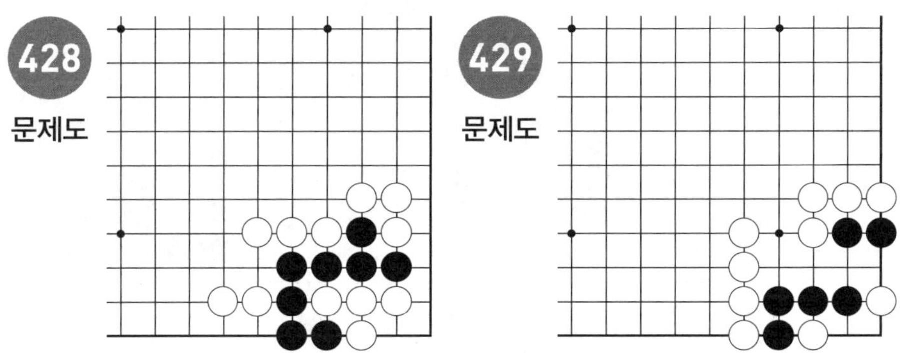

418

정해도

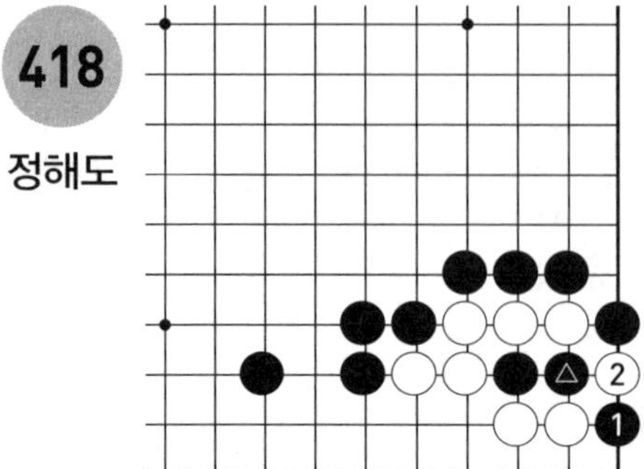

흑1은 2의 1에 급소. 백2로 따내면 흑3으로 되따내서 백은 살 수 없다. 흑3=▲

419

정해도

흑1로 물러서는 것이 정답. 흑5까지 되따내서 백은 살 수 없다. 흑5=흑1

420

정해도

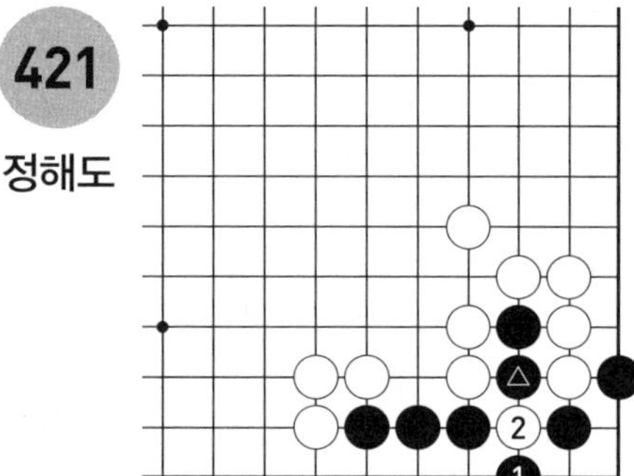

흑1로 젖혀서 단수. 백2는 따낼 수밖에 없으며 흑3으로 물러서는 것이 묘수. 흑5로 되따내서 흑 성공. 흑5=흑3

421

정해도

흑1이 살 수 있는 묘수. 백2로 따낼 때 흑3으로 되따내서 살 수 있다. 흑3=▲

422

정해도

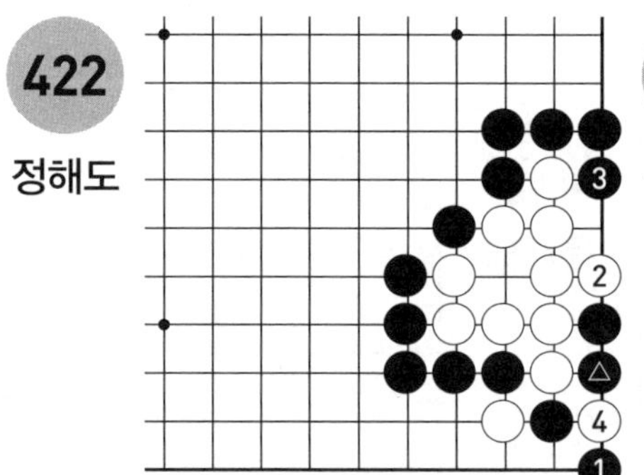

흑1이 묘수. 백2로 단수칠 때 흑3으로 파호. 백4로 따내면 흑5로 되따내서 백은 살 수 없다. 흑5=▲

423

정해도

흑1이 묘수. 흑7로 되따내서 흑은 깨끗히 살게 된다. 흑7=▲

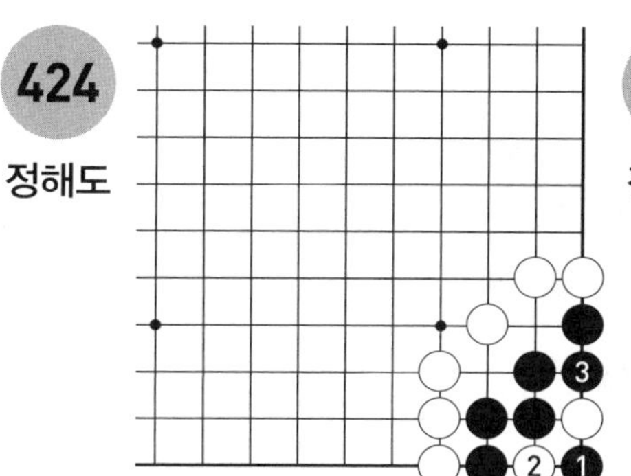

424 정해도

흑1 먹여치기. 백2로 따냄. 흑2
으로 착수금지 규정에 의해 흑
은 깨끗히 살게 된다.

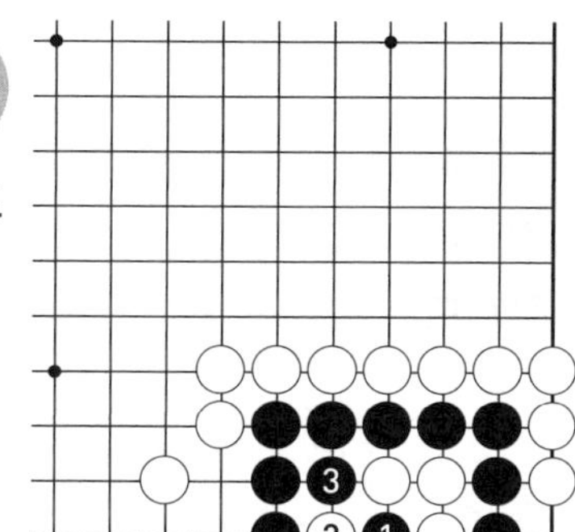

425 정해도

흑1 먹여치기. 흑3으로 착수금지
규정에 의해 흑은 살았다.

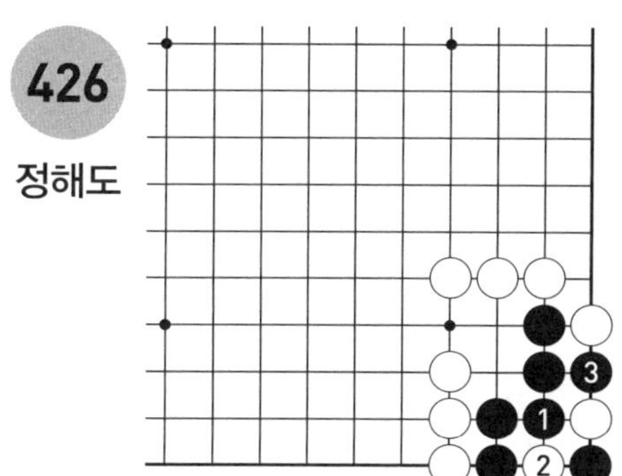

426 정해도

흑1 단수. 백은 2로 따낼 수밖
에 없고 흑3으로 다시 단수치면
착수금지 규정에 의해 흑은 살
았다.

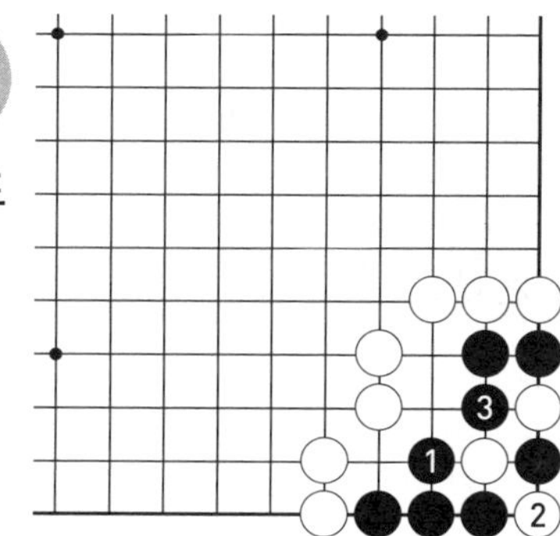

427 정해도

흑1 단수. 백은 2로 따낼 수밖
에 없고 흑3으로 다시 단수치면
착수금지 규정에 의해 흑은 살
았다.

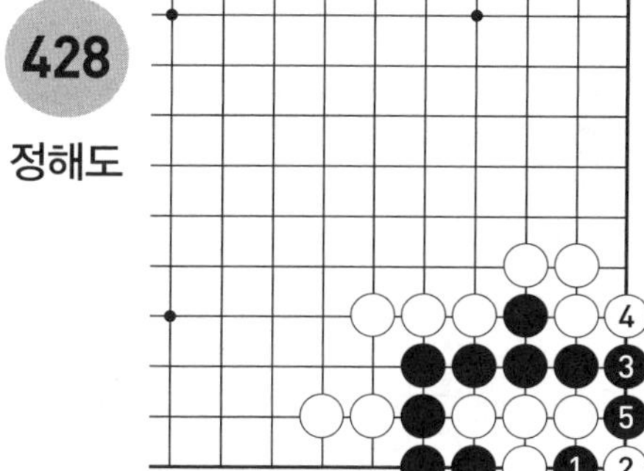

428 정해도

흑1로 먹여치기하는 것이 정답.
만약 흑5 위치에 단수치면 백은
흑1 자리로 두어 오궁도, 흑은
살 수 없다.

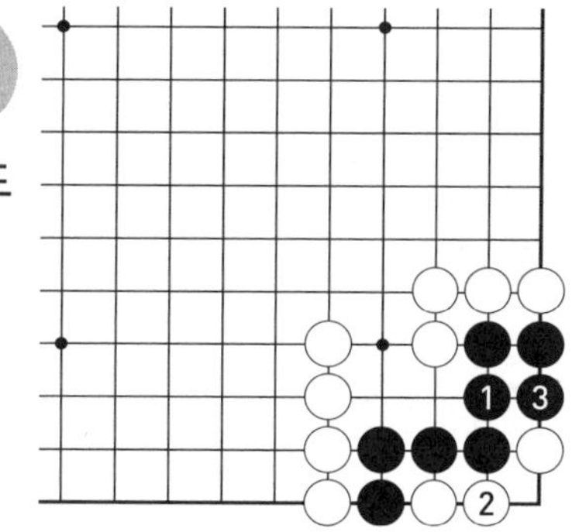

429 정해도

흑1이 정답. 만약 백2 위치로 가
면 백은 흑1의 자리로 두어 흑은
살 수 없다.

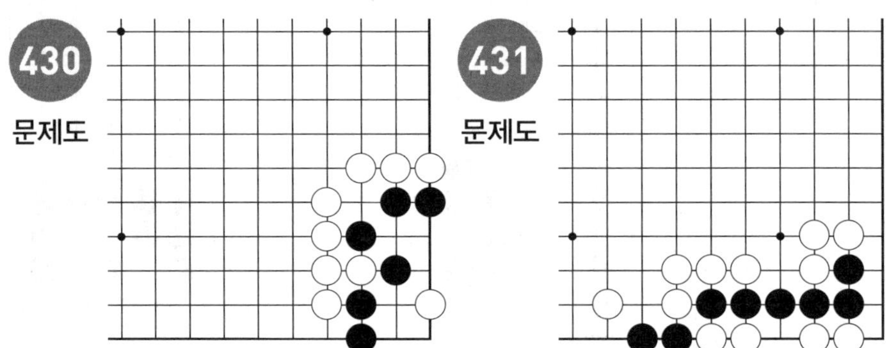

430 문제도

431 문제도

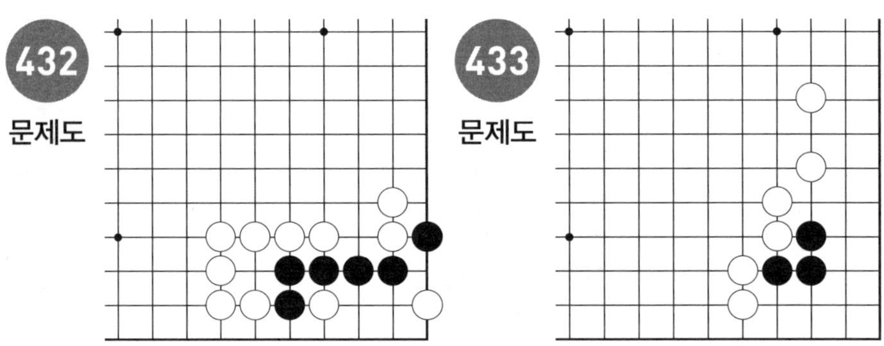

432 문제도

433 문제도

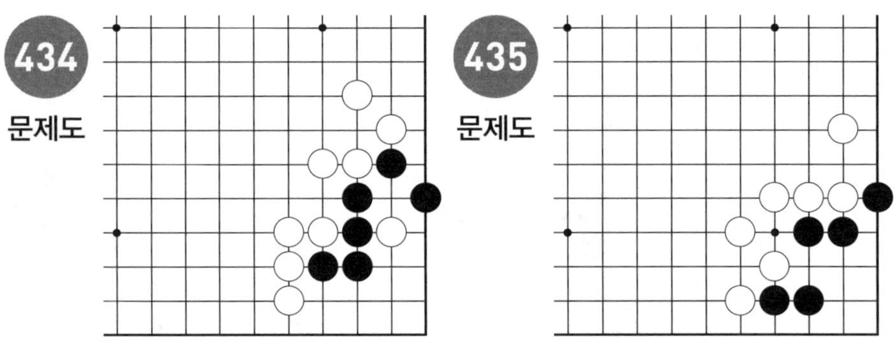

434 문제도

435 문제도

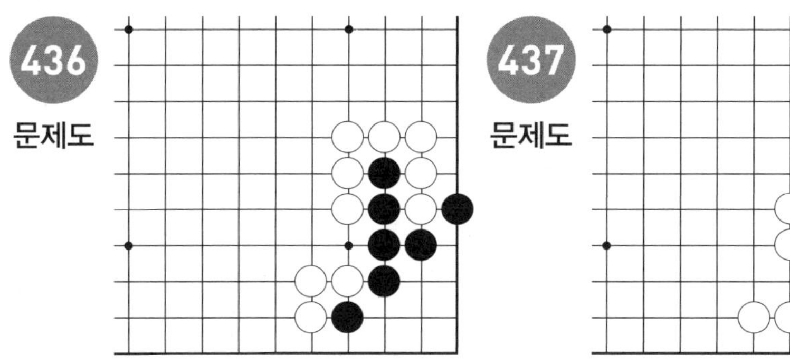

436 문제도

437 문제도

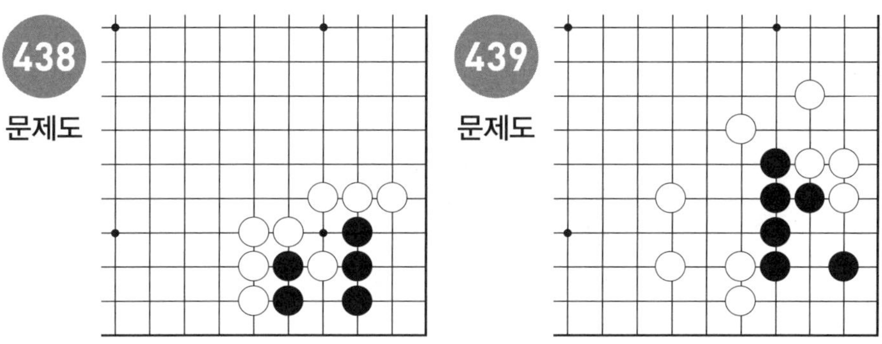

438 문제도

439 문제도

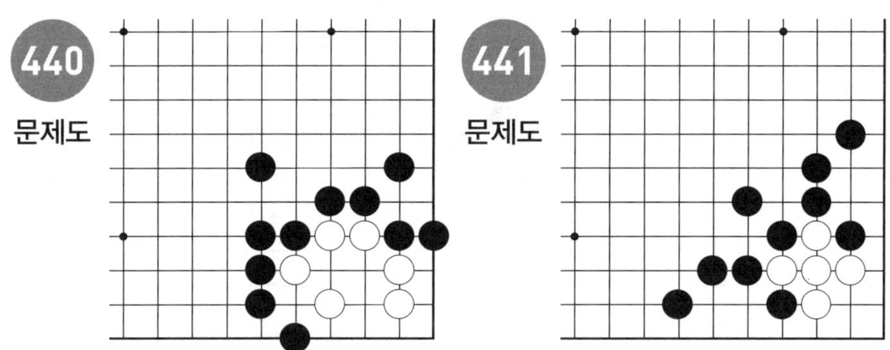

440 문제도

441 문제도

430

정해도

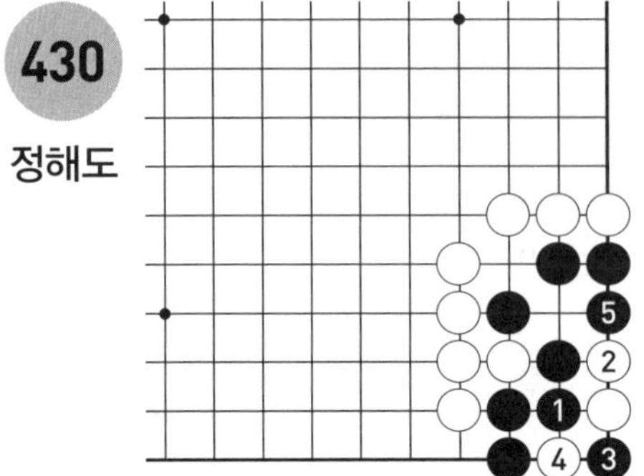

흑1이 정답. 흑5까지 착수금지
규정에 의해 흑은 살았다.

431

정해도

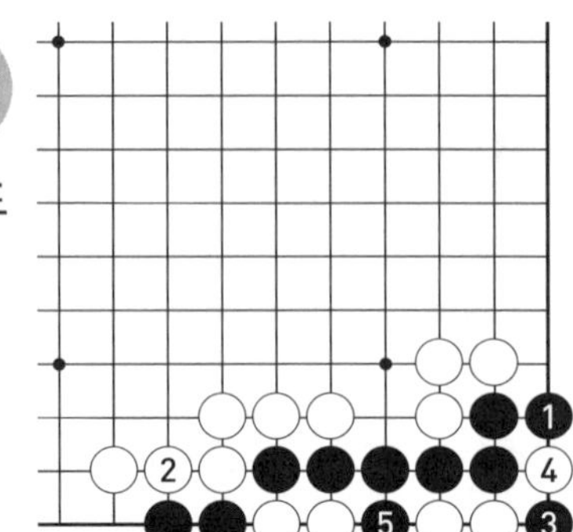

흑1이 정답. 흑5까지 살았다. 만
약 백2로 흑3 자리로 가면 흑은
백4 위치로 단수쳐서 살게 된다.

432

정해도

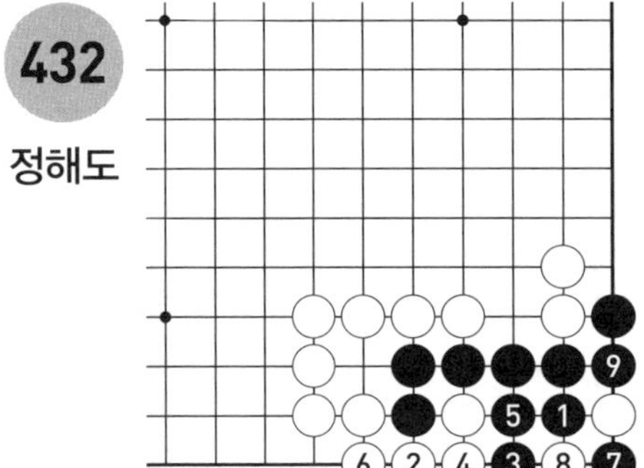

흑1이 정답. 백2로 건너고자 할
때 흑3으로 입구자하는 것이 맥.
흑9까지 착수금지 규정에 의해
흑은 살았다.

433

정해도

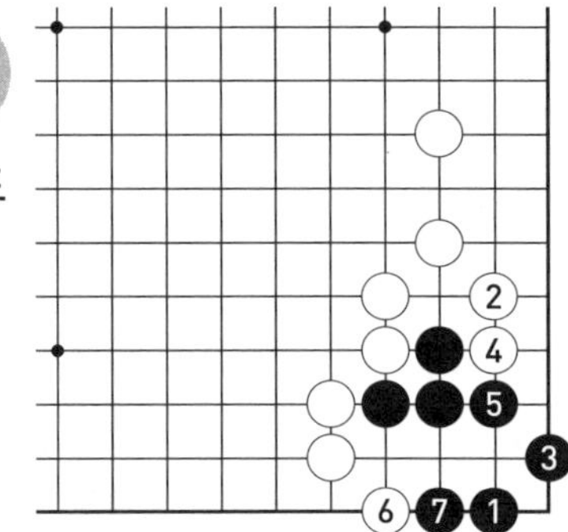

흑1이 묘수. 백2로 입구자하고
흑3으로 1, 2선상에 찌르는 것이
맥. 흑7까지 흑은 살았다.

434

정해도

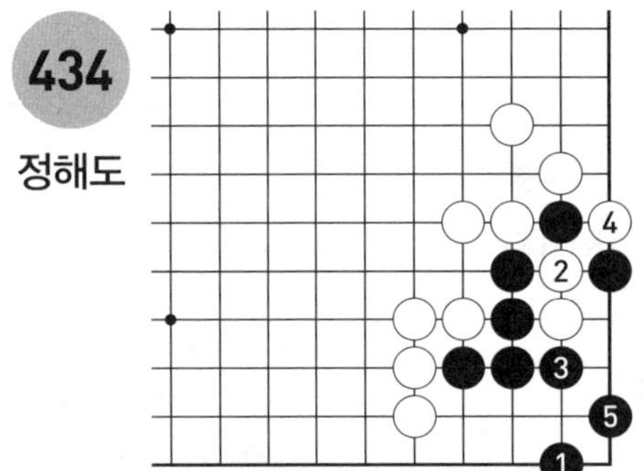

흑1이 살 수 있는 요처. 만약 흑3
위치로 막으면 백은 흑1 자리로
크게 날아서 흑이 잡힌다.

435

정해도

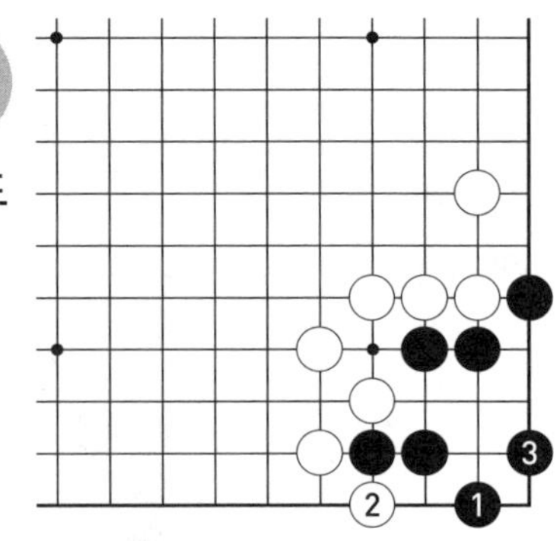

흑이 살 수 있는 맥. 백2로 파호
할 때 흑3으로 귀에 집을 지어
살게 된다.

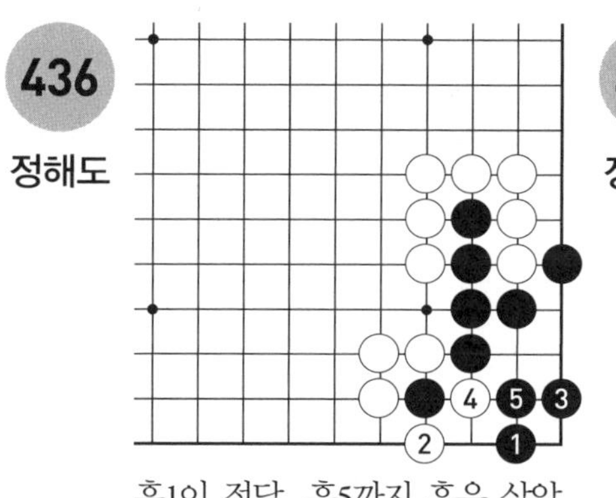

436

정해도

흑1이 정답. 흑5까지 흑은 살았다.

437

정해도

흑1이 정답. 백2로 파호할 때 흑3으로 교묘하게 살게 된다.

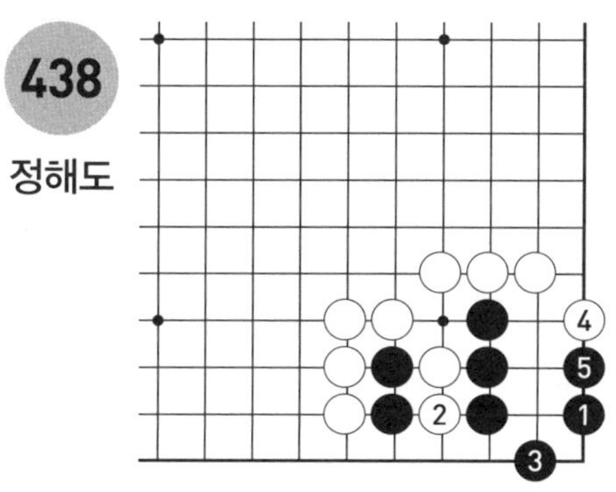

438

정해도

흑1, 3은 2의 1의 묘수로 흑5까지 살게 된다.

439

정해도

흑1이 삶의 급소. 흑5까지 흑은 살았다.

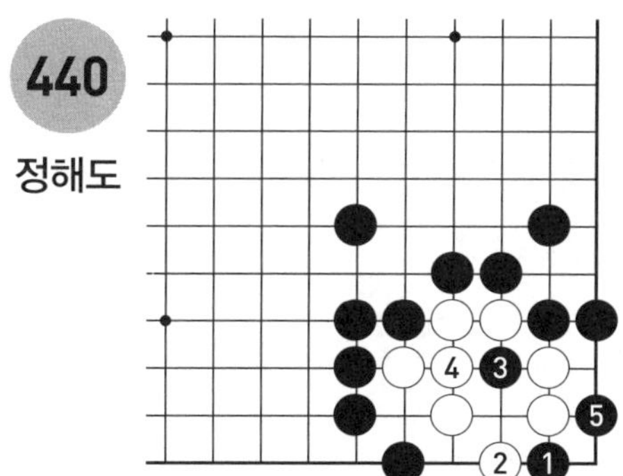

440

정해도

흑1이 교묘하며 백을 잡을 수 있는 요점. 백2로 막을 때 흑3으로 끊어 놓는 것이 중요한 수순. 흑5로 젖혀서 건너므로 백을 잡을 수 있다.

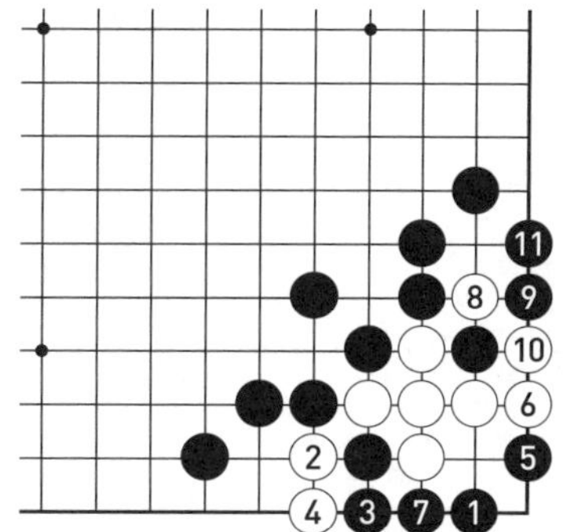

441

정해도

흑1로 들여다보는 것이 1선의 묘수. 이하 흑11까지 백이 잡힌다.

제 8 부 귀 기본형

上篇

귀의 사활은 변화무쌍합니다. 상대를 잡기 위한 수읽기 과정 또한 매우 복잡합니다. 바둑을 두는 분이라면 '잘못된 한 수가 전체 바둑을 망친다'라는 격언을 들어본 적이 있을 겁니다. 모든 변화에 심사숙고하라는 의미이지요. 바둑경서에도 이와 비슷한 격언이 있습니다. '아무렇게나 두는 사람은 계략이 없는 사람이요, 생각 없이 받아 두는 사람은 패배를 얻는 길이다'라는 말로, 기초연습의 중요성을 일깨우는 말입니다.

바둑을 둘 줄 알고, 이기면 그만이라는 생각을 가진 사람도 있습니다. 이런 사람은 평상시 기본 연습을 소홀히 하며 굳이 사활 연구를 할 필요가 없다고 여깁니다. 그러나 이는 잘못된 생각입니다. 기초 훈련이 없다면 원천 없는 물이요, 뿌리 없는 나무일 뿐입니다.

제8부에서는 각종 귀의 사활 문제 기본형을 실었습니다. 모두 27개의 연습문제로 구성되어 있으며 흑 선입니다. 연습문제를 통해 민첩한 관찰력과 돌의 모양에 대한 감각을 기를 수 있을 것입니다.

442 문제도

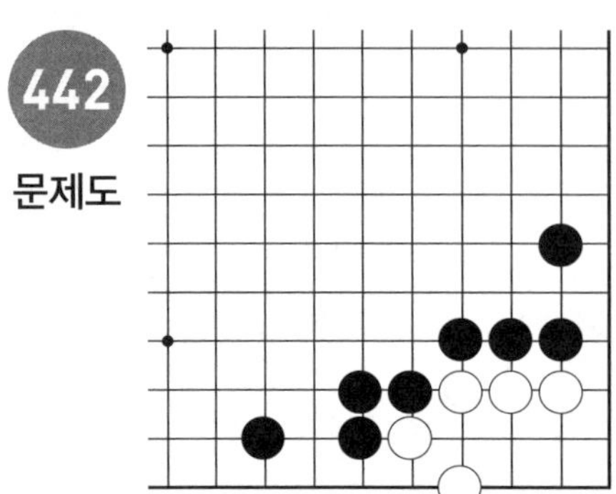

443 문제도

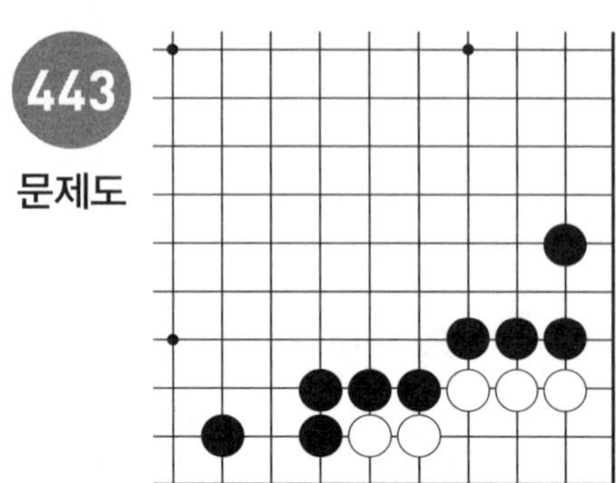

444 문제도

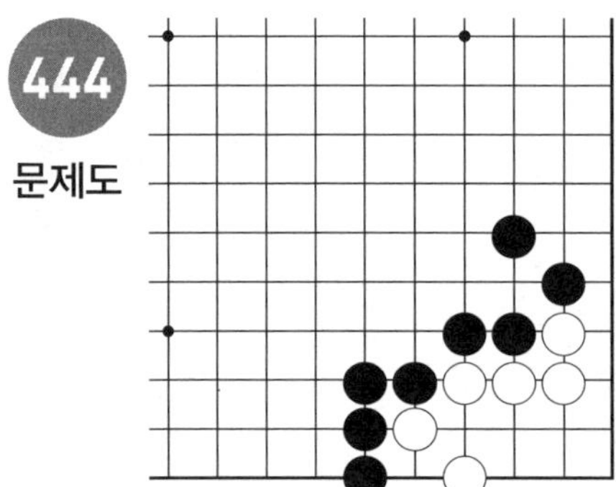

445 문제도

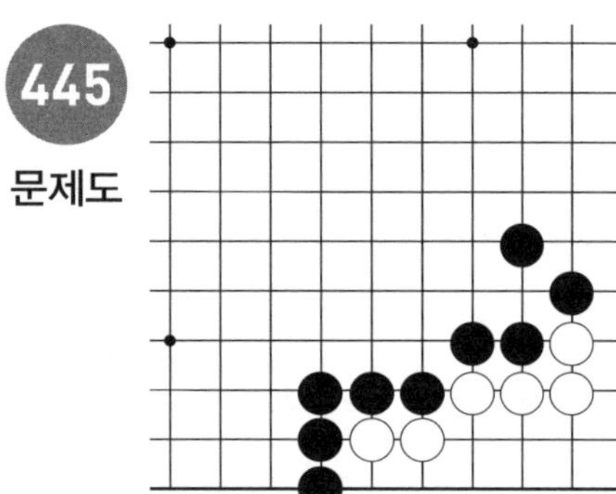

446 문제도

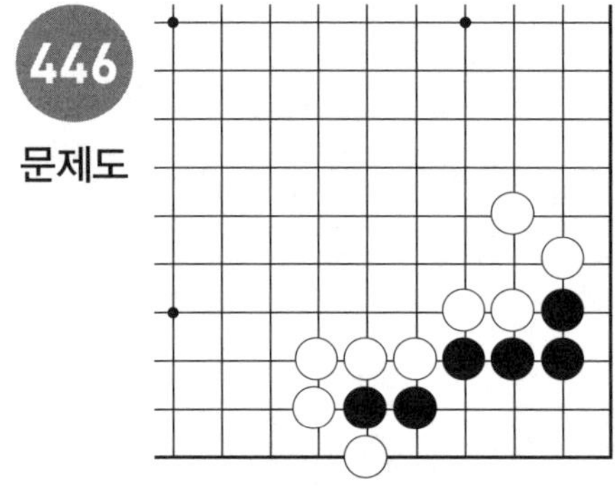

447 문제도

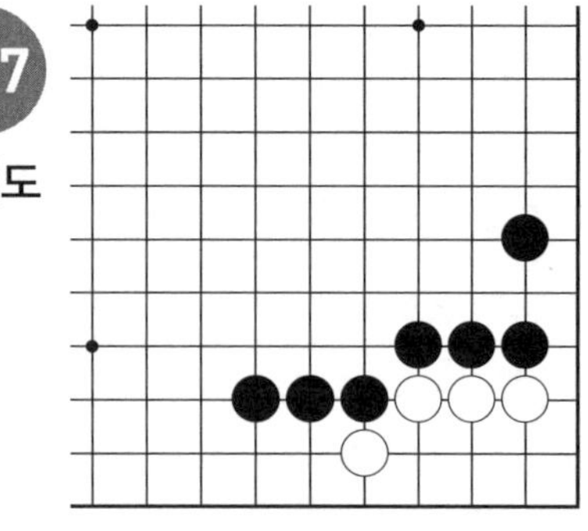

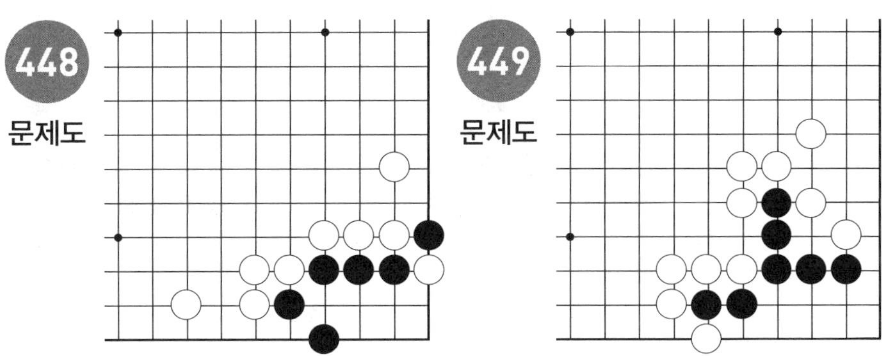

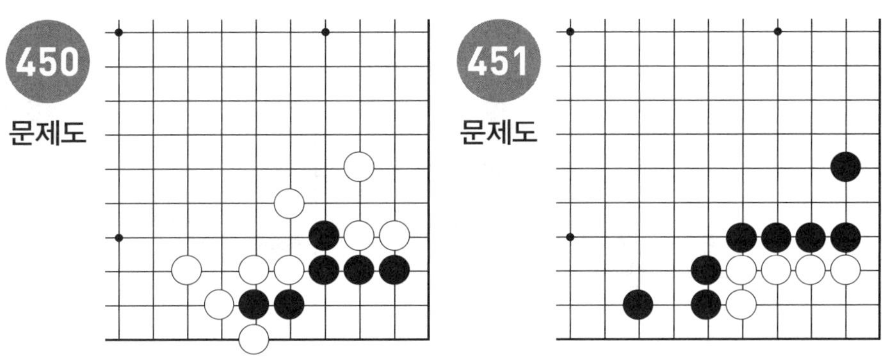

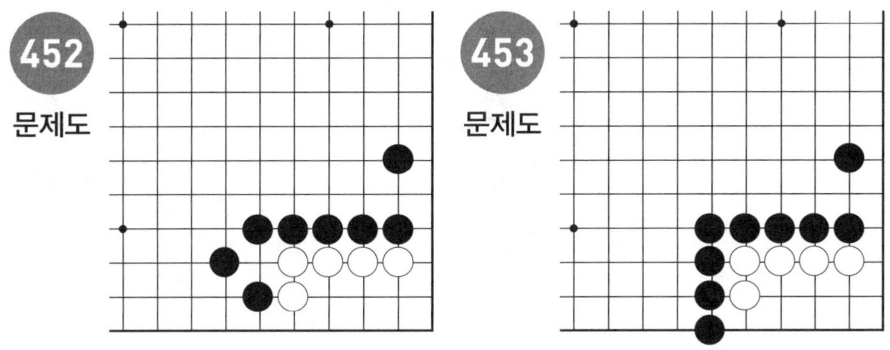

442 정해도

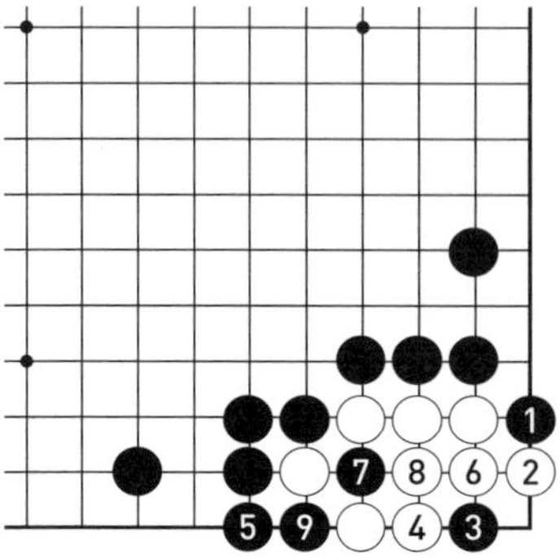

흑1의 젖힘, 흑3의 치중과 흑5로 가만히 느는 수가 묘수로 백은 살 수 없다.

443 정해도

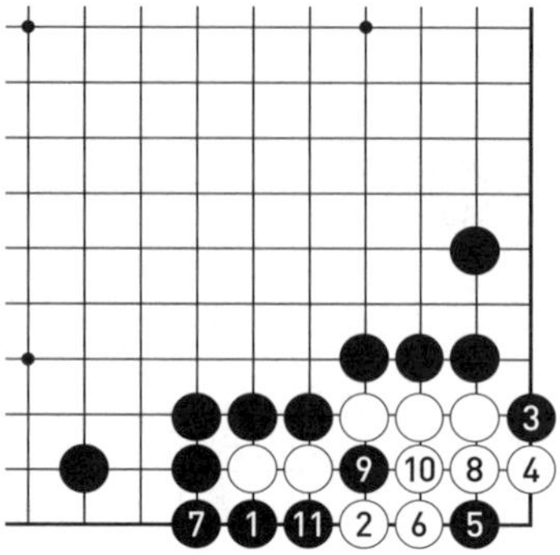

흑1, 3의 젖힘. 흑5의 치중과 흑 7로 잇는 수가 묘수로 백은 잡히 게 된다.

442 변화도

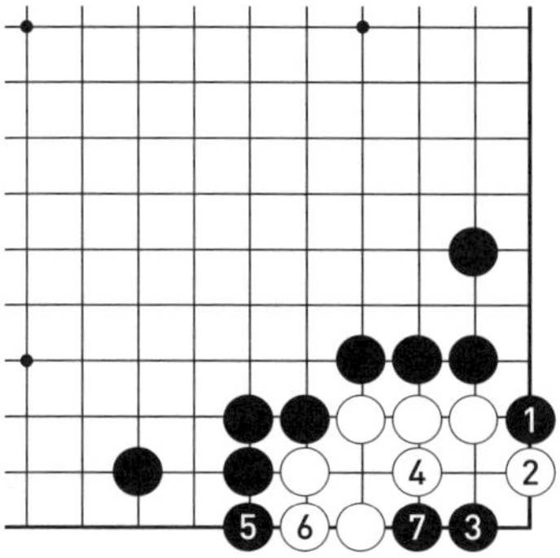

만약 백이 4의 자리로 가고자 하 나 역시 살 수 없다. 흑5로 늘고 흑7로 단수쳐서 백이 잡힌다.

443 변화도

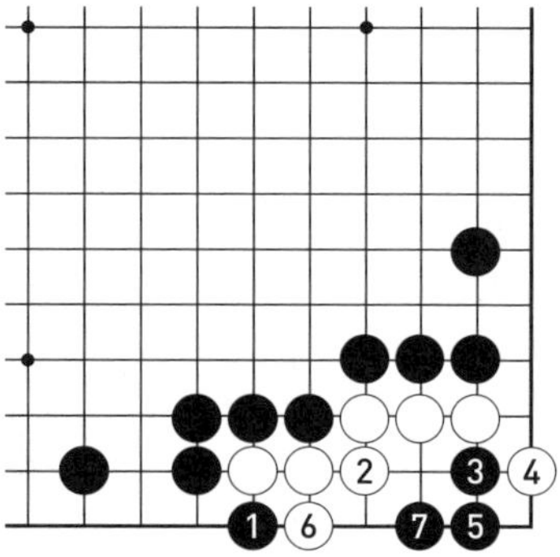

만약 백이 2의 자리로 연결한다 면 흑3 협공이 정답. 흑7까지 백 은 여전히 살 수 없다.

442 실패도

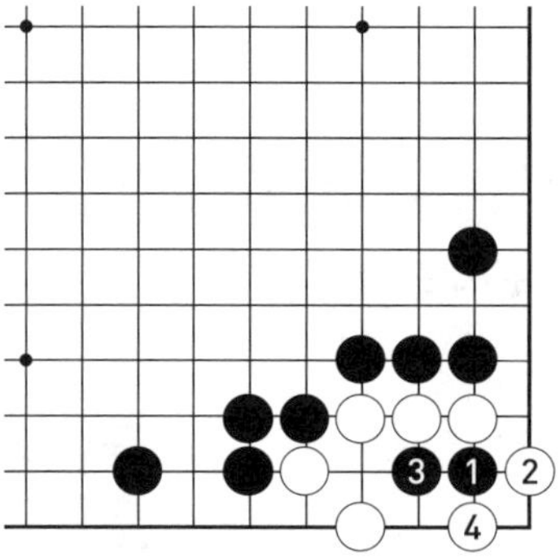

흑1로 협공은 착오. 백2 젖힘. 흑 이 3으로 늘면 백4로 젖혀서 살 수 있다.

443 실패도

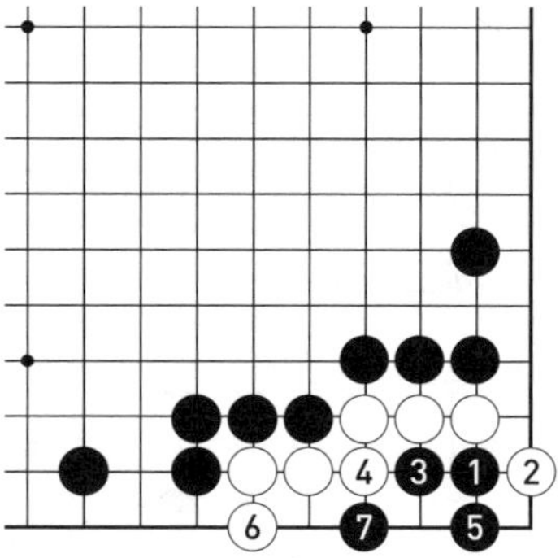

흑1로 협공은 착오. 백2 젖힘. 흑 7까지 빅이 되어 흑의 실패.

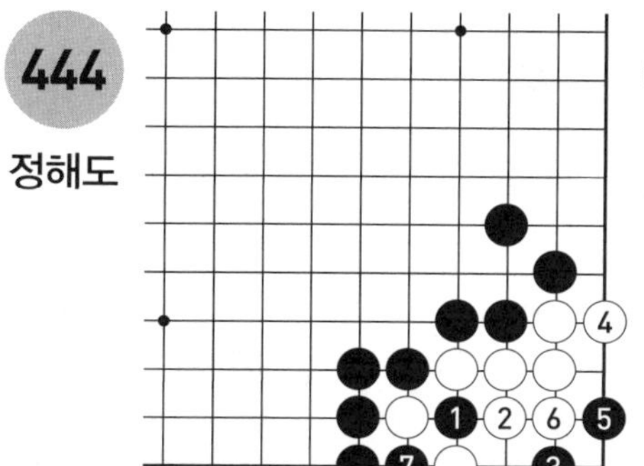

흑1 먹여치기가 절묘. 백2로 따
내낼 때 흑3으로 치중. 흑7까지
백은 살 수 없다.

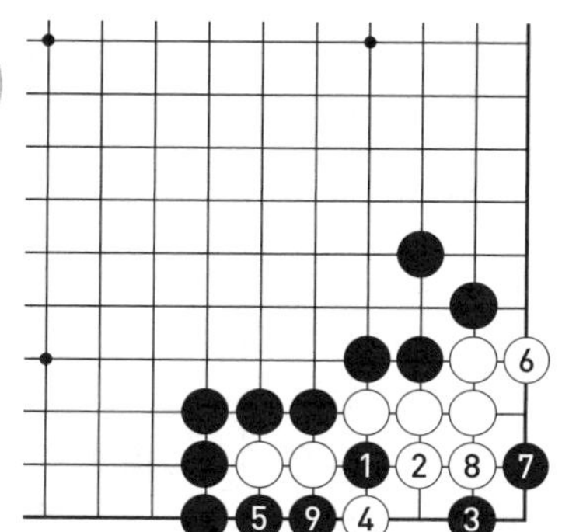

흑1로 끊는 것은 상대를 공격해서
잡는 유일한 묘수. 백2로 단수칠
때 흑3으로 치중하는 수가 묘수.
이하 흑9까지 백이 잡히게 된다.

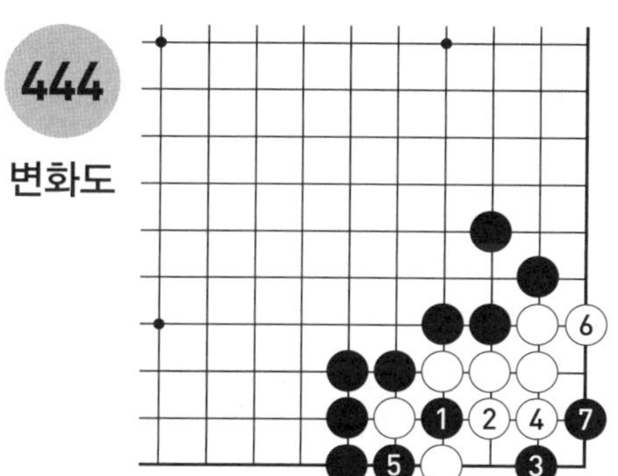

만약 백이 4의 위치로 가면 흑5
로 파호하고 흑7까지 백은 역시
살 수 없다.

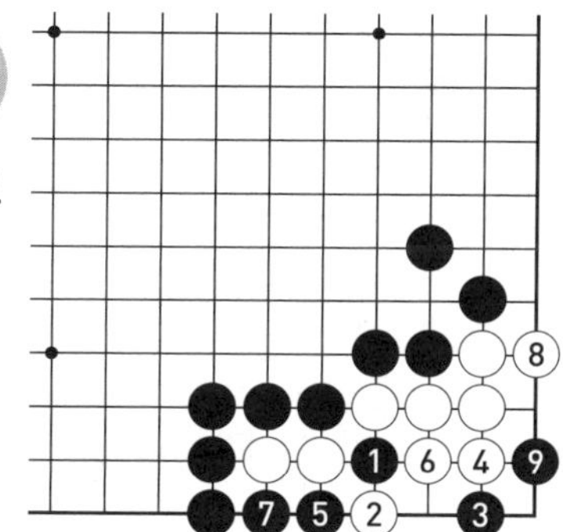

만약 백이 2의 자리에 단수치면
흑은 같이 3으로 들여다보고 흑9
까지 백은 역시 살 수 없다.

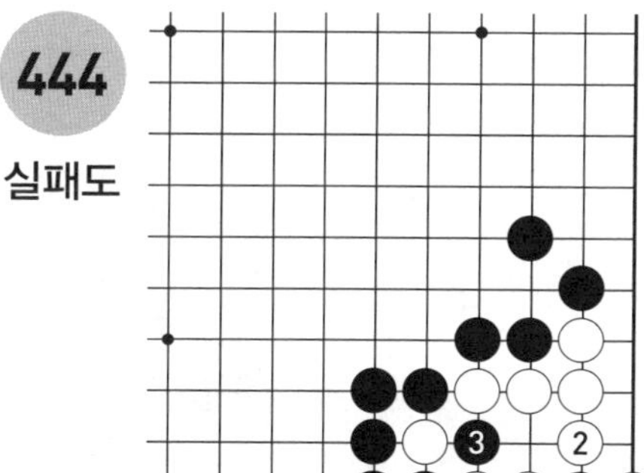

흑1로 들여다보는 것은 착오. 백
2가 정답. 백6까지 백이 살았다.

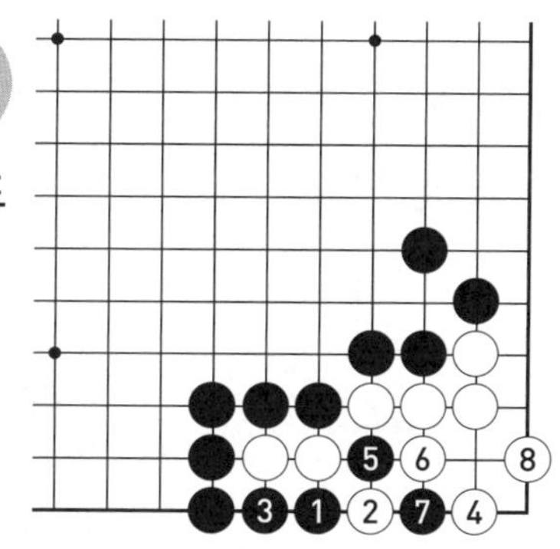

흑1은 착오. 백4 정답. 백8까지
백은 깨끗히 살게 된다.

446 정해도

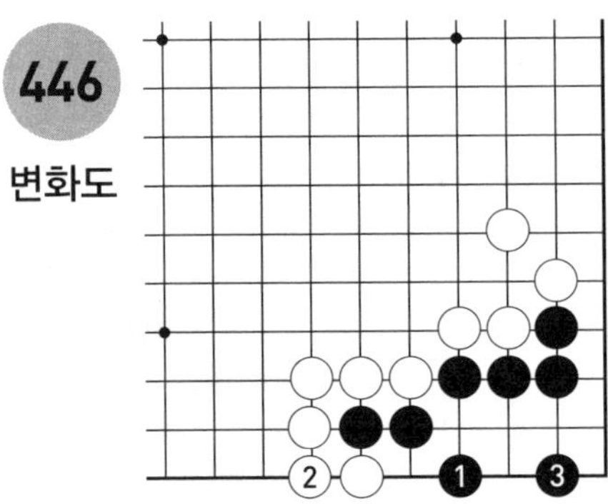

흑1로 호구치는 것이 정답.
△ 1점이 더 많아 이하 흑7까지
살 수 있다.

447 정해도

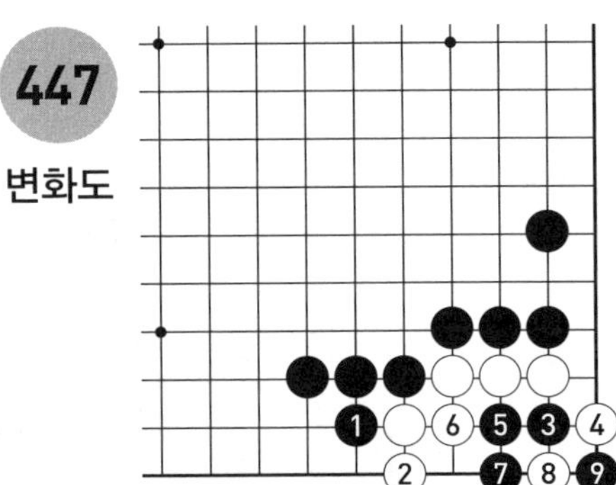

흑1로 막고 백2로 느는 것이 정
답. 흑3 젖힘 이후 흑 9까지 패가
된다.

446 변화도

만약 백이 2로 이으면 흑3이 정
답. 백은 흑을 잡을 방법이 없다.

447 변화도

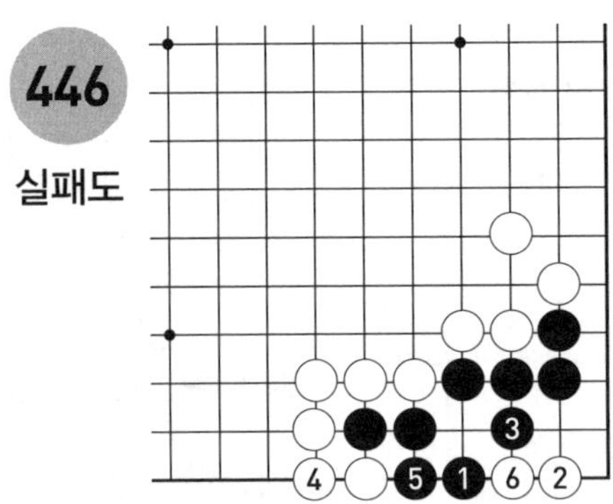

흑3의 붙임이 좋은 수. 흑9까지
여전히 패가 된다.

446 실패도

흑3은 착오. 백4로 이어서 흑은
살 수 없다.

447 실패도

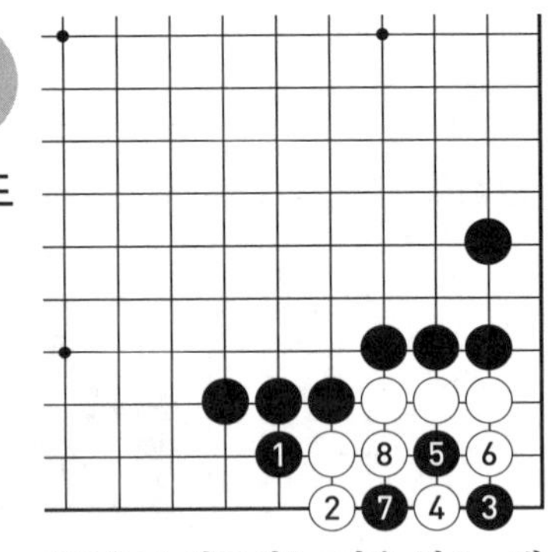

흑3으로 치중하는 것은 착오. 백
8까지 촉촉수로 백은 살았다.

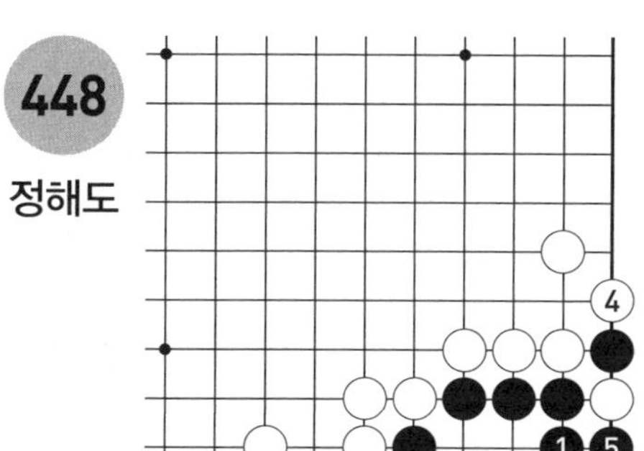

흑1로 물러서는 것이 살 수 있는 요처. 백2에 늘면 흑3으로 집을 짓게 되어 살게 된다.

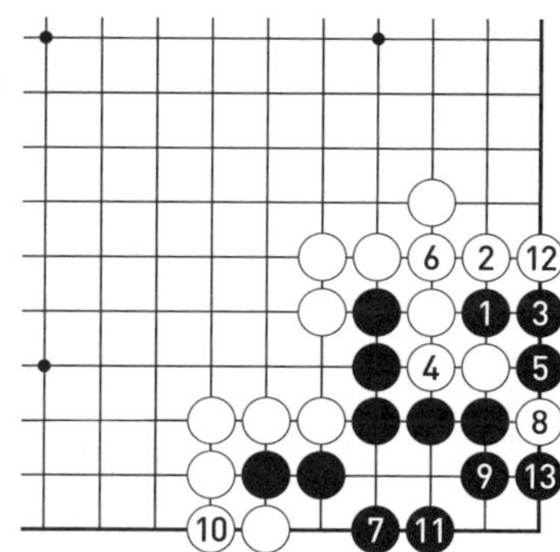

흑1로 협공이 묘수. 백2 단수, 흑3 늘고 이하 흑 13까지 살았다.

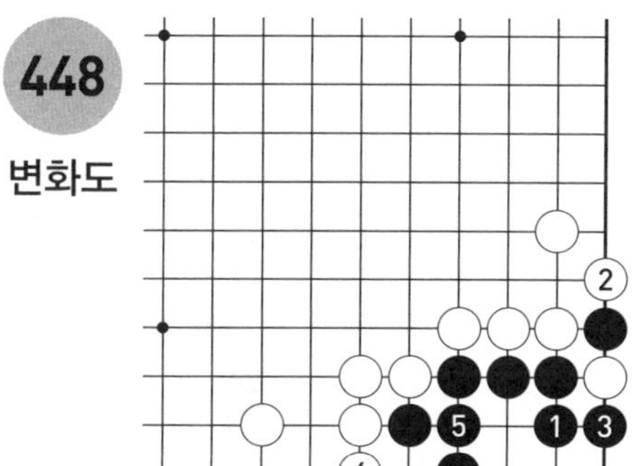

백이 2와 같이 따내면 흑3으로 막고 흑5로 이어서 곡사궁이 되어 살게 되는 형태이다.

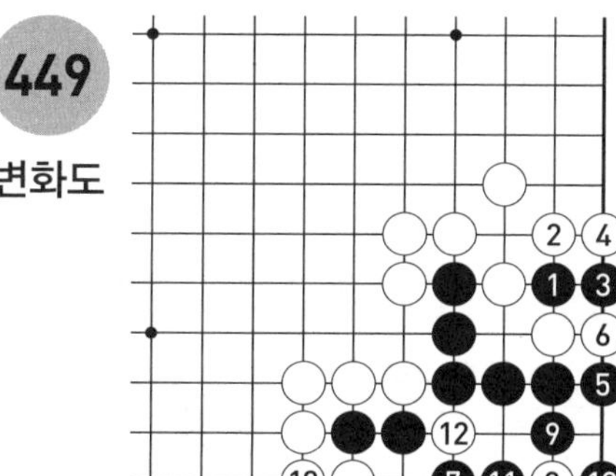

만약 백이 4로 단수치면 흑5로 느는 것이 정답. 흑13까지 역시 살게 된다.

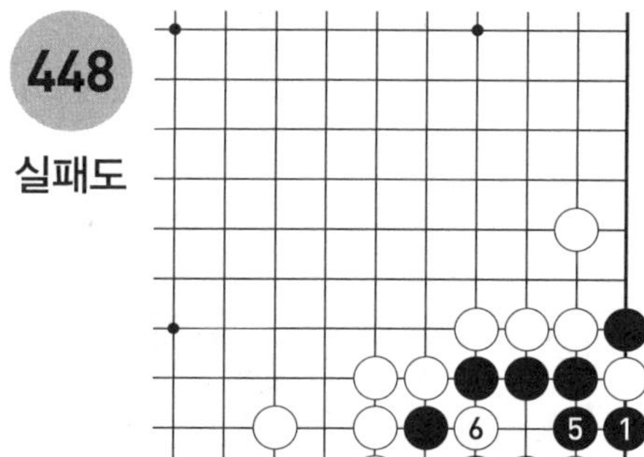

흑1로 따내는 것은 착오. 백2 치중 후, 백4로 늘고 백6으로 먹여쳐 흑은 살 수 없다.

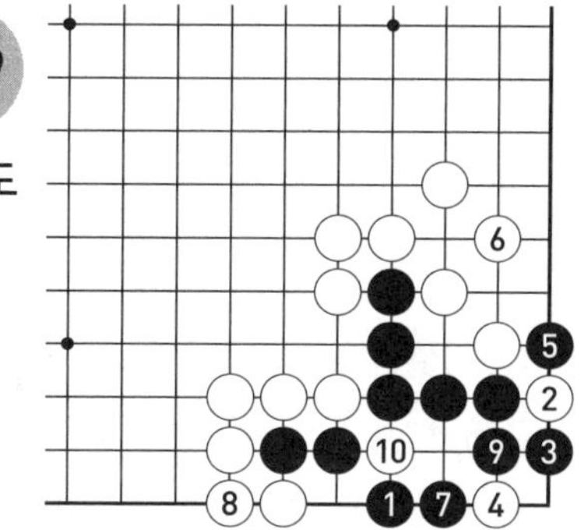

흑1로 호구치는 것은 착오. 백2 젖힘, 백4로 들여다보고 백10 먹여치기까지 흑은 살 수 없다.

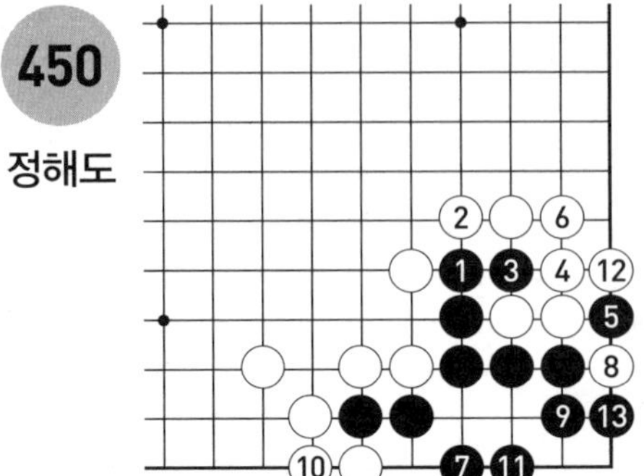

흑5가 중요한 교환으로 다시 흑
7로 호구, 흑13까지 흑은 깨끗이
살게 된다.

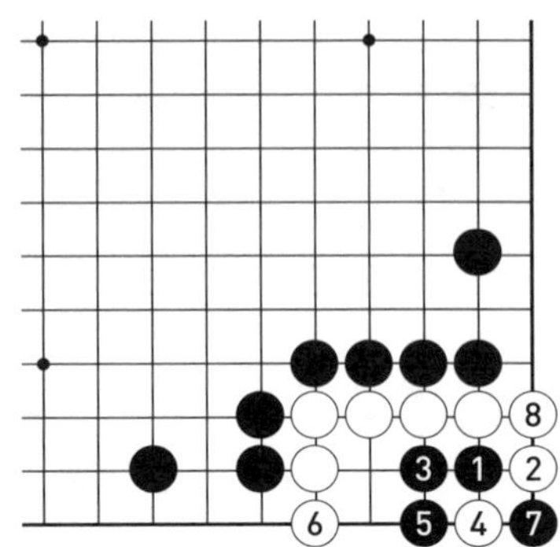

흑1이 정답. 백8까지 만년패가
된다.

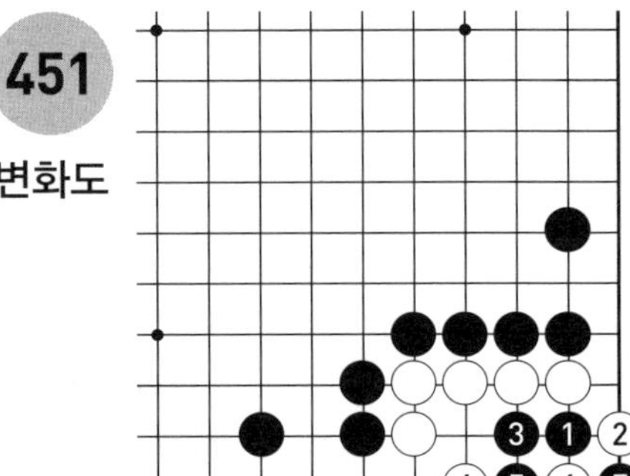

만약 백이 8로 이으면 흑9가 요
처. 흑은 깨끗이 살게 된다.

백이 6에 붙이면 흑7로 따내어
패가 된다. 만약 흑이 패에서 승
리하여 백4에 이으면 오궁도가
되어 백이 잡힌다.

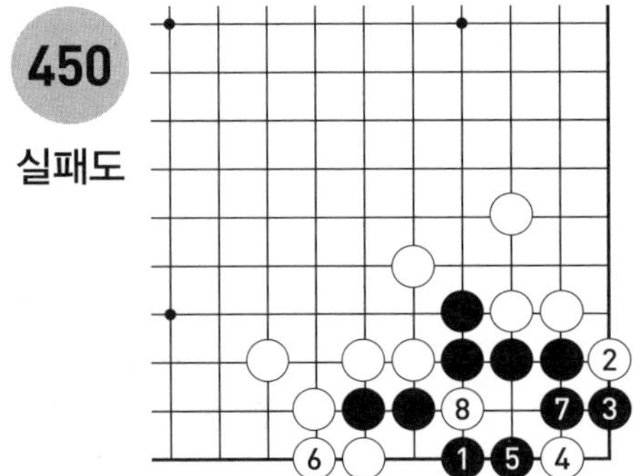

흑1로 호구치는 것은 착오. 백2
젖힘. 백4로 치중 후, 백8로 먹여
치기까지 흑은 살 수 없다.

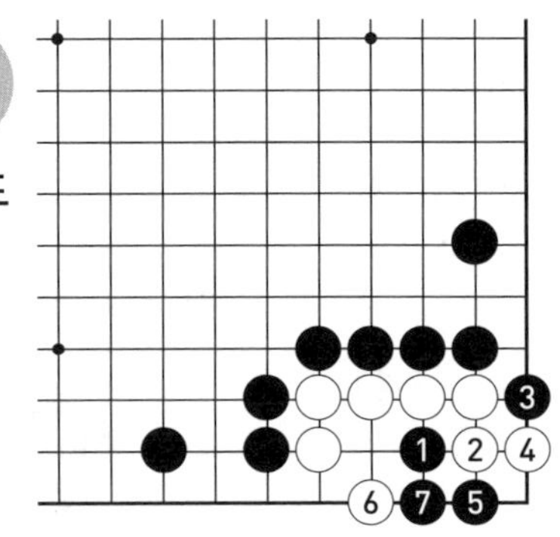

흑1이 착오. 이하 흑7까지 진행
되어 빅이 된다.

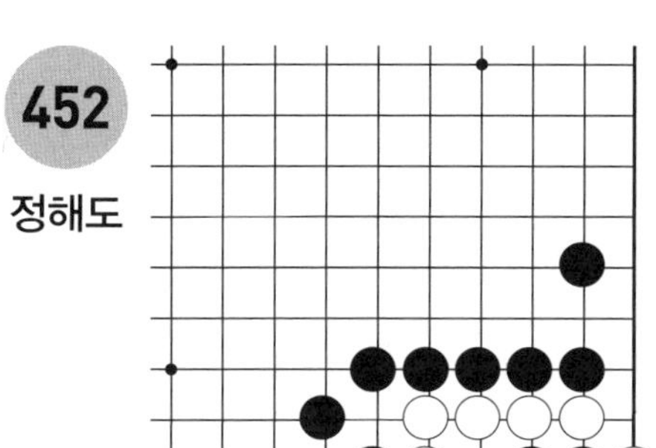

백은 앞 문제와 비교 시 바깥 수
가 한 수 더 많기 때문에 이하 백
6까지 빅이 된다.

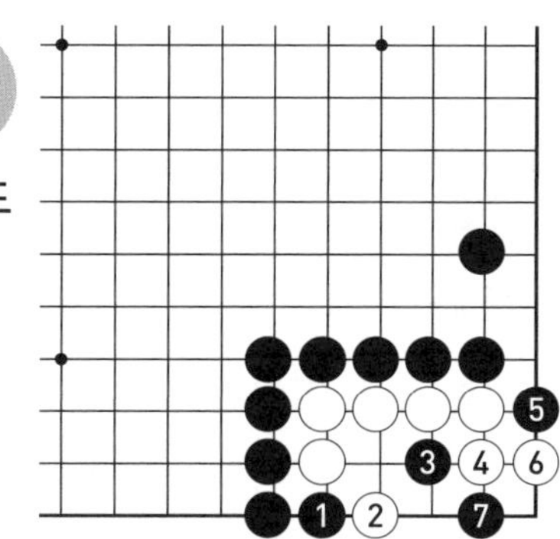

흑1로 꼬부림이 정답. 백2 젖힘
하면 흑3 치중하기, 흑7까지 백
이 잡히게 된다.

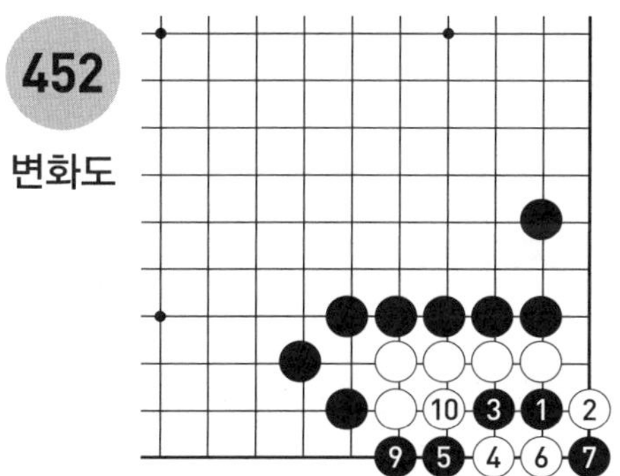

만약 흑이 5로 단수치면 백6이
묘수. 백10까지 진행되어 흑 촉
촉수. 실패. 백8=백6

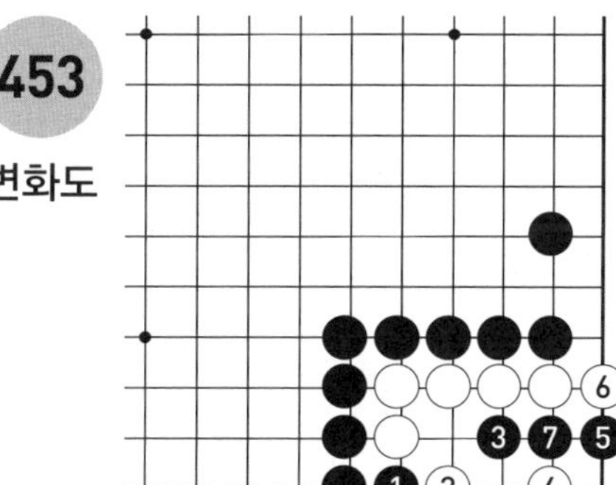

만약 백이 4로 뛰면 흑5 치중하
기, 다시 흑7로 이어서 백은 여
전히 살 수 없다.

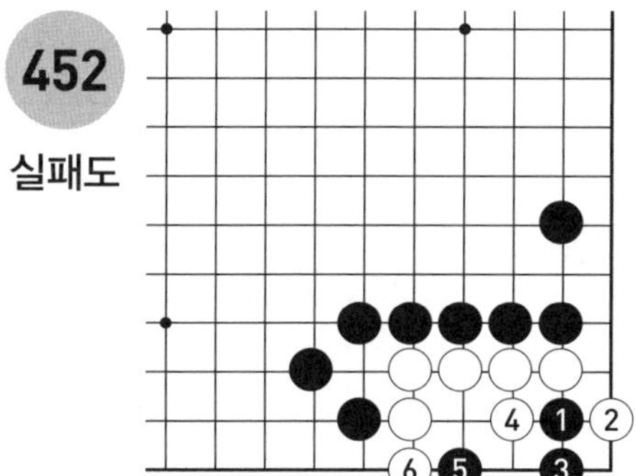

흑3은 착오. 백4, 6으로 살았다.
흑 실패.

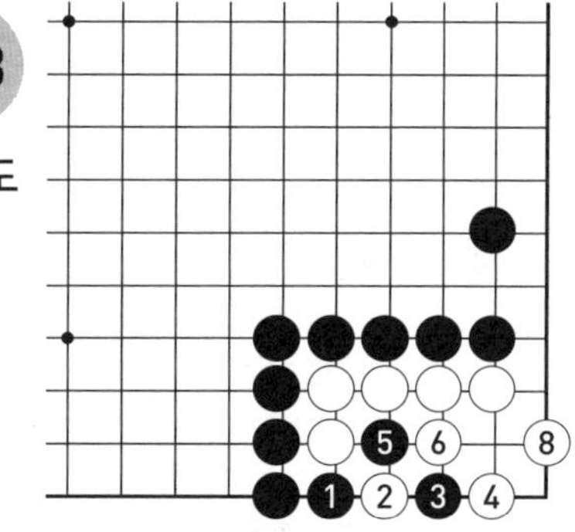

흑3 단수는 착오. 백4, 6의 연단
수, 백8로 집을 지어 살게 된다.

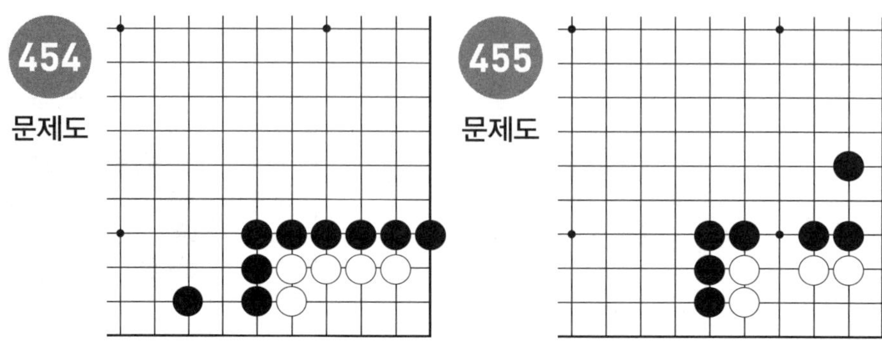

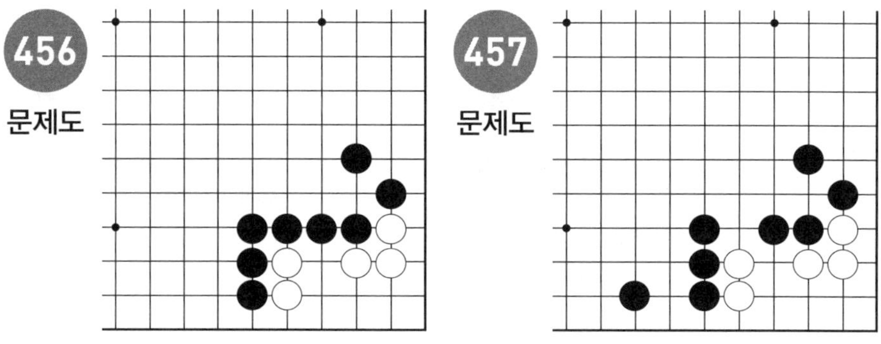

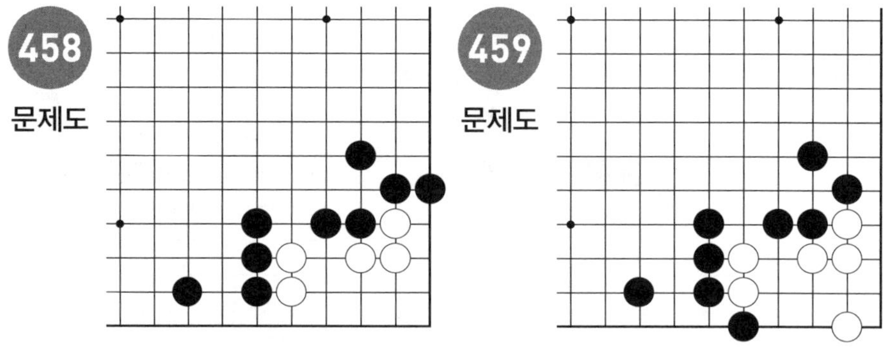

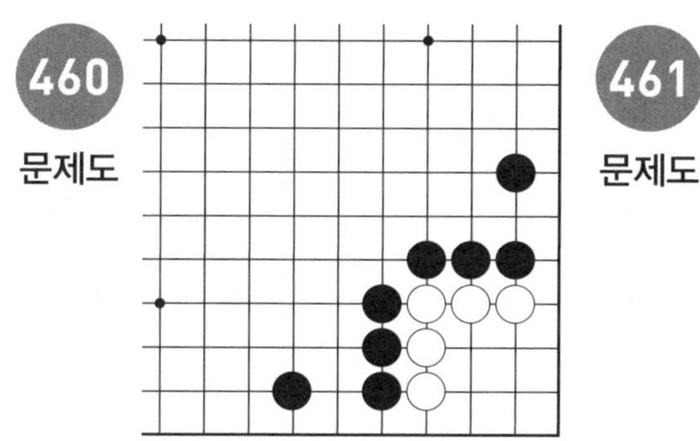

460 문제도

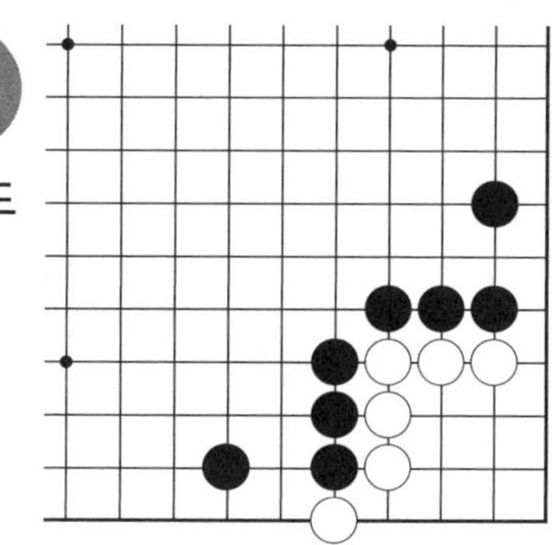

461 문제도

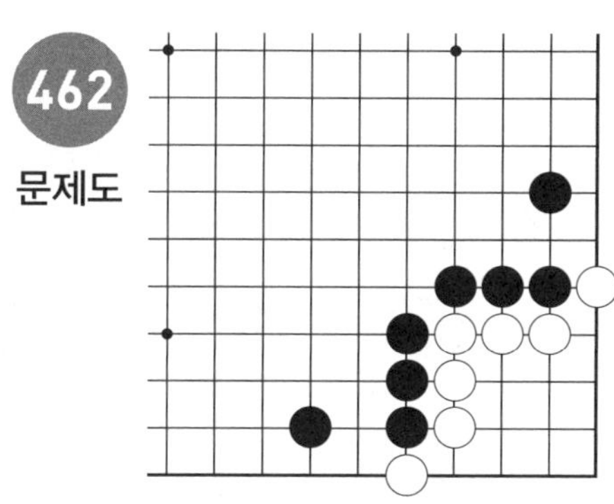

462 문제도

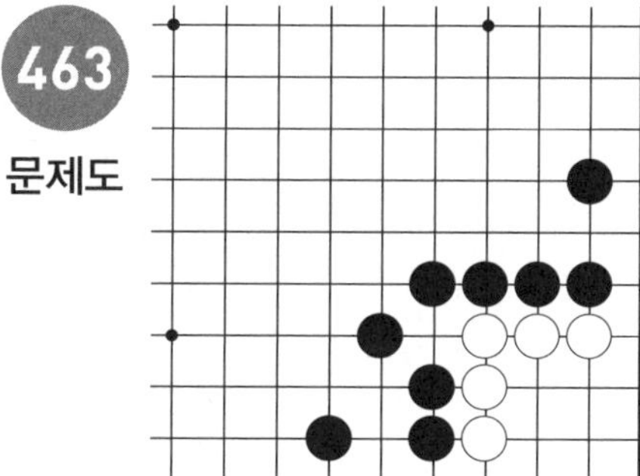

463 문제도

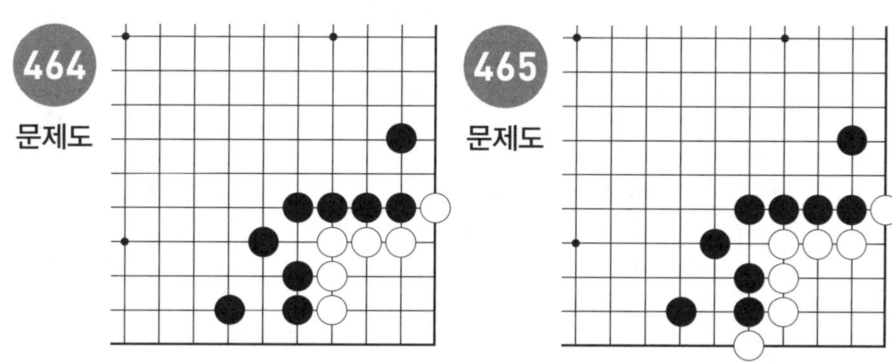

464 문제도

465 문제도

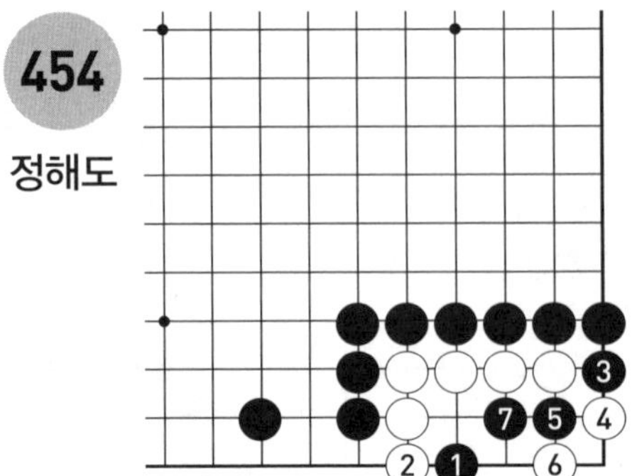

454 정해도

흑1로 치중하는 것이 정답. 백2로 막으면 흑3 꼬부림 후 흑7까지 백은 살 수 없다.

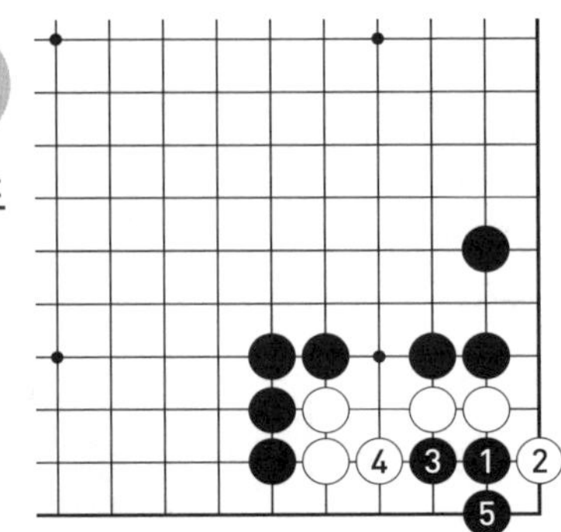

455 정해도

흑1로 붙이는 것이 정답. 백2로 젖히면 흑3으로 늘고 다시 흑5 자리에 늘어서 백이 잡히게 된다.

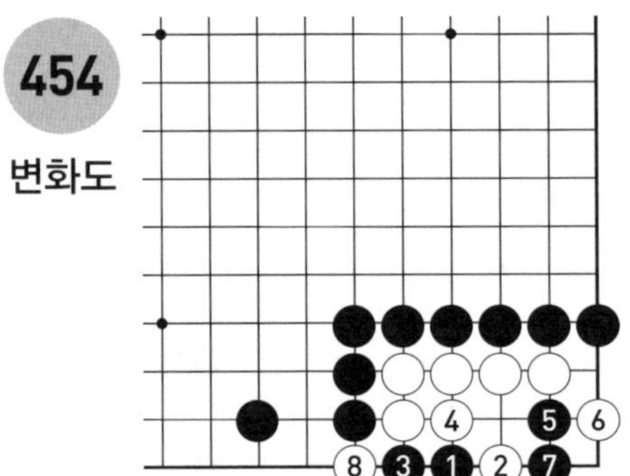

454 변화도

만약 백이 2의 자리에 두면 흑3으로 물러서고 다시 흑5로 협공. 흑9까지 백은 여전히 살 수 없다. 흑9=흑3

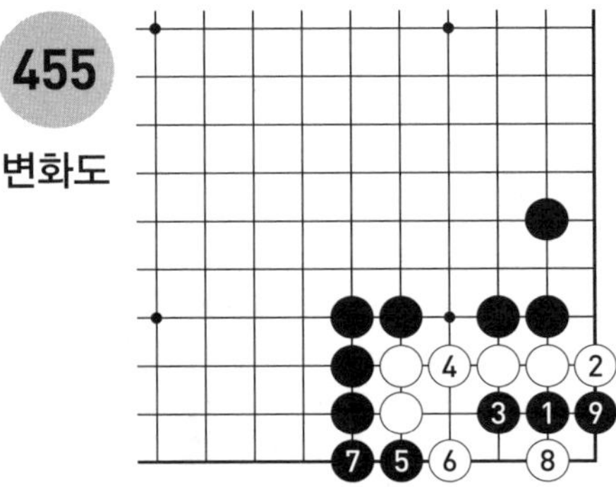

455 변화도

백2와 같이 늘면 흑3으로 늘고 흑9까지 백은 여전히 살 수 없다.

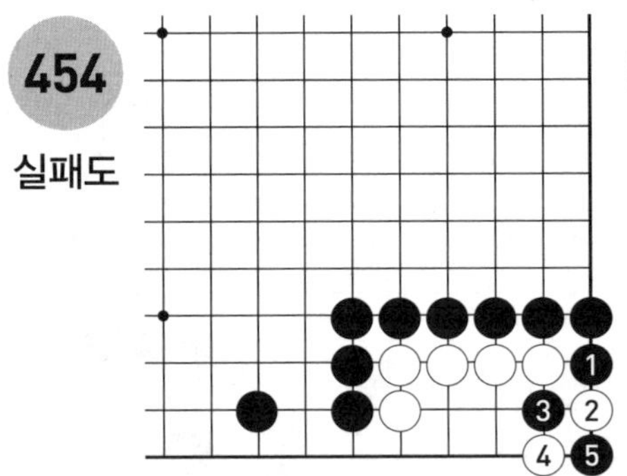

454 실패도

흑1은 착오. 백2 젖힘으로 패가 된다.

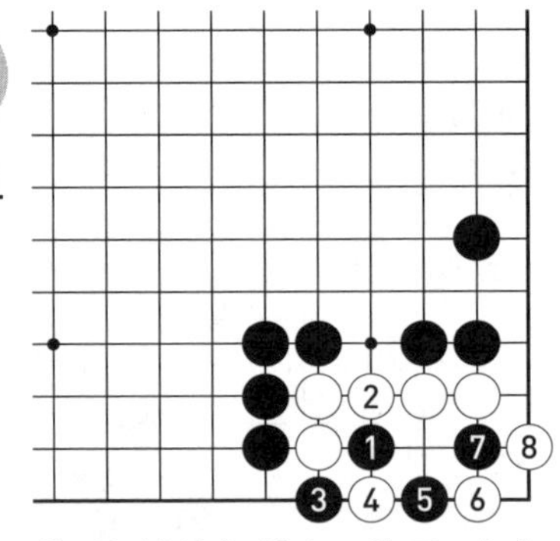

455 실패도

흑1의 붙임은 착오. 백4로 먹여 치는 것이 묘수. 백8까지 패가 된다.

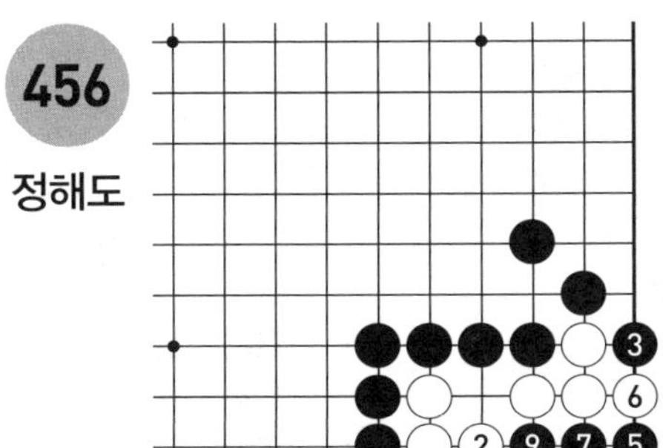

456 정해도

이러한 형태에서는 흑1로 젖힘이 정답. 흑9까지 백이 잡히게된다.

457 정해도

흑1로 젖힘이 정답. 백2 젖힐 때흑3의 치중이 좋은 수. 흑9까지패가 된다.

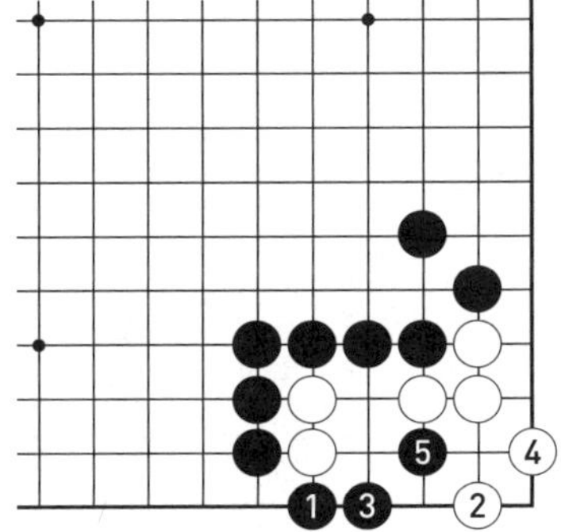

456 변화도

만약 백이 2로 뛰면 흑3으로 늘고, 흑5로 입구자하여 백은 여전히 살 수 없다.

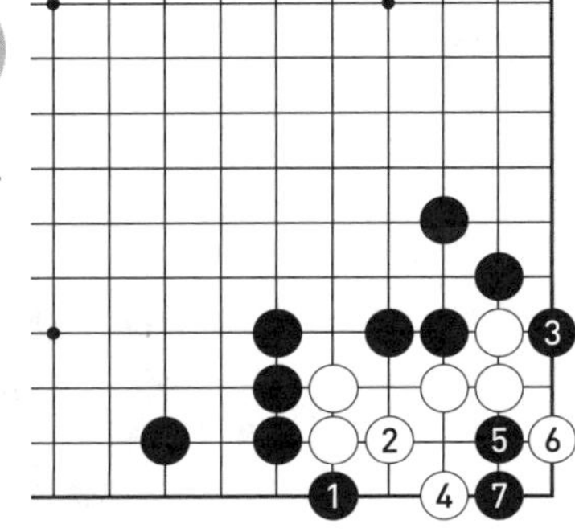

457 변화도

백이 2로 꼬부림은 착오. 흑3 젖힘으로 흑7까지 백은 살 수 없다.

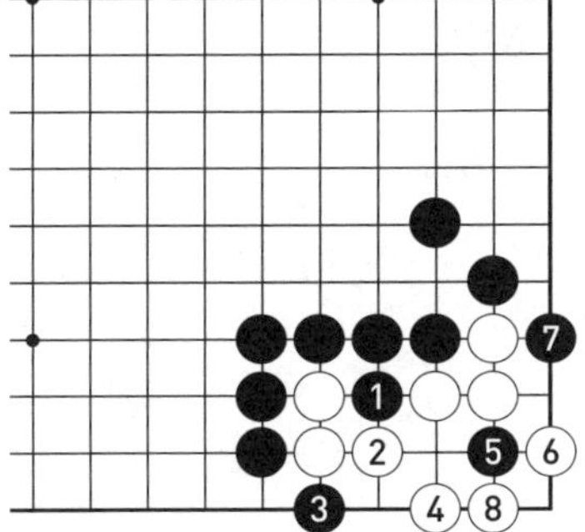

456 실패도

흑1로 끼움은 착오. 백8까지 진행되어 백은 살았다. 흑의 실패.

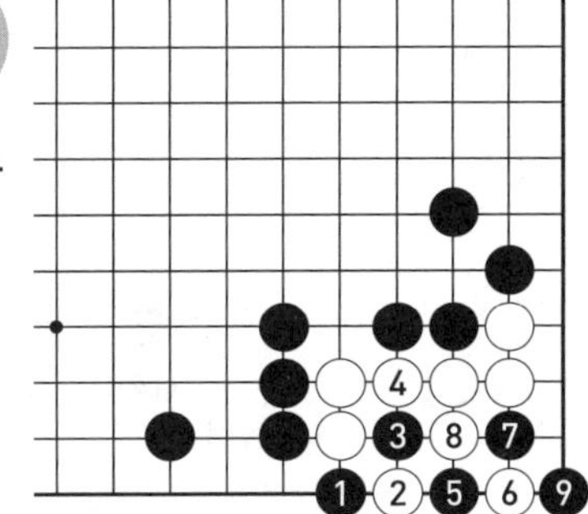

457 실패도

흑3은 착오. 백4 단수, 흑5로 따냄. 백10까지 패가 된다.
백10=백2

458 정해도

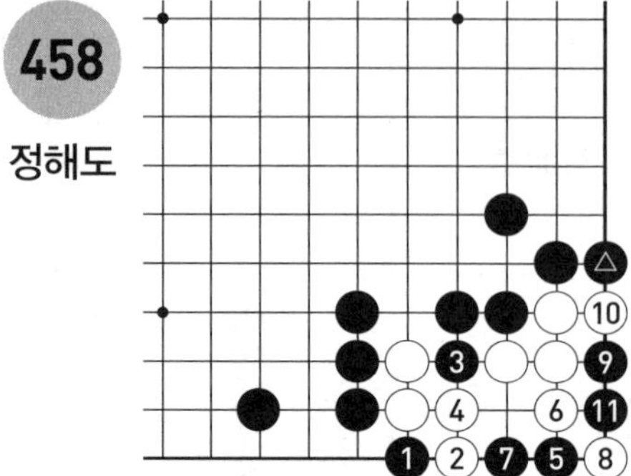

앞 문제과 비교할 때 ▲가 1점 더 많으므로 백은 죽는다. 흑9가 묘수. 이하 흑13까지 흑 승. 백 12=백8, 흑13=흑11

459 정해도

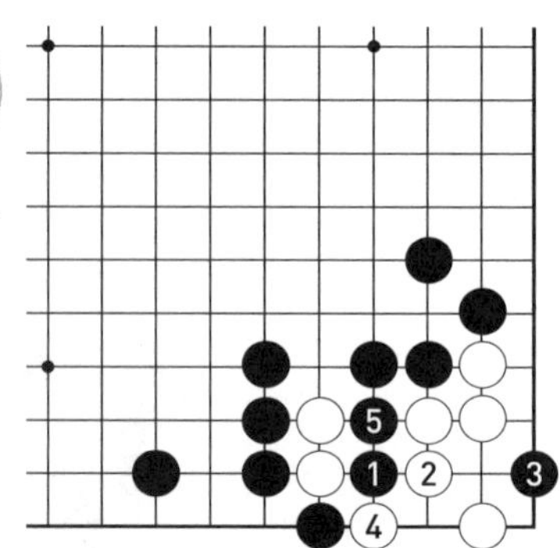

흑1로 젖힘이 정답. 백2로 막을 때 흑3의 치중이 좋음. 백은 살 수 없다.

458 변화도

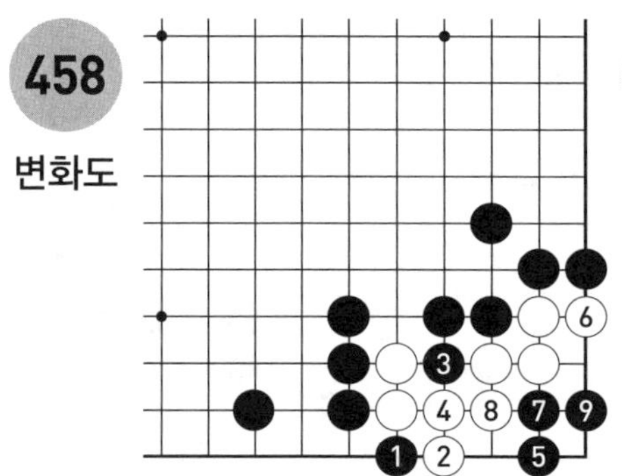

백이 6으로 막으면 흑7, 9로 집을 지어 유가무가로 백이 잡힌다.

459 변화도

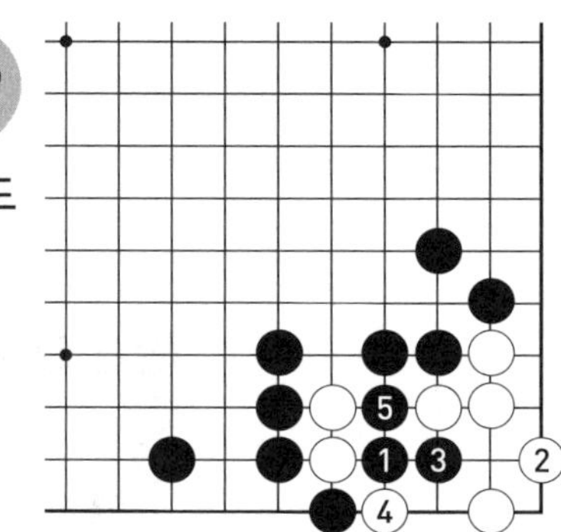

만약 백이 2와 같이 집을 짓고 흑3으로 늘면 백은 여전히 살 수 없다.

458 실패도

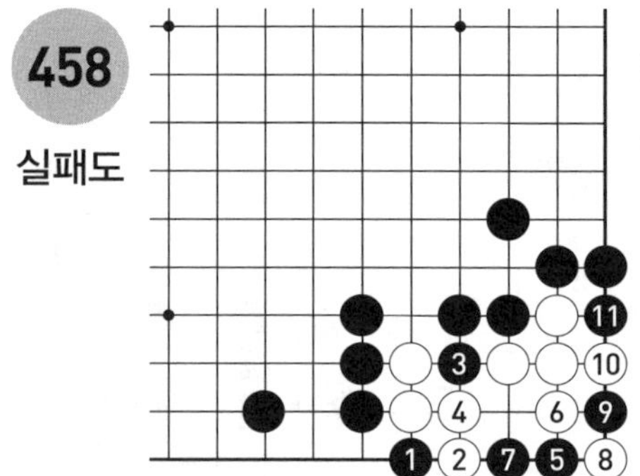

흑9는 착오. 백10의 단수로 패가 된다.

459 실패도

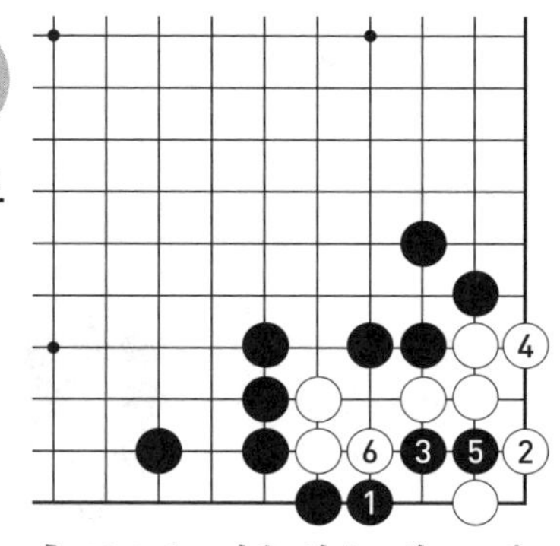

흑1로 느는 것은 착오. 백2로 집을 짓고 백6까지 흑이 촉촉수에 걸려 백이 깨끗히 살게 된다.

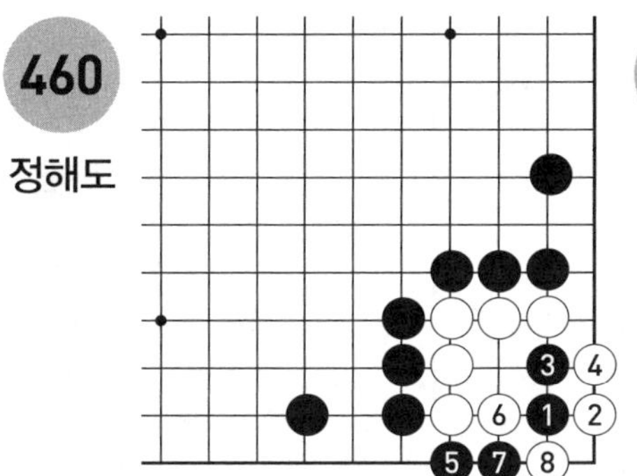

460 정해도

흑1 치중이 정답. 백2, 4는 가장 좋은 대응법. 백8까지 패가 된다.

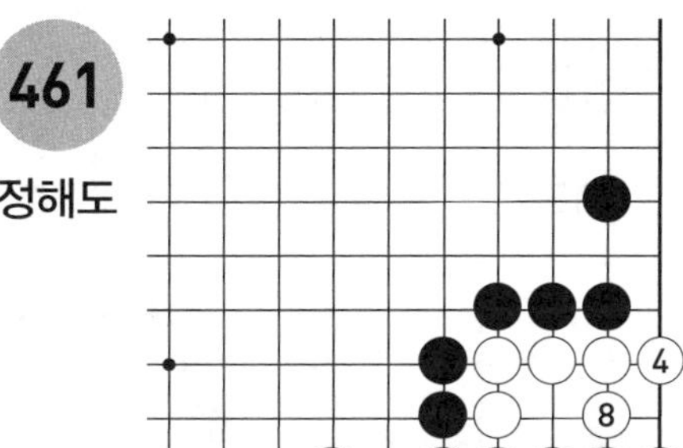

461 정해도

흑1 치중이 정답. 백2로 붙임이 좋은 수. 백8까지 서로 패가 된다.

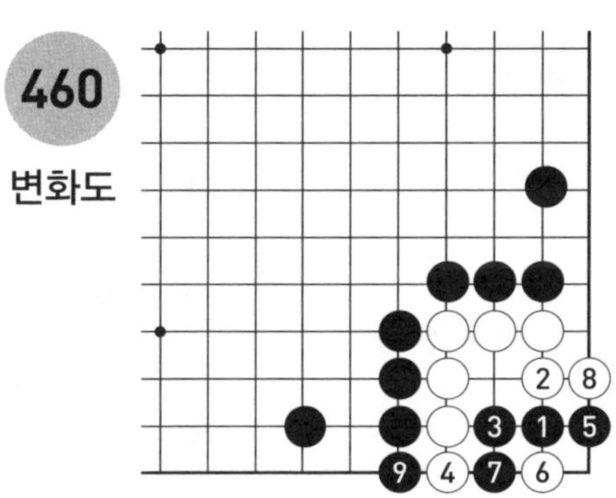

460 변화도

백2는 착오. 흑3으로 늘 때 백4로 늘고 이하 흑9까지 백은 살 수 없다.

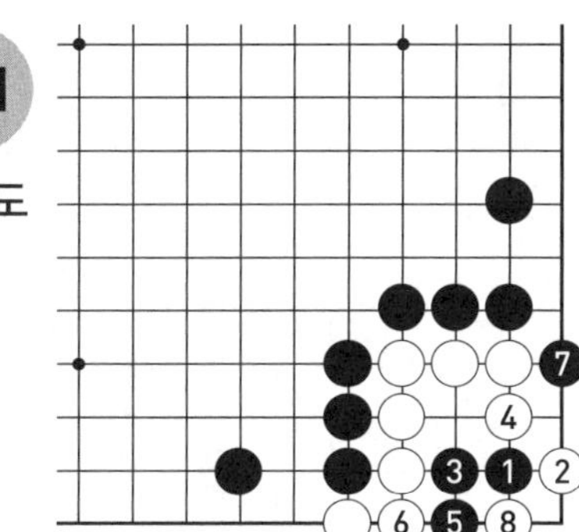

461 변화도

백이 4로 둘 때 흑5에 꼬부리고 백8까지 진행해서 여전히 패가 된다.

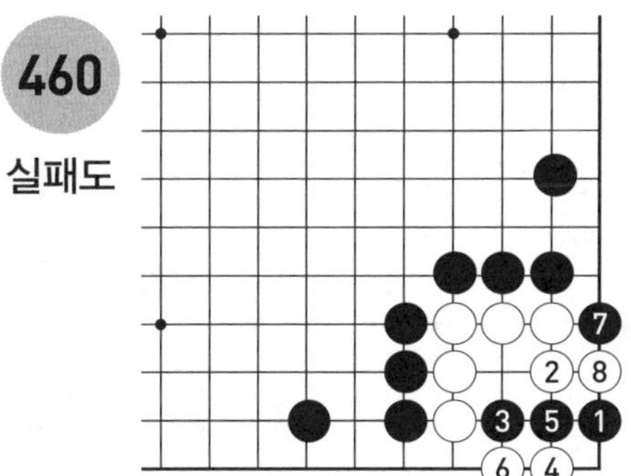

460 실패도

흑1은 착오. 백4의 치중이 좋음. 백8까지 빅이 된다.

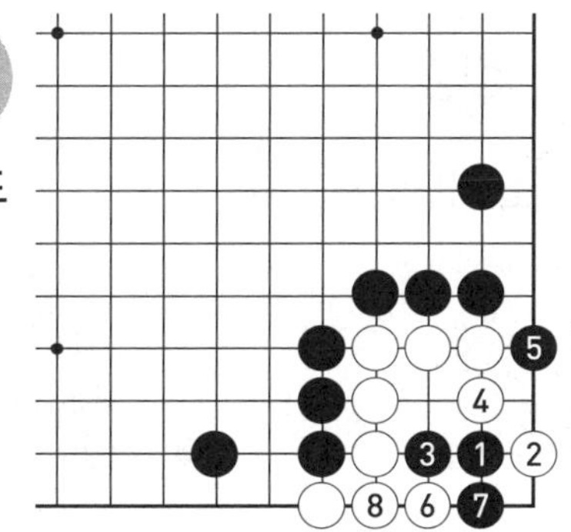

461 실패도

흑5로 젖힘은 착오. 백6 젖힘, 백8로 이어서 빅이 된다.

462 정해도

흑1로 치중하기, 백2 붙임. 이하 흑3에서 흑11까지 흑은 패를 성공시킨다.

463 정해도

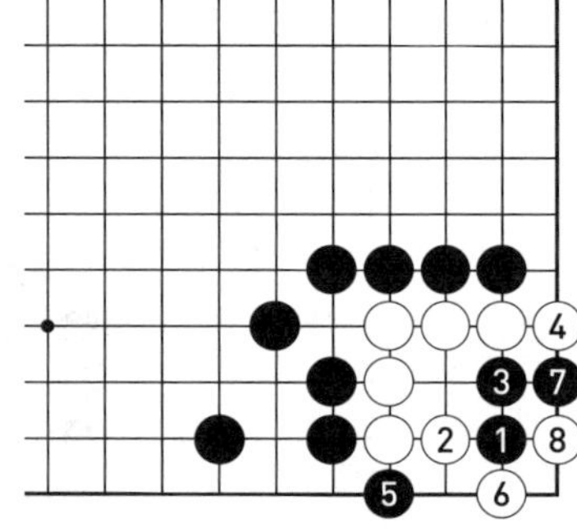

흑1 치중하기, 백6까지 패가 된다.

462 변화도

백이 2와 같이 꼬부리면 흑은 3으로 늘고 백8까지 패가 되어 백의 실패.

463 변화도

흑3으로 늘고 흑5의 젖힘에서 백8까지 여전히 패가 된다.

462 실패도

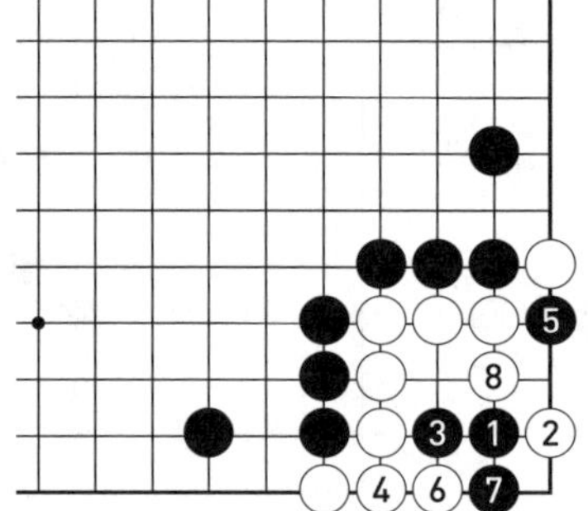

흑이 5와 같이 먹여치기하면 백은 6으로 밀고 백8까지 빅이 된다. 흑의 실패.

463 실패도

흑5로 느는 것은 착오. 백6이 묘수. 흑7에 두면 백8로 살 수 있다. 흑의 실패.

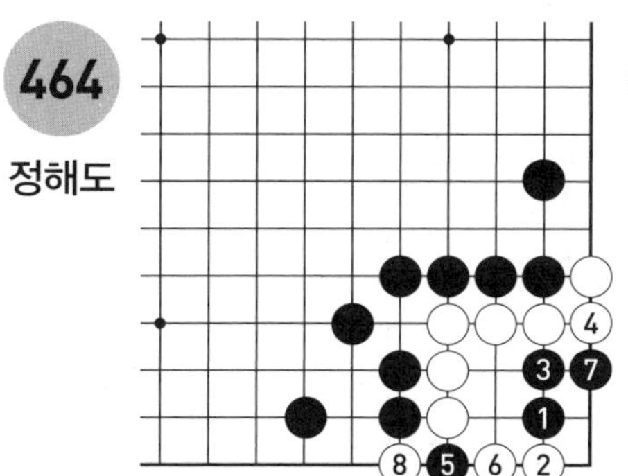

흑1의 치중이 정답. 백2 붙임 후 백8까지 만년패가 된다.

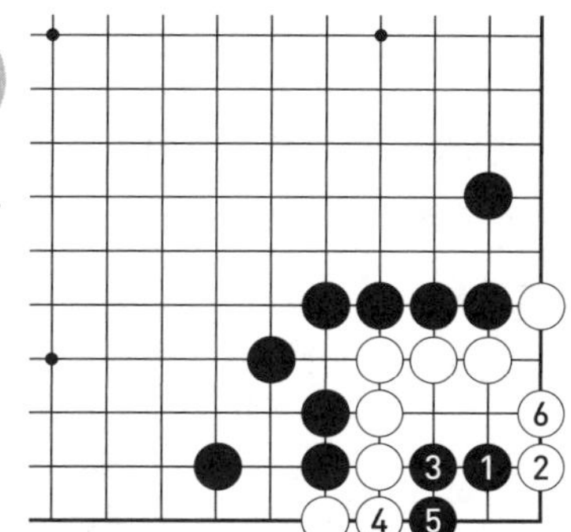

흑1의 치중이 정답. 백2 붙임은 상용적인 수단. 백6까지 만년패가 된다.

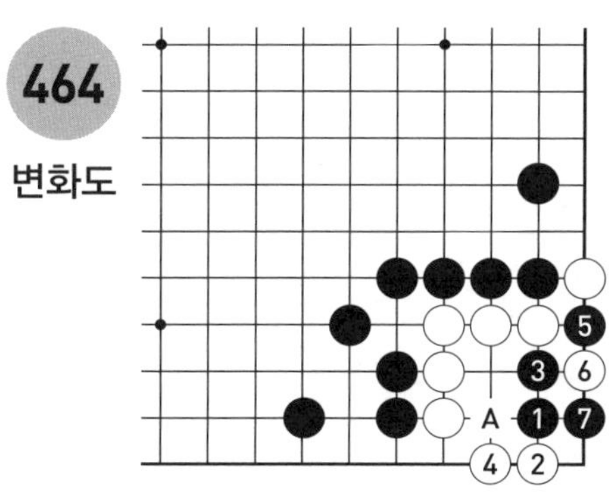

백이 4로 물러서면 흑5, 7 후에 백8로. 만약 흑5 위치에 둔다면 흑은 A로 오궁도가 되어 백이 잡히게 된다.

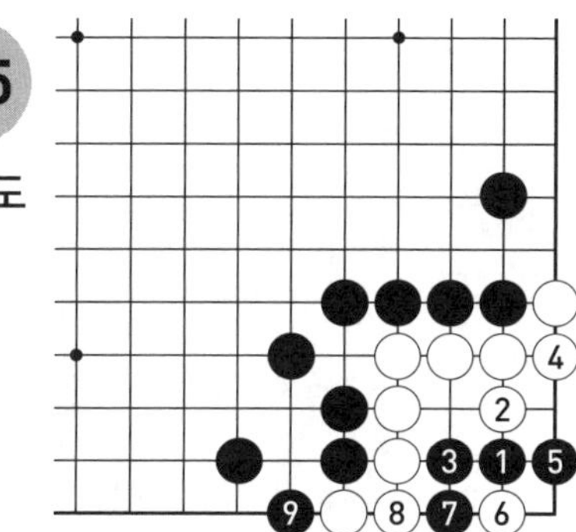

백4 연결은 착오. 흑9까지 백은 살 수 없다.

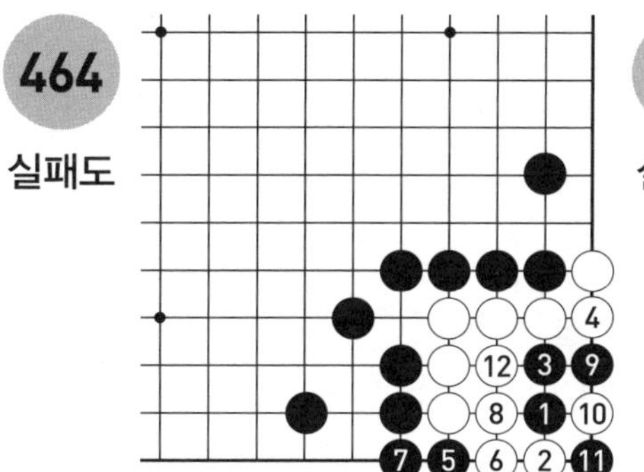

흑7로 잇는 것은 착오. 백10 치중, 백12로 단수쳐서 착수금지 규정에 의해 흑의 실패.

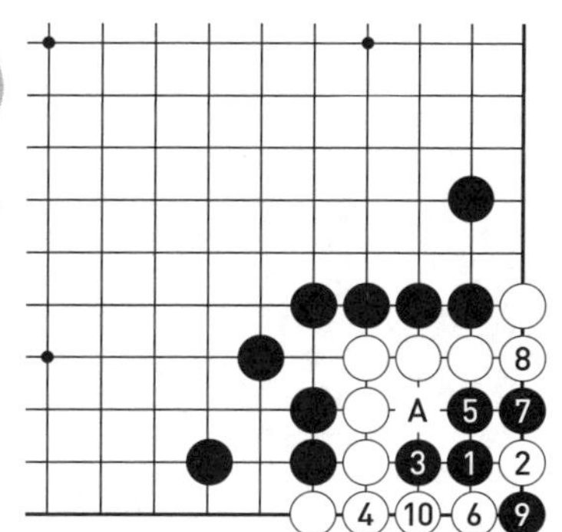

흑5로 꼬부리는 것은 착오. 백6 젖힘, 백8 연결, 흑9 따냄. 백10 연결 이후 A자리에 단수쳐서 흑의 실패.

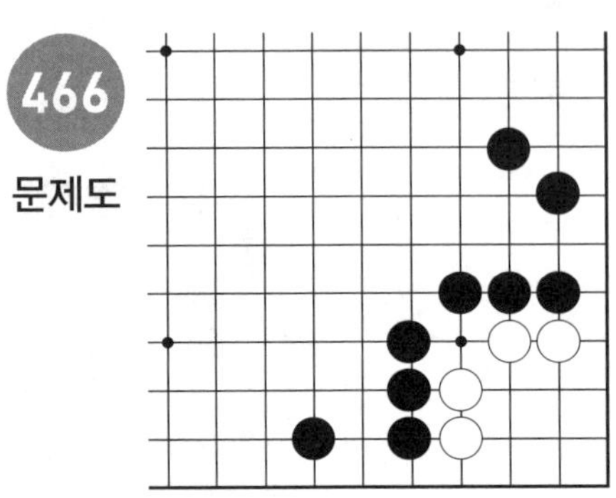

466 문제도

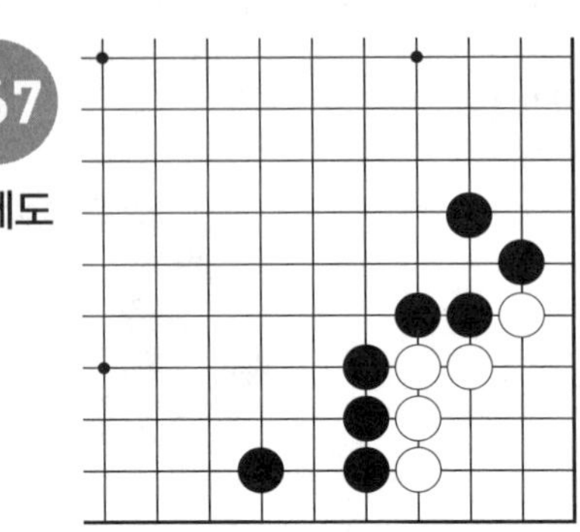

467 문제도

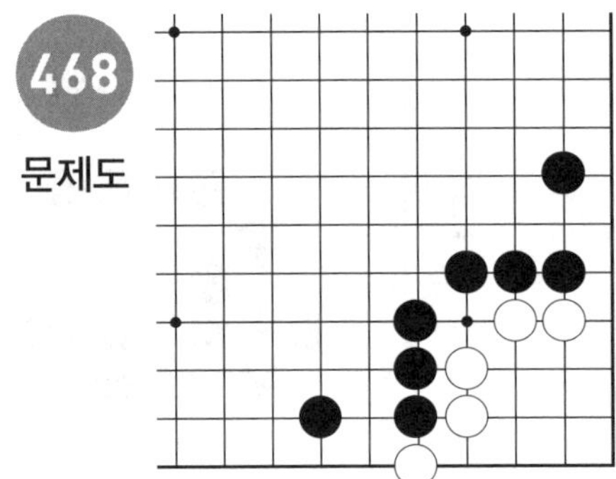

468 문제도

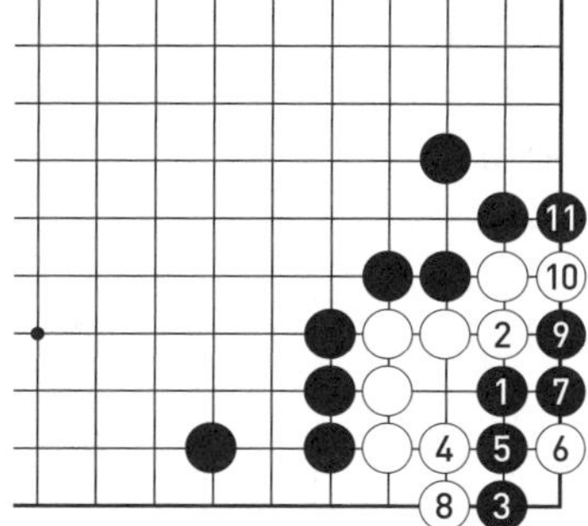

466 정해도

흑1 치중하기, 백2로 꼬부릴 때 흑3으로 늘고 흑9까지 백은 살 수 없다.

467 정해도

흑1로 치중하는 것이 정답. 백2 연결. 흑3 뛰기부터 흑11까지 백은 살 수 없다.

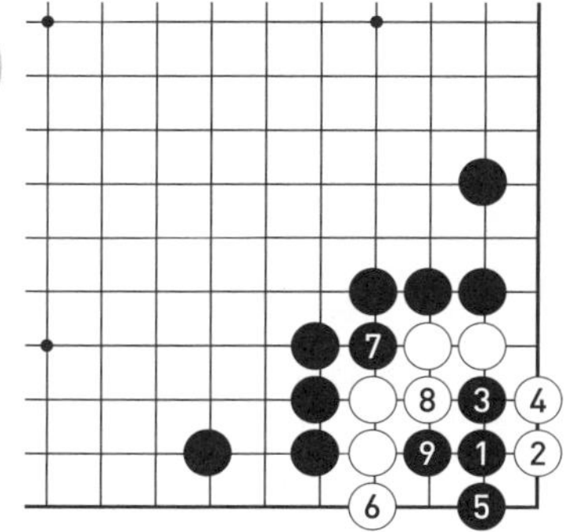

466 변화도

만약 백2로 붙이면 흑3으로 늘고 흑9까지 백은 여전히 살 수 없다.

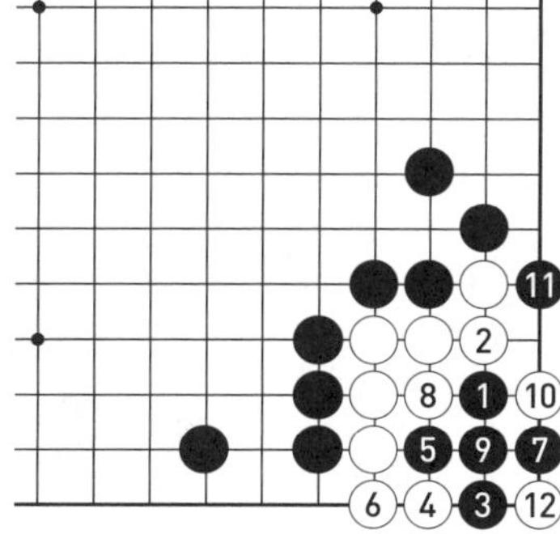

467 변화도

만약 백이 4와 같이 입구자하면 흑5로 단수. 백12 따냄까지 하고 흑13으로 흑9 위치에 치중하면 백은 여전히 죽게 된다. 흑13=흑9

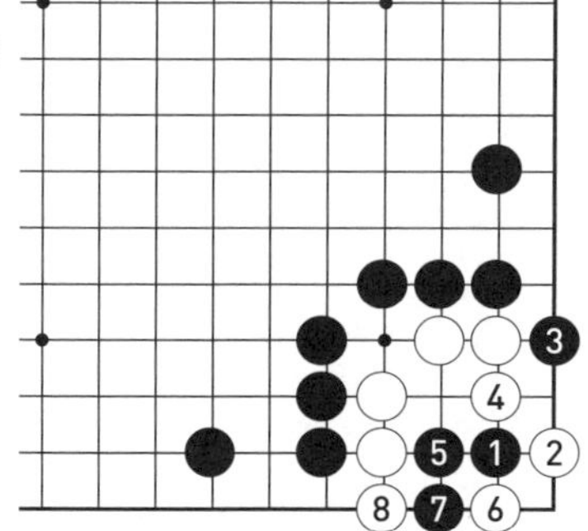

466 실패도

백2로 붙일 때, 흑3 젖힘은 착오. 백8까지 서로 패가 된다.

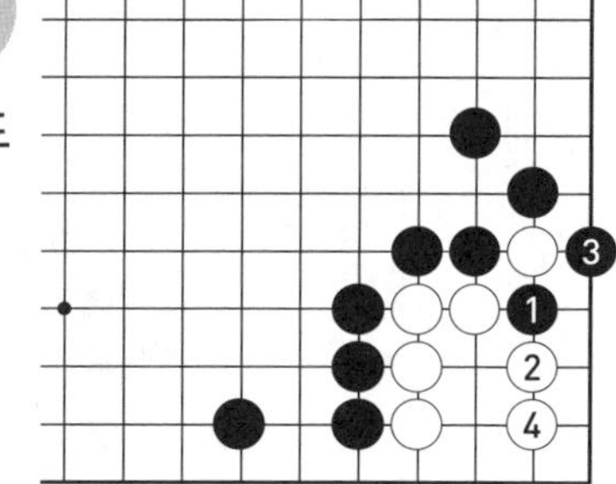

467 실패도

흑1로 단수치는 것은 착오. 백2 단수, 백4로 물러서서 살 수 있다. 흑의 실패.

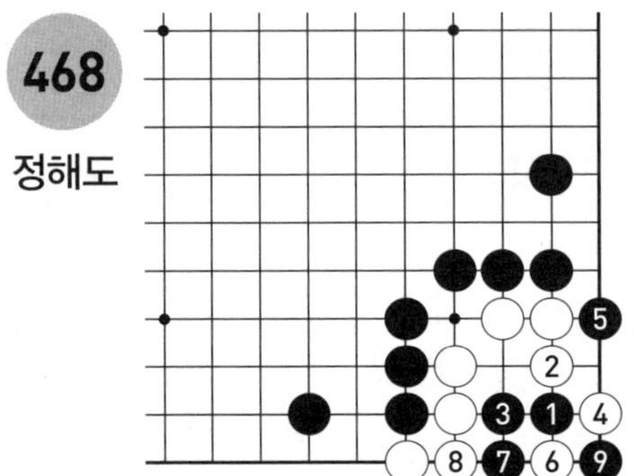

468 정해도

흑1로 치중할 때, 백2로 꼬부리
고 이하 흑9까지 패가 된다.

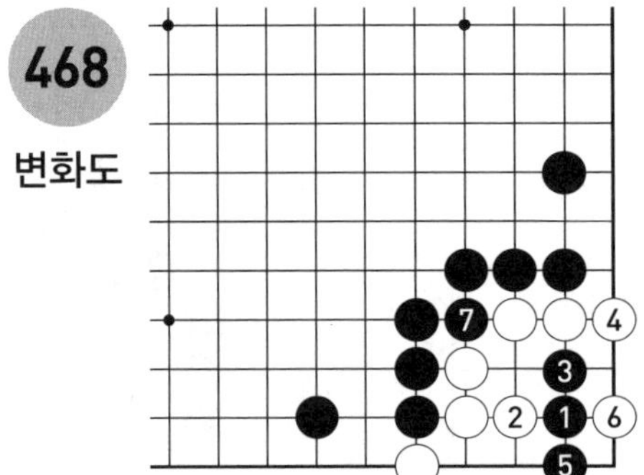

468 변화도

흑1로 치중, 백2 꼬부림은 착오.
흑3으로 늘고 흑5로 뻗고 흑7로
찝어서 백은 살 수 없다.

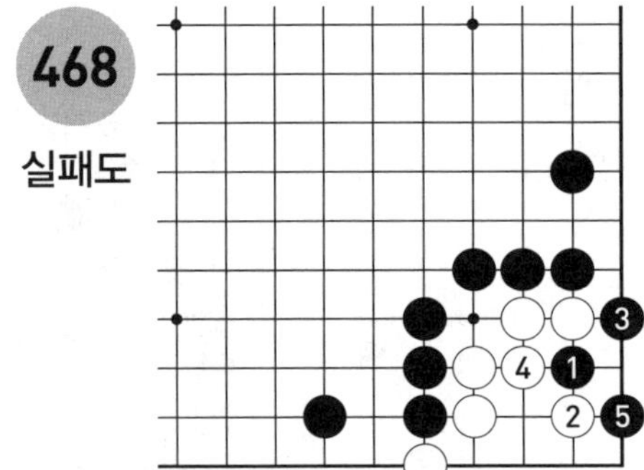

468 실패도

흑1로 붙이는 수는 착오. 백2로
다시 붙이고 백4로 단수치면 흑
은 5로 패를 만들 수밖에 없다(백
이 먼저 따내는 패가 된다).

'치수 고치기'란 말을 들어본 적이 있는가? 사실 바둑에서 가장 재미있는 것이 치수 고치기이다.

예를 들면 3급(임꺽정)과 5급(홍길동)이 치수에 따라 2점으로 접바둑을 두면서 중간에 3연승이 나면 치수를 한 치수씩 고치는 방식이 바로 치수 고치기이다. 즉, 임꺽정이 3연승을 하면 3점이 되는 반면, 홍길동이 3연승을 거두면 2점보다 한 단계 낮은 치수인 '정선(맞바둑으로 두되 약자가 흑을 잡고 두는 치수)'이 되는 것이다.

만약 여기서도 3연승이 난다면 이번엔 '호선(대국자가 서로 번갈아 두거나 돌을 가려 덤제도를 도입해 두는 치수)'이 된다. 물론 여기서 연승도 정하기에 따라 단판, 2연승, 3연승, 4연승 등 다를 수 있다. 이러한 치수 고치기는 상황에 따라 돈내기보다 더한 박진감을 가져다 주기도 한다.

고도의 심리전에 휘말린다든지, 어이없는 역전패의 후유증으로 연패를 해버리면 3연패도 일어날 수 있다. 만약 3연패로 되어 치수가 고쳐지면 그것이 다시 심리적인 부담감으로 작용하면서 졸지에 페이스를 잃은 채 급전직하하여 두 치수, 세 치수까지도 쉽게 고쳐지는 경우가 허다하다. 그러다 언젠가는 역전되기도 하며 왔다갔다 하면서 제자리 치수로 돌아오는 경우가 대부분이다.

여러분에게도 조만간 호적수와 치수 고치기를 벌이게 될 기회가 올 것이다. 그 때의 팽팽한 긴장감과 승부욕이 여러분의 실력을 올려줄 것이라 믿는다.

제 9 부 패 만들기

上篇

패 만들기는 대국에서 자주 쓰이는 전술 중 하나입니다. 패 만들기는 서로가 패 걸기, 패 쓰기, 패감 찾기, 패 받기 등 그 패가 해소되어야 끝이 납니다.

패 만들기는 상당히 어려운 전술입니다. 왜냐하면 일단 패싸움이 시작되면 곧장 선수패, 후수패, 양패, 꽃놀이패 등으로 연결될 수 있기 때문입니다. 패 만들기를 할 때는 원래 패감의 상황과 패감의 크기 비교, 아울러 쌍방의 패감이 많고 적음 등 다양한 요소들을 고려해야 합니다. 초보자가 패 만들기를 어렵게 느끼는 이유도 바로 이 때문입니다.

대부분의 초보자는 패가 만들어지는 것을 두려워합니다. 패싸움이 생기면 불안해하며 그래서 패가 만들어질 상황을 피하는 사람도 있습니다. 일부 손실이 생기더라도 골치 아픈 패싸움을 원치 않는 것입니다. 반면 패만 보면 싸우고 싶어 하는 사람도 있습니다. 그러나 패싸움의 기교와 패의 크기 계산 방법을 알지 못하면 한참을 싸워도 이득 없이 손실만 보게 됩니다.

제9부에서는 패싸움을 파악할 수 있는 45개의 연습문제를 수록했으며 모두 흑 선입니다. 연습문제를 통해 패를 만났을 때의 불안감을 없애고 능수능란하게 패싸움 전술을 사용할 수 있게 될 것입니다.

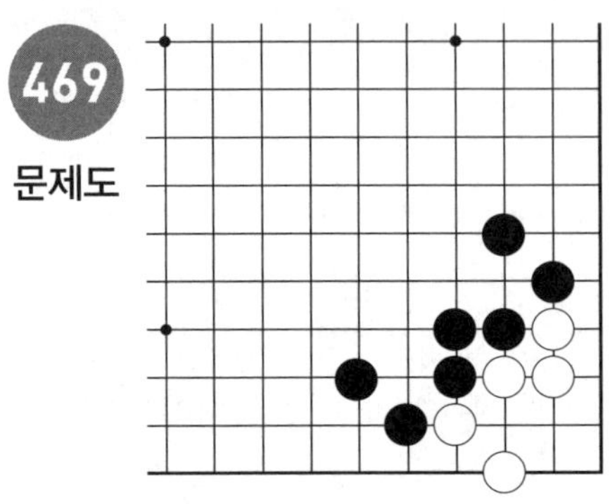

469
문제도

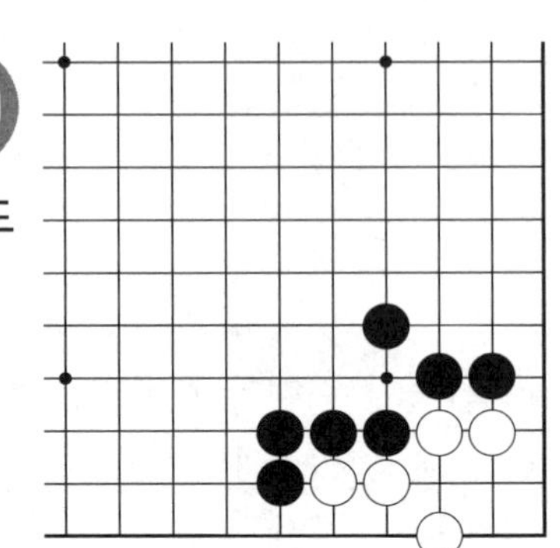

470
문제도

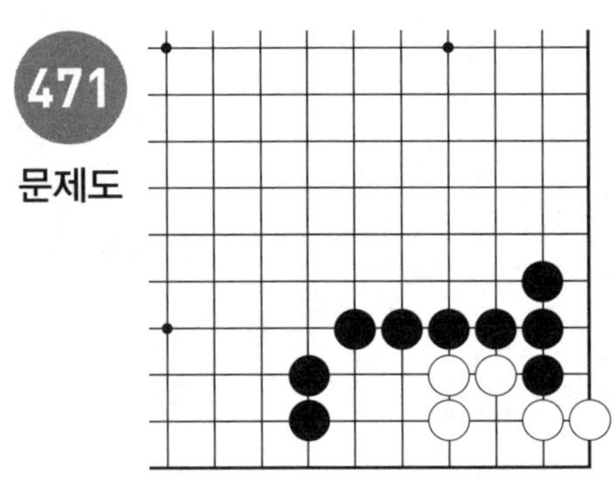

471
문제도

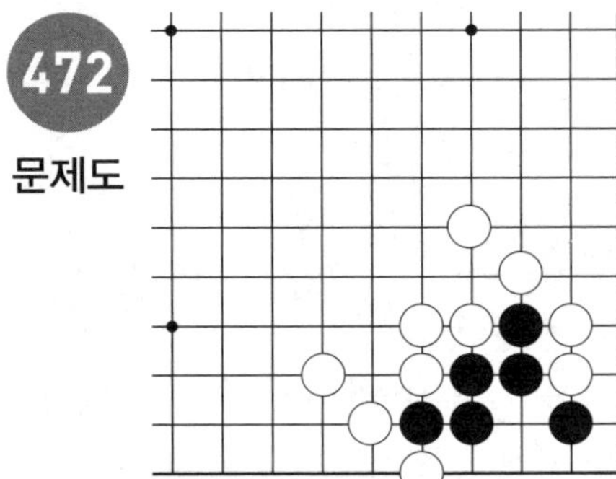

472
문제도

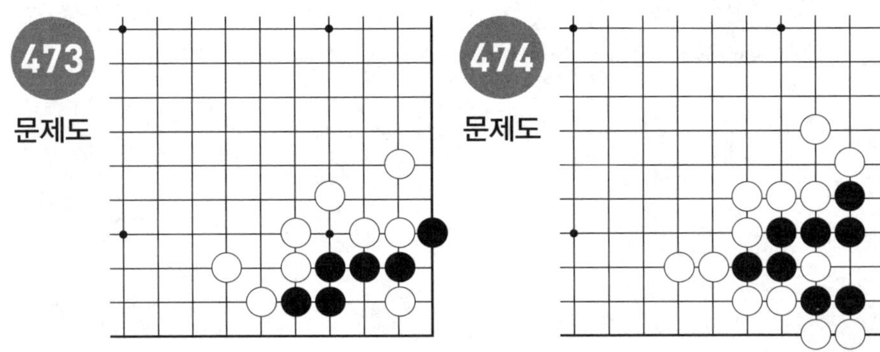

473
문제도

474
문제도

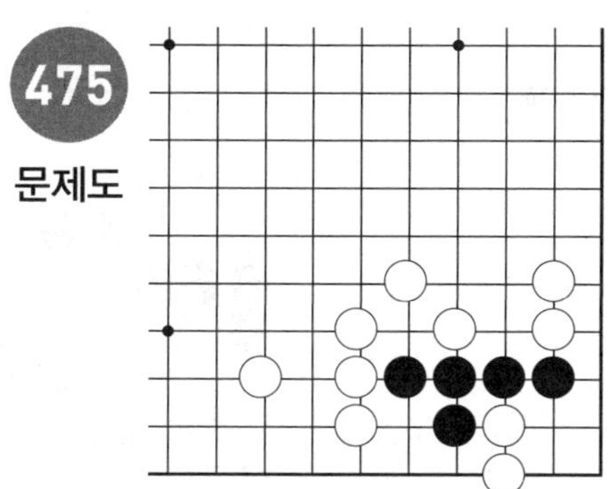

475 문제도

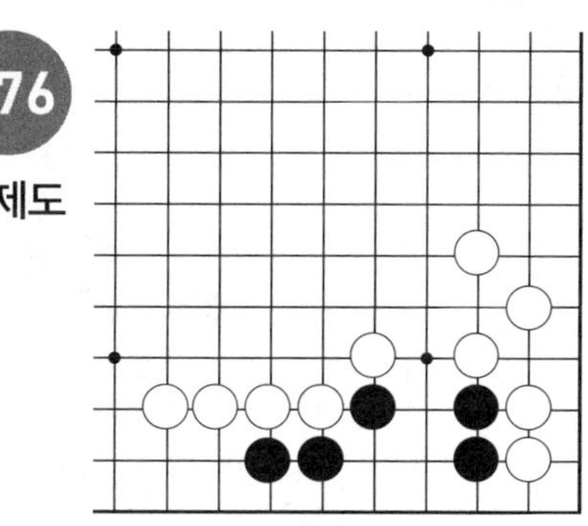

476 문제도

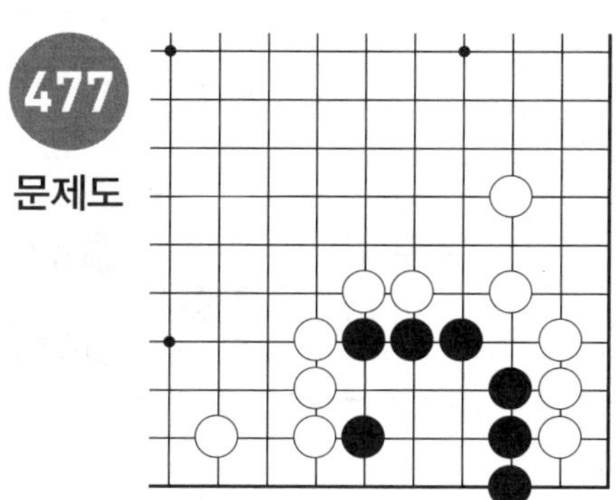

477 문제도

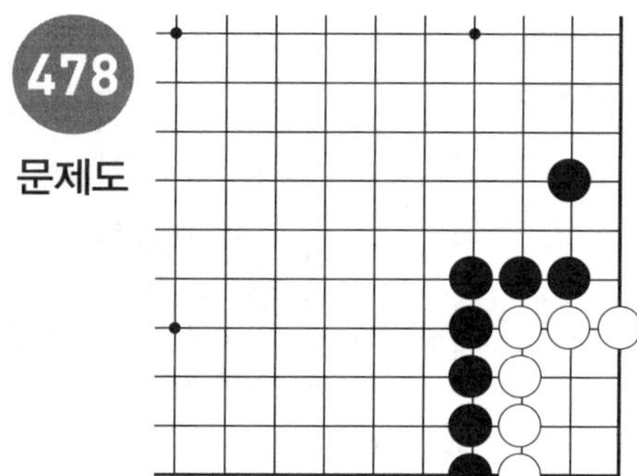

478 문제도

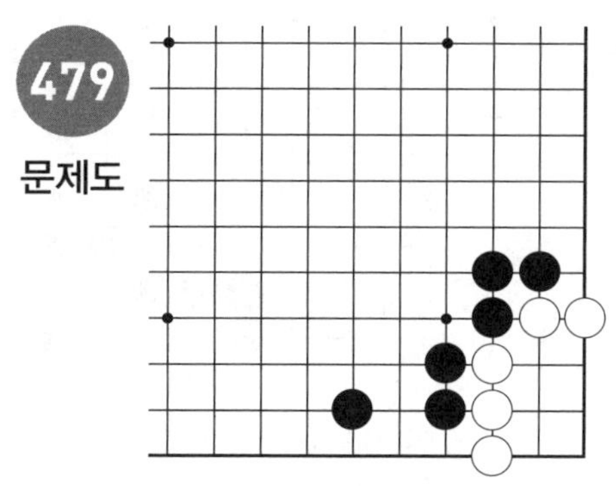

479 문제도

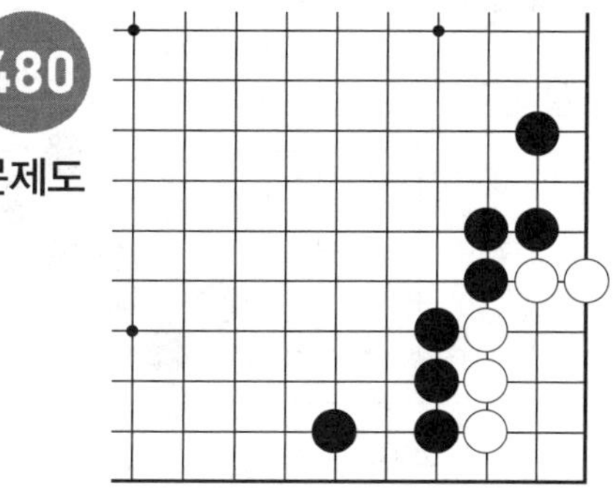

480 문제도

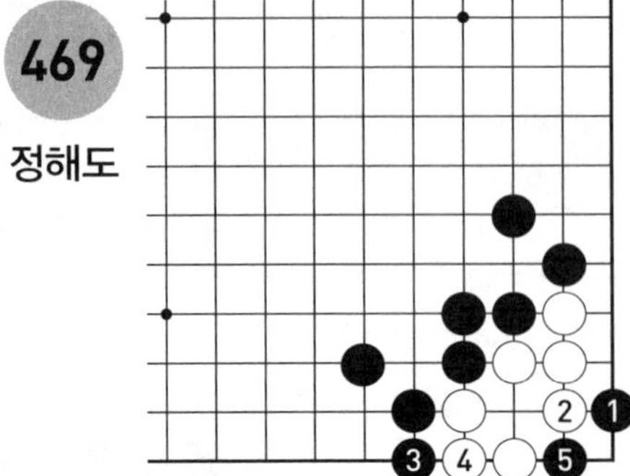

469 정해도

흑1의 치중이 정답. 흑5까지 먹여쳐 패가 된다.

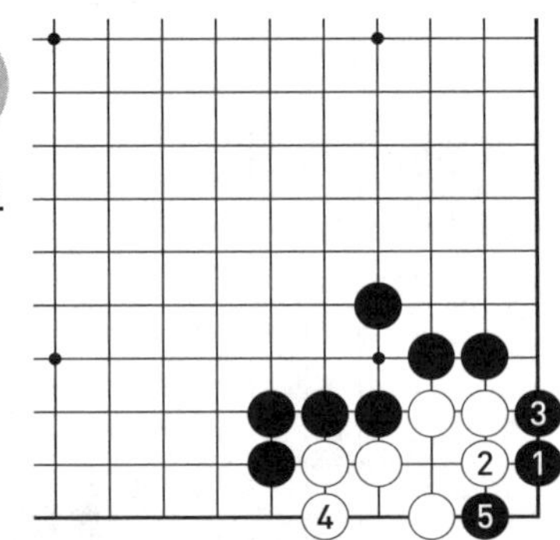

470 정해도

흑1로 치중하고 백2로 집을 짓는다. 흑3으로 물러서서 흑5까지 패가 된다.

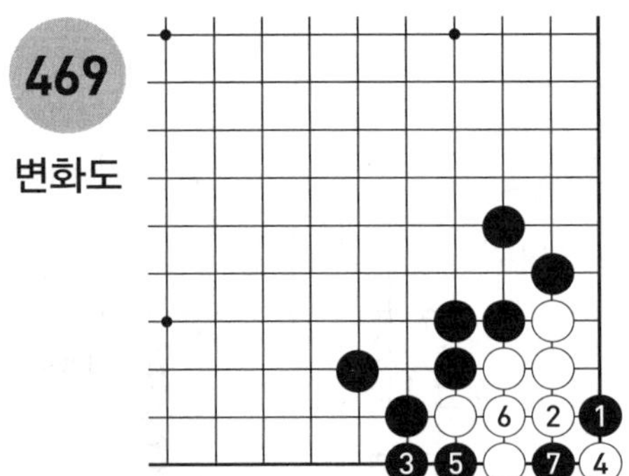

469 변화도

백4로 패를 만드는 것은 착오. 흑7까지 진행되어 백이 패를 만들 수 있지만 후수가 된다.

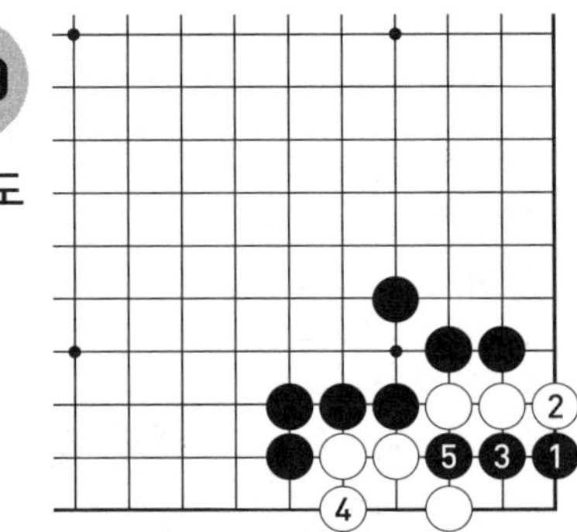

470 변화도

만약 백이 2로 막으면 실패. 흑3으로 늘리고 흑5로 끊어서 백은 살 수 없다. 백4로 흑5 위치로 가면 흑이 백4 위치로 가서 역시 백이 잡히게 된다.

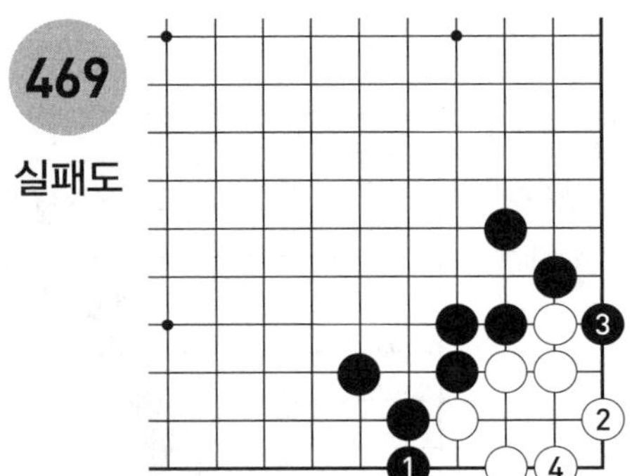

469 실패도

흑1로 느는 것은 착오. 백2, 4로 살 수 있다. 흑의 실패.

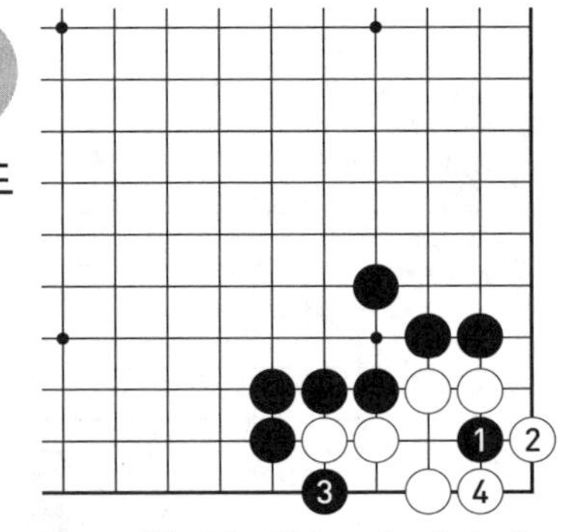

470 실패도

흑1로 붙임은 착오. 백4까지 백은 깨끗이 살게 된다.

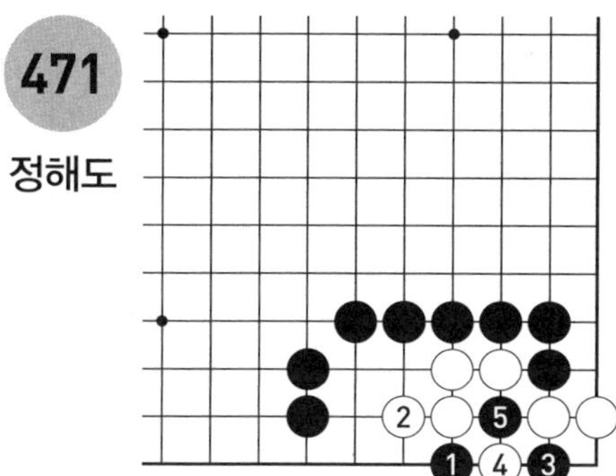

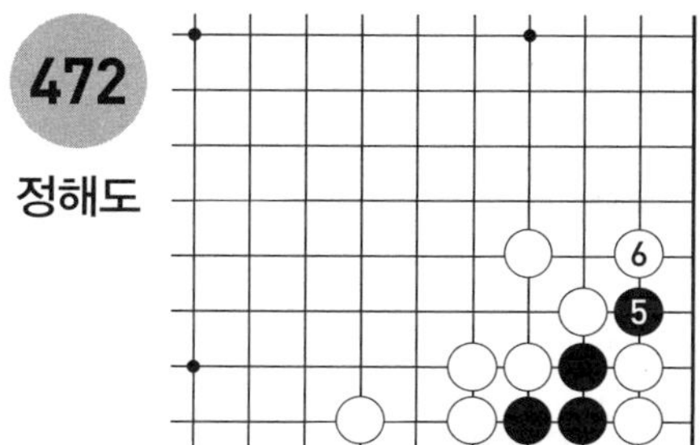

흑1로 붙이는 것이 묘수. 백2로 꼬부리면 흑3, 백4로 패가 된다.

흑1로 집을 짓는 것이 정답. 백4로 젖힐 때 흑5로 끊는 것이 좋은 수. 흑7까지 패를 만들어 성공.

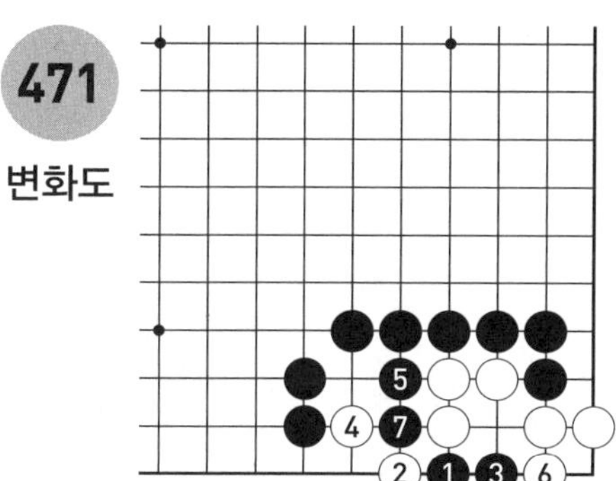

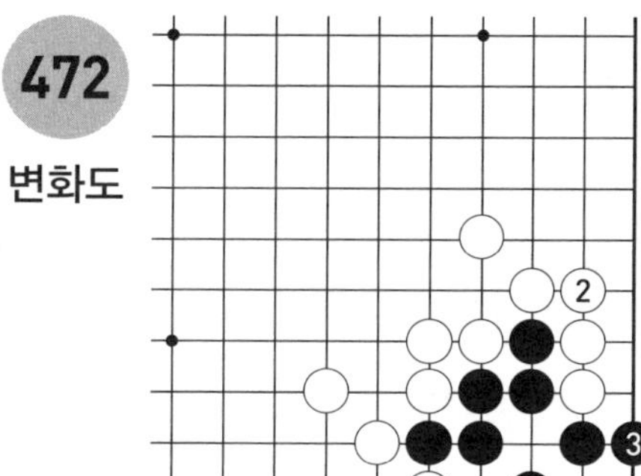

백2로 젖힘은 착오. 흑3으로 늘리고 흑7까지 백은 살 수 없다.

백이 2로 잇는 수는 착오. 흑3으로 늘어서 살 수 있다.

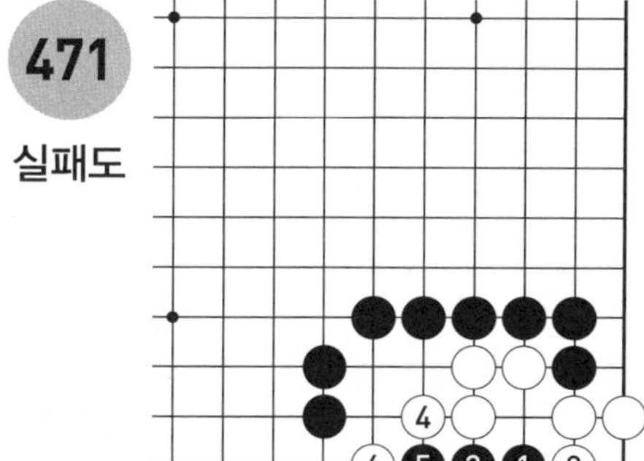

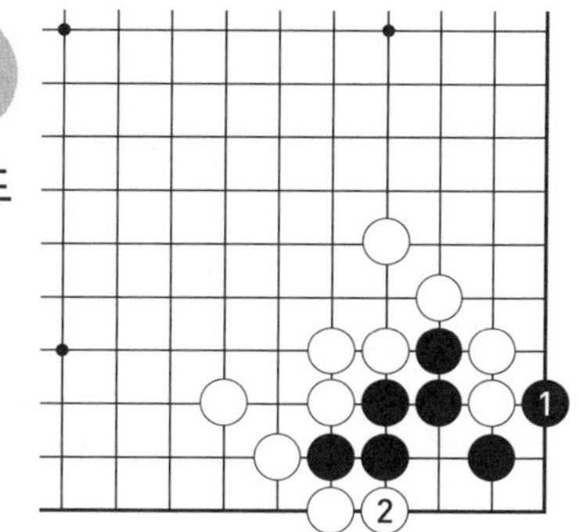

흑1로 치중하는 것은 착오. 백2로 집을 짓고 백6까지, 백이 깨끗히 살게 된다.

흑1로 먼저 젖히는 것은 착오. 백2로 단수치면 흑은 살 수 없다.

473 정해도

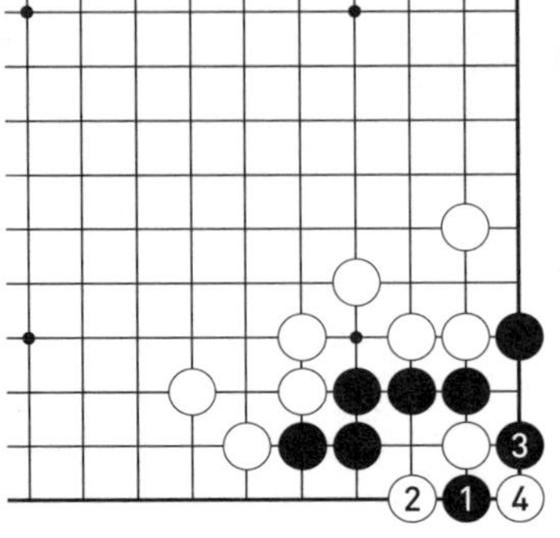

흑1로 붙임이 교묘함. 백2로 단수칠 때 흑3으로 패를 만들어 패싸움이 된다.

474 정해도

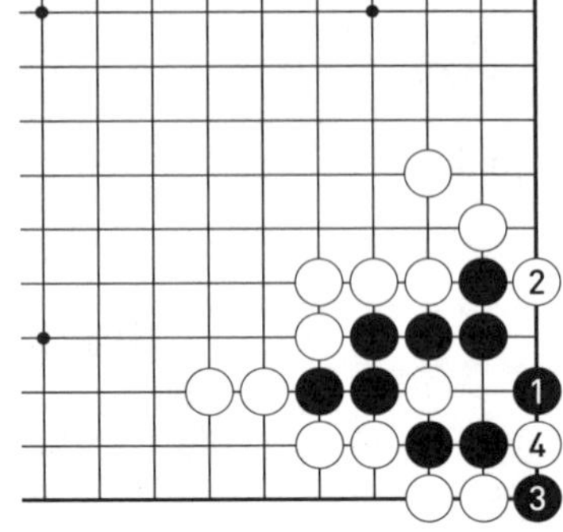

흑1로 호구치는 것이 정답. 백2로 젖힘. 흑3으로 패가 되어 패에서 성공.

473 변화도

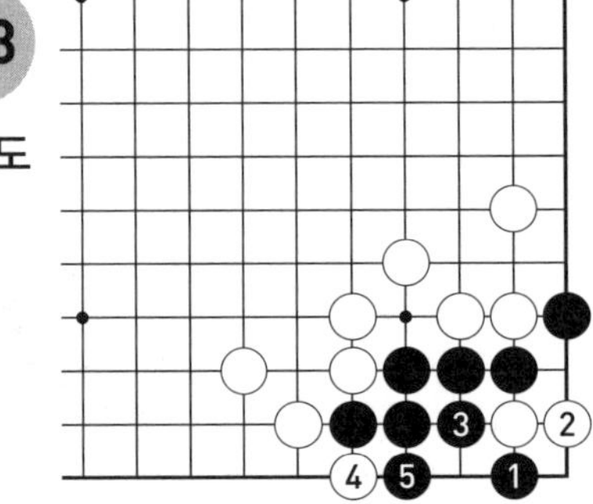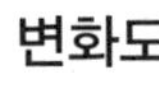

만약 백이 2로 늘면 흑3, 5로 살수 있다. 백의 실패.

474 변화도

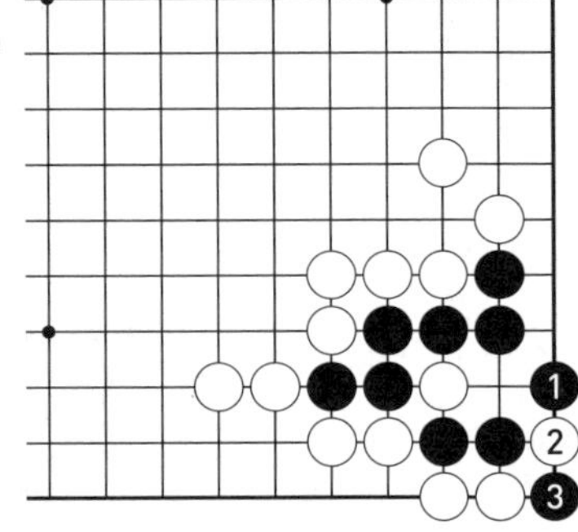

흑1로 둘 때, 만약 백2로 패를 걸면 흑3으로 따내어 백은 후수 패가 된다.

473 실패도

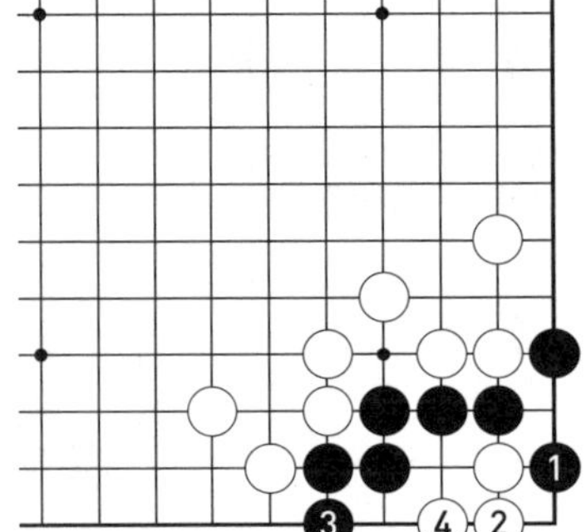

흑1로 젖힘은 착오. 백2로 늘고다시 백4로 꼬부려서 흑이 살 수없다.

474 실패도

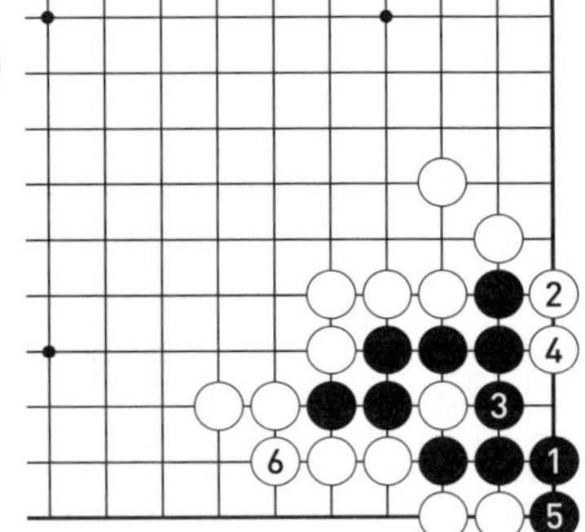

흑1로 느는 수는 착오. 백2 젖히고, 백4로 두어 흑은 살 수 없다.

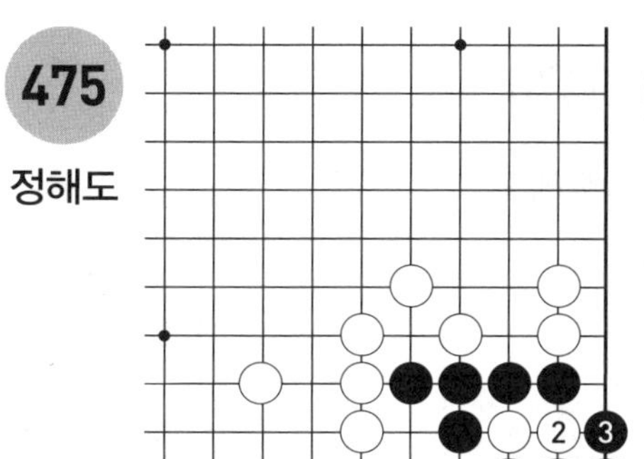

475 정해도

흑1이 묘수. 백2로 단수칠 때, 흑3으로 패를 만들어서 성공.

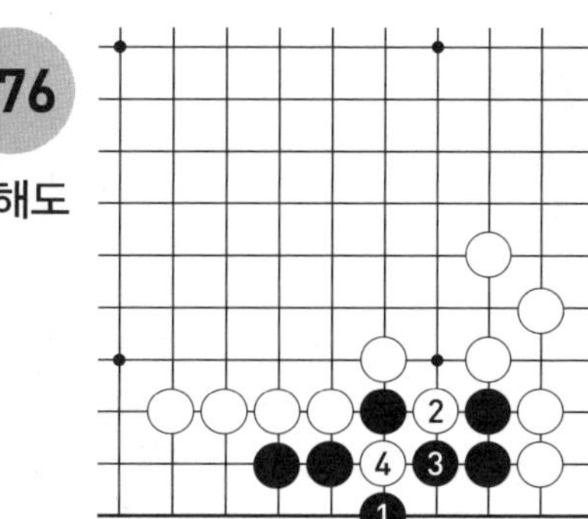

476 정해도

흑1이 패를 만드는 유일한 삶의 급소. 백4로 따낸 후 패싸움이 된다.

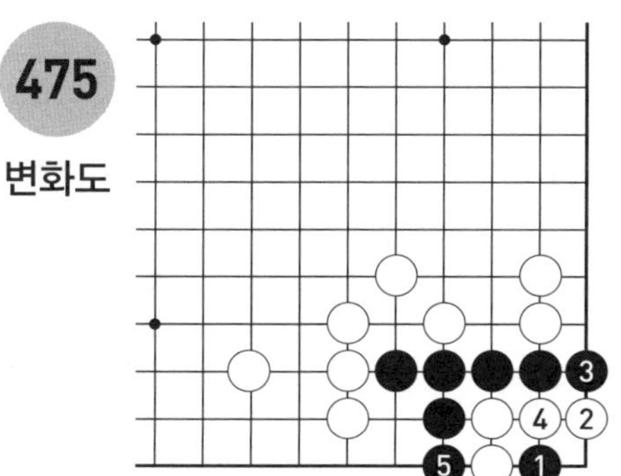

475 변화도

만약 백이 2로 뛰면 흑3으로 막고, 흑5로 단수쳐서 살 수 있다.

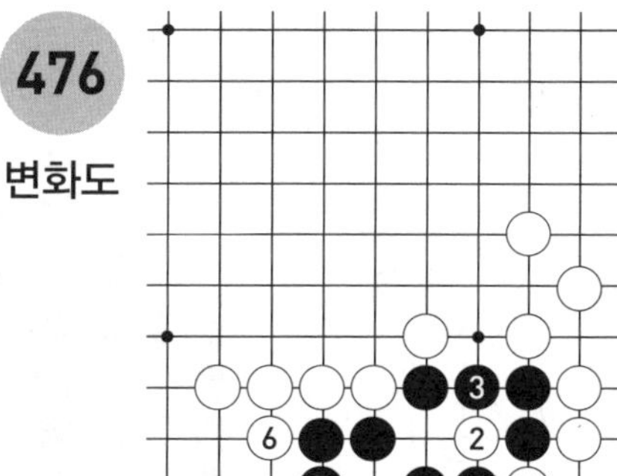

476 변화도

백이 2와 같이 붙이더라도 성립되지 않는다. 흑7까지 흑은 살았다.

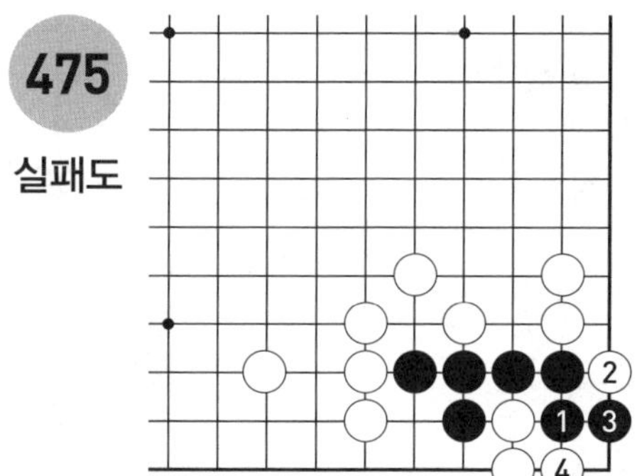

475 실패도

흑1로 꼬부리는 것은 착오. 백2로 젖히고 백4로 꼬부려서 흑이 잡히게 된다.

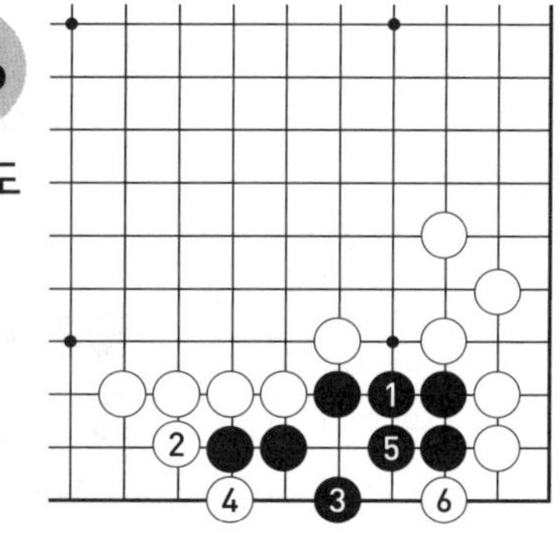

476 실패도

흑1은 착오. 백2로 막고 백6 젖힘까지 흑이 잡히게 된다.

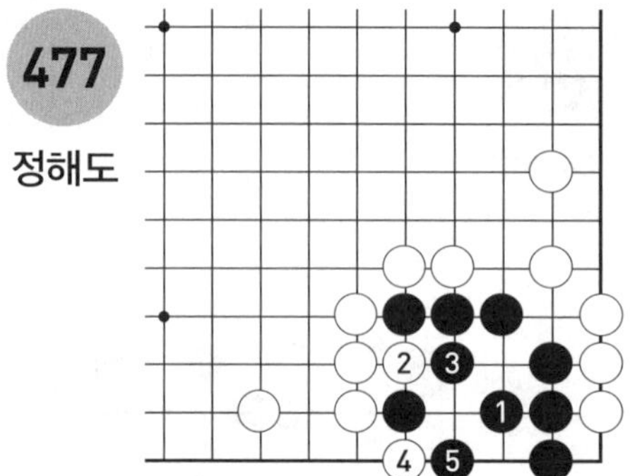

477 정해도

흑1이 교묘함. 백2로 찌르고 흑3
으로 막고 흑5까지 패를 만들어
패싸움이 된다.

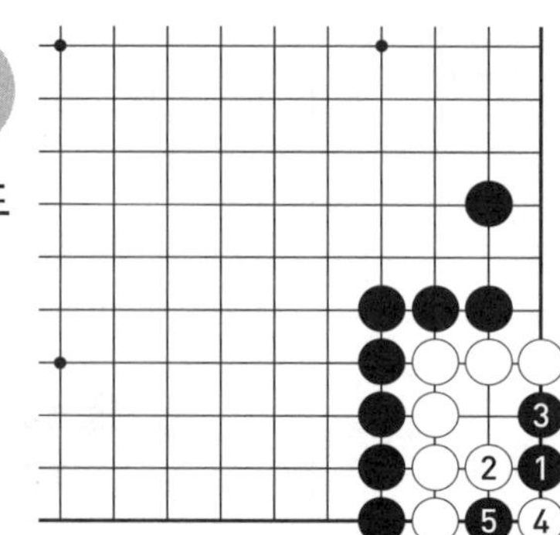

478 정해도

흑1의 치중이 정답. 이하 흑5까
지 패가 된다.

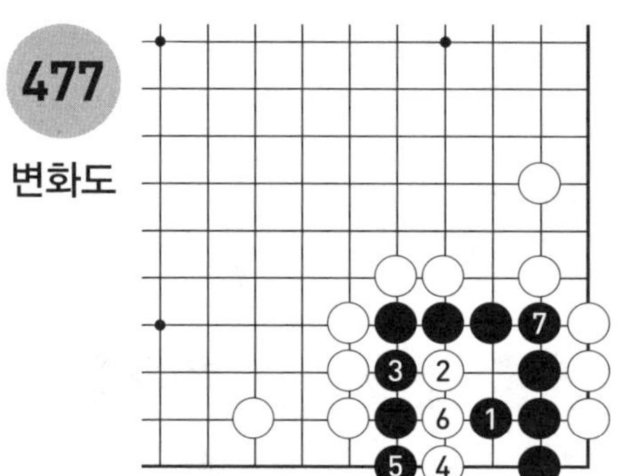

477 변화도

만약 백이 2로 치중하면 흑3으로
막고 흑7까지 빅이 된다.

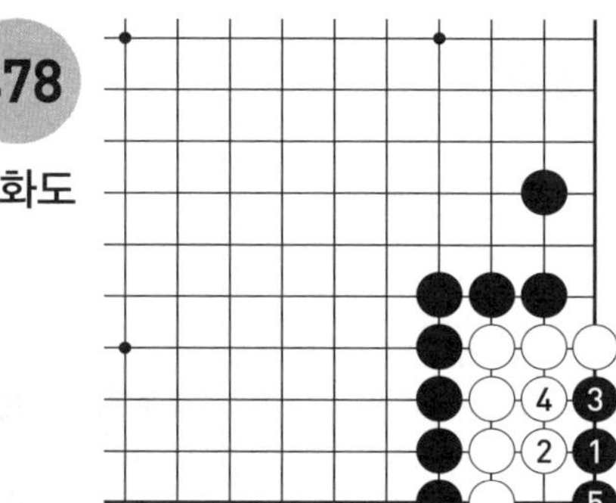

478 변화도

백4는 착오. 흑5로 뻗으면 백은
살 수 없다.

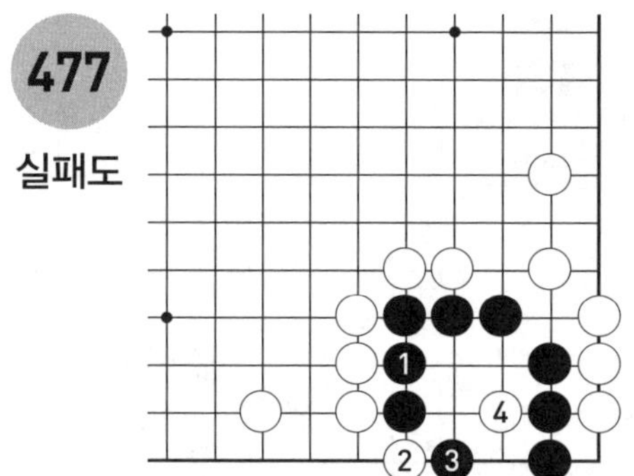

477 실패도

흑1로 잇는 수는 착오. 백2 젖힘
후, 백4 치중으로 흑은 살 수 없다.

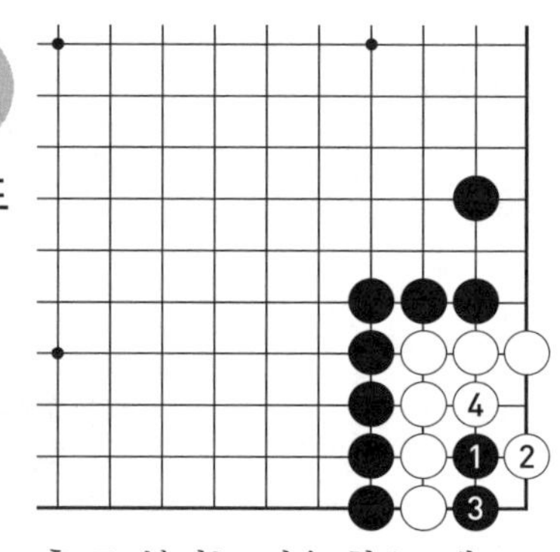

478 실패도

흑1로 붙이는 것은 착오. 백2로
붙이는 것이 좋다. 백4로 집을
짓는 데까지 진행하여 백이 살
수 있다.

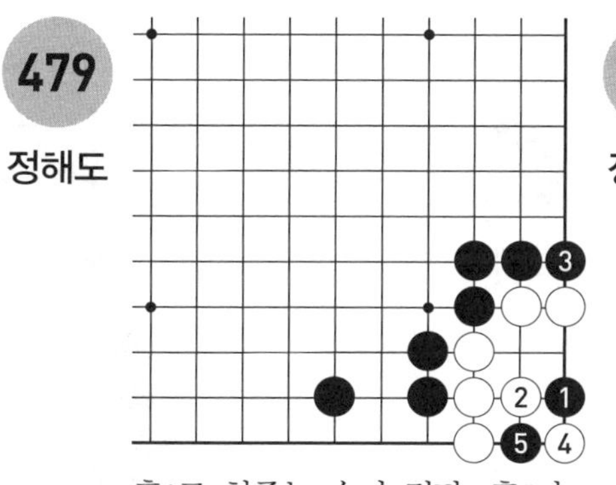

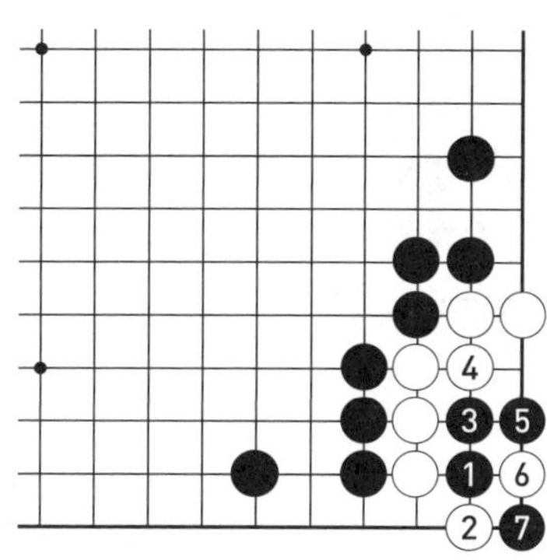

흑1로 치중는 수가 정답. 흑5까
지 패가 된다.

흑1의 붙임이 정답. 백2 젖힘 후,
흑7까지 패가 된다.

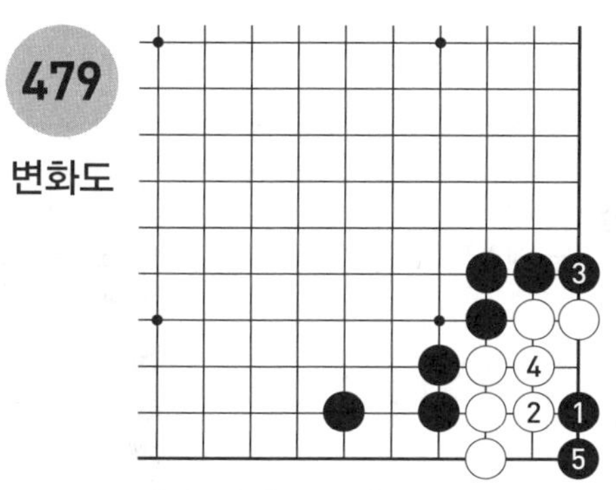

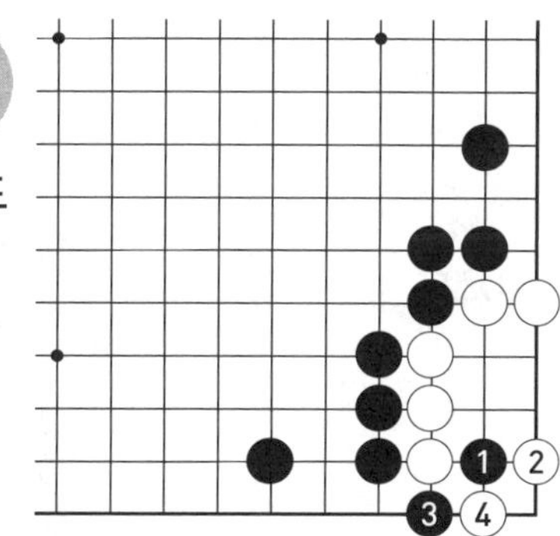

만약 백이 4로 잇는 수는 착오.
흑5로 파호하여 백은 살 수 없다.

만약 백이 2로 껴붙이면 흑3으로
건넌다. 백은 4로 패를 만들 수
밖에 없으며 패로 잡을 수 있다.

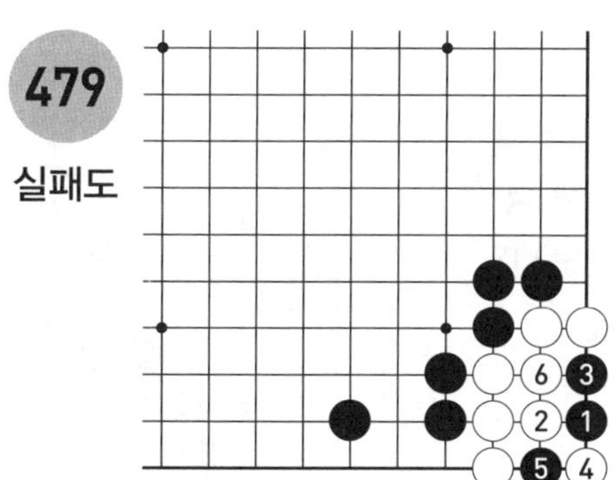

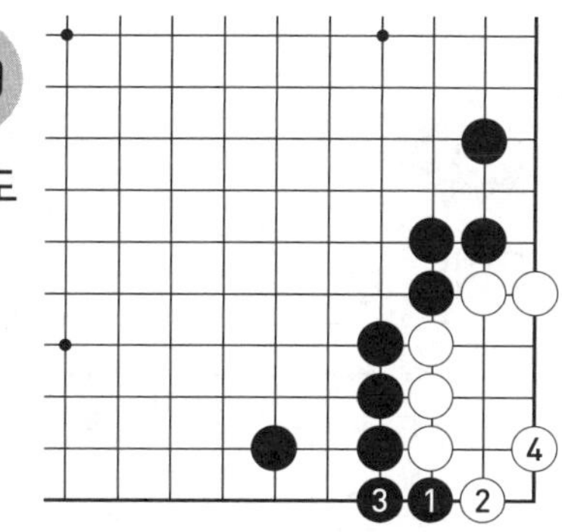

흑3으로 먼저 느는 것은 착오.
백6으로 착수금지 규정에 의해
흑의 실패.

흑1로 젖히고 흑3으로 잇는 것
은 착오. 백4로 살 수 있다. 흑의
실패.

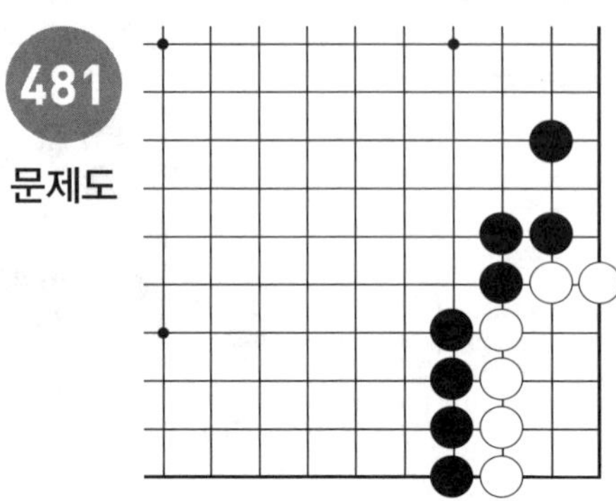

481 문제도

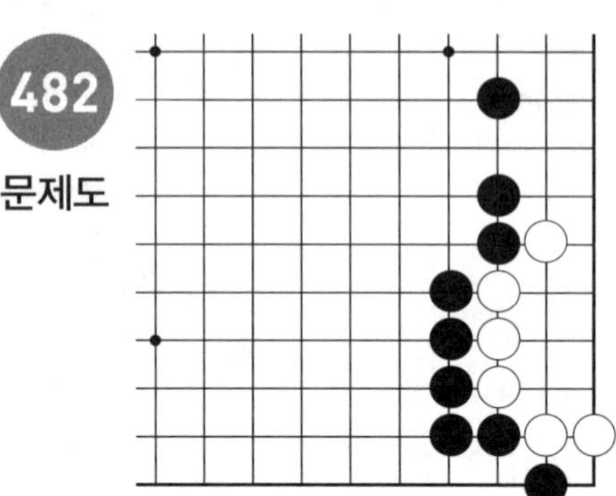

482 문제도

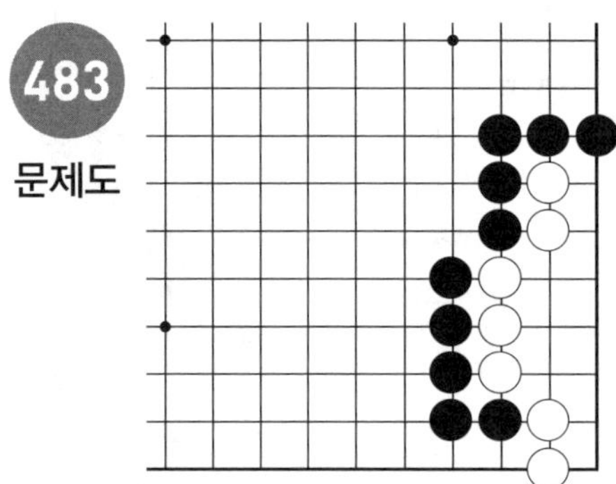

483 문제도

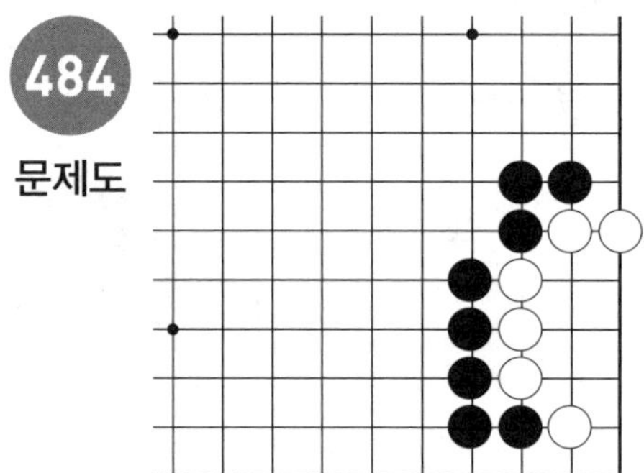

484 문제도

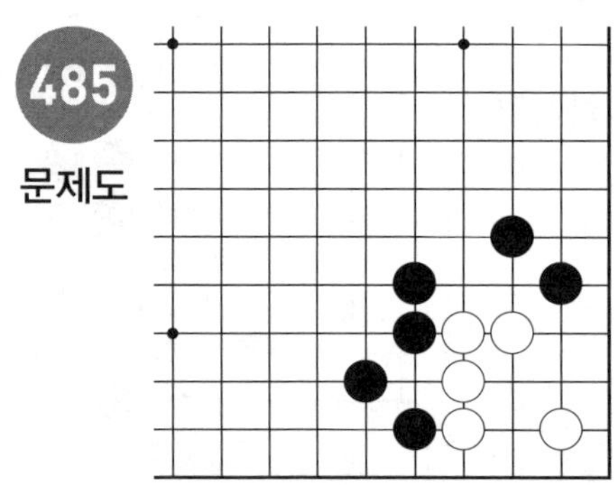

485 문제도

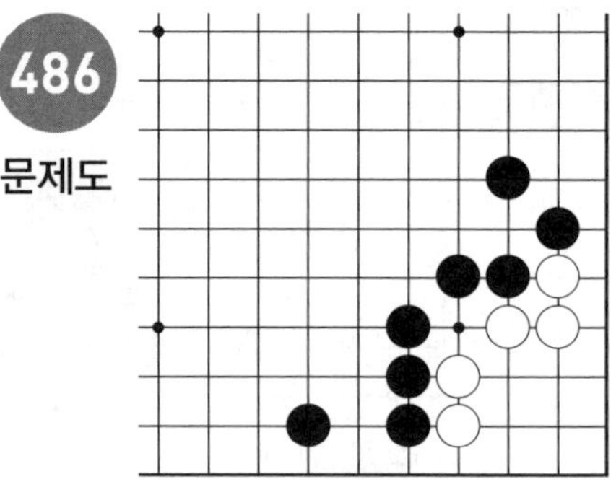

486 문제도

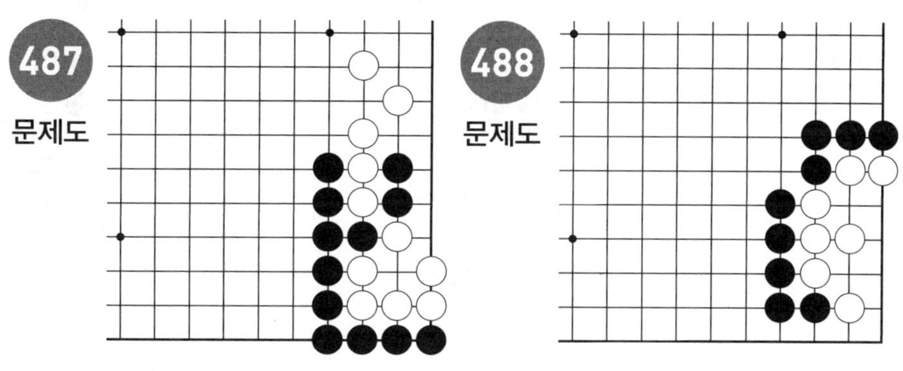

487
문제도
488
문제도

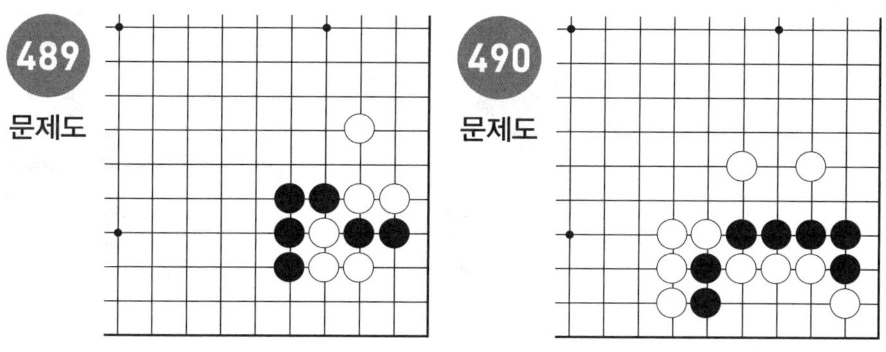

489
문제도
490
문제도

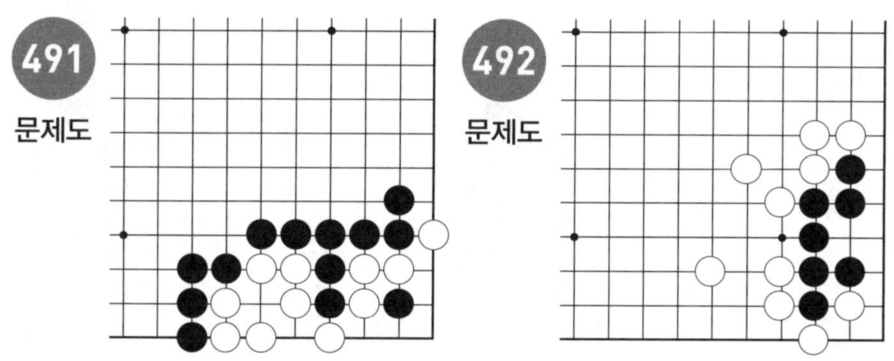

491
문제도
492
문제도

481 정해도

흑1로 치중이 요처. 백2로 붙이면 흑3으로 단수. 백8까지 패가 된다. 백8=백2

482 정해도

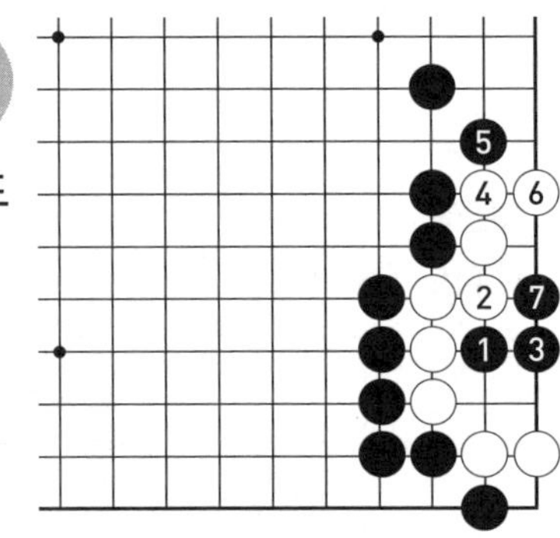

흑1로 치중하기가 정답. 백2로 붙이는 것이 묘수이며, 흑3 단수 칠 때, 백4로 패를 만들어 패싸움이 형성된다.

481 변화도

만약 백이 4의 위치에 단수치면 흑5로 따내어 역시 패가 된다.

482 변화도

백이 2로 연결해도 성립되지 않는다. 흑3으로 늘고 흑7 파호까지 백은 살 수 없다.

481 실패도

흑1의 치중은 착오. 백2에 붙이고 백6까지 백은 깨끗이 살게 된다.

482 실패도

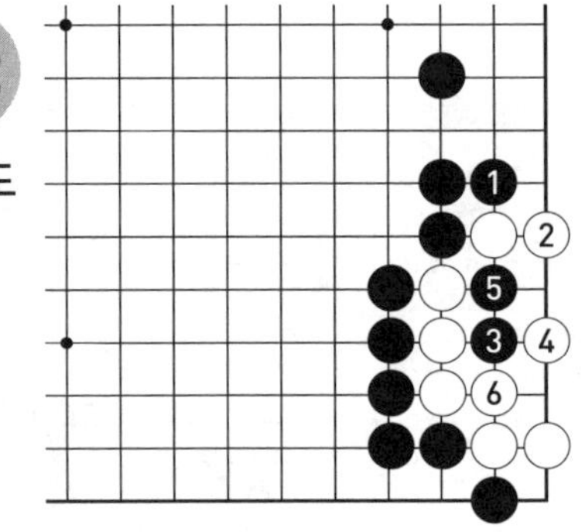

흑1로 막는 것은 착오. 백2로 늘면 직육궁이 되어 백은 깨끗이 살게 된다.

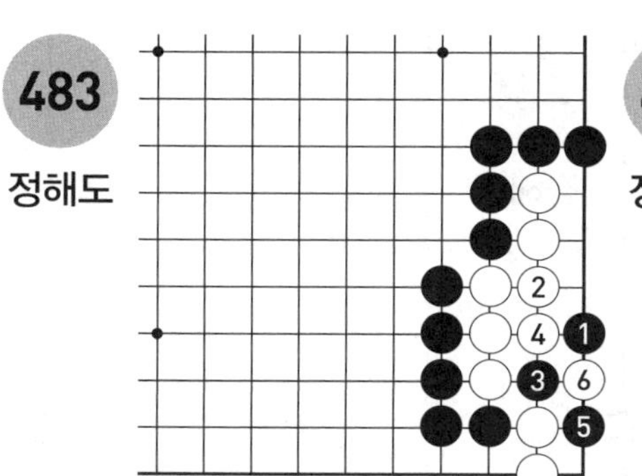

흑1로 치중이 정답. 백2로 연결할 때 흑3으로 끊고 이하 백6까지 패싸움이 된다.

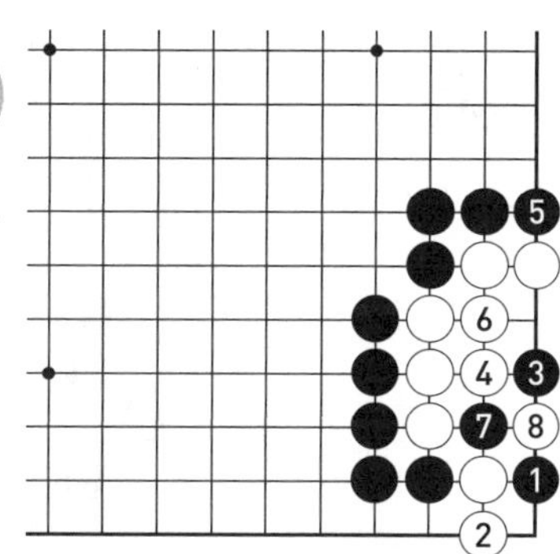

흑1의 붙임이 묘수. 백2로 뻗을 때 흑3으로 뛰고, 이하 백8까지 진행되어 패싸움이 된다.

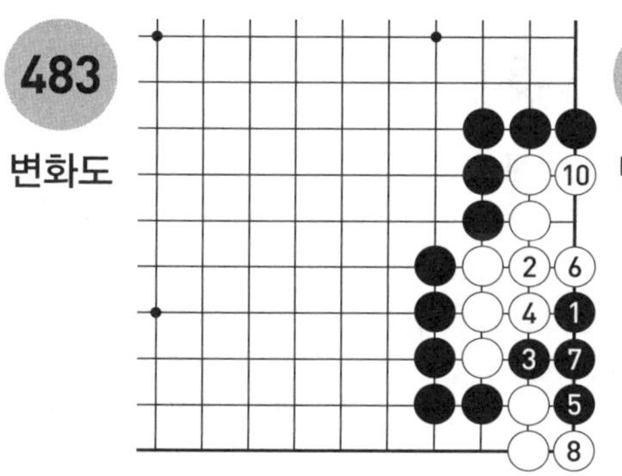

백이 6으로 단수치면 흑7로 잇고 흑11 끊음으로, 양자충이 되어 백은 살 수 없다.
흑9=흑7, 흑11=흑3

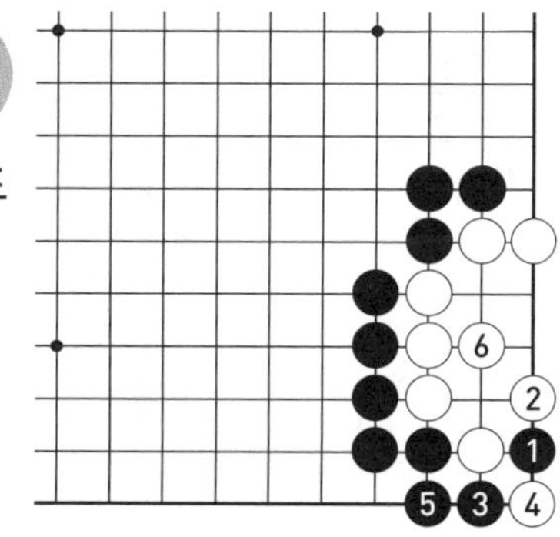

백이 2와 같이 막으면 흑3으로 단수쳐서 여전히 패가 된다.
흑7=흑1

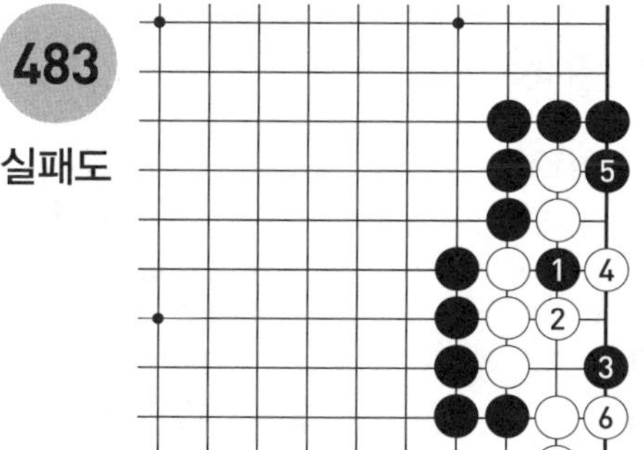

흑1로 끊는 것은 착오. 백2 단수치고 백4로 따낸다. 백6으로 집을 지어 흑의 실패.

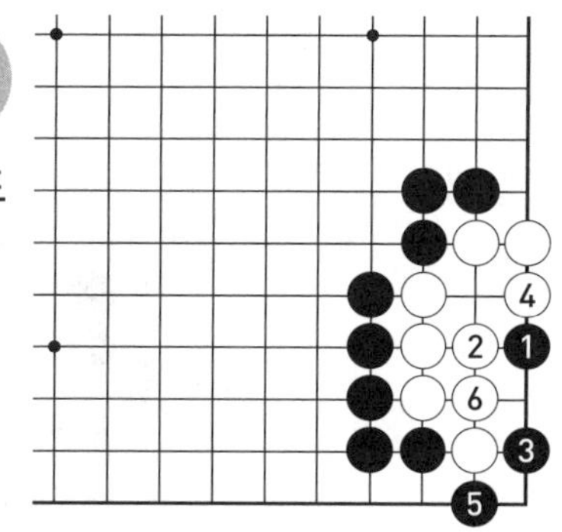

흑1로 치중하는 것은 착오. 백6까지 촉촉수가 되어 백이 깨끗히 살게 된다.

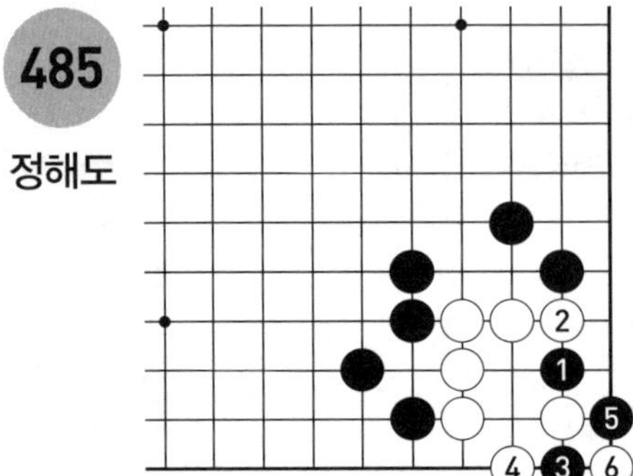

485 정해도

흑1로 뛰고 흑3으로 붙이는 것이 묘수. 이하 백6까지 진행되어 패가 된다.

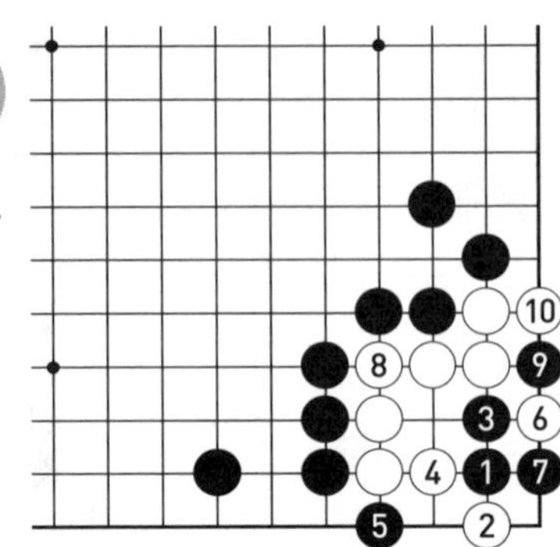

486 정해도

흑1로 치중하기가 정답. 백2 붙임 후 백10까지 패가 성립된다.

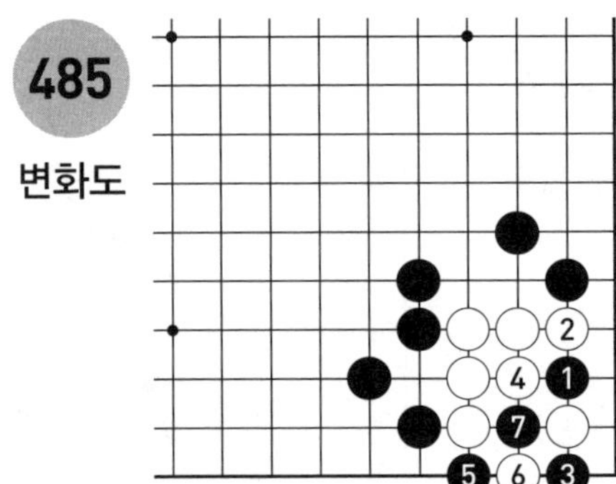

485 변화도

백이 4자리에 단수치면 흑5로 젖히고 흑7로 따내어 역시 패가 된다.

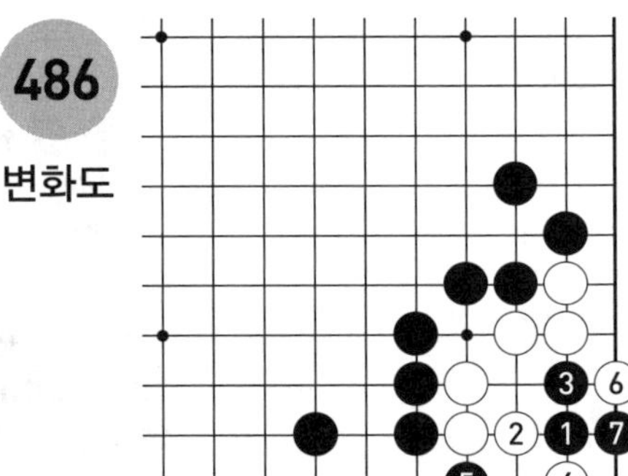

486 변화도

백이 2로 밀고 나오면 흑3으로 늘고 백4로 젖힐 때, 흑5 역시 젖혀서 정해도와 같이 된다.

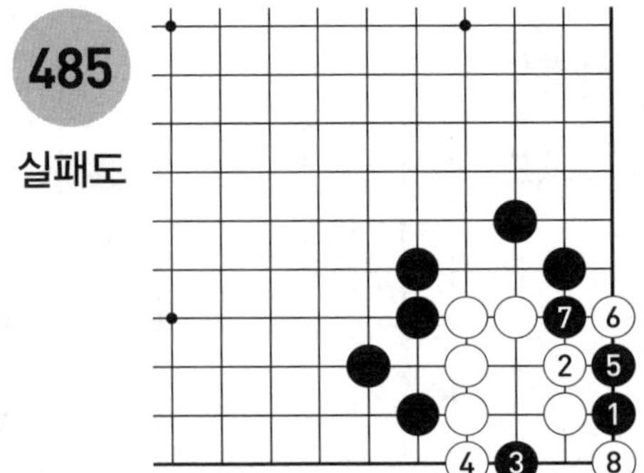

485 실패도

흑1은 착오. 백2 할 때, 흑3 치중하기, 백4로 막고 백8까지 백이 깨끗히 살게 된다.

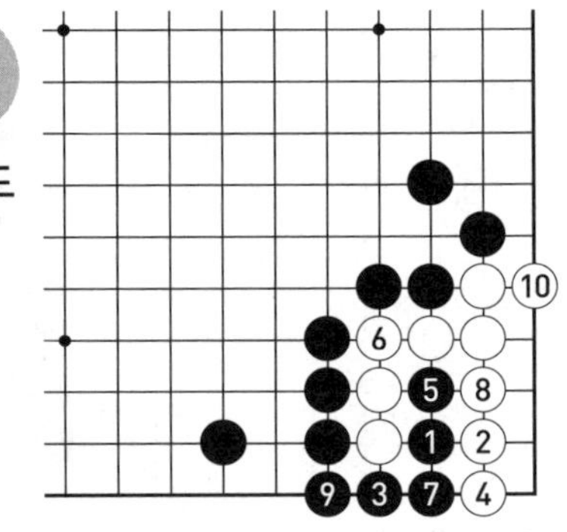

486 실패도

흑1의 붙임은 착오. 이하 백10까지 백은 깨끗히 살게 된다.

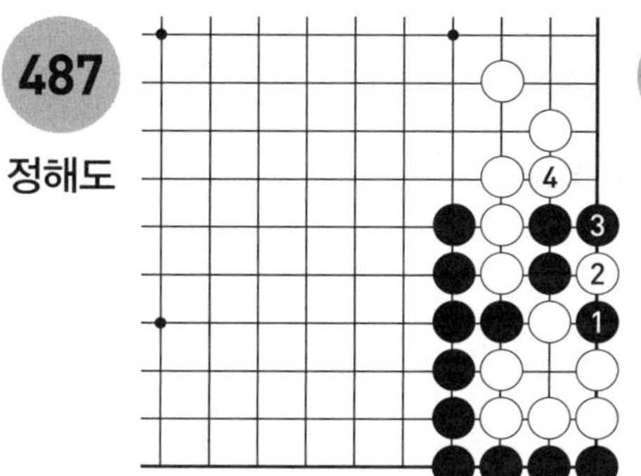

흑1로 먹여치는 것이 정답. 백은 2로 따낼 수밖에 없으며, 흑3 단수쳐서 패가 된다. 흑5=흑1

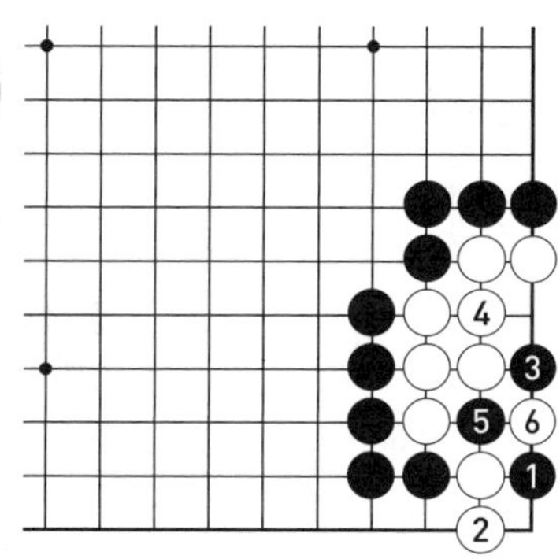

흑1에 붙이는 수가 묘수. 백2로 늘면 흑3으로 뛰어서, 이하 백6까지 패가 된다.

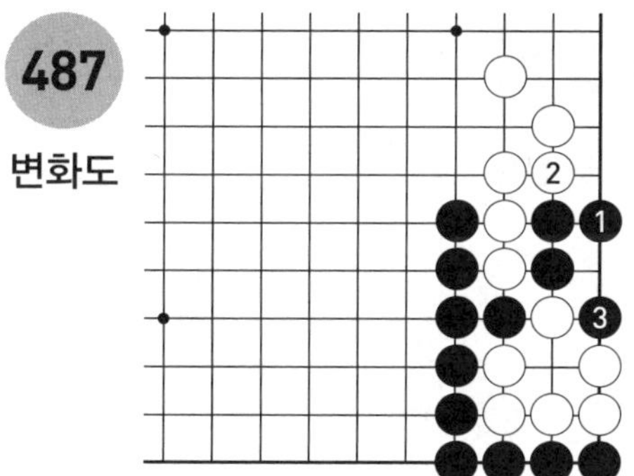

흑1로 꼬부리고 백은 2로 수를 메움, 흑3으로 치중하여 역시 패가 된다. 단, 흑이 후수로 패가 되어 이 도식이 정해도가 되지 못한다.

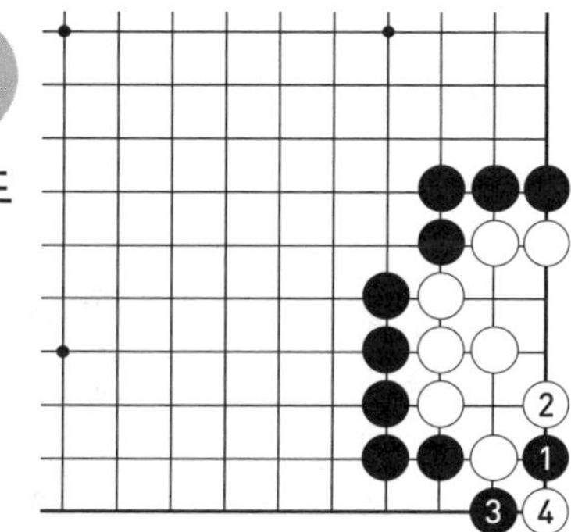

백이 2로 젖히면 흑3으로 단수쳐서 역시 패가 된다.

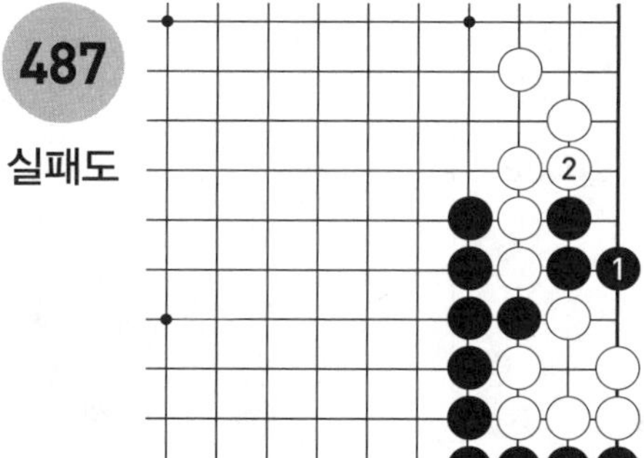

흑1로 꼬부리는 것은 백2에 두어 흑이 살 수 없다.

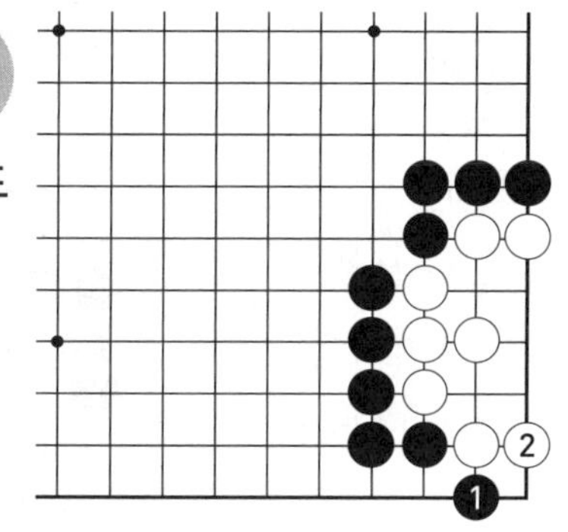

흑1로 젖히면 백2로 늘어 쉽게 백이 살 수 있다.

489 정해도

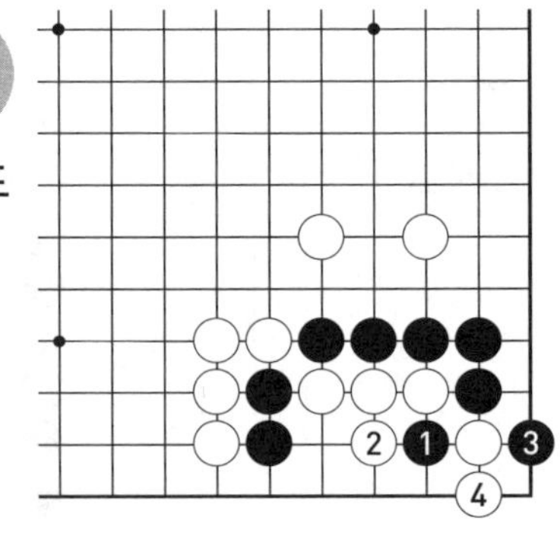

흑1로 꼬부리는 것이 정답. 백2
로 젖히고, 흑3, 5가 교묘함. 이
하 백8까지 이단패가 된다.

490 정해도

흑1로 끊는 것이 묘수. 백2로 단
수치고 흑은 3, 5로 패를 만들어
패싸움이 된다. 흑7=흑1

489 변화도

백6은 실수. 흑7까지 단패가 된다.

490 변화도

백이 4로 느는 것은 착오. 흑5로
젖히면 역시 패. 단, 위의 문제
에 비해 백에게 불리한 패이다.

489 실패도

흑5로 단수치는 것은 백6으로 가
만히 늘어 흑의 실패.

490 실패도

흑3은 착오. 백4로 늘어서 흑의
실패.

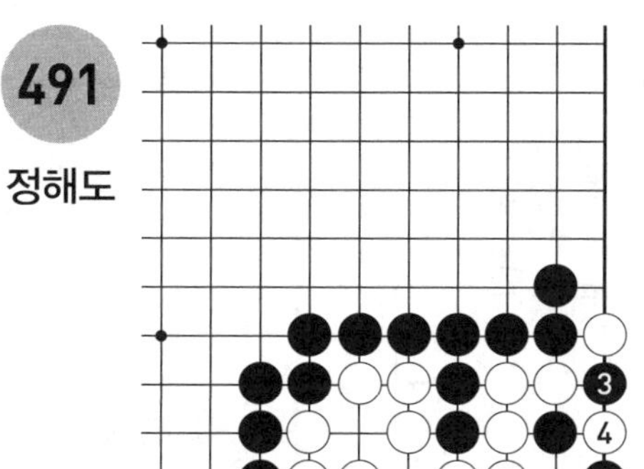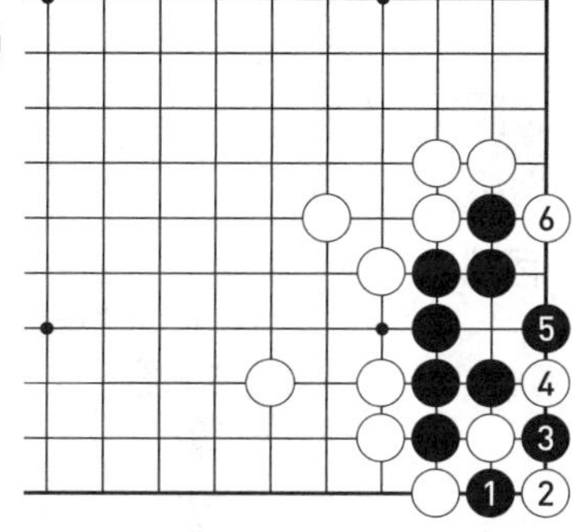

흑1이 정답. 백2로 이을 때 흑은 3으로 패를 만들게 된다.

흑1이 정답. 백2로 따내고 흑3으로 다시 먹여치기. 이하 흑7까지 패가 된다. 흑7=흑3

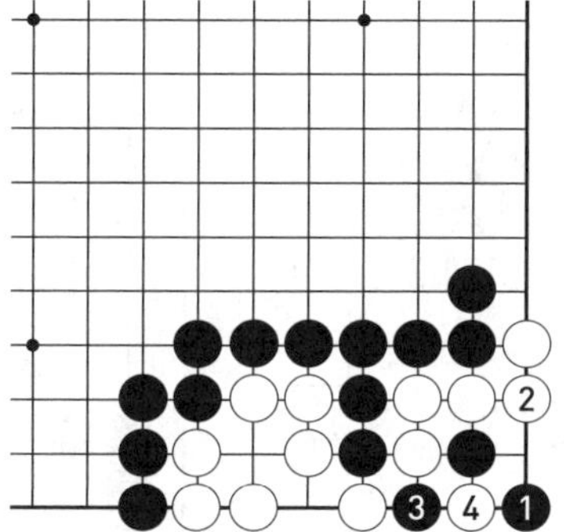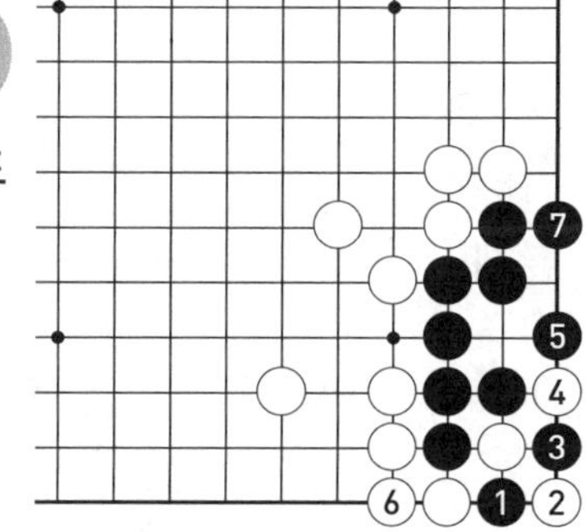

만약 백이 2의 자리로 이으면 흑3 먹여치기하여 역시 패가 된다.

백이 6으로 이으면 흑7로 집을 지어 살게 된다.

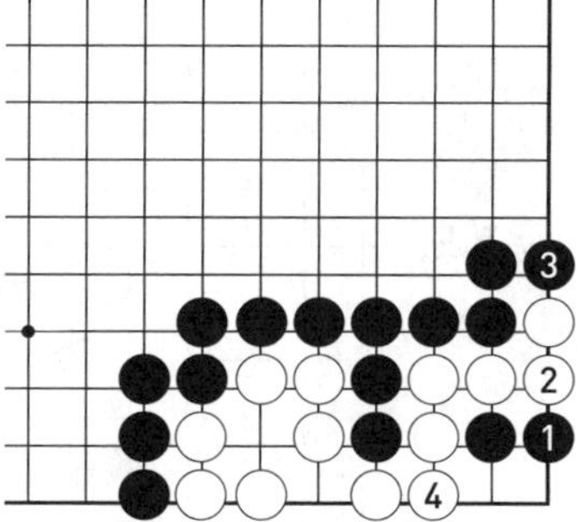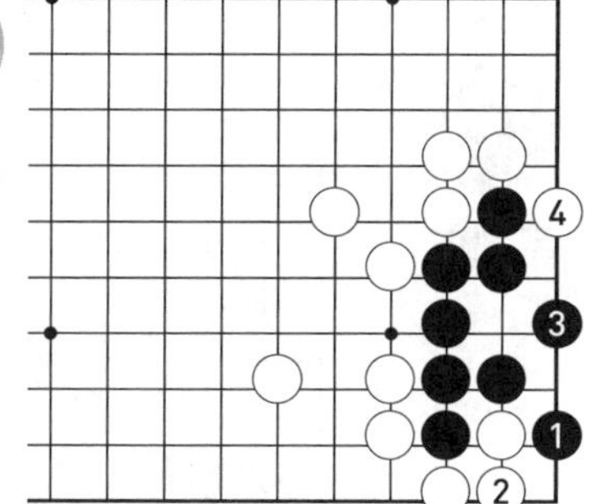

흑1로 느는 것은 착오. 백2, 4로 이어서 살게 된다. 흑의 실패.

흑1로 단수치는 것은 착오. 백2로 잇고 백4로 파호하여 흑의 실패.

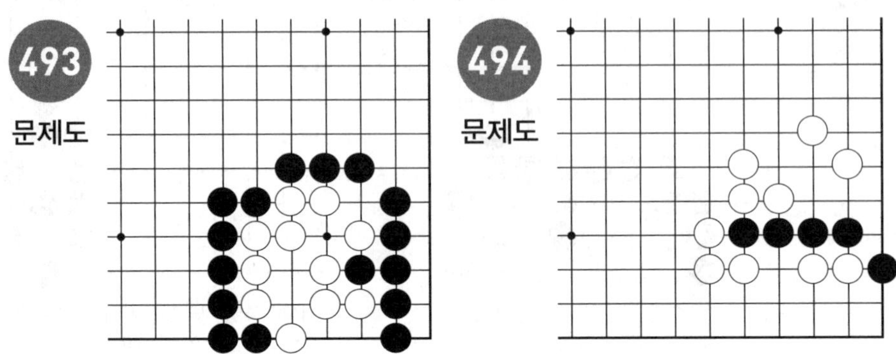

493 문제도

494 문제도

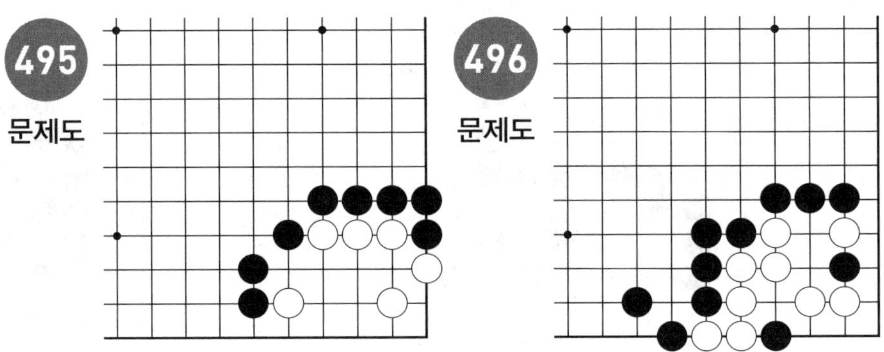

495 문제도

496 문제도

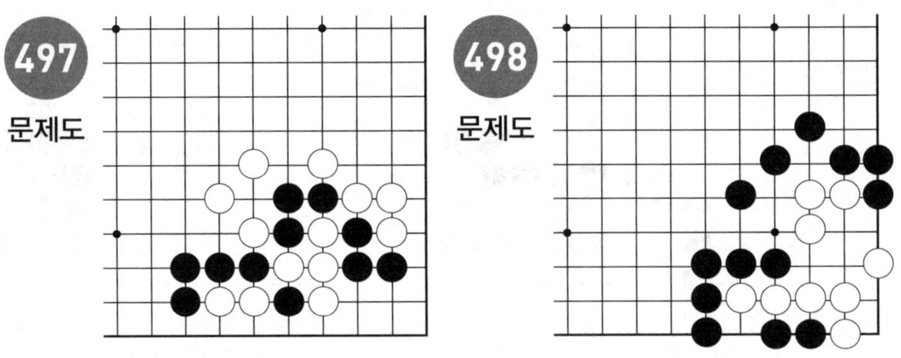

497 문제도

498 문제도

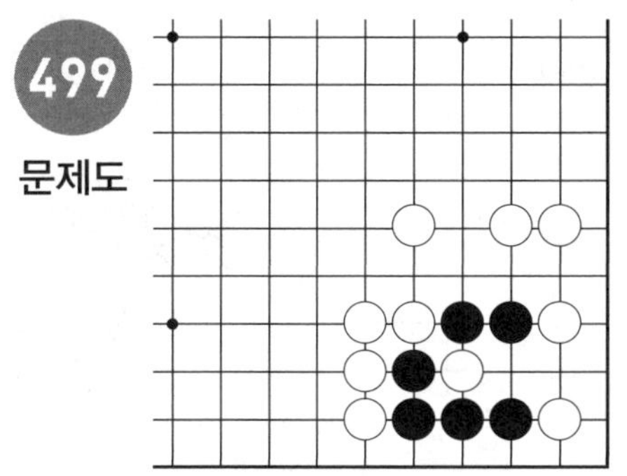

499

문제도

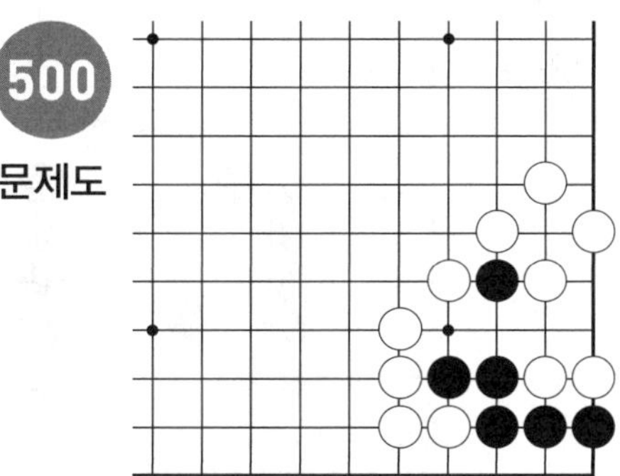

500

문제도

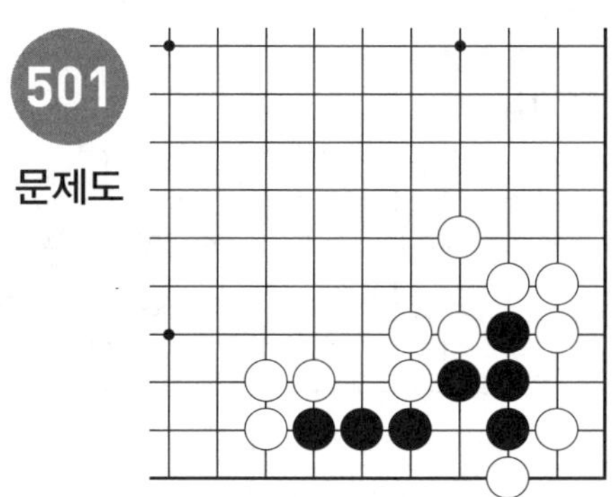

501

문제도

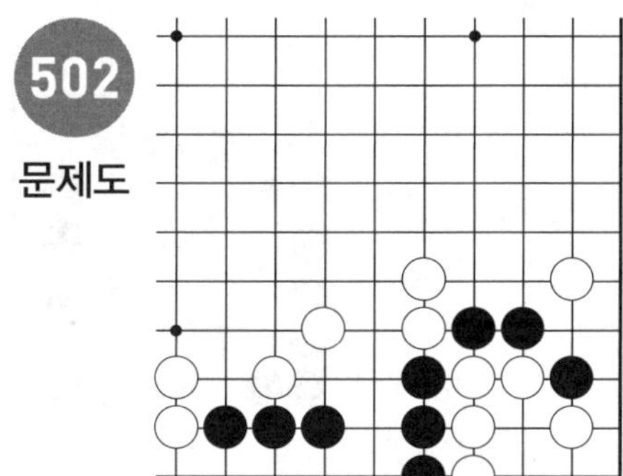

502

문제도

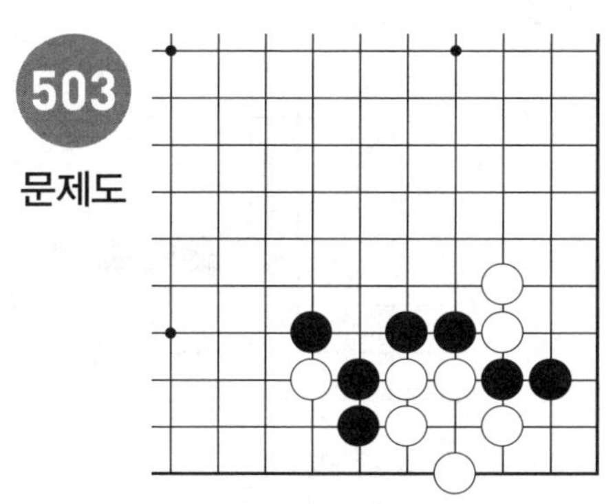

503

문제도

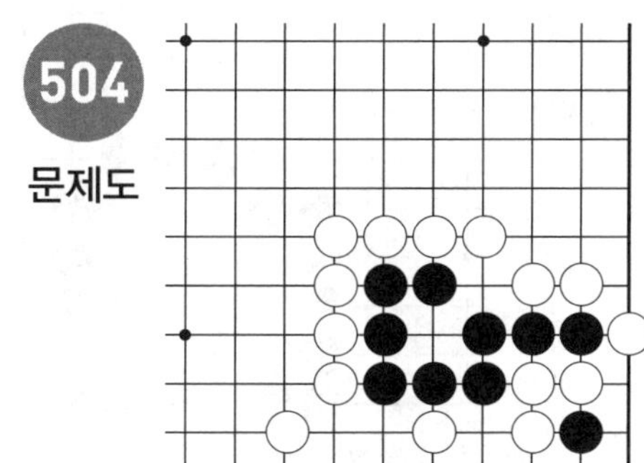

504

문제도

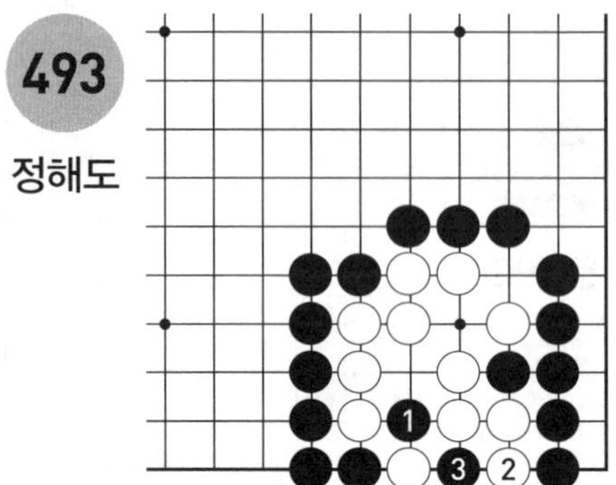

493 정해도

흑1로 먹여치기하는 것이 정답. 백은 2로 패를 만들 수밖에 없어서 패싸움이 된다.

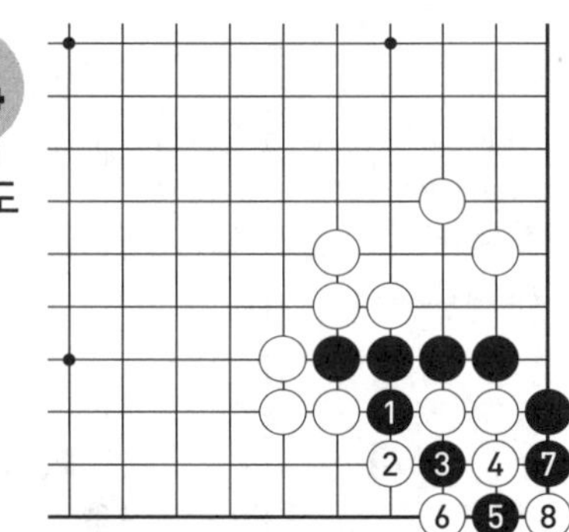

494 정해도

흑1로 먼저 끼운다. 백2로 막고 흑3, 5로 패를 만드는 것이 교묘함. 패싸움이 된다.

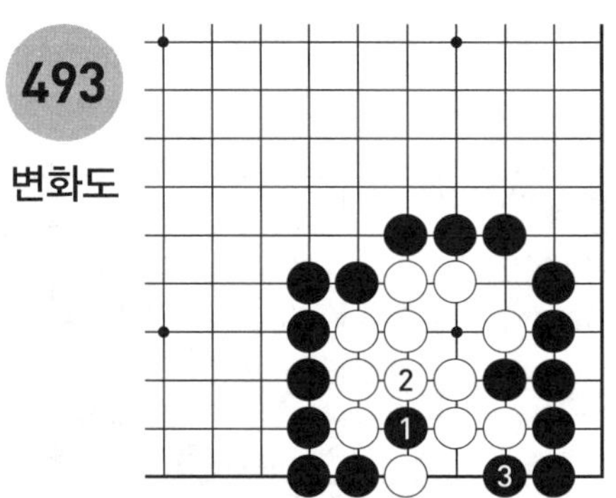

493 변화도

만약 백이 2로 따내면 흑3으로 파호하여 백은 살 수 없다.

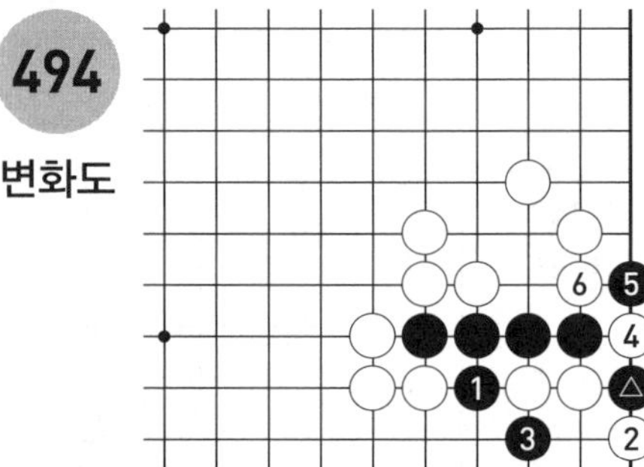

494 변화도

백2로 단수 치면 흑7까지 흑이 먼저 따내는 패가 되어 정해도보다 백이 불리하다.
흑7=▲ (백4와 백2 사이의 흑돌)

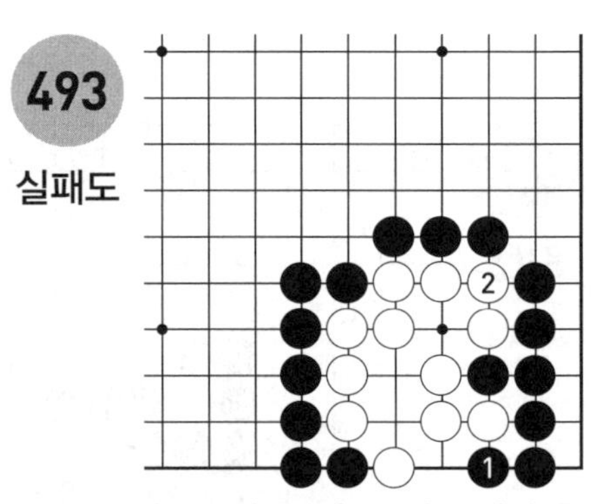

493 실패도

흑1은 착오. 백2로 집을 지어 흑의 실패.

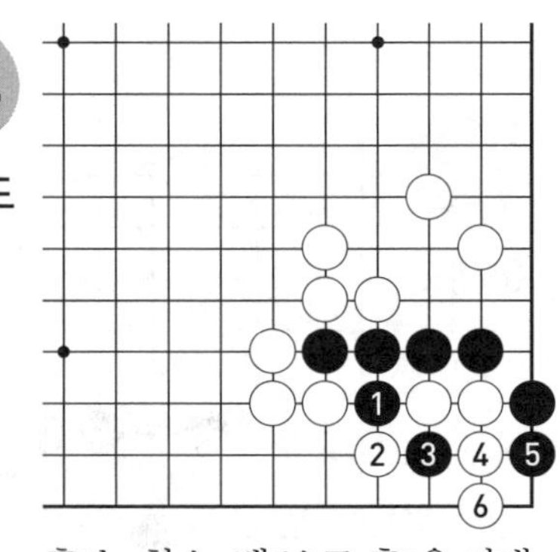

494 실패도

흑5는 착오. 백6으로 흑3을 따내지 않는 것이 좋은 수. 흑이 잡히게 된다.

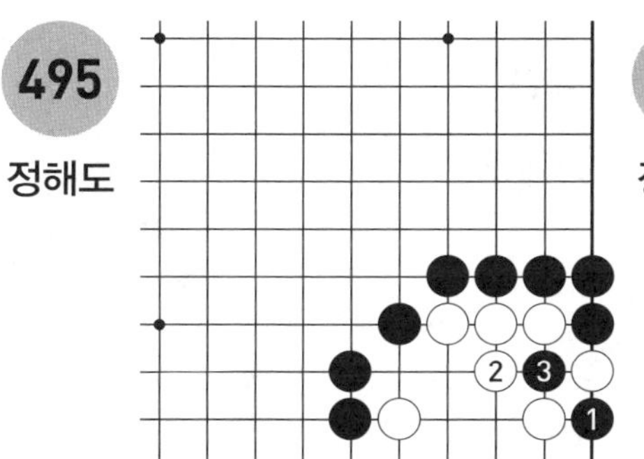

정해도

흑1 먹여치기가 묘수. 백은 2로 패를 만들 수밖에 없다.

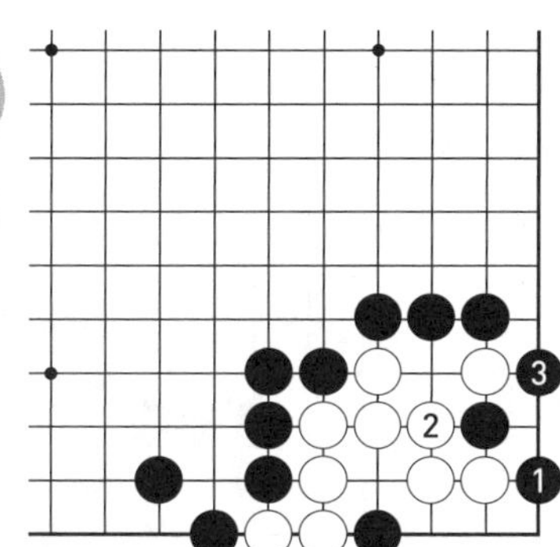

정해도

흑1로 젖힘이 정답. 백2로 단수 칠 때, 흑3으로 패를 만든다. 서로 패싸움이 된다.

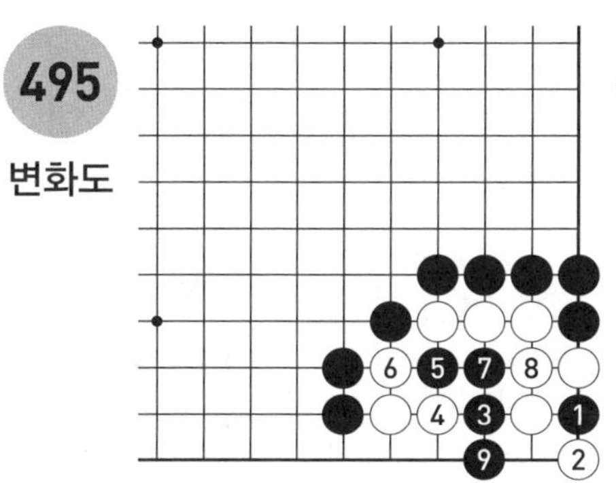

변화도

만약 백이 2로 따내면 흑은 3으로 기대고 흑9까지 양자충이 되어 백이 잡힌다.

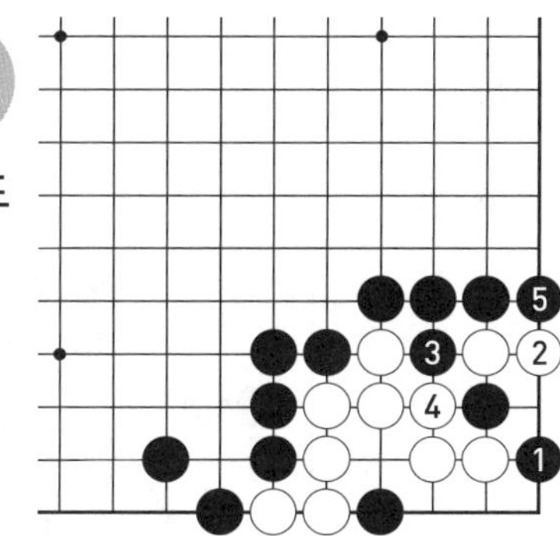

변화도

만약 백이 2로 늘면 흑3으로 잡고 흑5까지 백이 살 수 없다.

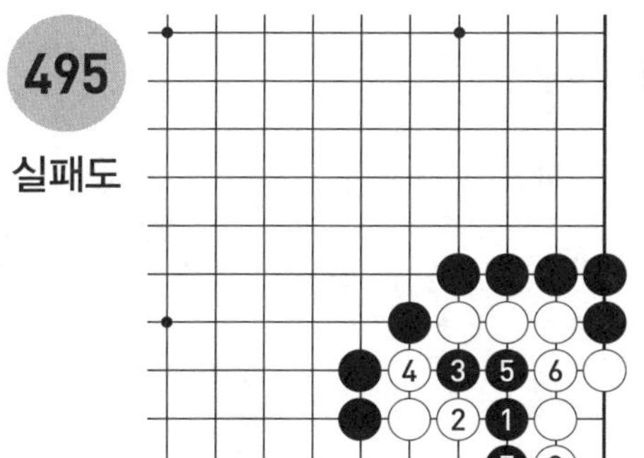

실패도

흑1은 착오. 백2 붙임, 흑3과 같이 끼우고 백4 이하 백8까지 흑이 잡히게 된다.

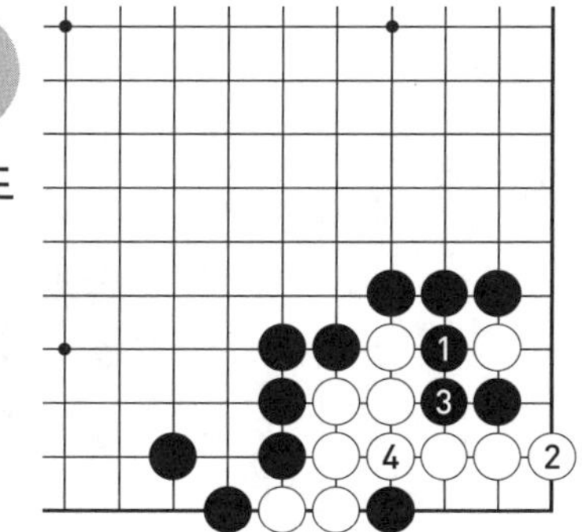

실패도

흑1은 착오. 백2로 늘고, 백4로 이어서 깨끗히 살게 된다. 흑의 실패.

497 정해도

흑1로 젖힘이 묘수. 백2로 따내고 흑
3, 5로 패가 된다. 만약 백6으로 들여
다보지 않고 흑1 위치로 간다면 흑이
백6 위치로 가서 살게 된다. 흑7=흑1

498 정해도

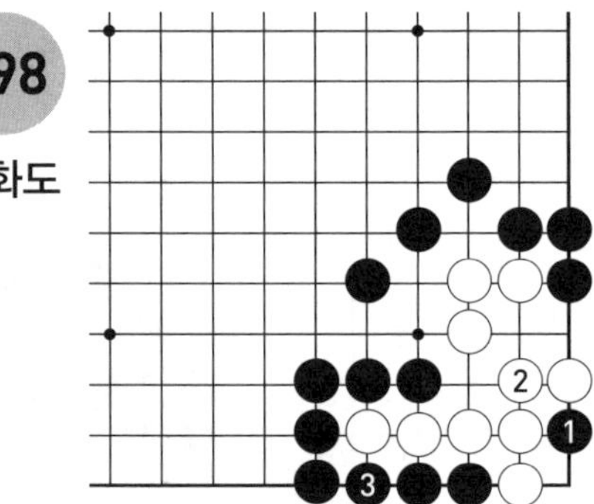

흑1이 묘수. 백2 잇고 흑3 단수.
백은 4로 패를 만들 수밖에 없다.
만약 백4를 흑5자리에 두면 흑은
A에 이어 백은 살 수 없다.

497 변화도

백이 2로 늘면 흑3으로 젖혀서
역시 패가 된다.

498 변화도

만약 백이 2로 이으면 흑3 역시
이어서 백은 살 수 없다.

497 실패도

흑1로 단수치는 것은 착오. 백2
로 늘어서 흑이 잡히게 된다.

498 실패도

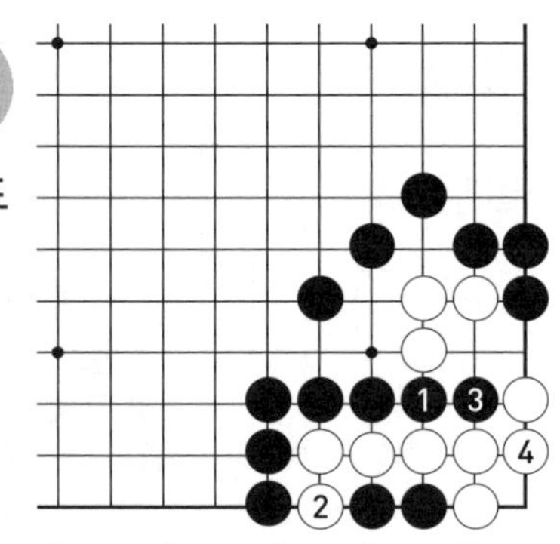

흑1로 찌르는 수는 착오. 백2로
따내고 백4로 이어 백이 깨끗히
살게 된다.

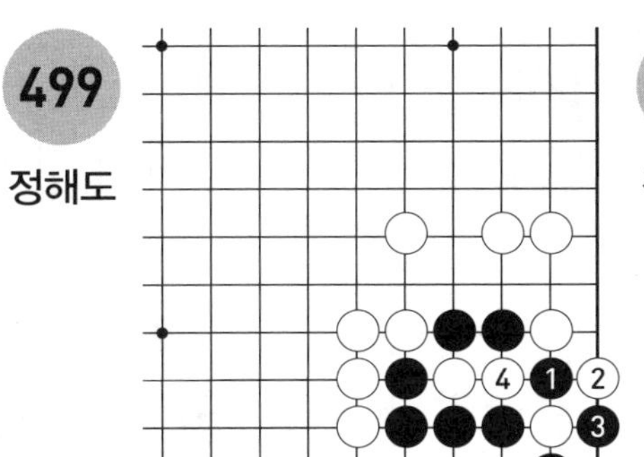

흑1로 끼우는 것이 정답. 백2 단수, 흑3 먹여치기가 묘수. 흑5까지 패가 된다.

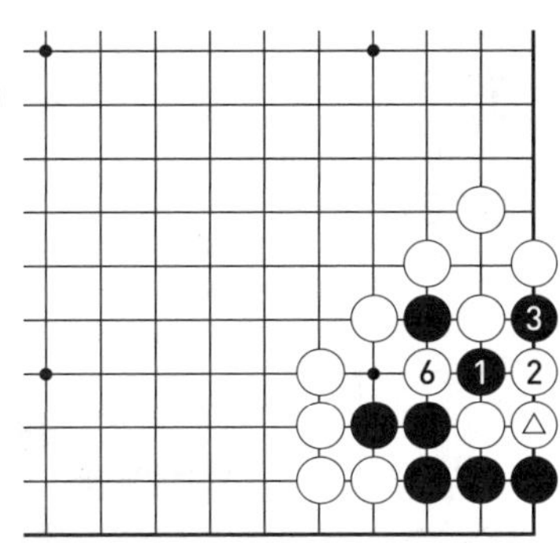

흑1로 단수치는 것이 정답. 백은 2로 1점 더 버리는 것이 묘수. 백4로 되따내고, 흑5 할 때 백6으로 따내어 패가 된다. 백4=백2, 흑5=△, 흑7=흑3

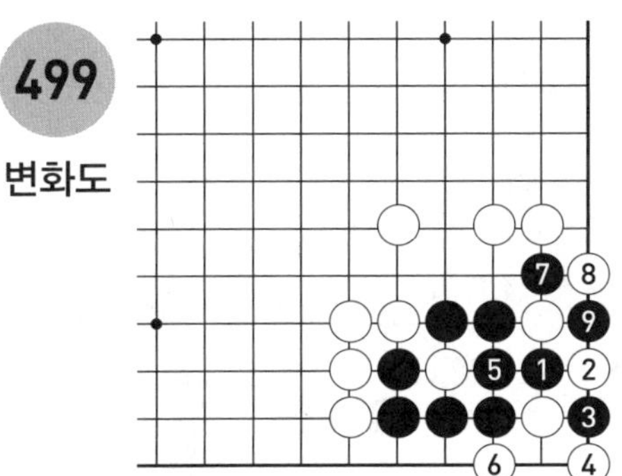

백이 4로 따내면 흑5로 잇고 흑9 따냄까지 역시 패가 된다.

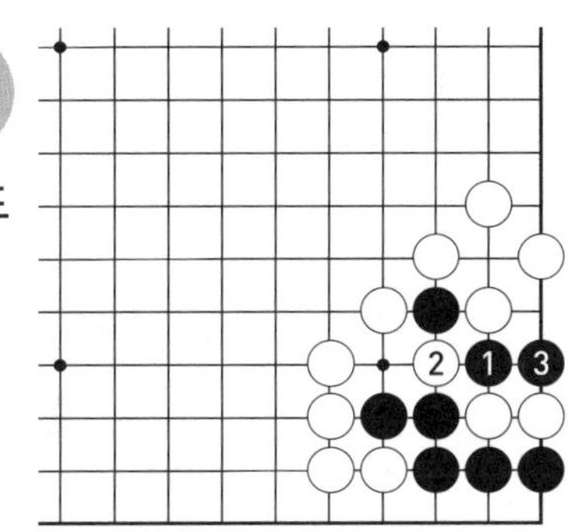

백2로 따내는 것은 실패. 흑3으로 백 2점을 잡아 살았다.

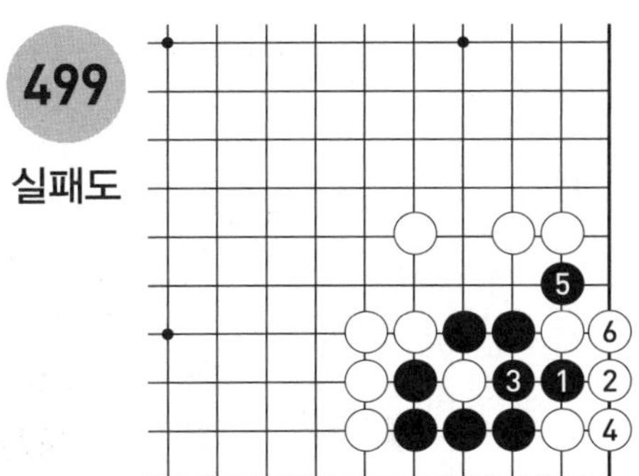

흑3으로 잇는 것은 착오. 백6으로 이어 흑은 살 수 없다.

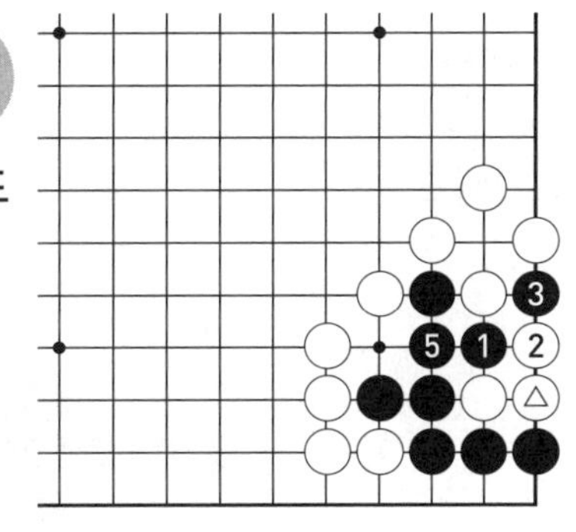

흑5로 잇는 것은 착오. 백은 6으로 두어 흑은 살 수 없다.
백4=백2, 백6=△

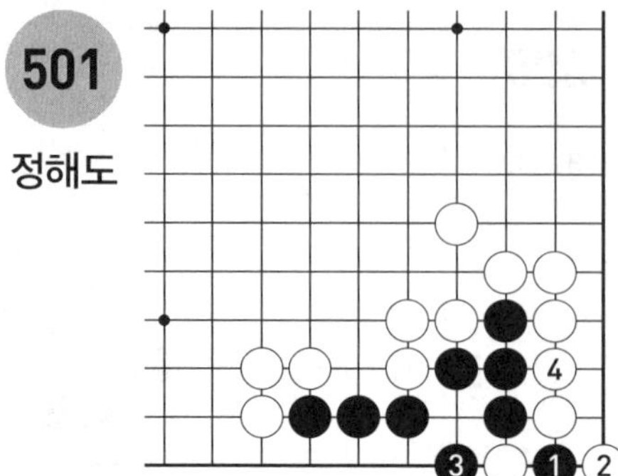

501 정해도

흑1 먹여치기, 흑3 단수칠 때 백
은 4로 연결. 흑5로 따내어 패가
된다. 흑5=흑1

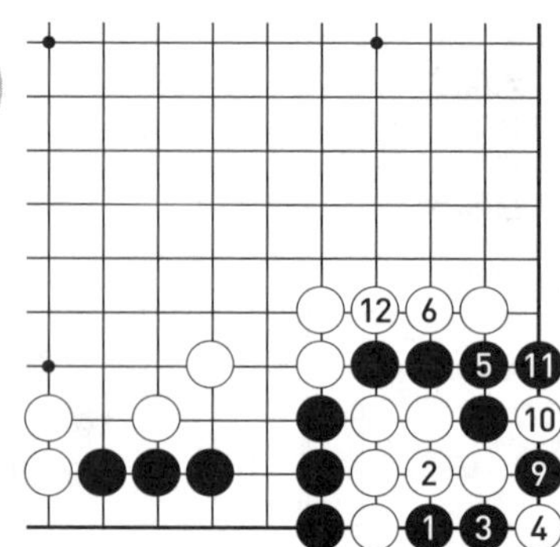

502 정해도

흑1 단수, 흑3 느는 것이 절묘
함. 이하 흑13까지 패가 된다.
흑7=흑3, 백8=흑1, 흑13=흑9

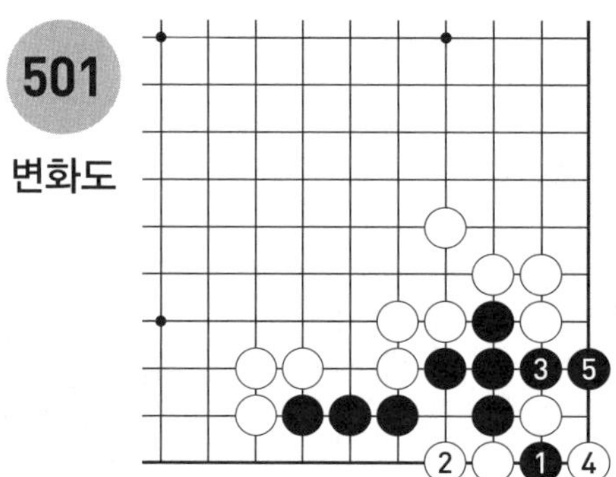

501 변화도

백2로 늘면 흑3, 5로 뚫고 빠져
서 흑 대마는 크게 산다.

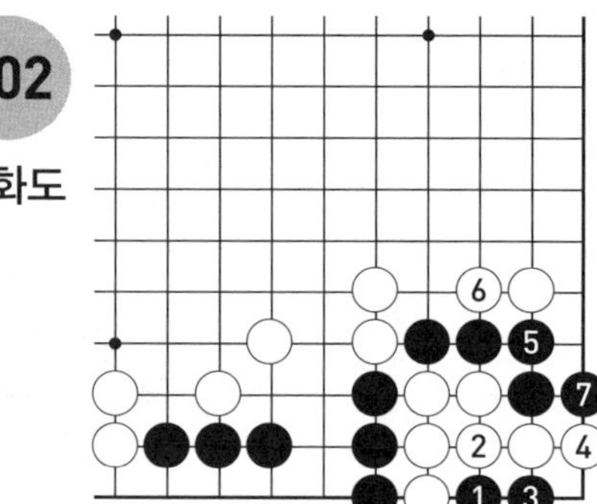

502 변화도

만약 백이 4로 따내지 않으면 흑
5로 잇고 흑7까지 백은 잡힌다.

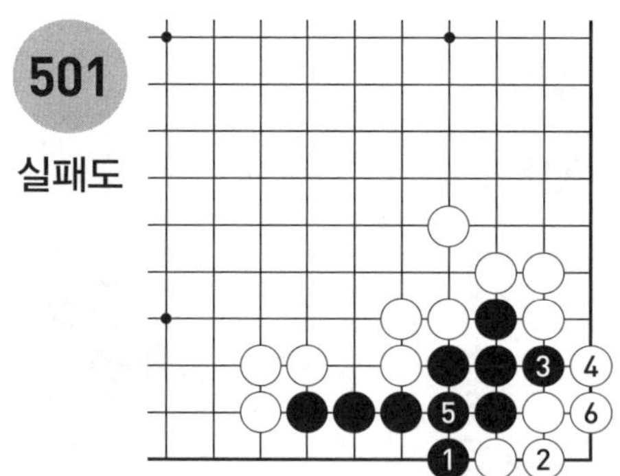

501 실패도

흑1로 먼저 단수치는 것은 착오.
백2로 잇고 백6까지 흑의 실패.

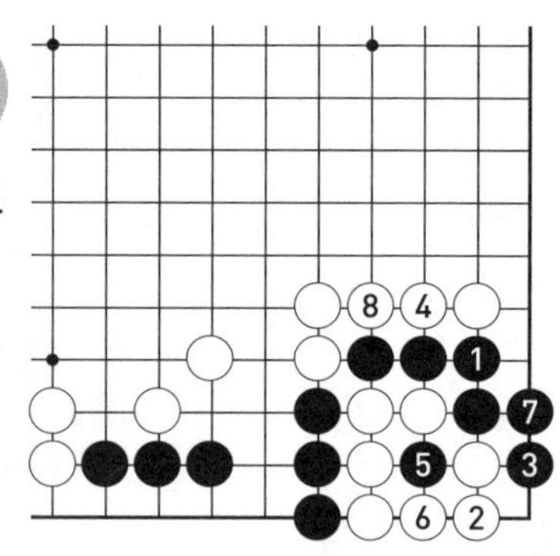

502 실패도

흑1로 잇는 것은 착오. 백2로 집
을 지은 후 백8까지, 유가무가가
되어 흑 전멸.

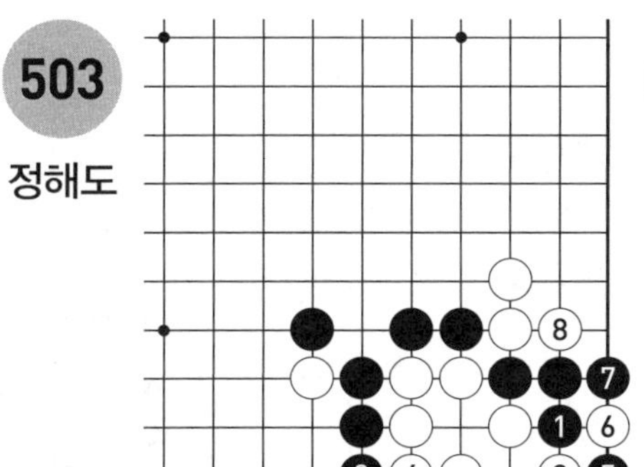

503 정해도

흑1로 꼬부리고 흑3 느는 것이 정답. 이하 흑9까지 패가 된다. 흑9=흑5

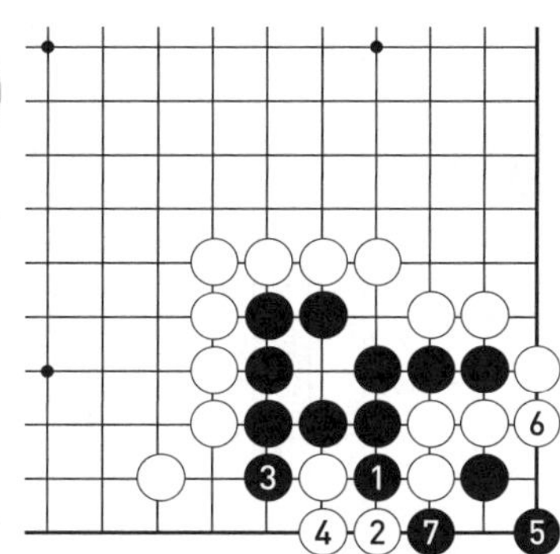

504 정해도

흑1로 먼저 찌르고 다시 흑3에 단수치는 것이 정답. 흑5가 묘착 으로 패가 된다.

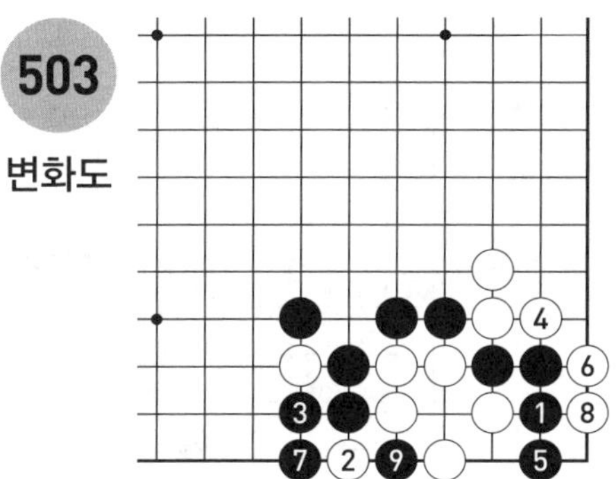

503 변화도

백이 2로 먼저 젖히면 흑은 3에 물러서고 흑9까지 여전히 패가 된다.

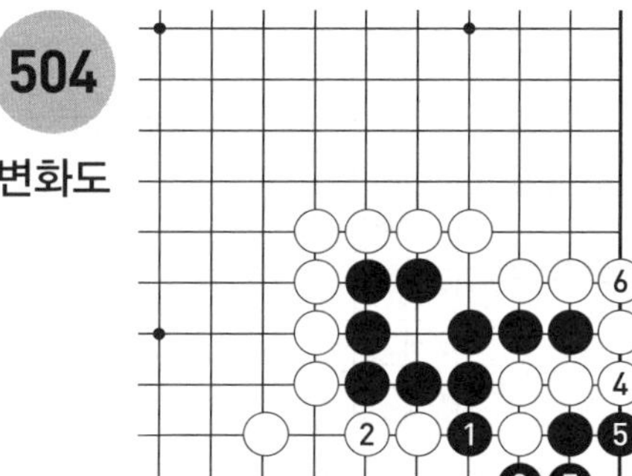

504 변화도

만약 백이 2로 물러서면 흑3 단 수 후에 흑7까지 집을 지어 흑은 살 수 있다.

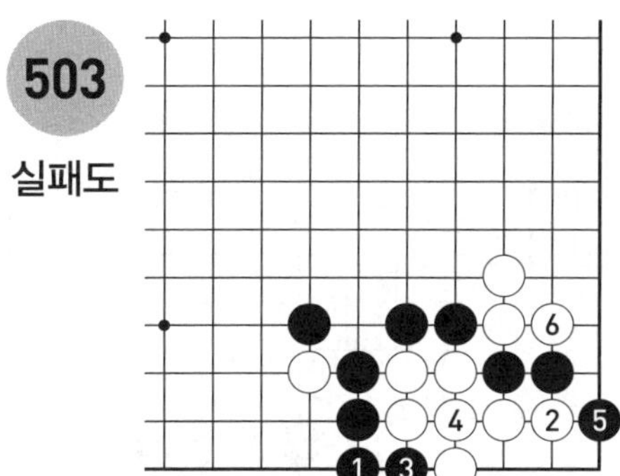

503 실패도

흑1로 느는 것은 착오. 백2로 두고 백6까지 진행되어 흑이 잡 힌다.

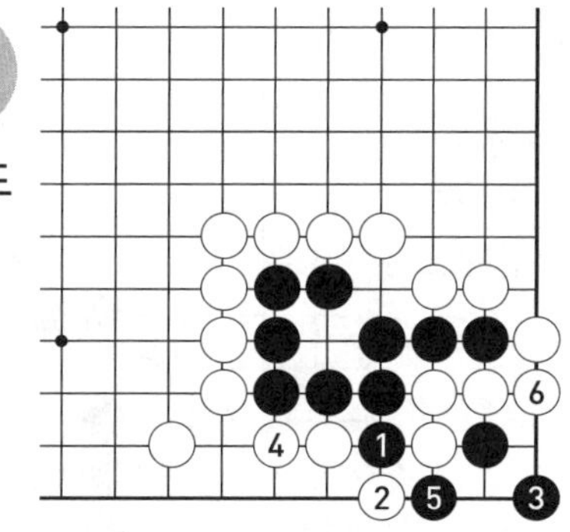

504 실패도

흑3은 착오. 백은 4로 물러서고 흑5로 먹여칠 때, 백은 6으로 이 어 흑이 살 방법이 없다.

505
문제도

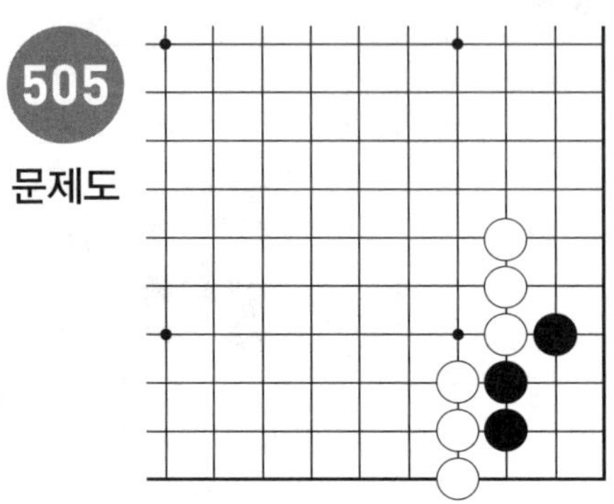

506
문제도

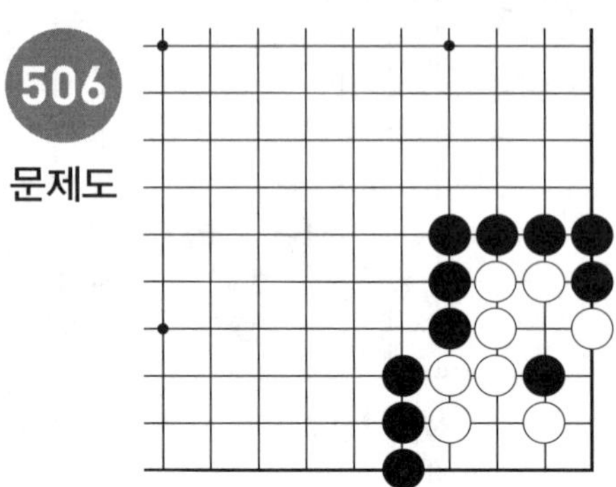

507
문제도

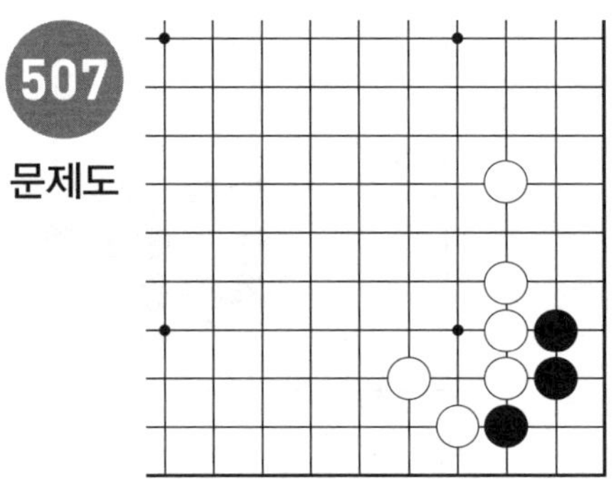

508
문제도

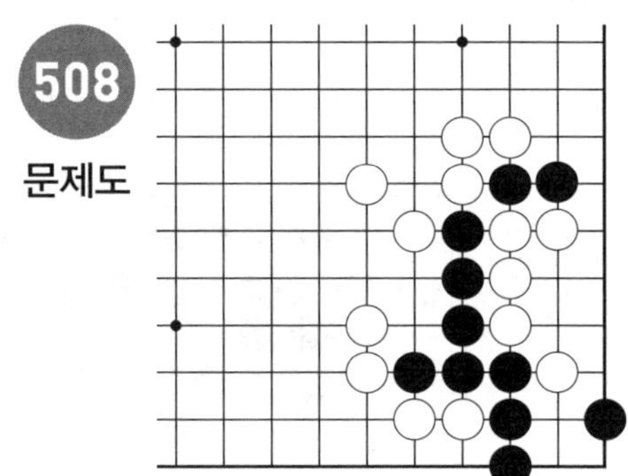

509
문제도

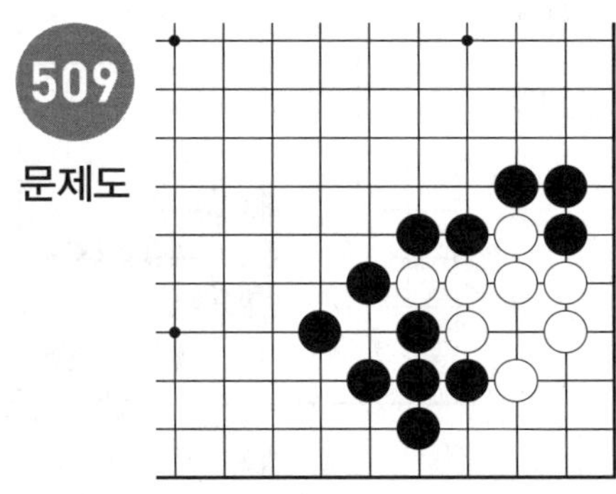

510
문제도

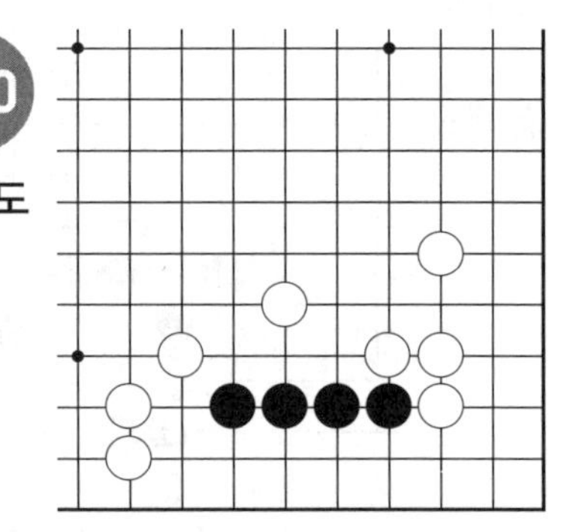

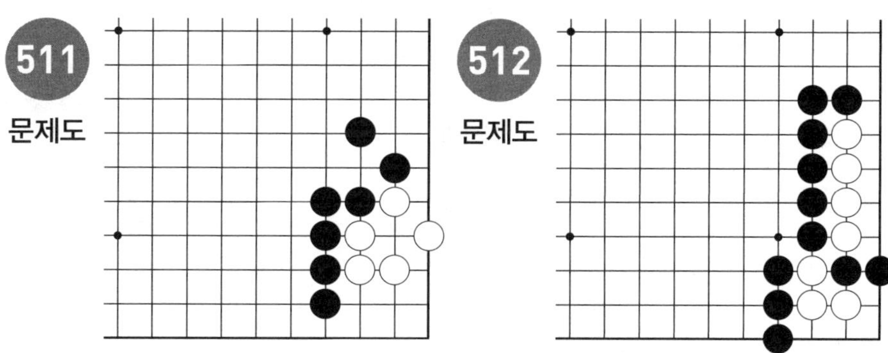

511
문제도
512
문제도

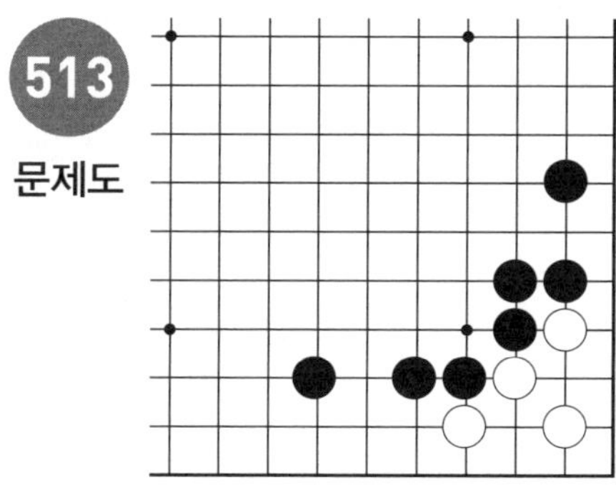

513
문제도

505 정해도

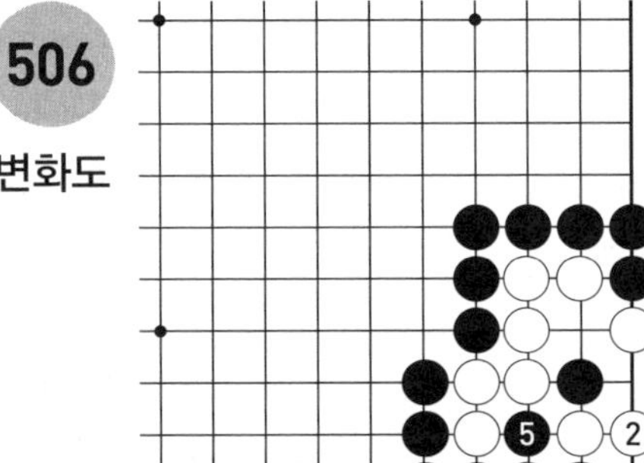

흑1이 정답. 백2가 절묘함. 흑3
으로 집을 지은 후 백10까지 진
행되어 패가 된다. 백10=백2

506 정해도

흑1이 정답. 백2 하면 흑3 하여
패가 된다.

505 변화도

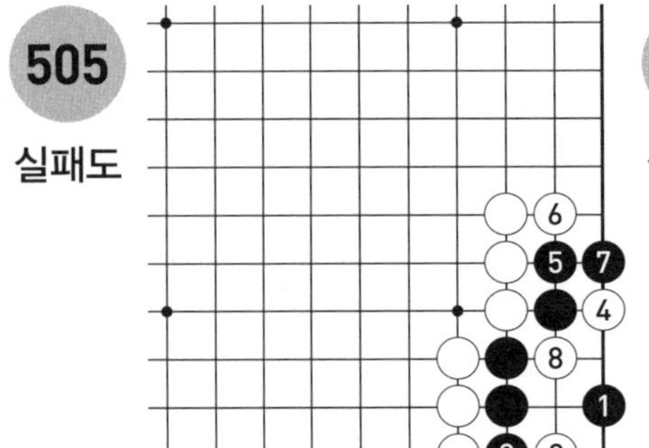

백2로 붙이고 흑5까지 역시 패가
된다. 단, 백이 후수가 되는 패
이므로 이 문제를 정해도로 삼
지 않았다.

506 변화도

백이 2로 늘면 흑3, 5하여 역시
패가 된다. 단, 백이 후수가 되
는 패이므로 정해도로 하지 않
았다.

505 실패도

흑1은 착오. 백은 2로 들여다보
고, 흑3으로 막고 백4가 절묘. 백
8까지 양단수가 되어 흑은 살 수
없다.

506 실패도

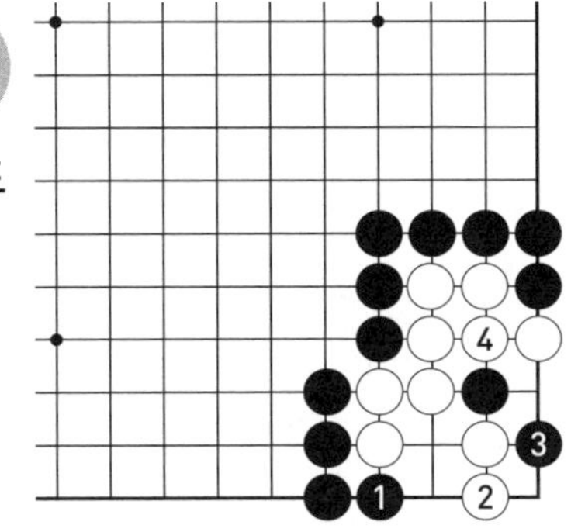

흑1은 착오. 백2로 늘고 백4로
단수쳐서 살았다.

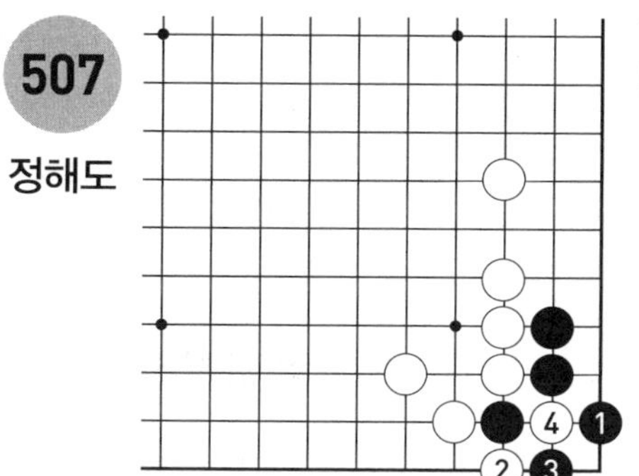

507 정해도

흑1로 호구치는 것이 정답. 백2
로 단수치고 흑3으로 패를 만들
어 패싸움이 된다.

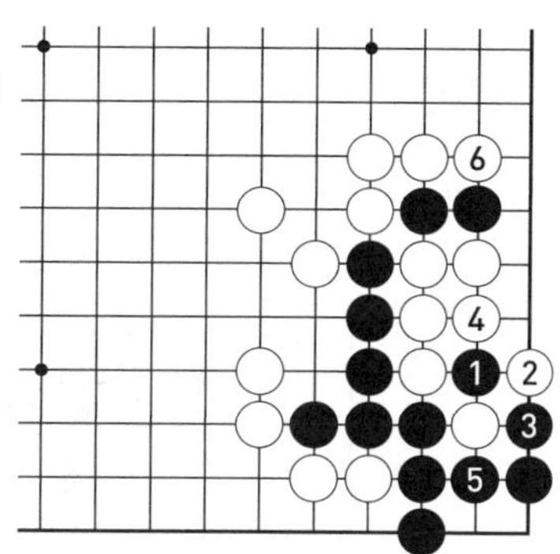

508 정해도

흑1로 끊는 것이 절묘. 백2로 단
수칠 때, 흑3, 5 단수치고, 흑7까
지 패가 된다. 흑7=흑1

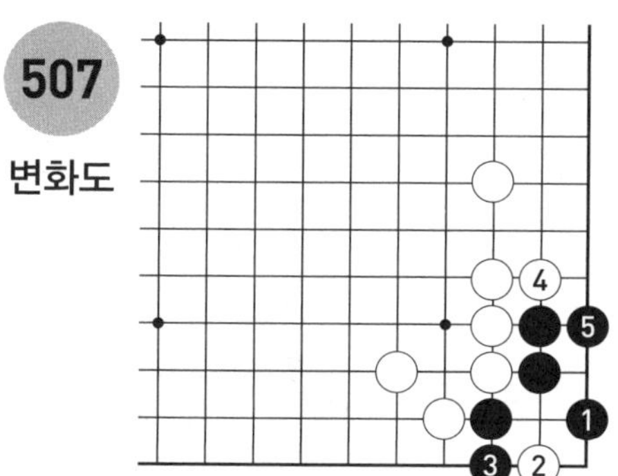

507 변화도

백이 2로 치중하면 실패. 흑3으로
늘고, 흑5로 집을 지어 살았다.

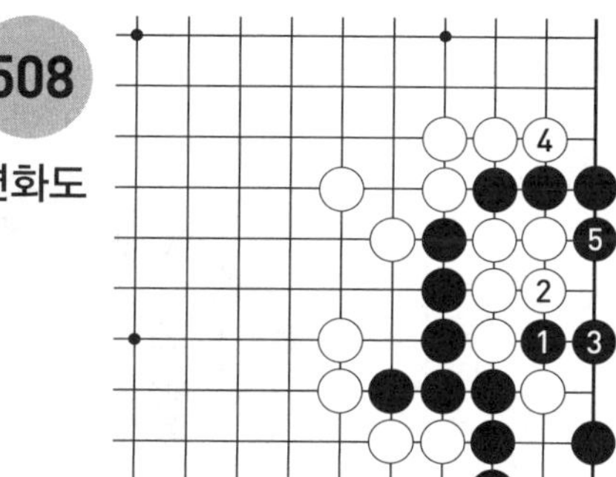

508 변화도

흑1로 끊고 백2로 단수치면 흑3
으로 늘어서 흑은 깨끗이 살게
된다.

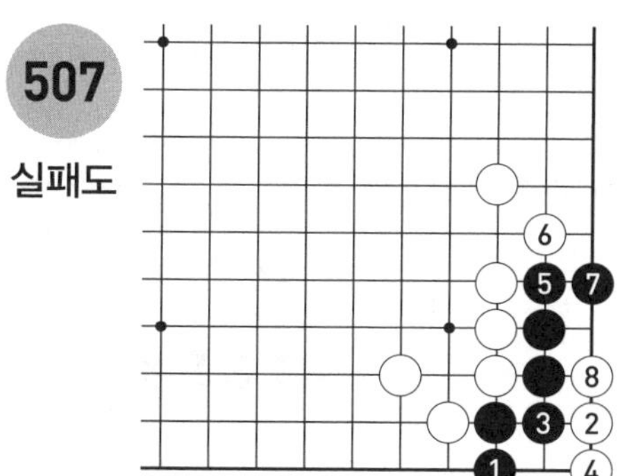

507 실패도

흑1로 느는 것은 착오. 백2로 들
여다보고 백8까지 곡사궁이 되
어 흑은 살 수 없다.

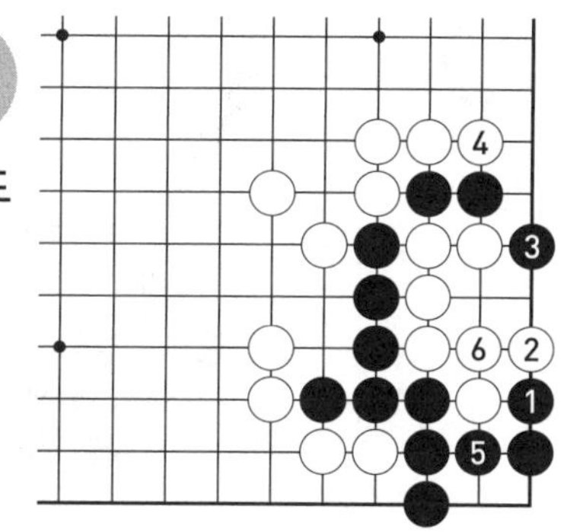

508 실패도

흑1로 미는 것은 착오. 백2로 막
고 백6 이어 흑은 살 수 있다.

509 정해도

흑1로 치중하는 것은 좋음. 백2로 막을 때 흑3으로 젖힘이 요처. 백4로 먹여치고 백6까지 패싸움이 된다.

510 정해도

흑1, 3으로 연속적인 젖힘이 정답. 백4로 단수칠 때, 흑5로 패를 만들어 패싸움이 된다.

509 변화도

백4는 착오. 흑5 연결, 흑7로 찝기, 흑9 단수. 백은 한 수 차이로 잡히게 된다.

510 변화도

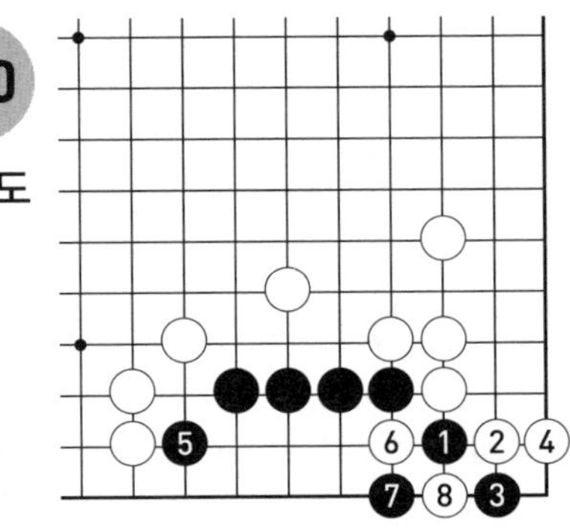

만약 백이 4에 늘면 흑5로 입구자하고 백8까지 역시 패가 된다.

509 실패도

만약 흑이 5로 따내면 백6으로 단수치고 백8로 따내어 역시 패가 된다. 단, 백의 선수패로 인해 정해도로 삼지 않았다.

510 실패도

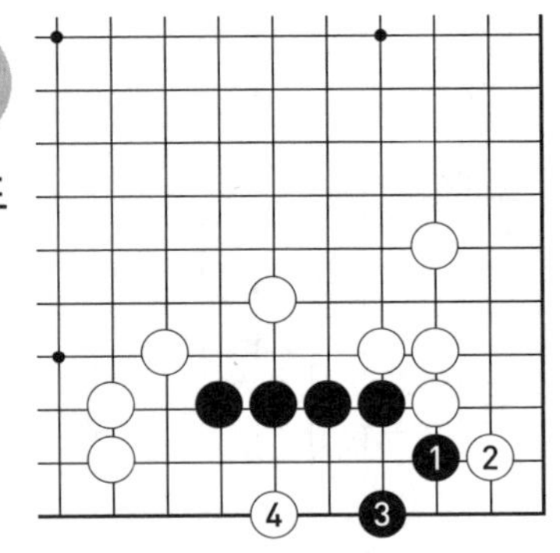

흑3 호구치는 것은 착오. 백4로 눈목자하여 흑은 살 수 없다.

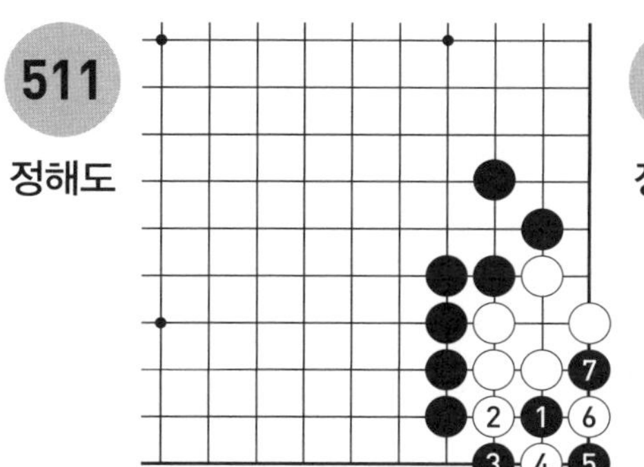

흑1로 붙이는 것이 정답. 백2로 찌르고 백4 먹여치기. 흑7까지 패가 된다.

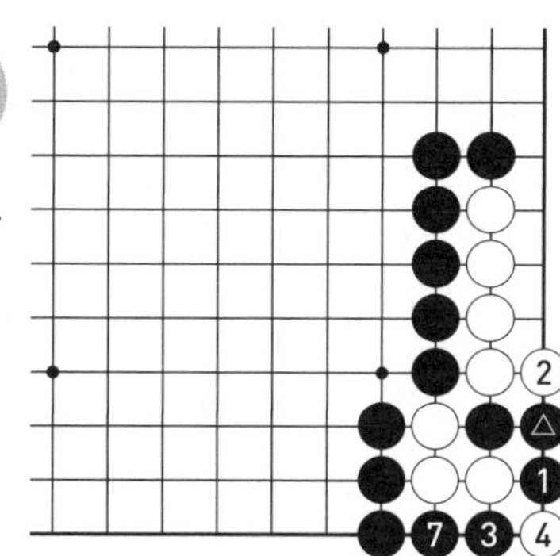

흑1로 꼬부리는 것이 정답. 백2로 단수칠 때, 흑3이 절묘. 백8까지 패가 된다.
흑5=흑1, 백6=▲, 백8=백4

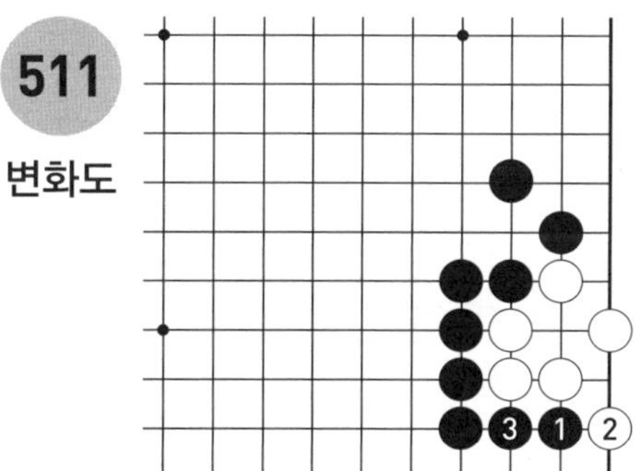

백2로 젖힘은 착오. 흑3으로 이으면 백은 살 수 없다.

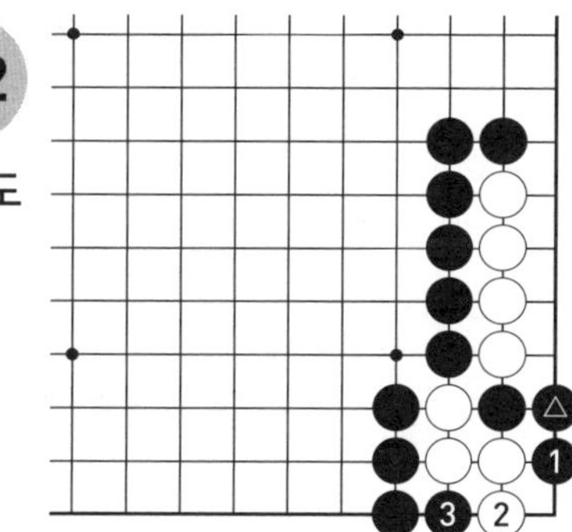

백은 2로 두는 것은 성립되지 않는다. 흑3 단수로 백은 잡힌다.

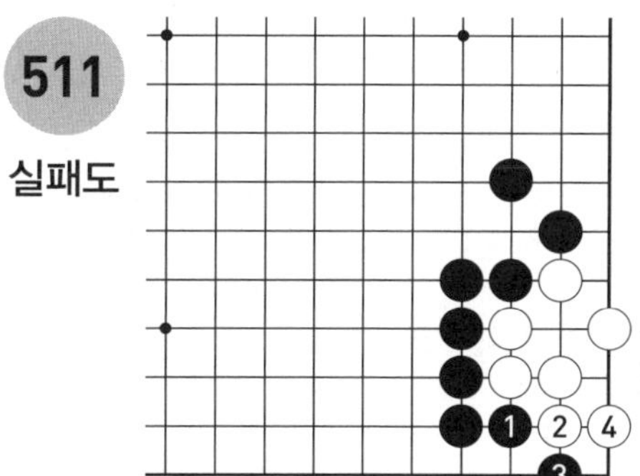

흑1로 꼬부리는 것은 착오. 백2로 막아서 살았다. 흑의 실패.

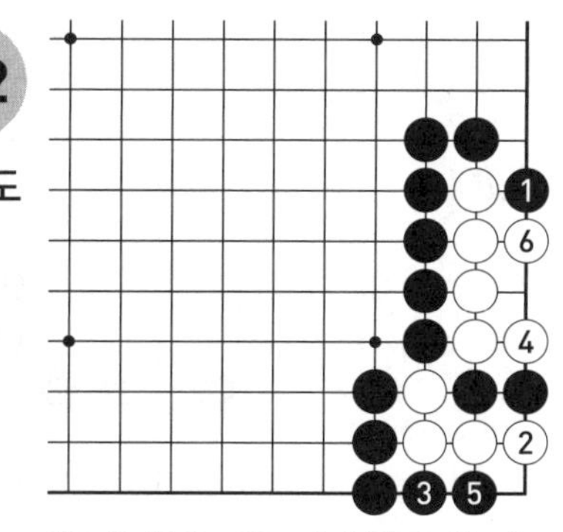

흑1은 착오. 백2 단수치고 백6까지 집을 지어 백은 살았다.

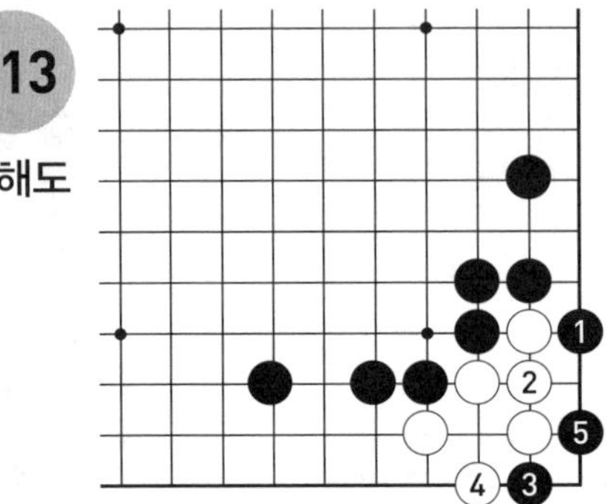

513 정해도

흑1 단수, 백2 연결은 필연적이며, 흑3,5로 패를 만들어 패싸움이 된다.

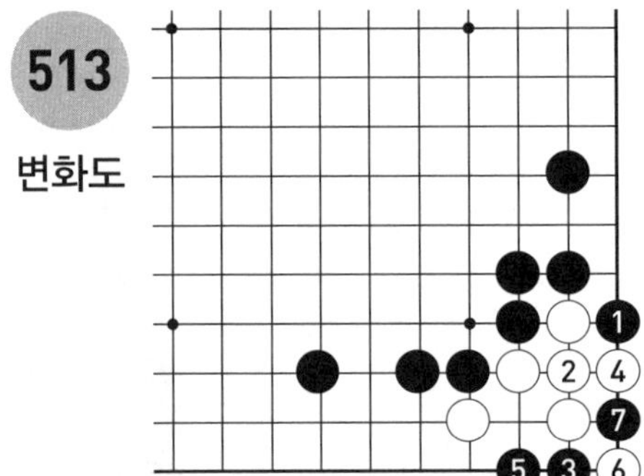

513 변화도

만약 백이 4로 막으면 흑5로 늘리고 백은 6으로 패를 만들 수밖에 없으며, 흑7로 따내면 백은 후수로 패가 된다.

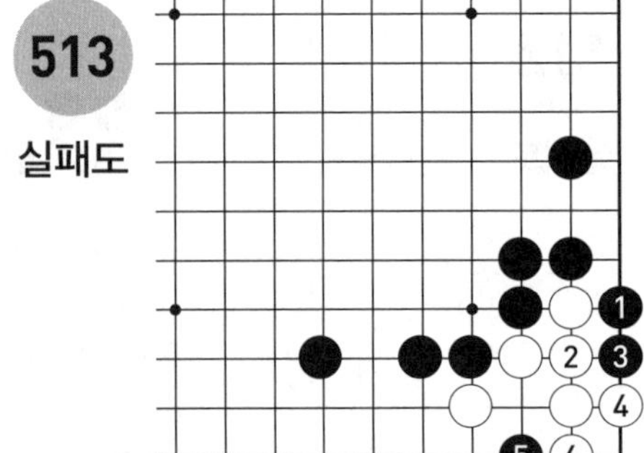

513 실패도

흑3으로 미는 수는 착오. 백4로 막고 백6으로 집을 지어 백은 살았음. 흑의 실패.

빅이 곧 삶이라는 것은 사활의 상식. 그러나 빅을 만들 수 있는 상황에서 수를 잘못 두거나 방치하여 죽음을 당하는 경우가 종종 있다. 빅 삶과 오궁도(또는 매화육궁) 죽음은 지호지간이랄까, 헷갈리지 않도록 충분한 연습이 필요하다.

1도 – 빅 삶

흑1로 두는 것이 반드시 필요. A, B는 서로 들어갈 수 없는 비무장지대와 같은데 바로 빅으로 살아 있는 것. 이것 외에 다르게 두면 자살수가 된다.

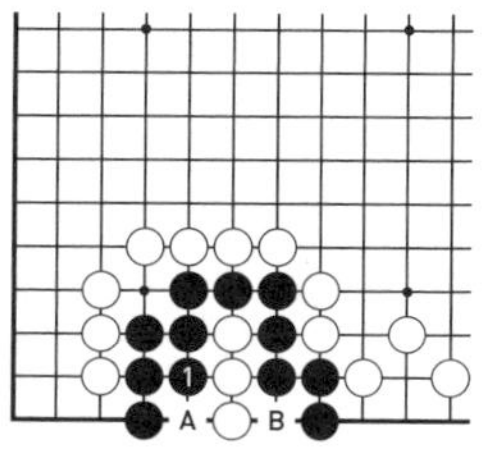

2도 – 죽음의 궁도

흑이 방치하면 백1로 두게 된다. 이것은 보다시피 빅이 아니라 죽음. 흑에게 달리 둘 권리가 없는 대신 백은 A로 두어 오궁도로 잡을 수 있는 모양이다.

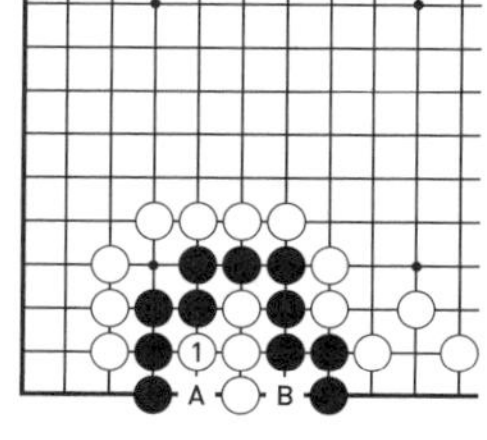

3도 – 매화육궁

이런 모양은 백1로 두는 것이 흑을 잡는 급소. 흑2로 몰아도 백3으로 이어서 교묘하게 흑을 잡고 있다. 확인하는 절차이지만 흑A로 때려내도 백3으로 치중, 특이한 육궁도 죽음이 된다. A로 때려낸 상태를 흔히 '매화육궁'이라 부른다.

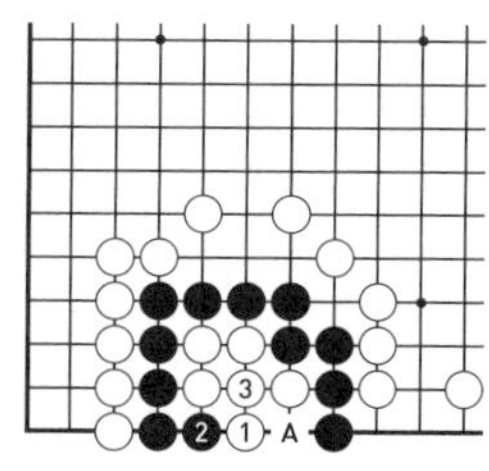

4도 – 빅

백1로 잇는 것은 빗나간 공격. 흑2로 붙이게 되면 이 모양은 빅. 백1은 매화육궁을 만들 찬스를 놓친 실착. 이처럼 빅과 죽음은 서로 미묘한 관계에 놓여 있음을 알 수 있는데, 실전에서는 특히 주의를 해야 한다.

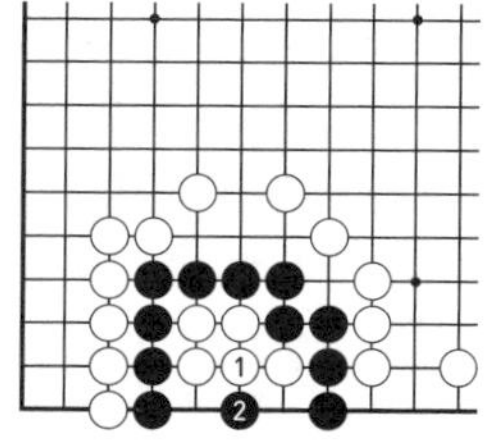

제 10 부 종합문제

상권의 마지막인 제10부에서는 지금까지 배운 것을 복습할 수 있도록 구성하였습니다. 여러 전술을 익히면 실력이 향상되는 것은 물론, 바둑을 더욱 재밌게 즐기실 수 있을 것입니다.

여기에 실린 27개의 연습문제는 여러분의 종합적인 기력을 높여 바둑에 대한 자신감을 높여 줄 것입니다.

514
문제도

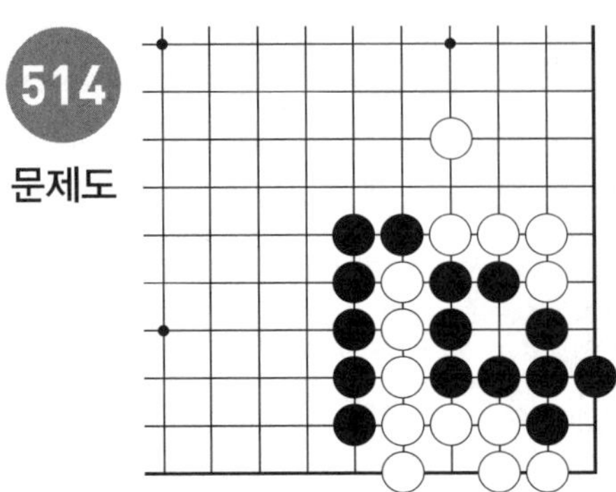

515
문제도

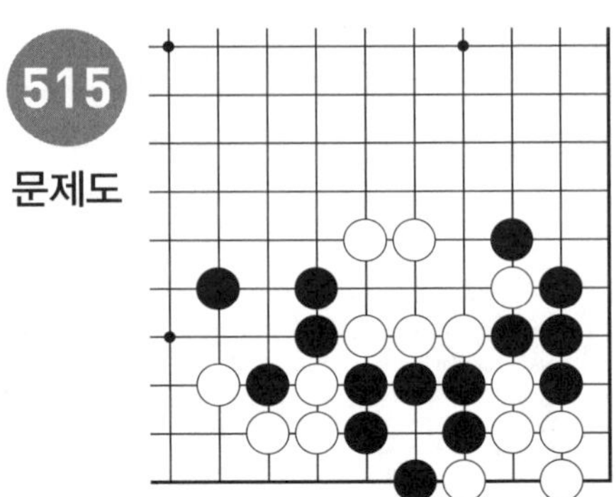

516
문제도

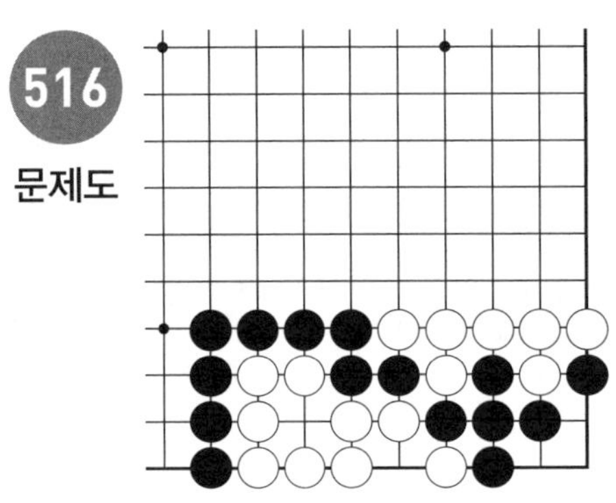

517
문제도

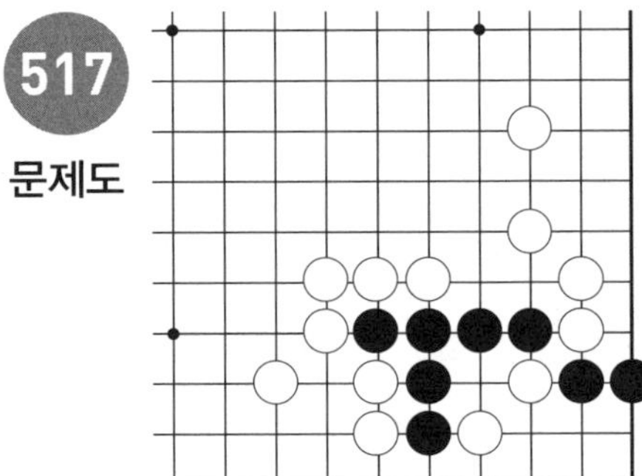

518
문제도

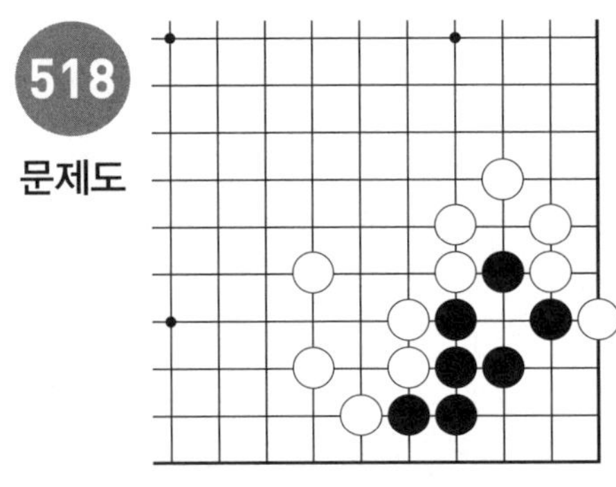

519
문제도

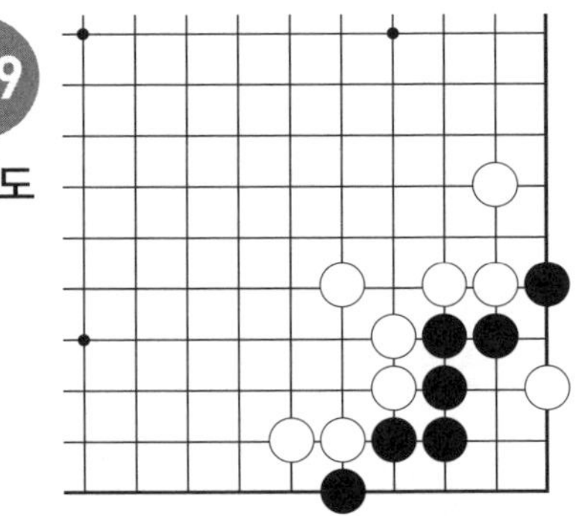

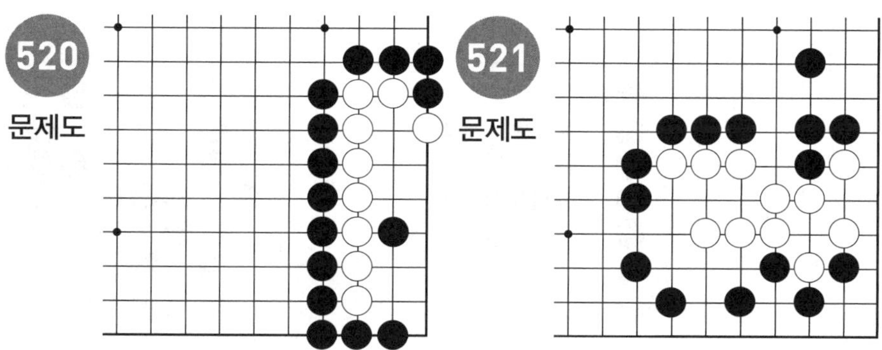

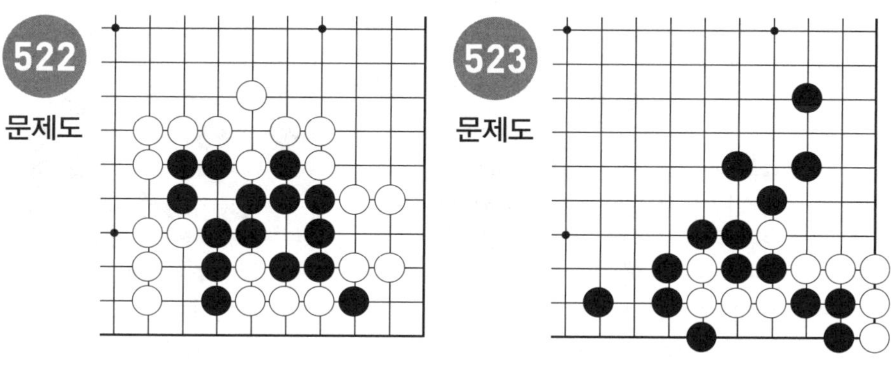

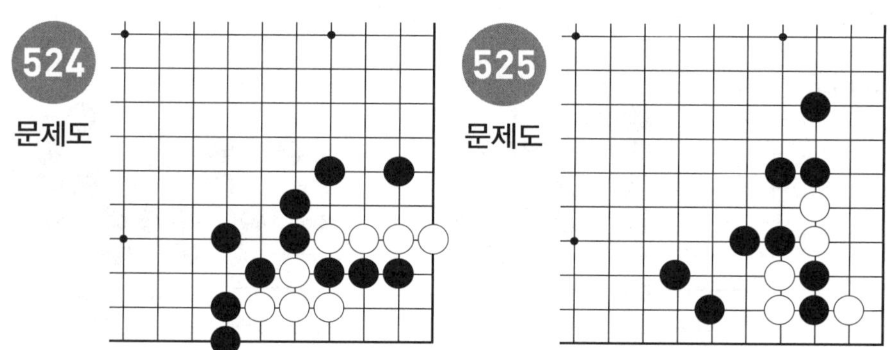

514 정해도

흑1 젖힘이 정답. 백2로 막고 흑
3으로 먹여치기까지 양패가 되
어 흑 승. 흑7=흑1

515 정해도

흑1 젖힘으로 양패를 만들어 수
싸움으로 흑 승.

514 변화도

백이 2로 늘려도 성립되지 않는
다. 흑5 메움까지 백이 잡힌다.

515 변화도

백2 단수칠 때 흑3으로 수를 메
우고 백4 따내면 흑5도 따낸다.
이후 만약 백△을 따낸 흑이 흑1
위치로 따내어 양패가 된다.

514 실패도

흑1로 먼저 바깥 메움은 착오.
백2로 늘고 흑3 하면 백4로 빅이
된다. 만약 흑3이 A로 가면 백은
흑3 위치로 따내어 패가 된다.

515 실패도

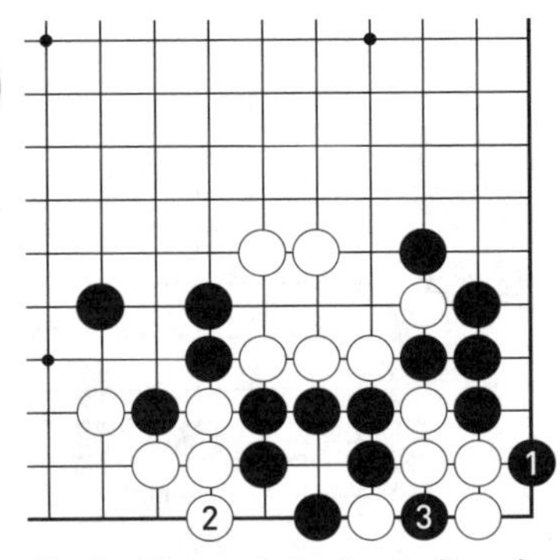

흑1은 착오. 백2는 늘고 흑3 따
낸다. 서로 패싸움이 되어 흑의
실패.

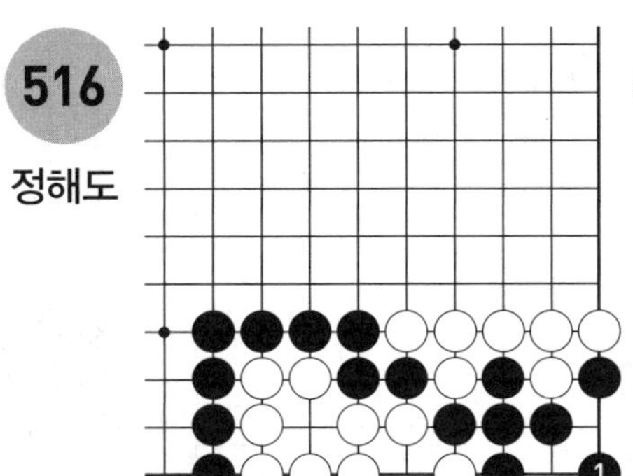

흑1로 다시 패를 만드는 것이 정답. 양패로 흑 승.

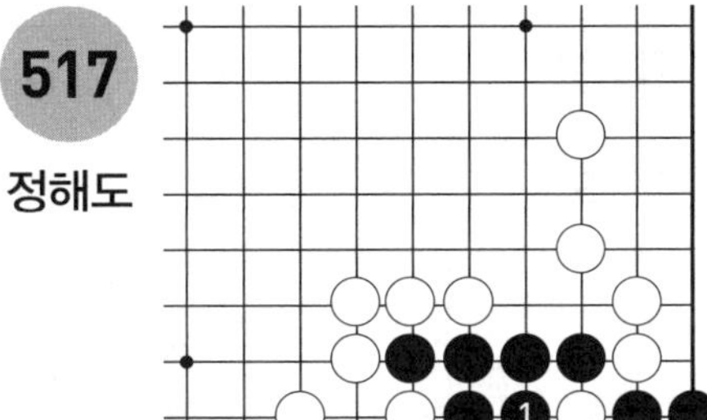

흑1 단수, 흑3 먹여치기가 묘수. 이하 흑5, 7 단수치고 흑9 따냄까지 양패가 되어 흑은 살 수 있다.

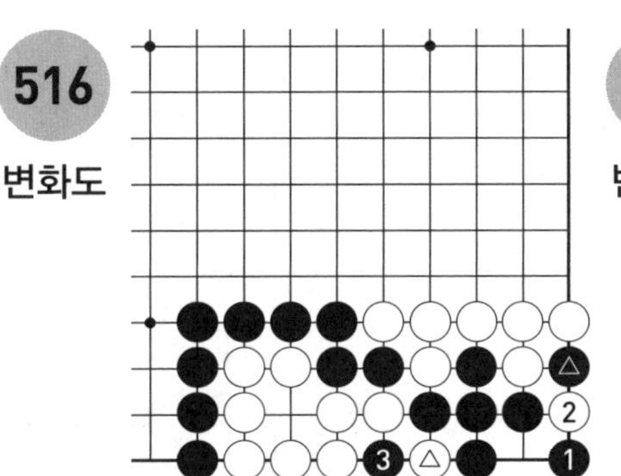

백2로 패를 따내면 흑3도 따낸다. 이후 만약 백이 △의 위치를 따내면 흑도 ▲의 위치를 따내어 흑이 승리한다.

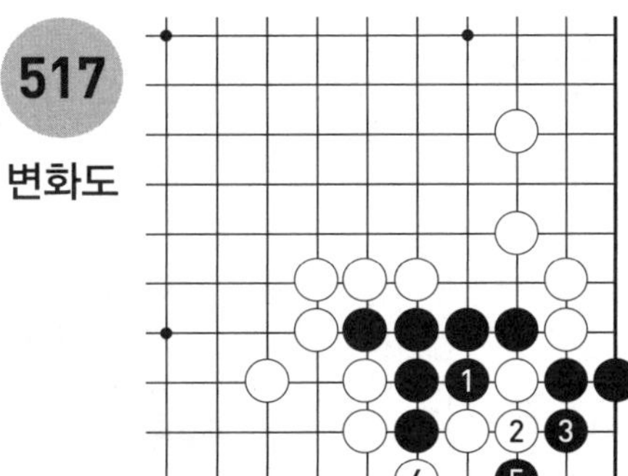

만약 백이 2에 이으면 흑은 3으로 메우고 흑5로 단수쳐서 흑은 여전히 살게 된다.

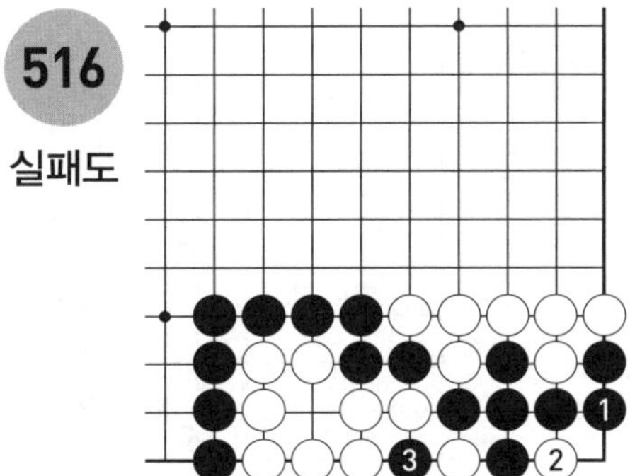

흑1로 잇는 것은 착오. 백2로 메우고 흑3으로 따내어 패가 된다. 흑의 실패.

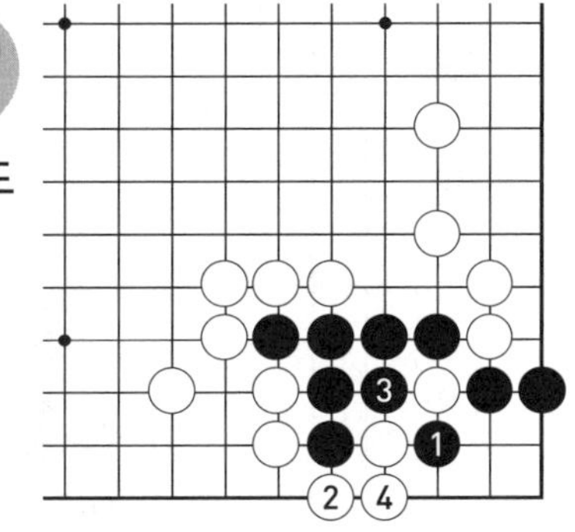

흑1로 단수치는 것은 착오. 백2로 건너고 백4로 이어 흑은 살 수 없다.

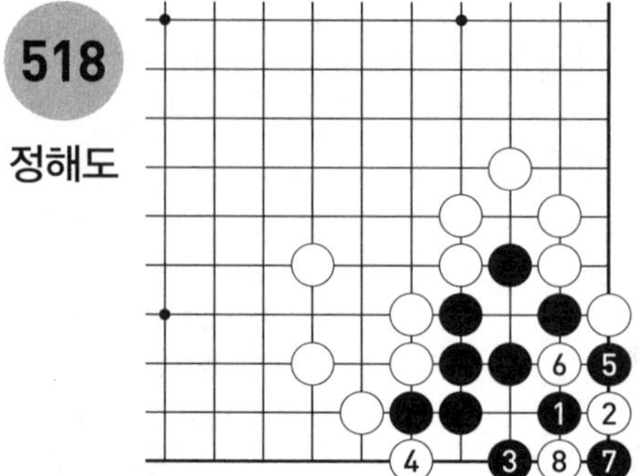

518 정해도

흑1이 정답. 백2로 뛰고 흑3으로 집을 짓는다. 백은 4로 파호, 흑5 치중이 절묘. 백6 따내면 흑7로 다시 먹여치기하여 양패가 된다. 흑은 살았다. 흑9=흑5

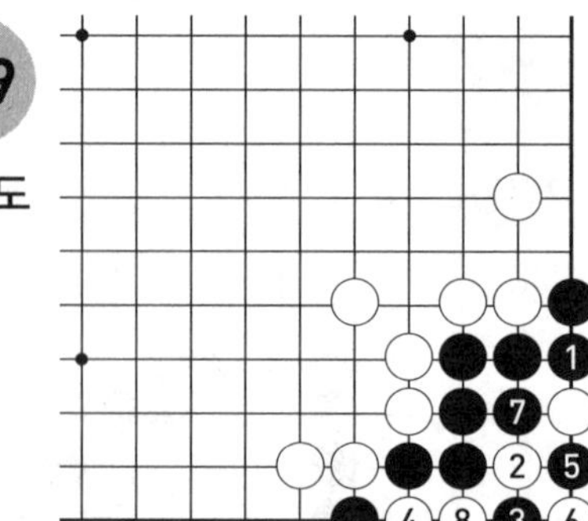

519 정해도

흑1로 잇는 것이 정답. 흑3 젖힘, 흑5 먹여치기 절묘. 흑11 이어서 양패가 된다. 흑의 성공.
흑9=흑3, 백10=백8, 흑11=백4

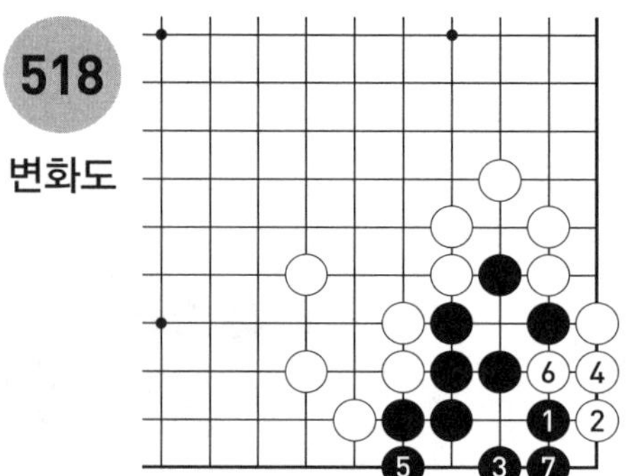

518 변화도

백이 4에 이으면 흑5, 7로 집을 지어 흑은 깨끗이 살게 된다.

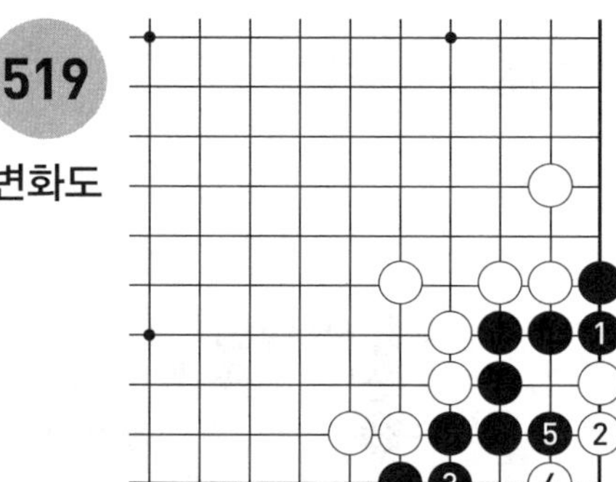

519 변화도

백이 2로 늘면 흑3으로 연결. 흑 5로 밀어 빅이 된다.

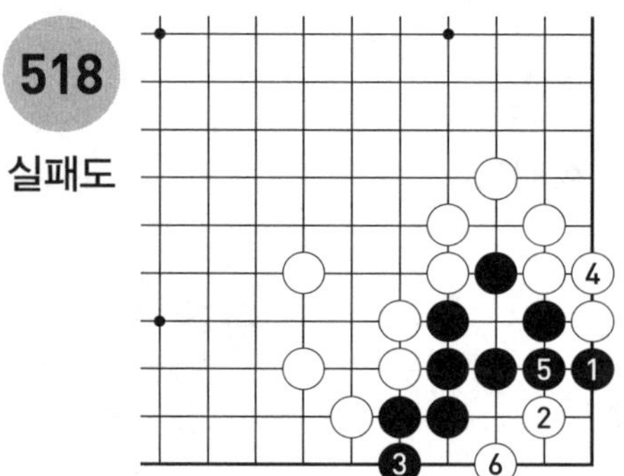

518 실패도

흑1로 단수치는 것은 착오. 백2로 들여다보고 백6에 입구자하여 흑은 살 수 없다.

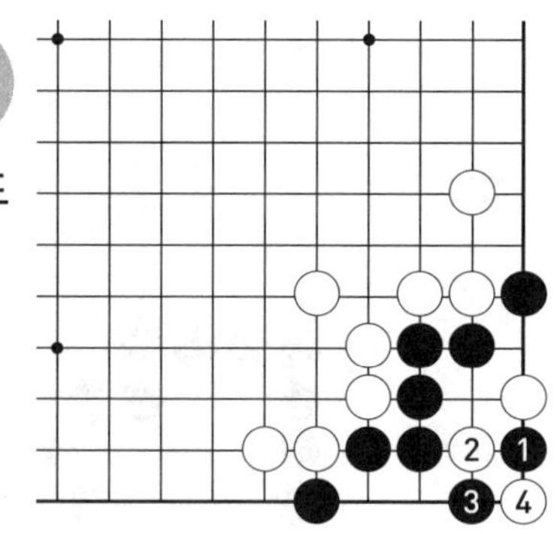

519 실패도

흑1로 붙이는 것은 착오. 백2로 단수칠 때 흑은 3으로 패를 만들어 패싸움을 할 수밖에 없다. 흑의 실패.

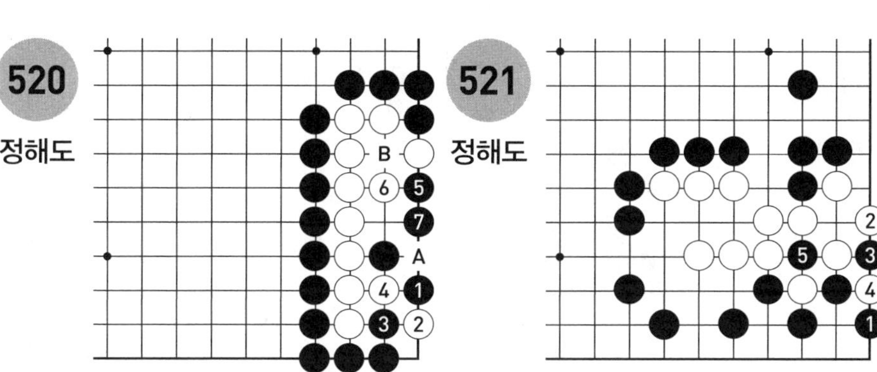

520 정해도

521 정해도

흑1로 입구자하고 백2로 벌림. 흑3 먹여치기, 흑5 단수가 절묘. 흑7까지 하고 백이 A로 따내면 흑은 B로 따내어 양패가 되어 흑의 성공.

흑1이 절묘. 백2로 집을 지으면 흑3으로 먹여치기, 흑5로 따내어 양패가 되어 흑의 성공.

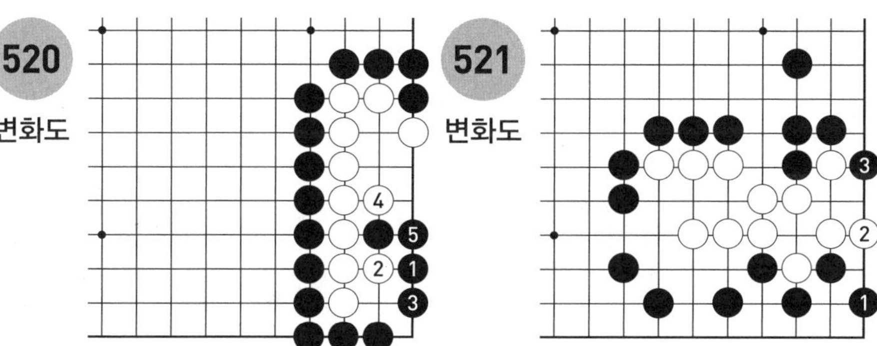

520 변화도

521 변화도

백이 2에 끼우면 흑3으로 늘고 흑5로 이어 백은 살 수 없다.

백이 2에 늘면 흑3 단수쳐서 백은 살 수 없다.

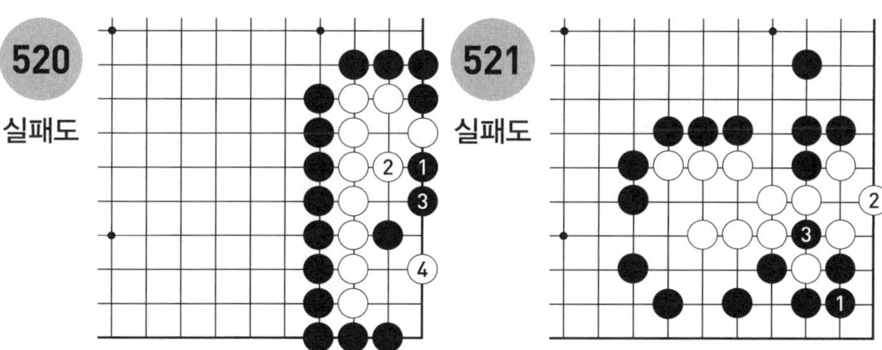

520 실패도

521 실패도

흑1로 단수치는 것은 착오. 백2로 패를 만들어 패싸움이 된다. 흑의 실패.

흑1로 잇는 것은 착오. 백2로 집을 지으면 흑은 3으로 패싸움하여 백을 잡아야 한다.

522 정해도

흑1 젖힘이 정답. 백2 단수칠 때, 흑은 3하여 패를 만드는 것이 교묘함. 양패가 되어 흑이 살 수 있다.

523 정해도

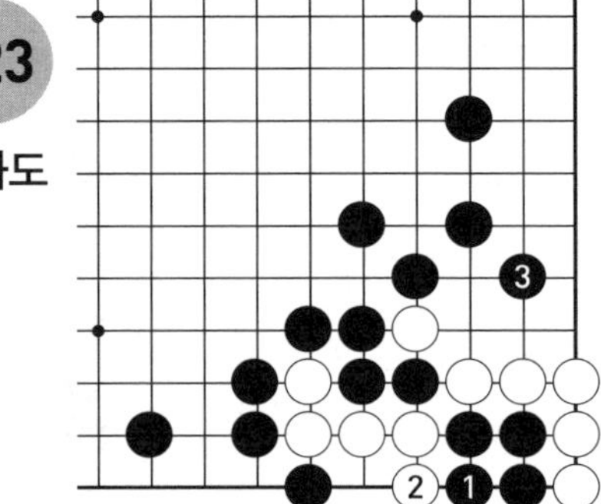

흑1, 3 하여 오궁도를 만드는 것이 정답. 흑7로 다시 늘고 흑17까지 백은 살 수 없다. 흑5=▲, 흑7=흑1, 백8=●, 백14=■, 백16=흑3

522 변화도

백이 2와 같이 잇는 것은 착오. 흑3으로 단수치면 백의 손실이 너무 크다.

523 변화도

흑1일 때, 백2로 따내면 흑3에 입구자하여 백이 잡힌다.

522 실패도

흑1로 미는 것은 착오. 백2 젖힘, 백4로 단수당하여 흑은 패싸움으로만이 살 수 있다.

523 실패도

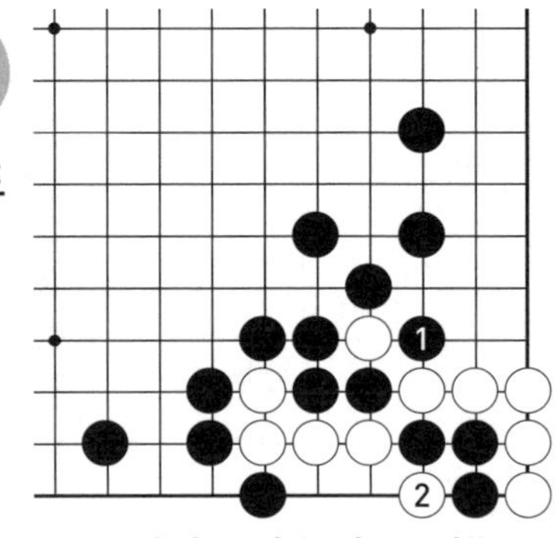

흑1로 따내는 것은 착오. 백은 2로 흑 3점을 따내어 살 수 있다. 흑의 실패.

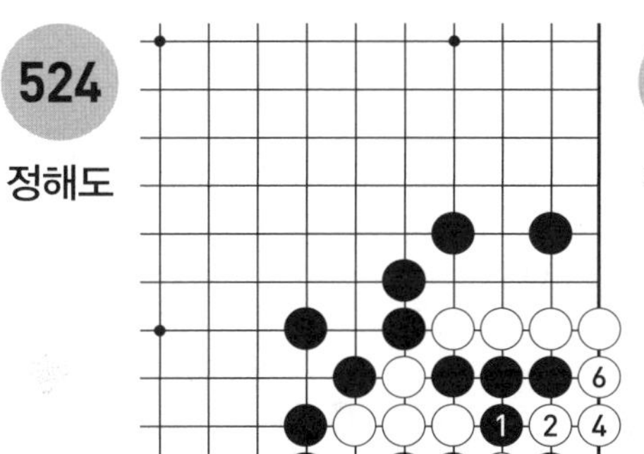

흑1로 막는 수가 모양의 급소. 이하 백8까지 백이 흑돌 4점을 따내도 흑9로 흑1의 곳에 되따 내어 백은 살 수 없다. 흑9=흑1

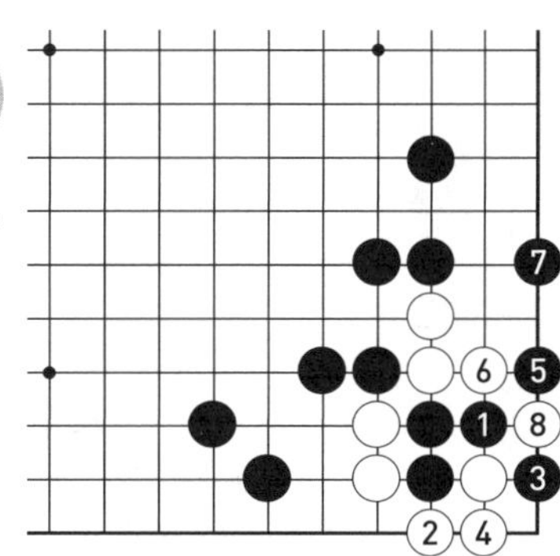

흑1, 3이 정답. 백이 4에 이을 때 흑 5가 좋은 수. 백6 단수치면 흑7이 교묘함. 흑9로 다시 흑1 위치로 되 따냄하여 백은 살 수 없다. 흑9=흑3

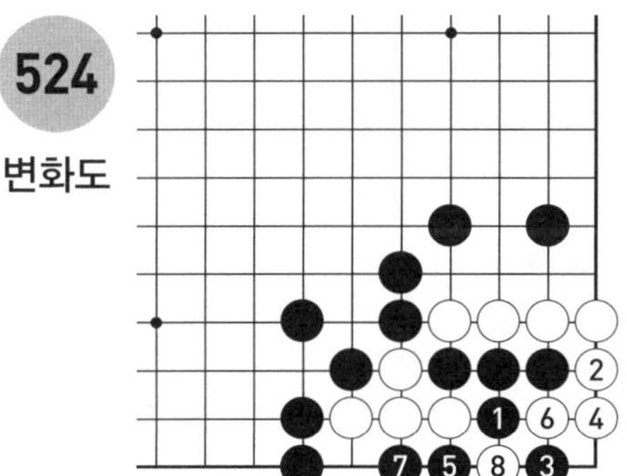

백이 2에 먼저 꼬부리면 흑3으 로 집을 짓고 흑9까지 정해도와 같다.

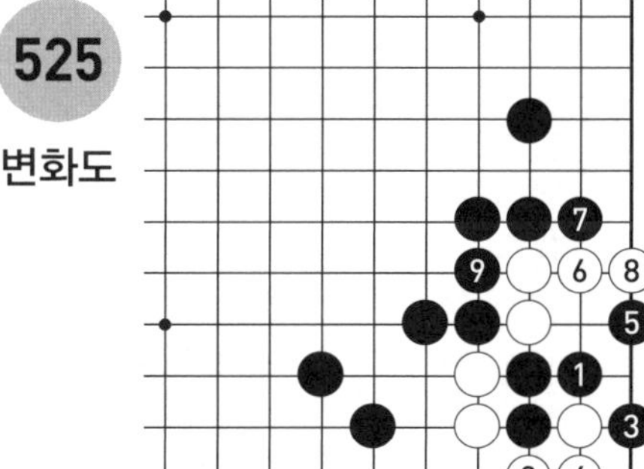

백이 6에 꼬부리면 흑7로 막고 다시 흑9로 메우면 백은 여전히 살 수 없다.

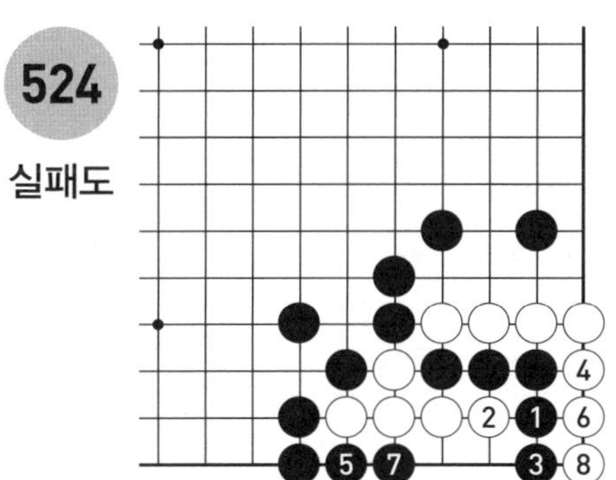

흑1은 착오. 백2로 메우고 백8까 지 흑이 잡힌다.

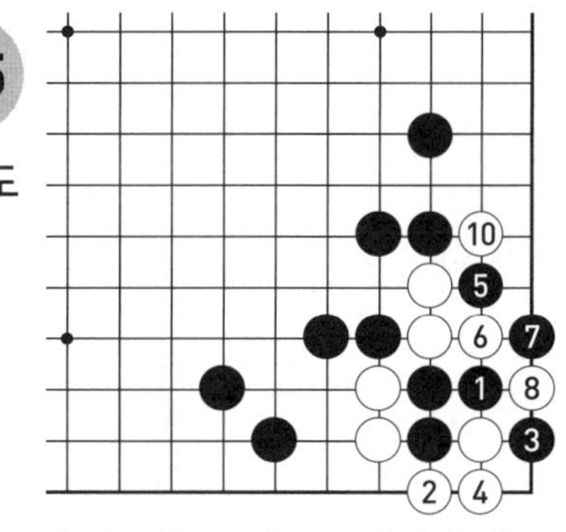

흑5는 착오. 흑9로 되따낸 후, 백10 단수쳐서 흑의 실패. 흑9= 흑1

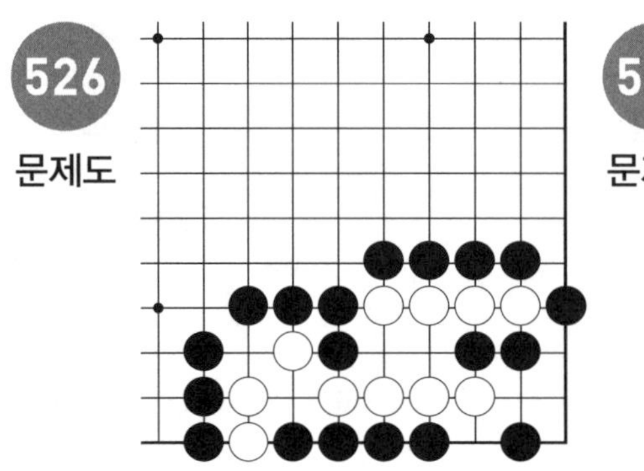

526 문제도

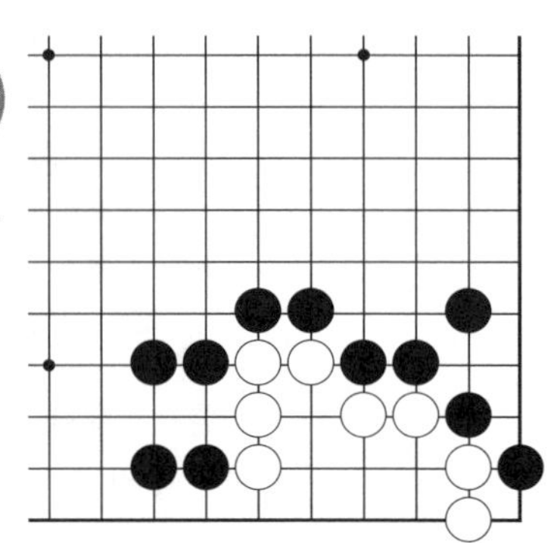

527 문제도

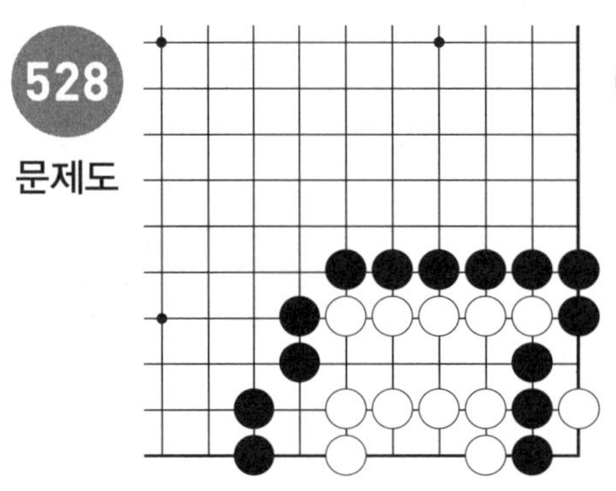

528 문제도

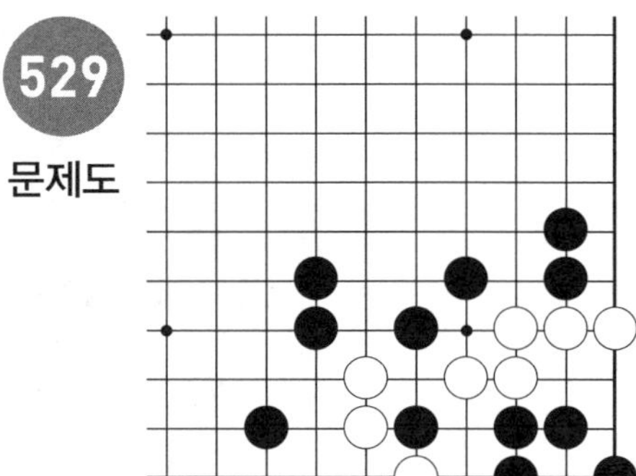

529 문제도

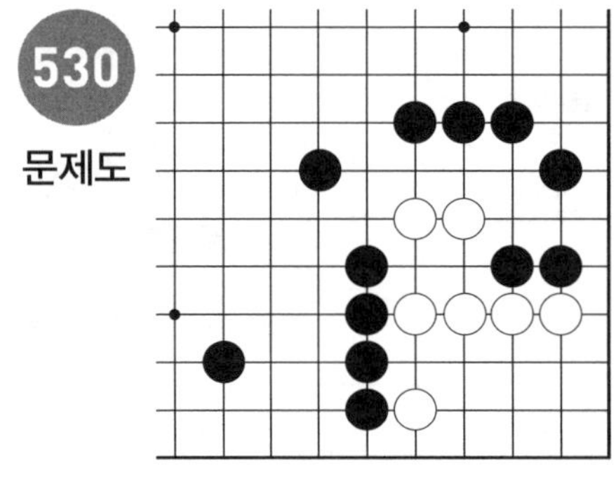

530 문제도

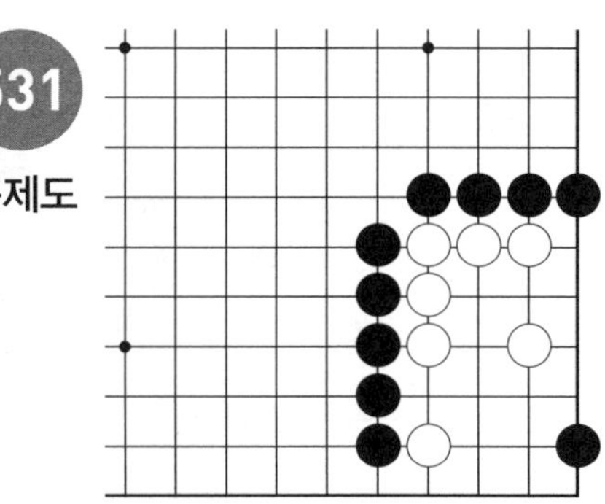

531 문제도

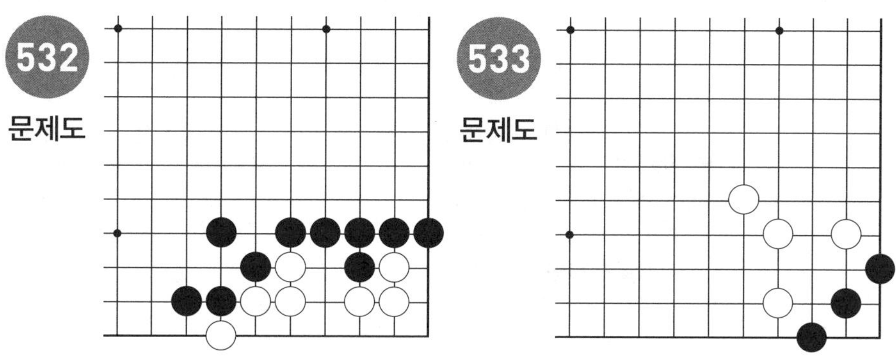

532
문제도
533
문제도

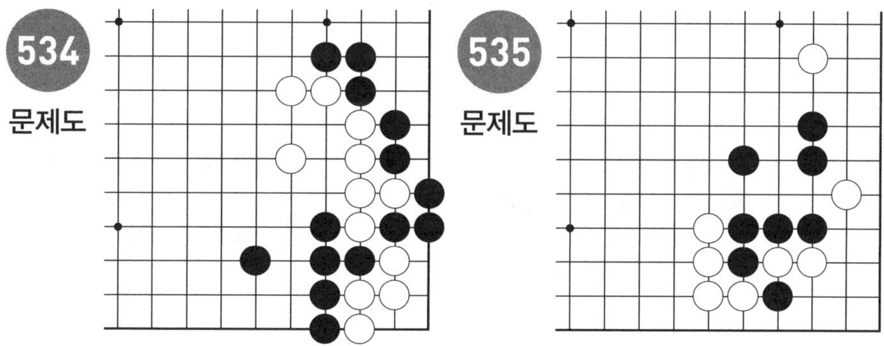

534
문제도
535
문제도

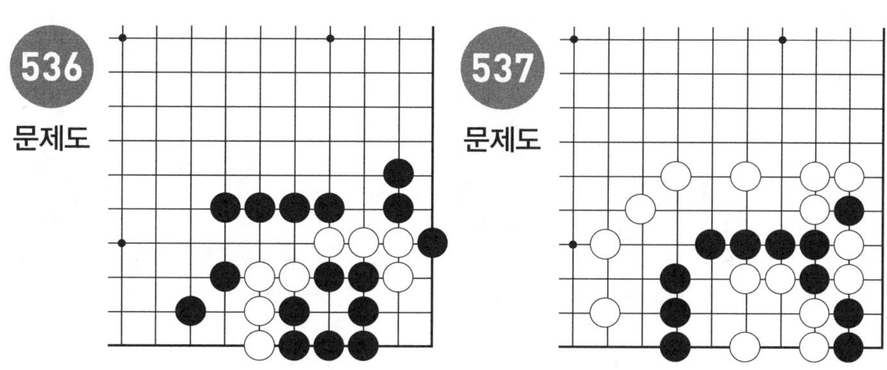

536
문제도
537
문제도

526 정해도

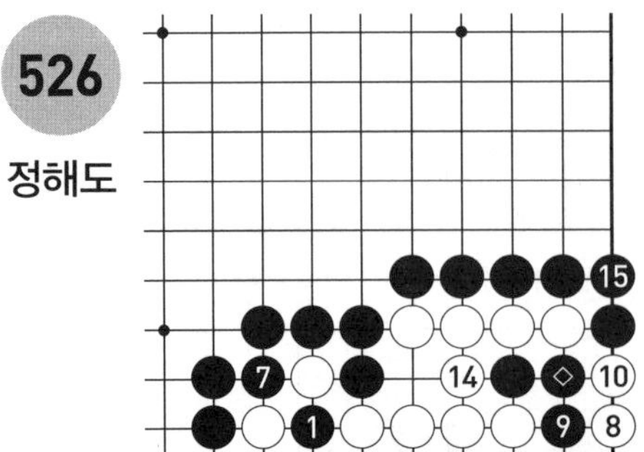

흑1로 먹여치는 수가 정답. 흑13까지 후절수가 되어 백이 살 수 없다. 흑 3=▲, 백4=●, 흑5=흑1, 백6=■, 흑 13=백8, 백16=백12=백10, 흑17=◆

527 정해도

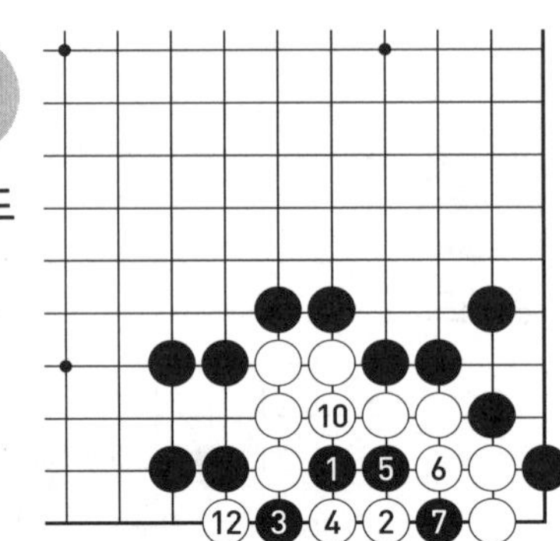

흑1로 협공하고 흑3으로 건너는 것이 정답. 백12로 따낸 후, 흑13으로 다시 백2에 치중하기하여 백은 살 수 없다. 백8=백4, 흑9=백2, 흑11=백4, 흑13=백2

526 변화도

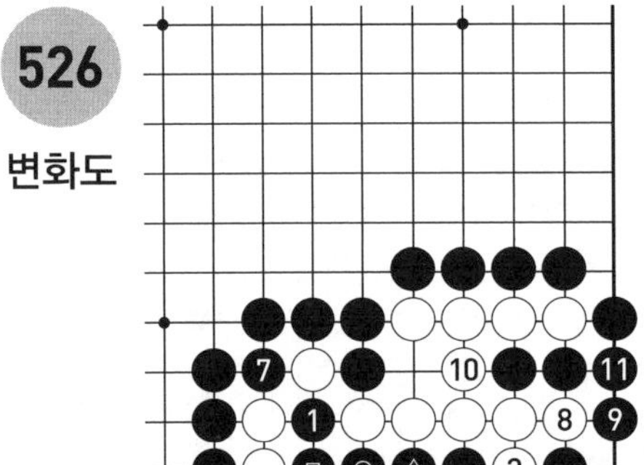

만약 백8로 끼우면 흑9로 막고 흑11로 이어 백은 역시 살 수 없 다. 흑3=▲, 백4=●, 흑5=흑1, 백6=■

527 변화도

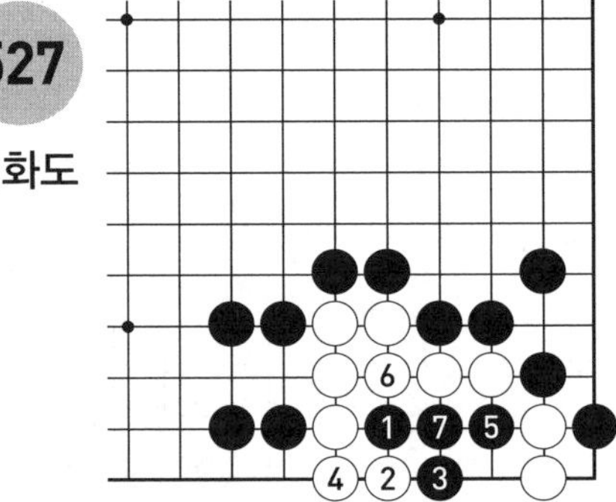

만약 백이 2로 젖히면 흑3으로 먼저 단수치고 흑5로 끊고 흑7로 빈삼각. 백은 역시 살 수 없다.

526 실패도

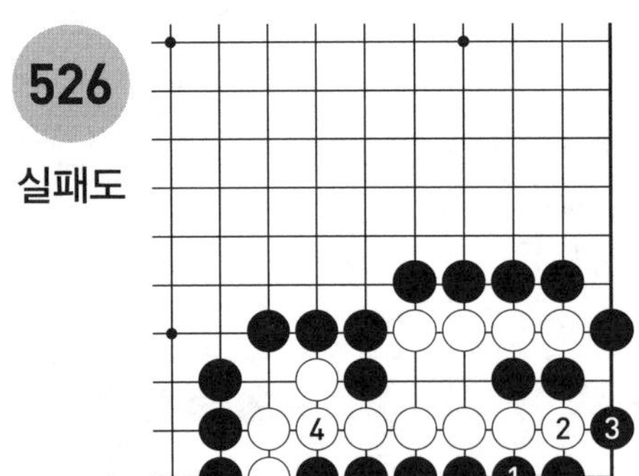

흑1로 잇는 것은 착오. 백2로 찌 르고 백4 단수쳐서 흑이 촉촉수 가 되어 백이 살 수 있다.

527 실패도

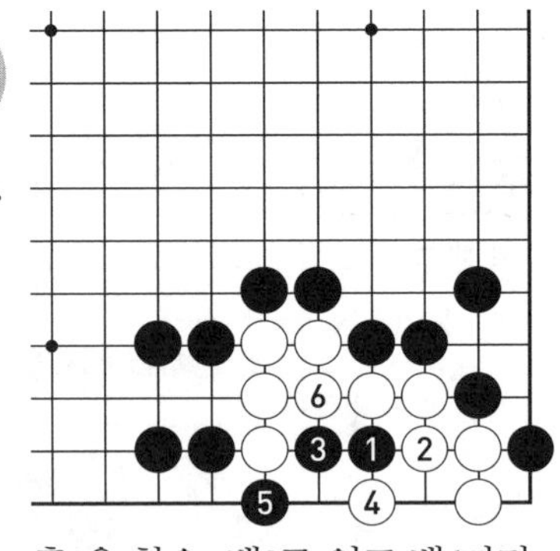

흑1은 착오. 백2로 잇고 백6까지 단수쳐서 흑은 촉촉수, 백이 살 수 있다.

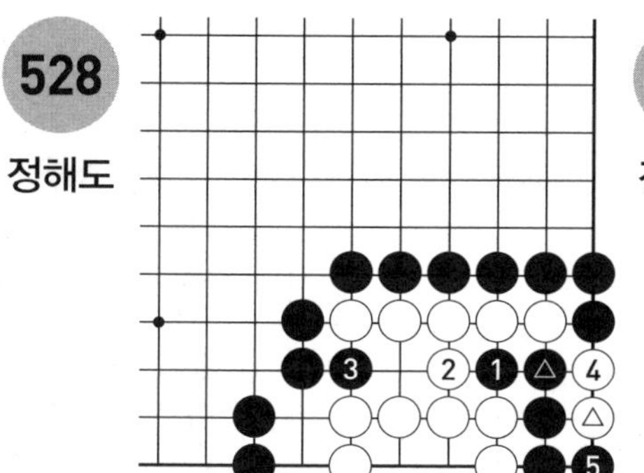

흑1로 늘려서 1점을 더 포기하는
것이 정답. 백8로 따낼 때 흑9로 다
시 단수쳐서 백은 살 수 없다. 백
6=백4, 흑7=△, 백8=백4, 흑9=▲

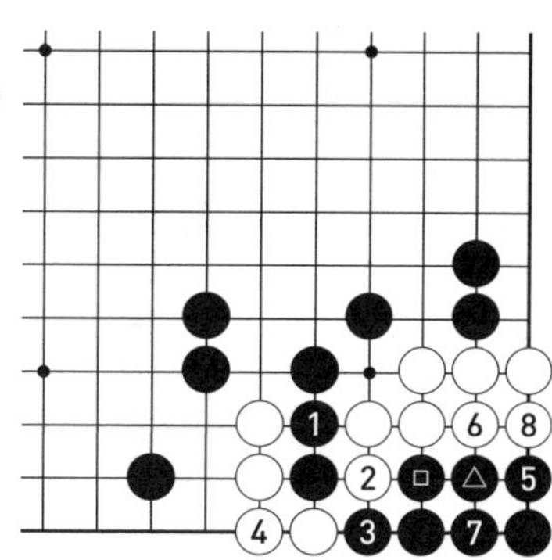

흑1로 잇는 것이 정답. 이하 흑9
까지 백이 살 수 없다. 흑9=▲,
백10=흑7, 흑11=흑5, 백12=흑3.
흑13=■

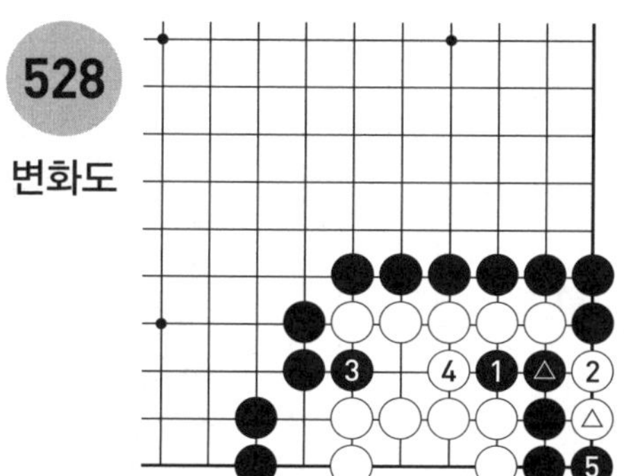

백이 먼저 2 자리에 가면 흑3으
로 파호하고 흑9까지 백은 역시
살 수 없다. 백6=백2, 흑7=△,
백8=백2, 흑9=▲

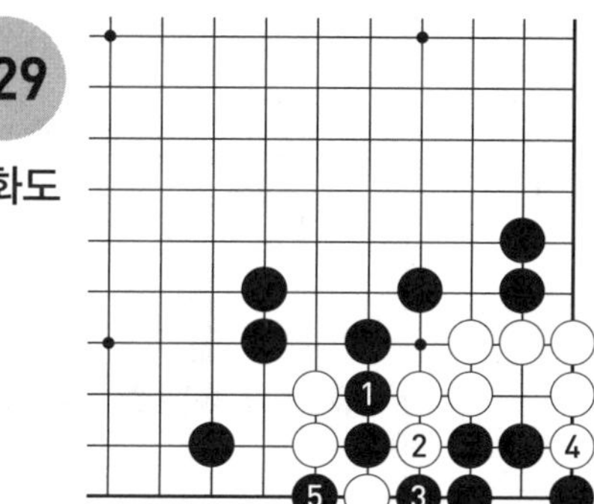

백4로 먹여치면 흑5로 백 1점을
따내서 그만이다.

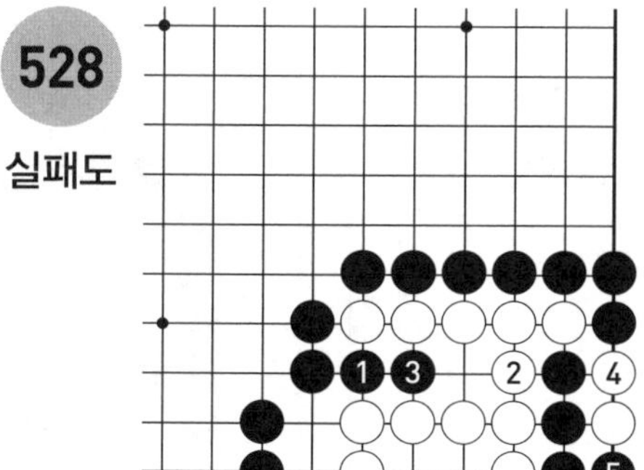

흑1로 먼저 파호하는 것은 착오.
백6으로 백4에 먹여치기한 후
백은 살았다. 백6=백4

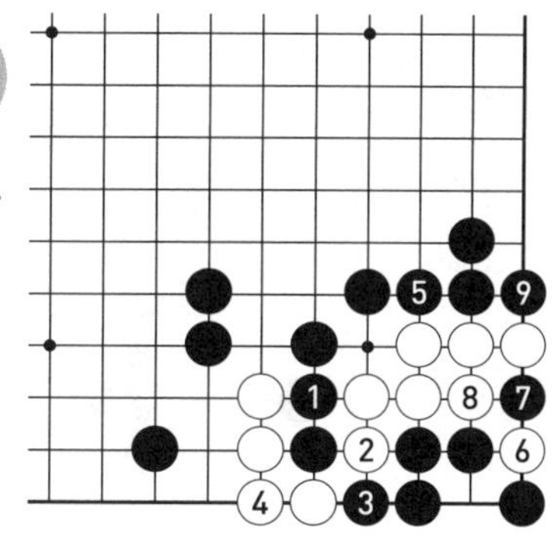

흑5로 바깥 공배를 메우면 백6
의 먹여침으로 패가 되어 흑의
실패. 백10=백6

530 정해도

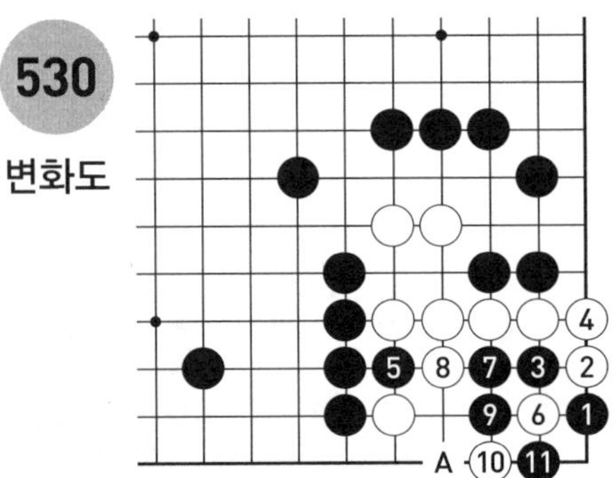

흑1이 절묘. 백2 하면 흑3으로 두 칸 뛰고 다시 흑5로 늘려서 백은 살 수 없다.

531 정해도

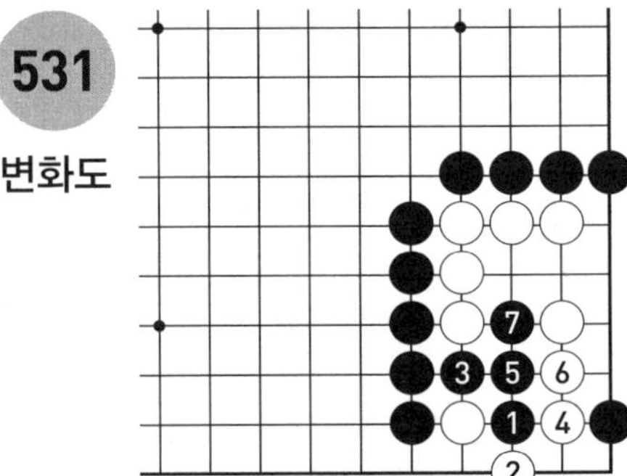

백4로 들여다볼 때 흑5로 늘림이 절묘. 이하 흑17 단수까지 진행 되어 백은 살 수 없다. 백14=백6, 흑15=백4, 백16=백6, 흑17=흑1

530 변화도

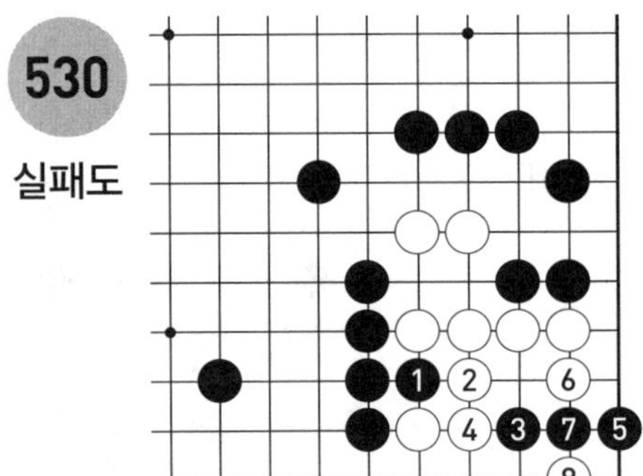

백이 2로 입구자하면 흑3 단수, 흑5 끼움, 흑11까지 백은 죽음. 만약 백12 로 A에 물러서면 흑을 잡기는 하나 매화육궁이 되어 역시 살 수 없다.

531 변화도

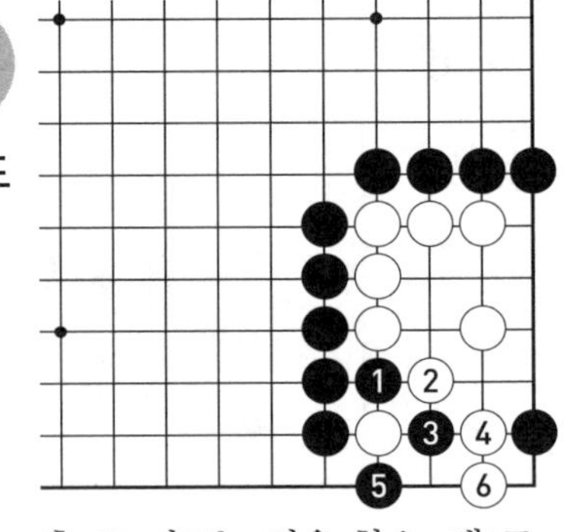

흑1에 백2가 맥점처럼 보이지만 흑3으로 단수쳐서 백 한점을 잡 고 백6에는 흑7로 찔러 들어가 면 백 대마는 그냥 잡힌다.

530 실패도

흑1로 찌르는 수는 착오. 백2 막 은 후 백8까지 백은 살 수 있다. 흑의 실패.

531 실패도

흑1로 찌르는 것은 착오. 백2로 막고 백6으로 빠져서 살았다. 흑 의 실패.

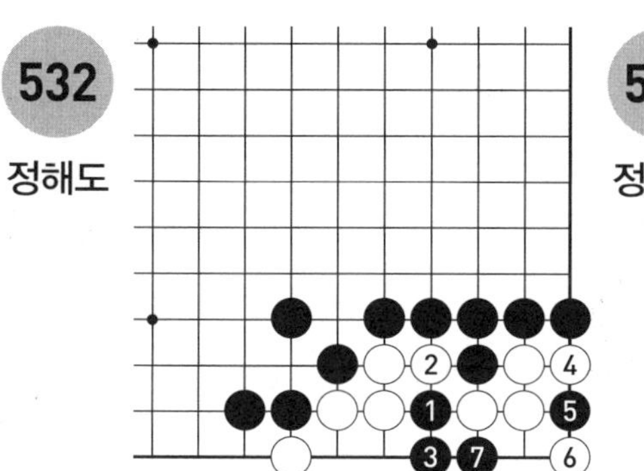

흑1로 끼우고 흑3에 느는 것이
정답. 백4 할 때, 흑5 먹여치기
절묘. 이하 흑7까지 양자충이 되
어 백이 잡힌다.

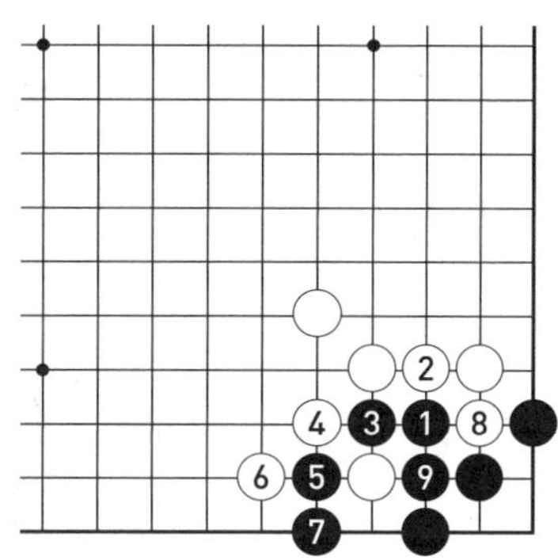

흑1로 입구자할 때, 백2로 막고
이하 흑9까지 흑이 살았다.

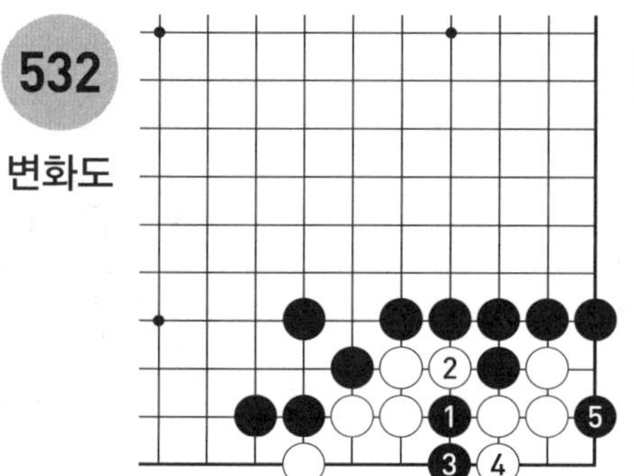

만약 백이 4로 단수치면 흑5가
묘수. 백은 여전히 살 수 없다.

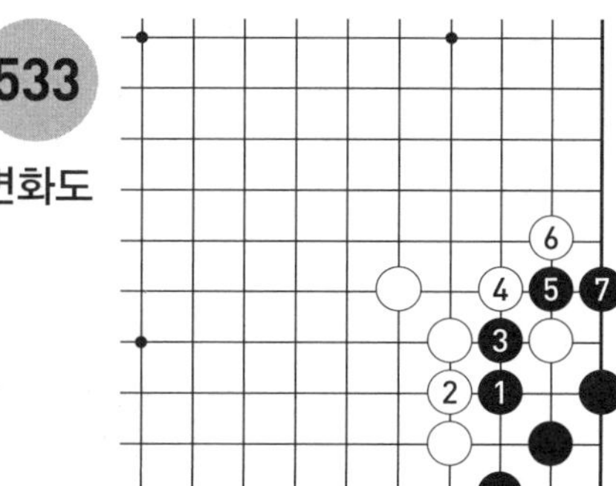

만약 백이 2에 막으면 흑3으로
찌르고 흑7까지 역시 살게 된다.

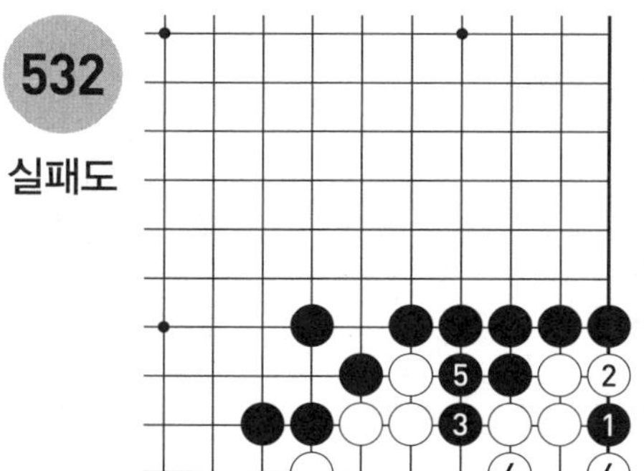

흑1은 착오. 이하 백6까지 진행
되어 백은 몇 점을 버리면서 귀
에서 살게 된다. 흑의 실패.

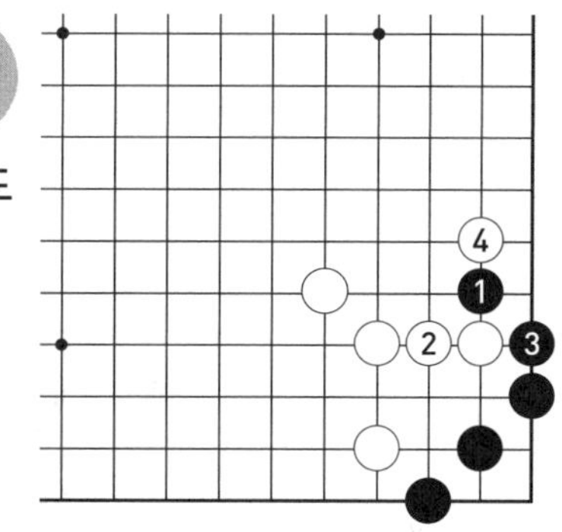

흑1로 밖으로 뛰는 것은 착오.
백2로 잇고 흑3으로 건넘, 백4로
붙여서 흑이 잡히게 된다.

534 정해도

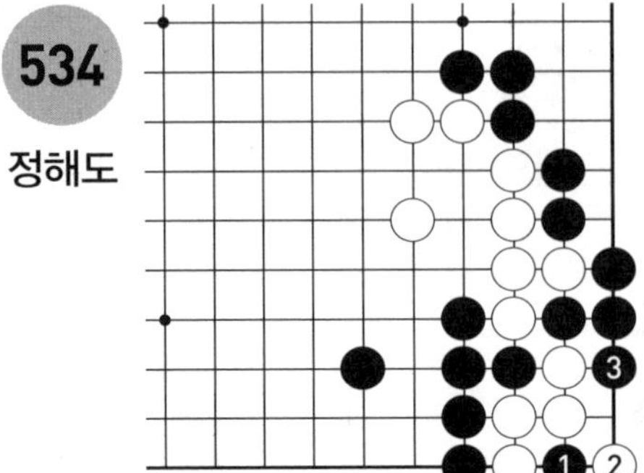

흑1이 교묘함. 백2로 따냄. 흑3 늘림으로 백은 수를 메울 수 없어서 흑 승.

535 정해도

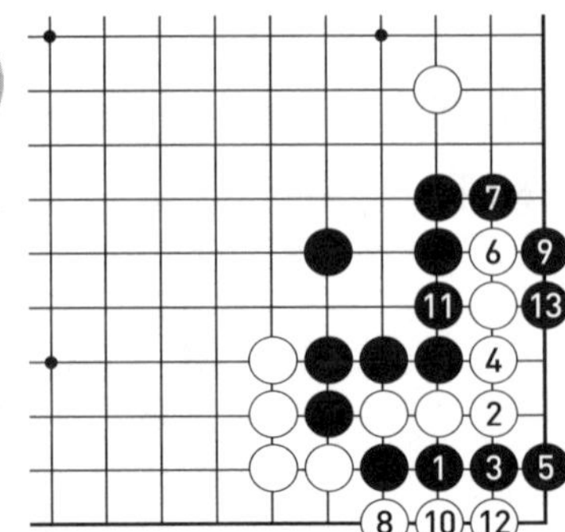

흑1, 3, 5가 수를 늘리는 좋은 수. 이하 흑13까지 양자충이 되어 백이 잡힌다.

534 변화도

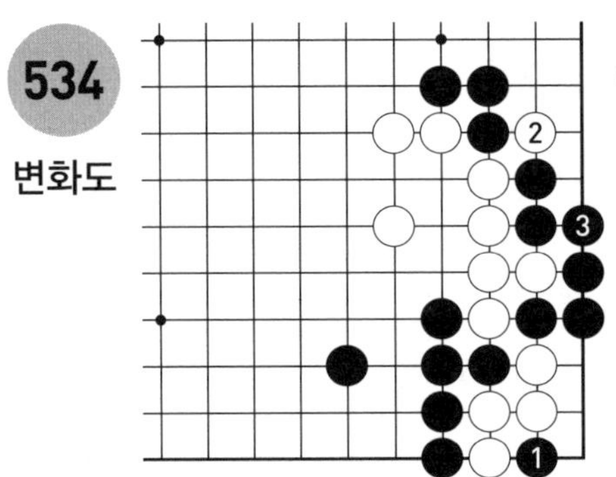

만약 백2로 끊으면 흑3으로 이어 백은 여전히 살 수 없다.

535 변화도

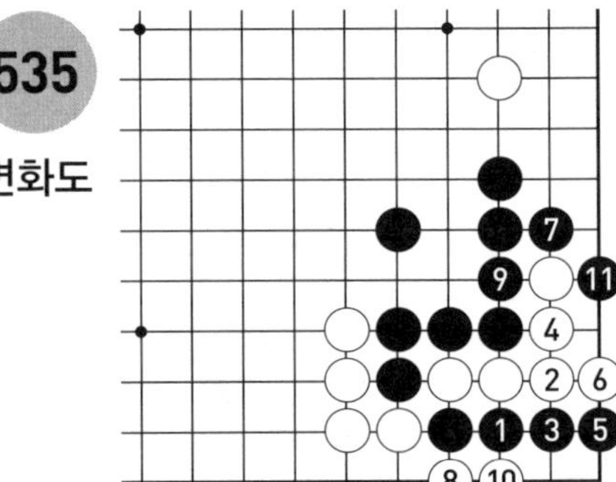

만약 백이 6에 메우면 흑7로 막은 후 흑11까지 백은 역시 잡힌다.

534 실패도

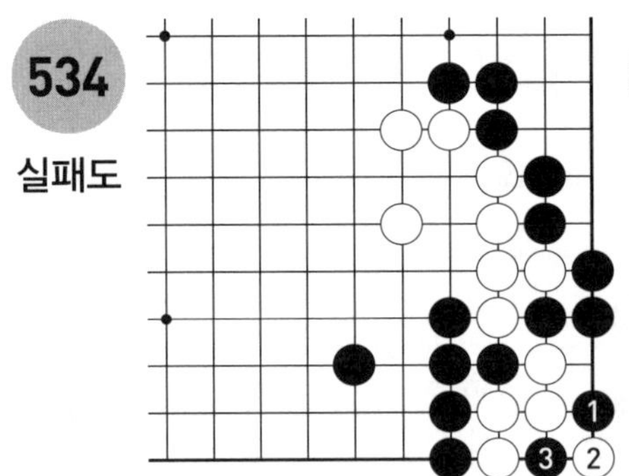

흑1은 착오. 백2로 패싸움이 되어 흑의 실패.

535 실패도

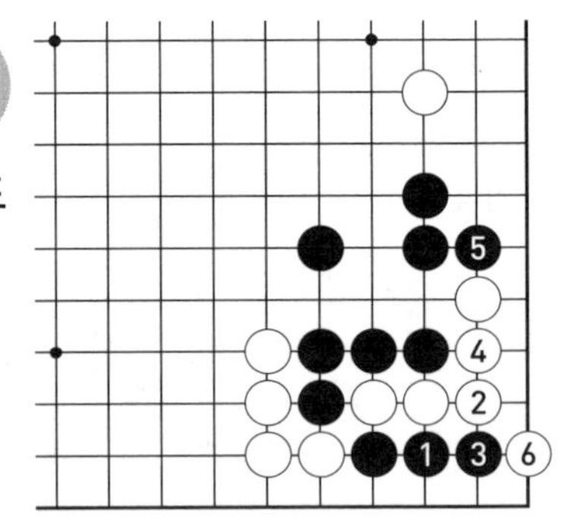

흑5로 수를 메우는 것은 착오. 백6 젖힘 이후 흑은 한 수 차이로 잡히게 된다.

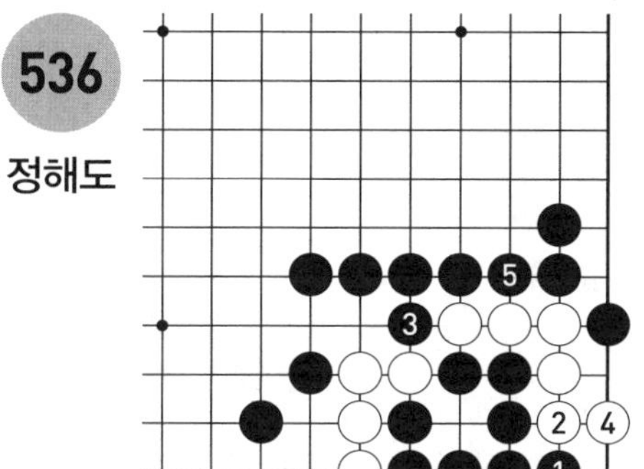

536 정해도

흑1이 절묘. 백2로 메우고 흑3 끊은 후, 흑5까지. 유가무가가 되어 백이 잡힌다.

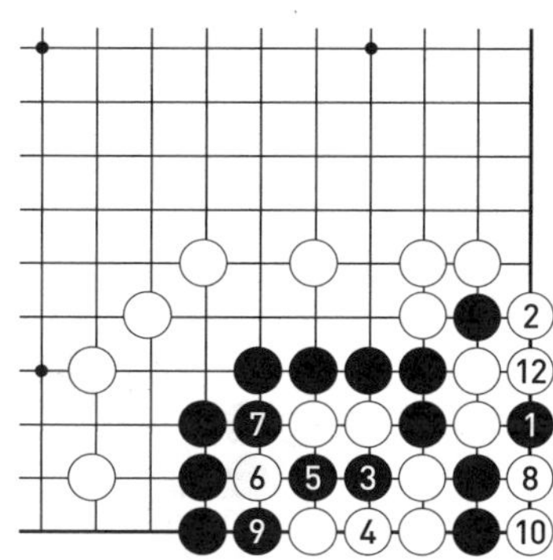

537 정해도

흑1로 먼저 단수, 다시 흑3 하고 이하 흑13까지는 서로 필연적으로 흑은 살았다. 흑11=흑5, 흑13=흑3

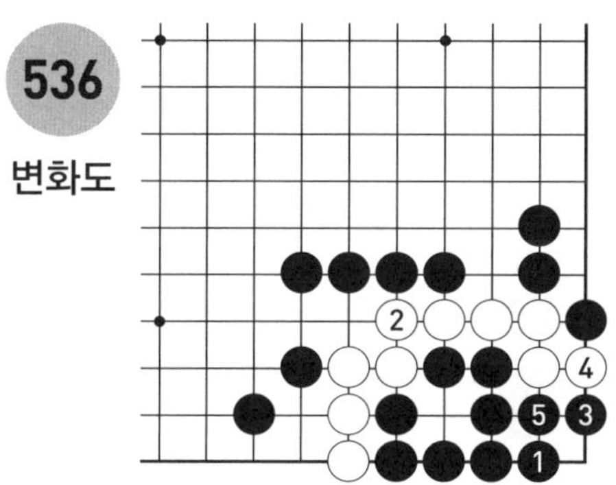

536 변화도

백이 2에 이으면 흑3으로 입구자하여 건넌다. 백4로 막을 때 흑5로 집을 지어 살 수 있어 백이 잡힌다.

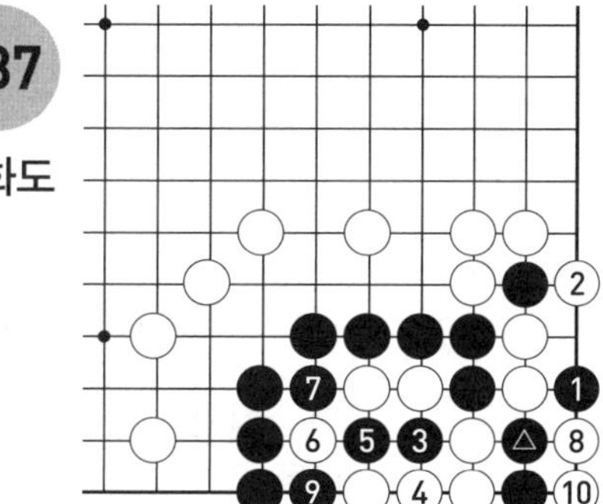

537 변화도

백이 12에 잇지만 성립되지 않는다. 흑13으로 ▲에 먹여치기하여 백이 잡힌다. 흑11=흑5, 백12=흑3, 흑13=▲

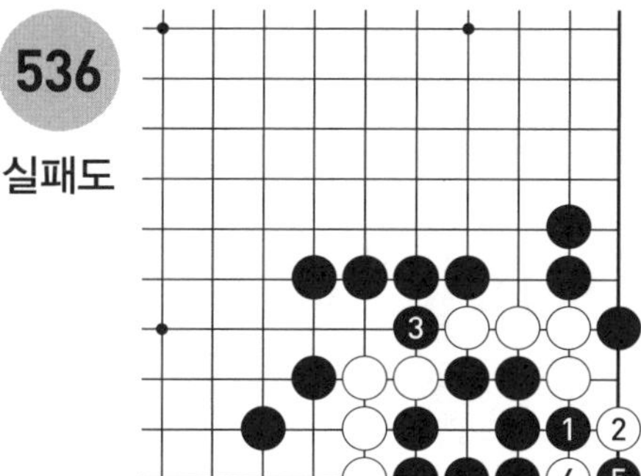

536 실패도

흑1로 막는 것은 착오. 백2 젖힘하고, 다시 백4로 패를 만들어 패싸움이 된다. 흑의 실패.

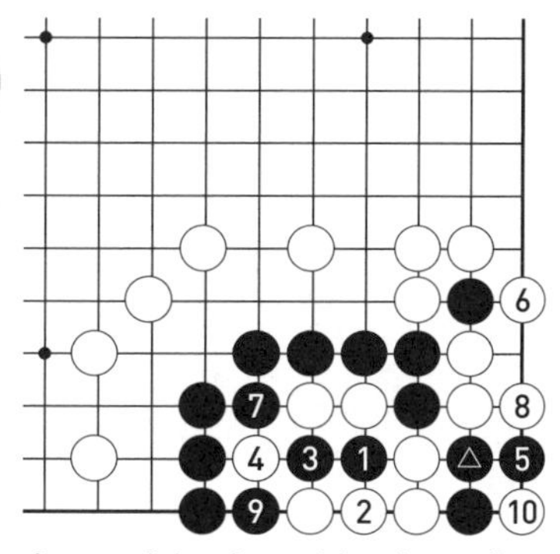

537 실패도

흑5로 집을 짓는 것은 착오. 백6 따내고 백14로 따내어 패싸움이 되어 흑의 실패. 흑11=흑3, 백12=흑1, 흑13=▲, 백14=백4

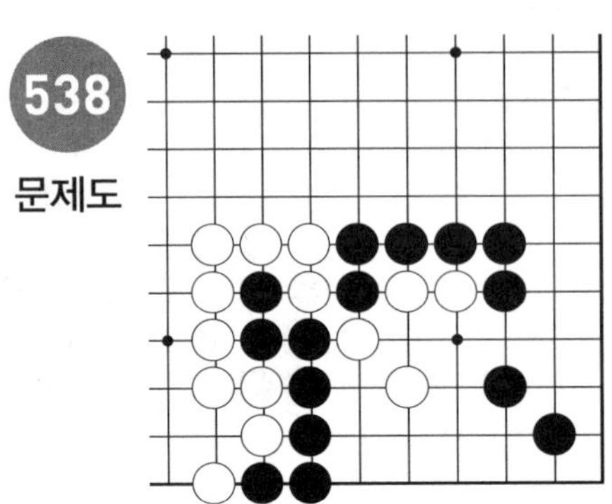

538 문제도

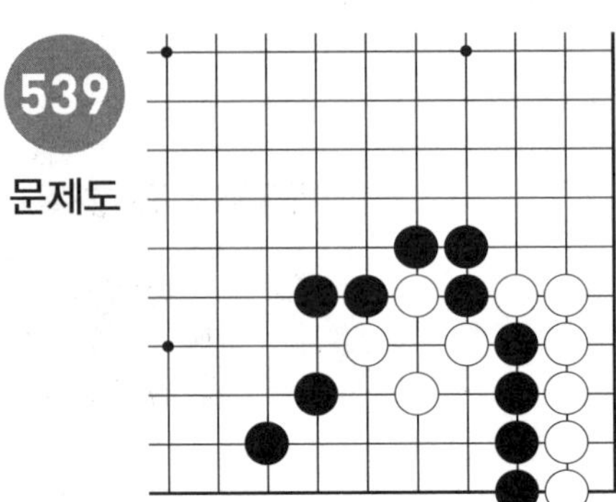

539 문제도

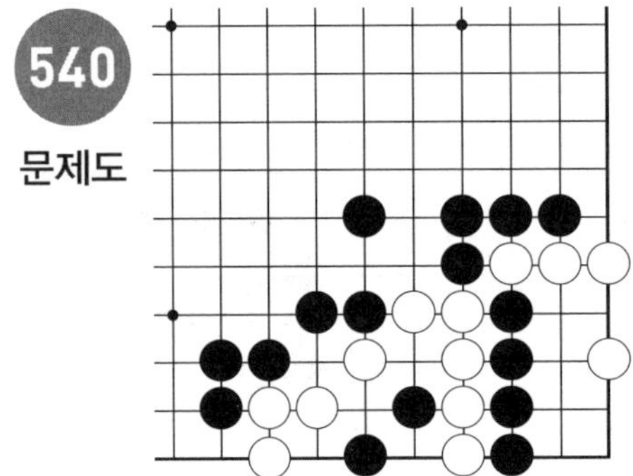

540 문제도

538 정해도

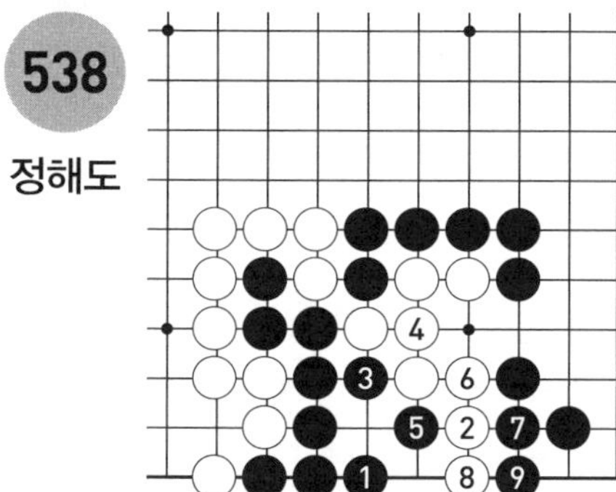

흑1이 절묘. 백2로 입구자할 때,
흑3 단수. 흑5로 집을 지어 유가
무가가 되어 흑의 승리.

539 정해도

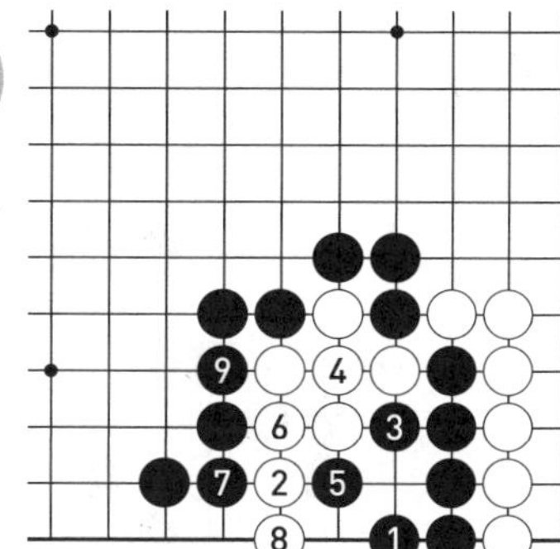

흑1이 절묘. 백2 할 때, 흑3으로
먼저 단수. 다시 흑5로 집을 지음.
이하 흑9까지 백은 살 수 없다.

538 변화도

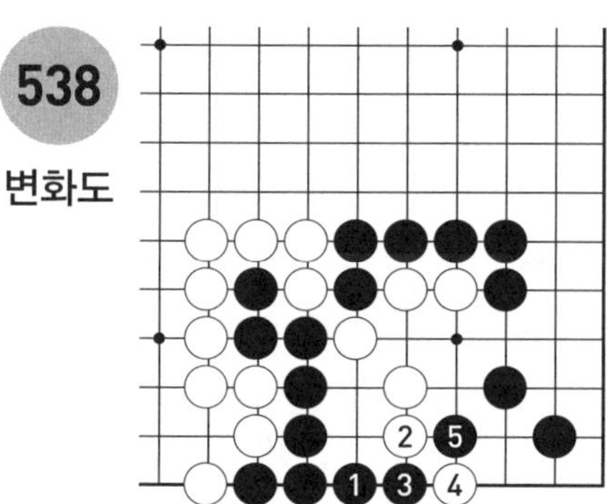

백이 2에 늘면 흑3, 5로 건너서
백은 역시 잡힌다.

539 변화도

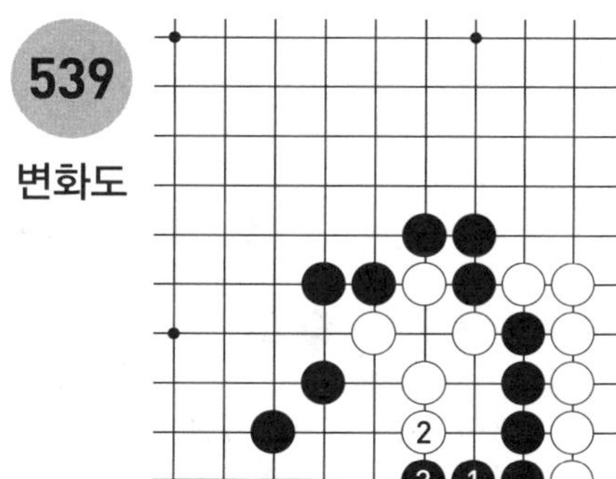

백2 할 때 흑3으로 건너서 백은
역시 잡힌다.

538 실패도

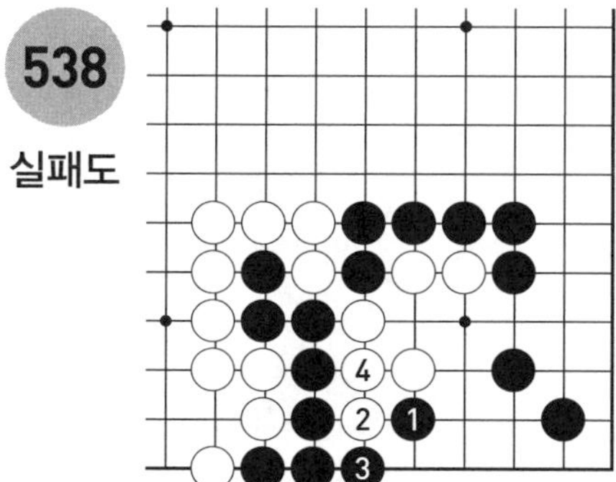

흑1은 착오. 백2로 끼우고 백4
단수치면 흑이 잡힌다.

539 실패도

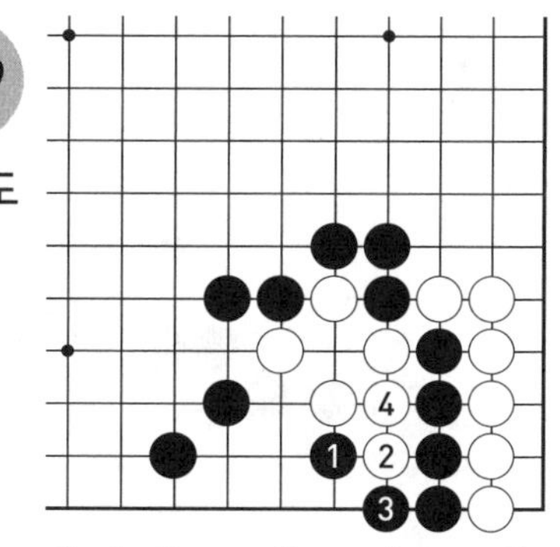

흑1은 착오. 백2로 끼우고 백4
단수쳐서 흑이 잡힌다.

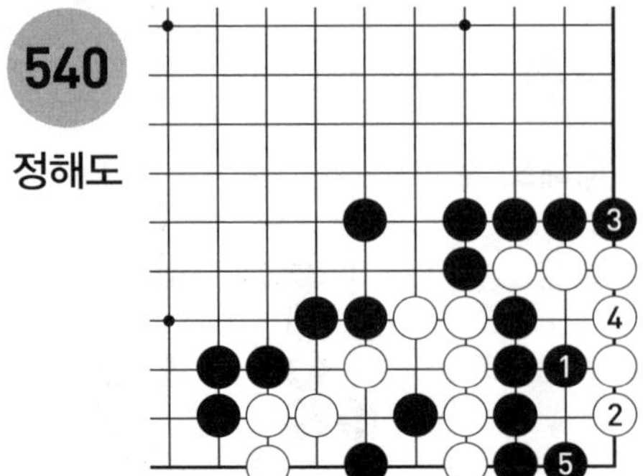

540 정해도

흑1이 정답. 백은 2, 4 할 수밖에 없
으며, 흑5로 꼬부린 후에 귀에 빅
이 된다. 하지만 좌측 변의 백은 죽
음. 그래서 수싸움에서 흑이 승리.

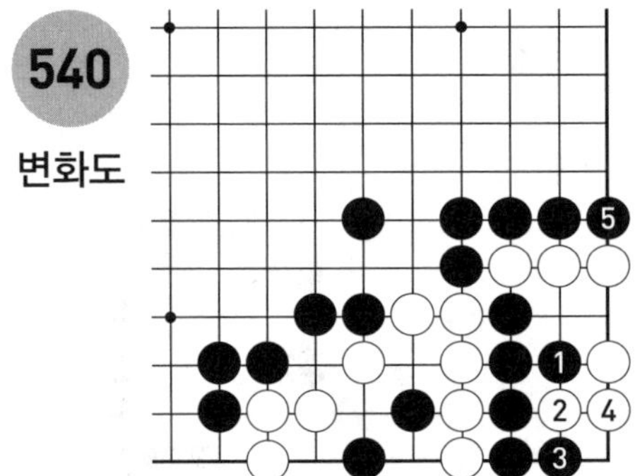

540 변화도

백이 2에 수를 메우면 흑3으로
단수친 후, 다시 흑5로 수를 메워
서 수싸움에서 역시 흑의 승리.

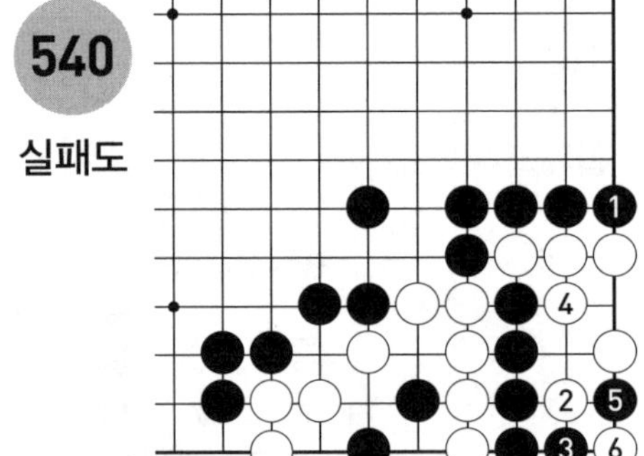

540 실패도

흑1로 먼저 바깥을 메우는 것은
착오. 백2 입구자하고 흑3은 늘림,
백4로 집을 짓고 흑은 5로 패를
쓸 수밖에 없기 때문에 흑의 실패.

바둑에는 착수 금지 구역이 있다는 것은 이미 알 줄로 믿는다. 그것은 일반 맥에 관한 규칙으로 규정이 되어 있는데, 착수 금지를 이용해 사는 기술이 '눌러 잡기'이다.

1도 – 귀곡사 형태이나 삶

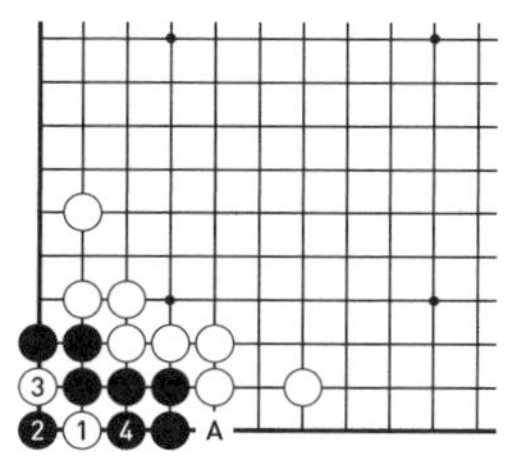

귀에서 곡사형태를 하고 있는 경우 가끔 눌러 잡기가 나타나는데, 백1로 붙여 공격하는 것에는 흑2로 잡아 넣는다. 계속해서 백3에는 4로 몰아 눌러 잡기로 사는 모양(물론 A의 공배가 하나 메워지면 흑2,백3까지 패)

2도 – 이을 수 없다

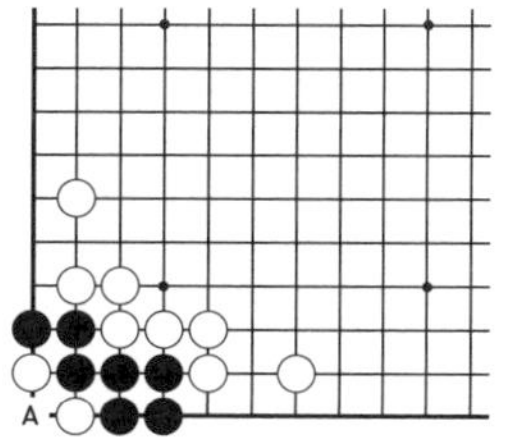

앞 그림의 최종 상태를 나타낸 것. 백은 A에 둘 수 없다는 것이 착수 금지 규칙이다. 물론 두면 규칙 위반으로 즉시 백의 패배가 결정된다.

3도 – 공격 잘못

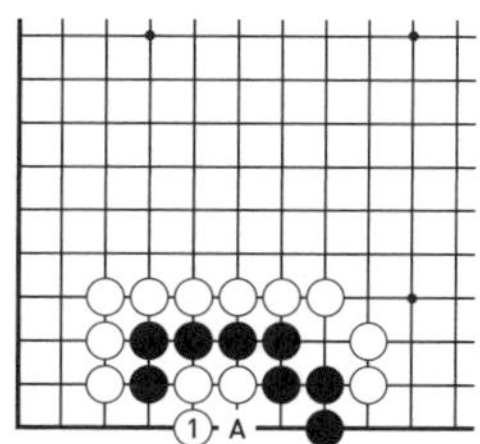

그림과 같은 모양에서 백1로 내려 공격한 것은 잘못. 미리 얘기하지만 여기에서는 A에 두는 것이 올바른 수로, 이 경우 흑은 죽는 궁도.

4도 – 눌러 잡기

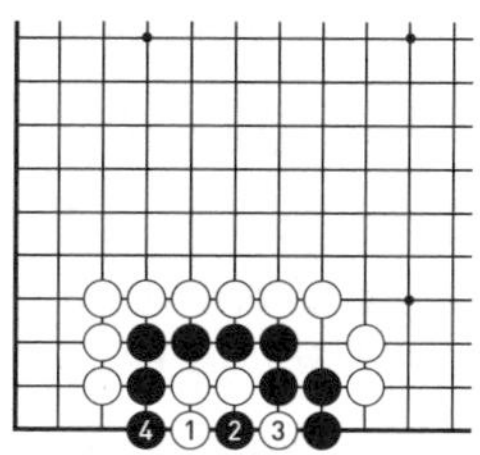

백1에는 흑2로 집어넣고 뒤에서 4로 몰아 눌러 잡기가 된다. 눌러 잡기라는 용어는 큰 범주에서 보면 단수의 일종이나 단수가 연속적으로 걸리는 '촉촉수'와는 구별된다.

바둑사활 1000제 上

1판 23쇄 | 2025년 9월 8일
지 은 이 | 왕쯔펑. 허쥔핑
옮 긴 이 | 우 병 동
감　　수 | 명지대학교 바둑연구위원회
발 행 인 | 김 인 태
발 행 처 | 삼호미디어
등　　록 | 1993년 10월 12일 제21-494호
주　　소 | 서울특별시 서초구 강남대로 545-21 거림빌딩 4층
　　　　　www.samhomedia.com
전　　화 | (02)544-9456
팩　　스 | (02)512-3593

ISBN 978-89-7849-416-8 13690
ISBN 978-89-7849-415-1 13690(세트)